동아시아 기억의 장

# 동아시아 기억의 장

2015년 3월 20일 초판 1쇄 펴냄

**펴낸곳** (주)도서출판 **삼인**

**편저자** 정지영, 이타가키 류타, 이와사키 미노루
**펴낸이** 신길순
**부사장** 홍승권
**편집** 김종진 김하얀
**미술제작** 강미혜
**마케팅** 한광영
**총무** 정상희

**등록** 1996.9.16 제10-1338호
**주소** 120-828 서울시 서대문구 성산로 312 북산빌딩 1층
**전화** (02) 322-1845
**팩스** (02) 322-1846
**전자우편** saminbooks@naver.com

**표지디자인** bookstudio tori
**제판** 문형사
**인쇄** 영프린팅
**제책** 은정제책

ISBN 978-89-6436-094-1  93910

값 30,000원

# 동아시아 기억의 장

정지영 · 이타가키 류타 · 이와사키 미노루 편저

삼인

# 차례

**서문**    동아시아 기억의 장을 찾아서  · · ·6

| 정지영, 이타가키 류타, 이와사키 미노루


제 1 부
## 고전고대의 공간

**제1장**  삼한정벌  | 이성시  · · ·61

**제2장**  관우  | 김석우  · · ·105

**제3장**  공자묘  | 류미나  · · ·133


제 2 부
## 이야기의 역동

**제4장**  효녀 심청  | 정지영  · · ·179

**제5장**  삼년고개  | 미쓰이 다카시  · · ·229


제 3 부
## 페르소나의 분열

**제6장**  윤동주  | 김신정  · · ·269

**제7장**  역도산  | 이타가키 류타  · · ·305

제 4 부

## 중층의 풍경

**제8장** 지산암 | 고마고메 다케시 · · · 349

**제9장** 금강산 | 테사 모리스 스즈키 · · · 381

**제10장** 벚꽃 | 다카기 히로시 · · · 415


제 5 부

## 몸 떨림의 기억

**제11장** 빨갱이 | 이와사키 미노루 · · · 459

**제12장** 조센진 | 최진석 · · · 505


제 6 부

## 규율의 반전

**제13장** 운동회 | 오성철 · · · 543

**제14장** 지문 | 이타가키 류타 · · · 579


**초출 정보** · · · 619

**집필자 / 번역자 약력** · · · 620

# 동아시아 기억의 장을 찾아서

## 1. 기억론적 전회

정지영
이타가키 류타
이와사키 미노루

최근 20년 사이 과거를 이야기하는 방법에 확실한 변화가 나타났다. 이는 다양하고 광범위한 나라와 지역에서 거의 동시대적으로 발생했는데, 한마디로 말하자면 '기억', '상기', '망각'이라는, 넓은 의미에서 '기억'과 관련된 단어를 사용해 많은 것을 말하기 시작했다는 것이다. '기억'에 관한 언어의 홍수는 이른바 선진 자본주의국가의 지식인 사이에서만 나타난 것이 아니다. 아시아 전역, 구(舊) 사회주의권, 과테말라나 아르헨티나와 같은 중남미, 그리고 아프리카에서도 상당히 비슷한 상황을 엿볼 수 있다.[1]

예를 들어 알제리전쟁의 역사를 둘러싼 논

---

[1]  일본어권의 사정에 따른 이 변화에 대해서는 岩崎稔, 「歷史学における想起と忘却の問題系」, 歷史学研究会 編, 『歷史学の方法的転回』, 青木書店, 2002, 263~282쪽 참조. 또한 일본군 '위안부' 문제를 중심으로 포스트 냉전기의 역사에 관한 논의를 전개한 것으로는 나카노 토시오, 김부자 엮음, 『역사와 책임』, 선인, 2008 참조.

쟁 속에서 1990년대에 결성된 마그레브 이민 2세, 3세를 중심으로 한 운동단체는 포스트콜로니얼한 상황에 있는 프랑스가 식민주의의 가해 행위를 외면해서는 안 된다고 주장하며, 상징적으로 '기억의 이름으로'라는 이름을 내세웠다. 구(舊) 유고슬라비아가 단시일에 해체되는 과정에서 세르비아 민병의 손에 의해 사라예보의 도서관이 불타서 중세 이슬람의 귀중한 자료가 소실됐을 때, 그것은 '기억의 말살'로 받아들여졌다. 피에르 비달 나케(Pierre Vidal-Naquet)가 홀로코스트를 부인하는 역사수정주의 담론을 비판할 때, 그는 '기억의 암살자'라는 표현을 썼다. 오스트레일리아가 토착 원주민인 애버리진(Aborigine) 단종 정책을 반성하는 과정에서도, 동아시아의 국가 테러리즘으로 인해 죽은 이들의 진상을 밝혀내는 과정에서도, 핵심적인 쟁점은 기억의 문제였다. 아시아태평양전쟁 및 제2차 세계대전에서 일어난 무수한 학살, 한국전쟁, 베트남전쟁 등 20세기 후반에 일어난 전쟁이나 내전뿐 아니라 친밀한 영역이라는 근대 가족의 밀폐된 공간에서 발생한 은폐된 성적 폭력이 억눌렀던 억압의 힘을 뚫고 말해질 때, 기억의 메타포들은 그 해방에 어떤 효력을 발휘했을 뿐 아니라 사람들을 일어서게 한 키워드가 되기도 했다.

이런 '기억'이라는 어휘를 실마리로 확인할 수 있는 어떠한 전환이 언제 일어났는가를 살펴보면, 우연히도 많은 경우가 1980년대 후반에서 늦어도 1990년대에 일어났음을 알 수 있다. 그와 함께 역사서술의 이론적 맥락이나 구체적인 정치적 맥락에서도 역사를 말하는 방식의 구조나 어휘에 뚜렷한 변화가 나타났다.

　　그것과 함께 이러한 전환에 큰 영향을 준 복수의 지적인 논의들을 찾아볼 수 있는데, 이는 유럽에 한하지 않고 그 대부분이 공시적인 현상이라고 말할 수 있다. 이러한 지적인 논의로는 오래된 기억술론의 계보에서 시작해 모리스 알박스(Maurice Halbwachs)의 집단기억의 재발견이나 알라이다 아스만(Aleida Assmann)의 기억의 공간론, 또는 기센대학(Justus-Liebig-Universität Gießen)에서 진행된 '상기의 제문화' 연구 프로젝트, 나아가 캐시 캐루스(Cathy Caruth)나 주디스 허먼(Judith Herman) 등의 트라우마 이론의 전개 등이 있다. 피에르 노라(Pierre Nora)의 '기억의 장(lieux de mémoire)' 프로젝트도 그중 하나이다.

　　기억이 말하기 시작한다는 것은 이런 상황적 의미뿐 아니라 방법론적 반성을 촉구하는 의미도 갖는다. 우리는 그런 방법론적 반성을 '기억론적 전회(memologic turn)'라고 부르고자 한다. 물론 이 표현은 '언어론적 전회(linguistic turn)'에서 유추해서 채용한 것이다. 언어론적 전회는 고전적 의미에서 근대 철학이 의식하는 '나'의 경험[데카

르트의 "나는 생각한다, 고로 존재한다(Cogito, ergo sum)"이자 초월론적 철학의 의식]에 준거한다는 사고를 밑바닥부터 뒤집어엎어 '언어'라는 매체에 준거한다고 주장한다. 그것은 단순히 나의 의식에서 언어로 그 중심(重心)을 옮긴 것이 아니라 사고의 시스템 그 자체의 전회를 의미한다. 이는 배후나 본질이 나타날 것이라는 뿌리 깊은 믿음(그렇다고 믿는 것)이나 그것을 기반으로 하는 여러 개념, 해석 틀, 그 실천 혹은 습관을 철저히 해체한다. 또한 종래의 의식철학에서 개척되어온 사고의 축적은 언어를 매개로 한 과정으로 다시 짜이고 새로이 자리매김되며, 새로운 지식의 근거를 제공했다. 이와 마찬가지로 기억론적 전회 이후, 사고의 준거점은 역사에서 기억으로 바뀐다.

　　이는 그저 중심을 옮기는 것이 아니라, 이를 통해 역사에서 사각지대에 있었던 것이 가시화되며, 새로 밝혀지게 되는 것이라고 할 수 있다. 나아가 기존의 역사로 논의되어 축적된 지식은 기억을 매개로 다시 생각되고, 재수용될 것이다. 비유적으로 말하자면, 기억론적 전회 이전에는 바다의 수면 위에 떠 있는 섬만을 역사로 생각했지만, 이제는 그것이 기억이라는 망망대해의 작은 섬, 일부분에 지나지 않았음을 인식하고 거대한 바다 전체가 문제로 떠오른 것이다. 이는 역사적인 범주에 속하는 것이 확대됐음을 의미한다. 하지만 이것이 기존의 역사에서 빠진 것을 발굴해 더 많은 사실들이 역사 속에 흡수됐음을 의미하지는 않는다. 모든 것을 포함하는 역사가 아니라, 오히려 그동안의 논의에서 무엇이 선택되고 무엇이 배제됐는지 비판적 재검토가 진행되는 것이야말로 기억론적 전회가 지니는 의미이다. 다른 식으로 말하면, 역사라는 섬에서 바다를 내려다보는 것이 아니라, 기억이라는 유동적이고 복수적인 바다 속에 몸을 던지면서 역사가 무엇을 선택하고 무엇을 배제하며 기억의 육지가 됐는지를 비판적으로 재조명하는 것이 기억론적 전회의 의미라고 설명할 수 있다.

## 2. '기억의 장'이라는 프로젝트와 그 파장

프랑스의 '기억의 장'은 120명에 달하는 역사가, 문학인, 사상가들이 참여해 1984년에서 1992년까지 총 8년에 걸쳐 갈리마르 출판사(Éditions Gallimard)에서 발간한 전 7권 135편으로 이루어진 장대한 시리즈의 제목이다. 여기서는 '장(場)'이라는 개념이 중요한 역할을 한다. 그것은 노라 자신이 영어판 서문(1996)[2]에서 말했듯이, 라틴어 'loci memoriae'의 번역어이며, 프랜시스 예이츠(Frances Yates)의 『기억술(*The Art of Memory*)』(1966)³에서 상세히 다룬 고대, 중세, 그리고 르네상스 시기 유럽의 기억과 장소에 관련된 사색이나 실천에 연원을 둔 것이다. 활자판 인쇄에 따른 복제 기술이 보급되기 이전 유럽에서 사본과 나란히 중요한 지위를 차지했던 기억술의 전형 가운데 하나가 바로 이미지 안에서 커다란 건축물을 만드는 형식이었음을 생각한다면, 이를 쉽게 이해할 수 있다. 그 기억술에서는 분류 체계가 건축물의 구조가 되고 상상 속에서 적절한 '장소'에 기억을 넣어둔다. 즉, 여기서 '장소'란 물리적 의미의 '장소'만을 지칭하는 것이 아니라 기억을 상기시키고 이야기를 끄집어내기 위한 어떤 요소를 말한다.

노라의 말에 따르면 당초 이 기획은 소여(所與)로서 당연하게 여겨졌던 프랑스 '국민감정'의 기원과 생성을 연구하기 위해 "집합적 기억이 뿌리내려져 있는 중요한 '장소(lieux)'를 분석함으로써 프랑스를 상징하는 것의 광대한 토폴로지(topology, 지세학)를 창조하고자 한" 프로젝트였다.⁴ 실제로 1984년에 발간된 제1부 『공화국(*La Républi-*

---

2     ピエール・ノラ, 谷川稔 譯, 「『記憶の場』から『記憶の領域』へ」, ピエール・ノラ 編, 谷川稔監訳, 『記憶の場: フランス国民意識の文化=社会史 第1卷 対立』, 岩波書店, 2002. 이는 *Lieux de mémoire*의 영어 번역판 *Realms of Memory*의 서문을 일본어로 번역한 것이다.
3     フランセス・A. イエイツ, 青木信義 외 옮김, 『記憶術』, 水声社, 1993(원저 1966).

*que)*』(전 1권)은 '삼색기' 같은 상징, '판테온'과 같은 기념 건조물, 초등학교 역사 교과서 『아동용 프랑스사(*Petit Lavisse*)』 같은 교육 서적, '7월 14일' 같은 기념 축전 등, 말하자면 '기념비적'인 것의 형성과 전승 과정을 주로 다루었다. 1986년에 제2부 『국민(*La Nation*)』(전 3권)이 발간되고, 제3부 『프랑스들(*Les France*)』이 구상되는 과정에서 '기억의 장'은 기념비적인 것을 직접적인 대상으로 하는 개념에서 더욱 폭넓은 개념으로 확대됐다. 그것은 물질적이든 비물질적이든 "인간의 의지 또는 시간의 작용에 따라 어떤 사회적 공동체(여기서는 프랑스 사회)의 메모리얼적인 유산을 상징하는 요소"가 됐으며, 그 "'프랑스적인 것'을 가장 풍부하게 표현하고 있는 여러 요소를 체계적으로 분석하고 설명하는 것"이 프로젝트의 과제였다.[5]

　　노라의 논의는 적어도 프로젝트 출발 당시, 역사학에 대한 준엄한 비판 의식을 갖고 시작됐다.[6] 노라는 역사가 기억의 파괴자이자 찬탈자이며, 기억은 위기 속에 있다고 다음과 같이 서술하였다.

4　　피에르 노라 외, 김인중·유희수 외 옮김, 「기억과 역사 사이에서: 기억의 장소들에 관한 문제제기」, 『기억의 장소 1: 공화국』, 2010 참조.
5　　같은 글 참조.
6　　岩崎稔, 「ピエール・ノラの記憶の場所」(1), (2), 『未来』No. 380, 1998년 5월 호, 2~8쪽; 『未来』No. 381, 1998년 6월 호, 9~15쪽 참조.

역사의 핵심에는 자생적 기억을 파괴하는 하나의 비판(批判)이 작동한다. 기억은 역사에게 언제나 의심스러운 존재이고, 역사의 진짜 사명은 기억을 파괴하고 격퇴하는 것이다. 역사는 경험된 과거의 정당성을 박탈하는 것이다. 역사를 지닌 사회의 지평선에는, 완전히 역사화한 세계의 끝에는 최종적이고 결정적인 탈신성화가 있는 것 같다. 역사학을 움직이는 힘(le mouvement de l'histoire), 역사가의 야심은 실제로 일어난 것들을 찬미하는 것이 아니라 그것을 무화(無化)시키는 것이다. 일반화된 역사학적 비판은 박물관, 메달, 기념물들, 즉 역사 연구에 필요한 병기고를 보존하겠지만, 우리가 보기에, 그것은 어떤 것을 기억의 장소들로 만들어 주는 것을 그 어떤 것으로부터 앗아가 버린다. 전적으로 역사를 지표로 삼으면서 살아가는 사회는 궁극적으로 전통적인 사회만큼 자신의 기억의 닻을 내린 장소들을 가지고 있지 않다.[7]

즉, 근대적 장치로서의 역사학이란 그것이 참칭하는 것과 달리 '기억'의 파괴자라는 이야기이다. 조금 더 부연 설명을 해보자. 근대 역사학에서 연구를 진행하는 것을 보면 통설, 속설, 억설, 풍설, 전승,

---

7    피에르 노라 외, 김인중·유희수 외 옮김, 「기억과 역사 사이에서: 기억의 장소들에 관한 문제제기」, 『기억의 장소 1: 공화국』, 2010, 35~36쪽 인용.

신화, 민화, 소문, 대중적인 역사소설 등은 이른바 '2차 사료'로서 비판적으로 의심해야 하는 대상이 되거나 무시해도 되는 것이 된다. 그 다음 과거의 '1차 사료'를 비판적으로 읽고 해석함으로써 역사적 사실을 확정해가는 것이 정통 역사서술의 모습이다. 노라는 그런 역사학이 구축하는 '역사'와 살려진 '기억'들 '사이'에 존재하는 무수히 많은 '기억의 장'에 착목했다.[8] '1차 사료'이건 '2차 사료'이건, 애초부터 '사료'나 '역사서술'로 생각되지도 않았던 것이건, 공식적인 기억이건 버내큘러적인 기억(vernacular memory)이건,[9] 과거를 상기시키는 '장'의 형성과 전개를 오히려 논의의 중심으로 삼았다. 즉 '사실이 어떠했는가'라고 하는 것보다는 '어떻게 인식되고 기억됐는가'를 일차적인 논의 대상으로 삼았다. 그런 관점에서 그는 역사 연구에서 어떤 방식의 혁신을 시도했다고 할 수 있다.

그러나 기억과 역사를 단순히 이항 대립적으로 대치시키거나 무

---

8　　같은 글 참조.
9　　존 보드너(John Edward Bodnar)는 미국의 공적 기억(public memory)을 국가나 엘리트에 의해 전달되는 공식적인 기억(official memory)과 보통 사람들을 통해 또는 하위문화나 개별적인 형태로 전달되는 버내큘러적인 기억(vernacular memory)의 갈등으로 그려냈다. 野村達朗 외 옮김, 『鎮魂と祝祭のアメリカ: 歴史の記憶と愛国主義』, 青木書店, 1997. '버내큘러'는 예를 들어 중세 유럽의 공용어(lingua franca)로서의 라틴어에 대비해 각각의 토지의 언어를 버내큘러적인 언어로 부른 것에서 유추한다면 알기 쉽다. 일본어판에서는 '개별민중적'이라는 번역어를 채용했다.

관한 것으로 생각할 수는 없다. '기억의 장' 프로젝트가 진전됨에 따라, 노라는 그 작업을 기억이라는 문제들에 매개된 새로운 역사서술, 메타 수준의 역사학으로 자리매김하게 된다. '기억의 장'은 그때까지의 역사학에 대한 비판을 매개로 한 재생의 시도인 것이다. 확실히 이것은 역사학적인 것에 대한 이해, 또는 학문적 실천과 관련하여 기존의 것과는 일정한 차이를 보인다. 그러나 동시에 노라는 그런 역사학에 대한 학문적 반성의 과정을 통해 오히려 변화된 시대의 과제에 응하는 새로운 역사서술(historiography)로서 '기억의 장'을 실현하려 했다. 이는 학술적인 출판 기획으로서는 커다란 성공을 거두었다. 그 때문에 이 책은 프랑스를 넘어 여러 곳에서 참조되고, 영어 등으로 번역됐을 뿐만 아니라, 이탈리아, 독일, 오스트리아, 네덜란드, 러시아, 룩셈부르크 등에서도 같은 기획이 동시다발적으로 진행됐다.

예를 들면 이탈리아에서는 1996년에서 1997년 사이에 이탈리아판 『기억의 장』 전 3권이 출판됐다.[10] 제1권은 『통일 이탈리아의 상징과 신화』라는 제목으로 '고등학교'나 '살롱' 같은 시민계급의 사교성

10    Mario Isnenghi, (a cura di), *I luoghi della memoria: Simbolie e miti dell'Italia unita*, Roma-Bari, Laterza, 1996(vol. I); *Strutture ed eventi dell'Italia unita*, Roma-Bari, Laterza, 1997(vol. II); *Personaggi e date dell'Italia unita*, Roma-Bari, Laterza, 1997(vol. III).

(sociability)이 형성되는 장소, 또 '오페라', '로마', '거리의 이름', 바티칸의 '산 피에트로 광장'과 같은 장소나 '이탈리아령 아프리카', '아메리카', '제국' 등 이탈리아 본국 밖에 있는 장소, 그리고 다양한 국면에서 여러 가지 의미를 담아온 '삼색기', '인종법' 등을 다루었다. 제2권은 『통일 이탈리아의 구조와 사건』이라는 표제로 '구조(일상생활의 항상성, 계속성의 표출)'[11]로서의 광장이나 카페, 영화관 등 생활에 밀착된 장소, 또한 '사건'으로서의 '밀라노의 5일(1848년에 밀라노에서 일어난 오스트리아 지배에 대한 시민 봉기)'이나 제1차 세계대전, 파시스트의 로마 진군, 스페인전쟁, 그리스전쟁, 레지스탕스, 이탈리아 사회공화국, 전(前) 수상 알도 모로(Aldo Moro)의 유괴·살해(1978) 등 근현대사의 전쟁이나 정치사적 사건들을 다루었다. 제3권 『통일 이탈리아의 인물과 기념일』에는 '조국의 아버지'라 불리는—동시에 분열의 상징이기도 한—주세페 마치니(Giuseppe Mazzini)나 주세페 가리발디(Giuseppe Garibaldi)를 비롯해 '피노키오'나 '쿠오레' 같은 상상 속 인물이 배치됐다. '기념일'로는 예컨대 이탈리아 군이 로마에 입성한 1870년 9월 20일, 아메리카와 유럽 각국에서 노동자의 국제적 파업이

---

11    Mario Isenghi, "Presentazione" in *I luoghi della memoria*(vol. I), p. XI.

일어난 1890년 5월 1일, 그리고 연합군과의 휴전 선언이 내려진 1943년 9월 8일 등의 기념일에 대한 의미가 서술됐다.

　　이탈리아어판 기억의 장에 대해 논의한 오다와라 린(小田原琳)에 따르면,[12] 이탈리아어판 '기억의 장'은 가지각색의 기억의 응축점, 즉 '기억의 장소'가 대부분 19세기 후반(1848년)에서 20세기에 걸친 시기로 한정된 점이 특징적이다. 여기에서 초점을 맞춘 문제는 이탈리아라는 국가와 국민의 집단적 정체성에 관한 '만들어진 전통(에릭 홉스봄)'임을 염두에 둘 필요가 있다. 이런 문제 설정에 대해 이탈리아어판의 편자인 마리오 이즈넨기(Mario Isnenghi)는 이탈리아 사회가 1990년대 이후 경험한 '거대한 이야기'의 말기적 단계에 대응한 것이라고 말했다. 당시는 파시즘에 저항하는 레지스탕스 운동을 지도했다는 정통성을 업고 전후 이탈리아 정치에서 중추적인 역할을 해온 기독교민주당과 사회당이 대규모 부정이 적발되어 정권을 빼앗기고 당을 해체할 수밖에 없는 상황이었다. 대신 구(舊) 파시스트 체제의 흐름을 따른 '국민동맹'과 경제적 선진 지역인 북부의 자치권 강화(때로는 독립까지)를 주장하는 '북부동맹'이라는 우파 정당의 연합으로 전진 이탈리

12　　小田原琳, 「イタリア版『記憶の場所』のおかれた〈場所〉」, 『Quadrante』 No. 12, 2010.

아당(Forza Italia) 출신의 전(前) 수상인 실비오 베를루스코니(Silvio Berlusconi)가 정권을 잡았다. 이런 상황에서 이탈리아는 '레지스탕스로부터 태어난 공화국'이라는 자기 인식뿐만 아니라 국민적인 일체성까지 의심받게 됐다. 하나의 역사적 순환의 끝에 서 있다는 감각이 퍼져가면서[13] 편자들은 기억이라는 사회사적인 영역에서 "사람들의 기억 속에서 중요하게 여겨지는 것", 여러 가지 역사나 여러 기억에서 나오는 "이탈리아라고 하는 공통의 감각", 그리고 19세기에서 20세기까지의 이탈리아의 집합적 자기 표상을 재구성하려 했고,[14] 또한 그렇게 재구성된 이탈리아의 복수성을 강조했다.[15]

'기억의 장'이라는 프로젝트의 영향은 독일어권에서도 크다. '기억의 장'은 독일어 번역어로는 'Erinnerungsorte'로 받아들여져 에티엔 프랑수와(Etienne Francois)와 하겐 슐체(Hagen Schulze)가 편자가 되어 『독일의 기억의 장(Deutsche Erinnerungsorte)』 전 3권(C. H. Beck, 2001)이 간행됐다. 역시 '독일 관념론', '콘라트 두덴(Konrad Duden)', '요한 볼프강 폰 괴테(Johann Wolfgang von Goethe)' 등의 인문학적 문

---

13    Mario Isnenghi, "Conclusione" in *I luoghi della memoria*(vol. III), p. 434.
14    Isnenghi, "Presentazione", pp. IX~X.
15    Isnenghi, "Conclusione", p. 435

화, 19세기 중반 노동자들이 여가 생활의 이상형으로 삼았던 작은 정원을 만드는 운동인 '슈레바 정원'이나 라이프치히에 있는 '제(諸) 국민 전쟁 기념비' 등 프랑스어판과 상당히 유사한 논점이 선택됐다. 하지만 그에 더하여, 독일의 어두운 역사인 '아우슈비츠'나 독일 외부에서 보는 독일인의 표상 등이 포함됐다는 점에서 프랑스 '기억의 장'과는 조금 다른 양상, 말하자면 국민적인 경계를 넘어서지 않을 수 없도록 이루어졌다. 이탈리아에서는 역사수정주의에 대항하기 위해 '기억의 장'의 재확인이 필요했다고 본 오다와라 린의 정리와 관련지어 보면, 독일은 그 근현대사의 기억의 장 자체가 처음부터 독일을 부정하는 요소를 포함할 수밖에 없었던 것일지도 모르겠다.

아무튼 이제는 '기억의 장'이라는 개념은 단순히 특정 출판물을 지칭하는 것을 넘어서, 근대 국민국가 형성에서 집합적 기억을 주제화하기 위한 모듈(module), 또는 또 하나의 '기억의 장'이 됐다고 할 수 있다. 그것들을 비교하는 것을 통해 알 수 있듯이 '기억의 장'의 그러한 국경을 넘어선 전개는 프랑스의 '기억의 장'에서 이탈리아나 독일의 '기억의 장'으로 진행되는 과정에서 단순히 이론을 다른 대상에게 '적용'하는 것만으로 끝나지 않고, 그때마다 선행 시도의 특징이나 문제점을 각각의 전개가 품은 문맥이나 과제에 따라 재검토하며 변용함으로써 문제의 의미를 심화했다고 할 수 있을 것이다.

## 3.  기억의 국민경제학과 식민지주의

이 책 『동아시아 기억의 장』은 단순히 노라의 '기억의 장'을 동아시아 여러 국가에 대한 것으로 또는 동아시아로 확대한 것으로 만들려고 하는 것은 아니다. 이를 확인하기 위해 먼저 노라의 논의를 하나의 출발점으로 해서 그 한계를 확실히 인식한 후 그 한계점에 서서 문제를 재설정할 필요가 있다.

노라는 '기억의 장'을 "집합적 기억이 뿌리박혀 있는 장소", "사회적 공동체의 기념비적인 유산을 상징하는 요소"라고 규정한다. 여기에서 말하는 '장소(lieux)'란 물리 공간적인 의미에서 3차원적인 장소로 환원되지 않는다. 이 '장소'는 기억술론의 전통 속에서 일관적으로 계승되어온 개념으로서 'loci(장소들: 라틴어 장소의 복수형)'이며 'topoi(장소들: 그리스어 장소의 복수형)'이다. 근대어 '토픽(topic)'의 어원이 '토포스(topos)'인 것처럼 이 '장소'는 논점이나 판단이 분절화되어 나타나는 점, 또 이처럼 분절화되는 것으로 가능하게 되는 질서라는 의미를 가진다. '기억의 장'이란 '집합적' 또는 '사회적 공동체'에서 공유된 기억의 준거점이다. '함께 기억하는 것(com-memoration)'이 '기념', '축하'를 의미하고 '공통의 장소(common-place)'가 '상투어', '평범한 것' '흔한 것'을 의미하듯, 그러한 포괄적 의미의 '장소'에 근거해 '기억의 장'론이 쓰였다.[16]

노라의 기획 속에서 다루어진 집합적 기억은 자연스럽게 '프랑스의 시민사회'라는 국민적 공동체 기억의 장이었다. 노라는 '삼색기', '판테온', '7월 14일', '에펠탑', '잔 다르크' 등과 같이 아마 프랑스 시민이라면 누구라도 "아, 그거!" 하고 떠올리며 기억을 환기하는 것을 기억의 장으로 설정하고 그것이 어떻게 구축되어왔는가를 해명했다. 확실히 그러한 범위에서 '기억의 장' 프로젝트는 '프랑스적인 것'에 대한 반성 및 개입, 해부의 기획이었다. 우리는 그가 이를 통해 전통적이며 강고하게 그리고 일원적으로 표상되어온 프랑스 시민으로서의 정체성을 상대화하려고 했다고 일단 이해할 수 있다. 분명히 프랑스의 '기억의 장'은, 그리고 부분적으로는 독일의 '기억의 장'도 예

---

16　이러한 '기억의 장소'에 관련한 사상사적 맥락을 생각한다면 영어판 '기억의 장'의 제목이 'Realms of Memory(기억의 영역)'이며 왕국이나 통치에서 유래한 단어인 '영역(realm)'을 번역어로서 사용한다는 점은 정말 허술하다고밖에 할 수 없다.

전부터 전해져온 민족국가 중심의 전통적 역사서술에 대한 비판을 함의한다.[17] 즉, 그것은 "내셔널 히스토리를 배워서 버린다(unlearning national history)"라는 기획 가운데 하나인 셈이다.

다르게 표현하자면, 노라의 프로젝트는 '프랑스'라는 외연을 가진 기억의 국민경제(national economy)가 어떻게 구축됐는가를 밝히려고 하는 시도이다. 이 국민경제에서 어떤 요소는 '국민적' 규모로 유통되는 한편, 다른 어떤 요소는 상기의 대상에서 제외되어 '망각'된다. 단지 노라는 이러한 기억의 국민경제의 구조를 재편성하기 위해 그 '내부'에 집요하게 머물며 '국민적'으로 계승되어온 기억에 구축주의적으로 개입하는 방법을 취했다. 그것은 이론적으로 명쾌한 비판이라기보다는 프랑스 시민의 다수파가 알고 있는 여러 주제를 많은 저자들이 기술적(記述的)으로 고쳐 쓴 옴니버스 형식의 이야기, 바꿔 말하자면 다원적인 것을 그저 병렬하면서 포괄하는 문화기술지적 역사(ethnographic history)[18]를 만들어내는 것이었다. 하지만 그 때문에 '기

---

17    Françis, Etienne und Schulze(Hrg.), Hage: 2001-2003, *Deutsche Erinnerungsorte* 3 bände, C. H. Beck. 또한 ヴォルフガング・シュヴェントカー,「集合的記憶とナショナル・アイデンティティ:『記憶の場』をめぐるフランスとドイツの研究動向」,『社会思想史研究』No. 28, 2004 참조.

18    岩崎稔,「ピエール・ノラの《記憶の場所》2」,『未来』381호, 1998, 15쪽.

억의 장' 프로젝트는 그 자체가 일종의 기념비적인 사업이 되고 새로운 '국민적'인 기억의 건조물이 되어버린 것은 아닐까 하는 의문이 든다. 「코메모라시온(commémoration)의 시대」(1992년 이하 「발문」)에서 "코메모라시온이 이 책에 붙잡혀 버렸다"[19]라고 쓴 자기 평가가 말하듯이 그 자체가 기억의 국민경제 안에서 유통되는 또 하나의 상품이 되어버린 것은 아닌가? 즉, 일단 구축된 국민적 기억을 해체하고 이것을 세세하게 분해하면서, 결국은 지금까지의 보편주의적인 일원성과는 다른 일정한 다원주의의 양상 아래에서 이를 다시 건설해버리고 만 것은 아닐까?

내셔널 히스토리 비판이 또 다른 국가적인 역사서술이 되어버리고 마는 한계. 이 역설이 애초부터 '기억의 장'이라는 기획 그 자체가 가질 수밖에 없는 제약인지, 아니면 언젠가 극복 가능한 것인지는 아직까지 분명하지 않다. 적어도 우리가 '동아시아 기억의 장'이라는 것을 발상했을 때, 프랑스에서 시작해 다양한 지역에서 응용된 '기억의 장'의 전개 속에 처음부터 들어 있었던 그 암묵적인 국민주의적인 한계를 철저히 극복한다는, 즉 "내셔널 히스토리를 배워서 버린다"라는

---

19    피에르 노라 외, 김인중·유희수 외 옮김, 「기념제의 시대」, 『기억의 장소 5: 프랑스들 3』, 나남, 2010, 359쪽 참조.

것의 필연성을 받아들인다는 자각을 견지하는 수밖에는 없다.

이렇듯 국민국가의 틀 속에서 '기억의 장'이 논의되는 것이 갖는 문제는 '식민 지배'와 관련할 때 또렷하게 인식할 수 있다. 이미 여러 곳에서 지적됐지만[20] 전 7권의 방대한『기억의 장』시리즈 속에서 프랑스 식민지를 둘러싼 요소가 대부분 '기억의 밖'으로 쫓겨나 버리고 말았다는 사실은 단순히 깜박 잊어버리고 말았다든지 능력이 부족했다든지 하는 것으로 설명할 수 없는 그 이상의 사상사적 개연성이 있다고 생각된다.

2003년 도쿄외국어대학(東京外国語大学)에서 노라를 초대해 심포지엄을 개최한 적이 있는데 당시에 역사가와 사상사 연구자 몇 명

20    예를 들어 프랑스 지배하의 사이공에서 태어난 베트남사 연구자 후에 탐 호 타이(Hue-Tam Ho Tai)는 「기억된 영역」("Remembered Realms: Pierre Nora and French National Memory", *The American Historical Review*, 106-3, June 2001)이라는 제목의 서평 속에서 노라의 편저에 대해 "식민지적인 것과 지방적인 것의 상대적인 무시"나 "대항기억(counter-memory)"의 취급의 부족함을 논한다. 그녀에 따르면 이 경향은 프랑스어판보다 영어판『기억의 장』이 한층 강하다고 한다. 영국의 맑스주의 비평가 페리 앤더슨(Perry Anderson)은 현대 프랑스의 사조를 비판적으로 논한 에세이("Dégringolade", *London Review of Books*, 26-17, 2004; "Union Sucrée", *London Review of Books*, 26-18, 2004)에서『기억의 장』에 대해 "이 나라의 전부의 제국사가 ⋯⋯ 이러한 영향력 없는 상기의 장은 비-장(非-場, non-lieu)이 되었다"라고 하고 "디엔 비엔 푸(Điện Biên Phù)를 넣는 것을 잊어버린『기억의 장』이란 무엇인가"라고 통렬하게 비판한다. 위 논문은 프랑스어로 번역되어 노라의 코멘트를 붙여 *La pensée tiède: Un regard critique sur la culture française*(Seuil, 2005)라는 이름으로 출판됐다.

이 노라에게 직접 몇 가지 의문을 제시했다. 특히 그때 문제가 됐던 것은 식민주의 망각의 문제였는데, 이연숙은 "공동의 기억"에 선행하는 "공동의 망각"이라는 문제가 있다고 지적했다. 이에 대해 노라는 "기억의 구멍(trou de memoire)"의 역사를 적는 것은 "나는 할 수 없었으"며 "의도하지도 않았다"고 대답하고, 식민지의 기억도 고려하긴 했으나 역사서술의 측면에서는 단념할 수밖에 없었다고 했다.[21]

　　이 문제는 단순히 간과했다고 하거나, '기억의 장' 프로젝트에서 모든 문제를 다룰 수는 없기 때문에 거론하지 못한 것이라고 하기는 어렵다. 노라가 '기억의 장' 프로젝트를 개시한 1980년대는 이른바 '프랑스적인 것'이 동요하는 시기였다. 또한 프랑스의 '기억의 장'이 진행된 시기는 프랑수아 미테랑(Francois Mitterrand) 사회당 정권기에 해당된다. 당시 공화주의의 혁명에 대한 보편적인 이해가 가진 억압적인 특성을 비판적으로 재편성하는 것이 노라의 최선의 의도였음은 틀림없다. 그러나 앞에서 말한 것처럼 이 재편성은 항상 양의성(兩義性)을 지닌다. 당시는 루브르 미술관의 대(大)개수 공사로 대표되는 미테랑의 대공사(grands travaux)처럼 '프랑스적'인 것을 재구축하려고

---

21　　심포지엄 기록. 「ピエール・ノラ編『記憶の場』をどう読むか: 日本語版の投げかけるもの」, 『Quadrante』 No. 6, 2003.

하는 시기이기도 했다. 1984년의 「서론」에서 노라는 '역사', '기억', '국민'의 분리를 말하면서 "이미 국민적 기억을 잃어버리고 말았다"고 하며 어떤 종류의 상실감을 드러내기도 했다. 이는 당시에 표면화된 프랑스의 포스트콜로니얼한 상황과 밀접하게 연결되어 있다. 프랑스 현대 문화 연구자인 데이나 오샤위츠(Dayna Oscherwitz)는 "기억과 집합적 정체성에 대해 강한 관심이 나타난 것이 1980년대 초이며 이는 (포스트)식민지로부터 온 이민자가 증가하게 되면서 떠안게 된 「이민」에 대한 강한 관심 ― 좀 더 정확히 말하자면 프랑스 인구의 인구학적 변화 ― 과 정확히 같은 시기라는 것은 주목할 만한 일이다"라고 지적했다.[22] 리옹 교외 등에서 마그레브계 이민 청년들의 폭동이 널리 퍼진 때가 1981년이고, 반인종차별을 내건 6만여 명의 거대한 행진이 있었던 때도 1983년이었다. 구(舊) 식민지에서의 이민이 눈에 보이는 형태로 프랑스 사회 '내부'에 등장한 바로 그 시기인 1980년대에 '기억의 장' 프로젝트가 시작된 것이다. 이 글의 앞부분에서도 서술했지만 그러한 반대 운동 가운데 하나로 이민자들에 대한 폭력을 밝혀내고 기

---

22    Dayna Oscherwitz, "Decolonizing the Past: Re-visions of History and Memory and the Evolution of a (Post)Colonial Heritage", Alec G. Hargreaves ed., *Memory, Empire, and Postcolonialism: Legacies of French Colonialism*, Lexington Books, 2005, p. 191.

록을 하려는 모임이 '기억의 이름으로'라는 이름을 내세웠다. 그러므로 '프랑스적인 것'의 목록에서는 빠진 기억이 오히려 저편에서 말하기 시작했다는 것, 즉 '기억을 말하는' 것이 아니라 '기억이 말하는' 상황이 발생했으며, 기억의 국민경제가 재편의 압박을 받게 되었다.

이것에 대해 노라는 「발문」에서 미테랑 정권기가 "민족의식 속에 체현되어 있는 민족적 청사진의 궁극적 종언"의 시기라고 하면서 그 징후의 하나로서 "한때 SOS인종주의로 대표되었으며 결국 민족서사시의 어두운 부면을 들추는 「인권주의」운동의 고양은 고발의 뜻을 담고 장미빛깔 국민의 이야기를 어두운 이야기로 반전시켰다"[23]라고 주장했다. 안타깝게도 노라는 여러 기억이 분출하는 일련의 사태를 일괄적으로 묶어 '기억의 전제(專制)'라고 표현하며, "함께 살아가는 또 다른 방식이 자리 잡게 될 때, 이제 더 이상 정체성이라고 부를 수 없는 어떤 것의 윤곽이 서서히 드러나게 될 때"[24] '기억의 장'을 탐구할 필요가 없어지리라는 예언으로 대답을 끝냈다.

'프랑스적인 것'의 재구축을 요구하는 여러 움직임이나 노예제

---

23  피에르 노라 외, 김인중·유희수 외 옮김, 「기념제의 시대」, 『기억의 장소⑤ 프랑스들3』, 나남, 2011년 404쪽 인용.
24  같은 책 410쪽 인용.

및 식민주의와 관련한 과거의 기억을 포함시켜야 한다는 이의 제기의 움직임 모두를 총괄해 '기억의 전제'로서 경계하는 노라의 이론적 한계는 최근 '기억의 전쟁'이라고도 불리는 식민주의와 노예제 문제의 부상 속에서 극히 명백한 형식으로 나타났다.[25] 프랑수아즈 베르제스(Françoise Vergès)에 따르면, 노라는 2006년에 출연한 라디오 방송에서 "프랑스는 앞으로 흑인 문제에 직면하게 될 것입니다. 이것에 주의하지 않으면 안 됩니다. 생각지도 않은 식민지 문제가 모습을 드러내고 그것도 강렬하게 튀어나왔습니다"라고 발언하고, "기억의 헤게모니, 전제 지배"를 걱정한다고 하면서, 역사가에게는 "공공 이익의 옹호"를 기대한다는 발언을 했다.[26] 그에 앞서 2005년 2월에 나온 '귀환자에 대한 국민의 감사와 국민적 지원에 관한 법'에는 프랑스 해외 영토, 특히 북아프리카에서 프랑스가 행했던 '긍정적 역할'을 인정하고 학교 교육에서 그것을 가르치자는 취지의 조문(제4조)이 포함됐는데,

---

25  2005년을 하나의 정점으로 하는 프랑스의 식민주의 노예제의 기억에 관한 문제에 대해서는 平野千果子, 「歷史を書くのはだれか」, 『歷史評論』 2006年 9月 号; 菊池恵介, 「植民地支配の歷史の再審」; 나카노 토시오, 김부자 엮음, 『역사와 책임』, 선인, 2008을 참조할 것.

26  이는 알랭 핀켈크라우트(Alain Finkielkraut)가 사회를 맡은 라디오 프로그램 〈Réplique〉(2006년 3월 17일)에서의 발언이며, Françoise Vergès, *La mémoire enchaînée: Questions sur l'esclavage*, Pluriel, 2006, p. 57에 인용됐다. 또한 일본어 번역은 앞에서 소개한 기쿠치 게이스케(菊池恵介) 논문에서의 인용을 기반으로 한다.

이를 계기로 역사가들의 격렬한 논의가 있었다. 이 귀환자 법뿐 아니라 유대인 학살을 부정하는 역사수정주의 등을 금지한 게소 법(Loi Gayssot, 1990년), 아르메니아인 학살(1915년)을 제노사이드로 인정한 2001년의 법률, 프랑스의 노예무역과 노예제도를 '인도에 대한 죄'로 인정한 도비라 법(Loi Taubira, 2001년) 등을 하나로 묶어 '역사가의 자유를 제한'한 것으로 보고 철폐와 삭제를 요구하는 역사가와 문화인 열아홉 명의 공동성명문[27]이 「역사를 위한 자유」라는 제목으로 나왔을 때, 노라도 거기에 서명했다. 여기에 나오는 "역사는 도덕성이 아니다", "역사는 현실성의 노예가 아니다", "역사는 기억이 아니다", "역사는 법의 대상이 아니다"라는 자유주의적 문언에 따라 노라는 이른바 '역사'를 옹호하는 측에 섰던 셈이다. 앞에 서술한 라디오 방송에서의 발언도 그 연장선에 있다고 생각할 수 있다. 노라는 법률에 따라 역사서술을 규제하는 것뿐 아니라 동시에 식민주의나 노예제도에 관한 기억이 떠오르는 것도 경계하고, 그에 대해 '공공의 이익'을 대치시키면서 '역사'를 옹호했던 것이다. 한마디로 말하자면, 노라는 기억론적 전회의 포스트콜로니얼의 가능성을 끄집어낸 것이 아니라 기

---

27    "Liberté pour l'histoire", Libération, 13 décembre 2005.

억이 던진 물음에 대해 방어적인 자세를 취한 것처럼 보인다.

## 4. 비판으로서의 동아시아 기억의 장

우리가 '동아시아 기억의 장'이라는 주제를 설정했을 때 어떻게 든 먼저 해결해야 하는 문제가 바로 이러한 고민과 관련된 것이다. 기억의 국민경제는 무수한 망각 위에 성립됐다. 발터 베냐민(Walter Benjamin)의 말을 빌리면, 국민주의적으로 계승되는 기억은 '겹겹이 쌓인 패자의 시체'를 밟고 지나가는 '개선 행렬'의 '전리품'으로서의 '문화유산'이다.[28] 이러한 기억의 장은 '기억의 구멍(이라는 노라의 표현이 타당하다면)' 속에 무수한 기억을 '겹겹이 쌓인 시체'처럼 묻어버리고 그 위에 '균질적이고 공허한'[29] 상상의 연속적 공간을 형성했을 때 처음으로 성립한다. 따라서 기억의 국민경제는 그 '내부'에서 기존

---

28  발터 베냐민 지음, 최성만 옮김, 「역사의 개념에 대하여」, 『역사의 개념에 대하여/폭력 비판을 위하여/초현실주의 외』, 길, 2008.

29  같은 책. 또한 이 표현은 베네딕트 앤더슨(Benedict Anderson)이 '상상의 공동체'로서의 국가를 논할 때 채용한 것으로도 알려져 있다. 베네딕트 앤더슨 지음, 윤형숙 옮김, 『상상의 공동체』, 나남, 2004.

의 재산 목록에 실려 있는 요소를 아무리 치밀하게 고쳐 쓰더라도 그 근본적인 부분을 바꿀 수 없다. 이러한 국민사적인 기억의 토폴로지 (topology)를 이미 성립된 기억의 장에 한정시키지 않고 보다 총체적이고 근본적으로 해명해 뛰어넘지 못한다면, 국민국가의 정사(正史)를 해체하려고 하면서도 결국은 그 의도와 다르게 국민사의 재산 목록을 다른 형태로 풍부하게 하는 것 이상은 할 수 없다.

이 한계점이 바로 동아시아 '기억의 장'에 대한 모색의 출발점이다. 유럽과 비교할 때 뒤늦게 문제를 설정했다는 점에서, 동아시아는 어떤 의미로 아주 유리한 위치에 서 있는지도 모른다. 우리는 프랑스의 '기억의 장'이나 독일의 '기억의 장(Deutsche Erinnerungsorte)'이라는 표현과 직접적으로 병행되는 '일본의 기억의 장'이나 '한국의 기억의 장', '중국의 기억의 장' 등 소박한 국가 단위의 기억 논의를 진행할 수는 없는 입장이다. '동아시아'의 역사적 현실은 국민사적 기억의 토폴로지를 구축하는 것을 간단히 용납하지 않기 때문이다. 동아시아의 역사는 중화 제국, 일본의 제국주의와의 전쟁, 냉전, 한국전쟁, 그러한 역사가 만들어낸 디아스포라(diaspora), 그리고 오늘날의 글로벌화 등 '일본'이나 '한국'이라는 단위를 국민사적으로 나누기에는 너무나 얽혀 있다. 물론 본래 유럽도 같은 문제를 떠안고 있는 건 마찬가지였지만 말이다.

  '동아시아 기억의 장'이라고 할 때, 다양한 주제가 논의될 수 있
다. 당장 떠오르는 것은 국경을 넘어 공통적으로 기억되는 요소이다.
원구, 왜구, 임진왜란, 조선 통신사, 청일전쟁, 러일전쟁, 만주국, 중일
전쟁, 8월 15일, 한국전쟁과 같이 동아시아에 걸친 역사적 사건은 명
백히 '동아시아 기억의 장'의 주제가 될 수 있다. 공자, 관우와 같이
공통적으로 기억하는 인물도 존재한다. 한자나 한문, 유교, 불교, 호
적(율령) 등 동아시아에 퍼진 제도 또한 하나의 대상이 될 수 있다.

  그러나 반드시 '동아시아'라는 지리적 범위 내에서 공통적으로
기억되는 것만을 대상으로 삼을 필요는 없다. 여기서 말하는 '동아시
아'는 우리에게 인식의 전제로 주어진 공간적 개념이 아니기 때문이
다. 에른스트 라비스(Ernest Lavisse)의 『프랑스사』에 해당하는 정전(正
典)의 동아시아판은 아직 존재하지 않는다. 게다가 '프랑스가 아닌 유
럽연합(EU)적'이라는 자세에 대응하는 '일국 한국(일본, 중국……)이
아닌 동아시아적'이라는 현실이 과연 구축되고 공유되는지 자문해보
자면, 그 역시 유럽과 비교해 매우 미심쩍다고 말할 수밖에 없다. 즉
'동아시아'라는 것은 어디까지나 '균질적이며 공허한' 시공간을 전제
로 한 인식, 바꿔 말하자면 기억의 공유 모델을 탈구축하기 위해 도입

된 방법적 개념인 셈이다. 이것은 어디까지나 '일본'이나 '한국'이라는 국민적 기억의 틀을 일단 괄호 안에 넣기 위한 개념일 뿐이다. 어떤 요소든 던져 넣을 수 있다는 식의 지리적 외연의 틀을 가진 빈 그릇은 결코 아니다.

'동아시아에 있어서 기억의 장'이라는 표현을 쓰지 않고 '동아시아의 기억의 장'으로 설정하는 까닭도 '동아시아'를 이미 주어진 지리적 공간으로 보는 일을 피하기 위해서이다. 게다가 여기서 '동아시아'란 지리적 의미로서의 '동아시아' 바깥에 있는 요소를 배제하기 위한 개념 장치도 아니다. 지리적 의미의 '동아시아'에 대상을 집어넣으려 해도, 미국이건 유럽이건 동아시아 이외의 다른 아시아 지역이건 오히려 기억은 그 틀에서 새어 나오고 만다. 지리적 틀을 미리 만들어 버리지 않고 어떻게 상기되는가에 따라서 '동아시아 기억의 장'을 논해야 한다. 따라서 어떤 '기억의 장'에 주목하는가에 따라 전혀 다른 '동아시아'가 보인다고 말할 수 있다.

또한 '동아시아 기억의 장'을 "일본에서는 이렇게 기억됐습니다. 그것에 비해 한국에서는……" 이런 식으로 단순히 비교사적으로 병렬한다면, 그것은 그저 여러 국민의 '기억의 장'을 긁어모아 나열해 놓은 데 불과할 것이다. 비교는 반드시 통과해야 할 기초 작업이지만 거기에 멈춰버리면 여러 국민의 '기억의 장'을 제(諸) 국민 연합(United Nations)과 같이 병렬하거나 조정한 것에 지나지 않는다. '동아시아의 기억의 장'을 논의하는 까닭은 국민경제론의 틀에 대해 '종속이론'이나 '세계시스템론'이 가져온 전회를 기억론에 도입하기 위해서이다. 종속이론이나 세계시스템론이 국민경제론에 대해 가졌던 비판력이란, 국민경제를 자율적 단위로 보지 않고 경제적으로 '발전'한 서구와 노예무역이나 플랜테이션(plantation) 노동 등과의 동시성과 관계성에 착목한 데 있다. 국민경제론을 비교의 관점이라고 한다면, 종속이론 등은 관계성의 관점이라고 할 수 있다.

　　비교의 관점에서는 집단적으로 기억되어온 것을 나열하며 그 특징, 공통점, 상이점을 논하게 된다. 그에 비해 관계성의 관점에서는 상기되어온 것뿐만 아니라 망각되어온 것도 동시에 생각하고, 그것이 집단 사이의 어떤 관계에 유래하는지를 주목한다. 기억은 상기되는 것에서 제외되는 무수한 것들이 있기에 성립한다. '기억의 장'을 탐구하는 것은 그 전제에 있는, 또는 그것과 표리일체의 관계에 있는 망각, 배제, 무시, 무지, 무감각, 공백, 구멍, 곧 '겹겹이 쌓인 시체'와 마주하지 않고는 불가능한 일이다. 일찍이 에르네스트 르낭(Ernest Renan)은 "민족은 본질적으로 모든 개인들이 많은 것들을 공유하고 있기도

하며 많은 일들을 잊어버리기도 한다"라고 단언했다.[30] 국민적 기억이
어떻게 만들어졌는지 해부하는 일은 곧 어떻게 다른 것이 망각됐는가
에 대한 논의와 함께 이루어질 필요가 있다. '동아시아 기억의 장'에
서 중요한 것은 '국민적' 기억의 성립에서 본질적이라 할 만한 망각과
상기, 그리고 이미 성립된 기억의 국민경제의 틀을 벗기고 해부하는
것이다. 곧 어떤 집단에서는 상기의 대상에서 제외된 것이 다른 집단
에서는 기억의 장이 되거나 혹은 기억하는 방식이 서로 다른, 불균등
한 기억의 방식을 포함해 얽혀 있는 관계성을 해부할 필요가 있다.

　한 가지 더 중요한 점은 '동아시아 기억의 장'을 국민국가를 단
위로 대칭적으로 서술하는 것이 아니라 식민주의, 인종주의, 계급투
쟁, 젠더 분할이라는 비대칭적인 권력관계도 포함된 연쇄나 분열을 역
사화해가면서 해명하는 것이다. '일본에서는' 혹은 '한국에서는'이라

---

30　"망각―심지어 역사적 오류라고까지도 말할 수 있겠는데―은 민족 창출의 근본적인
　　요소이며, 바로 그러한 연유로 역사 연구의 발전은 종종 민족성에 대해 위험한 것으로
　　작용합니다. 사실 역사 분석에 의한 탐구는 모든 정치 조직의 기원에서 이루어졌던 폭
　　력적인 사태들, 심지어 가장 유익한 결과를 가져왔던 정치 조직의 기원에서조차 존재
　　했던 폭력적인 사태들을 재조명해버립니다. …… 그런데 민족은 본질적으로 모든 개인
　　들이 많은 것들을 공유하고 있기도 하며 많은 일들을 잊어버리기도 합니다. …… 프랑
　　스 시민들은 모두 13세기에 있었던 정오의 학살, 즉 성 바르톨로메오 축일의 학살을 분
　　명히 잊고 있을 것입니다." 에르네스트 르낭, 『민족이란 무엇인가』, 책세상, 2002,
　　61~62쪽 인용.

고 단순히 구분 지을 수 없는 장소, 또는 복수의 '국민적' 기억의 장 사이에 존재하는 틈과 같은 '비(非)장소', '어디'에도 속하지 않는 이야기, 어둠에 놓인 것, 그러한 기억의 국민경제로부터 벗어난 경험을 사고하지 않고는 '동아시아 기억의 장'을 논할 수 없다. 오히려 그런 '위치'에서 논의할 때 '동아시아 기억의 장'의 의미가 비로소 드러날 것이다.

이상 '동아시아 기억의 장'을 '기억의 장'에 대한 방법적 틀로 제시하기 위해 유념할 점 몇 가지를 들어보았다. 이것으로 모든 것이 설명된 것은 아니며 일반 이론과 같은 것이 가능하리라고도 생각하지 않는다. 오히려 '동아시아 기억의 장'이란 안정적인 기억의 공유 모델을 불안정하게 하고 익숙해진 것을 익숙하지 않은 것으로 만드는 끊임없는 비판의 운동이라고 할 수 있다.

## 5. '동아시아 기억의 장'의 현실성

'동아시아 기억의 장'이라는 착상은 단순히 학술적이거나 이론적인 것에서 나온 것이 아니라 실천적인 요구에서 나타났다. 이것은

'비판과 연대를 위한 동아시아 역사 포럼'(이하 역사 포럼)의 논의 과정에서 부상한 주제이다.

역사 포럼이 출발한 계기는 1990년대 일본에 등장한 '새로운 역사 교과서를 만드는 모임'(이하 새역모) 등이 불러일으킨 역사 교과서 문제였다. 2000년 일본의 문부성(현 문부과학성)의 교과서 검정에 신청된 『새로운 역사 교과서』를 둘러싸고 동아시아에서의 역사 인식에 대한 많은 논쟁이 일어나면서 역사 포럼은 여러 '국제적'인 지적 대화의 시도 가운데 하나로 시작했다. 역사 포럼은 '새역모'를 비롯한 일본의 '내셔널 히스토리'뿐만 아니라 한국의 '국사'에 대해서도, 나아가 '내셔널 히스토리'라는 역사서술의 존재 양태 그 자체에 대해서까지 동시에 비판적 고찰을 시도했다. 실제로 제1회 워크숍은 '한일 역사 교과서의 상호 비판'이라는 주제로 일본 측 참가자가 일본의 역사 교과서를, 한국 측 참가자가 한국의 역사 교과서를 비판적으로 검토하는 것에서 시작했다.[31]

일본과 한국을 오가며 진행하면서도 '한일 역사 포럼'이 아닌 '동아시아 역사 포럼'이라는 명칭을 선택한 까닭은 '일본'이나 '한

---

31    역사 포럼을 둘러싼 사학사적 맥락에 대해서는 板垣竜太, 「批判と連帯: 日韓間の歴史対話に関する省察」, 『文化人類学』 74-2, 2009 참조.

국'이라는 한 나라를 대표하는 역사학자들의 대화라는 틀을 거부하기 위해서였다. 그러나 참가자를 한일 연구자로 한정하더라도 많은 문제가 있는데 그것을 동아시아의 다른 지역으로 확대했을 경우 통역·번역 체제를 포함한 논의의 틀을 어떻게 설정해야 하는지 하는 어려움이 한층 더해지기 때문에, 한꺼번에 물꼬를 트지 않고 일단은 한일 사이의 농밀한 논의를 중심으로 진행하기로 했다. 그렇지만 어떻게 하면 참가자를 넓혀 나갈 수 있을까를 항상 염두에 두어왔으며, 실제로 제1기(2001~2006년) 후반에는 타이완의 역사학자 우미차(吳密察)를 비롯한 몇몇의 타이완사 연구자도 함께 논의했다.

이후 역사 포럼에서는 '식민주의와 근대', '동아시아'라는 주제로 합숙 형식의 워크숍을 통해 초국가적인 대화를 거듭해왔는데, 이 논의 속에서 우리는 일본이나 한국의 역사 인식의 전제를 이루고 그것을 규정하는 역사의식의 양상이나 성립에 대해 서로가 너무나 무지한 것이 아닌가 하는 의문이 차차 떠올랐다. 이러한 의문이 나중에 생긴 것은 어쩌면 당연한 일일지도 모른다. 왜냐하면 '한일', '한중일'이라 하는 틀 속에서 자주 열리는 공동 작업의 시도는 많은 경우가 역사 인식의 '공유'를 위해 행해져 왔기 때문이다. 여기에서는 상호 간의 역사 인식의 차이에서 출발해 어떤 합의를 이루는 것이 최대의 목적이었으며, 왜 다른지를 해명하는 것, 즉 서로의 발밑을 파 내려가 그 것으로 자신이 서 있는 지적 배치의 다른 점이나 그 역사성을 탐구하는 것은 시간이 걸릴 뿐 아니라 무용한 작업이기도 했다. 그러나 이런 작업을 하지 않고는 앞으로 나아갈 수 없다고 생각해서 결국 설정한 주제가 '동아시아 역사학의 위상: 우리는 지금 어디에 서 있는가'라는 일종의 사학사(史學史)였으며, 이 논의의 성과는 2009년 한국에서 출판됐다.[32]

역사학에 의거해 장을 해부해감에 따라 부상한 문제가 더 있었다. 역사 교과서나 역사학자가 쓴 논문은 역사 인식이나 역사의식을 생각할 때 매우 중요한 대상임은 틀림없지만 그것만으로는 도저히 해부할 수 없는 문제가 방대하게 남아 있다. 아무리 역사학이 '바른' 역사 지식을 생산한다 하더라도, 아무리 '속설'을 배제한 '실증적'인 논문이 많이 쓰이더라도, 그 옆에서 드라마 또는 만화 같은 매체에서 '속설'이나 상상력을 바탕으로 실증 불가능한 세밀한 부분조차 그려내며 역사를 둘러싼 풍부한 이미지를 환기하고 있다. 아카데미즘의 한쪽 구석에서 제아무리 '그것은 틀렸다!'라고 외치더라도 그 목소리가 전혀

---

32    비판과 연대를 위한 동아시아 역사포럼 기획, 도면회·윤해동 엮음, 『역사학의 세기: 20 세기 한국과 일본의 역사학』, 휴머니스트, 2009.

도달하지 않는 곳에서는 날마다 역사의식이 만들어진다. 역사라고 하는 지(知)는 역사학이라는 제도 속에서 완결되지 않는다. 여기에서 '기억의 장'이라는 문제를 설정할 필요성이 생겨났다. 이 관점에서 보면 역사학이란 '기억의 장'의 특수한 하나의 형태에 지나지 않는다고도 말할 수 있다.

노라의 프로젝트의 배경에도 역사학의 사학사적인 반성의 흐름이 있었다. 사학사의 연장에서 '기억의 장'이 구상된 점은 역사 포럼에서도 동일한 과정을 거쳤다고 할 수 있을지 모른다. 그러나 당시는 동아시아에서 현실적인 문제가 동시에 대두된 시점이기도 하다. '새역모'가 등장했을 때 일본의 역사학자들은 어떻게 움직였는가? 우리가 본 한도 내에서는 초기에는 그것을 실증적으로 볼 수 없는 부족한 것이라며 무시했을 뿐이다. 그런데 '새역모'를 시작으로 여러 관련 단체가 정치권과 재계까지 끌어들여 물량 공세로 '국민운동'을 전개하자 차츰 무시할 수 없는 영향력을 갖게 됐다. 그때에도 역사학계에서는 『새로운 역사 교과서』가 사실(史實)로서 틀린 점을 일람표로 만들어 발표하거나 비판 성명이나 논문, 책을 내는 데 그쳤다. 물론 이것이 중요한 작업이었다는 점은 틀림없다. 그러나 비록 교과서로서의 채택률은 낮았다 하더라도 그 역사관은 일본에 서서히 침투했다. 2005

년에는 이러한 역사관을 포함한『만화 혐한류(マンガ嫌韓流)』가 베스트
셀러가 됐는데, 그 배경에는 인터넷 등에서 방대하게 유통된 역사수
정주의적인 지식이 있었다.[33]

　이에 대해 동아시아의 구체적인 역사적 상황 속에서 넓은 시야
로 논의해보면 다음과 같다. 세계사적으로는 냉전이 붕괴됐다고 했던
1990년대, 아직 냉전의 분단 구조 속에 있던 동아시아에서는 역사적
기억을 둘러싸고 커다란 지각변동이 일어났다. '전후(戰後) 50년'을 전
후해 일본에서는 역사를 둘러싼 논의가 들끓어 올랐고, 또 정치체제
로서는 민주화를 이룬 한국에서도 1990년대 후반 이후 '과거청산'에
관한 제반 사업들이 급속도로 전개됐다. 그런 과거에 대한 논의 가운
데 가장 상징적인 사건은 일본군 '위안부' 생존자가 목소리를 내기 시
작한 일이었다. 그들이 침묵을 깨고 이야기를 시작한 것이 계기가 되
어 역사에 대한 정부의 자세나 역사 교과서 같은 공식적인 역사의 영
역도 흔들렸다. '새역모'를 비롯한 일본의 여러 단체들도 이러한 움직
임 속에서 반동적으로 태어났다. 여기서 기억의 항쟁이라고도 할 수

---

33　板垣竜太,「〈嫌韓流〉の解剖学: 現代日本における人種主義―国民主義の構造」,
　　徐勝ほか編,『『韓流』のうち外: 韓国文化力と東アジアの融合反応』, 明石書店,
　　2008;「『マンガ嫌韓流』と人種主義―国民主義の構造」,『季刊前夜』11호, 2007.

있는 상황이 국경을 넘어 생겨났다. 이러한 현실은 국경을 넘은 대화를 요청했으며, 그 속에서 역사학이라는 제도를 재검토할 필요를 제기했다. 뿐만 아니라 거기에서 한 걸음 더 그 '밖'으로 나아가 '기억의 장'이라는 주제를 안겨주었다. 기존의 역사서술을 둘러싼 제도의 틀 밖에서 역사와 마주하는 하나의 장치로서 '기억의 장'에 대한 논의가 필요해진 것이다. 더 이상 과거에 대한 논의를 역사학의 문법 속에 모두 맡길 수 없다는 현실의 절박한 필요에 따라 '기억의 장'에 대한 논의가 시작됐다.

## 6. 파일럿판의 특징

우리는 2006년까지 5년간의 역사 포럼을 제1기로 하나의 획을 긋고, 2006년 말부터 제2기를 위해 비교적 젊은 구성원들을 중심으로 '동아시아 기억의 장'에 대한 논의를 조심스럽게 전개했다. 프랑스의 '기억의 장' 프로젝트가 약 10년을 들여 방대한 논문을 생산했다는 점을 고려한다면 '동아시아 기억의 장'은 매우 장대한 계획이다. 현실적으로도 '동아시아 기억의 장' 프로젝트를 전면적으로 전개할 정도의 이론적·실천적 전망이나 조직 혹은 재력도 우리에게는 없었다. 결국 우리는 어니까지나 뜻은 높게 설정하면서도 제2기 역사 포럼의 형편에 상응하는 견실한 규모에서 이를 시작할 필요가 있다고 판단했다.

우리는 2~3년 정도의 시간을 들여 '동아시아 기억의 장'의 샘플을 모은 한 권의 파일럿판을 만드는 작업에 착수하기로 했다. 실제로 일본어판이 나오기까지 5년에 가까운 시간이 흘렀는데, 사실 아무리 파일럿판이라 하더라도 국경을 넘는 '기억의 장'을 그려내는 작업이 그저 개인 발표를 모으는 것만으로 이루어지는 것은 아니었다. 그러므로 제2기에서는 어느 정도 한정된 집필자를 정한 다음 매회 전원이 계획안이나 요약문 또는 초고를 제출해 참가자에게 비판이나 조언을 받아 상호 토의를 반복하고 수정을 더해가며 협동적으로 정리해나가는 공동 연구 방식을 취했다.

또한 우리는 제1기 이후 확립해온 초국가적인 워크숍 방식을 이용해 주제에 대한 논의를 거듭해왔다. 이것은 당초에 생각했던 것을 넘어서는 묘미를 느낄 수 있는 경험이었다. 어떤 효과적인 주제가 하나 제시되면 이질적인 것을 포함한 가지각색의 기억이 잇달아 되살아나고 논의가 쏟아졌다. 다. 또 새로운 참가자가 오면 그만큼 새로운 기억의 존재 방식이 계속해서 덧붙여지고 새로운 주제에 대한 아이디어도 늘어났다. 역사학에서의 토론이라면 가령 '나는 이렇게 기억한다'라는 것이 있더라도 사료에서 검증되지 않는 한 '억설'에 지나지 않기 때문에 그 기억을 입 밖으로 꺼내기가 어렵지만, '기억의 장' 논의에서는 오히려 '나는 이렇게 기억한다'라는 것이야말로 일차적인 중요성을 갖는다. 그렇기에 끝이 없는 논의가 계속됐다.

다만 어떤 주제를 선정할 것인가에 대한 결정은 매우 어려웠다. '국민적' 기억의 틀을 초월한다고 하더라도 무리해서 '공통성'을 고집할 필요는 없었다. 오히려 '공통성'을 고집하면 그것이 도리어 '제국'적인 것을 불러일으키는 데 그칠 가능성도 있다는 역설적인 측면도 있었기 때문이다. 그 주제를 생각할 때 공간이 분절되거나 연결된 듯 보이거나 혹은 단절된 듯 보이는 이유는 무엇일까? 또 그 기억을 분석하는 것이 지금 현실의 문제에 의식적인 개입으로 나타난다면 그것은 어떠한 방법이어야 하는지가 중요한 문제가 됐다.

초기에는 두세 명을 한 팀으로 묶어 팀별로 하나의 주제에 대해 쓰는 방법도 생각했으나 결국 한 사람이 하나의 주제에 대해 쓰기로 했다. 망라적이고 최대 공약수적인, 즉 백과사전의 항목과 같은 내용을 지향하기보다는 필자 개개인의 지식이나 관심 등에 따라 다소 치중하는 면이 있더라도 제각각 한 편의 개성적인 읽을거리가 되는 데 집중했다. 그 대신 앞으로 더 다른 기억을 접합해가는 것도 가능한, 되도록 열린 서술을 하려고 유의했다. 다만 언어의 문제는 생각보다 컸다. '동아시아 기억의 장'은 필연적으로 복수의 언어 사용을 요구한다. 더욱이 한 사람의 능력에는 당연히 한계가 있다. 그렇기 때문에 여러 명의 무수한 통역과 번역을 거치며 논의를 진행해갔고, 의견을 나눠갔다. 그렇다고 해도 이 책에 '모든 것을 다 넣는다'는 것은 처음부터 불가능한 일이었다. 또한 그것은 근본적으로 '동아시아 기억의 장'을 전체적으로 내려다볼 수 있는 위치가 과연 존재하는가라는 문제를 제기하는 것이기도 했다.

일본과 한국을 왕복하면서 논의를 전개한 제1기의 방식은 제2기에도 계속됐다. 이 책은 '일본과 한국의 기억의 장'으로 설정된 것이 아니며 필자들이 제각각 파고드는 '기억의 장'에 따라 '동아시아'를 추구하는 형태가 됐다. 그렇기에 일본과 한반도의 이야기밖에 없으면서 '동아시아'를 사칭한다는 등의 평가는 하지 않기를 바란다. '동아시아'라고 불리는 지리적 공간의 요소를 망라한다고 해서 '동아시아'가 되는 것도 아니다. 필자들이 여기에서 추구하는 목적은 이를테면 일본과 한반도에 축을 둠으로써 보이는 '동아시아'를 그려내는 데 있다. 나아가 발을 어디에 두는지에 따라 또 다른 '동아시아'가 보이는 하나의 가능성을 제시하기 위해서 중국사 연구자인 김석우, 타이완사 연구자인 고마고메 다케시(駒込武)에게 참가를 요청하여 타이완이라는 공간에서 보이는 '동아시아'를 그리도록 부탁했다.

이상과 같은 과정의 결과로서 '동아시아의 기억의 장' 파일럿판이 매우 다양한 모습으로 완성됐다.[34] 이 책의 구성을 소개하면 다음과 같다.

동아시아의 '공통성'을 논의할 때 반드시 그 요소로서 들 수 있는 것이 한문으로 쓰인 고전이다. 또한 근대 주권국가의 경계선이 그어지기 훨씬 이전, 고대 동아시아의 역동적인 역사적 변동은 현대인들에게 로망을 일으키는 동시에 논쟁도 불러일으켰다. 그러한 고전고대의 공간 가운데 이 책에서 다룬 것은 무(武)의 상징인 '관우'와 문(文)의 상징인 '공자', 그리고 고대 한일 관계에 관한 서술에서 중요한 '삼한정벌(三韓征伐)'이다.

고대사는 상대적으로 사료가 적어 그 시대에 따라 역사를 읽는 사람의 관점이 반영된다. 이성시의 '삼한정벌'은 신화와 역사가 뒤섞

---

34  다만 프랑스판 『기억의 장』에서 어느 정도 이어받은 서술 양식이 있다. 제목은 한 단어로 할 것, 읽기 쉽게 서술하도록 노력할 것, 이에 번잡한 고증 절차 등은 본문에는 반영하지 않을 것, 그림을 넣어 이미지를 그려내기 쉽게 할 것 등이다. 이런 면에서는 형식을 통일하고자 했으나, 결과적으로는 매우 다양한 모습이 됐다.

인 일본의 역사서인 『일본서기』에서 '진구황후(神功皇后)'의 신라 출병 이야기가 그 후 어떻게 변천됐는지를 축으로 삼아, 고대 한일 관계사가 근현대에 어떠한 기능을 해왔는지 검증한다. 이러한 이야기는 도요토미 히데요시(豊臣秀吉)의 조선 출병 때(임진왜란) 상기되어, 정한론 (征韓論)이 대두한 메이지(明治) 초기나 그 후 '한국 병합'이 될 때 다시 부상하는 등 일본의 한반도 침략을 지탱하는 이야기 가운데 하나로 기능했다. 한편 1960년대 북한에서는 그것을 반전시켜 일본 열도에 삼한삼국의 분국(分國)이 있었다는 학설이 등장하고, 그것이 일본에 들어와 '일본 속의 조선 문화' 찾기라는 큰 열풍을 일으켰다. 이성시는 이렇게 긴 세월 동안 얽히고설켜 온 고대사 이야기를 풀어나간다.

김석우는 중국의 삼국 촉나라의 무장 '관우'에 대해 서술한다. 관우는 역사상 실재한 인물로 싸움터에서 보여준 용맹한 모습으로 민중의 인기를 얻고, 관우 신앙이나 역사소설 『삼국지』에서와 같은 모습으로 캐릭터화됐다. 김석우는 '관제묘'에 주목하면서 '관우'에 대한 기억의 불균등한 배치를 동아시아의 역사적인 변동에 맞춰 그려냈다. 중화 제국 내 다민족(多民族)의 역학적 관계 속에서 송대(宋代) 이후에 관우 신앙이 널리 퍼지는 과정, 20세기 한반도에서 나타난 '관우'에 대한 망각, 일본이나 동남아시아에서 보이는 '관우'의 타자화 등 기억을 둘러싼 힘의 관계를 끄집어낸다.

'관우'가 무(武)의 상징이면 문(文)의 대명사는 말할 것도 없이 '공자'이다. '공자'의 기억은 유교와 유학의 기억이기도 한데, 이것은 실로 다양하고 한없이 방대하다. 류미나의 글은 '공자'를 모신 '공자묘'라는 건물에 주목하면서 한반도 내 '공자'의 기억을 사선으로 파고 들어 갔다. 여기에서 보이는 것은 19세기 말부터 오늘날에 이르기까지 공자묘를 둘러싼 상징 질서의 전환이다. 그 옛날 조선왕조와 사족에게 정통성의 근거가 된 공자묘는 19세기 말 이후 새로운 역학, 즉 조선(민족), 중국(구제국), 일본(신제국) 사이의 갈등, 그리고 '새로운 것'과 '전통적인 것'과의 갈등의 힘이 작용하는 각축장이 됐다.

'기억의 장'은 반드시 '실재'하는 것만을 대상으로 하는 것은 아니다. 예를 들어 프랑스판 '기억의 장'에서도 '쇼비니즘'(열광적 애국주의)의 어원이 됐다고 하는 나폴레옹 1세 시대의 '용맹'한 병사 니콜라 쇼뱅(Nicolas Chauvin)이 실제로는 존재하지 않았음에도, 1820년대부터 희곡, 샹송, 판화 등에서 왕성하게 표현되고 애국주의의 대명사가 되어가는 발자취를 더듬었다(원본 제2부 제3권). 즉 '기억의 장'에서 중요한 것은 '실재'보다는 '현실성'이다. 그런 의미에서 중요한 대상이 이야기이다. 이 책에서는 한반도에 관련해 '심청전'과 '삼년고개'

라는 두 이야기가 등장한다.

　정지영은 한국 효녀의 상징인 '심청'의 이야기 속에 깃든 기억에 초점을 맞춘다. 심청 이야기는 아버지를 위해 희생한 딸의 효행 이야기로 근대사회에서 희생, 근면, 자율의 정신을 교육하는 데 활용되었다. 그런데 이야기를 파고들어 보면 '팔려간 딸', '딸을 판 아버지'의 슬프고 '어두운' 사정이 숨겨져 있다. 그 배경에는 식민 지배, 빈곤, 근대의 가부장제라는 현실이 얽혀 있다. 심청을 칭송하는 공식 기억의 구축 과정은 불편한 아픔을 덮고, 정당화하는 과정이기도 했다. 하지만, 바로 그 틈새에서 버려진 기억이 논의된다. 한편 일본의 우파 수정주의자는 '일본군 위안부'가 조선의 '부모가 딸을 판 것'이라고 주장함으로써 책임을 회피하려 한다. 이 글은 위안부 동원과 조선인 협력자 등 근대의 '딸을 판' 문제를 둘러싼 역사적 상흔이 논의되는 기억의 각축장으로 심청이야기를 들여다본다. 이에 '불편한 기억'의 조각을 드러내고 아픔에 직면함으로써, 책임 떠넘기기 식의 논의에 맞서고 차단할 것을 제안한다.

　미쓰이 다카시(三ッ井崇)는 최근 일본의 국어 교과서에 '한반도의 민화'로 소개된 '삼년고개'라는 옛날이야기를 다룬다. 한국에는 일종의 재치가 담긴 이야기로 잘 알려져 있다. 미쓰이는 먼저 이것이 식

민지기에 '미신타파'의 교재로서 조선총독부의 교과서에 게재됐다는 기원을 밝혀냈다. 그것이 해방 후 '미신타파'의 요소가 삭제된 채 한국 교과서에도 실린 것이다. 또한 북한에서 이야기된 '삼년고개' 내용을 바탕으로 재일조선인 동화 작가가 이를 일본에 소개했고, 그것이 돌고 돌아 일본의 교과서에 반영된 내력을 밝혀냈다.

누구나 그 일생은 복잡하고 여러 집단과 관계하며 살아간다. 따라서 개개인은 그와 관계된 집단에 따라 무엇이 기억되고 무엇이 망각되는가가 달라진다.

김신정의 「윤동주」는 서울, 교토, 룽징에 각각 세워진 시인 윤동주의 시비(詩碑) 건립 과정에 주목한다. 그럼으로써 이 글은 세 도시의 윤동주 기억이 '국민', '평화', '민족' 등의 의미 효과를 선별적으로 산출하고, 또한 서로 연결되고 균열을 일으키며 긴장과 갈등의 관계를 형성하는 과정을 분석했다. 한 도시의 기억은 다른 도시의 기억을 통해서 그 기억과 망각, 은폐의 비밀을 폭로한다. 이를 통해 이 글은 북간도에서 태어나 서울에서 수학하고 일본의 옥중에서 고독하게 죽어간 한 디아스포라 주체의 경험이 특정 지역, 국가 단위 기억의 틀 속에서 고정적으로 사유될 수 없음을 제시한다. '윤동주'라는 기억의 장소는 한 장소에 온전히 포괄될 수 없고 각기 다른 장소로 분할될 수도 없는 기억의 불균형과 월경(越境), '빈 틈'을 드러낸다.

이타가키 류타(板垣竜太)는 현대 일본과 한반도에 걸쳐 '영웅'으로 잘 알려진 프로레슬러 '역도산'을 다룬다. 미국인 레슬러를 '가라테 춉'으로 쓰러트린 역도산은 미일 관계의 아날로지(analogy)도 한몫을 해, 전후 일본의 '국민적' 영웅이 됐다. 그러나 그것은 조선 출신이라는 사실이 은폐된 상황에서의 일이였으며, 한 사람의 '영웅'을 일본인과 재일조선인이 서로 다른 눈으로 바라본 일이었다. 한편 한국에서는 1960년대부터 역도산이 '한국이 낳은 세계적인 레슬러'로 알려졌다. 또한 북한에서도 북미 관계나 북일 관계가 투영되면서는 그가 '렬사'로서 자리매김했다. 이 글에서는 그 분열된 기억의 지형도를 그려낸다.

앞에서 '장(lieux)'이라는 것이 반드시 실제의 장소일 필요는 없다고 말했지만, 어떤 구체적인 장소에 역사가 지층처럼 겹쳐져, 그것이 방문하는 사람에 따라 전혀 다른 기억으로 상기되는 경우가 자주 있다. 여기서는 타이완의 '지산암(芝山岩)'과 조선의 '금강산', 그리고 '벚꽃' 명소를 다뤘다.

고마고메 다케시가 소개한 '지산암'은 널리 잘 알려진 '명소'는 아니다. 그러나 청나라 시대, 일제 시대, 국민당 지배기, 그리고 후기 냉전 시기의 복잡한 경험이 '지산암'에 새겨졌다. 그 때문에 방문한 사람의 입장에 따라 보이는 것이 달라진다. 일본의 지배를 정당화하고 싶은 사람들은 타이완의 '근대 교육'을 위해 '희생'된 교사들의 기념비만이 눈에 들어오며, 국민당이 지배하는 공포의 시대를 경험한 사람들은 특무 조직이 군림했던 흔적에서 눈을 뗄 수가 없다. 고마고메는 이러한 장소에 새겨진 동아시아의 중층적인 경험을 고고학자처럼 파헤쳤다.

'금강산'은 굳이 말하지 않아도 잘 알려진 한반도의 명산이다. 그러나 이 '금강산'의 기억이 말하는 궤적은 복잡하다. 테사 모리스스즈키(Tessa Moris-Suzuki)는 고대에서 현대에 이르기까지 퇴적되어온 기억과 망각의 층을 스케치했다. 조선 시대의 문인이 한시나 회화에 그린 금강산의 유학적인 풍경, 그것과 대립하는 듯 민중 사이에서 번져가는 부처나 영혼에 가득 찬 금강산의 이미지, 제국적 글로벌화 속에서 오리엔탈리즘의 눈에 비치는 광경, 일제 시대의 관광 개발, 해방 후 북한 주체사상에 의해 나타난 금강산의 재해석……. 그리고 2000년에 금강산은 남북 정상회담 이후 남북한의 '화합'과 갈등의 상징이 됐다. 이처럼 우리는 금강산을 통해서 동북아시아사의 풍경을 엿볼 수 있다.

다카기 히로시(高木博志)는 '벚꽃'이 있는 풍경이 가진 제국적 질서를 풀어헤쳤다. 지금 일본 등에서 가장 대중적인 벚꽃인 '소메이요시노(染井吉野)'가 각 지역에 심어진 시기는 메이지 이후인데, 이 벚꽃이 일제히 선명하게 피었다가 바로 지는 모습에서 '무사도' 등과 자주 연결되곤 했다. 게다가 '소메이요시노'는 한반도나 타이완, 중국 대륙 등 일본인이 거주하는 지역에 잇달아 심어졌다. 일본의 벚꽃 애호가들은 새로운 '소메이요시노'보다 재래 벚꽃을 더 좋아했다. 그럼에도 그들은 결코 조선의 재래 벚꽃은 높이 평가하지 않았으며, 이것이 풍경의 제국적 질서를 형성해갔다.

홍차를 적신 마들렌을 먹는 순간 어린 시절의 기억이 돌아오는 것은 마르셀 프루스트(Marcel Proust)의 『잃어버린 시간을 찾아서』 가운데 매우 유명한 장면이다. 그러나 이러한 '무의지적 기억'은 반드시 프루스트처럼 '개인적'이며 '쾌감'이 동반되는 것만 있는 것은 아니다. 오히려 동아시아에는 머리카락이 곤두서는 온몸의 떨림과 함께 상기되는 '집단적' 기억이 충만하다. 이 책에서는 이러한 불쾌한 기억이 상기되는 장으로 '빨갱이/아카(赤)'와 '조센진(朝鮮人)'에 대해 논한다.

'빨갱이'(또는 '아카')는 공산주의자를 업신여겨서 부르는 칭호이다. 이와사키 미노루(岩崎稔)는 근현대 동아시아에서의 '빨갱이' 상징주의를 해부한다. 교양주의와 연결된 근대 일본의 '좌경 학생'의 존재는 점차 반(反)지성주의를 동반해 '전향'을 압박하는 '아카'의 표상의 확대와 함께 사라져 갔다. 일본의 패전과 민주화로 '아카'는 일시적으로 복권되지만 냉전 시대의 레드 퍼지(red purge, 공산주의자 추방)나 시베리아 억류에서 돌아온 이들이 말하는 '소련'의 이미지와 함께 외부화되어간다. 한편 해방 후 남한에서의 '빨갱이', 광복 후 타이완에서의 '공비'는 이제 '사상 선도'의 대상이 아닌 근절시켜야만 하는 대상이 됐다. 이러한 냉전과 열전의 음산한 광경 속에 '아카', '빨갱이'의 기억이 새겨졌다.

최진석은 '조센진'이라는 소리의 울림이 상기시키는 것에 중점을 두었다. 이것은 '朝鮮人'이라는 문자나 '조선 사람', '한국인'이라는 말에서는 반드시 나타난다고 할 수 없는 기억이다. 최진석의 글은 이 책 속에서 조금 이색적인 형태의 문체를 발휘해, 그 자신 속에 내포된 '조센진'의 흔적을 쫓아가며 '그림자의 동아시아'를 그려낸다. 그것은 일종의 상(喪)의 작업이며, 그는 거기에서부터 그림자를 푸는 길을 찾아간다.

근대의 감시나 규율은 사람들을 나누고 단절시키지만, 또 여러 경험을 안겨주기도 한다. 여기에서는 '운동회'와 '지문'을 사례로 삼아, 단순히 '권력은 이렇게 교묘하게 지배했습니다'라는 말로는 끝나지 않는 기억의 정치를 헤집고 들어간다.

오성철은 '운동회'라는 체육 활동에 주목한다. 19세기 말, 홋카이도에서 일본 전국에, 그리고 타이완, 조선, 만주에 널리 퍼진 운동회는 한편에서는 분명히 '위'로부터의 국민 통합의 장이었다. 운동회는 아시아태평양전쟁 시기에는 루스벨트나 처칠에게 구슬을 던지고, 분단 체제하의 한국에서는 공산주의 국가의 폭격기를 쪼개는 등 전쟁 연습의 장으로서 기능했다. 그러나 다른 한편으로 유희나 잔치의 계보로 이어진 운동회는 민중 속에서 반드시 국가의 의도대로 기억되는 것만이 아님을 보여준다. 오성철은 이러한 기억의 균열을 밝혀낸다.

'지문'은 오늘날 '생체 인식(biometrics)'라는 명칭으로 공항이나 노트북 등 여기저기에 도입됐는데, 이타가키 류타에 따르면 이러한 새로운 장치 속에서 역사적 경험이 사라져간다고 한다. 그러나 지문 날인은 어떤 이에게는 싫든 좋든 불가피하게 식민주의, 전쟁, 디아스포라, 냉전, 인종주의(racism)의 역사를 상기시킨다. 이타가키는 지문 날인을 거부하는 운동 속에서 역사가 상기되고, 이렇게 밝혀진 역사가 다시 새로운 연대 운동의 상상력을 제공하는 상호 작용을 추출한다.

이 책은 반드시 균형이 맞도록 선택된 것은 아니며, 통일된 문체로 서술된 것도 아니다. 그리고 "'동아시아 기억의 장'이라는 것은 이러하다"라는 모범이 될 만한 것을 열거하지도 않았다. 각각의 '장'이 충분히 완결적으로 그려졌다고 할 수도 없다. 오히려 이는 이후에 만들어질 수 있는 프로젝트를 위해 하나의 발판으로서 독자에게 내보여졌다. 그렇지만 어떠한 '장'을 주목하는가에 따라 다른 동아시아의 기억의 지형도를 엿볼 수 있다는 점을 독자들은 체감하리라 생각한다.

다만 고백하자면, 논의 과정에서 생긴 많은 고민거리들이 각각의 문장에 확실히 반영됐는지는 염려가 된다. 어쩌면 '논문'으로 모아가는 과정에서 그러한 고민이 깔끔하게 정리가 되어버린 것은 아닌가 하는 우려도 있다. '동아시아 기억의 장'을 탐구해가면서 '사실(史實)'보다는 '기억'을 다루는, 그것도 초국가적 역사로 생각한다는 것에 대해 참가자들은 당혹감을 비추었다. 기억된 것을 비판적으로 음미하고 객관적으로 사실(史實)을 하나하나 확정해가는 훈련을 받아온 이들에게 전문 영역도, 지역의 틀도, 언어도 뛰어넘어 어디까지나 불확정적으로 넓혀지는 기억이나 사료의 공백이라는, 비(非)존재만으로만 존재하는 망각은 정말 '당혹스러운 것'이었다. '전체'를 조감도적으로 파악한 후에 무언가 '단정적'인 결론을 끄집어내지 않으면 안 된다는 일종의 강박관념을 가진 연구자에게는, 침묵으로 이야기하고 이야기하는 것으로 숨기는, 마치 살아 움직이는 것처럼 다루기 어려운 기억에 대한 논술은, 언제까지나 어딘가가 '부분적'이며 '미완성'이라는 느낌으로 남았다. 그러나 변명처럼 들릴 것을 두려워하지 않고 말한다면, 아마도 '동아시아 기억의 장'이란 항상 미완성인 채로 열려 있는 것이 아닐까? 언제든 새로운 기억이 접붙여지고 지형도가 재편성되는 가능성을 품은 것이 '동아시아 기억의 장' 아닐까.[35]

35    이 책은 2011년에 일본에서 출간된 『東アジアの記憶の場』(河出書房新社)의 한국어 판이다. 하지만 단순히 일본어판을 한국어로 번역한 책은 아니다. 여기에 실린 글 대부분은 일본어판에 실렸던 원고를 수정, 보완한 것으로 한국어판이면서 증보판이라고 할 수 있다. 한국 측 저자의 글은 처음부터 한국어로 쓴 것을 게재하였다. 일본어 원고의 경우, 내부적으로 '역사포럼'의 세미나에 함께 참여한 연구자가 번역을 맡는 것으로 정했다. 오랜 시간 의미를 공유한 바탕 위에서 더 나은 번역이 이루어질 수 있으리라고 생각했기 때문이다. 기꺼이 번역을 맡아준 오성철, 류미나, 김은애 씨에게 감사드린다. 특히 류미나, 김은애 선생은 세미나가 진행되는 동안 여러 번에 걸쳐 고쳐 쓴 발표문을 번역해주었고 또 통역을 맡아주었다. 한국어판의 번역에 참여하지는 않았지만, 후지이 다케시(藤井たけし) 선생의 통역 또한 많은 도움이 되었다. 번역된 글은 오성철 선생을 중심으로 한국 측 필진들이 자연스러운 한국어 표현을 찾아 다듬는 작업을 한 결과이다. 함께해주신 분들께 감사의 뜻을 전한다.

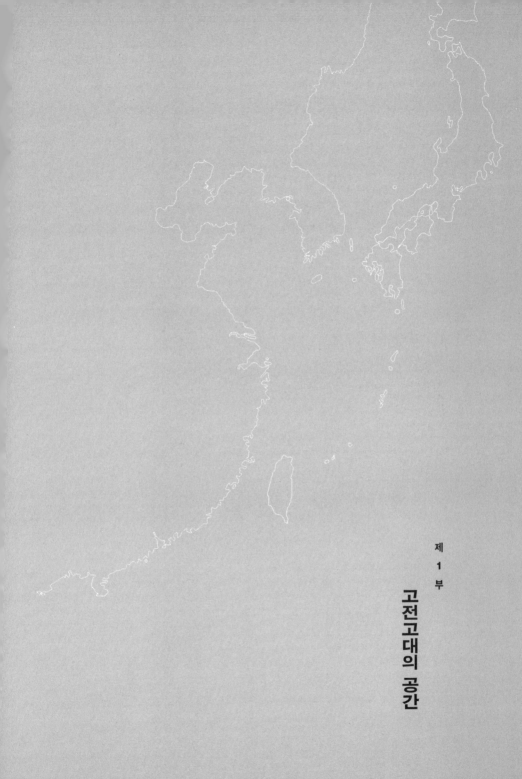

제 1 부

고전고대의 공간

제1장

○

# 삼한정벌

이성시 — 류미나 옮김

# 1.  들어가며

　　오늘날 한국과 일본에는 근현대사 못지않게
고대 한일 관계사에 관심을 갖는 사람들이 많다.
예를 들어 일본에서는 고대 일본이 한반도를 먼저
지배했고, 그 이후에도 고대 한반도의 제국들은
거듭해 일본에 조공을 해왔다는 사실을 강조한다.
그리고 이는 근대 이후 '국민적' 상식이 됐다. 그
런데 1972년에 이러한 고대 일본의 한반도 지배
를 학문적으로 지탱해준 광개토왕비(414년 건립)
가 일본 육군에 의해 개찬됐다는 주장이 학계에서
제기되자,[1] 주요 신문사들은 이를 1면 기사로 크
게 보도했다. 그 후 비문에 그려진 내용, 즉 4세기
에서 5세기 초반까지 왜의 세력이 한반도에서 어
떠한 활동을 전개했는지가 오랫동안 '국민적' 관
심을 모았고, 신문이나 텔레비전 역시 그 동향을

---

[1]　　광개토왕비문의 연구 개요에 대해서는 李成市, 「表象とし
ての広開土王碑文」, 『思想』 842호, 1994년 8월 참조.

계속해서 보도했다.

한편 그와 반대로 한국에서는 고대 시기 한반도에서 일본열도로 건너간 사람들이 선진적 기술과 문화를 전달했다고 할 뿐 아니라, 이들이 한반도에서 건너가 일본의 지배자 집단을 형성했다고 믿는 사람들이 적지 않다. 한국의 방송국 각 사는 매년 일본열도의 도래인(渡來人) 유적을 반복적으로 취재해 이것을 선조들의 발자취라고 방영한다. 이렇듯 일본과 한국에서는 고대의 한일 관계 속에서 어느 쪽이 우세했는지가 대중들의 큰 관심의 대상이 되어왔다.

그런데 여기서 주목할 점은 일본의 경우 고대 한반도 지배의 담론이 근대 이후에 이르러 갑자기 등장한 것이 아니라는 사실이다. 8세기 초『고사기(古事記)』,『일본서기(日本書紀)』가 편찬된 이래, 일본열도의 지배자 집단뿐 아니라 다른 많은 사람들도 그 옛날 진구황후(神功皇后)가 삼한(한반도 남부)을 '정벌'했고, 신라·백제·고구려 삼국이 그에게 복속을 맹세했다는 것을 기반으로 일본과 한반도 사이에 일어나는 여타 현실적 문제를 다루려고 했으며, 이러한 담론은 때로는 떠오르기도 하고 때로는 사라지기도 했지만, 1200년 이상에 걸쳐 반복적으로 회자되어왔다.

이와 같이 긴 과거의 역사 위에 세워진 근대 일본의 역사학은 진구황후가 삼한 땅을 정벌했고, 그 땅에 임나일본부인 통치기관을 설치해 200년에 걸쳐 통치했다는 것을 사실(史實)로서 인정했으며, 이것은 역사 교육을 통해 유포돼 '국민적' 상식으로 여겨져 왔다. 진구황후의 '삼한정벌'과 '임나일본부'에 의한 고대의 한반도 지배는 일본의 국민적 정체성의 핵심적 요소가 되어 조선에 대한 우위성을 내세우는 역사로서 큰 역할을 해왔다. 그리고 그 이미지가 근대 일본에서 국민의식 형성에 결정적 영향을 끼쳤다고 해도 과언이 아니다.

그런데 1945년에 조선이 식민지 지배에서 해방되자, 일본 및 한국, 북한의 학자들에 의해 고대 일본의 한반도 지배가 부정됐을 뿐 아니라, 과거 고대 시기 일본열도에서 한반도에 끼친 정치적 지배의 흐름은 역전되어, 한반도에서 일본열도로 건너온 집단이 고대 일본의 지배자가 됐다는 것을 강하게 강조하기에 이르렀다. 그것은 해방 후 한국과 북한의 국민적 내지 민족적 정체성 형성에 큰 영향을 끼쳤다.

고대 일본과 조선의 관계사는 고대의 문제로 머물지 않고 근현대에서도 '국민'의 기억으로 반복됐으며, 그 인식을 둘러싸고 일본 내에서는 물론 동시에 일본·한국·북한의 연구자들 사이에서도 장기간에 걸쳐 논쟁을 거듭하게 됐다. 그러한 논쟁의 기점은 '진구황후의 삼한정벌'이었고, 그중에서도 특히 삼한정벌을 둘러싼 역사 연구와 이데올로기의 투쟁이었다.

## 2. 진구황후의 삼한정벌 설화와 그 변주

이른바 진구황후의 삼한정벌 설화는 『일본서기』에 대략적으로 다음과 같이 전해져 왔다. 주아이천황(仲哀天皇)이 즉위 9년(기원후 200년)에 구마소(熊襲) 일족을 무찌르러 지쿠시(筑紫)에 갔다가 갑자기 급사하는 바람에 이듬해에 진구황후가 섭정하게 됐다. 황후는 주아이천황 생전에 신내림을 받았는데, 구마소를 치기 전에 신라를 치면 구마소도 자연적으로 항복할 것이라는 신탁(信託)을 받았기 때문에 다카라노쿠니(財國)를 찾아 신라를 쳤다. 황후는 제국의 선박을 모아 전쟁을 준비한 다음, 직접 큰 도끼를 들고 삼군에 명령해 신라로 향했는데, 바람, 파도, 바닷속 큰 물고기들의 도움을 받아 순식간에 신라에 이르렀다. 배를 실어 나른 파도가 신라에 넘치게 이르자 신라 왕은 두려워서 항복했고, 그 이후 가이베〔飼部, 구마(廐馬)의 조교 및 사육을 담당하는 비천한 직분〕가 되어, 선박의 키를 말릴 사이도 없이 마소(馬梳, 말의 털을 빗는 솔)와 마편(馬鞭, 채찍)을 헌상하고 남녀를 바쳐 신하의 예를 취하기로 맹세했다. 신라 왕은 재물을 배 80척에 싣고, 그 배들이 일본의 군대를 따르게 했다. 후에 신라 왕이 항상 조공물 80척을 일본에 헌상한 것은 여기에서 유래했다고 한다. 이때 고구려 왕과 백제 왕은 신라가 일본에 복속됐다는 소식을 듣고, 스스로 일본 진영에 찾아와 머리를 땅에 대고 신하가 되어 조공을 그치지 않겠다고 서약했다. 그래서 그 땅을 우치쓰미야케(內官家, 조정의 직할 영지)로 정하고, 이를 삼한이라고 일컬었다.

　이러한 내용을 담은 삼한정벌 설화는 오늘날 사실과 무관한 것이며, 설화의 대부분이 7세기 이후에 형성됐다고 본다. 더욱이 진구황후의 실재성조차 부정되는 실정이다. 그 이유는 첫째, 본래 진구황후가 주아이천황 사후(死後)에 정치·군사의 실권을 쥐고 신라를 토벌하다가 임신해 귀국했고, 이후 태어난 오진천황(應神天皇)을 대신해 오랜 섭정으로 정치를 장악한 여제로 그려지지만, 이러한 여제의 섭정은 300년이나 후에 등장하는 스이코천황(推古天皇) 즉위 이전에는 없었던 사건이다. 스이코천황 이후에 나타난 여제들〔고교쿠(皇極), 사이메(齊

明), 지토(持統))이 남편 사후에 황태자가 성장할 때까지 황위에 있었던 적이 많았기 때문에 그들을 모델로 구상된 인물이라고 보는 것이다.[2]

둘째, 설화와 같이 황후 자신이 원정군의 지휘를 담당한 것은 사이메이천황(齋明天皇)이 7세기 중엽 백제에 구원병을 보내 신라를 공격하기 위해 기타큐슈(北九州)에 출정한 것이 유일한 사례인데, 이런 사이메이천황의 업적이 진구황후의 군사 행동 이야기에 투영됐다고 생각된다. 나아가 일본풍의 시호나 계보에 대한 시각에서 보면, 7세기 이후 여제를 모델로 한 인물상이 점차 형성됐고, 최종적으로 『고사기』, 『일본서기』의 편찬자 손에 의해 윤색되고 조작이 가해져 이 이야기가 완성됐다는 견해도 있다. 그리고 이러한 골격이 고착화된 것은 덴무천황(天武天皇), 지토천황(持統天皇) 시기 전후(673~697년) 신라와의 관계에 있다고 한다.[3]

실제 덴무기부터 지토기에 해당하는 시기에는 신라가 일본에 공적 사절을 35차례 보낸 것은 물론, 멸망한 고구려의 후예와 더불어 조공을 할 정도로 저자세적 외교 교섭을 취했는데, 그것은 백제와 고구려 멸망 이후의 혼란과 당나라와의 교전으로 인한 것이었다.

그런데 8세기에 이르러 신라는 당나라와 외교 관계를 긴밀하게 맺게 됐고, 일본과의 외교 관계도 과거와 같은 저자세에서 새롭게 바꾸려 하지만, 일본 측은 상술한 바와 같이 『일본서기』에 기술된 진구황후의 고사를 내세워 그에 걸맞은 외교를 집요하게 요구한다. 예를 들어 752년 신라 사절의 왕자 김태염(金泰廉) 일행이 헤이조쿄(平城京)

---

2    直木孝次郎, 「神功皇后伝説の成立」, 『歴史評論』 104호, 1959년 4월.
3    같은 논문.

를 방문했는데, 이때에도 고렌천황(孝廉天皇)은 김태염에 대해 다음과 같이 말했다고 한다. "신라가 일본에 공봉하는 것은 진구황후가 신라를 평정한 이래의 일로, 지금에 이르기까지 계속 우리나라를 지킨 번병(藩屛)의 나라가 되어왔다. 그런데 신라의 전왕들은 언행이 태만해 항상 지켜야 할 예의를 잃어버렸다. 사자를 파견해 그 죄를 물으려 했는데 그사이 신라 왕은 이전의 잘못을 깨닫고 돌이켜 스스로 오겠다고 했다"(『속일본기(續日本記)』제18권).

이러한 『고사기』, 『일본서기』에 의해 완성된 삼한정벌 설화는 8세기에 이르면 일본의 지배층에 널리 수용됐다. 상기의 사건과 동시대의 작품인 『가이후소(懷風藻)』[4]나 『만요슈(万葉集)』[5]에도 진구황후의 신라 정벌을 기리는 전승이 노래로 전해진다.[6]

진구황후의 삼한정벌에 대한 기억은 9세기 헤이안기(平安期, 781~1185년)에 이르러 신라의 조공이 끊어지고 일본의 국력이 쇠약해지는 상황이 되자 변화를 맞이한다. 즉, 삼한정벌에 원한을 품은 '적국' 신라의 침공을 염려하고 두려워한 나머지, 그 불안을 불식하는 의미에서 삼한이 진구황후에게로의 복종을 보장한 천지신기(天地神祇)의 영위(靈威)로 귀의한다는 신라상이 위기의식 중에 그려진다. 이는 신라가 진구황후로부터 '은의(恩義)'를 입었다고 평가함과 동시에 반대로 원한을 품었다고 보는 관점이다. 이 시기 실제로 신라는 과거에

---

4    〔역주〕나라(奈良) 시대의 한 시집.
5    〔역주〕나라 시대의 가집(歌集).
6    渡邊誠, 「日本古代の朝鮮観と三韓征伐伝設: 朝貢·敵国·盟約」, 勝部眞人, 『文化交流史比較プロジェクト研究センター報告書Ⅵ』, 広島大学大学院文学研究科, 2009.

비해 현저히 조공을 줄였고, 이러한 신라의 외교 자세가 일본의 지배층에는 진구황후의 '은의'를 업신여기는 태도로 비춰졌다고 보인다. 여기에는 무력 발동의 주객을 역전시켜 어디까지나 진구황후의 고사에 기인해 현실을 담론화하려는 성향이 있는데, 이는 헤이안기 이후의 특징이라는 지적도 있다.[7]

더욱이 13세기 말 일본에 들이닥친 원구(元寇), 이른바 몽골의 침략을 두 번이나 받자, 삼한정벌에 관해 새롭게 변주된 기억이 만들어졌다. 즉, 원구를 무찌른 다음 이와시미즈하치만자(石淸水八幡社)의 신관이 이국 격퇴를 이룬 신덕을 강조해, 막부의 은상을 받으려는 목적으로 작성한 『하치만구도쿤(八幡愚童訓)』이 그것이다. 이것에 의하면, 주아이천황 시대에 괴물 같은 형상을 한 '진린(塵輪)'이란 사람이 일본에 침입했는데, 주아이천황은 진구황후와 함께 5만 병사를 이끌고 싸우러 갔다가 그만 날아오는 화살을 맞아 죽었다고 한다. 삼한의 대군 침입이 가까워짐을 안 진구황후는 바다를 건너 삼한의 적을 멸했다. 이 이국의 왕과 신하가 이후부터 일본의 '개'가 되어 일본을 수호하고 매년 연공을 상납할 것을 약속하자, 황후는 활로 '신라국의 대왕이 일본의 개가 되다'라고 쓴 뒤 귀국했다는 내용이다.[8]

원군의 공격이라고 하는 대외적 위기 속에서 진구황후의 전설은 이국의 공격을 받자, 그 복수를 위해 출정한 것으로 그 내용이 고쳐졌는데, 여기에는 『일본서기』에 나타난 삼한정벌의 목적, 즉 '다카라노쿠니'를 찾아 획득한 경위는 전혀 언급되지 않는다. 게다가 신라 왕은

---

7    같은 논문.
8    塚本明, 「神功皇后伝説と近世日本の朝鮮観」, 『史林』 79-6, 1996.

'개'로 취급된다.

흥미로운 점은 진구황후가 출병 시 오진천황을 임신한 상황이었다고 전해지는데, 오진천황을 모시는 하치만 신사(八幡神社)는 하치만 신앙(八幡信仰)의 침투와 함께 전국 각지에 건립됐고, 이들 신사에서 만든 유래에는 대부분 진구황후 설화가 포함됐다는 점이다. 그리고 그 대략적인 내용이 바로 『하치만구도쿤』을 답습했다는 점도 주의해야 한다.[9]

원나라의 침공을 받은 후 3세기가 지난 16세기 말, 도요토미 히데요시(豊臣秀吉)에 의해 강행된 두 번의 조선 출병 때에는 히데요시의 군세(軍勢) 자체가 진구황후의 설화를 강하게 의식했다고 전해진다. 예를 들면, 히데요시 일행은 교토에서 규슈의 나고야로 가는 도중, 나가토노쿠니(長門國府)에서 진구황후 및 주아이천황의 사당에 배례했다. 더욱이 히데요시뿐 아니라 그의 부하인 나베시마(鍋島), 마쓰우라(松浦), 가토(加藤), 조소카베(長宗我部), 시마즈(島津) 등 각 다이묘(大名)에 종군한 가신들이 편찬한 기록에도 공통으로 진구황후 설화가 들어 있다. 진구황후의 정복을 전례로 해서, 황후 이래 일본에 보내와야 할 조공물이 근년 중단된 것을 유감으로 여기고 그 부활을 내걸며 출병의 정당화를 주장하는 것이다. 또한 무사단에 전설이 침투된 것은 히데요시 측에서 일방적으로 주입해서가 아니라, 규슈 각지를 중심으로 무사단의 토착 신앙이자 정신적 유대인 하치만 신에 대한 신앙이 기반이 됐고, 군신인 하치만 대보살(八幡大菩薩)에 대한 신앙은 진구황

9    같은 논문.

후 설화와 동반했던 데 기인한다.[10] 히데요시의 군세에 대한 의식 안에 진구황후 설화는 커다란 그림자로 존재하면서 조선을 침략할 대상으로 강하게 인식하도록 도왔다고 할 수 있다.

히데요시의 조선 출병 이후, 진구황후 설화가 대중에까지 공유된 계기로서 간과할 수 없는 것은 에도 시대의 조루리(淨瑠璃)나 가부키(歌舞伎)이다. 그중에서도 조루리 작가인 기노 가이온(紀海音, 1663~1742)의 〈진구황후 삼한책(神功皇后 三韓責)〉은 각본이 남아 있어, 근세 민중 사이에서 진구황후 설화가 여러 형태로 널리 퍼진 요인을 엿볼 수 있다. 이것은 교호(享保) 4년(1719년)에 오사카 도요타케자(豊竹座)에서 초연됐는데, 이야기의 전반에는 진구황후가 주요한 무인을 따라 삼한정벌을 위해 자리를 비운 사이에 주아이천황의 아들인 오시쿠마노미코(忍熊皇子)가 모반을 꾀해, 이를 다케우치노스쿠네(武内宿禰)가 저지한 내용으로 구성되어 있고, 후반에는 삼한정벌이 등장한다.

특히 주목해야 할 점은 다케우치노스쿠네에 초점이 맞춰졌다는 사실이다. 『일본서기』에 의하면 다케우치노스쿠네는 게이코(景行), 세이무(成務), 주아이, 오진 등 각각의 천황에게 약 200여 년간에 걸쳐 등용되었고, 천황의 정치를 보좌하는 대신의 모범으로 칭송받았다. 그러나 『일본서기』의 삼한정벌에는 다케우치노스쿠네가 직접 관여한 기사가 없다. 오히려 다케우치노스쿠네의 군공(軍功)이란, 삼한정벌에서 황후의 부재중에 일어난 오시쿠마노미코의 모반을 평정한 공적이며, 이것이 황후 섭정 시대에 다케우치노스쿠네가 군사적으로 보필했

---

10    같은 논문.

다고 특별히 찬양받은 이유였다.

그런데 에도 시대의 일본과 조선의 관계는 조선통신사를 통해 막부의 쇼군(將軍)과 조선 국왕 사이에 대등하면서 평화적 관계가 유지됐다는 점이 강조된다. 실제 조선통신사에게 지식인이나 민중이 경의의 시선을 가졌다는 사실은 여러 일화를 통해서도 회자되고 있다. 물론 그러한 측면이 없었던 것은 아니지만, 당시 위정자나 국학자 등 지식인들의 조선관에는 그러한 '이야기'와 다른 모습이 보인다. 그것은 진구황후의 삼한정벌이 자주 그들의 논의 대상이 됐고, 『일본서기』에 기록된 한반도 제국(諸國)의 일본에 대한 조공을 전제로 조선을 조공받아야 할 속국으로 본 견해가 실재했다는 점이다.

또한 통신사가 일본에 올 때마다 이를 보기 위해 화보를 담은 행렬 해설서가 출판됐는데, 그에 의해 서민들도 전혀 다른 기억을 공유했다. 1만 부 이상 발행됐다고 알려진 『행렬기』[11]는 진구황후 전설에 대한 해설로 시작되며, 삼한정벌 이후 한반도에서 일본으로 조공을 바쳤고, 비록 도중에 중단됐지만 히데요시의 출병에 의해 조공이 재개됐다고 함은 물론, 그러한 연장선상에서 조선통신사를 자리매김한다. 조선통신사의 행렬은 그러한 지식을 몸에 익힌 서민들이 볼 때 삼한 이래의 조공사였던 셈이다.[12]

조루리나 가부키를 감상하고 조선통신사의 행렬을 구경하던 에도나 오사카 민중과 앞서 말한 기노 가이온이나 지카마쓰 몬자에몬(近

---

11    ロナルド·トビ, 「近世日本の庶民文化に現れる朝鮮通信使」, 『韓』 110, 1988.
12    ロナルド·トビ, 「近世日本の朝鮮像: 庶民の目と耳をかりて」, 朝鮮史研究会第32
      大会講演, 1995년 10월 21일.

松門左衛門), 나미키 쇼조(並木正三) 등 신국(神國) 일본의 진구황후의 삼한정벌에 갈채를 보냈다는 사실을 중첩해보면, 진구황후의 삼한정벌은 18세기 이후 에도나 오사카의 서민 사이에서 가부키, 조루리 등 당시의 미디어를 통해 널리 공유됐다고 볼 수밖에 없다. 무위(武威)로 조선을 압도했다는 고대 유래의 진구황후 설화의 기억은 근대 이전에도 광범위한 규모로 존재했음을 알 수 있다.[13]

## 3. 삼한정벌의 표상: 니시키에, 지폐

19세기 전반부터 메이지(明治) 시대에는 진구황후의 삼한정벌을 소재로 그려진 니시키에(錦繪, 다색도 목판화)가 남아 있다. 니시키에에는 진구황후와 황후를 보좌한 다케우치노스쿠네를 앞세운 형상이 적지 않다. 니시키에뿐 아니라 두 사람의 초상은 후술하는 바와 같이 메이지 시기부터 다이쇼(大正) 시기의 지폐에도 등장한다.

다케우치노스쿠네는 앞서 소개한 기노 가이온의 〈진구황후 삼한책〉이래 황후의 섭정 시대에 군사적으로 보좌한 충신으로 특별히 다뤄지는데, 이러한 진구황후와 다케우치노스쿠네를 그린 니시키에는 막말(幕末)부터 메이지 시기에 지속적으로 생산됐다. 삼한정벌도와 관련된 니시키에 가운데 제작 연대를 알 수 있거나 혹은 추측 가능한 것들 중에는 다음과 같은 것이 있다.[14]

---

13    須田努, 「江戸時代 民衆の朝鮮·朝鮮人観: 浄瑠璃·歌舞伎というメディアを通じて」, 『思想』 1029, 2010년 1월.

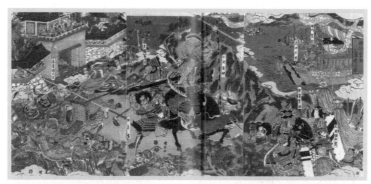

① 〈진구황후 삼한퇴치도(三韓退治図)〉, 우타가와 구니마츠(歌川国安), 1815~1830년.

② 〈다카사고 오노에 아이오이 고송의 유래(高砂 尾上相生古松之由來)〉, 히로시게(広重), 1843~1847년경.

③ 〈진구황후 삼한퇴치도회〉, 가츠시카 호쿠사이(葛飾北齋), 1843년경.

④ 〈명고백용전(名高百勇電伝) 진구황후〉, 구
니요시(国芳), 1844년.

⑤ 〈진구황후〉, 산다이 도요쿠니(三代豊国),
1852년.

⑥ 〈다케우치노스쿠네〉, 구니요시, 1850년경.

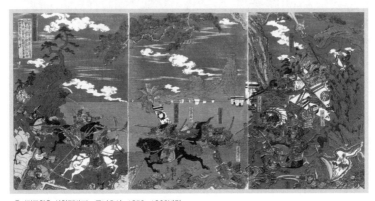

⑦ 〈진구황후 삼한정벌도〉, 구니요시, 1850~1860년경.

⑧ 〈진구황후 삼한벌 수취급도(三韓伐 隨就給之図)〉, 사다히데(貞秀), 1856년.

⑨ 〈대일본사 약도회(大日本史 略図会)〉, 다이소 요시토시(大蘇芳年), 1879년.

⑩ 〈일본약사도해 인황15대(日本略史図解 人皇15代)〉, 요시카타(年方), 1885년.

가장 이른 시기의 삼한정벌도인 ①은 그림 오른편 해안에 있는
선상에서 진구황후와 다케우치노스쿠네가 상륙한 선진(先陣)의 전황
을 바라보고 있다. 왼편에는 왕성(王城)이 있고 성문에는 '고려국 대
왕'이라고 쓰여 있는데, 제목에 '三韓'이 '三漢'으로 잘못 표기되어 있
다. 이렇듯 진구황후의 삼한정벌을 최초로 화제로 삼은 것은 당시 야
쿠샤에(役者繪)[15]와 미인도로 기량을 발휘한 초대 도요쿠니의 문인인
우타가와 구니마츠라고 한다.[16]

②는 니시키에 중앙에 개선한 진구황후를 효고(兵庫) 현의 아이
오이 포구에서 다케우치노스쿠네가 무릎을 꿇고 맞이하는 것 같은 광
경을 그리고 있고, ③은 16연작으로 그 한 장에는 다케우치노스쿠네
가 진구황후 앞에서 적병의 머리를 베는 모습을 그리고 있다. 이는 대
신으로서 삼한정벌 시 황후를 보좌한 다케우치노스쿠네의 활약상이
대단했음을 나타낸다.

진구황후를 단독으로 그린 ④는 검을 차고 오른손에는 활을 쥔
진구황후가 갑옷 입은 모습을 그리고 있고, ⑤는 갑옷 입은 모습으로
홀로 우뚝 서서 오른손에 활을 든 진구황후의 모습을 그리고 있는데,
얼굴이 우키요에(浮世繪)에서 볼 수 있는 에도 시대의 여성 모습이다.
⑥은 바다에 떠 있는 선상에서 갑옷을 두른 무장들을 그린 '가토 기요
마사(加藤清正)의 조선 침공도'인데, 뱃머리에 선 갑옷 무장의 옆구리

---

14    니시키에는 姜徳相의『カラー版錦絵の中の朝鮮と中国: 幕末·明治の日本人のま
      なざし』(岩波書店, 2007) 및 도쿄경제대학 '朝鮮錦絵型録' 관련 색인(http://www.
      tku.ac.jp/~library/korea/KOREA.html)을 참조했다.
15    〔역주〕가부키의 인물이나 무대의 모습을 그린 판화.
16    姜徳相,『カラー版錦絵の中の朝鮮と中国: 幕末·明治の日本人のまなざし』, 岩波
      書店, 2007, 13쪽.

에 세워진 깃발에는 '다케우치노스쿠네'라고 쓰여 있다. ⑦과 ⑧에는 해변에서 갑옷을 두르고 출발하는 말에 올라탄 다케우치노스쿠네와 말 위의 진구황후가 그려져 있는데, 그 주위에서 용맹하게 싸우는 일본군은 마치 근세의 전쟁 그림을 묘사한 듯하다.

이상은 에도 시대 말기에 나타난 니시키에인데, 메이지기에 들어서 나온 ⑨는 해안의 암벽에 활을 가지고 글자를 새기는 모습과 그 왼편에는 다케우치노스쿠네가 황후를 지키고 서 있는 모습을 그리고 있다. ⑩에는 신라가 헌상한 보물을 중앙에 두고 그 오른편에는 진구황후와 다케우치노스쿠네가, 그 왼편에는 꿇어 경배하는 신라 왕을 시작으로 고구려, 백제 등 세 왕의 모습이 그려져 있다. 그리고 그림 오른쪽 위에는 다음과 같이 쓰여 있다.

일본약사도해(日本略史圖解) 인황(人皇)[17] 15대 진구황후가 하늘의 뜻을 받들어 대신(大臣) 다케우치와 계획하고 신라를 정벌했다. 신라 왕이 항복하고 금, 은, 비단, 명주를 배 80척에 실어 헌상했다. 이를 조공의 정해진 총액으로 삼았다. 이에 고구려, 백제 두 나라도 항복했다. 이를 삼한이라고 한다. 지금의 조선국이 이것이다.

이른바 『일본서기』 가운데 진구황후기의 삽화와 같은 분위기를 자아내는 내용이다.

니시키에의 구도에는 진구황후가 단독으로 그려진 ④와 ⑤를 제

---

17    [역주] 진무천황(神武天皇) 이후의 천황을 가리키는 말.

외하면, 황후의 근시(近侍)인 다케우치노스쿠네가 반드시 함께 그려진다. 또한 히로시게가 그린 ②나 호쿠사이가 그린 ③에서도 볼 수 있듯이, 삼한정벌도는 가부키와 조루리에 의한 시각화의 산물로 볼 수 있다. 이러한 니시키에가 동시대의 사상적 산물인 것은 ①과 ⑦, 혹은 ⑧ 등에서처럼 근세의 전쟁도와 같이 갑옷을 입고 출정하는 무장이 말 위에서 무기를 들고 싸우는 모습으로 그려진 것을 보면 잘 알 수 있다.

또한 ⑥과 같이 가토 기요마사의 조선침공도에 다케우치노스쿠네의 깃발을 그리거나, 〈진구황후 삼한정벌 어조련지도(神功皇后 三韓征伐 御調練之図)〉[사다노부(貞信), 연대 미상]에 프랑스 국기나 일장기를 세운 흑선을 그린 것은 시대착오라기보다는 오히려 대외적 위기 속에 삼한정벌이 어떻게 수용되어 왔는가를 묘사한 것으로 봐야 한다.

그러나 메이지기에 들어서면 ⑨나 ⑩과 같이 그림 한쪽 구석에 역사적 유래를 기록하는 형태가 나타난다. 에도 시대에 가부키나 조루리에 의해 가시화된 진구황후 설화가 니시키에에 묘사되고, 나아가 『일본서기』의 삽화와 같은 니시키에에 ⑩이 등장하기에 이른다. 가부키, 조루리와 같은 공상적 무대장치와 함께 삼한정벌이 도상화되는 과정은 사실(史實)로서 삼한정벌에 대한 새로운 기억 생산에 기여했다고 할 수 있겠다.

또 하나 삼한정벌을 도상화하는 것은 지폐이다. 메이지 신정부는 독일에서 신(新)지폐를 주문해 1872년(메이지 5년)부터 서양식 지폐를 처음으로 발행하는데, 국산의 개조 지폐로 1881년에 1엔 권, 1883년에는 10엔 권이 발행됐다. 그런데 그 지폐 앞면에 그려진 초상화가 바로 진구황후였다. 나아가 더욱 흥미로운 점은 일본은행이

⑪ 진구황후의 초상화를 사용한 일본 최초의 지폐.
⑫ 다케우치노스쿠네의 초상화를 사용한 조선의 은행권.

1885년에 은태환(銀兌換) 은행권을 발행하는데, 1889년 개조 1엔 권의 초상화가 다름 아닌 다케우치노스쿠네였다는 사실이다. 그리고 그 도안은 앞서 소개한 진구황후의 초상화와 함께 이탈리아인 동판화 조각사 에드워드 기요소네가 제작했다.

기요소네는 이에 앞서 1878년 발행된 기업공채(起業公債)[18]의 도안을 제작했는데, 그 도안에 그린 초상도 역시 진구황후였다. 기업공채나 최초의 지폐에 진구황후의 초상이 선택된 까닭과 관련해서는 진구황후가 유신 신정부에 의해 '국권 확장의 상징이 될 수 있었다'라는 연구가 있다.[19] 나아가 좀 더 추론하자면, 이러한 배경을 통해 고대 이래 현실적·대외적 문제를 현재와 과거와의 관계 속에서 다루고자 할 때마다 진구황후가 반복적으로 부활했다는 점을 상기해야 하지 않을까.

그러한 의미에서 참고해야 할 것이 바로 다음의 사례이다. 즉, 일본 정부는 한국병합(1910년) 후 일본 국내의 '내지 경제권(內地經濟

18    〔역주〕 메이지 시대의 공채.
19    牧原憲夫, 「文明開化論」, 『岩波講座日本通史 16』, 岩波書店, 1994, 252쪽.

圈'을 비호하기 위해 그 보호막으로 조선을 본국에서 분리해 조선은
행법을 만들었고, 이 법에 의해 조선에는 별개의 조선은행권을 발행
했다.[20] 조선은행은 이른바 '엔환 본위제(円爲替本位制)'를 기반으로
1914년에 새로운 100엔 권을 발행했고, 이듬해에는 긴 수염의 노인
그림을 인쇄한 1엔, 5엔, 10엔 권 등 지폐 세 종류를 발행했다.

　　이들 지폐 세 종류에 그려진 노인 그림은 일반적으로 다케우치
노스쿠네라고 하지만,[21] 이것을 부정하는 견해도 있다. 그 이유는
1889년과 1899년에 국내에서 발행된 일본은행 태환권의 도안이 된
다케우치노스쿠네 그림(앞에서 제시)과 도상이 다르다는 것이다.[22] 그
러나 상술한 19세기 전반부터 메이지 시대에 이르기까지 니시키에의
소재로 진구황후의 삼한정벌도가 빈번하게 그려졌고, 이것에 익숙한
많은 사람들이 볼 때 그 초상이 누구를 가리키는가는 동시대의 문맥
에서 보면 일목요연하며, 그것을 접하는 순간 반사적으로 이해되는 초
상화였음에는 틀림이 없다.

　　이러한 판단에서 볼 때 흥미로운 점은 진구황후와 다케우치노스
쿠네가 지폐에 그려져 발행된 시기이다. 진구황후의 초상이 그려진 지
폐는 앞서 소개한 바와 같이 일본에서는 1881년과 1883년에 발행됐
는데, 이때는 일조수호조규(日朝修好條規, 1876년) 후 조약의 실시를 둘
러싸고 양국의 대립이 발생한 시기이다. 당시 부산에 이어 신규로 개
항해야 할 두 개 항구의 개항 시기가 늦어져 1880년에는 원산, 1883년

---

20　　多田井喜生, 『朝鮮銀行』, PHP硏究所, 2002, 72~75쪽.
21　　姜徳相, 『カラー版錦絵の中の朝鮮と中国: 幕末・明治の日本人のまなざし』, 岩波
　　　書店, 2007, 15쪽.
22　　多田井喜生, 『朝鮮銀行』, PHP硏究所, 2002, 76쪽.

에는 인천이 개항했다. 다시 말해 양 항구의 개항에 의해 조일(朝日) 무역의 확대가 도모될 때 진구황후의 초상화가 대량으로 유통된 것이다.

또한 다케우치노스쿠네의 초상화가 국내에서 1엔짜리로 등장하는 1889년 전후는 조선에서 일본으로 곡물 수출이 증대된 시기에 해당한다. 즉, 1885년 일본이 내지 통상권을 획득하고 조선 곡물의 역외 반출이 증대함에 따라 조선 국내에서는 미곡가가 높아졌고, 이로 인해 조선 지방관에 의한 곡물의 역외 반출 금지령(防穀令)이 빈번하게 반포됐다. 대두류는 1887년부터, 쌀은 1890년부터 수출이 급증했는데, 그로 인해 1889년과 1890년에는 조선 측 지방관의 방곡령에 의한 사건이 빈발했다. 1893년에는 일본 공사가 일본 상인이 손해를 입었다고 주장하면서, 배상금을 요구하고 최후통첩까지 전달하는 강경 수단을 취해 다액의 배상금을 획득한 방곡령 사건이 일어났다. 요컨대 진구황후와 다케우치노스쿠네의 초상이 들어간 지폐 발행 시기는 조선과의 무역 통상에 의해 일본 경제가 활성화된 시기와 맞물린다.

조선은행법에 대해서는 전술했지만, 조선은행의 영업 방침이란 "국외적 임무는 국세의 대외적 발전에 긴요한 금융상의 후원을 말한다. 환언하자면, 조선의 경제적 세력이 만주 방면에 북진함과 동시에 조선은행의 영업 범위를 이 방면으로 확장하는 것에 있다"(조선은행, 「朝鮮銀行の過去及將來」, 1912년 12월)고 하며, 조선은행은 만주로의 영업 범위의 확장을 기본 방침으로 삼았다. 실제 1913년 5월 데라우치 마사타케(寺內正毅) 조선총독은 조선은행에 만주 진출을 명했고, 실제 동년 7월에는 펑톈(奉天), 8월에는 다롄(大連), 9월에는 창춘(長春)에 각각 조선은행 출장소를 개설했으며, 조선은행권의 만주에서의 유통도 사실상 공인했다. 이러한 사명을 띤 조선은행의 은행권이 1915년에 다케우치노스쿠네의 초상과 함께 발행된 것이다.

그 후 1917년 12월부터 조선은행권은 칙령에 의해 관동주와 만철 부속지에서 강제 통용력을 부여받았다. 조선은행의 영업 범위는 만주에서 몽골, 시베리아, 화베이(華北)로 적극적인 확대가 이뤄졌는데, 이 지역의 통화를 조선은행권으로 통일해 조선은행을 사실상 동아시아의 중앙은행으로 만들려는 구상은 오쿠라 대신(大藏大臣)인 쇼다 가즈에(勝田主計)에 의한 것으로 알려져 있다.[23] 조선뿐 아니라 만주, 몽골, 시베리아로 다케우치노스쿠네가 그려진 지폐가 유통되길 기대한 것이다. 조선은행권의 100엔짜리 도안도 얼마 되지 않아 다케우치노스쿠네의 초상으로 통일됐는데, 이 초상은 이윽고 중국인들 사이에서 '라우토(老頭兒) 표(票)'란 친숙미를 담은 용어로 불리게 됐다.[24] 조선은행권은 일본인의 뇌리에 새겨진 진구황후 설화의 기억과 함께 한반도에서 대륙으로 확대되어갔다.

## 4. 근대 역사학과 삼한정벌 설화

8세기 초 『고사기』, 『일본서기』에 고대 일본과 한반도 제국과의 교섭의 기점으로서 하나의 이야기로 정리된 진구황후 설화는 그 후 각각의 시대에 새로운 해석이 부가되면서 동시대의 상황을 설명하는 담

23    같은 책, 116쪽.
24    같은 책, 76쪽.

론으로 변용되길 반복하며 19세기까지 계승되어갔다. 이러한 진구황후 설화는 19세기 말 새로운 국면을 맞게 되는데, 그것은 19세기 말부터 20세기 초에 있었던 두 차례의 전쟁과 1910년에 이뤄진 한국병합 때문이었다.

이를 상징적으로 말해주는 것은 한국병합이 있던 해 11월에 발행된 잡지 『역사지리』의 임시 증간호이다.[25] 이 잡지의 권두에는 「한국병합의 조서(韓國倂合の詔書)」, 「이왕책봉의 증서(李王冊封の証書)」, 「의친우우의 증서(懿親優遇の証書)」, 「대사급면조의 증서(大赦及免租の証書)」가 실렸고, 이어서 도쿄대학사료편찬소 등에서 자료를 제공받은 조선 사절이 내조(來朝)한 모습을 그린 에마키(繪卷)[26]나 조선의 궁전 또는 사적의 사진이 배열됐으며, 그다음에는 당시 일본을 대표하는 역사 연구자 22명이 쓴 논문이 게재됐다.

이 『역사지리』의 간행 주체인 '일본역사지리학회'는 1899년에 설립되어 전국에서 열리는 민간 학회로서, 태평양전쟁이 격렬해지기까지 82권(6개월마다 1권)의 월간 체제를 유지하면서 상당한 역할을 담당했다.[27] 또한 설립자인 기타 사다키치(喜田貞吉) 외에도 요시다 도고(吉田東伍), 오모리 긴고로(大森金五郎), 오카베 세이치(岡部精一) 등이 중심이 되어 근대 사학의 보급에 공헌한 것으로도 저명하다.

이 '조선호(朝鮮號)' 간행의 취지에는 오카베 세이치가 쓴 「발간사」가 실려 있다.

---

25    이 책의 판권에 의하면, 편집소는 일본역사지리학회, 편집인은 오카베 세이치, 발행소는 산세이도(三省堂)서점이다.
26    〔역주〕두루마리 그림.
27    永原慶二, 『20世紀日本の歷史』, 吉川弘文館, 2003, 109쪽.

피아의 역사에 비추어 보니 양국의 교통은 일찍이 이미 스사노오노미코토(素戔嗚尊)의 소시모리(曾尸茂梨)에 서막을 열어 …… 진코(神后)[28] 정한(征韓)의 대역(大役)이 있었고, …… 메이지유신의 위업에 이르렀으니, 우리는 또다시 서로 돕고 이끌어주는(扶助誘掖) 방침을 취해, 전후 두 차례의 큰 외부 전쟁을 거친 국면의 발전을 촉진시키고 드디어 이번 병합을 목도하기에 이르렀다. 사람들은 이를 들어 옛 상태로의 복귀라고도 하지만, 나는 꼭 복귀라고 말하지 않으니, 이는 실로 2천여 년의 정화(精華)를 발양한 것이 아니고 무엇이랴. 나는 이에 일대 사실에 관해 현대 역사계의 석학 대가를 모시고, 순수한 사학의 견지 위에 성립된 진지하고도 탁월한 논설을 망라하니, 근원적인 일한의 과거를 해설하고, 이를 통해 지금 현재를 이끌어가는 원인을 밝히려 하며, 나아가 장래를 잘 처리하기에 필요한 대(大)지식을 세상에 공급하고자 한다. 이것은 우리 학회가 학계에 대한 직책을 수행하는 것이며, 이로써 세상을 이롭게 하는 데 크게 쓰일 것을 나는 믿어 의심치 않기 때문이다.[29]

이러한 취지 아래, 역사계의 석학 대가에 의뢰한 논문 22편은 한국병합이란 일대 사건과 관련해 사학적 견지에서 '진지하고 탁월한 논설을 망라'해 근본적으로 한일의 과거를 해설하고, 지금 현재를 낳게 한 유래를 명확하게 하며, 장래에 필요하게 될 지식을 국민에게 공급한다는 것이다.

실제 집필자 명단에는 시데하라 다이라(幣原坦), 호시노 와타루

28  〔역주〕진구황후.
29  岡部精一, 『『朝鮮号』刊行の辞』, 『歷史地理』, 臨時增刊号, 1910, 5쪽.

(星野恒), 쓰보이 구메조(坪井九馬三), 구메 구니타케(久米邦武), 세키노 다다시(關野貞), 요시다 도고, 하기노 요시유키(萩野由之), 기타 사다키치, 나카 미치요(那珂通世), 구로이타 가쓰미(黑板勝美), 가나자와 쇼자부로(金澤庄三郞), 미우라 히로유키(三浦周行), 이마니시 류(今西龍), 쓰지 젠노스케(辻善之助)라고 하는 당대를 대표하는 역사 연구자들의 이름이 나열되어 있다. 주목해야 할 것은 이들 집필자 스물두 명 가운데 열두 명이 앞서 소개한 「발간사」에 답하듯이, 고대 한반도 지배를 언급하고 고대 이래 한일 관계의 역사를 이야기하면서 한국병합을 축하하는 내용을 담고 있다는 점이다.

그렇기 때문에 진구황후의 삼한정벌에는 많은 논자의 언급이 있었으며, 사실로서의 성격이 강조됐다. 예를 들어 조선사 연구자이면서 도쿄제국대학 교수와 타이완대학 총장을 역임했으며 관료로서도 유명한 시데하라 다이라는 권두 논문인 「일한 교통의 개요(日韓交通の槪要)」에서 다음과 같이 말한다.

한국 역사서에서는 진구황후의 삼한정벌에 관한 해당 사실이 전해지지 않고, 다만 그 전후에 있었던 일본인의 신라 침략만을 다룬다. 이는 일본의 사서에서 말하는 내용과는 다르다. …… 황후의 삼한정벌의 결과로서 일한의 교류가 시작될 때, 면목을 일신해 신라로부터 80선의 공납을 헌납받은 것을 시작으로 고구려와 백제 또한 서번(西蕃)이라고 칭하며 조공을 끊이지 않고 바쳤으며, 한지(韓地)[30]에는 우치쓰미야케(內官

---

30    [역주] 한반도 남부.

家)를 정하고, 신라에는 수비병(戍兵)을 두니, 우리나라의 세력이 갑자기 한지에 확장됐다.[31]

그는 조선 측의 사서에는 '삼한정벌'에 대응하는 기록이 없지만, 진구황후의 삼한정벌이 한일 관계의 획기적 사건이 되어, 일본의 세력이 한반도로 확대된 것은 『일본서기』에 기록된 대로임을 강조한다.

또한 도쿄제국대학 문과대학 사학과 졸업 후, 문부성의 교과서 편수관으로 재직하다가 '관학아카데미즘 역사학의 틀을 넘어 자유로운 발상에 기초해서 폭넓은 관심을 가진 개성 풍부한 학자'[32]로 평가받은 기타 사다키치는 조선 측에 사서가 없는 것을 지적한 시데하라와는 달리 진구황후에 대해서 이렇게 기록한다.

스진천황(崇神天皇) 시대에 임나(任那)가 내부(內附)했고, 진구황후 때에 신라뿐 아니라, 백제, 고구려도 복속한 것은 거의 의심할 여지가 없다. 조선의 역사서에는 보이지 않지만, 앞서 말한 것처럼 호태왕의 비석에는 분명히 임나의 일도 신라, 백제를 신민으로 삼은 것이 쓰여 있다. 다만 이 비석에 고구려의 일이 없는 것은 고구려가 다른 나라와 어느 정도 복속 관계가 달랐기 때문인지, 여하튼 우리나라의 세력이 고구려에까지 미친 것은 틀림없다.[33]

---

31    幣原坦,「日韓交通の槪要」,『歷史地理』, 臨時增刊号, 1910, 11쪽.
32    永原慶二,『20世紀日本の歷史』, 吉川弘文館, 2003, 60쪽.
33    喜田貞吉,「韓国併合と教育家の覚悟」,『歷史地理』, 臨時增刊号, 1910, 136쪽.

이렇게 진구황후 시대에 신라, 백제, 고구려의 복속은 의심할 여지가 없는 일로서 다뤄질 뿐 아니라, 이 글이 나오기 십수 년 전 일본에 막 소개된 광개토왕비문을 들어 진구황후의 삼한정벌은 고구려까지 포함해 세력권으로 삼았던 것이 역사적으로 사실임을 강조한다.

『역사지리』에 기고한 논자들은 삼한정벌을 역사적 사건으로 다룬다는 점에서 거의 차이가 없는데, 이 특집의 편집을 맡은 오카베 세이치는 「진구황후의 삼한퇴치(神功皇后の三韓退治)」라는 제목의 논문에서 삼한정벌의 역사성을 다음과 같이 풀어간다.

> 황후의 삼한정벌은 너무나도 위대한 일로, 당시 우리나라의 문화 수준으로서는 아무래도 그 정도로 큰 사건은 일어날 수 없는 일이 아닌가 하거나, 혹은 과대한 전설이 아닌가 하는 의심이 담긴 논의도 있다. 그러나 우리나라가 한국에 있었다는 것을 안 시기는 이때가 처음이 아니고, 피아의 교통은 신대(神代)로부터 행해져 왔으며, 또한 외정(外征)으로서도 그 시대 상당히 이뤄져 있음은 물론이요 …… 지금으로부터 천 년후가 지나 메이지 37~38년의 일러전쟁을 생각하며, 혹자는 사실이 아니라고 할 때가 분명 나올 것이다. 그래서 황후 정한의 전말(顚末)을 논하는 것은…….[34]

이와 같이 신화와 현대의 사건을 직결시키면서, 진구황후의 삼한정벌의 사실성을 청일전쟁, 러일전쟁이 천 년 후에 의심받는 것과

---

34    岡部精一, 「神功皇后の三韓退治」, 같은 책, 177쪽.

같다고 비유하며 그 고증을 시도한다. 오카베는 육군 편집관이 되어 일청전쟁의 편집에 종사했고, 후에 유신 사료 편찬관이 됐는데, 메이지 말기부터 다이쇼기에 걸쳐 사학의 보급에 공적이 있는 인물로 평가받는다.[35]

또한 오카베는 동양사의 창시자라고 할 수 있는 나카 미치요가 2년 전에 타계했기 때문에 편집인인 마쓰이(松井) 등의 힘을 빌려, 나카 미치요의 『외교역사(外交繹史)』의 일부를 발췌해서 「신라고기의 왜인(新羅古記의 倭人)」이란 제목으로 이 특집에 게재하려고 했다. 그것은 나카 미치요가 조선 측 사료(『삼국사기』 신라본기)에 기록된 왜인 관계 기사 20여 조를 들어 해설을 덧붙인 것에 지나지 않는데, 그 발췌된 나카의 논문 서두는 다음과 같다.

진구황후 정한 이전의 시대에는 황국(皇國)과 관계된 사적(事跡) 가운데 한사(韓史)에 보이는 것이 20여 조 있다. 그것이 대저 허탄(虛誕)해 믿을 만한 것으로 생각되기에는 족하지 않으나, 무조건 내쳐 버리기 어려운 곳도 있어 참고하기 위해 이에 열거한다.[36]

그리고 그 말미를 다음의 문구로 매듭짓는다.

그 후 16년 내물이사금(奈勿尼師今) 7년이 되어 진구황후의 친정(親政)이 있었다. 그때부터 양국 교섭의 국면이 크게 변했다.[37]

35    朝日新聞社 編, 『朝日日本歷史人物事典』, 朝日新聞出版, 1994.
36    那珂通世, 「新羅古記の倭人」, 『歷史地理』, 臨時增刊號, 1910, 146쪽.

제1부
：고전고대의 공간

오카베가 일부러 진구황후의 삼한정벌과 직접 연결되지 않는 나카의 문장을 '조선호'에 게재한 것은 문두와 말미에 적은 부분이지만 진구황후의 삼한정벌과의 관계가 논구되어 있기 때문이다. 근대 사학의 비조(鼻祖)나 나카 미치요의 유문을 동원해서라도 진구황후의 사실성을 드러내고 싶은 강한 의지가 보인다. 『역사지리』 조선호는 근대 역사학의 입장에서 진구황후의 삼한정벌에 한국병합의 의의를 고창하는 역할을 부여했다고 할 수 있겠다.

진구황후의 삼한정벌을 시작으로 고대 한반도 지배를 청일전쟁·러일전쟁과의 관계에서 논하려는 논문이 산견되는 것도 이 임시 증간호에 게재된 제 논문들의 특징이다. 이른바 이 글들은 진구황후 담론의 전통을 충실히 따른 것이다. 나가하라 게이지(永原慶二)가 '철저한 실증주의 역사학자'이며, '전통적인 역사가'라고 평가한 미우라 히로유키[38]는 「일한의 동화와 분화(日韓の同化と分化)」에서 다음과 같이 논한다.

진무천황(神武天皇)의 동천(東遷) 이래 황화(皇化)가 점점 오야시마(大八州)[39]에 널리 퍼졌지만, 지리상·정치상의 관계에서 한국과는 서서히 소원해졌다. 진구황후의 정한은 이 상태를 쇄신하신 것으로, 후세에 이르기까지 삼한퇴치라고 하면 아동주졸(兒童走卒)도 즐거워하지 않는 자가 없을 정도로 깊은 인상을 전해줬기 때문에, 이후 일한 관계에 어떤

37    같은 논문, 159쪽.
38    永原慶二, 『20世紀日本の歷史』, 吉川弘文館, 2003, 78쪽.
39    〔역주〕 일본.

변화가 있어도 우리 국민의 대한(對韓) 사상은 삼한퇴치의 범주를 벗어나지 않는다. …… 그러고 나서 메이지유신 후의 일한 관계에도 다소의 변천이 있었지만, 요컨대 종래의 역사를 되풀이하는 것으로 그동안 조선이 때때로 청이나 러시아에 기대는 것도 필경 독립이 불가능한 국정(國情)이기 때문이다. 그러나 이들 제국(諸國) 가운데 역사적으로 가장 오랫동안 친밀 관계를 지속해온 나라가 일본 외에는 없다. 특히 청국이나 러시아의 압박이 지금까지 볼 수 없을 정도로 강하게 가해져 왔다는 것은 우리나라 식자 사이에 조선을 일본 상고 시대의 가장 친밀한 상태로 돌이키는 것이 국방상 최대 급무라는 것을 느끼게 했고, 숱한 노력 후에 많은 희생을 치루고 서서히 병한(倂韓)의 성립을 보기에 이르게 된 바이다. 그렇기에 한국의 병합은 전혀 피할 수 없는 역사적 국연(國緣)에 기초했다고 말하는 것이 좋겠다.[40]

메이지유신 후의 한일 관계는 삼한정벌의 역사를 '되풀이하는 것'으로, 현실의 한일 관계를 진구황후 담론에 연결시켜 논한다. 미우라는 "과거와 현대의 유사한 상황이나 착상에서 새로운 주제로 계속해서 몰두해갔다"[41]고 평가받는 인물이지만, 여기에서 현대와 대조된 '삼한퇴치'는 미우라에게는 현대를 설명하는 그럴듯한 언설이었던 것이다.

이것과 같은 취향은 다른 논자에게서도 산견된다. 예를 들어 기타 사다키치는 더욱 앞서 나가 다음과 같이 말한다.

40    三浦周行, 「日韓の同化と分化」, 『歷史地理』, 臨時增刊号, 1910, 171~172쪽.
41    永原慶二, 『20世紀日本の歷史』, 吉川弘文館, 2003, 78쪽.

한반도에 일어난 제국은 항상 동양의 귀찮은 존재이다. 그렇기 때문에 우리나라는 동양 평화를 위해, 그리고 우리 국민의 안녕을 도모하기 위해, 또한 나아가 반도의 주민에게 행복을 전하기 위한 의미에서 어쩔 수 없이 여러 차례 군대를 동원했다. 이를 위해 많은 희생을 치렀지만, 후회하지 않고 다만 일심으로 정의를 위해 거사했다. 진구황후의 정한, 일청전쟁·일러전쟁 두 전쟁이 이와 같다.[42]

이와 같이 청일전쟁·러일 전쟁의 체험이 진구황후의 설화를 불러일으킨 현실과 과거에 새로운 의미를 부여하고 있음을 알 수 있다. 진구황후의 삼한정벌과 청일전쟁·러일 전쟁은 동일하게 동양 평화를 위해, 일본의 안녕을 위해, 반도 주민의 행복을 위해 희생을 염두에 두지 않았던 정의의 전쟁이었다. 청일전쟁·러일 전쟁을 거칠 무렵, '민족'이란 용어가 일본 국민 사이에 널리 퍼졌는데, 그 가운데 바야흐로 고대의 한반도 지배는 진구황후 전설을 매개로 국민의 기억에 새겨져 갔다.

이것은 결코 기타 사다키치 혼자만의 말은 아니다. 근대 일본사 학사에서 아카데미즘 실증주의 역사학의 상징적 인물로 알려진 구메 구니타케 역시 동시대와 고대를 중첩시키면서 다음과 같이 설명했다.

한국의 병합은 메이지 처음부터 점차 진행되어, 이미 27~28년의 역(청일전쟁)으로 근본적으로 해결됐다. 37~38년의 역(러일전쟁)에 다대한

---

42    喜田貞吉, 「韓国併合と教育家の覚悟」, 『歷史地理』, 臨時増刊号, 1910, 130쪽.

희생을 들여 종결했고, 그 후 5년간을 빌어 시기를 숙성한 후의 일이니, 우리들의 역사적 사상에서 볼 때에는 매우 느리고 답답함을 느끼는 바로, 지금에 와서 새삼스럽게 타인과 같이 기쁨으로 소동할 일은 아니다. 그러나 양지(兩地)가 떨어져 있은 지 이미 1240년이나 오래되어, 그 때문에 그 이유를 풀지 않아 한지의 오랜 내란에 의해 지나(支那)로부터의 간섭이 더해졌고, 결국은 형제와 같은 혈육의 연이 끊어져 타인보다도 멀어지게 돼, 그 결과 한지가 받은 피해는 실로 말을 잃을 정도로 극심하니, 지금부터 소생시키려 해도 짧은 세월로는 회복하기가 어려울 것이다.[43]

여기에서 한국병합이란 현실과 고대의 한반도 지배는 청일전쟁·러일전쟁의 쟁탈 과정의 연장선상에 놓여 있다. '1240년의 오랜 세월'은 660년 이래의 일로, 구메 구니타케는 백촌강에서의 일본군 패배를 상기한 것이다.

그러한 현실과 관련해, 고대 시기 한반도 지배의 실태에 대해서도 언급한 부분이 있다. 오모리 긴고로는 「임나일본부의 흥폐(任那日本府の興廢)」에서 다음과 같이 한국병합과 임나일본부에 의한 지배의 대비를 시도했다.

진구황후 정한의 기사는 매우 유쾌한 서식이지만, 실은 부문(浮文)이 많다. 오늘날의 병합에서는 한국 황제를 단순히 이왕이라고 하고, 조선 국

---

43    久米邦武,「韓国併合と近江国に神籠石の発見」, 같은 책, 50쪽.

왕이라고도 하지 않는다. 군사·재정·외교 등의 일에 일절 관계하지 못하게 된 것이다. 그런 것은 모두 조선총독부에서 행하게 된다. 그러나 그 전의 통감 정치와 같은 것이냐 하면, 임나에 일본부를 두고 재신을 파견하여 다스린 것과 조금 닮았다고 해야 할까. 통치 구역의 대소는 물론이요, 권한과 그 밖의 일에 있어서도 천지차이이다. …… 바야흐로 한국병합이 일어나 일만 사천여 방리의 토지와 일천만의 인구가 일본에 더해진 것은 고금에 유례가 없는 것으로, 국가의 영광이 이에 더하지 않으리라. 따라서 이것을 통치하고, 이것을 동화해가는 것에 충분한 주의를 기울이지 않으면 안 된다. 이것을 임나일본부 통치 시대의 것과 비교하자면 천양지차이지만, 더불어 앞선 수레의 전철을 밟지 않게 되는 교훈도 될 수 있으니, 임나일본부의 흥폐를 기술하는 동시에 다소 주의를 해야 하는 점이다.[44]

스에마츠 야스카즈(末松保和)는 과거 임나 문제에 관한 가장 체계적인 학술서 『임나흥망사(任那興亡史)』(1949)에서 '임나일본부'의 실태가 조선총독부 같은 지배와는 큰 차이가 있었다고 강조했지만, 앞서 소개한 오모리의 글에서는 병합 당시, 임나일본부와 조선총독부를 동일시하는 언사가 널리 주창됐음을 알 수 있다. 오모리의 입장은 머나먼 과거의 역사를 눈앞의 현실에 대한 교훈으로 삼기 위해, 고대의 지배 사실을 냉철하게 규명하지 않으면 안 된다는 것이다.

당시 일본 역사학계의 일반적 이해에서 볼 때, 진구황후의 삼한

---

44    大森金五郎, 「任那日本府の興廃」, 같은 책, 112, 117, 129쪽.

정벌 후 덴치천황(天智天皇)이 백제 구원군을 위해 백촌강에 출병한 일이 실패로 돌아갔기 때문에 고대 일본이 '한반도 경영'을 포기하지 않으면 안 됐다는 주장이다. 오모리가 "앞선 수레의 전철을 밟지 않고 교훈으로 삼겠다"고 한 것은 진구황후의 삼한정벌을 기점으로 한 역사 인식이다. 조선호 게재의 제 논문에는 상술한 바와 같이 한국병합이 덴치천황의 한을 풀었다는 식의 논지가 반복해서 등장한다.

시게노 야스쓰구(重野安繹), 구메 구니타케와 함께 『국사안(国史眼)』을 집필한 도쿄대학교 사학과 교수 호시노 와타루 또한 그중 한 사람으로 「역사상에서 본 일한 동역의 복고와 확정(歷史上より觀たる日韓同城の復古と確定)」이란 제목의 글에서 다음과 같이 논한다.

긴메이천황(欽明天皇) 23년에 신라가 결국 임나를 멸하고, 우리 관부를 무너뜨렸기에 역조 대대로 임나 부흥을 꾀했다. 그러나 성공하지 못했고 …… 사이메이천황 시대에 이르러 신라가 당의 병을 빌려 백제를 멸했다. 덴치천황 시기에 황태자였지만, 규슈에 진발(進發)해서 병사를 파견해 백제를 도왔고, 당의 병사와 여러 차례 교전이 있었지만 승리는 없어, 왕사(王師)가 결국 돌아왔다. …… 때는 덴치천황 칭제(秤制) 2년으로 진구황후의 정한으로부터 460여 년, 결국 한지와 분리되는 불행에 이르렀다. 실로 개탄할 일이로다. 덴치천황도 분명 매우 분하고 원통하게 생각했으리라. …… 올해 8월 29일 한국을 들어, 일본 제국에 병합하고 공공의 안녕을 유지해 민중의 복리를 증진시킬 것을 도모했다. 이에 일한 동역(同城)은 확정되고 만년 영원히 치평의 경사로 기대된다. 조종재천(祖宗在天)의 신령도 분명 만족했을 뿐 아니라, 덴치천황의 신

령도 필경 숙분(宿憤)을 소산(消散)할 일로 생각된다.[45]


　　고대 한일 관계사의 기조를 이룬 것은 청일전쟁·러일전쟁과 한국병합이 불러일으킨 진구황후의 삼한정벌에 대한 기억으로, 그 문맥에서 이 십수 년의 경험과 기억이 고대에 투사된다. 바로 『역사지리』조선호는 삼한정벌에 대한 '기억의 장'의 역할을 다했던 셈이다.


# 5.　삼한정벌의 주술에서의 해방


　　전후 일본에서는 황국사관을 반성하는 측면에서, 진구황후의 삼한정벌이 역사서술로부터 탈색되어갔다. 그러면서도 광개토왕비를 4~5세기 동시대의 유력한 사료적 근거로 내세워, 야마토(大和) 왕권에 의한 한반도 지배를 인정하고, 나아가 4세기에는 일본열도가 왜(倭) 왕권(야마토 조정)에 의해 통일되어갔다고 간주했다. '반도의 지배'는 '열도의 통일'을 뒷받침하는 논리로, 일본 고대국가의 형성의 불가결한 사실로서 강조되어온 것이다. 그러한 사고방식에서 구축된 고대 일본의 대외 관계사는 1960년대의 학습 참고서에 다음과 같이 기술된다.[46]


45　星野恒,「歷史上より觀たる日韓同城の復古と確定」, 같은 책, 36, 40쪽.
46　時野谷勝,『日本史の完全硏究』, 淸水書院, 1966, 36쪽. 또한 해당 부분은 전후 일본의 한국 고대사를 이끈 이노우에 히데오(井上秀雄)가 집필했다.

『위지(魏志)』에는 3세기 전반에 왜인이 조선 남부에 진출했다고 전해진다. 그 후 4세기 중반까지에 거의 일본을 통일한 야마토 조정은 4세기 후반에 조선 남부의 변한 지방에 세력을 뻗쳤다. 391~408년에는 한반도 남부의 백제, 신라, 임나를 따라 한반도 북부의 고구려와 자주 교전한 것이 호태왕비문에 명기되어 있는데, 『일본서기』에는 진구황후의 신라 정벌로 전설화됐다. 413~502년 사이에 산(讚)·친(珍)·사이(濟)·고(興)·부(武) 등 왜의 다섯 왕이 종종 견사나 조공을 바쳤고, 한반도 남부의 지배권을 중국 왕조에 인정받으려는 동시에 한반도 북부의 고구려와 교전을 이어갔다.

6세기가 되면 야마토 조정의 호족들이 조선 경영에서 대립하는데, 그 사이 신라와 백제의 세력이 강대해져 점차 임나 제국을 병합했다. 562년에는 남은 임나 제국도 모두 병합되어 임나일본부도 망하고 만다. 긴메이천황에서 고토쿠천황(孝德天皇)까지 7대에 걸쳐 약 80년간 임나는 부흥을 도모했지만 모두 실패로 돌아갔고, 660년 일본과 친밀했던 백제는 당과 신라에 의해 멸망했다. 663년 백제 부흥군을 도운 덴치천황의 구원군이 당과 신라의 연합군에 의해 백촌강에서 패하면서 야마토 조정은 조선 경영을 모두 포기하게 됐다.

여기서는 진구황후의 삼한정벌을 '전설화됐다'고 하면서도, 광개토왕비문과 동열의 근거인양 취급하면서 고대 일본에 의한 한반도 지배를 뒷받침하는 듯 다룬다. 이런 논리는 『역사지리』 특집호의 여기저기서 이용한 진구황후 전설에 얽힌 역사 이해의 흔적을 인정하는 것이 된다.

그런데 상술한 바와 같이, '고대 일본의 한반도 지배'는 전후 지식인 사이에서 공유되어, 여러 장에서 통념화되고 보강되어왔다. 앞서 필자는 '열도의 통일'과 '반도의 지배'가 일체화되어 논의됐다고 설명했는데, 히데요시의 침략이나 정한론도 역시 고대의 반복인 듯 다뤄졌다. 예를 들어 우에노 지즈코(上野千鶴子)는 제국주의의 상징논리에 대해 다음과 같이 설명한다.

> 통일국가의 성립과 외정과는 무슨 이유인지 항상 보조를 같이한다—예를 들어 7세기 야마토 국가의 성립과 임나 진공, 히데요시의 국토 통일과 조선 파병, 19세기 메이지 국민국가의 성립과 정한론과의 조합은 절묘하게 부합되어 있음을 볼 수 있다. 취약(脆弱)한 유년기에 있는 통일국가가 그의 힘을 돌아보지 않고 무모한 외정을 시도한 것은 이해하기 어려운 우거(愚擧)로 보인다. 사실 사이고 다카모리(西鄕隆盛)의 정한론에 대해 오쿠보 도시미치(大久保利通)는 그러한 이유로 반대했다. 그러나 여기서도 공리주의적 역사실증주의보다는 상징논리의 방법이 우리를 하나의 해답으로 이끈다—'중심'이 성립할 때, 그것은 '외부'를 부인하지 않으면 안 됐기 때문에 '외부'의 존재를 용인할 수 없었다고. '제국주의'의 상징논리란 이러한 것이다.[47]

인용문에서 보이듯이 '제국주의의 상징논리'에 관한 사례로서, 고대의 한반도 지배를 당연한 사실인 듯 설명한다. 덧붙여 우에노의

---

47    上野千鶴子, 「外部の分節: 記紀の神話論理学」, 桜井好朗編, 『体系仏教と日本人 — 神と仏』, 春秋社, 1989, 304쪽.

'제국주의의 상징논리'와 관련지어 보면, 전후 대표적 역사가 이시모다 쇼(石母田正) 역시, 4세기부터 6세기 고대 일본의 한반도 지배를 전제로 고대의 제국주의에 대해 논한 바 있다. 이시모다 쇼는 개별적이고 구체적인 고대의 사실에만 역점을 둔 것이 아니라, 오히려 제국주의의 논리 그 자체에 주요한 관심을 두었다. 즉, 왜국이 남조와 송에 조공하고 지배의 승인을 얻은 것을 '일미안보조약'에 비유하며, 냉전 아래 전후 일본이 미국의 산하에서 한국·타이완·동남아시아에 벌이는 소제국적(小帝國的) 활동을 경고하는 데 그 목적이 있는 것이다.[48] 그렇기 때문에 고대 일본의 국가 구조는 이시모다 쇼에 의해 '소제국'으로 불리게 됐다. 동이(東夷)의 소제국론은 현재도 일본 고대사 연구자에게 중요한 패러다임이다.

여기서 소개한 두 연구자에게 고대 일본의 한반도 지배는 결코 긍정되어야 할 문제가 아니라, 상징논리의 명증성을 드러내거나 제국주의 비판에 이용되는 것이다. 그러나 중요한 점은 고대 한반도 지배는 전혀 의심받을 대상이 아니라고 이야기되고 있는 사실이다. 오히려 그것은 자명한 것으로 여러 논의가 전개되는 구조에 편입된다. 이러한 사고방식을 규정하는 고대의 한반도 지배란 이미 설명한 바와 같이, 오랜 세월 속에서 삼한정벌 설화의 기억으로 계승됐고, 청일전쟁·러일전쟁 또한 삼한정벌 설화와 중첩됐으며, 나아가 근대 일본의 식민지 지배와 근대 역사학에 의해 그 확신을 높였다고 할 수 있다.

진구황후의 삼한정벌과 중첩시켜 야마토 왕권의 반도 지배로서

---

48    李成市,「新たな現実と東アジア」,『本郷』25, 2000.

논해온 임나사, 또는 야마토 왕권의 출선 기관인 임나일본부에 대한 일본 사학계의 최대 공약적 이해는 위에서 제시한 학습 참고서의 기술 그대로이다. 4세기 후반부터 562년에 걸쳐 약 200년에 이르는 반도 지배는 전후 25년 동안 적어도 일본 사학계에서는 회의적으로 취급된 적이 없었다.

그런데 1970년대가 되면, 학계와는 별도로 고대의 한일 관계사에 대한 비판이 주창됐다. 그 계기는 다카마쓰즈카(高松塚) 고분의 발견과 광개토왕비문의 개찬설 등이 제창된 1972년을 기점으로 한다. 다카마쓰즈카 고분 벽화의 발견은 고대 한반도의 고분 벽화와의 관련성으로 이목을 집중시켰고, 그로 인해 학술 교류가 거의 전무했던 시대에 북한과 한국을 대표하는 대표자가 초빙될 정도로 고대 한일 관계가 새롭게 주목받는 계기가 됐다. 또한 광개토왕비문의 개찬설 문제는 이것이 고대 일본의 한반도 지배를 지탱하는 핵심적 사료로서 명성이 있었던 만큼, 그 충격은 상당했다.

이러한 두 사건은 그 이전부터 제창되어온 고대 한일 관계사에 대한 두 가지 문제 제기를 부각시켰다. 그 하나는 에가미 나미오(江上波夫)의 기마민족 정복설(『기마민족국가』, 1967)이고, 다른 하나는 김석형의 분국론(「삼한삼국의 일본열도 내 분국에 대하여」, 『고대 조일 관계사』, 1969)이다.

에가미의 기마민족 정복설이란, 동북아시아계의 기마민족(부여 혹은 고구려)이 신예의 무기와 마필(馬匹) 문화를 들고 한반도 남부에 진출해 진국을 세웠고, 나아가 일본열도의 북규슈 혹은 혼슈(本州) 서단부(西端部)에 침입해 4세기 말 경에는 기나이(畿內)[49]에 진출했으며,

거기에서 강대한 세력을 가진 야마토 조정을 세워 일본열도의 통일국가를 형성했다는 것이다. 또한 과거 고국인 한반도 남부의 진국 또한 지배해 연합 왕국을 형성했다고 보는 견해이다. 이러한 정복설의 원형은 1948년에 제창되어, 여러 반론과 비판을 고려해 몇 번의 수정을 거친 후 앞서 소개한 이야기로 정리됐다.

한편, 김석형의『고대 조일 관계사』(勁草書房, 1969)는 고대 한반도와 일본과의 관계는 삼한 삼국에서 건너온 사람들이 일본열도 내에 세운 분국의 통합 과정이라는 내용이다. 즉, 기원전 수 세기 이래 몇 세기에 걸쳐 일본열도에 대량 이주가 일어났고, 각지에 조선인 분국이 성립됐다. 그 현상은 삼국 시대가 되어도 계속됐으며, 제 분국은 본국에 대한 식민지적 종속 관계에 있었지만, 5세기 후반 이후 점차 야마토 왕권에 포섭되거나 통합됐고, 7세기 전반에 고대국가의 통일에 의한 분국은 해체됐다. 다만 분국을 통일한 야마토 왕권의 유력자는 조선계 유족군이었다는 내용이다.

'일본 고대국가가 한반도 지배를 기초로 성립했다는 것이 의심할 여지가 없는 사실로 여겨져 왔다'는 인식에 대해, 김석형의 분국론은 "일본의 학문 연구가 근대 이후, 일본의 조선 지배와 함께 진행되어온 점을 지적하고, 제2차 세계대전, 즉 조선의 해방 후에도 천황과 일본 중심의 이른바 황국사관 또는 조선종속사관이 잔존하는 것에 비난을 쏟아내면서, 그 인식을 강하게 압박한 것"[50]이었다. 김석형의 분

---

49   〔역주〕 현재의 오사카, 나라, 교토의 일부.
50   鈴木靖民, 『增補古代国家の歩み: 耶馬台国から大和政權まで』, 新人物往来社, 1983, 45쪽.

국론이 일본에서도 소개되자, 재일조선인 작가 김달수는 김석형이 제시한 방법, 즉『고사기』,『일본서기』,『신찬성씨록(新撰姓氏錄)』, 그리고 몇 개의 지방 풍토기에 나온 조선 관련 씨족의 거주지, 신사, 신궁의 소재지 등을 분국 소재의 유력한 흔적으로 본 것에 따라, 일본 전국의 지명, 사사(寺社)의 기원을 둘러싸고 그들의 유래 속에 한반도에서 도래한 사람들의 흔적이 남아 있는가를 조사했다. 그 후 일본열도의 고대국가 형성이나 선진 문화의 수용에 도래인이 담당한 역할을 강조한 시리즈『일본의 조선 문화(日本の中の朝鮮文化)』가 1970년에 간행되기 시작했다.[51] 이 시리즈는 커다란 영향력을 끼쳤고, 그때까지 '귀화인'이라고 부르던, 고대 한반도에서 일본열도로 건너온 사람들을 '도래인'으로 고쳐 부르는 계기가 됐다.

1972년 다카마쓰즈카 고분이 발견되고 광개토왕비 개찬설이 주장되자, 이러한 기마민족설이나 분국론은 이에 호응했고, 그로 인해 진구황후의 삼한정벌에 의해 정식화되어온 '국민적' 기억은 그 근본이 번복됐으며, 시민들에게 커다란 충격을 주었다. 기마민족설과 분국론에서 보이는 공통점, 즉 아카데미즘의 세계에서는 이 견해에 대한 찬동자가 아무도 없었지만, 많은 시민들에게는 압도적인 영향을 미쳤다.[52] 1972년의 '사건'을 계기로, 이윽고 일반 시민을 중심으로 한 '동아시아의 고대를 생각하는 모임(東アジアの古代を考える会)'이 결성됐고, 기간지『동아시아의 고대 문화(東アジアの古代文化)』(1974~2009)

---

51    金達寿의『日本の中の朝鮮文化』(講談社) 시리즈는 1970년부터 1991년까지 21년간에 걸쳐 열두 권이 간행됐다. 이는 일본 사회에 널리 수용됐다고 봐도 좋을 것이다.
52    이진희(李進熙)가 주창한 광개토왕비의 개찬설은 현재는 실증적 수준에서 완전히 부정됐다.

를 간행함으로써 고대의 한일 관계사를 재검토하도록 학계에 요청하는 시민운동이 전개됐다.

오늘날 한국의 학계에서는 과거 임나사를 대신해, 오래전부터 '가야사', 즉 한반도 남부에 고대국가가 형성됐다는 시각이 활발하게 나타난다. 그런데 일본에서 가야사의 관점으로 고대 한일 관계사의 재검토를 제기한 이들이 바로 이 '동아시아의 고대를 생각하는 모임'이다. 일본의 학계에서도 획기적인 학술서로 인정한 책 『임나는 왜 망했는가(任那はなぜほろんだか)』(大和書房, 1991)는 일본과 한반도의 고대 문헌학, 그리고 고고학 연구의 제일선에서 활약 중인 연구자가 최초로 가야사를 종합적으로 검토한 심포지엄의 기록인데, 그 계획의 수립과 운영은 '동아시아의 고대를 생각하는 모임'의 유지들이 주관했다.[53]

『일본서기』에 기록된 진구황후의 삼한정벌에 관해서는 전후 일본사 학계에서도 사료에 대한 비판적 논문이 속출했고, 지금에 이르러서는 이것이 학계에서 아무런 화제도 되고 있지 않다. 그러나 '사실(史實)'로서 고대 일본의 한반도 지배란 인식은 여전히 지속되고 있다. 그러한 '사실'로서의 고대 일본의 한반도 지배 논의를 결정적으로 끊어버린 것은 왕성한 가야사 연구였다고 할 수 있다.[54] 이른바 본고장인 한국에서 고고학이나 문헌학의 성과에 기초한 가야사 연구는 물론, 일본의 가야사 연구에 시민권을 안겨준 것은 앞서 소개한 바와 같은

53    鈴木靖民, 「座談会 『東アジアの古代文化』成果とゆくえ」, 『東アジアの古代文化』 137, 2009.
54    근년의 가야사 성과에 대한 개요는 田中俊明, 『古代日本と加耶』, 山川出版社, 2009 에서 간편하게 알 수 있다.

1970년대의 동향이었음을 '진구황후의 삼한정벌'에 대한 기억의 문제로서도 명기해야 한다.

## 6. 끝으로

이상으로 고대 이래 20세기에 이르기까지 현재를 설명하기 위해, 반복해서 '진구황후의 삼한정벌'의 의장(意匠)을 입고, 때때로 일본과 한반도의 관계를 표상해온 담론이나 도상을 살펴봤다. 이는 각 시대에 삼한정벌에 대한 기억이 퇴적물과 같이 축적되어가고, 나아가 다음 시대의 표상 자원이 되는 것처럼 보이기도 한다.

진구황후의 삼한정벌은 20세기 초두에 근대 역사학에 의해 국사란 이름의 국민적 이야기로 널리 공유되었지만, 1970년대 이후 시민들의 역사 운동에 의해 해체되어갔다. 바로 학문의 패러다임 전환과 같이. 그렇다면 그러한 패러다임 전환은 왜 일어났는가. 다른 표현을 빌리자면, 앞으로 대외적 변화 가운데 진구황후의 삼한정벌이 다시 살아나 그러한 담론을 이용하면서 현재를 설명하는 일은 일어나지 못할 것이다.

여기에서는 무라카미 요이치로(村上陽一郎)가 주장한 이론담론과 일상담론의 관계를 이용해 생각해보고 싶다.[55] 근대 역사학에 의해 재편되고 확립된 고대 일본의 한반도 지배는 이른바 일상담론, 즉 고

---

55    村上陽一郎,『科学のダイナミックス』, サイエンス社, 1980; 村上陽一郎,『歴史としての科学』, 筑摩書房, 1983.

대부터 진구황후가 삼한을 정벌했다는 민중적 기억을 기반으로 한다. 전후에 이르러, 황국사관의 비판과 극복에 의해 이론담론에서는 삼한 정벌이 설화가 되어버렸지만, 아직도 여전히 '고대 일본의 한반도 지배'란 패러다임은 남아 있다. 그런데 1970년대가 되어 일상담론 쪽에서 급속한 변화가 일어나, 그에 영향을 받으면서 이론담론도 여지없이 변경됐다. 요컨대, 많은 연구자에 의해 고대 한반도 지배가 부정됐다(이론담론에 큰 변경이 발생했다)고 한다면, 그 배경에는 그것을 지탱한 일상담론에 큰 변화가 있다는 사실을 주목하지 않으면 안 된다. 진구황후의 삼한정벌은 공동체의 기억이며 일상담론이었지만, 더 이상 공동체의 기억으로 정리될 수 없는 상호 교섭이 공동체(국가) 간에 일어났다고 할 수 있지 않을까. 1970년대에 활발해진 한일 간 고고학자의 왕래, 시민 수준의 왕래는 공동체의 기억을 상대화했을 것이다. 일국 내 폐쇄적 공간에서 지어낸 삼한정벌이란 기억은 동아시아 기억의 장에서 의미를 가질 수 없게 됐다.

다만 진구황후의 삼한정벌이 후퇴되거나 소멸해가고 그것과의 대항 관계 속에서 생성되어 강력해진 기마민족 정복설이나 분국론과 같이 고대 한일 관계사의 또 다른 설화가 한국이나 북한에서 국민적 기억으로 퍼져간다면, 그 기억 또한 문제 삼지 않으면 안 될 것이다.

제2장

○

# 괜
우

김석우

# 1. 머리말:
## 관우에 대한 공적 기억과 망각

서울시 종로구에는 관우(關羽)를 제사 지내
는 동묘(東廟, 보물 142호)가 있다. 어수선한 시장
통 안에 자리한 이곳을 중국에 대한 사대의 잔재
라 여겨 철거하라고 하는 사람들도 있다. 하지만
많은 사람들은 이를 보면 우선 문학평론가 김윤식
처럼 "서울 한복판의 이런 공간이란 대체 무엇일
까"[1] 하는 의아한 마음을 품게 될 것 같다. 좀 더
재미있는 일이 있다. 얼마 전 신문에 「충북 영동에
관우 땅 있다」라는 제목의 기사가 실린 일이 있었
다.[2] 그에 따르면 충청북도 영동군 영동읍 당곡리
(堂谷里) 논 일부가 지금도 '관씨(關氏)', 즉 관우의
이름으로 등기되어 있다고 한다. 기자는 그 일이
마치 "소설 같은 이야기"라고 했다. 당곡리라는

1    『한겨레』, 2005년 6월 2일.
2    『동아일보』, 2008년 2월 22일.

이름도 관우 사당 때문에 지어졌을 뿐 아니라, 지금도 음력 정월 14일 밤에는 마을 사람들이 제사를 지낸다. 그곳 이장은 "장군들이 영원히 마을을 지켜주었으면 한다"고 말했다.

　관우 신앙의 장소가 이처럼 화제가 되는 이유는 무엇일까. 관우에 대한 인기가 높기 때문일까. 그렇게 단순한 일은 아닌 것 같다. 그보다는 그 장소가 주는 어떤 생소함 때문일 것이다. 그 낯설음은 우리가 가진 역사적 상식과 상충되기 때문에 생겨난다. 통상 역사에서 민중 문화는 민족적인 것으로 소개되는 경향이 강하다. 그래서 관우와 같이 '중국'의 신이 우리나라의 민중들에게 숭배되었다고 하면 의아한 느낌을 가질 수 있다. 만약 그렇게 된 이유를 역사적으로 설명해볼 수 있다면, 동묘와 당곡리 같은 장소를 통하여 우리는 그동안 역사에서 설명되지 않았던, 혹은 의도적으로 감추어왔던 과거의 모습을 들여다볼 수 있지 않을까.

　문헌에는 관우 신앙과 관련된 기록들이 남아 있다. 조선 시대에는 동묘에 "역대 임금이 친히 거동했는데, 갑옷과 투구를 쓰고 재배례를 행한다. 또 도성 선비 집 부인들이 기도하면 영험이 나타나므로 향화의 공양이 사계절 끊이지 않는다"[3]고 하였다. 식민지 시대에도 "어제 26일은 관성제(關聖帝)의 탄신일이라, 남묘(南廟)에서 성대한 식이 거행됐다. 여기서 부인네들이 바다를 이루었다"[4]고 한다. 이러한 기록들은 지금도 중국뿐 아니라 타이완이나 일본의 관묘 등에서 쉽게 목격할 수 있는 성대한 관우 신앙의 장면들을 연상시킨다. 그렇다면 관

---

3　　유본예, 권태익 옮김, 『한경지략(漢京識略)』, 탐구당, 1974, 60쪽.
4　　『동아일보』, 1923년 6월 27일.

우 신앙은 과거로부터 오늘날까지 그리고 한국뿐 아니라 이웃 동아시아 국가들에서도 널리 유행했던 상당히 보편적인 종교 현상 중 하나였다고 할 수 있다.

그런데 오늘날 중국이나 타이완 등 중화권에서 관우 신앙을 연구하는 학자들은 대개 관우가 중화 민족을 대표하는 문화적 상징이라고 한다.[5] 그들은 관우 신앙에 일종의 국적을 부여한 셈이다. 그것은 중국 밖에서도 유행했던 관우 신앙을 '중화'의 상징으로 좁혀 보려는 것이라고 할 수 있다. 이러한 태도는 현대 한국 사람들의 뇌리에서 관우 신앙의 기억이 사라져간 것과 표리를 이루는 일이 된다. 일본 사람들 또한 관우 신앙을 자신들과는 별 관계가 없으며, 외부에서 들어온 화교들의 신앙으로 간주한다. 이처럼 오늘날 동아시아 사람들이 관우 신앙을 대하는 태도는 제각각이 되었다. 하지만 그와 같은 차이가 있음에도 그 안에는 동일한 의식이 작동하고 있다. 그것은 내셔널 히스토리의 관점이라고 할 수 있다. 그에 따라 과거 동아시아 지역에 널리 확산됐던 민간신앙이 오늘날에는 국가의 경계에 따라 서로 다른 방식으로 기억 혹은 망각되고 있는 것이다.

관우는 한국인들이 매우 좋아하는 인물이다. 1970년대 큰 인기를 끌었던 고우영의 만화 『삼국지』는 관우를 사실상 주인공으로 다루었다.[6] 명분에 목숨을 걸었던 무인의 활약이 당시 한국 사람들의 정서

---

5    관우 신앙 연구의 대표적인 학자로 후샤오웨이를 들 수 있다. 그는 관우가 중화 민족의 중요한 문화적 상징이라고 하였다. 胡小偉, 『關公信仰研究系列(第1卷)-伽藍天尊-佛道兩教的關羽崇拜』, 香港: 科華圖書出版公司, 2005, 16쪽

6    우스갯소리이겠으나 저자는 자신의 이름에도 '羽'자가 있다고 하면서, 관우를 이상적인 인간형으로 그렸다. 인간적인 약점을 부각한 제갈량과는 대조적이었다.

에 큰 호소력을 지녔던 것 같다. 그것은 박정희 시대의 불의에 항의하는 마음을 담은 것이라고도 한다. 그런데 관우는 그처럼 사랑받았지만, 관우 신앙의 실제 장소는 많은 사람들에게 의아함뿐 아니라 심지어 부끄러움까지 주고 있는 것이다. 그 이유는 동묘에서 우리는 친숙한 관우의 모습보다 오히려 중국에 사대하였던 초라한 과거 역사를 떠올리게 되기 때문일 것이다. 그것은 자랑스러운 민족사에 흠집을 내는 불편한 기억이기도 하다. 그래서인지 만화 『삼국지』는 재판을 거듭하며 여전히 유행하지만, 서울의 동묘는 노점상들에게 둘러싸인 채 점차 이해할 수 없는 장소로 잊혀갔다. 관우 숭배가 유행했던 과거는 이제는 아무런 의미도 지니지 못한 채 현재와 단절되게 된 것이다. 이러한 점에서 동묘는 책을 통해 배우는 역사와 우리에게 잠재된 기억 사이의 부조화가 마주치는 장소라 할 수 있다.

한편 관우를 적극적으로 기억하려는 중국인들의 의식에도 따져봐야 할 문제가 있다. 우선 관우를 '중화'의 상징이라고 이야기하지만 정작 그 모습이 매우 다양한 요소들의 집합체라는 점이 가려져서는 안

**[그림 1]** 노점상에 둘러싸인 동묘 앞.

된다. 관우 신앙은 중원 지역뿐 아니라 티베트와 몽골 등 변방에도 널리 확산됐다. 그런데 그 모습은 중원의 관우와 같지 않았다. 변방의 신앙들과 섞이면서 변용된 다양한 형태의 관우 신앙이 퍼져나갔던 것이다. 어쩌면 한국의 관우 신앙이 티베트의 관우보다 더 '중화'의 모습을 간직하였을 수도 있다. 그런데 '중화의 상징'이라는 말은 관우 신앙이 가진 이와 같은 다양성과 보편성을 한 가지 방향으로만 설명하게 된다.

그러한 관우의 이해 방식은 중국사 범주를 둘러싼 역사학계의 논쟁을 연상시킨다. 중국의 역사학자들은 과거 중요한 조공국 한국을 외국사로 분류하지만, 변방의 티베트·몽골·위구르 등에 대해서는 중국사의 일부라고 주장한다. 그 근거로 책봉-조공 관계를 들지만, 주요 조공국 한국을 외국사로 분류하는 점을 감안하면 설득력이 떨어진다. 변방의 관우 신앙을 '중화'의 상징으로 뭉쳐 말하는 것은 그와 같은 역사의식이 투영된 결과라 할 수 있다. 다시 말해 관우를 적극적으로 '중국화'하려는 태도는 역사적으로 관우 신앙이 지녔을 다양한 모습들을 '중국'의 틀 안에 가두는 일이라고 할 수 있다. 국가의 차원을 넘어 생각해보는 역사적 상상력이 필요해 보인다.

관우 신앙의 기억과 망각에 대한 탐색은 오늘날 당면한 역사학의 과제와 관련하여 일정한 의의를 가질 수 있다고 본다. 대략 두 가지 문제일 것이다. 첫째, 동아시아 각국이 구축해온 집단기억이라고 할 수 있는 내셔널 히스토리의 문제점에 대한 것이다. 앞에서 설명한 것처럼 관우 신앙은 각국의 역사 속에서 서로 다른 방식으로 설명되거나 혹은 망각되어 가고 있다. 내셔널 히스토리의 관점이 관우 신앙의 역사적인 이해에 장애가 되고 있는 것이다. 그런 점에서 그 실제 모습에 대한 다각도의 검토는 국가 단위 역사학이 작동하는 방식과 그 문제점을 이해하는데 유익한 사례를 제공할 수 있다. 둘째로는 '동아시아'라는 역사적 사유 공간의 유효성에 관해서이다. 내셔널 히스토리를 상대화하는 방법으로서 동아시아에 대한 논의는 무성했지만, 실제 역사 연구에서 그것이 얼마나 타당할지에 대한 의구심도 컸다. 하지만 방법론에 대한 문제 제기로서 제시된 동아시아가 역사적인 실증의 과정을 견뎌내기란 어려운 일일지도 모른다. 하지만 우리의 관심을 역사에서 기억의 문제로 이동시켜본다면, 국가를 넘어서는 사유 공간의 유용성은 다시금 주목받을 수 있을 것이다. 국가의 집단기억에서 배제되거나 방치되어온 기억들을 모아 이야기를 구성하는 공간으로서 '동아시아'는 중요한 의미를 갖게 되는 것이다. 이 글은 동아시아 민중들의 기억들을 통하여 국가사의 한계를 넘어서는 방법론적 단서와 역사적 실례를 모색해보는 일이 될 것이다.

## 2. 국가적 전유

삼국 시대의 무장 관우는 어떻게 해서 신앙의 대상이 되었을까. 중국의 사가들은 관우를 '중화'의 상징이라고 말하지만, 사실 관우 신앙이 형성되고 확산되기까지는 오랜 역사적 과정을 거쳐야 했다. 그리고 특히 중국사의 영역을 넘어 동아시아 세계 정세가 그러한 과정에 중요한 영향을 미쳤다.

다 알다시피 관우는 삼국 시대 촉한의 무장이었다. 3세기 무렵 『삼국지』를 편찬한 진수는 관우를 '호랑이 같은 신(虎臣)'이며, '국사(國士)의 풍모'를 가진 사람이지만, 동시에 모난 성품 때문에 패했다고 평가했다.[7] 그 뒤 5세기 남조 송 사람인 배송지는 『삼국지』 주석에서 관우가 『춘추좌씨전』을 좋아하여 암송했다고 했다. 대체적으로 당 이전까지 중국인들은 관우를 학식을 갖춘 뛰어난 무장이었지만 인간적인 단점도 가진 사람으로 보았던 것 같다.

그가 신앙의 대상이 된 것은 육조 시대 이후의 일로 보인다. 수대 형주(荊州)의 옥천사(玉泉寺)에 관우가 모셔진 것이 최초의 사례일 것이다. 육조 시대 이래 특정한 인물을 신앙의 대상으로 삼는 풍조가 있었고, 이것이 불교 신앙과 만나면서 발생한 일로 보인다. 하지만 당대까지 관우는 후대에 비한다면 특별한 대접을 받지는 못했다. 당 후기 무묘(武廟)에 그 신위가 들어갔으나 그 위세는 크지 않았다.

사정이 크게 변화한 것은 송대 이후이다. 송조는 관우를 충혜공(忠惠公), 무안왕(武安王) 등으로 봉했다. 또한 '유교적인' 가치에 맞추어 점차 윤색되었는데, 특히 그가 『춘추좌씨전』을 좋아하고 암송한 일이 강조되었다. 그런데 이 점은 송대 『춘추좌씨전』 해석의 방향과 관련해 주목되는 일이다. 당시의 『춘추좌씨전』 해석은 중화와 오랑캐를 준별하는 문제에 큰 의미를 부여했는데, 그것은 거란과 여진, 몽골이 연이어 중국을 압박했던 국제 정세와 관련이 깊다. 그러한 상황에서 『춘추좌씨전』을 애호한 관우는 점차 한족의 문화적 상징으로 부각되

---

7    진수, 『삼국지』 권36, 951쪽. 중화서국.

어갔다. 주희가 자신의 역사 해석에서 촉한 정통론을 내세운 것도 관우를 우상시하는 데 큰 역할을 했을 것이다. 관우가 조조에게 붙잡혔다가 유비에게 돌아가는 오관육참(五關六斬)의 영웅담은 북방 오랑캐에 굴복한 한족에게 현실을 잠시 잊도록 하는 감동을 선사 했을 것이다. 요컨대 송대 이후 관우는 점차 한족의 상징으로 기호화되면서 그 중요성이 강조되었으며, 그것은 당시 동아시아 국제 관계의 전개와 밀접한 관련을 맺는 일이었다고 할 수 있다.[8]

관우 신앙 확산의 결정적인 시기는 명대였다. 명은 송 이후 유일하게 한족이 세운 왕조였다. 하지만 한족이 왕조의 주체였다는 이유만으로 관우 숭배가 강조되지는 않았다. 명 전기에는 민간 신앙이 위축되었으며 그 결과 관우의 지위가 왕에서 제후로 강등되기도 했다. 하지만 점차 상황은 달라졌다. 영락제가 북방의 몽골 원정에서 돌아온 다음 베이징에 관묘를 세운 일은 관우 신앙의 위세가 크게 위축되지는 않았음을 알려준다. 후기에 들어 만력제는 관우에게 '협천대제(協天大帝)'라는 칭호를 부여한다. 임진왜란이 발발한 뒤에는 관왕묘가 '관제묘(關帝廟)'로 승격되었다. '제(帝)'의 지위를 부여받은 것이다. 명말 요동에서 만주족 후금(後金)의 침공이 예상되자, 베이징 궁궐에 관제상(關帝像) 두 개를 세워 오랑캐의 위협에 맞선 명조의 무훈을 빌었다고 한다.

관우 연구의 권위자인 후샤오웨이(胡小偉)는 명말 시기에 관우상

---

8    상인의 역할을 강조하는 견해도 있다. 관우가 재물의 신으로 숭배된 것은 주로 산서 상인의 활동과 관련이 있다고 하였다. 김문경, 송완범 등 옮김, 『삼국지의 세계: 역사의 이면을 보다』, 성균관대학교 출판부, 2011, 366~367쪽 참조.

(關羽像)의 얼굴이 붉은색으로 채색되고[9] 적토마가 강조되었다고 지적했다. 이러한 주장이 옳다면 붉은색을 좋아했던 한족의 관습은 붉은 얼굴의 관우에 의해 상징되었음을 짐작해볼 수 있다. 명말 동아시아 세계가 급격히 재편되는 상황 속에서 한족인들이 느꼈던 불안감의 확대는 관우상의 채색이 변화하는 것과 일정한 관계가 있었을 것으로 보인다. 그리고 그 모습은 민간에도 널리 확산되기 시작했다. 요컨대 우리가 익숙하게 알고 있는 관우의 모습이 출현한 배경에는 송(宋)-명(明) 시기 동아시아 국제 관계의 전개가 주요하게 작용했다는 설명이 가능하다고 하겠다.

그런데 다민족 제국이었던 청대에 새롭게 등장하는 현상에도 주의할 필요가 있다. 관우 신앙이 널리 확산되면서, 그 모습이 점차 다양한 형태로 변용되기 시작한 것이다. 청조는 중국 역사상 최대 판도의 제국을 건설하였다. 또한 변경 지역에 대한 직접적인 지배가 시작되었다. 족장들이 세습적으로 관직을 독점했던 변경 지역에 중앙에서 직접 지방관을 파견하기 시작한 것이다. 그것을 '개토귀류(改土歸流)'라고 칭한다. 그 결과 전례 없는 수준으로 내지와 변방의 통합이 추진될 수 있었다. 그 과정에서 관우 신앙 또한 변방으로 확산되었다. 그러면서 '화(華)'의 상징이었던 관우의 얼굴도 다양한 형태로 변용되었다.

몽골인들이 관우 신앙을 수용한 데에는 정치적인 배경이 있었다고 한다. 중원으로 침공하기 전 요동에서 후금은 주변 세력과 관계를 공고히 할 필요가 있었다. 이때 후금은 몽골의 여러 추장(汗)들과 맹약

9    胡小偉, 「關羽肖像考」, 『關公信仰研究系列(第1卷)-伽藍天尊:佛道兩教的關羽崇拜』, 香港: 科華圖書出版公司, 2005, 110쪽.

을 맺으면서 『삼국지』의 도원결의를 흉내 냈다. 만주족들은 유비를 자칭했고, 몽골을 관우라 불렀다. 청조를 수립한 뒤에도 여러 차례 관우를 숭배하는 의식을 거행했는데 이 역시 만주족과 몽골인의 동맹을 굳건히 하기 위함이었다. 이러한 일을 계기로 몽골 사람들도 자연스럽게 관우 신앙을 접하게 되어, 그들 사이에서도 상당히 유행하게 되었다고 한다.[10] 하지만 일반 몽골인들에게 관우 신앙이 확산된 이유는 이와 같은 정치적인 의도가 전부는 아니었다.

1772년 독일 학자 팔라스(Pallas)는 시베리아를 여행하다가 러시아의 캬흐타(Kyakhta) 인근에서 관제묘를 목격했다. 그런데 그 지역에 사는 몽골인들은 그곳을 자신들이 전능한 영웅으로 칭송하는 게세르(Geser)의 묘라고 불렀다. 관제와 게세르를 동일하게 여긴 것이다. 유사한 예는 티베트에서도 발견된다. 청 건륭 58년(1793년)에 티베트의 소포 산(小包山)이란 곳에 한인이 들어와 관제묘를 건립했다. 그런데 티베트인들은 그 묘를 '게세르 신전'이라 불렀다고 한다. 일반 몽골인들과 티베트인들이 종종 관우를 자신들의 민족 영웅인 게세르와 동일한 사람으로 여겼음을 시사하는 예들이다. 때로는 라마교의 전쟁 신 잠스란(Jamsran)을 관제와 동일시하기도 하였다. 그 신의 얼굴이 관우와 마찬가지로 붉은 색이었다는 점은 매우 흥미로운 일이다. 또한 티베트인들 사이에서는 당나라 때 시집온 문성공주의 보호자가 관우였다는 이야기도 전해지고 있다고 한다. 한족과 비한족의 상이한 문화

---

10    변경 지역의 관우 신앙에 대해서는 주로 러시아 학자 리프친(Riftkin, 李福淸)의 글을 따랐다. 李福淸, 「關公傳說與關帝崇拜」, 『古典小說與傳說』, 北京: 中華書局, 2003 참조.

적 전승들이 관우 신앙의 이미지 안에 얽히고 설켜 있었던 것이다.

이와 유사한 이야기가 또 있다. 사르허 전투에서 대승을 거둔 뒤, 선양(瀋陽)에 수도를 정했던 후금의 누르하치는 그곳에서 관제묘를 정비했다. 그때 그는 관제상을 그리도록 하였는데, 그것이 마음에 들지 않는다는 이유로 연이어 두 명의 화공을 죽였다. 그러자 세 번째 화공은 누르하치의 얼굴을 본떠 관제상을 그렸고, 이를 본 누르하치는 매우 기뻐하며 금으로 관제소상(關帝塑像)까지 제작했다고 한다. 이때 누르하치가 아니라 그의 아버지 모습으로 관우상을 만들었다는 설화도 전해진다. 티베트와 몽골 사람들에게 게세르 장군과 관우의 전승이 겹쳐졌던 것을 생각해 보면, 만주족 사람들이 관우와 그들의 영웅 누르하치를 하나의 이미지로 묶어 숭배하는 일도 가능했을 것이다.

다른 한편 만주 사람들은 관우를 불교 신앙과도 결합시킨 듯하다. 만주족이 편찬한 『흠정만주제신제천전례(欽定滿洲祭神祭天典禮)』에 따르면, "석가모니, 관세음보살, 관성제군(關聖帝君)을 함께 제사지내게 했다"고 한다.

이러한 예들로 보아 청조 시기 관우 신앙 확산에 대한 이해는 신중할 필요가 있다. 그것을 '통일적 중화 민족'의 확산을 보여주는 문화적 현상으로만 이해한다면 단순한 일반화라고 여겨진다.[11] 변경 지역의 관우는 해당 지역의 영웅 신이나 혹은 라마 불교 등과 섞여서 숭배되곤 하였는데, 일반 민중들은 자신들에게 익숙한 모습으로 변용하

---

11 　가령 陳崇凱는 관우 신앙의 확산이 '통일적 중화 민족'의 역사를 보여주는 것이며, 티베트의 관우 신앙 유행은 그 지역이 중국 역사의 일부임을 입증한다고 했다. 陳崇凱, 「藏傳佛敎地區的關帝崇拜與關帝廟考述」(『西北民族硏究』, 1999-2).

여 관우 신앙을 받아들였던 것이다. '중화'의 상징이라는 정의는 관우 신앙의 다양한 모습들을 협소하게 할 수 있다. 또한 과거 사실에 대한 일정한 왜곡을 초래할 수도 있다. 그것은 마치 다민족이 구성해온 다원적인 동아시아의 역사를 단일한 중화 민족의 역사로 만들 때 발생하는 문제점을 상기시킨다.[12] 국가사의 서술이 그러하듯이 중화권 국가에서 관우 신앙에 대한 기억은 국가적 혹은 민족적 전유의 길을 밟아왔다고 할 수 있다. 하지만 앞에서 강조했듯이 관우 신앙의 형성 과정에는 동아시아 세계의 역사적 변동이라는 맥락이 있었음을 놓쳐서는 안 된다. 그것은 중국의 변방뿐 아니라 한국과 일본, 동남아 각지로 넓게 확산된 관우 신앙의 역사를 이해하는 데도 해당되는 문제이다.

## 3. 망각

한국의 관우 신앙은 어떠했을까.[13] 조선에 관우 신앙은 임진왜란 때 명의 군인들에 의해서 전해졌다. 조선 시대에 세워졌던 주요 관제묘의 현황을 보면 그 사정을 또렷이 알 수 있다.

---

12    이 점에 대한 포괄적인 비판은 다음의 논문을 참조할 수 있다. 김한규, 「'단일 민족'의 역사와 '다민족'의 역사」, 『기억과 역사의 투쟁』, 2002년 당대 비평 특별호, 삼인, 2002.
13    한국의 관우 신앙에 대한 개별 자료의 확인은 김탁, 『한국의 관제 신앙』, 선학사, 2004에서 큰 도움을 받았다.

| | 설립 위치 | 설립 시기 | 설립자 |
|---|---|---|---|
| 서울 | 남대문 밖(남묘) | 선조31년(1598년) | 명장(明將) 진인(陳寅) |
| | 동대문 밖(동묘) | 선조33~35년<br>(1600~1602년) | 조선 정부<br>(명 4천금 지원) |
| | 혜화문 내(북묘) | 고종 | 민비(閔妃), 무녀 이 씨 |
| | 서대문 밖(서묘) | 고종 | 엄비(嚴妃), 무녀 윤 씨 |
| | 종로 보신각 | 고종? | 상인들 |
| 지방 | 성주(경상북도) | 선조30년(1597년) | 명장 모국기(茅國器) |
| | 안동(경상북도) | 선조31년(1598년) | 명장 설호신(薛虎臣) |
| | 남원(전라북도) | 선조33년(1600년) | 명도독(明都督) 유정(劉綎),<br>명장 남방위(藍芳威) |
| | 강진 고금도(전라남도) | 선조30년(1597년) | 명장 진인(陳璘) |
| | 하동(경상남도) | 고종24년(1887년) | 지역민들 |

위의 표를 보면 조선의 주요 관제묘는 임진왜란 때 명군이 세웠거나 아니면 고종 때 설립되었음을 알 수 있다. 임진왜란 때를 제외하고는 고종 시기가 관우 신앙의 고조기였음을 알 수 있다. 동묘는 조선 정부가 세웠지만, 명나라 정부가 큰돈을 내어 가능했다. 당곡리의 경우처럼 위의 표 이외에도 여러 사례가 있겠으나, 일단 한국의 관우 신앙은 임진왜란 때 명군에 의해서 전해졌고, 그 후 조선 사람들이 자발적으로 신앙 활동을 했다고 해도 좋을 것 같다.

앞 장에서 보았듯이 관우가 제신(帝神)으로 격상된 것은 임진왜란을 전후한 시점이었다. 그와 거의 같은 시기에 명나라 군인들을 통해 조선에도 새로운 신이 전래된 것이다. 처음에는 반발도 있었다. 『조선왕조실록(朝鮮王朝實錄)』 선조 31년 조에는 다음의 기사가 있다. "(5월 12일) 홍문관이 아뢰기를 관왕묘에 행례하는 일에 대해 널리 상고하라는 전교가 있었습니다. …… 그러나 우리나라로 말하면 이런 제사는 없었고 엇비슷하여 모방할 만한 규칙을 구하고자 하였으나 역시 상고할 수가 없었습니다. 이미 응당 행해야 할 제사가 아닌데 경솔하게 조처하면 올바른 제사의 의식에 합당치 않을까 걱정이 됩니다." 전례 없는 관왕묘 제사에 대한 우려가 표현되어 있다. 관왕묘 건설에 따른 백성의 부담도 지적되었다. 선조 32년 6월 22일조에는 동묘 건설의 명령에 대해 "관왕묘을 세우는 일은 매우 허망한 일로 한 번 짓는 것도 그릇된 일인데 금지하지 못하였고 이제 또 동쪽 교외에 토목 공사를 크게 일으키니, 전쟁에서 살아남은 백성들이 어떻게 살아갈 수 있겠는가"라는 비판이 실려 있다.

그러나 그 후 상황은 조금씩 달라졌다. 임진왜란 이후 관왕묘는 중국에 대하여 충의를 다지는 공간으로 그 존재의 정당성을 확보해갔다. 영조 1년 3월 24일 조에서 관우가 모셔진 남묘(南廟)에 관원을 보내 "충의를 흠모하는 뜻을 표하도록 하라"라고 명령을 내렸다. 또한 명나라 사신은 조선에 오면 이곳에 참배했다고 한다. 모두 중국을 의식한 행동이었다.

이후 관우 신앙은 점차 조선인들의 필요에 의해 받아들여진 듯하다. 숙종 때부터는 능행이나 군사 훈련이 있을 때마다 왕이 관왕묘에 직접 참배했다. 또한 지방의 관왕묘에는 향과 축문을 하사했다. 숙종의 이러한 행동에는 정치적인 목적이 있었다고 한다. 서인을 축출하고 남인의 추대로 권력을 장악한 그는 관우의 충의를 강조해서 왕에 대한 충성심을 일깨우려고 했다. 또한 왕이 무장에게 참배하는 모습을 보여준 것은 각 당파에 나누어졌던 군사력이 국왕에게 귀속되어야 함을 암시하는 일이었다. 그 뒤 왕의 참배는 국가 의례가 되었다. 영조는 관왕묘 참배를 『국조속오례의서례(國朝續五禮儀序列)』의 「길례(吉禮)」 소사(小祀) 부분에 포함시켰다. 정조는 '중사(中祀)'로 급수를 올렸고, '관묘악장(關廟樂章)'도 제정했다고 한다.[14]

한편 민간에서도 관우 신앙은 크게 확산되었다. 여기에는 『삼국지연의』의 유행도 관련이 있었다. 김만중(金萬重)은 『서포만필(西浦漫筆)』에서 "(『삼국지연의』는) 임진왜란 이후 우리나라에서 성행하여 부녀자와 유학자까지도 모두 외워 이야기할 수 있을 정도이다. 그런데 우리나라 선비들은 대부분 사서를 읽으려 하지 않으므로 건안(建安) 이후 백수십 년의 일을 논할 때 이 『삼국지연의』를 근거로 삼아 증거로 끌어대고는 한다"라고 하였다.[15] 또한 관우가 '조선의 수호신'이라는 이미지가 민중들 사이에 퍼져갔다. 여기에는 임진왜란 때 구원병을 보내준 명에 대한 기억이 투영되어 있다. 유성룡(柳成龍)은 『서애집(西厓集)』에서 안동과 성주(星州) 등지에 관왕묘를 설치한 뒤 얼마 후 도요토미 히데요시가 죽고 왜군이 철수했으니 이는 우연한 일로 볼 수 없다고 하였다.[16]

'수호신'의 이미지는 19세기 들어 유행한 『임진록(壬辰錄)』에 잘

14   김탁, 「관왕묘 의례의 국가 의례화」, 『한국의 관제 신앙』, 선학사, 2004, 참조.
15   김만중, 심경호 옮김, 『서포만필』 하, 문학동네, 2010, 648쪽.
16   유성룡, 「관왕묘에 대하여 적음」, 『국역 서애집 II』, 민족문화추진회, 1977, 141쪽.

드러난다. "(관운장이 말했다) '내가 조선국에 의탁하여 풍진을 피하거늘, 무도한 왜적은 어찌 감히 조선을 침범하는가? 즉시 돌아가라' …… 왜장 청정(淸正)이 공중을 향해 무수사례하고 간담이 서늘해 도망치게 한다." "유황숙(劉皇叔)은 환생해 지금 대명국(大明國) 황제가 되고, 내 아우 장익덕(張翼德)은 환생해 조선왕이 되었으니, 죽은 혼이라도 모르는 채 할 수 없어 너의 무리를 소멸코자 지금 나왔노라. 우리 동방예의지국으로 어찌 너 같은 왜놈에게 곤박(困迫)을 받을쏘냐?" 등의 구절들이 있다.[17] 필사본이던 『임진록』이 19세기에 목판본으로 출간되면서 이런 이야기들은 급속히 민중들에게 확산됐고, 관우 신앙이 민간에 확산된 것도 그에 힘입었을 것이다.

한국사가인 존 던컨(John B. Duncan)은 사회불안이 가중되던 19세기에 조선 민중들이 일본과 중국에 품은 적개심을 '배타적인 민족적 일체감(negative ethnicity)'라는 말로 설명한 일이 있다.[18] 민족주의의 싹과 같은 것이 그러한 심리 속에 있었다는 말이다. 하지만 관우 신앙이 민간에 급속히 확산된 일이 그처럼 민족주의의 관점에서만 설명될 수 있을까. 여기에서 관우 신앙과 동아시아 세계의 관계를 다시 생각해보자. 한국인들은 중국과 맺은 책봉과 조공의 관계 아래에서 개별 국가의 자주적 통치와 중국 중심의 천하 질서가 중첩되는 국제 관계를 오랫동안 경험했다. 그러한 관계가 지속되는 한 조선 민중들은 '민족적 일체감'을 키워가면서도, 다른 한편으로는 민족 이외의 문화

---

17    김탁, 『한국의 관제 신앙』, 선학사, 2004, 73~74쪽.
18    존 B. 던컨, 「임진왜란의 기억과 민족의식 형성: 《임진록》 등 민간전승에 나타난 민중의 민족의식」, 서강대학교 국제한국학센터 기획, 정두희·이경순 엮음, 『임진왜란 동아시아 삼국전쟁』, 휴머니스트, 2007.

적 상징에 대해서도 열린 태도를 갖지 않았을까 한다. 중국에서 전래된 민간신앙과 '민족적 일체감'의 정서가 공존할 수 있었던 까닭도 그와 관련이 있다고 생각한다. 좀 더 논의가 필요하겠으나, 조선의 관우가 티베트나 몽골과 달리, 중국의 모습 그대로 수용될 수 있었던 것도 그와 같은 맥락에서 설명해볼 수 있을지 모른다.

흥미로운 것은 근대 이후의 상황이다. 관우 신앙은 20세기 초반에는 크게 유행하다가 어느 시점에서 급속하게 사라져 갔으며 이제는 그 기억마저도 희미해졌다. 그 과정은 어떠하였으며, 그 이유는 무엇이었을까. 앞의 표에 나와 있듯 조선 말 고종 시대에 관우 신앙은 크게 확산되었다. 당시 서울에 관우를 모시는 북묘(北廟)와 서묘(西廟)가 건립되기도 하였다. 그러나 1908년 마음을 바꾼 고종은 국가의 제사를 축소하는 칙령을 내리고, 새로 세운 관왕묘들 또한 혁파하기로 하였다. 하지만 민중들 사이에서 관우 신앙은 오히려 확산되었으며 식민지 시대에도 그 유행이 이어졌다.

1915년 『매일신보』에 따르면 경상남도 진주에 "금년 5월부터 10월까지 역질로 인해 사람이 많이 상할 것이니, 관성제군유서(關聖帝君遺書)를 집집마다 비치해야 한다"[19]는 말이 돌았다. "순진한 아낙네들이 4월 8일이나 5월 단오가 되면 관왕묘에 가서 복을 비는 일이 많았다"는 기사는 1922년 동아일보에 나온다.[20] 「관왕묘로 몰려드는 미신에 달뜬 남녀」,[21] 「자녀 낳기 위한다는 관제묘 기원 단속」,[22] 「금년 신

---

19    『매일신보』, 1915년 3월 11일.
20    『동아일보』, 1922년 11월 7일.
21    『조선중앙일보』, 1935년 2월 10일.
22    『동아일보』, 1938년 7월 21일.

수는 대길할까요? 관왕묘 매점인(買占人) 오천 명 돌파」[23] 등 당시 신문 기사 제목들은 관우 신앙의 성황을 짐작하게 한다. 1904년 경무사 신태휴(申泰休)는 관우 신앙을 미신으로 단속하였는데, 민간에서 몰수한 관제상이 3천 점이나 되었다.[24] 하지만 그러한 강력한 단속도 별다른 효과를 갖지 못했던 것으로 보인다.

다른 한편 관우를 모시는 종교 교단이 조직화된 점도 주목할 일이다. 선음즐교(善陰騭敎)나 증산교, 관성교(關聖敎) 등이 그 예이다. 교단의 형성에는 경제적인 능력이 있는 계층이 후원자로 참여하였는데, 이는 조선 후기 이래 향리, 무임(武任) 등 사회적 중간 집단이 관왕묘 제례를 주도했던 전통과도 연결해서 생각해볼 수 있겠다.[25]

이와 같이 조선 말기와 식민지 시기 관우 신앙은 민간에 널리 퍼져 있었으나, 같은 시기에 소멸의 조짐이 나타나기도 하였다. 민중의 의식 내면에 깊이 침투해 들어왔던 관우 신앙은 언제부터인가 우리의 것이 아닌 남의 것, 즉 '중국'의 것으로 간주되기 시작했다. 1925년 『동아일보』는 지면에서 개성에 있는 관왕묘 수리를 위해 모금하는 일을 비난했는데 그 논조는 주목할 만하다. "중국 한소열황제시대(中國 漢昭烈皇帝時代)의 관운장이 우리 조선에 하등의 공로가 업는 것은 역사가 증명하는 바라 그런데 우리 조선에서 그를 위하여 묘이향지(廟而 享之)하는 것은 아모리 생각하여도 의문인 동시에 무슨 의미인지 알 수 업다"[26]고 하였다. 관운장은 우리와는 아무 관계가 없는 이로 지목된

23  『고려시보(高麗時報)』, 1939년 3월 1일.
24  황현, 임형택 외 옮김, 『역주 매천야록(梅泉野錄)』하, 문학과 지성사, 2005, 185쪽.
25  손숙경, 「19세기 후반 관왕 숭배의 확산과 관왕묘 제례의 주도권을 둘러싼 동래 지역사회의 동향」, 『고문서연구』 23, 한국고문서학회, 2003.

것이다. 19세기말 이래 유행처럼 번져간 '탈중화(脫中華)의 물결'[27]은 번성하던 관우 신앙도 휩쓸어갔다.

그러나 관우 신앙이 망각에 이르게 된 좀 더 중요한 계기는 20세기 들어 동아시아 국제 질서가 과거와 전혀 다르게 짜여진 데에서 찾을 수 있을 것이다. 중일전쟁 때, 일본이 대륙으로 세력을 확장하는 모습을 보면서 한국인들은 자기 땅도 보호하지 못하는 관우가 우리를 지켜줄 수 있을지 회의했다고 한다.[28] 또한 한국전쟁 이후 한국인들은 '중공'을 호전적 침략자로 인식하면서 '중국의 전쟁 신'으로부터 결정적으로 멀어졌을 것이다.

만일 한국에서 화교들의 공동체가 뿌리를 내려 그들의 관우 신앙을 자주 접할 수 있었다면 지금처럼 한국인들이 관우 신앙을 낯설게 여기지는 않았을 것이다. 하지만 그러지 못했다. 탈(脫) 중화의 민족주의가 확대되고 동아시아 국제 질서가 크게 변하면서 관우 신앙은 사라져 갔다. 새롭게 기술되는 한국 민족의 역사 속에는 중국의 신을 믿었던 과거를 기술할 자리는 없었고 관우를 숭배했던 과거도 망각의 제물이 되었다. 관우에 대한 대중들의 사랑은 여전하지만 드문드문 남겨진 관우 신앙의 장소들은 낯선 기억과 마주하는 곳이 되었다.

26    「개성 관왕묘와 망동」, 『동아일보』, 1925년 1월 10일.
27    앙드레 슈미드, 정여울 옮김, 『제국 그 사이의 한국 1895~1919』, 휴머니스트, 2007.
28    김탁, 『한국의 관제 신앙』, 선학사, 2008, 140쪽.

## 4. 타자의 신앙으로

관우 신앙은 중국과 한국 이외의 지역으로 확산되었다. 일본과 동남아시아의 여러 지역이 그에 해당된다. 이들 지역에서는 화교 사회를 중심으로 지금도 관우 신앙이 지속되고 있다는 점에서 한국과는 사정이 다르다. 그렇다면 그 역사에 대한 기억 또한 다를 것이다. 이점에 대하여 일본을 중심으로 간략히 살펴보겠다.[29]

일본의 관우 숭배는 편의상 두 시기로 나누어 설명된다. 첫째 시기는 17세기 전반이다. 당시 중국에서 건너온 화상들이 주요 무역항 나가사키(長崎)에 머물면서 불교 사원에 관우 사당을 개설하였다. 대표적인 사례는 아래와 같다.

| 연 도 | 설립 주체 | 사 원 | 제사 장소 |
|---|---|---|---|
| 1623년 | 장쑤(江蘇), 장시(江西), 저장성(浙江省) 출신 화교 | 고호쿠지 (興福寺) | 마조당(媽祖堂) |
| 1628년 | 취안저우(泉州), 장저우(灣州), 출신 화교 | 후쿠사이지 (福濟寺) | 청련당(淸蓮堂) |
| 1629년 | 푸저우(福州) 출신 화교 | 소후쿠지 (崇福寺) | 호법당(護法堂) [관음보살(觀音菩薩)과 함께] |
| 1678년 | 광둥(廣東) 출신 화교 | 쇼후쿠지 (聖福寺) | 관음당(觀音堂) [마조(媽祖), 관음(觀音)과 함께] |

일본에 건너온 중국인들은 대부분 상인이었다고 한다. 그리고 만주족의 지배를 피하여 도망해온 문인 사대부 등도 있었는데, 그들의 수도 적지 않았다고 한다. 이들은 서로 다른 방식으로 관우를 대했다. 상인들은 관우를 재물의 신 혹은 상업의 신으로 숭배하였으나, 문인 사대부들은 충의의 화신으로 받들면서 '반청복명(反淸復明)'의 의지를 다졌다. 나가사키의 사원에서 매년 거행되었던 관우 숭배 의식은 매우 성대하고 엄숙했다고 한다. 처음에는 매년 5월 13일 한 차례 제사를 지냈는데, 1784년 쇼후쿠지(聖福寺)에서 1년에 제사를 두 차례 지낸 후로는 매년 두 차례 제사를 지내는 것이 관례가 되었다고 한다.

19세기 '문호 개방' 이후 관우 신앙은 두 번째 단계를 맞이한다. 이때 중국 상인들의 관제 신앙은 다시 고조기를 맞이하였다. 그들은 자신들이 새로 만든 중화회관(中華會館) 안에 관왕묘를 세웠다. 관왕묘를 불교 사원 안에 두었던 과거에 비해 가장 크게 달라진 점이라 할 수 있다. 관왕묘가 세워진 주요 중화회관은 다음과 같다.

- 1873년: 요코하마 중화회관
- 1883년: 오오사카 중화회관
- 1888년: 고베 중화회관
- 1910년: 하코다테 중화회관

---

29   일본의 관우 신앙에 관한 연구는 童家洲, 「試論關帝信仰傳播日本及其演變」, 『海交史研究』 1993-1 등이 있을 뿐이라고 한다. 葛繼勇·施夢嘉, 「關帝信仰的形成·東傳日本及其影響」, 『浙江大學學報』 34-5, 2004 참조. 이 글은 위 논문과 蔡東洲·文廷海, 『關羽崇拜研究』, 巴蜀書社, 2001에서 관련 부분을 참고하였다.

**[그림 2]** 하코다테 중화회관. 하코다테에 살던 중국인 상인들이 세웠다. 중국에서 자재를 들여오고, 3년의 시간과 거액의 비용이 투입되어 1910년 12월 준공되었다. 내부는 관제단을 중심으로 하고, 주위에 작은 방들이 배치되어 있다.

이 가운데 요코하마의 중화회관이 특히 유명하였다. 이곳은 중국에서 좋은 자재를 들여와 건축하였고, 음력 5월 13일 관우 제사 일에 의례를 거행하였다. 이 건물은 1945년 미군의 폭격에 의해 파괴당했고 1986년에는 화재로 소실됐으나, 1990년 다시 재건되어 현재에 이르고 있다.

중화회관 안에 관왕묘가 설치되면서, 관우 신앙은 새로운 특징을 갖게 된다. 형식적인 면에서 보면 관공의 상이 사당 내부 중앙에 위치하게 되었다. 그 이전에는 중앙에 불상을 두고 좌우 측면에 관우상을 배치했었다. 불교 신앙에 비해 부차적으로 취급되었던 것이다. 관우상이 중앙으로 자리를 옮긴 것은 주신(主神)의 자리에 올랐음을 뜻한다. 요코하마의 관제묘를 보면, 대전의 정중앙에 관공(關公)이 있고, 좌측에 천후성모(天后聖母), 우측에 관음보살이 있다. 이를 통해 관우 신앙이 마조 신앙이나 불교의 관음 신앙보다 더 중시되었음을 알 수 있다.

신앙의 내용에도 변화가 생겼다. 관왕묘는 재물이나 '復明'을 회

제2장
：관우

127

구하는 장소에서 '중화'의 전통과 도덕을 숭배하는 민족의 성소로 변모하였다. 중화회관 안에 관묘를 세운 것이나 관우상이 주신의 자리에 옮겨 앉은 것은 모두 재일 중국인들의 민족의식이 고조되면서 가능했던 일이라 할 수 있다. 관우는 중화 민족 공통의 신앙이 된 것이다.

19세기 이전 중국은 자국민의 해외 도항을 원칙적으로 금지하는 정책을 폈다. 왜구가 창궐했던 명대나 해상의 남명 정권과 맞서야했던 청 초기에는 특히 해금 정책이 엄격하였다. 이러한 때 바다를 건너 다른 지역에 이주해간 중국인들은 국가의 입장에서는 법을 어긴 죄인들이었다. 그래서 그들은 '기민(棄民)'이라 불렸다.

그렇지만 19세기 중기 이후 상황은 달라진다. 해외 교포가 중국의 경제적 자강을 위하여 반드시 필요하다는 인식이 등장한다. '화교'라는 이름도 그래서 생겨났다. 청조는 해외 각지에 중국 총상회를 건립하여 화교 집단들을 조직화하고자 하였다. 화교들도 출신 지역을 단위로 결집하는 동향 의식을 넘어 '중국인'으로서 민족의식을 갖기 시작하였다.[30] 일본 거주 중국인들의 관우 신앙이 변모한 것은 이러한 시대적 상황을 반영하는 일일 것이다. 중국에서 근대적인 민족주의가 형성되면서 관우 신앙의 위상과 의미도 달라졌던 것이다.

이와 같이 관우가 중화 민족주의의 상징이 되면서, 일본 내 관우 신앙은 외래 화교들의 신앙으로 그 의미가 좁혀질 수밖에 없게 된다. 일본인과는 무관한 타자의 신앙으로 분리되어간 것이다. 그리고 과거의 관우 신앙도 그런 모습으로 기억하게 되었을 것이다. 이것은 국가

---

30    강진아, 『문명 제국에서 국민국가로』, 창비, 2009, 202~206쪽 참조.

적 전유나 망각과는 또 다른 형태라고 할 수 있다. 지금도 화교 사회를 중심으로 거행되는 관우 신앙의 성대한 의식들은 그와 같은 생각을 더욱 강화시켜갔을 것이다. 그런데 과거에도 관우 신앙이 다른 사람들의 일로만 간주되었을지는 의문이다.

두 가지 사실은 일본인 또한 관우 신앙을 적극 수용하였을 가능성을 보여준다. 첫째, 무로마치 막부 시기의 일이다. 일본에 관우 신앙이 처음 들어온 것은 무로마치 막부를 창시했던 아시카가 다카우지(足利尊氏, 1305~1358) 때라고 한다. 그가 꿈에서 원나라를 향해 군신(軍神)을 청하여 관제상을 얻었고, 그것을 경도에 설치하고 제사 지냈다는 이야기가 전해진다. 송원 시기에는 많은 수의 중국 승려들과 상인들이 중국과 일본 사이를 왕래하였다. 1338년 무로마치 막부를 건립한 아시카가 또한 원나라와의 무역에 적극적이었다. 그 안에서 관우 신앙이 일본에 전입된 것으로 보인다. 특히 무(武)를 숭배하는 막부는 관우 신앙을 받아들여 자신들의 정치적 권위를 강화하려는 생각도 품었을 것이다. 아시카가의 꿈은 그런 욕망을 우회적으로 드러내는 것 같다.

둘째, 미토번(水戸藩)의 사례가 있다. 17세기 후반 일본에 건너온 중국 승려 심월선사(心越禪師)는 미토번의 번주 도쿠가와 미쓰쿠니(德川光國)의 경배를 받았다. 그는 이곳에 관우 신앙을 전했다고 한다. 충군 사상을 강조했던 미토학의 고장에서 충의의 상징인 관우 신앙은 중요한 의미를 가졌을 것이다. 따라서 미토번 측에서 적극적으로 그 신앙을 받아들였을 가능성이 있다. 이후 관우 신앙은 서일본에서 동일본으로 확산되었다고 한다. 그 밖에도 관우가 '도래신'의 하나로 민간에 확산됐다는 지적도 있다.

　이처럼 관우 신앙을 내부적으로 수용하였을 가능성이 있으나 오늘날 일본에서는 그러한 점을 적극적으로 기억하지 않는다. 관우는 일본 사회 내부의 타자인 화교의 신앙으로 분리되어 기억되고 있다. 화교에 의한 관우 신앙은 동남아시아 여러 지역에서도 찾아볼 수 있다. 명대 이래 그들에 의해 동남아시아 각지에 관왕묘를 건립되었고, 청대에는 그 수는 크게 증가했다고 한다. 당시 어느 영국인 학자는 동남아 여러 지역에서 관제 신앙이 널리 숭배의 대상이 되고 있음을 발견했다고 한다. 인도네시아 자카르타에 있는 대규모의 불교 사원 금덕원(金德院)에서는 관우가 불교의 호법신 혹은 도교의 호법신으로 숭배되었다. 베트남에서도 『삼국지연의』가 널리 읽혔고, 그 결과 관우 신앙이 민간에 확산되었다고 한다. 이러한 사례들은 관우 신앙이 화교뿐 아니라 해당 지역의 민중에게 널리 침투했을 가능성을 보여준다.

　화교는 '중화'의 사람들이면서도 동시에 바다를 건너 동아시아를 연결해주었던 사람들이었다. 그들에 의해 전파된 관우 신앙도 동아시아 민중들이 공유했던 문화로 이해하는 것이 타당해 보인다.


# 5.　맺음말

　장구한 시간을 거쳐 형성되고 전개된 동아시아의 역사는 개별 국가들에 의하여 근대국가의 집단기억인 국사로 분절되었다. 그 결과 국사의 경계 밖으로 펼쳐진 과거에 대한 기억들은 과장되거나 파편화되거나 혹은 망각의 운명을 맞게 되었다. 관우 신앙은 그러한 기억이 현존하는 여러 방식에 관한 구체적인 실례를 제공해준다. 이 글에서 중국과 한국, 일본의 순서로 글을 구성한 것은 그래야 여러 기억의 방식들이 적절하게 드러난다고 보았기 때문이다.

중국에서 관우 신앙은 국가적인 전유의 과정을 밟았다고 할 수 있다. 2~3세기를 살았던 실존 인물 관우가 신앙의 대상이 된 것은 그로부터 한참 뒤인 송대 이후였다. 정복왕조가 주도하는 세계 질서가 수립되면서 관우는 한족의 상징으로 부상했고, 대외적인 위기가 심화됐던 명대 후기에는 제신의 지위까지 올랐다. 청대 변방에 대한 정치적 통합이 추진되면서 관우 신앙도 제국 각지로 확산되었다. 이때 티베트와 몽골 등지에서는 겉으로는 관우지만, 속으로는 지역 신앙의 모습을 간직한 형태로 관우 신앙을 받아들이기도 하였다. 그러한 융통성은 관우 신앙이 널리 확산된 주요한 이유였을 것이다. 하지만 오늘날 중국에서는 이와 같은 다양한 관우 신앙을 '중화'의 상징이라는 하나의 용어로 정의하는데, 이와 같은 기억의 과장은 중국 사례의 특징이라고 할 수 있다.

반면 한국에서 관우 신앙은 근대 이후 망각의 길로 접어들었다. 임진왜란 때 명나라 장수들이 들여온 관우 신앙은 처음에는 거부감을 일으켰으나, 점차 조선 사람들의 신앙 대상이 되었다. 조선의 왕은 권력 강화를 위해 관우 신앙을 정치적으로 활용했고, 민간에서는 관우를 조선의 수호자로 숭배하기도 하였다. 임진왜란의 경험이 다양하게 회고되면서, 관우에게는 수호신의 이미지가 씌워지기도 했다. 또한 장기간의 책봉과 조공 체제를 경험한 조선 민중들은 중화의 모습 그대로의 관우를 별 거부감 없이 수용한 듯하다. 하지만 근대 시기에 들어 동아시아의 국제 관계가 크게 변화하면서, 지역화의 과정을 거치지 않은 관우 신앙은 갑작스럽게 단절되어 망각되고 만다. 이와 같은 갑작스러운 단절과 망각은 한국 사례의 중요한 특징이라고 할 수 있다.

근대 시기로 오면서 일본과 동남아시아의 관우 신앙은 타자, 즉 화교의 신앙으로 간주됐다. 15~16세기 이래 화교와 상인들에 의해 일본과 동남아시아 여러 지역으로 퍼져나갔다. 현재에도 이들 지역에는 화교 사회를 중심으로 관우 신앙이 유지되고 있다. 그러나 아시카가 다카우지나 미토번의 사례처럼 일본인들이 직접 관우 신앙을 숭배한 흔적 또한 찾아볼 수 있다. 그러나 19세기 후반 이후 화교가 중화 민족의 일원으로 동원되면서 관우 신앙은 '중국'을 상징하는 존재로 굳어져 갔다. 그 결과 현재는 일본 사회 내의 타자인 화교의 신앙으로 이해되기에 이른다.

이상 간략하게나마 관우 신앙을 둘러싼 기억과 망각의 모습들을 살펴보았다. 관우 신앙은 근대의 역사학이 과거의 기억을 분절하고 과장하거나 폐기시킨 중요한 예로 보아도 좋을 것 같다. 그런데 만약 민족 중심의 역사와는 다른 관점에 서보는 일이 익숙해진다면, 우리는 서울의 동묘와 같이 여기저기에 남겨진 관우 신앙의 사당들을 좀 더 의미 있는 장소로 받아들일 수 있게 될 것이다. 또한 그 곳에서 지금까지와는 다른 형태의 역사를 상상해보는 일도 가능할 것이다.

○

# 제3장

# 공자묘

류미나

# 1. 중국의 공자 부흥 운동과 동아시아

최근 중국에서는 공자 열풍이 화제를 불러 일으켰다. 중국 정부는 2010년 봄에 상연된 영화 〈공자-춘추전국시대〉에 적극적인 지원을 아끼지 않았는데, 이 영화에서 공자는 사상가나 교육가란 이미지보다 전쟁에서 나라를 구한 무장으로, 또한 전략가, 그리고 정치가로 그려졌다. 2010년 1월 에는 공자 역을 맡은 홍콩의 유명 배우인 주윤발 (周潤發, 저우룬파)과 영화감독 후메이(胡玫)가 공자묘에서 제사를 올려 영화 제작의 성공을 기원했다. 이 자리에는 이례적으로 국가주석인 후진타오 (胡錦濤)도 배석했는데, 그는 촬영 현장을 돌아보며 "지금이야말로 공자의 사상과 위대한 업적을 세계에 다시 한 번 알릴 수 있는 기회"라고 격려했다고 한다.[1] 중국에서 이 영화가 상영되면서 당시 세계적으로 인기를 끌었던 영화 〈아바타〉는 상영이 중단됐고, 후진타오가 영화 〈공자-춘추전국시대〉를 관람했다는 소식은 영화 선전에 박차를 가했다. 공자묘가 있는 취푸 시(曲阜市)는 이 영화가 종영된 후 46억 원을 들여 공자묘를 보수할 예정이라고 밝혔다. 당시 공자를 소재로 한 프로그램은 영화뿐 아니라 텔레비전 드라마 부문에서도 등장해 대하드라마 〈공자〉가 상영됐는데, 이 드라마의 감독인 한강(韓剛)은 제작 의도를 설명하면서 "(중국은) 경제 성장에 의해 부를 축적했지만, 수천년을 지탱해왔던 중화문화와 도덕률은 위기에 처해 있다는 것을 중국인들이 자각하게 됐다. …… (그렇기 때문에) 자연스럽게 동양 사상의 태두였던 공자에 주목하고 있는 것"이라고 밝혔다.[2] 이는 중국 사회에서 공자가 얼마나 각광을 받는지 잘 알 수 있는 사례이다.

중국에서의 '공자 선전'은 1984년 '중국기금회'의 성립까지 거슬러 올라간다. 이 기금회는 국무원 부총리 구무(谷牧)를 명예회장, 난징대학교장 쾅야밍(匡亞明)을 회장으로 하여 베이징에서 발족했다. 그후 1994년 10월, 당시의 국가주석인 장쩌민(江澤民)이 참석한 가운데 '국제유학연합회'가 발족됐는데, 여기에는 무려 1000만 위안(약 17억 원)이 출자됐다고 한다.[3] 더욱이 2002년이 되면서 중국은 제16차 전국대표자회의에서 '문화건설'의 깃발을 내걸고 국가의 목표를 '문화대국'으로 정했으며, '무형의 정신적 재산의 문화를 건설하자'고 선언했

1    영화 〈공자-춘추전국시대〉의 촬영 현장에서의 국가주석 후진타오의 발언. 「中, 공자 '띄우기' 본격화」, 『연합뉴스』, 2010년 3월 17일.
2    「中 다시 부는 孔子 열풍.. 잇단 영화제작」, 『연합뉴스』, 2009년 8월 23일.
3    渡邊義浩・蔣樂群, 「中国における儒教の復權─「よみがえる孔子, 21世紀の中国の知恵」制作を中心に」, 『人文科学』 12, 2007년 3월; 「'유교문화 부흥' 30개국 학자 참여 '국제유학연합회' 창립」, 『동아일보』, 1994년 10월 11일.

다.[4] 중국은 '문화건설'의 대표적 사업으로 '전통문화의 부활'을 강조했고, 그중에서도 가장 주목받은 것이 '공자'를 선두로 한 '유교 문화'였다.

이렇듯 과거의 공자가 현대에서 다시 한 번 상기될 때, 그의 고향인 취푸와 유교의 총본산지인 공자묘는 더불어 중요한 장소로 떠오른다. 예를 들어 중국에서는 공자묘가 국가 제사를 보여주는 흥미로운 장으로 적극 활용됐다. 2004년 공자묘에서는 중화인민공화국의 탄생 이후 처음으로 '공자제'가 '국가 제사'로서 거행됐다. 과거 문화대혁명 시기에는 '봉건주의'의 상징으로 치부돼 파괴의 대상이었던 공자묘였지만, 지금에 와서는 후진타오가 말하듯 '유교사회주의'의 상징적 장소가 된 것이다. 또한 2006년에는 중국 대륙과 타이완의 공동 프로젝트로 공자묘에 관한 대대적인 행사가 개최됐고, 공자묘는 '중국 통일의 뜻을 세우는 장소'로 기능했다. 더불어 공자묘는 중국을 상징하는 순례지로서도 주목받는다. 2009년, 북한의 김영일 내각총리는 '조중(朝中) 우호의 해'를 기념하기 위해 중국을 방문했는데, 방문 바로 이튿날 선택한 방문지가 공자묘였다.[5]

최근 들어 공자묘는 텔레비전과 영화 등을 위한 촬영 현장으로도 활용되곤 한다. 중국에서의 '공자 열풍'은 동아시아 각지에서도 화제가 돼, 일본의 NHK는 2000년 〈다시 살아나는 공자: 21세기를 살아가는 중국의 지혜(よみがえる孔子, 二一世紀を生き抜く中國の知恵)〉라는 다큐멘터리를 제작해 방영했다.[6] 그 방송에서는 과도한 산업 발달

4    「'홍찬식칼럼' 중국이 소프트파워까지 갖는 날」, 『동아일보』, 2010년 7월 16일.
5    「北中, 총리회담…6자회담 재개방안 논의」, 『연합뉴스』, 2009년 3월 18일.

이나 물질우선주의의 폐해를 공자의 사상을 교육함으로써 막아보려는 '21세기 중국인의 지혜'가 소개됐다. 당연히 그 촬영의 중심지는 공자묘였으며, 이곳은 '공자 열풍'의 성지로 소개됐다.

　　이러한 현상들은 사람들에게 공자묘를 둘러싼 새로운 기억을 새겨간다. 공자묘 '열풍'은 과거 그곳을 '사람을 잡아먹는 문화'라고 비판한 루쉰(魯迅)의 한탄도, 문화대혁명 당시 이뤄진 공자묘 파괴의 기억도 어느새 묻어버린다. 오히려 공자를 시작으로 한 유교 문화에 '우월'이란 색채를 덧칠해가고, 공자묘는 그것을 상징하는 장소로 회자된다. 공자묘는 이제 완전한 중국의 '국민 문화'로서의 유효성을 갖게 됐고, 세계화와 민족주의가 어지럽게 뒤섞인 장소가 되어가고 있는 것이다.[7]

　　그런데 중요한 것은 '공자묘'가 하나가 아니란 점이다. 타이베이(臺北), 타이난(臺南)의 '공자묘', 서울의 '공자묘(문묘)', 도쿄의 '유시마세도', 하노이의 '문묘'를 비롯해서 공자묘는 동아시아 각지에 편재됐다. 이것들은 단순히 취푸에 있는 공자묘를 모사한 것이 아닌, 그 자체로 독자적인 역사를 안고 사회적으로 인지되어왔다.

　　한편, 서울의 공자묘는 '한국 정신을 대표하는 유교 문화의 전통'으로 시민권을 획득했다. 공자묘의 대표적 의례인 '석전'은 중국의 공자묘와 동일하게 관광객이 꼭 봐야 할 장소이기도 하지만, 중요한 행사가 열릴 때에는 정치·사회·문화 각 방면의 유력 인사가 참가하

---

6　　일본의 NHK BS1은 2000년 12월 3일 이 다큐멘터리를 방영했다.
7　　中村春作,「近現代東アジアにおける「国民」化の言説と儒教主義」, 科研費報告書, 研究課題番号13610045, 2001~2003년.

는 장이기도 하다. 특히 석전 의례 가운데 '고무'와 '팔일무'는 예술적 가치가 높을 뿐 아니라, 세계에서 유일하게 원형을 보존했다고 알려져 한국에서는 '세계문화유산' 등록을 준비할 정도로 자부심이 큰 의례이다. 2004년 9월, 한국의 유명 일간지에는 한국의 유림 단체가 중국의 공자묘까지 방문해 '지전(至奠, 공자를 받드는 제사)'을 거행했으며, 공자묘를 관리하는 중국의 산둥성(山東省)이 매년 한국의 석전 의례를 참조해 진행한다는 사실을 보도하기도 했다. 기사에는 문화대혁명 당시, 중국 내 석전 의례의 전승이 단절됐기 때문에 중국의 공자묘가 한국의 도움을 받았고, 행사를 주관한 한국의 '박약회(博約會)'는 이 활동을 매우 자랑스럽게 여긴다는 내용이 실렸다.[8] 이는 일종의 '소중화(小中華)' 사상의 현대판이라고도 할 수 있겠다.

그런데 '한국 정신을 대표하는 유교 문화의 전통'과 중국의 공자 부흥의 기류 사이에는 분명 긴장 관계가 있다. 최근 중국의 인터넷에서는 '한국이 중국의 공자를 강제적으로 납치해 한국의 문화유산으로 등록하는 행위를 저지해야한다'는 비판이 나왔으며, 이에 대해 한국의 한 일간지는 '중국으로부터 문화 침략국이란 비판을 막기 위해'서는 '유교 사상의 한국화를 재촉해야 한다'고 주장했다.[9] 이는 오늘날 한중 관계가 '세계유산'을 둘러싼 정치적 욕망에 놓여 있음을 반영한 것이라 하겠다.

여기서 흥미로운 것은 이러한 한국의 담론에 공자묘가 '한국 정신을 대표하는 유교 문화의 전통'이라는 인식이 전제됐다는 점이다.

---

8    「한국 儒林, 中 공자묘 찾아 제사」, 『동아일보』, 2004년 10월 27일.
9    「중국정부의 '공자살리기'」, 『부산일보』, 2010년 2월 8일.

무슨 이유로 어떻게 '외래'문화인 공자묘가 한국의 '전통'을 체현하는 장소가 됐을까.

한반도에 공자묘가 전래된 전근대 시기에 '국민 문화'나 '국민적 전통'이란 개념이 없었음은 말할 나위가 없다. 사회의 운영 체계도 근대국가의 모습과는 다를 뿐 아니라, 공자묘에 대한 기억의 방법 또한 현재와는 다른 문맥에서 이뤄졌을 것이다. 분명한 것은 당시 공자묘에 대한 인식이 한반도의 세계관이나 사회질서를 반영한 결과물이었다는 점이고, 현재 한국의 공자묘를 둘러싼 제(諸) 기억들은 '한국 정신을 대표하는 유교 문화의 전통'이 중심축을 이룬다는 점이다. 여기에는 분명 어떤 기억들의 변화와 재편이 존재했을 것이다.[10]

본고에서는 동아시아 각지에서 다양하게 전승되고 기억되어온 '공자묘' 가운데 한반도에서의 전개에 초점을 맞춰, 그것이 '한국 정신을 대표하는 유교 문화의 전통'이 되기까지 어떠한 우여곡절이 있었는지 그 역사를 돌아보고자 한다. 이 과정에서 공자묘는 신분 질서의 상징으로서의 장소, 일본 식민지화의 흔적이 새겨진 장소, 그리고 해방 이후 신흥 국가 수립 과정에서 '사대주의'와 '외래문화'의 상징적 장소로 등장해, 결코 '한국 정신을 대표'할 수 없는 '불편한 기억'들을 불러들일 것이다.

본고는 한반도에서의 공자묘에 초점을 맞춰 한정된 지면과 필자의 능력 범위 내에서 서술되겠지만, 같은 작업을 중국에서 한다면 마찬가지로 중국의 공식적 기억으로는 인정될 수 없는 '불편한 기억'들

---

10    中村春 作,『江戸儒教と近代の「知」』, ぺりかん社, 2002년, 8쪽.

이 무수하게 드러나리라고 본다. 그런 의미에서 이 글은 공자를 둘러싼 현대 기억의 정치에 재고찰을 요구하는 하나의 실험이라 할 수 있겠다.

## 2. 소중화 상징으로서의 공자묘

### 1) '정통한' 제전의 공간: 조선 왕조시대

오늘날 서울이나 한국 각지의 공자묘는 '관광지' 가운데 하나로 누구나 쉽게 출입할 수 있는 장소가 됐지만, 19세기 이전의 공자묘는 조선의 왕가나 지방의 사족(이른바 양반)들이 독점한 폐쇄적 공간이었으며, 왕조의 사회질서를 유지하기 위한 장소였다. 따라서 그것은 한반도 주민 전체의 상징이 아닌, 특정 집단의 중요한 '기억의 장'이었다.

한반도의 공자묘는 거칠게 말하면, 공자 및 그의 제자 그리고 선현을 모셔 제사를 드리는 장소임과 동시에, 그들의 사상을 교육하는 장소였다. 한반도 내 공자묘의 역사는 신라 시대까지 거슬러 올라갈 수 있는데, 648년 김춘추가 당에 건너가 국학을 방문했을 때, 공자묘의 석전을 참관했다는 기록이 있다.[11] 그 후 고려 시대에 들어서는 중국의 유학자뿐 아니라 한반도의 유학자도 공자묘에 배향하게 됐다.[12] 조선 왕조는 도읍지인 한성에는 '성균관', 지방에는 '향교'라는 관립 교육기관을 설치했는데, 공자묘는 이러한 기관에서 운영했다.

11    김부식, 『삼국사기』 권5, 신라본기, 진덕왕 2년 3월조.
12    정옥자, 「조선후기 문묘사전의 이정」, 『한국문화』 7, 1986년, 134쪽.

공자묘는 특권 신분인 사족의 집합 장소로 중요했다. 그러한 이유 가운데 하나로는 중앙 관료의 등용 시험인 과거제도가 있다. 과거 제도를 통해 중앙 관료가 되기까지의 길은 매우 어려웠는데, 먼저 지방 시험인 향시에 합격을 해야 하고, 그다음 중앙의 성균관에 입학해 일정한 교육 기간을 지내야 한다. 이러한 교육 기간이 끝나면 국왕이 주최하는 '대과'에 도전할 자격이 주어지고, 대과에 합격을 해야 겨우 중앙 관료로서의 길이 열렸다.[13] 이러한 등용 과정의 결과, 조선 왕조 말기까지 약 300개소에 달하는 지방의 향교는 관학의 장소로서 사족들의 중요한 근거지가 되어갔다. 그리고 공자묘는 이들의 정체성을 확인하는 장소로 기능했다.

조선 왕조시대의 공자묘는 태조 이성계가 즉위 직후 공자묘에서 성대한 제사를 드릴 정도로 중시했다고 하는데,[14] 이 역시 제반 제도가 자리를 잡은 것은 조선 왕조의 3대 국왕인 태종(재위 1401~1418년) 때였다. 이 시기 조선 왕조는 공자와 '사성'으로 추앙된 안자·증자·자사·맹자의 위폐를 정전에 안치하고, 10철과 62명의 제자, 그리고 선현 21명을 모시는 등 제도를 정비했다.

여기서 주목해야 할 것은 이러한 제도가 확립되는 동안 공자묘는 항상 주자의 성리학(이하 주자학)을 어떻게 수용하고 토착화하는가에 대한 논의의 장으로 활용됐다는 점이다. 특히 고려 시대부터 계승된 공자묘 제도와 배향의 대상을 둘러싸고, 정치적 갈등이 일어나기

---

13    물론 이러한 등용 과정을 거치지 않고도 중앙 관직에 나갈 수 있는 방법이 있었지만, 여기에서는 공자묘를 통한 경우만을 다루기로 한다.

14    『태조실록』 권1, 태조 원년 8월 정사조(丁巳條). 본고에서 쓰이는 조선왕조실록 자료는 국사편찬위원회가 제공하는 데이터베이스를 참고했다.

도 했다. 예를 들어 조선 왕조 건국의 최대 공로자인 정도전은 고려 왕조의 신하임에도 조선 왕조로 정치적 노선을 바꿔 선 까닭에 유림들로부터 '절의'에 반한다는 비판을 받았는데, 이에 반해 고려 왕조의 신하로 조선 왕조 건국과 대립한 정몽주는 오히려 공자묘에 안치됐다.[15] 이것은 '공적'이냐 '절의'냐 하는 논쟁 속에서 성리학의 의리론이나 명분론에 입각한 '절의'가 중요시된 결과로 볼 수 있다.

조선 왕조시대에는 주자학에 입각해 공자에서 안연, 증자, 자사, 맹자, 정호(程顥), 정이(程頤)를 이어가는 '도통'이 중시됐다. 그러한 주자학의 정통 의식에서 조선 왕조는 명의 공자묘 제도에 준거하면서도 송의 그것을 이념화했다. 또한 한반도에 유교 문화를 전달했다고 일컬어지는 기자(箕子)의 제사를 강조함과 동시에,[16] 단군 역시 같은 제당에 모시자는 주장이 나올 정도로[17] 주자학을 발판으로 한 조선 왕조의 정통성을 확립하고자 했다.[18] 다시 말해 조선 왕조의 공자묘는 중국의 제도를 수용했다고는 하지만, 배향 대상의 선택, 공자묘에서의 서열 결정 등에서 중국의 것과 일정한 긴장 관계에 있었다는 것이다. 예를 들어 1604년 중국의 경리직(經理職)과 양교림(梁喬林)이 조선에 체제할 당시, 조선의 공자묘 의례가 중국과 상이한 점을 지적하고 조선 왕조가 이를 정정했다는 기록이 있다.[19] 조선 전 지역의 공자묘 의례 문제를 정정하는 데에는 다소 시간이 걸렸지만, 조선 왕조는 일단

---

15    지두환, 「조선전기 문묘종사의론」, 『부산사학』 제9집, 1985년, 145쪽.
16    『태종실록』 권21, 태종 11년 4월 정사조(丁巳條).
17    『태종실록』 권23, 태종 12년 6월 기미조(己未條).
18    지두환, 「조선전기 문묘종사의론」, 『부산사학』 제9집, 1985년, 246~247쪽.
19    『선조실록』 권177, 선조 37년 8월 임진조(壬辰條).

142

제1부
: 고전고대의 공간

'상국(上國)'인 중국의 제도에 따랐다.[20] 그러나 그로부터 6년 후, 조선에서는 시대의 대표적 유학자인 김굉필(金宏弼), 정여창(鄭汝昌), 조광조(趙光祖), 이언적(李彦迪), 이황(李滉)이 주자의 도를 계승하고 공자와 맹자의 학문적 전통을 지켰다는 평가를 받아 공자묘에 배향되어야 한다는 목소리가 높아졌고, 이들은 공자묘에 배향됐다.[21]

1714년 주돈이(周惇頤), 소옹(邵雍), 장재(張載), 주희(朱熹) 등 송조 6현을 공자묘 내 대성전에 배향함으로 공자묘 제도는 완성됐다.[22] 그 후 청으로부터 공자묘 제도에 관한 이견을 고증하는 요구가 있었지만, '조선중화주의'를 내건 조선 왕조로서 이러한 고증은 고려의 대상이 되지 않았다.[23] 실로 조선 왕조의 공자묘는 소중화 사상이 표상된 장소였다고 할 수 있겠다.

이러한 공자묘 제도는 그것을 주도하는 정치 세력과 밀접한 관계에 있었다. 공자묘에 배향된 인물을 변경하는 문제는 항상 조정이나 사족 간에 정치적 다툼을 가져왔고, 그것의 성공 여부에 따라 정치적 생명이 결정됐다. 예를 들어 고종 시대에도 경기 지역의 유생들을 중심으로 206명이 연명해 상소를 올렸다. 정치적 대립 관계에 있던 한용석(韓容奭)이 조선 왕조시대의 최고 유학자 송시열(宋時烈)을 비판했다는 이유로 처단을 요구한 것이다.[24] 물론 다른 당파에서도 자신들의 정당성을 주장했는데, 이들의 주장은 모두 공자묘에서 결집됐다. 재

20    『태종실록』 권21, 태종 11년 4월 정사조(丁巳條).
21    『광해실록』 권24, 광해 2년 1월 갑오조(甲午條).
22    『숙종실록』 권55, 숙종 40년 8월 무인조(戊寅條).
23    정옥자, 「조선후기 문묘사전의 이정」, 『한국문화』 7, 1986년, 141쪽.
24    『고종실록』 권26, 고종 26년 5월 기사조(己巳條).

지 사족들은 중앙정부의 정치에 민감하게 반응하며, 당세를 집결시키고 적극적인 정치 행동을 피력하는 장소로 공자묘를 선택해 그 정당성을 과시했다.

이러한 공자묘는 사족들에게 '목숨을 바쳐서 지켜야 할 장소'로서 자리매김했다. 예를 들면, 도요토미 히데요시(豊臣秀吉)에 의해 임진왜란이 일어났을 때, '왜군'이 공자묘를 점거하자 사족들은 병사들을 조직해 이에 맞서 싸우다 전사했다.[25] 그 외에도 공자묘를 지킨 기록들이나 전란 중에도 공자묘의 위폐를 갖고 도망한 보고들, 또한 미처 위폐를 이동시키지 못해 땅에 파묻었다는 이야기들은 당시 조선 각지에서 자주 들을 수 있었다. 그리고 이러한 기록들은 공자묘가 사족에게는 '지켜야 할 장소'임을 나타냄과 동시에, 그러한 사건 자체가 그들이나 그 자손들의 위신을 높이는 기억들로 전해 내려졌다.

이에 비해 공자묘와 일반 상민들과의 만남은 매우 어려웠다. 설사 양자 간의 만남이 가능해도 그것은 많은 논의나 정치적 갈등을 동반해야 했다. 사족이나 양반 이외의 상민들이 공자묘 제사를 용이하게 접할 수 없었던 것은 이러한 상황을 나타내는 좋은 예일 것이다. 더욱이 과거제도에서는 사족이나 양반이 아닌 이상, 누구에게나 등용의 기회가 주어지는 것은 아니었다. 물론 과거제도는 사족 이외의 신분이라도 응할 수 있었지만, 만일 합격한다 해도 그들에게 주어진 관직은 그리 높지 않았다. 상민이 공자묘에 다닐 순 있어도 그들에 대한 호칭이나 활동에는 명확한 구별과 제한이 있었으며, 사족은 기회가 있

---

25    『선조실록』 권58, 선조 27년 12월 병진조(丙辰條).

을 때마다 과거제도에서, 그리고 공자묘에서 일반 상민들을 제외해야 한다고 주장했다. 그것은 과거제도와 신분제도가 조선 왕조 사회를 유지하는 장치였고, 그 중심인 사족 외에는 제도권에서 항상 배제당했기 때문이었다. 조선 왕조시대의 신분 차별을 소재로 한 허균의 고전소설『홍길동전』에서 주인공인 홍길동이 사족 출신이 아니기 때문에 공맹의 도를 배울 수 없고 병법도 익힐 수도 없음을 한탄한 장면은 신분제도를 둘러싼 조선 왕조시대의 특징을 나타냈다고 하겠다.

한편 조선 왕조시대의 공자묘는 항상 조선 왕가의 기반으로서 표상화되어, 국왕 스스로 공자묘에서의 의례에 적극적으로 참가해야 했다. 물론 이는 조선 왕조시대를 거쳐 모든 국왕이 철저하게 지킨 관습은 아니지만, 공자를 위한 제사는 국왕의 정성이 나타나야 하는 무시할 수 없는 의례였다. 석전 의례 시, 국왕은 여기에 바칠 물건들을 직접 선택하는 것은 물론, 의례를 진행하는 중에도 국왕이나 왕자가 위폐에 헌배를 드리는 '헌관'으로서의 역할을 담당하는 것은 이러한 사례를 보여준다.[26]

지방에서의 공자묘 운영 또한 매우 중요시됐는데, 조선 왕조를 연 태조는 제도적 장치를 마련해 각 지방의 장관인 관찰사와 수령에게 공자묘에서의 석전을 직접 모시며, 제사에 바쳐질 공물을 충실하게 준비하도록 했다.[27] 지방의 공자묘 관리는 기본적으로 중앙의 명령

---

26    제사를 올릴 때, 처음으로 위폐에 잔을 올리는 사람을 '초헌관'이라고 하며, 두 번째 잔을 올리는 사람을 '아헌관', 마지막으로 올리는 사람을 '종헌관'이라고 부른다. 공자묘의 석전에는 국왕이 참가할 경우 왕은 초헌관, 왕자는 아헌관을 맡았다. 왕자만 석전에 참가할 경우, 왕자가 초헌관을 담당한다.
27    『태조실록』 권2, 태조 원년 9월 임인조(壬寅條).

에 의해 행해지는데, 주요한 행사 개최, 공자묘 및 공자묘 부속 건물의 신설이나 이전 등은 중앙에 품의(稟議)해야 했다.[28] 유교를 기반으로 세워진 조선 왕조는 공자묘를 신성한 장소로 숭배했고, 그러한 공자묘가 훼손될 경우 조선 왕조에 대한 도전으로 여겨 단호히 대처했다. 그곳에서 사건이 발생했을 때 범인은 중벌에 처해졌으며, 공자묘를 모독하거나 훼손하면 그 죄를 엄하게 다스려 널리 알렸다.[29] 조선 왕조 제26대 국왕인 고종은 공자묘에서의 석전제를 '선왕의 법을 따르는 것'이라며 시를 지어 내렸고,[30] 신하들 앞에서 '성인을 소중히 존경하고 학문(여기서는 유학으로 해석)을 숭상하는 것'은 '우리 왕가의 법'이라고 전했다.[31]

이렇듯 조선 왕조의 공자묘는 중국과의 관계에서 보면 소중화사상의 장소였고, 사족들에게는 왕조시대의 사회질서를 상징하는 장소 외에 다름 아니었다.

## 2) '우리나라 종교'의 장소로: 1894~1910년

19세기 말, 조선의 공자묘 안팎에는 큰 변혁이 일어났다. 그것은 다름 아닌 과거제도와 신분제도의 변화로 공자묘의 주체들 역시 바뀌어버린 일이다.

조선 왕조 말기, 특히 1894년 이후 조정 내부에서는 정치적 갈

---

28  예를 들어 1683년, 지방 관리가 공자묘를 함부로 이전해서 큰 소동이 일어났는데, 결국 그는 면직을 당했을 뿐 아니라 국왕에게까지 그 죄가 알려졌다. 그리고 공자묘에서는 성대한 위안제가 거행됐다. 『숙종실록』 권14, 숙종 9년 4월 병신조(丙申條).
29  『효종실록』 권12, 효종 5년 6월 을축조(乙丑條).
30  『고종실록』 권9, 고종 9년 2월 병진조(丙辰條).
31  『고종실록』 권30, 고종 30년 8월 병진조(丙辰條).

등으로 조선 각지에서는 동학교도들의 봉기가 이어졌고, 외부에서는 일본을 시작으로 한 외세의 압력이 중첩되어 사회제도 전반의 개혁이 추진됐다. 당시 국왕인 고종은 인재를 문벌이 아닌 능력별로 선발할 것을 천명하고,[32] '홍범'을 공포해 청조와의 종속 관계를 끊어 조선의 자주독립을 표방했다.[33] 조선 왕조의 이 같은 제도 변화로 과거제도가 폐지됐고, 따라서 공자묘의 교육 특권 역시 상실됐다. 그러나 고종은 공자묘의 지위를 떨어뜨리지는 않았다. 1899년, 고종 자신이 '유교의 종주가 될 것'을 선언하고, 왕자와 함께 '기자와 공자의 도를 천명하고 성조의 뜻을 이어가겠다'고 공포한 것을 보아도 알 수 있듯이, 고종은 여전히 조선 왕조가 신봉해온 기자나 공자의 도를 계승하겠다는 의지를 보였고, 그것이 사회 혼란을 극복하는 방법임을 강조했다.[34] 과거제 폐지 이후 인사 등용문으로서의 기능조차 하지 못하는 공자묘의 권위는 점차 실추되고 교육적 기능 역시 유명무실해져 갔지만, 고종은 공자묘에 '경학과'를 설치하면서 유학자를 선발해 사족들이 중앙에 나갈 수 있도록 조치했다.[35]

그러나 이러한 고종의 의지와는 달리, 공자묘를 중심으로 한 교육 성과에 대해서는 비판의 소리가 점차 높아졌다. 신학문의 유입으로 공자묘의 교육 기능이 도전받은 까닭도 있지만, 외세에 대한 불안과 사회 혼란의 책임을 사족들에게 돌리며, 그들의 본거지인 공자묘 역시 비판의 대상으로 삼기도 했다. 물론 이러한 비판이 공자묘의 존

32 『고종실록』 권31, 고종 31년 6월 계유조(癸酉條).
33 『고종실록』 권32, 고종 31년 12월 갑인조(甲寅條).
34 『고종실록』 권39, 고종 36년 4월 27일.
35 『고종실록』 권36, 고종 34년 9월 30일.

립이나 사족들의 사회적 지위를 위협하는 수준까지는 이르지 못했다. 즉 사회에 구심력을 갖은 공자묘 기능의 쇠퇴를 염려하는 담론이었을 뿐, 이것이 공자묘의 무용론을 의미하는 것은 아니었다.[36]

한편, 이 시기에는 공자묘의 교육 기능이 외면당하는 것과는 달리, '종교적' 기능이 부각됐다. 그것은 서양의 기독교 풍조를 모방한 것이었지만, 한반도 내 정치적 안정을 가져오고 사회 혼란을 억제하기 위한 장소로도 공자묘가 주목받은 것이다. 예를 들어 1899년 고종이 공자의 도를 '우리나라의 종교'라고 규정하고, 세계 만국이 종교를 존숭해 그것을 좋게 이용하면 정치가 안정될 것으로 생각한 것은 이를 대변한다.[37]

그러나 당시 제기된 공자묘의 '종교성'은 이른바 서양의 종교처럼 교리 전파나 신자 포섭의 목적과는 달리, 기존의 공자묘 체제를 유지하면서 공자묘를 중심으로 한 교육의 재건을 추구하는 것이었다. 정부 관료 역시 공자묘 내 종교적 기능을 중시하는 상소를 올렸지만, 그것은 어디까지나 공자묘를 통한 교육의 중요성을 강조한 내용에 불과했다.[38]

요컨대 갑오개혁(1894년) 시기부터 한국병합(1910년)까지의 시기, 즉 사회의 격동기 속에서 공자묘의 교육 내용에 대한 인식의 변화와 유학의 실리 추구에 사회적 관심이 크게 일어났지만,[39] 그렇다고 해

36    김문연, 「종교와 한문」, 『대동학회월보』 제19호, 1909년.
37    『고종실록』 권39, 고종 36년 4월 27일.
38    『고종실록』 권33, 고종 32년 6월 기묘조(己卯條); 『고종신록』 권47, 고종 43년 3월 25일.
39    「학교총론」, 『대한협회회보』 제6호, 1908년 9월 25일; 「유교계의 특색」, 『신한민보』, 1909년 3월 17일; 「추진문명적사상」, 『황성신문』, 1909년 8월 25일; 「유교론」, 『매일신보』, 1910년 1월 26일.

서 공자묘 그 자체에 대한 사회적 인식이 변화했다고는 말하기 어렵다. 설사 공자묘에 대한 인식이 변화했다고 해도, 그것은 여론을 바꿀 만큼의 영향력은 아니었다. 일례로 1909년 조선 왕조의 마지막 국왕인 순종 역시 민심의 회복이나 재지 사족에 대한 배려에서 과거 관료 가운데 업적이 있는 인물을 표창했는데, 그때 송영(誦詠)의 용어로 사용한 것은 '공자와 같은 인물'이라는 표현이었다.[40] 즉, 내실은 어떠하든지 적어도 표면적으로는 조선 왕조가 계속해서 권위의 원천을 공자에 두고 있었으며, 공자묘 역시 숭배의 대상으로 사회적 지위를 존속했다고 볼 수 있다. 이것은 함경북도 성진군에 일본의 영사관을 설치하는 과정에서도 쉽게 확인할 수 있다.

1898년 일본 정부는 함경국도 성진군에 영사관을 설치하는 것을 대한제국에 보고했다.[41] 그런데 일본 영사관을 설치하고자 한 장소에는 공자묘가 있어 공자묘를 이전해야 하는 상황이 됐다. 일본은 즉각 공자묘의 이전을 요구했고, 이 요구는 1902년까지 이어졌지만, 이에 반대하는 진사 계급의 사족들과 성진군민들은 봉기를 일으켰다. '공자묘는 성역'이기 때문에 이전할 수 없다는 것이 그들의 이유였다. 그런데 당시 성진군민들에게는 공자묘 이전이 단순한 건물 이전의 문제가 아니었다. 그 뒤에는 '성진군과 길주군과의 통합'으로 인해 양군에 속한 각각의 공자묘가 통폐합되는 또 다른 갈등이 숨어 있었다. 그러나 여기서 주목해야 할 것은 성진군민들이 봉기의 명분을 '군의

---

40    『순종실록』 권3, 순종 2년 1월 27일.
41    「韓国城津浦帝国領事館敷地ニ関スル件」, 문서번호 機密送第45號, 『주한일본공사관기록』, 국사편찬위원회, 1898년 11월 4일.

통합' 반대가 아닌, '공자묘 이전 불가'에 두고 있다는 점이다. 그것은 이 시기까지도 공자묘가 사회적 지위를 어느 정도 유지하고 있었고, 군민들의 결속 역시 공자묘란 장소에서 정당성을 얻었으며, 중앙정부에 정치적 압력을 가하는 데에도 공자묘가 유효했음을 의미한다.

이렇듯 조선 왕조 말기와 대한제국 시기까지는 공자묘가 종래의 모습을 지속함과 동시에 크게 동요하는 시기이기도 했다. 그것을 기묘한 형태로 가속화한 것은 일본에 의한 식민지화였다.[42]

## 3. 식민지 조선의 공자묘: 1910~1945년

### 1) 공자묘의 '개방'과 '신분 철폐' 담론, 그리고 식민지성

공자묘는 과거에는 주로 사족들의 정치적 활동의 장이었지만, '한국병합' 이후에는 일반에게도 '개방'되기에 이르렀다. 그러나 이것은 공자묘가 일본의 지배 아래에 편입되는 과정이기도 했다.

일본은 한반도를 완전한 식민지로 만들기 이전부터 조선 왕조 사회의 관습을 연구해 지배 정책을 구상했는데, 그중에서도 교육 분야만큼은 매우 신중한 태도를 보여 다른 지배 정책들보다 1년 가까이 뒤늦게 마련됐다. 그런데 조선총독부는 조선인의 교육 정책을 시행하기에 앞서, 먼저 공자묘를 개편했다.

1911년 6월, 조선총독부는 경성의 공자묘를 '경학원'이란 기관

---

42    이러한 고종의 유교 강화 의식에 관해서는 졸고, 「19c말~20c초 일본제국주의의 유교 이용과 조선 지배」, 『동양사학연구』 제111집, 2010 참조.

**[그림 1]** 〈공자묘의 개방〉(그림엽서).

으로 개편하고, 그것을 일반인에게 '개방'했다.[43] [그림 1] 이것은 동년 9월 발표된 '조선교육령'에 앞서 조치된 방침으로 공자묘는—비록 조선 왕조시대의 중앙 관료 배출 기관으로서의 권위는 대폭 소실됐지만—조선 왕조를 받쳐온 상징적 기관인 만큼 조선인에 대한 교육 정책 이전에 이에 대한 처분이 필요했던 것으로 보인다. 조선총독부는 공자묘를 대신한 경학원 설립에 유학을 존중하는 '일본'을 이미지화 했다. 당시 어용 신문인『매일신보』는 이를 '메이지천황의 은혜'라고 선전하고, 그것을 통해 '경학이 진흥되고 경학의 광휘가 전국에 발휘 될 것'이라고 평가했다.[44] 더욱이 경성의 공자묘에서는 봄과 가을에 거 행되는 석전 의례에 조선총독부의 총독 등을 직접 참가시키고, 조선

---

43     경학원의 일반 참배인은 1911년 9월 23일부터 확인된다. 이 문묘의 석전일에는 약 700 명의 참배인이 참가했다.『경학원잡지』제1호, 1913년 12월, 46쪽.

44     『매일신보』, 1911년 6월 18일.

**[그림 2]** 〈식민지기 조선의 석전(釋奠) 의례〉(그림엽서). 사진 중앙에는 제3대 조선총독인 사이토 마코토(齋藤實)와 고관들이 앉아 있다.

왕조시대에 국왕이나 왕자가 맡았던 '헌관'의 역할을 담당하게 했는데,〔그림 2〕 총독은 이 의례에서 과거 조선 왕조의 국왕과 같은 식순에 입장하고 퇴장했으며, 동일한 좌석에 앉았다.[45] 통치 권력의 이행이 석전 의례에도 명확하게 반영된 것이다.

　식민지 조선의 공자묘는 조선 왕조시대의 '악정(惡政)'을 비판하고, 일본 통치의 '선정(善政)'을 상징하는 소재로서 자주 이용됐다. 조선총독부 권력은 일본이 조선을 지배함으로써 공자묘도 개방됐다고 선전하며, 공자묘의 개방을 '신분 철폐의 성과'로 미화했다. 조선의 유교 및 불교 연구자로 저명한 다카하시 도루(高橋亨)는 양반 및 유생, 그리고 일반 대중이 모인 집회에서 조선 왕조시대의 유교를 다음과 같

---

45　조선 왕조시대에는 석전 의례에서 국왕이 맨 마지막으로 입장하고 선두에 서서 퇴장했다.

이 설명했다.

> 조선에는 노불(老佛)의 해는 없지만 과거와 반상(班常)의 구별이 있어
> 유교가 서민 전부를 교화하지 못했다. …… 향교는 지방 풍화(風化)의
> 근원이다. 여기에 드나드는 자는 성현과 직접 만나 존경할 수 있는 듯
> 해, 유교 교화의 감동이 매우 깊고 또한 중요하다. 그러나 이곳에 출입
> 할 수 없는 자에게는 전혀 관계없는 이야기로, 오히려 향교가 있기 때문
> 에 유교를 존숭하는 인민과 그렇지 않은 인민이 구별되는 것처럼 되어
> 버려, 유교는 유학자의 사유 점유물과 같은 것이 됐다. 상민 이하는 경
> 서를 읽지 않고 유도를 따르지 않아도 부끄러움을 모른다.[46]

다카하시는 조선 왕조시대 신분의 '구별' 때문에 유교가 양반 및
유생들의 점유물이 됐고, 그 결과 일반 대중들에게는 유교가 보급될
수 없었다고 지적한다. 나아가 그러한 공자묘는 오히려 조선인 내부
를 분열시키는 '구별'의 장소라고 비판하며, 공자묘에 출입할 수 있는
자에게는 감동이 느껴질지 모르지만, 그렇지 못한 자에게는 전혀 관
계없는 장소라고 보았다. 이러한 논리에서 본다면, 조선총독부의 공
자묘 개방이야말로 신분 철폐를 달성한 메이지천황의 '은혜'의 상징
이다.
　　그런데 여기서 주의해야 할 것은 이러한 다카하시의 논리가 조
선 왕조시대의 공자묘가 지닌 정치적·사회적 문맥을 '신분 철폐'나

---

46　　高橋亨, 「儒教の庶民的発展」, 『経学院雑誌』 제15호, 72~73쪽.

'평등'이란 '근대성'으로 치환했다는 사실이다. 상술한 바와 같이 조선 왕조시대의 공자묘는 '소중화'를 상징하는 장소로서 기능하기도 하고, 정치적 갈등에 의해 제사 의식이 변화하기도 하며, 조선 왕가의 기반으로 숭배되기도 했지만, 다카하시의 발언에서는 그러한 역사가 완전히 망각되어 있다. 그는 식민지기 조선의 공자묘를 사족과 대중을 '구분'하는 이분법적 논리의 기준으로만 이용하고 있으며, 일본의 식민지 통치야말로 그러한 한계를 돌파할 수 있다고 선전하는 것이다.

공자묘가 '개방'된 이후, 공자묘는 점차 '명소'로 변화해갔다. '석전 의례 시'라는 조건이 붙긴 했지만, 조선총독부의 공자묘 '개방'은 일반 백성들에게 종래에는 경험할 수 없었던 장소에 출입할 수 있는 기회를 마련해준 셈이 됐다. 그리고 그러한 새로운 '경험'들 덕분에 공자묘는 점차 유명한 관광지가 되어갔다. 예를 들어 1911년에서 1918년까지의 통계를 보면, 매년 봄과 가을 두 번씩 평균 900명이 공자묘를 다녀갔다는 기록이 있다. 1929년에 발간된 잡지에는 '경성의 명소와 고적'이란 내용으로 공자묘가 소개됐고, 조선 각지뿐 아니라 일본, 만주에서도 관광객이 방문할 정도였다. 1941년 『조선연감』(경성일보사)은 공자묘에 대해 "가장 클래식한 조선 고악(古樂)은 이곳에서만 들을 수 있다"고 소개하는데, 이러한 수식어들은 공자묘가 더 이상 조선 왕조의 이념을 상징하는 정치적·사상적 공간이 아님을 나타낸다. 이제 공자묘는 '조선 왕조의 음악 문화를 맛볼 수 있는 유일한 장소'란 새로운 가치를 부여받은 셈이다.

물론 공자묘가 일반 백성들에게 개방됐다고 해서, 그것을 조선총독부가 선전하듯 '유교의 보급'이나 '유교의 진흥', 나아가 '신분 철폐의 성과'로 평가하기는 어렵다. 공자묘를 드나드는 백성들은 통치 권력 측의 의도대로 공자묘를 인식하고 기억하는 것이 아니라, 자신들에게 주어진 상황에 공자묘의 의미를 끼워 맞췄다. 1920년대가 되면, 조선 각지에는 '공자묘 파괴', '공자묘 재산 절도' 등과 같은 사건들이 빈번하게 일어난다. 심지어 공자묘에 대한 괴담까지 등장하는데, 이것은 공자묘를 둘러싼 대중들의 인식이 얼마나 기묘하면서도 흥미로웠는지 보여주는 사례 가운데 하나이다. 특히 이러한 괴담 속에 등장하는 공자묘는 당시 일반인에게 공자묘가 어떻게 투영됐는지를 보여준다. 대략적인 내용인즉, 어느 농업학교는 공자묘를 개축해 강의실과 양잠실로 사용했는데, 어느 날 그곳에서 귀신이 나타나 대소동이 벌어졌다고 한다. 그 소동은 그 귀신을 목격한 학생들 가운데 한 명이 결국 자살하는 것으로 일단락 지어졌는데, 눈에 띄는 것은 이야기 속에 소개된 공자묘의 이미지이다. 이 괴담에서 공자묘는 "옛날에는 사방에서 구름가치 모아오든 선비들이 공자 맹자를 읽던" 곳으로 설명된다.[47] 비록 1930년대에 들어서 공자묘를 근대적 교육장으로 사용했지만, 여전히 공자묘는 특정 집단의 전유물로 우선적으로 기억되는 것이다.

또한 이러한 괴담이 조선 왕조시대에 신성시됐던 공자묘에서 발생한 것은 매우 흥미로운 사실이다. 조선 왕조시대에는 유교에 입각해 '사교'가 배격당했다. 물론 불교나 무속이 일반 대중들과 사대부 사이에 여전한 영향력을 끼쳤지만, 유교 이념의 상징인 공자묘에 '귀

---

47    「녀름밤의 괴담」, 『삼천리』 제6권 제7호, 국사편찬위원회, 1934년 6월.

신'은 어울릴 수 없는 소재이다. 그러나 괴담 속에서 공자묘는 귀신이 난무하는 곳으로 익숙하지 않은 '이상한' 장소로 묘사된다.

한편 공자묘의 '개방'은 졸부로 등장한 신흥 엘리트들에게 사회적 지위 상승이란 기회의 장소로도 이용됐다. 식민지 조선에서 향교는 관학의 기능을 완전히 부정당했고, 겨우 제사만을 거행하는 기관이었는데, 이런 향교는 조선 왕조시대와는 달리 다양한 사람들의 출입처이기도 했다. 1938년 채만식이 발표한 소설 『태평천하』는 식민지 지배와 조선 사회의 일면을 풍자한 작품으로 당시 향교의 직원이 주인공으로 등장한다. '윤' 씨 성을 가진 주인공은 조선이 식민지가 되면서 사업을 일으켜 졸부가 된 인물이다. 그러나 윤에게는 고민이 있었다. 주위에서 '졸부'라고 손가락질하는 시선이 마음에 들지 않는 것이다. 그래서 윤은 '다액 납세자'를 우대하는 입지를 이용해 향교의 직원이 됐고, 사회적 명예를 손에 얻으려 했다. 그런데 그가 향교에 직원이 됐어도 공자나 맹자의 가르침을 이해한 것은 아니었다. 그에게 향교는 여전히 익숙하지 않은 장소이다. 윤직원이 향교에서 하는 일을 보자.

그 뒤로 삼 년 동안, 윤두꺼비가(가 아니라) 윤직원 영감은 직원으로 지내면서 춘추 두 차례씩 향교에 올라가,

"흥–"

"바이"

소리에 맞추어 누가 기운이 더 세었던지 모르는 공자님과 맹자님을 비롯하여 여러 성현께 절을 하는 양반이요, 선비 노릇을 착실히 했습니다.

공자님과 맹자님이 누가 기운이 더 세었던지 모르겠다는 말은, 윤직원 영감이 창조해 낸 억만고의 수수께끼랍니다.[48]

윤에게 식민지기에 '개방'된 공자묘는 그의 명예를 높여주고 주위로부터 '졸부'라는 시선을 극복할 수 있는 장소, 그 이상도 그 이하도 아니었다. 향교의 직원이 됐지만 공자의 가르침도 그에게는 전혀 상관없는 이야기이다. 이것은 조선총독부가 '유교의 진흥을 위해' 공자묘를 개방했으나, 정작 이곳을 드나드는 대중들의 공자묘에 대한 이해도는 조선 왕조시대와 별 큰 차이가 없었음을 의미한다. 공자묘는 대중들과는 여전히 거리가 있었다. 그리고 이러한 양자 간의 거리는 때로는 조선인 내부의 분열을 야기하기도 했다.

### 2) 공자묘를 향한 시선들의 갈등

이 시기 공자묘를 향한 시선에는 일본을 중심으로 한 '제국'의 질서와 중국 기원이라고 하는 '외래'성, 그리고 조선의 '민족'성 사이에서 생산된 갈등이 뒤엉켜 있음은 물론, '새것'과 '옛것' 사이의 충돌이 표출되기도 했다.

조선총독부가 공자묘나 석전 의례를 존속시키고, 여러 정책을 통해 유교를 진흥시키겠다는 의지를 보여도, 그로 인해 조선인들이 전근대적 중화사상을 따라 여전히 중국을 세계 질서의 중심으로 생각하거나, 일본을 변방으로 인식하게 되는 것은 결코 좌시할 수 없었다. 조

---

48  『태평천하』 채만식, 1938년.

선총독부의 공자묘 유지는 어디까지나 '조선인 지배의 효과'를 위한 것이었기 때문에 공자묘는 철저하게 조선 사회를 지배하는 매개체로 존재해야 했다. 조선 전역의 공자묘 직원이나 각지의 유자는 공자묘의 행사에 자주 동원됐고, 그들은 그때마다 조선총독부의 정책 선전을 학습해야 했다. 조선총독부는 1914년부터 그들을 일본 각지로 파견해 시찰하게 했는데,[49][그림 3] 그들의 일본 시찰지는 히로시마(廣島)의 이쓰쿠시마 신사(嚴島神社), 교토(京都)의 덴만구(天滿宮), 나라(奈良)의 모모야마(桃山)의 고료(御陵), 도쿄(東京)의 유시마세도(湯島聖堂)와 같이 일본이 만들어낸 '전통의 장소'와 동경제국대학, 미쓰코시(三越) 백화점, 다이쇼(大正) 박람회와 같은 '근대적 장소'였다. 특히 에도 시대에 설치된 공자묘인 도쿄의 유시마세도(湯島聖堂)의 경우, 시찰지로서 이용될 뿐 아니라 조선의 공자묘와도 빈번한 교류를 가져 그곳 직원이 조선의 경학원에 왕래하기도 했다. 중일전쟁 이후에는 천황 중심의 유학이란 의미에서 '황도 유학'이란 용어가 활발히 사용되고 선전되는데, 유시마세도는 바로 이 '황도 유학'을 이뤄나가는 '성지'로서 자리매김한다. 조선총독부에 의해 동원된 일부 조선의 유자들은 유시마세도로 '성지순례'를 행했고, 그들은 '일본의 유시마세도가 진정한 유교의 존숭지'라는 담론의 담당자로 활약했다. 그들이 '성지순례'에서 나눈 이야기를 들어보자.

공자님께서 철환천하(轍環天下)를 하셨다고 하는데, 공자님께서 오늘

---

49  『매일신보』, 1914년 5월 19일.

제1부
∶ 고전고대의 공간

**[그림 3]** 〈경학원의 일본시찰단〉, 『경학원잡지』 제3호, 1914년 6월.

천하를 주유하신다면 반드시 도쿄에 머무르실 것이라고 생각합니다. 취
푸에 있는 공자묘가 장개석(장제스)군의 탄환에 의해 훼파된 것을 생각
하면, 공자님의 영혼이 필시 불안해하실 것입니다. 그에 반해 일본의 공
자님께 대한 존경심은 주객이 전도된 감이 있을 정도로 지나인(支那人)
보다 훨씬 강하지 않을까 생각합니다.[50]

다시 말해 당시 중국에서 벌어진 정치적 불안과 장제스(蔣介石)
의 공자묘 훼파 등의 상황을 비판하며, 더 이상 중국은 공자묘를 유지
하기 어려운 정세임을 내비친다. 나아가 이제는 오히려 일본이 공자
를 모시기에 더욱 합당한 곳이며, 공자 역시 이 세상에 다시 온다면 그
영혼이 안식할 곳은 일본이라 생각할 것이라는 이야기이다. 이제는 유

50    『조선유림성지순례기』, 조선유도연합회, 1943, 162쪽.

**[그림 4]** 〈결혼식장화된 향교〉. 향교 명륜당에서의 결혼식은 현재 한국에서 하나의 '전통문화'가 됐다.

교의 본고장이 중국이 아닌, 일본이라고 말하는 셈이다.

또한 조선총독부에 의한 공자묘 이용의 확대란 점에서 볼 때 흥미로운 정책은 1937년 공자묘 내에 결혼식장을 설치한 것이다.〔그림 4〕 중일전쟁을 전후로 사회적 불안을 극복하기 위해 일본뿐 아니라 식민지 각지에서도 '국민의식'의 고양이 요구됐다. 공자묘의 결혼식장 설치는 '경제력 극복'과 '사상 선도', 그리고 '관혼상례 비용의 절감'이란 목적으로 이뤄졌는데, 일반인들에게 무료로 결혼식장을 대여해줬다. 공자묘의 직원은 이 결혼식의 진행을 보조하는 역할을 담당했고, 명륜당은 결혼식장으로 이용됐다. 이곳 명륜당은 다름 아닌 조선 왕조 시대에 국왕이 친히 자리해 유학을 강론한 곳이며, 동시에 과거를 거행한 장소였다. 그러한 장소가 세속적인 결혼식장으로 개방된 것은 '황도'에 의해 '왕도'를 압도하는 흐름과 궤를 같이한다. 이것과 발맞춘 듯 조선 각지의 공자묘에서는 석전 행사일뿐 아니라 매일 공자묘를

개방하기 시작했다.[51]

한편 '개방'된 공자묘는 조선 사회에 '전통'과 '근대', '외래'와 '민족'의 갈등의 각축장으로 변해갔다. 예를 들어 1922년 7월 한반도의 남서부 지역인 진주에서는 공자묘 이용을 둘러싸고 유생 집단과 근대 지식인 집단 사이에 충돌이 일어났다. 신흥 지식인들은 야학을 운영했는데, 학생들 수가 많아지자 비어 있는 공자묘를 교실로 이용하기로 했다. 그들은 관청에 수속까지 마쳤는데, 야학 장소를 공자묘로 이전하기 직전 지역 내 유생들의 맹렬한 반대에 부딪쳤다. 유생들이 비어 있던 공자묘에 갑자기 '한문 교실'을 만들어 학생들을 모집하기 시작한 것이다. 야학에 반대한 유생들은 '신교육을 공자묘정(廟廷)에서 실시하는 것이 공자의 성령(聖靈)을 불안케 함이요, 신교육과 공자묘와는 서로 용납할 수 없다'[52]고 주장했다. 이것을 전해들은 야학 측은 '지금 시대에 한문 교육은 필요가 없다'고 주장하면서, 더욱이 그 한문 교육이 '유림 자제에게만' 한정되는 것에 강력히 반발했다. 야학 측은 유생들과의 교섭이 생각대로 이뤄지지 않는 데 분개하며 공자묘에 무단으로 들어가 야학에 필요한 설비를 이동시켰는데, 이 사실을 접한 유자들은 즉시 이 사실을 군수에게 알려 제지시켰다.

이 사건은 과거에 공자묘를 점유해온 유생 집단과 근대적 사회의 변화로 탄생한 지식인 집단과의 충돌이라고 볼 때 매우 흥미롭다. 유생들은 공자묘에서의 신교육 실시를 '공자의 성령을 불안하게 하는

---

51  이에 관한 연구는 졸고, 「전시체제기 조선총독부의 유림정책」, 『역사와 현실』 제63호, 2007년 6월 참조.
52  『동아일보』, 1922년 7월 11일.

것'으로 봤고, 근대 지식인들은 공자묘에서의 한문 교육이 '시대의 변천과 우리 민족의 처지에 맞지 않는 일'이라고 비판했다. 양자의 대립에는 공자묘를 둘러싼 전근대적인 가치와 근대적인 가치의 갈등이 그대로 나타난다.

이러한 상황은 진주 지역만의 이야기가 아니다. 동 시기 『개벽』잡지에서는 공자묘를 '유교의 수선지(首先地)로 소개하고, 그것을 근거로 하는 유생을 '무상의 쾌락자 집단'이라고 비판한다.

> 유교 풍화(風化)의 수선지(首先地)되는 경학원 또는 각 군 향교의 직원들은 매년 춘추 석(釋), 매월 삭전(朔奠)의 예와 망알성(望謁聖)의 의(儀)를 필한 뒤에는 반듯이 술을 패(佩)하고 지(紙)를 휴(携)하야 명소승구(名所勝區)에 시회(詩會)를 개(開)하고 화조풍월(花鳥風月)을 음롱(吟弄)함으로써 무상한 쾌락을 삼는 이가 없지 아닌 줄 압니다. 이 때가 어느 때입니까. 한번 뒤지면 천참 만갱(天塹萬坑)의 구렁에 빠지는 이 때가 아닙니까! 더군다나 금일 처지에 있는 우리 조선민족으로서 이러한 부패한 노릇을 일삼을 때가 아닌 것은 제현(諸賢)도 아마 아실 듯 합니다.[53]

이 글의 필자는 공자묘를 여전히 '향교의 직원'들의 활동 장소로 인식하고, 향교 직원들의 활동을 '무상의 쾌락', '부패한 노릇'이라고 보고 있다. 이것은 이 시기 근대적 교육을 받은 지식인의 입장에서 볼

---

53    김병준, 「유림제현에게 일언을 고합니다」, 『개벽』 제25호, 1922년.

때, 공자묘가 '타파해야 할 구관(舊慣)'으로 자리하고 있음을 시사한다. 그리고 이러한 인식은 시간이 흘러 '민족적' 개념에서 조선인의 정체성을 추구할 때, 공자묘를 '옛것'의 상징으로 보거나, 나아가 '중국의 문화', '외래의 문화'로 규정하는 데 기준이 됐다.

어떠한 민족을 물론하고 문화민족이라면 자존심을 가지나니 자존심이란 것은 그들의 역사상에 나타난 위대한 인격을 숭앙하는 중에서 생기는 기물(奇物)이니라. …… 그들의[한인(漢人)의] 역사적 위인을 찬미하는 것인즉 실로 당송(唐宋) 문화의 중추(中軸)라 아니할 수 없다. 이것을 본 주신 민족은 그들의 역사적 위인에 대한 이해가 적은 반면에서 한인의 역사적 위인을 찬미하고자 했다. 이것을 하고자 성히 자기들에게 선전하고 동시에 보수성이 강한 농민에게 보급하고 터무니도 없는 지명과 산명을 만들어서 주신 민족적 신성을 파괴하는 동시에 한족적(漢族的) 위인숭배가 외래물 아닌 것과 같이 만들었나니 예하면 황해도의 수양산(首陽山), 평양 및 평양의 기자릉(箕子陵)으로 시작해 전부를 개정하고 그것도 부족하여서는 국도(國都)를 시작하여 방방곡곡이 관왕묘(關王廟), 공자묘(孔子廟) 등을 두었다. 물론 이 통에 주신 민족적 위인 숭배물은 많이 파괴의 운명으로 종(終)을 고했을 것은 무엇보다 명백하니라.[54]

---

54  백성욱, 「『나』란 무엇일가(前號繼續)」, 『동광』 제2호, 1926년. 백성욱은 해방 후 이승만 정권 아래에서 내무부 장관에 임명된 인물이다. 1955년에는 불교계 대학인 동국대학교 초대 총장에 올랐다.

요컨대 저자인 백성욱은 공자묘를 시작으로 한 중국 기원의 것을 통틀어 '외래의 것'으로 규정하는 것은 물론, 그 외 조선 각지에 설치된 관왕묘(關王廟), 기자릉(箕子陵)과 같은 장소가 '민족적 위인 숭배물'을 '파괴'하는 요인이라고 단언한다. 그가 무엇을 기준으로 '민족적 위인 숭배물'이라고 했는지는 정확하지 않지만, 명확한 것은 조선 왕조시대까지 한 치의 의심도 없이 숭배해온 공자묘를 '조선'에서 분리시키고, 심지어 '조선 민족의 문화'와 대립 관계에 위치시켰다는 점이다. 당시 공자묘에 대한 이러한 이해, 즉 '공자묘는 외래문화'라는 인식은 전근대 시기의 사회 인식과 얼마나 큰 차이를 갖는지 잘 알수 있다. 주목해야 할 것은 조선총독부의 '개방'에 의해서도 결국 공자묘에 대한 대중적 인식은 조선 왕조시대와 같이 '특정한 곳', '익숙하지 않은 곳'이란 범주에서 크게 벗어나지 않았다는 점이다.

공자묘는 이렇게 일본/조선/중국, 근대/전통이란 갈등 속에 놓여졌다.

## 4. 해방 후의 공자묘: 1945년~1980년대

### 1) '조선 문화'가 될 수 없는 공자묘

일본의 식민지 지배 속에서 '황도'에 의해 전유되거나, '외래'의 것으로 간주된 공자묘는 해방을 맞이하면서 '조선 문화'의 가치만이 부여되어야만 했다. 그러나 이러한 가치 부여는 정치적·사회적 격동속에 공자묘를 '조선의 문화'로 인정하지 않으려는 인식들과 충돌하며 진행됐다.

조선의 공자묘는 일본의 식민지 지배에서 해방되자마자 '총독
부의 사회 교화 기관'의 옷을 벗고 신속한 전환을 단행했다. 이러한 움
직임을 주도한 것은 공자묘를 중심으로 활동해온 '유림 조직'이었다.
1945년 11월 30일, 서울의 공자묘인 경학원에서는 대규모로 '전국유
림대회'가 열렸다. 이 대회에서 내건 표어는 '신(新)국가 건설', '세계
평화', 그리고 '조선 문화의 추진'이었다.[55] 그러한 이념은 그동안 일
본제국주의가 짓밟은 것이었고, 그들은 이 이념의 완성을 위해 해방
철학을 유학에서 구한 것이다. 전국에서 약 1000명이 참가해 엿새간
에 걸쳐 개최된 '전국유림대회'가 최초로 결의한 안건은 '성균관대학
의 설립'을 위한 재단의 조직화였다.[56] 이 대회의 주요 참가자는 이승
만(李承晩), 김성규(金成圭), 이우세(李佑世), 김구(金九), 이기원(李基
元), 권중철(權重哲), 김창숙(金昌淑), 서성달(徐成達)과 같이 당시 국가
건설을 주도한 정치가들이 대다수였다.[57] 이들의 입장에서 볼 때, 일
제에서의 '독립'이 전근대 시대와 같이 중국 문화로의 '종속'으로 전
환되면 해방의 의미는 퇴색될 것이었기 때문에 공자묘의 행보는 사회
적으로 매우 중요한 상징성을 지녔다. 유림들을 중심으로 추진된 성
균관대학의 설립 계획으로 1946년 6월 28일 '성균관대학기성회'가 발
족했고, 동년 9월에는 개교식을 거행했다.[58] '조선 문화의 추진'을 내

---

55    『매일신보』, 1945년 11월 1일.
56    『동아일보』, 1945년 12월 10일.
57    이승만이 한국 초대 대통령이 된 후, 1949년에는 '성균관유도회'의 제2대 총재에 취임
      했다.
58    『성균관대학교 육백년사 (天)』, 성균관대학교, 1998년, 313~320쪽.

건 성균관대학의 교과 과목은 '철정과(哲政科)'와 '경사과(經史科)'였는데, 이 과목 명칭에서 알 수 있듯이 지식과 정치의 융합이란 유교적 사고가 농후하게 배어 있었다.

해방 직후의 공자묘는 '근대'와 '전통'의 갈등, 정치적 향방의 모색이란 소용돌이 속에 놓여졌다. 정치적 이념이나 사회적 시의가 급격하게 변화하는 가운데 공자묘의 정체성 역시 시류에 따라 불안정한 상태에 몰렸다. 심지어 그 존속을 둘러싼 회의적 시선들이 공자묘를 공격하기 시작했다. 예를 들어 1947년 7월 5일 경상북도 도지사는 공자묘의 석전 행사에 참가해, 경상북도 내에서 대구를 제외하고는 석전 의례를 폐지하겠다고 선언했다.[59] 이 소식이 전해지자 각 지역의 공자묘에서는 '공자묘 석전 폐지 철폐 운동'이 벌어졌지만, 정치적 상황은 공자묘에게 더욱 불리하게 돌아갔다. 신생 국가로 탄생한 대한민국 정부가 '단군기원'을 연호로 사용하겠다고 정한 것이다. 정부는 새롭게 태어난 대한민국 국민을 향해 '민족의 위대함'을 강조하고, 공문서에는 한글을 사용하며, 단군기원을 연호로 사용하는 등 국가 건설에 민족주의를 적극적으로 이용했다. 이러한 정부 방침은 '중국'에서 유래한 공자묘의 입장을 한층 약화시키는 요인이 됐다.

사회적 위치에 위기의식을 느낀 유림들은 1949년 6월 4일 공자묘에서 다시 한 번 '전국유림대회'를 열었다. 이 대회에서는 향후 공자묘가 지향해야 할 방침과 추구해야 할 방향을 정했는데, 그것은 다름 아닌 '봉건제도의 배격'과 '민족정기의 고양'이었다. 즉 정부가 추

---

59    『동아일보』, 1947년 7월 18일.

**[그림 5]** 〈공자묘에 놓여있는 조선 유학자의 위패와 초상화〉.

진하는 국가 방침과 동일한 것이었다. 공자묘는 '혁신적 조치'로서 '춘추 석전의 폐지'와 '배향 대상의 변경'을 내놓았고, 그동안 공자묘에 모셨던 중국의 성현 113위의 위패를 배안하고, 그 대신 한반도 출신의 유학자 18현을 봉안하기로 발표했다.[60] 〔그림 5〕 이러한 공자묘의 결정들은 당시 공자묘를 가리키는 '봉건제도'나 '사대주의'와 같은 수식어를 공자묘 스스로 배격하고, '민족적' 색채를 덧입고자 한 모습이다. 공자묘의 이와 같은 행보는 해방 직후 발 빠르게 '조선 문화의 창조'를 내걸고 '조선의 공자묘'로서 정체성을 피력했지만, 4년이 지났음에도 여전히 '조선 문화'로서의 시민권을 얻지 못한 당시 공자묘의 상황을 역설적으로 보여주는 것이라 하겠다.

좀처럼 '조선 문화'가 될 수 없는 공자묘는 조선 왕조시대의 '부

---

60    『자유신문』, 1949년 6월 10일.

(負)의 유산'으로 치부됐다. 조선 왕조의 당쟁은 식민지기를 통해 부정적으로 인식됐고, 공자묘는 그러한 부정적 인식의 상징으로 간주됐다. 그리고 이러한 공자묘의 부정적인 이미지는 해방 이후에도 여전히 남아 있었다. 1957년 신문에 연재된 「시내명소순례란(市內名所巡禮欄)」 속에 소개된 공자묘는 '위인인 공자묘를 제사하는 문묘'라는 설명으로 시작하지만, 이어지는 내용에는 공자묘를 중심으로 나타난 '조선 왕조 500년간 당쟁'의 모습이 그려졌다.[61] 이렇듯 공자묘가 '유교이자 조선왕조의 당쟁'이란 등식과, '봉건적'장소, '외래'의 위인에게 제사하는 장소란 이미지는 식민지를 통해 형성된 이후 한국 사회 전반에 기억되어갔다.

### 2) 국민 문화로: 1960년~1980년대

이러한 공자묘에 전기가 찾아온 것은 1961년에서 1979년까지 이어진 박정희 정권의 시기였다. 박정희 정권은 '충효 정신'과 '순국 정신의 고양'을 중요시했는데, 공자묘 역시 그러한 사조에 영향을 받았다. 1961년 5월 31일, 박정희의 쿠데타 직후 맞게 된 '현충일' 전야제를 공자묘에서 주최했는데, 공자묘는 이 전야제를 '순국 정신을 받들어 혁명 과업을 이루기' 위한 행사라고 선전했다.[62] 이는 당시의 사회적 분위기를 잘 드러낸 모습이다.

1960년대부터 1970년대에 걸쳐 공자묘는 '윤리를 부식하고 사

---

61    『동아일보』, 1957년 10월 2일.
62    「순국정신 받들어 혁명과업 완수 올해의 현충일 가장 감명 깊게 추도」, 『경향신문』, 1961년 5월 31일.

회를 바르게 하는 장소', 또는 '잘못을 고치는 장소'로서 이미지를 형성해갔는데,[63] 그것은 박정희에 의한 쿠데타가 사회의 '잘못을 바르게 하는 것'이란 명분과 절묘하게 일치했다. 여기에서 '바르게 해야 할 대상'은 횡령이나 억압의 주체인 관료였고, 나아가 쿠데타가 일어나기 이전의 정부를 말하는 것이었다. 소설가 이용선은 1967년 소설 『동학』에서 탐관오리들의 '잘못'을 고치고, '잘못'을 고백하게 하는 장소로 공자묘를 그렸다. 동학의 봉기는 해방 이후 그 의의가 재평가됐는데, 이때 '동학당의 난'은 '혁명'이란 지위를 획득한다. 동학교도의 활동은 권선징악의 상징으로 이야기됐고, 소설의 소재로 빈번하게 등장했다. 이용선의 『동학』도 바로 이러한 상황 속에서 나온 작품이다. 마치 지난 정권들을 혁파하고 바른 정치를 요구하듯 이용선이 그린 동학교도들은 공자묘에서 백성을 탄압하는 양반들을 훈계한다.

　　동학군들은 알몸으로 벗긴 사또를 앞세우고 향교(鄕校)쪽으로 끌고갔
　　다. …… 동학군들은 벗긴사또를 끌고나가 공자묘(孔子廟)앞에 세웠다.
　　"보아라 여기 공자님이 계시다. 인제 새사람이 되려면 공자 화상 앞에
　　서 '내가, 글을 잘못 배워 양반노릇을 잘못했고 사또노릇을 잘못했읍니
　　다'고 사죄를 해라. 그래야 이후라도 바른글을 배우리라"[64]

　　이용선의 공자묘가 흥미로운 것은 여전히 '양반'의 학문의 장소로 그려졌지만, 인간을 바르게 하는 원리를 공자의 가르침에서 찾고

63　　『매일경제』, 1967년 9월 9일.
64　　이용선, 「동학 (198)」, 『경향신문』, 1967년 3월 6일.

있으며, 그 상징적 장소로 공자묘가 등장한다는 점이다. 물론 공자묘나 유교에 대해 '봉건제'의 잔재란 인식이 사라졌다고는 할 수 없다. 유교에 대해 한국 사회는 여전히 '사대주의'와 '구(舊)도덕'이라는 부정적 평가를 내렸고,[65] '한국 문화'와 유교와의 관계에 대한 정의 또한 모호한 상황에 있었다. 당시 논객들 중에는 유교나 불교를 '한국의 것'으로 인정하면서도, 한국으로서는 '민족 고유 사상의 유무'가 보다 중요하다고 주장하기도 했다.[66]

1960년대 말이 되면 '한국적인 것'을 추구하는 사회적 분위기가 조성되고 확대됐다. 경제적 성장이 눈앞에 보이기 시작하고 사회적 환경의 변화가 급속히 전개되자, '전통과 발전의 융화'는 사회의 과제로 빈번하게 내걸렸고, '전통의 효용성'이 논의되는 한편 경제적 성장과 함께 '도덕적 발전'의 중요성이 관심을 끌게 되어 자연스럽게 유교를 중시하는 논의가 주목받기 시작했다.[67] 특히 주목받은 것은 유교의 '인(仁)', '충(忠)', '효(孝)'의 정신인데, 이러한 사상을 시각적으로 나타낸 것이 임진왜란 때 '민족의 성웅'으로 추앙된 이순신(충무공)이었다.[68]

특히 대통령이 된 박정희 또한 '충효'의 중요성을 자주 주장했는데, 특히 그가 강조한 것은 '개인의 행복'을 위해서라도 '국가에 대한 충성'이 필요하다는 정신이었다. 그는 국가를 위해 개인이 감수해

---

65 「외래문화와 비판정신」, 『동아일보』, 1965년 8월 17일; 「천관우씨 대담, 유광열씨 민족과 민주의 궤적 반세기」, 『동아일보』, 1967년 4월 1일.
66 「한국을 찾자」, 『매일경제』, 1967년 8월 30일.
67 「전통과 발전의 융화」, 『동아일보』, 1968년 1월 5일; 「조국근대화에 병행되어야 할 도덕의 발전」, 『매일경제』, 1969년 2월 20일.
68 「4세기가 지난 오늘날까지 민족의 성웅으로 추앙받는 대아 속의 충무공」, 『경향신문』, 1969년 4월 28일.

제1부
⋮ 고전고대의 공간

야 할 희생은 '미덕'이라고 규정했다. 다음은 1970년 1월에 박정희가
기자회견을 한 내용이다.

> '나'를 확대하고 연장한 것이 국가인데 그 국가를 우리는 보통 '대아(大
> 我)'라고 합니다. 우리는 나라를 말할 때 우리나라라고 말하고, 내 나라
> 너의 나라, 이렇게 말하지는 않습니다. 우리 민족이라고 할 때의 우리도
> 역시 마찬가지로서 우리 민족이라는 것은 '나'를 확대한 '대아'인 것입
> 니다. 그렇기 때문에 국가가 잘 되는 것은 결국은 내가 잘 되는 것이며,
> 민족이 잘 되는 것도 결국은 내가 잘 되는 것이며, 국가를 위해서 내가
> 희생을 하고 봉사를 하는 것은 크게 따지면 내 개인을 위해서 봉사하는
> 것이고, 우리 자손을 위해서 희생하는 것이다. 그렇기 때문에 우리가 국
> 가를 위해서 충성을 하는 것을 미덕이다. 가장 보람 있는 일이다, 이렇
> 게 생각할 수 있는 것입니다.[69]

박정희의 '국가'에 대한 충성은 '충효를 기반으로 한 도의 교육
에 주력'한다는 교육 방침으로 발전했다. 그는 교육 내용에 '전통 정
신문화'를 되돌리기 위해 노력해야 할 것을 지시했으며,[70] 이러한 지
시는 교과서에도 반영되어 1979년도 중학교용 도덕 교과서에 '전통
문화의 계승과 외래문화의 수용'이라는 과정이 삽입됐다.[71]

한편 동 시기 공자묘 또한 '충효 전통의 장소'란 이미지를 전면

---

69    「연두기자회견」 1970.1.9., 대통령비서실 편, 『박정희 대통령 연설문집』 제3집, 686쪽.
70    『경향신문』, 1977년 2월 5일.
71    1979년도 중학교 도덕 교과서.

에 내걸었다. 1973년 성균관은 '새로운 인간의 윤리 선언'을 내놓았는데, 이 선언에는 민족사관에 입각해 '진정한 나'를 완성하기 위해 민족의 '얼'을 지키고, 효를 시작으로 경(敬), 충(忠), 애(愛)를 지향한다는 내용이 적혀 있다. 이것을 소개한 신문 기사에서도 외면적 세계만을 추구하는 현실 속에 국민의 윤리와 가치관을 재확립하는 데에는 유교 사상이 효과적이며, 이러한 정신이 실천적 행동을 동반해 발전해야 할 것이라고 평가한다.[72] 이러한 사회적 분위기에 부응해 공자묘는 『사서삼경』 등을 번역하고[73], 각종 강연을 열어 충효 사상의 의의를 전파하는 한편, '유교의 사회화'에 박차를 가했다.[74]

　　이러한 흐름 가운데 흥미로운 것은 '여성유림회'와 '한국청년유도회'의 조직화이다. 공자묘는 이러한 단체들을 활용해 일상생활 가운데 유교를 쉽게 받아들일 수 있는 장소로 활용됐다. 1979년 5월, 서울의 공자묘에서는 유도를 숭배하는 가문의 주부 100여 명을 모아 '여성유림회'를 창설했다. '효를 중심으로 가정의 윤리를 바르게 하고, 국가 발전의 선두에 설 것'을 목적으로 한 이 회는[75] 공자묘의 체질을 바꿔 사회에 공헌하는 일련의 흐름에 의해 만들어졌다. '여성유림회'는 효부를 표창하거나 공자묘에서 '서도 강좌'나 '신부 교실'을 개설해 '부도(婦道)'를 기반으로 한 '여성상'을 만들어갔다.[76] '한국청년유도회'도 과거 유생의 생활을 재현하거나 각종 교양 강좌를 개설하는 등

72　　「유교사상과 윤리선언」, 『동아일보』, 1973년 8월 31일.
73　　「성균관, 사서삼경 등 국역사업」, 『경향신문』, 1976년 7월 29일.
74　　「충효사상의 의의 성균관대강연회」, 『매일경제』, 1977년 3월 18일.
75　　「여성유림회 창설」, 『경향신문』, 1979년 5월 14일.
76　　「새 생활패턴 (13) 시대따라 변해가는 「알뜰부도」 현장: 육아 (上)」, 『경향신문』, 1979년 10월 8일.

시민과의 접촉을 시도해 공자묘가 '시민의 교양의 장소', 나아가 '전통 예절의 장소'라는 이미지를 점차 확대시켰다.

'충효 정신'을 중심으로 한 유교의 '도덕 윤리'는 박정희와 같이 쿠데타를 통해 정권을 획득한 전두환 정권에 의해서도 국민 통합의 이데올로기로서 재이용됐다. 전두환은 군사정권에 대항하는 대학을 억압하는 한편, 100개 이상의 대학이 참가하는 대규모 행사를 준비했다. 1981년 5월 28일, 서울의 여의도에서 개최된 '국풍81'은 대학 내 '민족 전통 예술'에 관련된 동아리들이 경연하는 예술제였는데, 이때 공자묘가 있는 성균관대학교는 조선 왕조시대의 과거제를 재현한 가장 행렬을 출품했다.[77] 전두환은 유교적 생활 규범을 강조하면서 쿠데타로 인한 사회적 혼란을 '난국'으로 규정하고, '경로사상'이나 '충효 정신'을 내세워 이를 극복하자고 선언했다.

> 우리가 많은 난국을 극복하고 나라를 지금까지 지켜온 것은 부모를 섬기는 정성이 모두의 몸에 배고 그것을 기초로 나라에 대한 충성심이 굳게 다져졌던 정신적 유산 때문이다.[78]

이러한 맥락에서 당시 정부는 '전통 생활문화'를 내걸고 조선 왕조시대의 도덕 교과서라고 할 수 있는 『삼강행실도』를 번역하고, '전통적'인 술이나 차를 복원시켰다. 또한 '민속 경연', '향토 문화제' 등을 통해 이른바 '전통문화'도 주목을 받기 시작했다. 1983년 7월부터

77    「개막 10일 앞둔 국풍81」, 『매일경제』, 1981년 5월 19일.
78    『경향신문』, 1983년 6월 17일.

**[그림 6]** 〈향교의 충효교실〉.

는 성균관을 비롯해 한국 전 지역의 향교가 '전통 윤리의 생활화'를
내걸고 '유교 중흥', '사회 교화', '도의 진흥'을 목적으로 한 '일요학
교'를 상설했다. 또한 '순회강학당' 등을 내걸고 '전통 윤리의 회복'
을 통한 '산업 발전'과 '인륜 인도'를 선전했다. 이때 '전통 윤리의 회
복'은 전두환 정권의 정치적 슬로건인 '정의 구현'과 동일한 가치관으
로 강조됐다.[79]

1986년부터는 소위 '전통문화'의 필요성이 더욱 강조되어 중앙
의 공자묘를 선두로 231개에 달하는 지방 향교가 일제히 '충효교실'
을 열고, 충효 정신이 얼마나 '전통한' 우리 민족의 정신인가를 가르
치기 시작했다.[그림 6] 공자묘 관계자는 이러한 교실을 '바른 생활관
과 국가관을 심어주기 위한 것'이라고 자신했다.[80] 정부는 전 지역의

79    「유림중흥과 사회교화」, 『매일경제』, 1983년 9월 10일.
80    『매일경제』, 1986년 8월 2일.

제1부
&#58; 고전고대의 공간

공자묘에 예산이나 수리 비용 등의 지원을 약속했고, 이러한 재정적 지원에 힘입어 설립된 공자묘 내 '충효교실'은 매년 인기가 높아져, 1989년에는 234개에 달하는 공자묘에서 '충효교실', '서도교실', '예의교실' 등이 개설됐다. 이때 공자묘가 내건 슬로건은 '효제충신(孝悌忠信)을 기반으로 전통적 선비 사상을 되돌리자'였다.[81]

이러한 공자묘는 점차 한국 사회에서 시민권을 확장해갔는데, 그와 함께 정부에 의한 공자묘의 '문화재화'도 진행됐다. 서울의 '문묘'와 '성균관'이 '보물'(국유)로 지정된 것은 1963년의 일이다. 지방 '향교'의 경우, 그보다 뒤늦게 지정됐다. 문화재청의 데이터베이스에서 연대별 국가의 '보물' 내지 지방(시, 도) '유형문화재'에 지정된 향교의 수를 살펴보면, 1960년대에는 세 건에 불과한 것이(모두 보물), 1970년대에는 열다섯 건(모두 유형문화재), 1980년대에는 일흔세 건(모두 유형문화재)으로 절정에 이르더니, 1990년대에는 일곱 건(모두 유형문화재)으로 정리됐다.[82] 즉, 박정희와 전두환의 군사정권 아래에서 공자묘는 '위'에서부터 펼쳐진 '국민문화'로서 전유되고 보호되어간 것이다.

이상에서 살펴본 바와 같이 공자묘는 대중들에게 서서히 인지됐고, 그 생활 속으로 스며들어 갔다. 조선 왕조와 사족의 상징인 공자묘가 '한국 정신을 대표하는 유교 문화의 전통'으로 고착되어가는 과정 속에서 '신분 차별', 식민지 지배, 군사 쿠데타 명분과의 관계와 같은 기억들은 모두 구석으로 내몰렸다.

---

81    『경향신문』, 1989년 7월 15일.
82    문화재청 홈페이지(www.cha.go.kr)에서 검색한 내용이다.

이러한 기억들의 재편이나 망각은 공자묘를 한한 것은 아니다. 지금도 역시 국가에 의해, 그리고 미디어에 의해 '형편에 맞는 기억'이 생산되고 재편된다. 심지어 인터넷상에서도 새로운 기억이 매일 대량 생산되는 시대이다. 본고는 그 기억과 망각의 거대한 힘에 대한 미약한 저항이라 하겠다.[83]

83    본고는 졸고 「일본의 '공자묘 대중화' 정책과 조선 내 공자묘 인식의 변화」(『인문논총』 64집, 2010년)를 대폭 수정한 내용이다. 이 글을 완성하는 데는 이타가키 류타(板垣竜太) 씨와 박환무 씨에게 많은 도움을 받았다. 이 자리를 빌려 감사의 마음을 전한다.

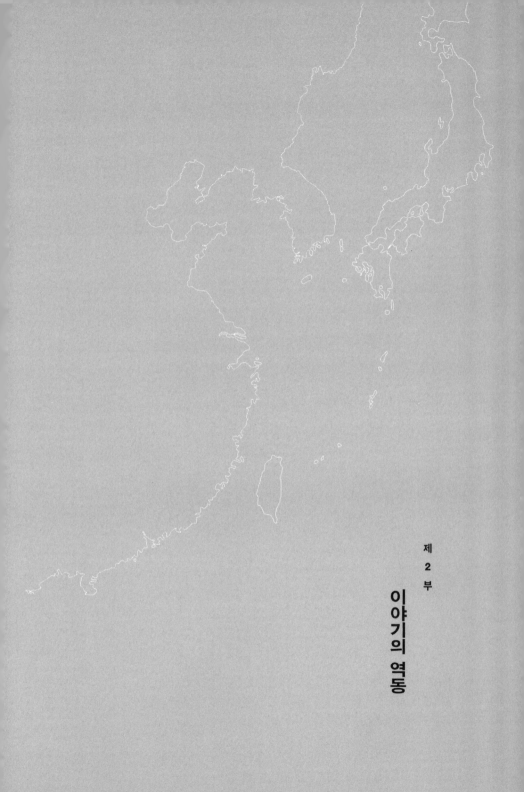

이야기의 역동

제4장

○

# 효녀 심청

정지영

# 1. 들어가며

아버지의 눈을 뜨게 하기 위해 자신의 몸을 팔았던 소녀인 '심청'은 한국에서 '효녀'의 상징이다.[1] 한국의 대표적인 고전으로 평가되는 『심청전』은 조선 시대부터[2] 현재에 이르기까지 대중적으로 인기를 누리는 이야기이며, 판소리, 소설, 희곡, 연극, 영화, 마당놀이, 오페라, 뮤지컬, 발레 등 다양한 매체를 통해 재현됐다. 또 '심청 이야기'는 1924년 조선총독부에서 발행한 『보통학교 조선어독본(普通學校 朝鮮語讀本)』[3]에 실린 이후,

---

1     심청 이야기의 기본 줄거리를 요약하면 다음과 같다. 심 봉사는 부인이 죽자 어린 딸 심청을 젖동냥을 하며 키웠다. 어느 날, 심 봉사는 물에 빠지게 되는데, 지나가던 스님의 도움으로 살아난다. 그는 공양미 삼백 석을 부처님께 바치면 눈을 뜰 수 있다는 스님의 말을 듣고 시주를 약속한다. 심청은 아버지의 눈을 뜨게 하기 위해, 바다에 제물로 바칠 처녀를 찾는 뱃사공에게 팔려간다. 인당수에 빠진 심청은 용궁의 왕비가 되어 아버지와 재회하고 아버지는 눈을 뜨게 된다.

2     고전 『심청전』의 전래와 판본 등에 대해서는 최운식, 『심청전연구』, 집문당, 1982; 유영대, 『심청전 연구』, 문학아카데미, 1989 참조.

초등학교·중등학교·고등학교 교과서에
지속적으로 게재되거나 언급됐다. 어린이
를 위한 동화집에도 한국의 옛이야기로는
빠지지 않고 수록되었으며[4] 국내에서만이
아니라 국제적인 문화 상품으로도 활용되
었다. 대표적으로 1972년 윤이상의 오페
라 〈심청전〉이 뮌헨올림픽 축제 때 초연되

[그림 1] 영화 〈왕후심청〉 포스터.

기도 했으며, 2005년에는 애니메이션 〈왕
후 심청〉이 남북한 합작으로 만들어지기도 했다.[5] 심청 이야기는 제도
교육에서 한국의 '효녀'에 대한 집단기억을 만드는 매개로 활용되고[6]
또 대중들이 즐기는 이야깃거리로 살아 있는 것이다.

심청 이야기 속에는 '효'의 가르침뿐 아니라 가난과 인신 공양,
희생, 재생, 개안 등에 대한 다채로운 이야기들이 담겨 있다. 심청 이
야기가 단순히 교과서에 나와 있는 교훈적인 이야기에 그치지 않고,
대중적 고전으로 자리할 수 있었던 것은 그러한 흥미진진한 요소들 때

---

3   『보통학교 조선어독본』권4, 조선총독부/조선서적인쇄, 1924(이하 교과서는 한국교육
    개발원 소장. 사이버교과서 박물관: http://www.textlib.net/ 참조).
4   대표적으로 '창비'에서 출판한 〈재미있다 우리 고전〉 시리즈(2003) 등을 들 수 있다.
5   할리우드의 한국계 애니메이션 감독 넬슨 신(신능균)이 감독을 맡았다. 그는 "남북 간
    문화 협력 및 교류의 교두보를 마련한다는 데 큰 의미를 둔다"고 그 취지를 밝혔다. 여
    기서 심 봉사는 '충신'으로 그려지고, 아버지의 눈을 뜨게 하기 위해 자발적으로 인당
    수에 빠진 심청이는 왕후가 되어 다시 태어난다. 그리고 심 봉사와 심청의 해후는 '남
    북한이 다시 만나는 통일'로 상징화됐다. 이에 대해서는 공식 홈페이지(http://www.
    empresschung.com) 참조.
6   기억의 '사회적 구성 틀'에 대한 분석은 모리스 알박스(Maurice Halbwachs)의 집단기
    억(collective memory)에 대한 논의 참조. 알박스의 집단기억에 대한 설명은 Nathan
    Wachtel, "Introduction" in Marie-Noelle Bourguet, Lucette Valensi and Nathan
    Wachtel eds., *Between Memory and History*, Harwood Academic Publisher, 1990 참조.

문일지도 모른다. 그런데 아버지를 위해 희생한 주인공이 고생을 견디고 행복한 결말을 맞이하게 되는 이야기는 교훈을 주기도 하지만, 딸이 아버지를 위해 팔려간다는 것,[7] 인당수에 제물로 바쳐진다는 것 등은 그 결말이 아무리 좋다고 해도 상당히 암울하다.

몸을 팔아서 효도하는 딸이 전 국민이 알고 있는 대중적인 이야기의 주인공이 된 경우를 다른 나라에서 찾기는 쉽지 않다. 동아시아 지역을 보더라도, 중국의 경우 구국 소녀로 추앙되는 목련(木蘭)의 이야기가 있지만, 이는 인신매매의 이야기가 아닌, 아버지를 대신해서 군대에 출정해 전공을 세운다는 영웅담이라는 점에서 심청 이야기와는 다르다.[8] 일본에는 '사요히메(佐用姬) 설화' 및 '소야희(小夜姬)' 등 심청전과 유사한 요소를 갖춘 이야기가 있다.[9] '사요히메 설화'는 아버지의 제사를 위해 사요히메가 상인에게 몸을 판다는 점에서 심청 이야기와 유사하지만, 일본에서는 에도 시대까지만 유포됐을 뿐이다. 또

[그림 2] 인당수에 빠지는 심청,
『중학 국어 2-1』, 1974.

제2부
: 이야기의 역동

효녀의 희생 이야기인 '소야희'도 에도 시대에 상업적 목적에 의해 출판된 뒤 극장에서 공연되는 등 인기가 있는 작품이었지만, 현재는 일본 동북 지방 일부에만 향토 이야기로 남아 있을 뿐이다. 아버지를 위해 몸을 판 딸의 이야기가 전 국민이 아는 대중적인 이야기로 현재까지 널리 유통된 것은 한국 사회의 특수한 점이다.

그렇다면 이렇듯 '한 소녀가 몸을 파는 내용'이 담긴 어두운 심청 이야기가 한국 사회에서 모르는 사람이 없을 정도로 널리 기억되는 까닭은 무엇일까. 그러한 이야기를 교과서에 실어야만 했던 이유, 그리고 반복적으로 재생하면서 조금씩 비트는 대중들의 『심청전』 소비가 의미하는 것은 그 속에 설명하고 또 논의해야만 하는 어떤 문제들이 남아 있다는 뜻이 아닐까. 어쩌면 한국 사회의 공식적 기억의 표면에 등장하지 못했지만 사라지지도 않은 어떤 트라우마적 사건이 그 속에 개입되어 있는 것일 수 있다.[10]

이 글은 그러한 망각된, 불편한 상처들이 깃들어 있는 기억의 장으로 '심청 이야기'라는 교육적인 이야기를 다루고자 한다. 교과서에

---

7    『심청전』 이야기에서 심 봉사를 '딸을 버린' 아버지로 논의하면서 이를 국가, 가부장제의 문제로 설명한 논문으로는 황영주, 「심청전 읽기로 본 한국에서의 국가와 여성」, 『한국정치학회보』 34-4, 2000; 윤인선, 「〈버림받은 딸〉 심청」, 『한국언어문학』 49, 2002 등을 참조.

8    사재동, 「목련전연구」, 『한국언어문학』 3, 1965; 노태조, 「[목련전]과 [심청전]의 대비 고찰」, 『어문연구』 23, 1992 참조.

9    사요히메 설화에 대해서는 야노 유리코(矢野百合子), 「사요히메 설화와 심청전: 사요히메의 계보와 구조를 중심으로」, 『비교민속학』 10, 비교민속학회, 1993 참조. 소야희에 대해서는 요시오카 히로토(吉岡浩人), 「한국의 〈심청전〉과 일본의 〈소야희〉의 비교 연구」, 서울시립대학교 국어국문학과 박사학위 논문, 2006 참조.

10   이러한 논의는 '트라우마'에 관한 정신분석학적 연구에 기초했다. Judith Herman, *Trauma and Recovery: The aftermath of Violence*, Basic Books, 1997; 주디스 허먼, 최현정 옮김, 『트라우마: 가정폭력에서 정치적 테러까지』, 플래닛, 2007.

수록된 심청 이야기, 신문 기사 속의 '오늘의 심청', 심청에 대한 비판
적 패러디 작품 등 효녀 심청을 가르치고 표창하고 또 비트는 다양한
층위의 자료들에서 그 틈에 스며 있는 한국 역사의 한구석에 존재한,
그러나 폐기된 아픈 기억을 읽어볼 것이다. 공식적인 제도적 기억을
생산하는 것은 과거의 영광을 재현하는 동시에 그에 대한 찬사의 그
늘에 묻힌 것들을 덮고 은폐를 정당화하기 위한 것이기도 하다. 현실
의 삶에 방향을 제시해주기 위한 제도적 기억의 장치 그 속에는 선택
받지 못하고 의미를 부여받지 못한, 버려지거나 감추어진 기억이 얼
굴을 가린 채 꿈틀대며 표출되고 있다.[11] 바로 그 지배적 기억이 관철
되는 과정에서 대중의 의심스러운 시선과 마주하게 되면서 감추고자
했던 고통스러운 장면이 그로부터 이야기된다. 이 글에서는 '심청 이
야기'를 이러한 기억들이 충돌하는 불편한 기억의 각축장으로 보고,
기억으로 남아 있지 못한 것이 어떻게 '기억'되는지를[12] 이야기함으로
써, 그 기억을 불러내어 의미를 부여하기 위해 무엇을 논의해야 하는
지에 대한 고민을 시작하고자 한다.

---

11   공적 기억에는 현재의 문제와 관련되어 있는 망각된 숨겨진 역사들이 포함되어 있으며,
     그 망각된 역사들에 대한 질문, 불확실함, 모호함이 제기될 수 있다. 공식적 내러티브와
     그것을 소비하는 대중 또는 독자 사이의 '이데올로기적 거리' 등에 대한 기억연구자들
     의 논점과 고민은 양호환, 「집단기억, 역사의식, 역사교육」, 『역사교육』 109호, 2009,
     1~35쪽 참조.
12   알라이다 아스만(Aleida Assmann)은 은폐됐지만 현존과 부재 사이의 오지에서 지속적
     으로 살아가는, 지배 담론 안에 있으면서 지배 담론과 차이를 보이는 흔적으로 남은 기
     억을 논의한 바 있다. 알라이다 아스만, 변학수·백설자·채연숙 옮김, 『기억의 공간』,
     경북대학교 출판부, 2003, 27쪽 참조.

## 2. 효녀의 기억 만들기

### 1) 교과서 속의 '심청' : 효, 희생, 자립, 근면의 미담

심청이 한국 효녀의 상징이 된 것은 무엇보다도 그 이야기가 교
과서에 실려 있기 때문이다. 심청은 국민들에게 '효'를 교육하는 매개
로 활용되었다. 심청 이야기는 1920년대 조선총독부에서 만든 『조선
어독본』에 실린 이후, 해방 이후에도 그 수록 범위와 서술을 조금씩 달
리하면서 지속적으로 교과서에 등장했다. 먼저 초등학교 교과서를 보
면, 해방 후 미군정기 및 교수요목기 국어 교과서에는 공양미 삼백 석
을 약속하고 온 심 봉사의 이야기를 심청이 듣는 장면부터 심 봉사가
눈을 뜨는 대목까지가 실려 있다.[13] 그리고 1955년(1차 교육과정)부터
1987년(4차 교육과정)[14]까지는 6학년 국어 교과서에 심청 이야기의 전
체 줄거리를 담았다. 곧 식민지배기 또는 미군정기보다 심청 이야기
를 더욱 비중 있게 다룬 것이다.[15] 다만 1~3차 교육과정(1955~1981년)
까지 같은 내용이 유지되다가 4차 교육과정(1981~1987년)부터는 대사

---

13    이는 일제강점기 『보통학교 조선어독본』의 구성과 유사하다. 초등학교 교과서에 실린
      『심청전』에 대한 개괄적 소개는 정경련, 「초등학교의 〈심청전〉 교육 연구」, 영남대학교
      교과교육학과 국어교육학 박사학위 논문, 2007 참조.
14    해방 이후의 교육과정은 미군정기/ 교수요목기 1945~1955년, 1차 1955~1963년, 2차
      1963~1973년, 3차 1973~1981년, 4차 1981~1987년, 5차 1987~1992년, 6차
      1992~1998년, 7차 1998~2007년으로 나뉜다. 교육과정의 구분 및 시기는 한국교육개
      발원에서 구축한 사이버교과서 박물관(http://www.textlib.net/) 참조.
15    1~3차 교육과정까지는 삽화만 조금 달라지거나 한자가 빠지는 차이만 있을 뿐 같은 내
      용이 실려 있다. 1980년대 4차 교육과정 교과서에서는 대사 등이 미묘하게 달라진 것
      을 볼 수 있다. 한편, 고등학교 교과서는 심청전의 일부 대목이 한글 고어로 수록되어
      있다. 『고등학교 문학(하)』, 지학사, 2004. 단원은 1. 「한국문학의 특질과 흐름」—2. 「조
      선 시대의 문학」—「작품읽기」—「심청전」.

등에서 미묘한 변화가 나타났을 뿐이다. 그러던 것이 1987년 이후인 5차 교육과정부터 6~7차 교육과정에 이르기까지는 심청 이야기 단원이 빠지고 만화와 함께 간단한 내용 설명을 제시한 뒤에 심청이의 행동이 '잘한 행동인지'를 물으며 비판적 토론을 유도하는 방향으로 바뀌었다.[16]

한편, 중학교 교과서에는 1946년부터 1998년(6차 교육과정)에 이르기까지 「공양미 삼백 석」이라는 제목으로 심청이가 공양미 삼백 석을 얻기 위해 뱃사람에게 몸을 팔기로 약속하는 대목에서 시작되는 동일한 내용이 담겨 있다.[17] 내용과 서술 방식은 달랐지만, 20세기 국어

16　5차 교육과정기 이후 초등학교 교과서에서 「책을 벗 삼아」, 「이야기의 짜임」, 「행동하는 삶」 등의 단원에서 단편적으로 심청 이야기를 다루었다. 5차 교육과정(1987~1992년)에서는 "심청이는 15세의 어린 나이에 아버지의 눈을 뜨게 하려고 공양미 삼백 석에 자신을 팔아, 인당수에 몸을 던졌다"는 한 문장으로 요약 정리되어 있고, 6차 교육과정(1992~1997년)에서는 그림으로 줄거리를 요약했으며, 7차 교육과정(1997~2007년)에서는 '심청이는 효녀인가'와 같은 제목으로 문제를 던지면서 『심청전』 이야기에 거리를 두는 방식으로 개정됐다. 이상에서 언급한 초등학교 교과서 목록은 다음과 같다. 『조선어독본』 권4, 조선총독부/조선서적인쇄, 1924; 『조선어독본』 권5, 조선총독부/조선서적인쇄, 1934(식민지배기); 『초등국어 5-2』, 문교부/조선서적인쇄, 1948; 『국어 5-1』, 문교부/대한문교서적주식회사, 1953(미군정기/교수요목기); 『국어 6-2』, 문교부/대한문교서적주식회사, 1961(1차); 『국어 6-2』, 문교부/국정교과서 주식회사, 1970(2차); 『국어 6-2』, 문교부/국정교과서주식회사, 1979(3차); 『국어 6-1』, 문교부/국정교과서주식회사, 1983(4차); 『말하기 · 듣기 5-2』, 문교부/대한교과서, 1990(5차); 『말하기 · 듣기 4-1』, 교육부/대한교과서, 1996(6차); 『말하기 · 듣기 · 쓰기 3-2』, 교육인적자원부/대한교과서주식회사, 2001(7차).

17　7차 교육과정(1997~2007년) 국어 교과서는 전면 개정되어 「공양미 삼백 석」이라는 단원은 빠지고, 판소리의 한 대목으로 심청 이야기가 소개된다. 중학교 국어 교과서 목록은 다음과 같다. 『중학국어 3-2』, 문교부/대한교과서, 1967; 『중학 국어 2-1』, 문교부/대한교과서, 1974; 『중학 국어 1-2』, 문교부/대한교과서, 1984; 『중학교 국어 1-1』, 문교부/대한교과서, 1989; 『중학교 국어 1-2』, 문교부/대한교과서주식회사, 1995. 그 가운데 7차 교육과정에서 나타난 '심청' 소재의 이야기는 판소리의 '북장단과 추임새'를 소개하기 위한 하나의 예로 제시되며, "반언어와 비언어적 소통 방법을 적극적으로 활용"하는 것에 대한 이해를 돕고자 하는 목적으로 수록됐다(『중학교 생활 국어 3-2』, 교육과학기술부/ 두산, 2003). 한편, 고등학교 교과서는 한글 고어로 된 『심청전』의 한 대목을 싣고 있다.

교과서에 '심청'은 빠짐없이 등장했다.

　교과서에서 심청 이야기를 통해 전달하고자 한 교훈은 심청이의
효성과 자기희생을 본받자는 것이었다.[18] 1948년에 문교부에서 발행
한 자습서에서는 심청 단원을 공부할 때 주의할 점을 "무슨 일이고 생
명까지 바쳐 가며 지성으로 하면 사람의 힘으로는 일우어지기 어려울
만큼 어려운 일도 일우어지는 수가 있다는 것"[19]이라고 소개한다. 이
러한 논의는 자립정신에 대한 강조로 이어졌다. 1~3차 교육과정
(1955~1981년)에서, 심청이 팔려간다는 사실을 알게 된 장승상 부인이
쌀 삼백 석을 대신 내주겠다고 하자 "심청은 남에게 지나친 신세를 지는
것보다는 자기의 목숨을 파는 것이 오히려 마땅하다고 생각했기 때문에, 부
인의 고마운 권고(勸告)도 듣지 않았다"는 대목을 넣어서 목숨을 파는
한이 있더라도 남의 신세를 지지 않는 것이 좋다는 점을 강조했다.

　심청 이야기는 해외의 조선 학교 교과서 속에도 등장한다. 중국
조선족 중소학교의 한국어 교재[20]에는 한국의 4차 교육과정 초등학교
6학년 1학기 국어 교과서와 동일한 내용이 실려 있다. 그 글의 말미에
붙은 '련습'에서는 인민의 염원, 청이의 순진하고 부지런한 품성, 착
하고 갸륵한 효성 등이 강조되었다. 또 재일본조선인총연합회의 총련

---

18　1948년 심청 이야기에 대한 해설을 보면 "불상하게 자라난 심청이 아버지의 눈을 뜨게
　　하기 위하여 죽을 곳으로 팔려갔으나, 결국은 하나님의 도움을 받아 아버지의 눈도
　　뜨게 되고 자기도 귀히 되었다는 이야기"라고 되어 있다. 『초등 모범전과 5-2』, 신학습
　　지도연구회/삼중당, 1948.

19　『초등 새국어 자습서 5-2』, 국어연구회 /삼중당, 1948. 제10과 「심청」〔사이버교과서
　　박물관(http://www.textlib.net/) 참조〕. 고딕체는 필자가 따로 강조한 부분이다. 이하
　　다른 인용문도 마찬가지이다.

20　『조선어문 6-상』, 동북조선민족교육출판사, 1990; 『조선어문 5-상』, 중국 연변교육출판
　　사, 2007. 이는 중국조선족중소학교교육교학자원넷(http://www.koreannet.cn) 참조.

학교 국어 교과서[21] 및 역사 교과서인 『조선력사』에도 심청 이야기가 실렸는데, 그 해설에서 이를 통해 전달하고자 하는 교훈이 무엇인지를 뚜렷하게 읽을 수 있다.

심청전은 장님인 아버지의 눈을 뜨게 하기 위하여 자기의 목숨까지도 바치는 효성이 지극한 심청의 파란 많은 생애를 통하여 가난하고 간고한 환경 속에서도 굴하지 않고 반드시 오고야 말 광명의 세계를 확신하면서 살아가는 우리 인민들의 고상한 도덕적 품성을 보여 주고 있다. 심청은 우리 인민들의 무한한 사랑을 받는 조선의 딸이었다. 심청은 순직하고 근면한 성품을 가졌으며 <u>고상한 희생 정신과 성실성, 근면성과 락관주의에 충만되여 있는 바</u> 그의 이러한 긍정적 성격들은 로동 과정을 통하여 풍부히 개화됨으로써 주위 사람들을 무한히 감동시켰다······.[22]

한편, 북한 교과서에는 심청전 이야기는 실려 있지 않고 간단히 언급만 됐는데, 18세기 조선에서 국문으로 쓰인 소설로 『심청전』을 소개하면서 심청과 심 봉사가 비참한 처지였다는 점을 강조하고, 심 봉사와 심청의 상봉에 대해 "가난하고 천대받는 사람들의 행복에 대한 념원과 지향을 반영한 것"[23]이라고 설명한 것을 볼 수 있다. 심청 이야기는 20세기에 '조선 민족의 대표적인 효 이야기'로 만들어졌고,[24] 남

21    『국어: 고급학교 제3학년용』, 총련중앙상임위원회 교과서편찬위원회, 1983.
22    『조선력사 하』, 총련중앙상임위원회 교과서편찬위원회/학우서방, 1963.
23    『조선력사 고등중 5』, 교육도서출판사, 2001. 『심청전』의 줄거리는 마음씨 곱고 효성이 지극한 심청이 소경인 아버지의 눈을 뜨게 하려고 중에게 속아 절간에 바칠 쌀 삼백 섬에 몸을 팔고 림당수에 빠져 죽었다가 다시 살아 돌아오는 것으로 되어 있다.
24    조선 시대에 심청 이야기는 중국을 배경으로 한 이야기로 유통되었다. 1930년대 〈심청

한과 북한, 또는 제3국에 있는 재외국민을 위한 교육 등 어디에서나 '심청'은 교육의 매개로 활용되었다.

교과서는 국가 이데올로기를 담은 국민교육의 장치였다. 일제 식민지기 이후 교과서는 '교육령'을 통해서 정해진 교육 지침에 맞게 만들어졌다. 식민지기 교과서는 일제의 문화 정책이 집약된 교본이자 동시에 식민적 주체를 생산하는 문화적 장치였다. 효녀 심청의 이야기가 일본 제국에서 만든 조선어 교과서에 실린 것은 '공손하고 효도하는 충량한 신민', 그리고 자력갱생하는 국민을 만들어내고자 하는 의도에서 비롯된 것으로 볼 수 있다.[25]

해방 이후 국가 주도로 만들어진 교과서 속에서도 심청을 통한 국민교육은 지속되었다. 근대국가를 건설하는 과정에서 요구되는 건전한 국민의 자질은 심청의 '효'를 통해 감동적으로 전파되었다. 교육의 주체와 그 표방하는 이념에 따라 조금씩 강조점을 달리하지만, 심청 이야기는 국민의 희생정신과 자립정신, 근면성과 낙관주의를 강조하기 위한 국민교육의 매개였다.

---

가극)의 연행자인 송만갑은 『삼천리』 기자와 한 인터뷰에서 『심청전』을 고대 중국에서 내려오는 유명한 전설이라고 소개한다. 기자가 "옛날 중국에 있든 「심청」이지 조선의 「심청」이는 아니군요?"라고 묻자, 송만갑은 "하하! 그렇지요. …… 옛날 중국에 「심청」이 같은 효녀(孝女)가 사실 있었는지 없었는지는 논의로 하고라도 오늘에 와서 효녀 「심청」은 이 땅 이 강산의 전형적 효녀로 되어 버렸습니다."〔「명창과 명가곡, 심청가와 「송만갑」」, 『삼천리』 제8권 제12호, 1936년 12월 1일(국사편찬위원회 한국사데이터베이스 http://db.history.go.kr)〕라고 설명한다.

25   일본 식민지기 『조선어독본』의 이데올로기에 대해서는 강진호, 「'조선어독본'과 일제의 문화정치: 제4차 교육령기 『보통학교 조선어독본』의 경우」, 『상허학보』 29, 2010 참조. 식민지배기 및 해방 이후 국어 교과서와 국가 이데올로기에 대해서는 강진호 외, 『국어 교과서와 국가 이데올로기』, 글누림, 2007 참조.

## 2) '현대판 심청'의 발굴, 표창, 칭송

심청의 '효'와 목숨을 건 희생, 자립, 근면의 논의는 신문이나 잡지 등에서도 강조됐다. 노천명(盧天命)은 잡지 『삼천리』의 「고전명작 감상」에서 『심청전』을 소개하면서, 장승상 부인이 쌀 삼백 석을 물어 줄 테니 약속을 깨라고 하자 심청이 거절하는 대목을 인용하면서 다음과 같이 논평하였다.

> 심소저 침착하게 …… 뜻을 변치 않고 떠나가는 대목에서 우리는 한 소녀의 강렬한 책임감과 자율성 굳센 이지(理知)에 다시 한번 감읍(感泣)된다. …… 이것을 읽는 양가(良家) 부녀자들에게 은연중 현처효녀(賢妻孝女)의 사상을 고취시켜 준다.[26]

이에 따르면, 효녀의 이야기는 단순히 부모에 대한 효도가 아니라 책임감, 자율성, 이성과 지혜, 현처효녀의 사상을 높이는 것이다. 그리고 양가 부녀자라면 이러한 사상을 가져야 한다고 넌지시 말하고 있다.

또한 심청을 이야기로 다루는 것을 넘어 현실 속에 '살아 있는' 심청을 발굴해내기도 했다. 근대 한국의 신문에는 「근대의 심청」, 「현대판 심청」, 「오늘의 심청」 등을 제목으로 한 '효녀'에 대한 기사가 심심치 않게 등장한다. 1925년에는 양모를 봉양한 귀희 양을 '근대의 심청'으로 보도했다.[27] 또 해방 이후 1960년대에 들어서면서 전국에서 다

---

26   『삼천리』 제12권 제9호, 1940년 10월 1일.
27   「근대의 심청 귀희양: 안맹한 異母를 위하여 척신으로 촌촌구걸, 생모를 버리고 이모

양한 '현대판 심청'을 찾아냈다. 1961년에는 탄광에서 광부 노릇 한 심청[28]을 발굴해내기도 했다. 1962년에는 「논산에도 나타난 현대판 '심청' 계모병 고치로 피뽑아주어」[29]라는 제목의 기사가 보이는데, "계모의 병을 고치기 위해 살을 베어 한 「컵」이나 되는 피를 뽑아 먹여 어머니를 소생케 한 소녀가 있어 이곳 주민들의 화제를 모으고 있다"라는 내용이다.[30] 또 1979년 5월 22일 자 『경향신문』에는 「9세딸 박부희양 광주에 '현대판 심청'」이라는 기사가 실린 것을 볼 수 있다.

뿐만 아니라 중앙정부에서도 이러한 살아 있는 심청을 찾아서 표창했다. 1963년에 「특상받는 심청」 기사[31]를 볼 수 있는데 이때 상을 받은 '연남' 양은 앞 못 보는 부모를 극진히 모신 경우이다. 1981년에는 "실명한 아버지를 극진히 보살핀 끝에 10년 만에 광명을 되찾게 한 현대판 「효녀심청」 김민순양(14, 전남무안군 현경면 현경국교 6년)에 문교부장관실에서 대통령 표창이 수여된" 기사가 보인다.[32] 이 이

에게와서 이모의 가련한 꼴에 동정하야」, 『동아일보』, 1925년 6월 5일. 여기서 '이모'는 언니의 동생이 아닌 '양모'라는 의미이다. 귀희는 어린 시절 아버지를 여의고 '박 씨'의 수양딸이 되었는데, 박 씨가 눈이 멀자 극진히 모셨다고 한다.

28 「탄광에 핀 현대판 심청 남장으로 광부노릇 6년 동안 온갖 고통겪으며 중로동 70편모를 공양하려고」, 『동아일보』, 1961년 2월 12일.

29 『동아일보』, 1962년 3월 12일. 여기서 친부모가 아닌 계모에 대한 효도가 강조된 것은 5.16 군사 쿠데타가 일어난 지 얼마 지나지 않은 시기라는 것과 관련이 있을지도 모르겠다.

30 심청은 피를 뽑기도 하지만, 간을 떼어주기도 한다. 2000년 6월 15일 자 『경향신문』에는 「N세대 심청이 단국대 2학년 김혜인, 간 떼어준들 어때요?」라는 기사가 보이는데, "간경화 말기 진단을 받고 시한부 삶을 살아가던 아버지에게 자신의 간을 떼어줘 새로운 삶을 안겨준 '현대판 효녀 심청' 김혜인씨"라고 서술됐다.

31 「특상받는 심청」, 『동아일보』, 1963년 5월 4일. "중구 신림동 58의 2에 사는 앞못보는 아버지 김희열(47=침술)씨와 한쪽 눈을 못보는 어머니 최(39)씨의 차녀인 연남 양은 동네에서 심청이라고 불리울 정도로 효성이 지극해 아침마다 아버지 이불을 개고 옷을 입히는 등 잔심부름을 해 손발 노릇을 하며 아버지 김씨가 밖에 나갈땐 항상 손을 잡아 인도, 시간이 오래 걸려도 옆에서 조용히 기다리다가 같이돌아 오곤 한다."

32 1981년 3월 27일 자 『동아일보』에 실린 「현대판 「효녀심청」 김양에 대통령표창」. 문교

**[그림 3]** 영화 〈하늘나라 엄마별이〉 광고.

야기는 〈하늘나라 엄마별이〉라는 제목으로 영화화됐다.[33] 심청효행상
은 문교부 등 정부 기관뿐 아니라 사설 문화재단 및 지방자치단체 등
다양한 주체가 주관하였다. 1983년의 「'어버이날'에 효자 효부 2백 25
명 표창. 심청의 갸륵함을 기리며」[34]라는 기사를 보면 그 규모를 알 수
있다. 1988년에는 맹인 경로잔치에서 '심청이상' 수상자를 선출했다
는 기사가 보이는데, 당시 '심청이상' 수상자 중에는 '심 봉사'에 해
당하는 맹인 아버지도 포함됐다.[35] '심청이상'은 해방 이후 지금까지
그 대상과 범위를 확장하는 등 각 시대의 요구에 부응하며 지속적으
로 시행되고 있다.[36]

<hr />

부에서 이 상을 시상할 때 전두환 대통령이 보낸 표창장과 하사금(100만 원), 시계를 전
달했다고 한다.
33   「현대판 심청 김민순양의 효성 〈하늘나라 엄마별이〉」, 『동아일보』, 1981년 5월 4일.
34   「무영탑」, 『동아일보』, 1983년 5월 9일.
35   1988년 5월 28일 자 『동아일보』에 실린 「맹인경로잔치 흥거운 한마당」이라는 기사를
보면, "김만식씨는 6.25사변중 시력을 잃기 시작, 3년후 완전히 실명했지만 실명의 어
려움을 딛고 의류공장을 경영해 3남 4녀를 훌륭하게 키워내 이 날 「심청이상」을 받았
다"고 나온다.
36   예를 들면, 1999년 10월 19일 자 『동아일보』에 실린 「제1회 '심청효행상' 구현주양 대
상」이라는 제목의 기사 내용은 다음과 같다. "앞못보는 할머니와 아버지를 극진히 모시
고 있는 소녀가장 구현주(14, 대구수성여중 2년)양이 '현대판 심청'으로 뽑혔다." 이 기
사에서는 특히 "어렵게 살림을 꾸려가면서도 학교 성적은 상위권을 유지하고 있다"고
강조했다.

한편 심청의 출생지라고 주장하는[37] 전라남도 곡성군에서는 2001년 이후 매년 '곡성심청효문화대축제(곡성심청축제)'를 열고 있다. 이 축제에는 노인 240명의 개안수술 기금을 위한 '공양미 삼백석 모으기' 행사가 들어 있다. 이는 "공양미 삼백석에 몸을 판 효녀 심청의 정신을 되살"리는 것을 취지로 한 행사이다.[38] 2010년에는 이 축제에 40만 명이 모여서 성황을 이뤘다고 보도된 바 있으며,[39] 공양미 모으기 행사는 2014년 현재까지 지속적으로 시행되고 있다.

고난을 극복하는 자기희생적인 국민의 상징으로 탄생한 심청은 단순히 옛날이야기, 교과서에 실린 이야기 속의 주인공이 아니라 근대사회 속에서 현실 속에 살아 있는, 효도하는 딸들로 현신되었다. 이때 살아 있는 '심청'이 효도하여 보살피는 대상과 희생하는 방식은 다양했지만 그 주체가 '심청'으로 비견되는 '딸'이라는 점은 일관된 것이었다.[40] 그녀들을 심청이라고 칭송하는 이면에는 몸을 바치는 희생에 대한 요구가 숨어 있다.

---

37 『서울신문』 2003년 1월 27일자 기사에는, 「우리 고장이 원조, 심청」이라는 제목으로 '효'의 상징인 '심청'이 서로 자기 고장에 살았다며 '원조론'을 펼치고 있는 전남 곡성군과 인천 옹진군의 입장을 짚어본다는 내용의 기사가 실렸다.

38 「〈돋보기〉 노인 240명 개안수술 기금 공양미 삼백석 모으기 행사」, 『경향신문』, 2001년 10월 11일.

39 「곡성군 심청축제에 40만명 몰려 성황」, 『경향신문』, 2010년 10월 3일.

40 이 문제는 근대사회에서 '전통 여성'을 창안해내고 그녀들을 국가 발전의 밑거름으로 호명하는 것과 관련된다. 이에 대해서는 정지영, 「1970년대 '이조여인'의 탄생: 조국 근대화'와 '민족주체성'의 타자들」, 『여성학논집』 24-2, 2007 참조.

## 3. 억압된 아픔을 말하는 기억의 장

근대 한국 사회에서 교과서와 신문 기사, 수많은 대중매체에서 지속적으로 심청을 불러낸 결과 '효녀 심청'은 이제는 부모를 위해 희생한 딸을 일컫는 일반명사가 되었다. 그런데 효녀 심청의 이야기를 칭송을 담아 퍼뜨리는 것은 동시에 딸을 팔려가도록 한 아버지 '심 봉사'의 행위를 떠올리게 하는 것이기도 하다.[41]

이는 심청 이야기 속의 '그늘'이다. 효도하는 딸의 기억을 만드는 것은 그 딸을 죽게 한 아버지의 문제를 다루는 일이기도 하다. 이와 관련한 교과서의 서술 내용은 조금씩 달라지고 이야기의 순서, 대사의 뉘앙스 등도 선택되고 조정되었다.[42] 이야기에서 가장 정점을 이루는 부분은 대개 '삽화'로 강조되어 있는데, 그 그림의 구조와 관련 대목을 세밀하게 읽어보면 취사선택된 요소들이 무엇인지 읽을 수 있다. 심청 이야기를 수록한 초등학교 교과서(1945~1987년)의 삽화를 뽑

---

41  심 봉사의 행동에 문제가 있다는 지적은 신문의 칼럼에서도 볼 수 있다. 박치원은 "심청이에게 강요하지는 않았지만 주책없이 딸을 대한 것이다. 심봉사가 한숨을 쉬면서 당치도 않은 공양미를 바치기만 하면 하고 심청이에게 의논조로 말한 것등은 반 어린 심청이의 간장을 녹여왔고, 반 자기를 위해서 무슨 짓이든 해달라는 호소가 섞인 투였다는 것이다. 이런 심봉사의 너절한 태도는 심청이가 자기 딸이라 하더라도 효를 받을 위인은 못되는 것이다"라고 심 봉사가 주책없이 행동했으며, 딸의 효도를 받을 자격이 없다고 비난하였다. (『매일경제』, 1969년 9월 16.)

42  예를 들면, 일본이 주도해 만든 1924년 『보통학교 조선어독본』에서는 '남경 상인'이 악역으로 설정됐는데, 이는 이전에 전해지던 『심청전』에서는 그들이 온정적인 뱃사공으로 묘사됐던 것과는 다른 모습이다. 중국에 대한 부정적인 묘사가 필요했던 시기였기 때문에 그러한 것으로 보인다. 또한 재일조선학교 교과서에서는 심청을 사가는 뱃사람을 '서울 사람'으로 설정해 남한 출신인 사람을 '타자'화한다. 이러한 '조정'이 구체적으로 어떤 과정에 의해 이루어진 것인지, 그에 참여한 인물들은 누구인지 등은 교과서 연구의 흥미로운 주제라고 생각된다.

아보면 네 개의 장면으로 추려진다. 곧 심 봉사가 개천에 빠지고 화주 승이 등장하는 장면, 심청이 뱃사람에게 이끌려 떠나 이별하는 장면, 심청이 인당수에 몸을 던지기 전 뱃머리에 서 있는 장면, 심청과 심 봉사 해후하고 심 봉사가 눈을 뜨는 장면이 그것이다.

이러한 삽화의 수록 및 그림의 변화를 보기 위해 다음과 같이 삽화를 표로 정리해보았다. 이를 보면 심 봉사가 물에 빠진 장면과 심청과 심 봉사가 이별하는 장면은 1953년 이후 한 번도 빠짐없이 수록됐음을 알 수 있다. 두 장면은 가장 문제적인 대목을 보여준다. 이는 심청을 팔려가게 한 아버지가 그 행위에 대해 변명하고 또 사죄하는 아픈 기억의 장면들인 것이다. 이제 이러한 삽화로 재현되는 장면과 그 장면에 대한 묘사 방식을 통해 조정되어야 했던 민감한 문제가 무엇이었는지를 읽어보기로 하자.

### 1) 덮어두고 싶은 것: 심 봉사를 위한 변명

심청이가 아버지를 위해 팔려갔다고는 하지만, 심청이 뱃사람에게 몸을 팔아야 했던 결정적인 계기는 아버지인 심 봉사가 부처님 앞에 공양미 삼백 석을 약속했다는 데 있었다. 초등학교 교과서에 실린 심청 이야기의 첫 번째 삽화는 심 봉사가 물에 빠져서 허우적대는 장면이다. 이는 심 봉사라는 아버지가 처한 고통스러운 현실을 극적으로 보여준다. 그는 눈이 먼 데다 너무도 가난했기 때문에 의도했든 의도하지 않았든, 팔려가는 딸을 떠나보내야 했다. 특히 1953년 초등학교 교과서 삽화를 보면, 깊은 물에 빠져 허우적대는 심 봉사의 모습은 가엾은 눈먼 아버지의 상황이 얼마나 절박했는가를 보여주고, 또 공

**[도표 1]** 한국 초등학교 교과서 심청전 관련 이야기의 삽화 변화.

| 교과<br>과정기 | 교과서* | 물에 빠졌던<br>심청 | 이별 | 인당수에 몸을<br>던지는 심청 | 해충 |
|---|---|---|---|---|---|
| 교수 요목기<br>(1945~1955년) | 「초등국어 5-2」<br>1948 | |  | | |
| | 「국어 5-1」<br>1953 |  |  | |  |
| 1~2차 교육과정<br>(1955~1973년) | 「국어 6-2」<br>1970 |  |  |  |  |
| 3차 교육과정<br>(1973~1981년) | 「국어 6-2」<br>1979 |  |  |  |  |
| 4차 교육과정<br>(1981~1987년) | 「국어 6-1」<br>1983 |  |  |  | |

*소장처: 한국교육개발원

제2부
: 이야기의 역동

양미 삼백 석을 약속하는 일이 부득이한 일이었음을 설명하는 배경이 되어준다.[43]

물에 빠진 화주승이 심 봉사를 구하고 둘이서 공양미 삼백 석에 대한 대화를 나누는 대목은 심 봉사에게 딸을 판 아버지라는 혐의를 두게 한다. 교과서에서 심 봉사와 화주승, 심청을 비롯한 등장인물의 대사는 미묘하게 달라졌다. 교과서에서 이 대목을 어떻게 서술했는지 자세히 살펴보기 전에, 일반 단행본으로 출판된 『심청전』에서 심 봉사가 공양미 삼백 석을 약속하는 대목을 보면, 다음과 같이 스님과 대화하는 장면이 나온다. 심 봉사는 "그래요? 공양미 삼백 석을 바쳐서 눈만 뜰 수 있다면 드리고 말고요"라며 재촉한다. 시주를 권하려던 승려가 심 봉사의 형편을 고려해서 망설이자 "'아아, 그걸 그리 어물거리셨소? 그럼 내가 공양미 삼백 석도 올리지 않고 눈을 뜨겠다고 하겠소? 그런 걸 가지고 이제 …… 나는 눈을 뜨게 됐구나. 자아, 대사! 빨리 권선문에다 적으시오.' 심 봉사는 덩실덩실 춤이라도 출 듯이 좋아하며 적기를 재촉했다"[44]라고 서술되어 있다.

하지만 이 대목이 교과서에 수록될 때, 심 봉사가 스님에게 시주 약속을 재촉하거나, 춤을 추면서 좋아하는 내용은 생략된다. 1934년 교과서에서는 심 봉사가 "나는 그 소리를 듯고 눈먼것이 원통한김에, 아모주착도 업시, 〔꼭 삼백 석을 시주하겠다〕고 약속하야버렷다"라고 심 봉사의 진술을 통해 묘사한다.[45]

---

43    1973년 이후의 교과서에서는 그 물의 깊이가 확연히 얕아지는 점도 재미있다. 북한 교과서 등에서 심청 이야기가 인민의 열악한 상황을 보여주는 것으로 사용되는 것을 생각해보면, 박정희 정권에서 그 처지가 조금이나마 개선되었음을 표현하고 싶었던 것일까.

44    추식 편, 『심청전』, 을유문화사, 1965.

해방 이후 1~3차 교육과정 교과서에서는 이 대목이 화주승과 심 봉사가 주고받는 대사로 처리되었다. 개천 물에 빠진 심 봉사를 화주승이 구해주자 "앞을 못 보는 이 신세, 언제나 나도 광명한 세상을 보게 되오리까?"라고 화주승에게 심 봉사가 먼저 질문을 던진다. 화주승에게 공양미 삼백 석 이야기를 들은 심 봉사는 (귀가 번쩍 떠어, 앞뒤 일을 생각하지 않고) "예, 그렇게 하오리다. 내 눈만 뜨게 해 주신다면, 공양미 삼백 석을 부처님 앞에 바치고말고요" 하고 얼른 언약을 해버리는 것으로 되어 있다. 이 대목은 4차 교육과정에서 교묘하게 바뀐다. 심 봉사가 "앞을 못 보는 이 신세, 생전에 우리 딸 얼굴 한 번 본다면 소원이 없으련만……"하면서 화주승에게 눈을 뜰 수 있는 방법을 물어보지 않고 오직 신세 한탄만 하고 돌아섰다는 것이다. 그리고 "쯧쯧! 방법이 없는 것도 아닌데……"라는 말을 화주승이 먼저 꺼내도록 해놓았다. 뿐만 아니라, 세상을 보고 싶은 것이 아니라 딸의 얼굴을 보고 싶다고 해서 심 봉사를 딸을 사랑하는 아버지로 바꾼 점도 재미있다.

그런데 이런 약속을 했다 하더라도 이를 지키지 않을 수도 있다. 그러나 교과서에서는 약속을 지켜야만 하는 이유로 부처님을 속일 수 없다는 점이 강조되었다. 1924년 교과서에 그 대목은 보이지 않는데, 1934년 교과서에는 "너도 다아다싶이, 우리같치 가난한 형세에 삼백 석이라는 쌀이 어듸서나니. 그러타고 시주를 아니하면, 부처님을 속이게 되고…… 생각하면 당치 안은 일을 저질럿구나"라고 인용되었다. 약속을 한 일은 주책없는 일이지만, 부처님에게 벌을 받지 않으려면 어

---

45    이는 1924년에는 심 봉사가 "'하라는대로 할터이네, 눈만 뜨게 하야주시오.' 하면서, 아모 분수업싱 공양미 삼백석을 권선에 쓰게 하얏소"라고 서술된 것과 유사하다.

떻게 하든 공양미 삼백 석을 바쳐야 했다는, 심 봉사를 위한 변명을 덧붙인 것이다. 부처님을 속이는 것에 대해 우려하는 대목은 1~3차 교육과정 교과서에서는 "글쎄, 내가 망령이 들었던가 보다. 우리 형편에 쌀 삼백 석이 어디라고, 덜컥 시주를 하겠다고 이름을 올렸으니, 부처님을 속일 수도 없고……" 하며 심 봉사가 한숨을 내쉬는 것으로 그려졌다. 4차 교육과정 교과서에서는 "거짓 약속을 하면 안 됩니다. 그러면 부처님께 벌을 받게 됩니다"라고 화주승이 정확히 말하는 대목이 추가됐다. 이 대사는 "염려마시오. 눈을 뜨게만 된다면야 뭐든 못 바치겠소?"라는 심 봉사의 대사로 이어졌다. 심 봉사가 약속대로 공양미 삼백 석을 바치려는 것이 단순히 눈을 뜨고 싶은 욕망 때문이 아니라, 부처님에게 벌을 받을까 걱정이 되기 때문이며, 부처님을 속일 수는 없는 일이라고 이야기함으로써 심 봉사가 어쩔 수 없는 상황임을 강조하였다. 하지만 어떤 변명을 붙인다 해도 "뭐든 못바치겠냐"고 말하는 이 대목은 심 봉사에게 딸을 판 혐의를 두게 하는 내용을 담고 있다.

그리고 아버지의 약속을 해결하기 위한 심청의 기도가 나오고, 심청이가 뱃사람을 만나는 장면이 이어진다. 뱃사람의 소식을 전해준 '귀덕 어미'가 등장하지만, 모든 것은 심청의 주도하에 이루어진다. 1~3차 교육과정 교과서에서 심청은 뱃사람을 만나 "저의 아버지를 위해서 쌀 삼백 석을 내주시고, 저를 데려가 주세요"라고 말한다. 4차 교육과정 교과서에서는 "저를 데려가 주세요. 그 댓가로 쌀 삼백 석만 주셔요. …… 우리 아버지가 눈만 뜨실 수 있다면 기꺼이 죽겠습니다"라고 길게 서술하여 심청이 자발적으로 죽음을 선택했다는 점을 강조하였다.

중학교 교과서(1~6차 교육과정)의 심청 이야기에서는 심 봉사가 시주승에게 공양미 삼백 석을 약속하는 대목은 생략되었다. 심청이 뱃사람을 만나 공양미 삼백 석을 조건으로 인당수에 몸을 던지기로 결심하는 대목에서 출항하는 날 심 봉사와 헤어지는 순간까지를 게재하였다. 곧 심청이 팔려가게 된 맥락과 해후 장면 모두 생략하고, 다만 심청의 애끓는 효(孝)의 마음과 심 봉사의 애절한 슬픔에 집중하도록 한 것이다.

이러한 의도는 삽화에서도 볼 수 있는데, 중학교 교과서 속 삽화는 심청과 뱃사람이 이야기를 나누거나, 심청이 아버지의 밥을 먹여주거나, 심 봉사가 심청을 달래는 장면 등이 나온다. 그 가운데 특히 심청과 뱃사람이 이야기를 나누는 장면이 지속적으로 삽입됐다.[46] 이 그림은 심청이 뱃사람을 설득하는 것처럼 보이기도 하고, 뱃사람이 심청이를 유인하는 것처럼 보이기도 한다. 심청이 몸을 팔게 된 일이 심청의 자발적인 계획, 또는 뱃사람의 유인에 의한 것임을 삽화는 보여준다.

이렇듯 심청이가 스스로 알아서 한 일이므로, '심청이가 뱃사공에게 몸을 파는 사실을 심 봉사는 몰랐던 것'으로 설정되었다. 1~3차 교육과정 초등학교 교과서에는 "아버지는 심청이 목숨을 팔아서 그의 눈을 사려고 한다는 것을 모르고 있었다. 심청은 아버지가 걱정하실 것을 염려하여 그냥 장승상 댁 수양딸로 간다고 말해두었기 때문이다", 또 "심청이 선인들을 따라 집을 떠나려 할 때에야, 심 봉사는 비

---

46    1~2차 교육과정 교과서에는 이 세 장면이 모두 나오고, 3~4차 교육과정 교과서에는 뱃사람과 심청의 그림만 나온다. 5차 교육과정 교과서에는 다시 뱃사람과 심청의 모습, 심청이 아버지 밥을 먹여주는 장면 두 가지가 등장했는데, 6차 교육과정 교과서에서는 다시 뱃사람과 심청의 그림만 나온다.

로소 딸이 죽음의 길을 떠난다는 것을 알았다"고 서술하여, 심청을 거 짓말 하는 효녀로 만들고, 심 봉사가 몰랐다는 사실을 두 번이나 강조 했다.

　재외국 교포를 위한 교재[47]에 실린 심청 이야기의 요약을 봐도 심 봉사의 문제는 교묘하게 처리되었다. 그 내용을 보면, "마음씨 착 한 심청은 항상 아버지의 눈을 고쳐 드리고 싶었다. 그러던 어느 날 한 스님이 공양미 삼백 석을 부처님께 바치면 눈을 뜰 수 있다고 말했다. 심청은 어부들이 용왕님께 제물로 바칠 처녀를 산다는 소식을 들었다. 심청은 부처님께 바칠 쌀 삼백 석에 몸을 팔고, 바닷물에 몸을 던졌다" 라고 되어 있다. 여기서 눈을 뜨는 대목 말고는 '심 봉사'가 주어가 되 는 문장이 없다. 심 봉사는 어디로 숨어버리고, 심청이가 공양미 삼백

---

47　　『한국어 5』, 한국교육과정평가원·국제교육진흥원, 2005.

석을 바치면 눈을 뜰 수 있다는 이야기를 스님에게 직접 들은 것처럼, 그리고 심청이가 팔려가는 일이 온전히 심청이의 자발적인 선택인 것처럼 그려져 있다.

심 봉사의 '잘못 없음'은 그가 나쁜 '뱃사람'을 비난하는 대목을 통해 더욱 강조된다. 중학교 교과서에 실린 「공양미 삼백 석」의 마지막 부분은 "네 이 선인놈들아! 장사도 좋거니와, 사람 사다 제수하는 데 어디서 보았느냐? 하느님의 어지심과 귀신의 밝은 마음, 앙화가 없을쏘냐? 눈먼 놈의 무남독녀, 철모르는 어린것을 나 모르게 유인하여 산단 말이 웬말이냐? 쌀도 싫고 돈도 싫고, 눈 뜨기 내 다 싫다. 네 이 독한 상놈들아!" 하는 심 봉사의 대사로 끝을 맺는다. 중학교 교과서는 단원의 제목으로 「공양미 삼백 석」을 쓰면서도, 정작 심 봉사가 시주승에게 공양미 삼백 석을 약속한 대목은 삭제하고, 심청이 뱃사람들을 만나 스스로 팔려가기로 결정하는 대목에서 이야기를 시작해, 심 봉사의 처연한 만류를 길게 서술한 뒤, 심 봉사의 입을 통해 뱃사람이 심청을 '유인한 것'으로 결론짓는다.[48] 그리고 심 봉사는 딸을 데려간 '뱃사람'들에게 '독한 상놈들'이라고 욕을 퍼붓는다. 나쁜 뱃사람들이 소녀를 산 것이고, 효심이 뛰어난 심청은 스스로 몸을 팔고, 뱃사람에게 한 약속을 지킨 것이다. 이렇게 해서 대책 없이 공양미 삼백 석을 약속한 심 봉사의 잘못은 희석되었다.

---

[48]    황석영은 소설 『심청』(문학동네, 2003)에서 심 봉사의 문제를 덮고 심청을 파는 역할을 심청의 새어머니인 뺑덕어멈에게 할당했다. '나쁜 여성'인 뺑덕에게 모든 악의 책임을 덮어씌움으로써 가부장인 심 봉사를 보호하는 전형적인 논의의 틀로 회귀했다.

## 2) 말해야만 하는 것: 딸을 보낸 아픔

심청 이야기에서 가장 애절한 장면은 심청과 심 봉사가 이별하는 대목이다.[49] 그것이 강렬한 것은 단순히 부녀가 헤어지는 장면이기 때문만이 아니다. 그것은 심청이 아버지를 위해 공양미 삼백 석에 팔려가는 장면이기에, 더욱 절절하다. 딸이 팔려가야 하는 상황을 만들었던 과거를 감추고 변명하는 것으로 끝낼 수 없는 아픔이 그 대목에 담겨 있다. 교과서 속 이야기 서사에서도 심 봉사가 심청이 죽음의 길을 간다는 사실을 알고 통곡하는 장면은 애절하게 묘사된다. 다음은 『조선어독본』 및 해방 후 초등학교 교과서 속에서 이 대목의 서술이 조금씩 달라진 과정을 보여준다.

> "심봉사는 잠연히 눈물을 흘니며 하는 말이, [이것이 웬말이냐, 부처님을 속이고 만번이라도 지옥에를 가지. 엇지 너혼자 죽게 한단 말이냐. 너 죽으면 나도 죽자] 하얏소." (1924년)
>
> "아모것도 모르고 잇든 심봉사는, [이게대체 웬일이냐. 설사 부처님을 속인죄로, 백만길 지옥에 떨어질지언정, 너만 죽일 수는 업다. 죽을 것 같으면 부녀가 같치 죽자] 하며, 심청의 소매를 잡고 통곡을 한다." (1934년)
>
> "아버지는 비로소 심청이 죽음의 길을 떠난다는 것을 알았다. '애야, 내가 너를 잃고 눈을 뜨면 무슨 소용이 있느냐. 나는 차라리 눈이 어두운

---

49   이 장면은 대중 공연에서도 단연 하이라이트이다. 1936년 12월 〈심청가극〉의 연행자인 송만갑(宋萬甲)은 『삼천리』와의 대담에서 심청과 심 봉사의 이별 장면에서 가장 힘을 들여 부른다고 증언하였다. 「명창과 명가곡, 심청가와 「송만갑」」, 『삼천리』 제8권 제12호, 1936년 12월 1일.

채 너와 함께 살기가 원이다'고, 통곡을 하며 꽉 붙잡는 것이다."(1~3차
교육과정: 1955~1981년)

"비로소 사실을 알아챈 심봉사는 펄쩍펄쩍 뛰며 딸을 붙잡고 놓지를 않았
다. '이게 무슨 일이냐? 죽어도 함께 죽고 살아도 함께 살아야지. 제 눈
뜨겠다고 딸 목숨 앗아가는 그런 아비가 세상 천지에 어디 있단 말이냐?
안된다. 못간다. 너 없으면 난 못 산다. 너 없는데 내 눈 뜬들 무엇한단
말이냐?"(4차 교육과정: 1981~1987년)


이 슬픈 대목에서 심 봉사가 심청의 죽음을 만류하는 장면은 점
점 길게 서술되었다. 이 대목에서 심청은 별로 말이 없다. 심청이 이
별하면서 오직 아버지의 후사를 부탁하며 담담하게 떠나가는 것과 달
리, 심 봉사는 애절하게 통곡하고 울부짖으며 딸을 붙잡는다. 심 봉사
의 대사뿐 아니라 그의 몸짓 또한 '눈물 흘림→소매를 잡고 통곡함
→통곡을 하며 꽉 붙잡음→펄쩍펄쩍 뛰며 붙잡고 놓지 않음'으로 심
봉사의 만류하는 행동을 더욱 강조하는 방향으로 바뀌었다.

교과서의 삽화에서도 심청이 뱃사람을 따라가는 이별 장면은 극
적으로 묘사된다. 1924년 『보통학교 조선어독본』의 「심청」에는 삽화
가 두 개 들어 있는데, 이별 장면과 해후 장면이다. 이별 장면에서 남
경 상인들이 심청을 데려가는 동안 심 봉사는 집 앞에서 심청이 떠나
가는 모습을 바라본다. 그런데 그 장면은 이후의 교과서에서 미묘하
게 바뀌어간다. 1948년 교과서에서는 이 장면이 심청이 울며 떠나가
고 심 봉사가 심청의 이름을 부르며 따라가는 모습으로 바뀌었다. 그
러던 것이 1953년 교과서에서는 심 봉사가 심청을 잡을 수 없는 위치

**[그림 5]** 아버지와 심청의 이별 장면, 『조선어독본 4』, 1924.

에서 쓰러져 울부짖는 것으로 그려진다.

　1~2차 교육과정(1955~1973년) 교과서의 삽화에서 심 봉사는 길에 엎드려 절규하는 모습이다. 심 봉사는 작고 무기력한 아버지일 뿐이다. 심청을 끌고 가는 것은 힘센 뱃사람들이며, 그 상황에서는 아무도 어떻게 손쓸 수는 없음을 간접적으로 호소한다. 하지만 3~4차 교육과정(1973~1987년) 교과서에서는 멀어져가는 심청이 후면에 작게 그려지고, 절규하며 쫓아가는 심 봉사가 앞쪽으로 크게 배치된다. 심 봉사의 안타까운 입장이 더욱 강조된 것이다. 그 장면들에서 심청은 무표정하게 돌아보거나 치마로 눈물을 닦는 정도로 그려지지만, 심 봉사는 급하게 심청을 잡기 위해 따라가거나 땅에 엎어지는 모습으로 그려져, 심 봉사의 고통과 딸을 보내는 아픔은 그러한 몸짓을 통해 극적으로 드러난다. 이 대목에서 주인공은 심청이 아니라 심 봉사이다.

　이 장면은 한편으로는 심 봉사가 딸의 죽음을 충분히 만류했다는 것을 보여주기도 하고, 또 심 봉사가 얼마나 고통스러웠는지를 보여주기도 한다. 하지만 역설적으로 그것이 얼마나 잘못된 일인가를 심 봉사 스스로 고백하게 하며, 심 봉사가 절규할수록 그러한 긴장감은 더욱 커진다.

이러한 장면에서 동네 사람들은 "동네 어귀까지 따라오"(1~3차 교육과정)고, "눈물로 청이를 보냈"(4차 교육과정)던 것으로 서술되어 있다. 처음에 심청이 팔려간다는 소문이 났을 때, "심청을 찾아와 위로도 하고, 혹은 눈물을 흘리며 모두 슬퍼하였"던 사람들이다. 이들은 심청의 죽음을 안타까워 하면서도 슬퍼하는 것 말고는 아무것도 해줄 수가 없었다.

심청과 심 봉사의 해후 장면은 심청이야기를 보고 듣는 사람들이 가장 눈물을 많이 흘리는 대목이다.[50] 심청과 심 봉사가 해후하는 장면을 통해서는 딸을 판 행위에 대한 속죄와, 그 모든 아픔이 해결되길 바라는 희망을 표현한다. 부녀가 상봉하는 장면은 『심청전』을 보는 대중들의 정서에서 볼 때 가엾은 '딸'이 무사히 돌아오기를 바라는 안타까움과 소망이 이루어지는 순간이며, 딸을 보낸 심 봉사가 자신의 죄를 씻고 용서받는 길이 열리는 화해의 시간을 의미하는 것이다.[51]

그런데 4차 교육과정(1981~1987년) 교과서에 실린 심청 이야기

---

50  각주 49의 인터뷰에서 송만갑은 심 봉사가 눈을 뜨고 심청이와 상봉하는 장면에서 대중들이 가장 감동한다고 설명했다.

51  연꽃 속에서 환생한 심청의 얼굴은 민족의 '통일'로 비유되기도 했다. 소설가 최인호는 2000년 8월 16일 자 『한국일보』에 특별기고 「눈을 떠라 민족이여」를 실었는데, "지금 이야말로 우리 민족이 공양미 삼백 석의 미망(迷妄)에서 벗어나 꿈 속으로만 그렸던 내 딸, 우리 민족의 소원인 통일의 얼굴 심청이의 얼굴을, 심 봉사처럼 감았던 눈을 휘번쩍 뜨고 바라볼 그때가 된 것이다"라고 하여, 눈 감은 우리 민족이 눈을 뜨고 통일을 보는 것을 심 봉사가 심청이를 보는 것으로 비유하여 이야기했다.

제2부
: 이야기의 역동

에는 이 감동적인 장면에 놀라운 대목이 추가됐다. 인당수에 빠졌던 심청이 살아나 아버지를 찾기 위해 맹인 잔치를 열고, 마침내 아버지를 만나서 아버지라고 부르자, 심 봉사는 "아니, 아버지라니요! 소인은 딸이 없습니다. 하나 있던 딸자식, 이 못난 아비가 인당수 푸른 물에 제물로 팔아 버리고 말았습니다"라고 대답하는 것이다. 그리고 이시기에는 교과서 삽화에 '해후 장면'이 삭제됐다. 감격에 찬 해후 장면이 문제적인 장면이 된 것이다. 1~3차 교육과정까지는 심청 이야기의 마지막은 심청이가 아버지를 부르자 딸의 반가운 목소리를 듣고 심 봉사가 놀라 눈을 뜨고 해후한다는 설정이다. 그런데 1980년대 4차 교육과정 교과서에서는 아버지인 심 봉사가 딸을 제물로 팔았다는 고통스러운 자기 고백을 한다. 1980년대 초반, 교과서 속에서 이전의 내용에 없던 민감한 대사를 추가한 것이다.[52] 딸을 제물로 판 아버지라는 비판을 의식한 것일까.

식민지배기 이후 4차 교육과정 교과서까지 지속적으로 게재되던 심청 이야기는 5차 교육과정(1987~1992년) 교과서부터는 토론의 의제로만 던져졌다. 5차 교육과정에서 심청이 인당수에 빠지는 장면과 함께 "심청이가 한 행동에 대해서 잘 생각하여 보자"고 질문했다면, 6차 교육과정(1992~1998년)에서는 본격적으로 심 봉사의 행위를 문제삼았다. 심 봉사가 화주승에게 공양미 삼백 석을 약속한 뒤 후회하며 흐느끼는 대목만을 연극의 대본처럼 제시하고, 갚을 능력도 없이 공

---

52    이에 대해서는 당시 교과서 서술에 참여한 사람들의 증언 등을 참고하는 등 별도의 분석이 필요하겠지만, 당시 '서울의 봄'을 겪으며 새로운 '군인 정권'이 탄생되는 과정에서 교과서를 만드는 지식인들이 이에 대한 비판적 논의를 담고자 했던 것일지도 모르겠다.

양미 삼백 석을 약속하는 심 봉사의 행위를 부각해 "갈등을 불러일으킨 인물은 누구인가?"라고 질문을 던진 것이다. 이는 심청 이야기 속에 담겨 있는 문젯거리가 무엇인지를 보여준다.

국민교육의 장치로 다루기엔 너무도 위험한 이야기를 교과서에 실어야 했던 까닭은 무엇일까. '효녀'에 대한 공식 기억을 구축함으로써 딸의 희생을 요구했던 아버지, 팔려가는 딸을 지켜봤던 부모와 동네 사람들의 문제를 덮으려는 것은 아니었을까. 하지만 아버지를 감싸고 변명하는 사이 그가 눈을 뜨기 위해 무엇이든 바치려 했고, 심청은 목숨을 팔아 아버지의 눈을 산 딸이라는 점이 드러나고 만다. 교훈적인 심청 이야기의 '그늘'에서 심 봉사의 미심쩍은 행위는 덮을수록 드러나는 방식으로 논의되고 있었다. 덮기 위한 장치들 바로 그 틈새에서 팔려간 딸과 딸을 팔려가게 한 아버지의 문제가 노출된 것이다.

## 4. 심청, 팔려간 딸에 대한 기억의 각축장

### 1) 불편한 뒤집기와 과도한 찬사

1980년대 국어 교과서 속에서 딸을 팔았다는 아버지의 고통스러운 고백이 나온 것은 근대 한국사회의 대중문화 속에서 『심청전』에 대한 다양한 패러디물이 유통됐던 맥락에서 생각해볼 필요가 있다.[53] 교과서 속 심청 이야기가 효와 '지성이면 감천', '남을 위한 목숨을 건

---

53    『심청전』에 대한 패러디물에 대해서는 이경재, 「[심청전] 패러디에 나타난 '심 봉사'의 변이 양상과 그 의미」, 『한국학보』 30-3, 2004 참조.

희생'의 메시지를 전달하는 것이었다면, 대중문화에서는 다양한 각색과 '패러디'[54]로 심청 이야기를 소비하면서 당대 현실에 대한 비판과 해석을 담아냈다. 교과서에서 '심청' 이야기를 다루면서도 공양미 삼백 석을 약속하거나 심청의 희생을 대가로 심 봉사가 눈을 뜨게 되는 대목을 조정해야 했던 것은 이러한 비판적 논의가 불러일으키는 불편한 기억에 대한 반응이 아니었을까.

『심청전』을 이러한 관점에서 건드린 것은 채만식의 작품이다. 채만식은 일찍이 1936년과 1947년에 걸쳐 희곡 『심봉사』를 써서 심청전의 결말에 비판적으로 개입한 바 있다.[55] 그는 '심청'이 아니라 '심봉사'를 제목에 달고, 심 봉사를 본격적으로 문제 삼는다. 그 이야기에서 심청은 환생하지 못하며, 심청이 죽은 뒤에 눈을 뜬 심 봉사는 다시 손가락으로 자신의 눈을 찌른다. 채만식은 그 부분을 "눈은 눈알이 빠져서 아주 움푹 들어가고 피가" 흐르는 것으로 잔인하게 서술했다. 그는 부기(附記)에서 제목을 '심 봉사'라고 지은 것과 대담한 결말을 만든 것에 의도가 있음을 밝힌 바 있다.[56] 심 봉사와 심청이가 상봉하

54  패러디는 '비평적 거리를 둔 반복'이라는 의미로 사용됐다. 이에 대해서는 Linda Hutcheon, *A Theory of Parody*, Methuen, 1985; 린다 허천 지음, 김상구·윤여복 옮김, 『패러디 이론』, 문예출판사, 1992 참조.
55  『채만식전집 6』, 창작과 비평사, 1989, 171쪽. 채만식은 1936년과 1947년에 걸쳐 『심봉사』를 집필하였는데, 여기에 실린 것은 『신시대(新時代)』에 1944년 11월 호부터 1945년 2월 호까지 4회에 걸쳐 연재되다가 중단된 원고이다. 채만식의 희곡 『심봉사』에 대해서는 황혜진, 「전승사의 관점에서 본 채만식의 「심봉사」 연구」, 『고전문학과 교육』, 7권, 243 참조. 한편, 채만식은 효녀가 부모를 위해 몸을 팔아 죽는다는 줄거리를 차용한 『보리방아』(1936)를 『조선일보』에 12회 연재했는데, 일제의 검열로 중단된 바 있다.
56  그 대목은 "이것을 각색함에 있어서 첫째 제호를 [심봉사]라고 한 것, 또 [심청전]의 커다란 저류가 되어 있는 불교의 '눈에 아니 보이는 힘'을 완전히 말살 무시한 것, 그리고 특히 재래 [심청전]의 전통으로 보아 너무도 대담하게 결말을 지은 것 등에 대해서 필

는 장면은 대중들의 열망이 반영되고, 못 이룬 꿈을 실현하는 대목이
다. 그런데 채만식은 이러한 해피엔딩을 비극으로 바꾸어놓는 불편한
뒤집기를 시도했다.

채만식은 눈을 뜨고자 하는 심 봉사의 욕망을 '과거 시험을 보
는 데'에 있는 것으로 설정했다. "'눈을 떠, 과거를 보아. 급제. 벼슬.
승차, 또 승차. 몸의 영달과 빛나는 가문. 네 대 만에 비로소 풀리는 유
한(遺恨). 지하에서 안심하실 선영제위(先塋諸位)' 이것이 오로지 눈 하
나 번쩍 뜨고 못 뜨고 하는 데 달려 있는 것이었다." 그는 심 봉사를 눈
을 뜨려는 생각에 골몰해 "왜 이다지 더딘고. 어서 하루바삐 떠야지.
나이는 들어가고 세월은 늦은데, 이러다는 과거 볼 시절을 다 놓치고
말지. 내일이라도, 모레라도. 아니 이따라도 번쩍 환히. 아하, 어서 제
발 좀"이라며 초조해하는 모습으로 그려놓았다.[57] 과거를 봐서 가문을
빛내겠다는 욕심은 딸의 희생을 감수하게 한다.[58]

이후 1970년대 최인훈은 그녀가 팔려간 곳이 어디인지에 대해
질문을 던졌다. 최인훈은 1978년에 발표한 희곡『달아 달아 밝은 달
아』에서 심청이가 빠진 인당수를 '유곽'으로 설정했다. 그의 희곡은
심 봉사가 부처님에게 시주하기로 한 쌀 삼백 석을 갚지 못해 가위눌
리는 장면으로 시작한다. 심 봉사는 은근히 심청의 희생(부잣집 소실로

자로서 충분한 석명이 있어야 할 것이나 그러한 기회가 앞으로 있을 것을 믿고 여기서
는 생략하고 다만 아무런 이유도 없이 그러한 태도로 집필을 한 것은 아닌 것만을 말해
둔다"(1936년)(한국문학전집 33『희곡집 (하)』, 민중서관, 1960)라고만 쓰여서 그 의도
가 무엇이었는지에 대해서는 설명하지 않고 다만 '이유'가 있었다는 것만을 밝혔다.

57    『채만식전집 6』, 창작과 비평사, 1989, 171쪽.
58    이는 4차 교육과정(1981~1987년) 초등학교 국어 교과서에서 심 봉사가 눈을 뜨고자 하
      는 이유가 "생전에 우리 딸 얼굴 한번 본다면 소원이 없으련만"으로 나온 것과는 비교
      된다(『국어 6-1』, 문교부/국정교과서 주식회사, 1983).

들어가는 일)을 바란다. 마침내 심청은 대국나라 색주가에 몸을 팔고, 용궁처럼 꾸며진 유곽에서 성(性)을 팔게 된다. 그러다가 해적을 만나 성폭행을 당한 뒤, 조선하고 싸움이 붙은 상황에서 청부를 맡은 '해적'들에게 끌려간다.[59] 나중에 만신창이가 되어 돌아온 심청은 넋 빠진 할머니의 모습이다. 이 희곡은 아버지와 서방님이 찾아오기를 하염없이 기다리던 심청이 아이들에게 "청청 미친 청"이라는 놀림을 받는 장면으로 끝을 맺는다. 이 대본이 연극으로 공연됐을 당시 일간지는 효녀 심청을 운명의 여인, 창녀로 만들어서 논란을 일으켰다고 논평했다.[60]

한편 황석영은 소설 『심청』[61]에서 그녀를 '창녀'로 묘사했다. 풍랑을 잠재우는 재물이 되어 중국의 부잣집에 첩실로 팔려간 심청이 기루(妓樓)에 가서 몸을 팔게 되고 타이완, 싱가포르, 류큐, 제물포로 이동하며 성매매를 하게 된다는 설정이다. 황석영의 『심청』에 대한 출판사의 서평 제목은 "황해 바다를 끼고 펼쳐지는 매춘의 오디세이아!"이다. 효녀가 '창녀'가 되는, 심청 이야기의 확대 해석은 저자의 입장

---

59     그 대목은 다음과 같이 묘사된다. "해적 5: 조선하고 싸움이 붙었는데 우리도 청부를 맡았대./ 해적 6: 청부를?/ 해적 5: 버젓이 도둑질을 하구 사람을 죽이면 그게 충성이 된다는 거야./ 해적 6: 히야, 세상 한번 잘 만났다./ 해적 5: 누이 좋구 매부 좋구. (문득 심청을 보고)/ 해적 5: 응, 너도 태우고 가자./ 해적 6: 그렇군./ 해적 5: 한동안 돌아오지 않게 되는데 두고 가셔도 되나. (심청의 손목을 끌고 사라진다. 떠드는 소리 차츰 멀어진다.)"(최인훈, "달아 달아 밝은 달아", 『최인훈전집 10: 옛날 옛적에 훠어이 훠이』, 문학과지성사, 1979).

60     "시민극장의 「달아 달아 밝은 달아」(최인훈 작, 심현우 연출)는 공연 초반부터 찬반의 논란을 불러일으킨 작품이었다. 심청 설화가 지니고 있는 아름다운 환상구조를 깨버렸기 때문이다. 작가는 봉건사회 속의 효심의 심청을 거부하고, 자본의 횡포와 역사 속에서 참담하게 몰락하는 운명의 여인(창녀)으로 그려놓았기 때문이다."(「연극제를 보고 수준작 창작극 행렬」, 『동아일보』, 1979년 11월 28일).

61     황석영, 『심청』, 문학동네, 2003. 여기서 심청은 서구 제국주의에 의한 타의적인 근대화 과정을 겪으며 훼손된 '동아시아'로 그려졌다.

이 어떠하든 상관없이 여성의 몸을 파는 일과 이를 암묵적으로 묵인하는 한국 사회에 대한 폭로 작업과 연결된다.

2010년에는 마침내 심청을 '황후'로 명명하며 민족의 성녀, 여성 영웅으로 다룬 소설이 출간되기도 했다.[62] 저자 사재동은 "새로운 문화세기에 심청의 이상적 여인상과 민족적 성녀의 진실과 가치를 장엄하고 풍성하게 승화시키는데 초점을 두었다"라고 저술의 의도를 밝혔다. 또 "이름을 대면 알 만한 유명 소설가들이 희곡과 소설을 통해 심청을 천하의 창녀로 그리거나 '용궁 요정'의 포주로까지 전락시키는 것을 보며 가만히 있을 수 없었다"면서 민족문학의 금자탑인 『심청전』은 이렇게 "짓밟을 대상"이 아니라고 역설했다.[63] 이러한 사재동의 주장은 효녀 심청을 창녀로, 포주로 만들어 기억하는 움직임이 '가만히 있을 수 없'을 정도로 위협적인 것임을 역설적으로 보여준다. 가난 속에서 자기를 희생해야 했던 심청을 '민족의 성녀'로 이토록 열정적으로 추앙하는 것은 그녀의 사연 속에 민족의 문제가 내포되어 있고, 민족의 이름으로 어떻게든 승화해야만 하는 일이 개입되어 있기 때문 아닐까.

### 2) 팔려간 딸, 오늘의 심청

사실 심청의 이야기를 딸의 '몸을 파는 문제'로 연결 짓는 것은 창의적인 저자들의 상상 속에서 나온 것만은 아니다. 앞에서 '현대판

---

62    사재동, 『심청황후: 민족의 성녀, 위대한 여성영웅』, 중앙인문사, 2010.
63    「회수에 첫 장편소설 출간 사재동 충남대 명예교수: "심청, 영웅으로 부활했죠"」, 『중도일보』, 2010년 2월 3일.

심청'들을 효의 화신으로 추앙하고 표창을 통해 격려했음을 살펴보았는데, 그러한 표창을 받은 모범적 심청이들 뒤에는 아버지에 대한 효심으로 덮을 수 없는 사정, 곧 어려운 집안 형편 때문에 팔려가야 했던 딸들이 숨겨져 있다. 어쩌면 이러한 사정을 감추기 위해 심청에 대한 표창과 칭송은 더욱 요란했는지도 모른다. 1939년 7월 16일 『동아일보』에는 마산의 서복동(19세)이 병든 아버지 서병갑(61세)의 여생을 위해 세 번에 걸쳐 몸을 팔았다는 기사가 「오늘의 심청」이라는 제목으로 실렸다.

> 마산부 교방동 서복동(19)이란 처녀는 적빈에 가정에 그의 아버지 서병갑(61)이 오래전부터 병에 걸려 가세는 더욱이 궁박하여젓다 그래서 한번 찌부러지기시작한 살렘사리는 좀처럼 회복될 수 없고 갈수록 심각하야 이에 효녀 복동은 굳게 결심하고 병들어 오래인 아버지여생을 위하야 몸을 두 번이나 팔엇으나 아버지의 병은 조곰도 효험이 없고 도로혀 늘은 것은 빗뿐이므로 복동은 세 번재 몸을 멀리 이역만주에 팔아 1천원의 대가로서 병부를 길르게되엿으니 즉 3개년의 계약으로 봉천의 료정천점에로 가게 되엿다.[64]

이 기사에 따르면, 서복동은 병든 아버지를 위해 유흥가에 세 번이나 몸을 팔았는데, 그녀는 '오늘의 심청'으로, 효녀로 미화됐다. 하지만 이러한 기사에서는 한편으로 심청이라는 이야기 속에 '몸을 판

---

[64]  「오늘의 심청, 서복동(徐福童), 마산(馬山) "병부(病父) 위해 받힌 효심 빚 갚고 봉양코자 류항(柳巷)에 매신 삼차(賣身三次)"」, 『동아일보』, 1939년 7월 16일.

딸'의 비극적 상황이 드러나고 있다.

이렇게 몸을 판 딸의 사연은 군 위안부들의 증언 속에서도 보인다. 한국정신대문제대책협의회에서 출간한 『강제로 끌려간 조선인 군위안부들』에는 위안부 할머니들의 '증언'이 담겼다. 증언은 그 자체로 '사실'을 투명하게 담은 것도 아니고, 그들이 '기억'하는 모든 것을 담은 것도 아니다. 증언은 그 증언을 하는 사회 문화적 바탕 위에서 증언으로 받아들여짐 직한 내용을 중심으로 구성되기도 하고, 적절한 삭제와 선택을 통해 이루어지기도 한다. 말할 것도 없이 '기억' 그 자체가 현재에 의해 선택적으로 떠오르는 것임은 물론이다. 위안부의 기억과 증언은 '민족의 피해자'로 위안부를 구성하는 한국 사회의 시선과 욕망 속에 배치된다. 하지만 어떤 국면에서 '돌발적' 기억이 떠오르고, 그것이 증언 속에 섞이기도 한다. 한국 위안부의 증언을 담은 기록에는 한국 사회에서 공개적으로 담론화되지 않은 기억들이 곳곳에 숨어 있다. '아버지가 돈을 받은 일'에 대한 언급도 그중 하나일 것이다.[65]

한옥선 씨는 '돈 벌기 위해' 소개업자를 따라나섰는데, 한 여인숙에 도착하자 여자 일곱 명이 있었다고 한다. 그녀는 "뭐 시골서 무

---

65  위안부 동원 과정에서 부모에 의해 팔려간 사연은 전체 위안부 사례 중 일부일 뿐이다. 대표적으로 황금주 씨의 증언을 보면, 동네의 일본 반장 부인이 "일본의 군수 공장에 3년의 계약으로 일을 하러 가면 큰 돈을 벌 수 있다. 한 집에서 적어도 한 명은 나가야 한다"고 은근히 협박했다는 것, 위안부로 온 여자들 중에는 길거리에서 군인에게 붙잡혀 온 사람도 있었다는 것, 하지만 대부분은 군수공장에 가는 줄 알고 속아서 온 사람이었다는 것 등을 알 수 있다(한국정신대문제대책협의회·정신대연구회 편, 『강제로 끌려간 조선인 군위안부들: 증언집 1』, 한울, 1993). 위안부 동원 과정, 위안부 제도를 활용한 일본군, 그 속의 병사, 제국주의 일본 정부의 책임에 대한 연구로는 안연선, 『성노예와 병사만들기』, 삼인, 2003 참조.

슨 뭐 못 살아서 뭐 팔려왔대는 이도 있구, 뭐. 응, 집안 어머니 아버지
가 팔아먹었대는 이두 있고, 자기네가 뭐 정말 연애걸다 타락해서 왔
대는 이두 있구, 그렇더라구. 대강 다 그래, 그냥 그렇구 그렇구"라고
증언했다.

조남례 씨는 결혼 후 남편의 폭력에 못 견뎌 친정으로 돌아왔는
데, 얼마 지나지 않아 아버지가 "이웃에 살던 한국인 남자에게 돈을
받고 나를 팔아넘겼다"고 증언했다. 하복향 씨는 아버지가 일본 놈에
게 속아서 팔았는데, 그 일본 놈이 유곽, 색시장사를 했다고 설명했다.
이용녀 씨는 "집을 지었는데 모자라는 목재를 외상으로 얻어다 지었
다. 그런데 외상을 못 갚으니까 집을 내놓든지 목재값을 내든지 하라
는 독촉을 받았다. 그래서 우리 아버지가 선금을 받고 나를 그 집으로
보낸 것이다"라고 증언했다.

정서운 씨의 경우는 1937년 주재소에 갇힌 아버지를 풀어주겠
다는 동네 구장의 말에 속아 위안부 생활을 한 것으로 알려졌다. 한 위
안부 피해 고발자는 그녀와의 대화를 이렇게 기억한다. "그래도 나는
아버지 살릴라고 그랬다고 (하더라구). 그래서 내가 언니는 심청이라
고 심청이가 따로 없다고 그랬지." 여기서 정서운 씨는 '심청'이로 이
야기되는데, '아버지 살리려고'라는 말이 보여주는 현실의 스펙트럼
은 매우 넓다. 최갑순 씨의 경우, 아버지를 구국대로 보내려고 순사가
잡으러 오자 어머니가 아버지를 감춰버리고 "이 아나 데리고 가시오"
라고 그녀를 보냈다고 한다. 그녀는 "실컨 쌀밥 먹으려면 갈라요. 쌀
밥 줘요. 그래가지고는 일본 놈들 따라갔어요"라고 증언했다. 이후남
씨는 빚을 낸 아버지가 파출소에 갇혔다고 연락이 왔다. 돈 받을 사람

은 맨날 와서 돈 달라 하고, "돈 안주면 너희 아버지는 거기서 죽느니 사느니"라고 재촉했다. 그런 상황에서 '이웃의 못된 사람들'이 유도를 해서 "이리 걱정만 할 게 아니고, 얼마라도 아버지를 도와줄 수 있는데 왜 이렇게 하느냐?"고 하고 "자기를 따라가면 아버지도 나올 수 있고, 니도 돈을 잘 벌 수 있다"고 했다고 증언하였다. 매일 와서 그렇게 유도한 사람은 이웃에 사는 40세 정도의 조선인 남자였다.[66]

위안부가 동원되는 과정에는 '일본 군인', '순사', '일본 놈', '이웃의 못된 사람' 등 다양한 매개자가 있었다. 그들은 어떤 식으로든 부모에게 딸을 팔도록 유도하였고, 부모는 딸을 어디로 가는 것인지 모른 채, 또는 어렴풋이 알지만 보냈다. 그렇게 팔려간 기억이 위안부의 증언 속에 묻혀 있다.[67]

그 기억은 "대강 다 그래, 그냥 그렇구 그렇구"라고 흐릿하게 이야기되었다. 비록 대놓고 말할 수 없는 문제였지만, 어찌 보면 일본군 '위안부'가 위로부터 동원되는 과정에서 부모가 딸을 파는 일은 일어

---

66  여기서 인용한 위안부의 증언은 다음에서 발췌한 것이다. 「한옥선」(한국정신대연구소·한국정신대문제대책협의회 엮음, 『강제로 끌려간 조선인 군위안부들 3집: 증언집』, 한울, 1999). 「조남례」(같은 책 3집); 「하복향」(같은 책 5집); 「이용녀」(같은 책 1집); 「최갑순」(같은 책 4집); 「이후남」(같은 책 5집). 한편 정서운 씨와 관련된 자료는 〈위안부사이버역사관〉(www.hermuseum.go.kr) "정서운" 참조(이 사이트는 2013년 폐쇄되었다).
67  앞에서 살펴본바 채만식의 심청을 모티브로 한 작품들에도 이러한 상황이 담겨 있다. 채만식은 앞에서 다룬 『심봉사』뿐 아니라 『동화』(1938)와 그 속편인 『병이 낫거든』(1941)에서 심청 이야기를 비틀어서 도회지로 떠났다가 몸이 망가져서 돌아오는 엄순이의 이야기를 다뤘다. 도회지 사람(선인)이 와서 '계집애'를 찾아다니자 비단 짜는 공장(인당수)에 가겠다고 승낙하고 심청과 같은 나이에 집을 떠난다. 그리고 그녀는 비단 공장에 가는 조건으로 받은 돈으로 부모에게 양식과 옷감을 사준다. 공장으로 떠나는 날 아침, 구장에게 재촉을 받는 장면도 유사하다. 채만식은 『동화』와 『병이 낫거든』에서 조선총독부가 교과서 속에 '심청' 이야기를 넣어서 전달하고자 한 메시지를 뒤집는 작업을 시도했고, 이는 조선의 딸들을 동원하는 일본 제국 및 동원 과정에 대한 비판을 담은 것으로 생각된다.

날 수 있는 일이었다. 전쟁, 식민지 지배, 가난, 가부장제를 배경으로
군국주의 국가가 적극적으로 개입한 '위안부' 제도는 그 동원이 이루
어지는 과정에서 부모가 '딸을 파는 일'을 만들어냈으며, 그것은 특정
개인의 의지와 성향에 따라 시행되거나 거부될 수 있는 단순한 일이
아니었다.

앞서서 일본 위안부에 관한 연구들은 '일본 사회의 문제'로서 일
본군 위안부 문제를 생각해야 할 필요를 제기해왔다. 이에 딸을 파는
일은 일본의 토양에서 문화적으로 받아들임 직한 일이었고, 딸들을 동
원하는 일이 가능하리라는 전제하에 위안부 제도를 가동시킨 것이라
는 점이 논의되었다.[68] 곧 메이지 이후, 일본의 근대화 과정에서 '딸
들'이 팔려가는 시스템이 만들어졌으며, 팔려간 '딸들'에 의해서 근대
화가 달성되는 구조가 있었다는 것이다. 이러한 연구는 위안부 제도
의 근본적 책임이 일본 정부와 일본 사회 있다는 점을 역사적 시스템
과 관련하여 논의한 점에서 의미를 지닌다.

그런데 밝히고 싶지 않은 역사이지만, 한국에서 근대화가 달성
되는 과정도 이러한 구조로부터 온전히 자유로운 것은 아니다. 일본
의 위안부 동원 과정에서 이루어진 일과 동일 선상에서 논의할 수는

---

[68]    특히 사카모토 지즈코는 일본에서 위안부 동원이 가능했던 까닭으로 '카라유키상(唐行
きさん)'이나 공창제 등에 의해 '딸을 판매'하는 일에 주목했다. 그리고 일본군이 '위안
부' 제도를 성립시킨 일본 사회의 배경을 다음과 같이 지적했다. "1) 일본 내에 내재화
된 섹슈얼리티 관념(공창제도), 2) '딸들'에 대한 빈곤 가정의 매매 관념(가족 개념), 3)
'딸들'의 인신매매 경로의 존재(뚜쟁이) 4) 상품으로서의 '딸들'(매매 가능한 몸), 5) '카
라유키상'을 통한 해외 인신매매 경로의 확립(국제적 뚜쟁이) 등이 이미 존재했던 것을
들 수 있다. 이것으로부터, 일본의 '딸들'은 물론 식민지나 점령지, 일본군의 주둔지의
'딸들'(위안부가 된 딸들)도 일본 사회의 성 착취 구조에 휘말리게 되었다"는 것이다. 사
카모토 지즈코(坂本 知壽子), 「'위안부'를 필요로 한 일본사회: 근대화에 소비되는 '딸
들」, 2007년 10월 27일 연세대학교 내 세미나 발표문 참조.

없는 문제이지만, 부모를 위해 팔려간 딸의 사연이 일본 식민지배기의 일만은 아닌 것이다. 1958년의 기사는 '그릇된 중용도덕을 타파하자'는 주장 속에 "모 일간지에 부친을 봉양하기 위하여 어린 딸이 매춘부가 되었다는 현대판 심청이 이야기가 있었다"고 당시의 기사를 소개하면서 매음 행위의 동기가 무엇이든 사회의 악덕 중 하나이니 그 여인을 용서해서는 안 된다고 말하고 있다.[69] 또 다음의 1990년 기사 또한 딸을 판 부모를 다루었다.

> 자식이 제물이 되는 이야기는 우리의 대표적인 고전인 심청전이나 「에밀레종」전설에도 나온다. 그러나 공양미 3백석에 인당수의 제물이 된 심청의 경우는 아버지의 눈을 뜨게하려는 효심에서 스스로 몸을 판 것으로 「딸 팔아먹기」와는 거리가 멀다. ▼ 며칠전 대전서 열일곱살된 딸을 1백만원 받고 술집에 판 아버지의 얘기가 보도돼 모두들 혀를 찼다. 그런데 이번엔 전주에서 17세된 딸을 단돈 20만원에 사창가에 팔아넘긴 정신나간 어머니의 얘기가 신문에 났다.[70]

이 기사에서는 술집에 딸을 판 아버지, 딸을 사창가에 판 어머니의 이야기를 하면서, 모두들 혀를 찼다고 쓰고 있다. 돈을 받고 딸을 파는 일은 '정신 나간' 일로 취급되었다. 이러한 보도의 앞에 '심청'은 스스로 몸을 판 것일 뿐 딸을 판 이야기와 거리가 멀다고 밝히고 있다. 하지만 그 둘은 현실에서 그다지 명료하게 구분되는 것이 아닐 수

---

69    「민주주의의 윤리」, 『국민보』, 1958년 7월 9일.
70    「딸매매」, 『경향신문』, 1990년 12월 8일.

도 있다. 그 둘이 다르다고 강조하는 논조는 어쩐지 심청의 사연 속에 딸을 판 문제가 관련되어 있음을 한편에서 의식하고 있는 것처럼 보인다. 또 비록 비난을 받는 일이기는 해도 딸을 파는 일이 일어나고 있는 현실을 드러내고 있다.

일본에서 성행한 정도는 아니지만 조선의 역사 속에도, 한국 사회에서도 '딸을 판 아버지'들은 있었고, 그 형태는 다양했으며, 그것은 가부장제의 토양 위에서 가능했다.[71] 그러한 가부장제는 근대에 들어서서 제국주의, 군국주의, 경제개발주의와 결합했다. 그것이 식민지 근대화 과정에서 창출된 빈곤 및 계급 문제와 연동하게 되면서 '딸 팔기'가 파급되었다. 그러한 바탕 위에서 위안부 제도가 작동하게 되었고, 위안부 제도는 다시 딸 팔기를 촉발했다. 그리고 그러한 구조는 한국 근대화 과정에서 해결되지 않은 상태였다. 이러한 문제는 감출 수 있는 것이 아니다. 이러한 문제에 대해 명확히 해명하고 제국주의와 가부장제가 결합하는, 복잡한 그물망의 짜임을 읽어냄으로써 그 해결의 실마리를 찾아야 한다.

스스로 몸을 판 '심청'은 효녀, 성녀, 민족의 영웅, 창녀 등 다양한 스펙트럼을 넘나들며 논의되었다. '오늘의 심청', '현대판 심청'은 부모를 위해 자신을 희생한 효녀에 대한 칭송이지만, 그 칭송의 이면에는 '딸 팔아먹기'라는 어두운 이면을 설명하거나 정당화해야 하는 상황이 있었다.

---

71    한편, 일본 근대의 딸 매매와는 다른 차원이지만, 조선 후기의 서민 가사 〈우부가〉에도 딸을 파는 것과 관련된 내용을 찾을 수 있다. 이에 대해서는 김대숙, 「우부현녀 설화와 심청전」, 『판소리연구』 4, 1993, 141~142쪽, 151쪽 참조.

심청 이야기의 그늘에 깃들어 있는 슬픈 과거가 그러한 칭송으로 쉽사리 덮어질 수 있을까. 효녀의 희생에 대한 칭송의 틈새에서 덮을 수만은 없는 망각의 기억이 켜켜로 논의되고 있었다. 지극한 '효'의 교훈으로 유포된 심청의 이야기 속에서 돈을 벌기 위해 공장으로 가고, 위안부로 가고, 매춘굴로 갔던 딸들, 그리고 그 딸을 '판/보낸' 아버지의 이야기, 기억으로 남아 있지 못한 기억들이 소용돌이치며 각축을 벌이고 있는 것이다.

한국 사회에서 말하지 못한 기억, 덮을 수만은 없는 기억, 감추어도 사라지지 않고 심층의 저장고 속에 남아 있는 그 기억은 '심청'이라는 매개를 통해 떠돌고 있다. 모범적 효녀의 이야기로 만들어진 심청 이야기 속에서 '팔려간 딸'의 문제는 덮거나, 빠뜨리거나, 덧붙이거나, 슬쩍 넘어가거나, 은근히 드러내는 등 어떤 식으로든 말해진다. 심청을 보낸 심 봉사는 아무것도 몰랐다고 하기도 하고, 남의 탓으로 돌리기도 하고, 통곡하고 자책하기도 하며 그 문제를 앓고 있다. 심청을 이야기하는 행위는 딸을 판 일에 대한 강박적 반복이다. 그것을 기억/망각하기 위해, 한편으로 그런 기억/망각이 허용될 수 없기 때문에, 과거의 흔적이 지금까지 활동한다는 사실을 알고 있기 때문에, 반복적으로 이야기하는 것이다. 기억에 대한 지그문트 프로이트(Sigmund Freud)의 논의를 빌려오면, 억압된 것을 기억하려는 충동은 저항에 의해 방해받기 때문에, 행동으로 나타나는 '반복'으로 대체된다.[72] 기억하는 대신, 동시대적 경험으로 반복하는 것이다. 그 반복의

---

72  기억해내지 못하는 억압된 것들을 행동화하여(act out) 행위로 재생산하며, 되풀이한다는 것을 알지 못한 채 되풀이한다는 논의에 대해서는 지그문트 프로이트, 이덕하 옮김,

의미를 정확히 읽고 새로운 행동으로 나아가는 것만이 '심청'과 '심봉사'의 아픔을 치유하는 길이 될 수 있다.

## 5. '인식'에서 새로운 '행동'[73]으로: 폭로와 은폐의 연쇄를 넘어서기 위하여

한국에서 국민교육의 매개인 '효녀 심청'의 이야기는 20세기 한국 역사의 한구석에 존재한, 몸을 판 딸들에 대한 억압된 기억을 표출하는 기억의 단서로 작동하고 있다. '팔려간 딸'의 기억은 공식 논의에서 폐기되었지만, '현존과 부재 사이를' 오가며[74] 심청의 이야기를 통해 논의된다. 교과서에 심청 이야기를 실어야만 했던 것은 '효'의 이념으로 국민을 계도하기 위해서였지만, 한편으로는 아픈 과거를 봉합하기 위해서이기도 했다. 그런데 과거를 덮고 정당화하기 위한 이데올로기적 장치로 활용되는 이야기의 틈새에서 폐기된 기억들이 말해지는 역설이 만들어졌다. 버려진 기억은 지배적 기억의 내부에 도사리고 있다가 아픔을 겪은 대중들의 시선과 마주치면서, 꿈틀대며 고

---

「기억하기, 되풀이하기 그리고 훈습하기」(1914), 『끝낼 수 있는 분석과 끝낼 수 없는 분석: 정신분석 치료 기법에 대한 논문들』, 도서출판 b, 2004. 110쪽 참조.

73 이에 대해서는 주디스 허먼의 트라우마 분석 가운데 10장 「연결의 복구」에서 "자신과의 화해"에 대한 설명을 차용했다. 자신과의 화해를 위해서는 새로운 상상을 활용하고 자신의 능력을 쏟아내어 새로운 행동으로 나아가도록 해야 한다는 논의가 그것이다. Judith Herman, *Trauma and Recovery: The Aftermath of Violence*, Basic Books, 1997; 주디스 허먼, 최현정 옮김, 『트라우마: 가정폭력에서 정치적 테러까지』, 플래닛, 2007.

74 "폐기된 기억은 현존과 부재 사이에서 오갈 뿐 사라지지 않는다." 알라이다 아스만, 변학수·백설자·채연숙 옮김, 『기억의 공간』, 경북대학교 출판부, 2003 참조.

개를 내밀게 되었다. 교과서의 내용이 미묘하게 수정된 것은 그러한 기억을 조정하기 위한 과정이었다. 이제 그 기억에 이름을 붙이면서 다른 방식으로 의미를 부여하기 위한 논의가 시작되어야 한다.

2007년 3월 25일, 당시의 일본 관방부 장관 시모무라 하쿠분(下村博文)은 NHK 라디오 국제방송 '라디오 일본'과의 대담에서 "위안부가 있었던 것은 사실이며, 나는 일부 부모가 딸을 팔았던 것으로 안다. …… 종군 간호사와 기자는 있었지만 종군 위안부는 없었다"라고 말했다.[75] 그는 위안부가 있었음을 인정하는 듯하면서, 교묘하게 전시 일본 군부의 조직적이고 체계적인 동원에 의한 일본군 위안부 제도는 부정했다. 그리고 위안부를 (조선의) '부모가 딸을 팔았'던 문제로 이야기함으로써, 위안부 문제의 책임을 조선의 '부모'에게로 돌려버렸다. '딸을 팔았다'는 폭로는 한일 양국 간에서 위안부에 대해 논의할 때 만들어지는 일반적인 구도, 곧 한국이 피해자가 되고 일본이 가해자가 되는 구도를 흔든다. 그 '한마디'는 책임을 조선의 아버지들에게 돌리며, 조선의 가난에 돌리고, 조선의 가부장제에 돌리는 데 활용된다.[76]

일본의 우익들이 마치 대단한 비밀이라도 알게 된 듯이 "부모가

---

75    일본의 일부 우익 정치인들이 이러한 취지의 발언을 한 것을 찾는 것은 어렵지 않다. 1996년 오쿠 노(奧野誠亮) 법무상의 발언에서 2013년의 니시무라 신고(西村眞悟), 하시모토 도루(橋下徹) 오사카 시장의 발언에 이르기까지, 그 뉘앙스는 조금씩 다를 수 있지만, 위안부 강제 동원을 부정하거나 그 책임을 조선 사람에게 돌리는 점에서는 일관된 내용을 담고 있다.

76    식민지 책임의 문제를 어떤 관점으로 바라봐야 할지에 대해서는 이타가키 류타의 「탈냉전과 식민지배책임의 추급」과 나가하라 요코의 「남부 아프리카에 '진실화해위원회'가 남긴 것」 참조. 두 글 모두 나카노 도시오·김부자 편저, 이애숙·오미정 옮김, 『역사와 책임: '위안부' 문제와 1990년대』, 선인, 2008에 실렸다.

딸을 팔았다"는 발언으로 위안부 문제의 화살을 한국 사회에 돌리는 것은 딸을 판 부모라는 '개인'에게 일본 제국주의와 군부, 그들이 만든 동원 체계의 책임을 전가하는 일일 뿐이다. 이러한 얄팍한 책임 전가의 논의에 대처하기 위해서는 위안부 동원 과정에 '딸을 판 부모'가 있었다고 해도, 또 그 과정에 조선인 협력자들이 중개인으로 있었다고 해도 위안부 문제에 대한 일본 군부와 국가에게 면죄부가 주어지는 것이 아니라는 점을 명확히 해야 한다. '위안소'의 설치와 관리, '위안부'를 모집하고 이송하는 모든 과정이 일본군과 제국 정부의 관여 및 주도 아래 진행됐는데, 그 거대한 시스템의 말단에서 딸이 소집되어가는 것을 막지 못하고 금품을 획득한 부모가 있다고 해서 책임을 이들 부모에게 덮어씌울 수는 없는 것이다.[77] 오히려 그러한 전쟁에 식민지의 민간인들을 협력자로 동원한 책임이 일본 제국주의에 있다. 위안부 제도가 운영되는 과정에서 식민지에서 팔려가는 딸들이 있었다는 것은 식민지 피해의 한 양상이다.

그럼에도 일본의 일부 우익 정치인들이 어떻게 이러한 발언을 지속적으로 제기할 수 있는가. 이 문제에 대해 적극적으로 논의하고 대처하지 못하는 한국 사회의 침묵이 그러한 논의가 설 수 있는 여지를 주고 있는 것은 아닐까. 이는 어쩌면 한국 사회의 위안부 문제에 대한 기억이 '일본에 의해 강제로 끌려간', '순결한 처녀'라는 틀 속에서

---

77　김부자는 위안부 제도의 책임이 일본 제국에 있음을 밝히고 그 책임을 회피하려는 논의를 반박하는 논문에서 "'위안부' 제도를 입안·실행한 권력 주체인 일본군·일본 국가와 그 말단에서 허드렛일(dirty work)을 맡은 조선인 업자의 책임은 동일하지 않다. …… 종주국의 정부·민중의 책임과 끌려들어간 식민지 민중의 책임에는 질적인 차이가 있다"고 설명한 바 있다. 김부자, 「'위안부' 문제와 탈식민주의」, 위의 책, 134쪽.

정박되어 있다는 점과 관련된 것일 수 있다.[78] 이러한 기억을 구축하는 과정에서 그 공식적 기억의 틀을 불안하게 하는 기억들은 깊은 '망각'의 무덤 속으로 던져졌다. 그 파편은 버려졌지만 사라지지 않았다. 그 버려진 파편 가운데 '부모가 딸을 팔았다'는 것은 날카로운 날을 가진 조각이다. 일본의 우파 정치인들은 그 아픈 기억을 건드려서 정치적 목적에 활용하고 있다. 과연 한국에서 식민지 시대 전시 성폭력의 피해자인 위안부를 딸을 판 아버지와 관련해 생각하는 것은 '감당할 수 없는' 기억을 되살리는 작업이다. 그 일부만 사실로 인정해도 일본의 우익에게 힘을 실어 주는 것이 될 수 있기에, 주저되는 것도 사실이다.

하지만 '위안부' 문제에 대해 말하기 위해서는 이제 그 상처를 드러냄으로써 본격적인 치유를 시작해야 한다. 이를 위해 먼저 '딸을 판 아버지'에 대한 기억의 은폐, 폭로, 침묵의 연쇄를 끊어야 한다. 이를 위해서는 식민지 조선에서 '딸을 파는 일'이 일어나게 된 남성 중심적 조건, 조선 내부의 협력자의 문제에 직면하는 것을 두려워하지 말아야 한다. 그 기억에 대면하고, 가시화하는 작업은 그 비밀스러운 위험성을 제거하여, 일본의 우익에서 더 이상 조선의 '딸을 판 부모'에게

---

78    한국에서 이러한 기억을 문제 삼는 일은 강한 불쾌감을 불러일으켰다. 예를 들면, 2004년 9월 2일 서울대학교 이영훈 교수는 MBC 방송국의 〈100분토론〉에 나와서 위안부와 관련해 조선인 중에도 이에 협력한 사람이 있었으며, 그에 대한 성찰이 필요하다는 발언을 했다가 곤혹스러운 일을 당했다. 이 교수는 나흘 뒤인 6일에 '나눔의 집'에 사과 방문을 했지만, 위안부 피해 할머니들은 "나라가 없어 강제로 끌려간 한을 아느냐. 당장 사퇴하라"며 40여 분간 꾸짖고 사죄를 받아들이지 않았다(「용서받지 못한 이영훈교수」, 『서울신문』, 2004년 9월 7일). 그분들이 분노한 맥락에 대해서는 공감하지만, 설사 동원 과정에 조선인 협력자가 있었다고 해도, 또 소위 '순결한 처녀'가 아닌 경우가 있었다 하더라도, 위안부 문제에 대한 일본의 책임을 묻는 일에 아무런 장애가 되지 않는다는 것을 명확히 할 필요가 있다.

간단하게 책임을 돌릴 수 없게 하기 위한 것이다.

이 글은 이러한 논의를 시작하기 위한 일종의 준비 작업으로 눈 먼 아버지의 눈을 뜨기 위해 몸을 팔았던 효녀 '심청'의 이야기를 '팔려간 딸'의 아픔이 스민 '기억의 장'으로 분석한 것이다. 한국 사회의 기억 속에서 위안부와 '딸을 판 부모', 그리고 해방 이후에도 역사의 그늘로 존재한 '몸을 판 딸'의 기억은 단순하게 망각된 것이 아니라, 사회적인 선별 과정을 통해 숨어낸 것이다. 그러나 망각된 이미지는 눌려 있을 뿐 정신에서 완전히 몰아낼 수 없고 계속 '활동'한다. 심청의 이야기가 끊임없이 이야기되고 변형되고 재조정되는 현실은 그것과 관련된다. 망각됐지만 지워질 수 없는 기억이 말하도록 하는 일이 의미를 지니는 것은 그것이 가진 치유의 힘 때문 아닐까.

이제 과거의 아픔에 직면함으로써 배제된 기억들에 자리를 배정하는 작업을 시작해야 한다. 그것은 단순히 '딸을 판 아버지'의 존재와 그 사례를 들춰내는 것으로 이루어지는 일이 아니다. 더욱이 딸을 금품으로 교환한 행위를 단순하게 도덕적인 기준으로 평가하고, 지금에 와서 비난하는 것도 해결책이 될 수 없다. 그러한 도덕이야말로 기억을 은폐해왔기 때문이다. 또한 동아시아에서 옛날부터 줄곧 있었던 관행인 것처럼 애매한 문화적 본질론으로 취급할 문제도 아니다. 막연하게 피해 국가의 구성원들에게 내부적 반성을 촉구하거나, 국가 간의 적대감을 해소할 것을 권유하며 화해를 요청하는 것으로 처리될 문제는 더욱 아니다.

오히려 그러한 문제가 왜 일어났는지 그 복잡한 역학적 관계를 역사적, 구조적으로 해명해야 할 필요가 있다. 위안부 제도는 일본과 조선 사회에서 작동하고 있던 남성중심주의, 제국주의, 천황제, 전쟁, 빈곤, 일본의 군사 정책, 조선으로의 일본 근대 공창제도의 도입 등 거시적이고 미시적 맥락에서 발생한 여러 층위의 다양한 조건들이 결합되어 유지될 수 있었다. 그러므로 국제적 관계망, 군 당국과 국가 지도자의 계획 속에서 어떻게 '여성의 몸'이 팔리고/팔고, 동원되고/동원하고, 관리되고/관리하고, 또 그것이 하나의 시스템 속에서 작동할 수 있었던 국면이 무엇이었는가, 그리고 그러한 사실이 어떻게 체계적으로 은폐됐는가를 명확히 하는 것에서부터 문제 해결의 실마리를 찾아야 한다.

아울러 폐물이 된 기억이 버려지고 감춰질 수밖에 없었던 지식의 체계 그 자체를 문제 삼아야 한다. 위안부 제도가 작동하는 과정에서 일어났던 일들 가운데 말해질 수 없었던 것이 무엇인가를 질문하면서, 그것들이 억눌려야 했던 사회적 기억의 구조를 밝히는 작업이 필요한 것이다. 특히 '섹슈얼리티'와 관련된 문제들이 말해지는 방식들, 곧 순결의 강박, 성적 침해를 수치로 여기는 것, 그리고 이른바 '온전한 피해'를 증명할 것을 피해자에게 요구하는 것, 그렇지 못할 때 '피해자 유발론'이 통용되는 상황, 여성에 대한 성적 위계화 등은 암묵적으로 위안부 문제의 논의 범위를 제한해왔다. 이를 비판하면서 다른 관점을 모색할 때, 그동안 위안부 문제의 피해를 증명하기 위해 굳이 덮어야 했던 것들을 드러내어 다른 방식으로 논의할 수 있게 된다. 이로부터 아픈 기억을 해석할 수 있는 새로운 담론의 장이 열리고, 말해질 수 없던 기억이 말하게 되고, 다른 차원으로 나아갈 수 있는 새로운 힘도 얻을 수 있는 것이다.

그렇게 되면 조선의 부모에게 책임을 묻는 것으로 '위안부' 문제를 은폐하고자 하는 일본의 우익들은 그런 기억을 '이용'할 수 없게 된다. 그들의 폭로는 힘을 잃게 되고, 그들은 오히려 일본 사회에서 '딸을 판 부모'의 역사적인 경험이 군국주의, 제국 확장의 욕망과 결합하여 식민지 조선에서 '딸을 판 부모'를 제도적으로 창출해냈다는 점을 내부로부터 직시하게 될 것이다. 이로부터 근본적이고 포괄적인 책임이 어디에 있는지를 스스로 묻게 될 것이다. 가해의 경험을 정면으로 보는 것. 그리고 지금까지 허용되었던 특정한 기억의 틀을 넘어서 다른 방식으로 말하는 것. 뒤늦은 감이 있지만, 지금이라도 그렇게 하는 것이야말로 일본과 한국 및 다른 국가들에서 국가 상호 간에 그리고 국가 내부에 있었던 과거의 아픔을 치유하고 강박적 은폐가 만드는 어두움을 벗어나기 위해 한 발자국을 내딛는 일이다.[79]

79 이 글은 이 책의 일본어판인 『東アジアの記憶の場』(東京: 河出書房新社, 2011)에 수록된 「심청」을 수정, 보완한 것이다. 교과서 내용을 분석한 부분은 「'팔려간 딸'에 대한 불편한 기억: 1920~1990년 교과서에 실린 '심청이야기'의 분석을 중심으로」(『한국여성학』 27, 2011)에 먼저 실렸다. 이 글의 자료 조사에 박민주, 최금영 씨의 도움을 받았다. 이 글의 자료 조사에 박민주, 최금영 씨의 도움을 받았다.

제5장

○

# 삼년고개

미쓰이 다카시(三ッ井崇) ─ 김은애 옮김

# 1. 들어가며

민화는 재미나 교훈적 의미를 지녀서 사람들 사이에서 널리 이야기되어왔다. 그리고 '옛날 이야기'로서 시대를 뛰어넘어 다시 이야기되기도 하고 때로는 번역되기도 하면서 널리 퍼진다. 이러한 보편성을 가졌음에도 민화에는 '어디의' 이야기인가라는 질문이 항상 따라붙는 것도 사실이다. 이 질문에 답하는 과정이 어려운 까닭은 그 이야기가 처음에 만들어진 국가/지역/집단의 속성에 관한 외부적인 지식/이미지가 중간에 끼어들면서 원래 이야기에는 내재되지 않았던 그러한 정보들이 각 이야기의 특수성을 구성해버린다는 점에 있다.

일본 소학교(한국의 초등학교에 해당한다)의 국어 교과서에 교재로 채용된 민화 가운데 '산넨토게(三年とうげ)'라는 이야기가 있다. 이 이야기는 조선 민화의 재현이다. '산넨토게'라는 고개가 있는데 여기서 한 번 넘어지면 3년밖에 살 수 없다는 말이 전래되어왔다고 한다. 그 고개에서 어떤 할아버지가 실제로 넘어져 병에 걸리고 만다. 그런데 가까이 있던 한 소년(한국에서는 소년이 할아버지의 아들이나 손자라는 설정인 경우도 있다)이 한 번 넘어질 때마다 3년을 살 수 있다는 식의 역발상을 말해주자 할아버지는 '산넨토게'에서 몇 번을 일부러 넘어지며 건강을 되찾았다는 이야기이다. 한국에서도 유명한 민화인 '삼년고개'는 그림책, 만화, 연극 등으로 널리 알려졌으며, 초등학교 국어 교재로 채용되기도 했다. 일본에서는 국어 교과서의 채용을 계기로 유명해지기는 했지만, 원래는 재일조선인 작가 리금옥에 의한 재화(再話) 버전으로, 1981년에 이와사키(岩崎) 서점의 '신(新) 창작 그림책'의 하나로 간행됐으며, 1996년에는 다른 조선 민화와 합친 형태로 문고화됐다(모두 'さんねん峠'라고 표기됐다). 또한 일본에서는 아동극이나 교겐(狂言)[1]에 '산넨토게'가 채용됐다는 점도 매우 흥미롭다.[2]

'삼년고개／산넨토게' 이야기의 모티브는 한국이나 일본에서 동일하게 어린아이의 지혜나 역발상의 재미를 보여주는 해학이다. 그러나 일본에 이 민화가 소개되고 국어 교재로도 채용되면서 한국과 일본의 연구자들과 교육자들은 이 이야기 속에서 '한국다움／조선인다움'이나 민족의 역사적 경험을 읽어내려 시도했다. 물론 그 내용도 중요하겠지만 동시에 '삼년고개'라는 민화의 교재화가 지닌 역사성 — 식민지 시기 조선총독부가 편찬한 조선어 교과서에 이 민화가 교재로

---

1   일본의 대표적인 전통 연극 가운데 하나이다. 우스움과 세상 풍자를 주로 한 무대예술.
2   이하 리금옥의 이야기를 '산넨토게', 현대 한국이나 식민지 시기의 텍스트나 이야기를 통합해서 말하는 경우에는 '삼년고개'로 표기한다.

채용됐다—은 이 매체를 통해 민족 기억의 생성과 망각을 둘러싼 문제를 드러내 보여준다. 여기서는 식민지 시기 및 현대 일본에서의 '삼년고개/산넨토게'의 교재화에 초점을 맞춰 한국 및 북한(조선민주주의인민공화국)의 동향도 고려하면서 이 문제를 고찰하고자 한다.

## 2. 교화 텍스트로서의 '삼년고개' : 조선총독부『보통학교 조선어독본』의 채용

### 1) '미신타파'의 교훈

'삼년고개'가 교재로 채용된 교과서란『보통학교 조선어독본(普通學校朝鮮語讀本)』(이하『조선어독본』) 권4(조선총독부 편, 1933)를 말한다. 이 책의 제10과 단원으로「삼년고개」가 채록됐다. 〔그림 1〕이 글의 특징적인 부분은 마지막 두 단락에 나오는 다음과 같은 내용이다.

> 여러분은 이런 이야기를 들을 때에, 이 세상에서 예로부터 전하야 나려오는 말 중에는, 믿지못할 것이 만은줄 알겟지오. 믿을 수 업는 것을 믿는것이 미신이올시다. 귀신이나 독가비가, 세상에 잇다도 생각하는것도 미신입니다.
>
> 귀신이나 독가비는, 사람들이 지여 낸 이야기 가운데에는 잇슬지라도, 실지로는 업는 것이올시다. 도통 미신에 빠지는 것은, 문명인으로서는 더할 수 업는 수치올시다.[3]
>
> 앞에서 말했던 것처럼 이 설화의 중심 내용은 삼년고개에서 넘

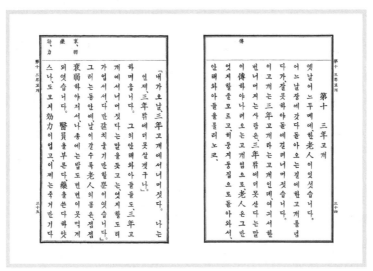

**[그림 1]** 조선총독부, 『보통학교조선어독본』 권4, 1933(보통학교 4학년용).

어지면 3년 안에 죽고 만다는 전설을 믿는 노인이 실제로 그곳에서 넘어져 날이 갈수록 몸이 약해지던 중에 소년의 지혜로 건강을 되찾고 역전의 발상으로 삼년고개에서 계속 넘어져 오래 살려 했다는 일종의 해학이다. 그러나 이야기 끝에 덧붙여진 위의 인용 부분에서는 '삼년고개'의 전설 자체가 미신이며 그러한 미신을 믿는 것은 비문명적이자 수치라고 단언한다. 마지막 두 단락의 기술은 본래 이야기와는 동떨어져 있어 일부러 추가한 듯한 인상을 주는데, 이와 관련해 심은정이 "〈조선어독본〉은 문학이 지닌 즐거움과 흥미를 유발시키기보다는 교훈에 초점을 맞춰 편성되었음을 알 수 있다"고 지적한 점에 주목할 필요가 있다.[4] 『조선어독본』에 채용되기 이전에 학무국 편수관이었던 다

---

3    조선총독부, 『보통학교 조선어독본』 권4, 1933, 40~41쪽.

지마 야스히데(田島泰秀)가 편집한 『온돌야화』(1923)라는 민화집에 「삼년고개」('삼 년 언덕'이라는 뜻풀이가 붙어 있다)가 수록됐는데, 여기에는 『조선어독본』에 나타난 미신타파 내용은 없다.[5] 즉, '삼년고개'라는 제재를 이용한 '미신타파'라는 교훈담은 이 교과서가 편찬되는 과정에서 처음으로 나타났다는 뜻이다. 사실 본문의 줄거리 외에 해설적인 부언이 몇 줄 첨가되는 이야기 형식은 그 이전 시기에도 존재했다.[6] 따라서 위의 인용 부분에서는 형식이 돌출된 것이 문제라기보다는 오히려 재래의 이야기 형식을 취하면서 이야기의 해석 방향을 미신타파라는 가치관으로 고정하려 했다는 점이 중요하다. 여하튼 이러한 조선총독부판 「삼년고개」의 성격은 조선총독부의 교육 정책의 일환인 조선어 교과서 편찬이라는 맥락에서 검토할 필요가 있다.

초등교육기관인 보통학교에서는 원칙적으로 조선총독부가 편찬한 교과서를 사용하도록 규정했고,[7] 조선어 교과서도 예외는 아니었다. 교과서 편찬 및 개정은 1911~1917년(제1기)을 시작으로 1920~1924년(제2기), 1928~1930년(제3기), 1938년(제4기), 1941년(제5기)에 걸쳐 이루어졌고, 「삼년고개」가 채용된 『조선어독본』은 제3기에 개정되어 1930년부터 간행된 교과서였다.

교과서 개정 작업은 교육제도의 재검토(조선교육령 개정 작업)와

---

4    심은정, 「한·일 전래동화 비교연구: 일본 소학교 국어 교과서에 실린 한국 전래동화를 중심으로」, 동덕여자대학교 대학원 박사학위 논문, 2005, 84쪽.

5    田島泰秀編, 『溫突夜話』, 京城: 敎育普成株式會社, 1923, 4쪽.

6    김영민은 개화기에 신문의 논설란에 수록된 교훈적 우화 등의 짧은 이야기인 '서사적 논설'을 분석하면서 그것이 전근대적 '야담'류의 형식에 따른 것이었음을 해명했다(김영민, 『한국 근대소설사』, 솔출판사, 2003, 44쪽). '삼년고개'의 이야기 방식은 그것과 통하는 것으로 볼 수 있다고 필자는 생각한다.

7    1911년 10월 20일 제정된 메이지(明治) 44년 조선총독부령 제110호 「보통학교규칙」.

병행해서 이루어졌으며 제3기 교과서 개정도 바로 그러한 과정을 따랐다. 「삼년고개」는 "조선의 가정 및 사회의 풍습을 개선"하고 "사회 공동 생활에 적응하는 품성"을 "도야"하는 것을 목적으로 "상식을 기르는 데 적절한 자료"로서 선택된 것이었다.[8] 나아가『보통학교 조선어독본 권4 편찬취의서(普通學校朝鮮語讀本卷四編纂趣意書)』를 보면 "가능한 한 아동이 흥미를 느끼면서도 친숙한 느낌으로 읽을 수 있고, 평이하며 실력을 기르는 데 유감이 없을 것. 국어독본이나 그 밖의 과목과 관련되고 효과적으로 인격을 도야할 것. 국민 교육의 요구에 합치하면서 동시에 조선적인 색채를 잃지 않을 것. 조선의 실정에 비추어 근로애호의 정신을 함양할 수 있는 것" 등에 유의하며 교과서를 편찬했다고 기술한다. 즉 「삼년고개」에 '수신적 교재'로서의 역할을 기대했던 것이다.[9] 이 이야기가 채용된 까닭은 조선 재래의 민화이면서도 이상의 조건에 부합한다고 판단했기 때문일 것이다. 오타케 기요미(大竹聖美)에 따르면 교과서 개정기인 1928년 무렵에는 동화(童話) 교육에 관심이 집중됐으므로[10] 그러한 배경 또한 고려할 필요가 있다고 한다. 게다가 「삼년고개」는『4년제 보통학교 조선어독본(四年制普通學校 朝鮮語讀本)』에도 채용됐다. 쇼와공황의 여파로 조선 농촌이 더욱 피폐해지는 상황에서 통치자들은 조선 민중들에게 '나태 무기력'[11]이라는 이미지를 고정시키며 농촌 진흥을 위한 위생, 근면, 저축 등 생활

8    「臨時敎科書調査委員會」,『文敎の朝鮮』第37號, 1928, 57~58쪽.
9    朝鮮總督府,『普通學校朝鮮語讀本卷四編纂趣意書』, 京城: 朝鮮總督府, 1933, 2~3쪽.
10   大竹聖美,『植民地朝鮮と兒童文化: 近代日韓兒童文化·文學關係史硏究』, 東京: 社會評論社, 2008, 199쪽.
11   「宇垣總督講演要旨」,『自力更生彙報』第4號, 1933, 2쪽.

개선의 관념을 지도하려 했다. 이러한 지도 역할을 담당한 것이 보통학교, 특히 4년제 보통학교 졸업생이었다는 점은 중요하다. 교육제도 개정, 교과서 개정의 문맥에서 '근로 애호의 정신'이나 사회생활상의 '품성'의 '도야'가 거듭 강조된 것도 이러한 사회 상황을 반영한다. 이러한 사회 상황이나 운동의 변화는 당연히 조선어 교육에도 영향을 미쳤다. 『조선어독본』은 이러한 계몽을 목적으로 하는 매체로 기능하면서 현실 조선 사회/민중의 '미개함'도 표상했다. 조선총독부판「삼년고개」도 예외는 아니었다.「삼년고개」는 미신타파의 논리를 표방하며 삼년고개에서 넘어지는 노인, 즉 조선 민중들의 미개함을 그려내는 텍스트가 된 것이다.

## 2) 교훈적 가치의 내면화

다음으로 「삼년고개」가 조선어 교재로서 채용됐던 의미를 교육 현장의 시점에서 고찰해보자.

1938년 이전까지는 조선어도 '국어'와 마찬가지로 보통학교의 필수 과목이었다. 지배 정책상으로 볼 때 조선어 교육은 식민지 '관리'를 위해 필요한 교과였지만, 조선 지식인들은 민족의 기반을 조선어에서 찾았고, 보통학교의 조선어 교과를 조선인 아동들에게 안정적으로 조선어 교육을 행하는 중요한 장으로 생각했다. 이러한 의식은 특히 조선어 표준화 문제를 통해 표면화됐고, 조선 지식인들의 관심과 그에 근거한 운동이 조선총독부의 조선어 정책에 큰 영향을 끼쳤던 것도 사실이다.[12] 그리고 이 운동을 이끈 이들 중에는 관공사립을 불문하고 현직 조선인 교원이나 과거 교원 경험자 등이 많이 포함되어 있었으며, 조선어 교육의 장은 통치자의 입장에서는 '관리'의 장이었지만, 운동을 이끌어가는 이들에게는 조선어 교육의 질을 점검할 수 있는 대상이기도 했다.

여기에서는 교육 실천이라는 관점에서 「삼년고개」라는 텍스트의 동시대적 의미에 대해 생각하려고 한다. 주목하고자 하는 자료는 심의린(沈宜麟, 1894~1951)이라는 조선어 교사가 쓴 조선어 교과 지도안에 관한 글이다. 심의린은 서울 출생으로 보통학교 졸업 후 한성고등보통학교 사범부에 진학해 1917년에 졸업했고, 이후 경성부(京城府) 내의 보통학교, 경성사범학교부속보통학교, 경성여자사범학교 등에서 교편을 잡았으며, 경성의 화산국민학교 교유 시절에 해방을 맞이했다. 해방 후에도 교사 생활을 하는 등 일생을 조선인 학생을 가르치는 일에 종사했다.[13] 그는 조선총독부 '언문철자법' 개정 작업 때 심사위원으로 관련했을 뿐 아니라 한글 운동 단체인 조선어학회의 활동에도 관여해 식민지 시기의 조선어 교육을 언급할 때 매우 중요한 인물이다.

심의린의 지도안 관련 글은 경성사범학교 내의 초등교육 교사들의 연구회인 조선(전선)초등교육연구회의 기관지 『조선의 교육연구』에 간헐적으로 발표됐다. 발표된 글은 심의린의 교수 경험을 바탕으로 한 지도안이었지만, 다른 초등교육 교원들에게 참조됐으며, 다른 조선어 교원들에게도 적지 않은 영향을 끼쳤다고 여겨진다. 이하에서

---

12  「三ツ井崇」, 『朝鮮植民地支配と言語』, 東京: 明石書店, 2010.
13  심의린의 경력에 대해서는 박형익, 「심의린의 경력과 논저」, 『(심의린 편찬) 보통학교 조선어사전』, 태학사, 2005 참조.

는 그중에서 '수신적 교재'인 「삼년고개」에 대한 심의린의 교재관을 살펴본다.

### 제10 삼년고개 교재관

수신적 교재로서 삼년언덕(三年坂)에서 넘어진 노인의 걱정을 소년이 재치를 발휘하여 안심시킨 옛날 이야기를 통해 미신을 피해야 한다는 점을 알리는 내용이다.

어떤 곳에 삼년언덕이라는 언덕이 있었다. 이 언덕에서 넘어진 사람은 삼년밖에 살지 못한다는 미신이 전해져 왔다. 한 노인이 그 곳에서 넘어져 그 자신은 물론 가족들도 모두 삼년 째에 틀림 없이 죽게 될 거라며 걱정하고 비관했다. 노인은 근심에 휩싸여 점점 허약해져 갔다. 이웃의 소년이 그것을 듣고는 노인을 찾아가 삼년언덕의 의미를 삼년간 살 수 있다는 식으로 재치있게 해석해 주고 거듭하여 넘어지면 장수할 수 있다고 가르쳐주었다. 노인은 그렇게 믿고 다시 그 언덕을 찾아가 몇 번이고 넘어진 후에 비로소 안심하여 병까지 나았다는 이야기로서 미신은 대부분 이런 것이다라는 것을 알리는 글이다. 재미있는 이야기인 동시에 미신을 피해야 한다는 것을 암시한 것이다.[14]

이 교재관은 본문에도 명시된 미신타파의 취지를 그대로 해설하는 데 지나지 않는 것처럼 보인다. 보다 주목해야 할 점은 심의린이 '취급상 주의' 사항으로서 "지금도 여전히 남아 있는 여러 미신을 예

---

14 沈宜麟, 「朝鮮語讀本卷四の解說」, 『朝鮮の敎育硏究』第58號, 61쪽. 이하 인용문 속 고딕체 글씨는 인용자에 의한 것이다.

시하며 비평하게 하는 게 좋다"고 아동들에 대한 지도상의 핵심까지 들고 있다는 점이다.[15] 게다가 「삼년고개」는 다른 몇몇 '수신적 교재'와 함께 『4년제 보통학교 조선어독본』 권4에 채록되어 교훈적인 역할이 보다 강화됐다. 1928년부터 3년에 걸쳐 '사상 선도'를 목적으로 간행된 『보통학교 아동문고』(조선총독부학무국 내 조선교육회, 1930)에도 「삼년고개」가 수록된 것으로 보아 그 역할에 대한 기대가 컸다고 생각된다.[16] 여기서 심의린의 교재관을 이해하기 위해 1929년에 쓴 논설 「조선풍습과 학교훈련」의 다음과 같은 대목에 주목해보자.

제가 가끔 듣는 말이 있습니다. 보통학교의 아동은 국가에 대한 관념이 희박하다든지 또는 규율이 없어 자주 떠든다, 싸움을 좋아한다, 사람에 대한 예의를 모른다, 부드러운 말로 타일러서는 안 된다, 큰소리로 꾸짖지 않으면 좀처럼 철저해지지 않는다, 또는 큰 아이들은 아무래도 교활하다, 교실의 물건이 자주 없어진다. 몸이 지저분하고 사람의 은혜를 모르며 겉과 속이 다르다 운운하는 이야기입니다.

그런데 왜 그럴까요. 제가 생각하기에 조선의 구래의 풍속습관에 잘못된 점이 있거나 또는 결함이 있기에 이러한 문제가 일어나는 게 아닌가 합니다. 학교에서 교육할 때 가장 중요한 훈련을 철저히 하지 않으면 아무리 학과 성적이 좋고 신체가 건전하더라도 완전한 국민교육을 했다고는 할 수 없는 것입니다.[17]

15    같은 논문, 62쪽.
16    大竹聖美, 『植民地朝鮮と兒童文化: 近代日韓兒童文化・文學關係史研究』, 東京: 社會評論社, 2008, 203~208쪽.
17    沈宜麟, 「朝鮮風習と學校訓練」, 『朝鮮の教育研究』 第2卷 第9號, 1929, 51쪽.

이처럼 심의린은 조선인 아동에 대한 부정적인 이미지를 그대로 받아들이고, 그 원인을 "구래의 풍속 습관"에서 찾는다. 이것을 개선하기 위한 '훈련'이란 "아동 생활에서 도덕적 습관을 습득하게 하고 완전한 인격을 육성 도야한다", 즉 "아동으로 하여금 도덕적 사상, 우미하고 고상한 정조, 선량하고 견고한 의지를 양성"한다는 것을 의미했다.[18] 그는 조선의 "구래의 풍속 습관"에서 계급 사상과 양반의 권리, 관존민비의 정신과 관리의 횡포, 학문의 미보급과 미신적 관념, 생활의 불안정과 오락 생활 등을 '폐풍'으로 열거한다.[19] 심의린의 이러한 구(舊)관습에 대한 관점은 같은 시기 당국의 의도나 가치관을 그대로 내면화한 것임을 알 수 있다. 그리고 이러한 구관습에 대한 부정의 논리는 "수백 년에 걸친 악정으로 가렴주구에 학대당한 결과 인심이 매우 황폐해졌다"고 하는 총독부의 조선관과도 상통하는 것이었다.[20]

결국 조선어 교육 자체가 조선총독부가 만든 '수신적 교재'의 취지를 부정한 것은 아니었다. 왜냐하면 그것은 민족주의적인 생활 개선 이데올로기, 즉 근대주의와도 부합했기 때문이다.[21] 「삼년고개」가 가진 교훈성 또한 그러한 맥락에서 이해할 필요가 있다.

18    같은 논문, 51~52쪽.
19    같은 논문, 55쪽.
20    「宇垣總督講演要旨」, 『自力更生彙報』 第4號, 1933, 2쪽.
21    三ッ井崇, 「「三年峠」をめぐる政治的コンテクスト: 朝鮮總督府版朝鮮語敎科書への採用の意味」, 『佛敎大學總合硏究所紀要別冊』, 2008.

## 3. 해방 이후/전후의 읽기: 한국, 일본, 북한

### 1) 읽기의 연속/비연속: 한국에서의 읽기

그렇다면 해방 이후에 한국에서는 「삼년고개」가 어떻게 해석됐을까?

여기서 미군정기 및 한국 건국 이후의 교과서 내용을 실제로 확인해보자. 참조한 것은 ①『초등국어교본 중』(조선어학회 편, 1946), ②『초등국어 3-1』(1949), ③『국어 3-2』(1955), ④『국어 3-2』(1956), ⑤『국어 3-2』(1965) 등 다섯 종류이다. 한국의 교육과정 변천에 비추어보면 ①과 ②는 교수요목기(1946~1954년),[22] ③과 ④는 제1차 교육과정(1954~1963년), 그리고 ⑤는 제2차 교육과정(1963~1973년)에 해당하는 교과서이다. 이들 교과서에서 「삼년고개」의 기술을 비교해보면, 이들은 표기법, 문장부호, 표현의 부분적 수정, 삽화의 유무/차이 등을 빼고는 거의 같은 텍스트를 답습한다. 그리고 또 중요한 점은 이들의 기반이 되는 텍스트가 앞에서 서술한 조선총독부판 「삼년고개」라는 점이다. 머리 부분의 한 단락을 살펴보면 다음과 같다.

---

22  교수요목기란 1954년 문교부령 제35호 「교육과정시간 배당기준령」이 공포될 때까지의 기간을 말한다. 교수요목(敎授要目)이란 식민지 시대의 것을 사용하지 말라고 지시는 했으나 교육과정이나 교과서를 제시하지 못한 시기에 응급조치로서 미군정청 편수국 교과별 편수관이 위원회를 조직해 제정한 것이나 그것은 교과 내용의 주제와 제목을 열거한 것에 불과했다고 한다(교육부, 『초등학교 교육 과정 해설 1: 총론, 재량활동』, 대한교과서주식회사, 1998, 34~35쪽).

＊『보통학교 조선어독본』 권4(조선총독부, 1933), 34쪽.

옛날어느두메에、 한老人이이잇섯습니다。

어느날장에갓다돌아오는길에한고개를넘다가、 잘못하야<u>돌에걸려</u>

너머젓습니다。


①『초등국어교본 중』(조선어학회 편, 1946), 71쪽.

옛날 어느 두메에 한 노인이 있었습니다. 어느날 장에 갔다 돌아오

는 길에, 한 고개를 넘다가, 잘못하여 넘어졌습니다.


⑤『국어 3-2』(1965), 46쪽.

옛날 어느 두메에 한 노인이 있었읍니다. 어느날, 장에 갔다 돌아오

는 길에, 한 고개를 넘다가 잘못하여 넘어졌읍니다.


먼저 형식 면에서 보면 표기법, 문장부호, 띄어쓰기 등 미세한 수
정을 제외하면 ⑤에 이르기까지 거의 같은 문장임을 알 수 있다(위의
인용문을 보면 조선총독부판에서 밑줄 그은 부분만 삭제됐을 뿐이다). 내용
면에서의 차이를 보면 앞서 말한 미신타파 장면이 해방 이후 한국 교
과서에서 삭제됐다는 점밖에 없다. 이 점은 천혜숙도 확인했는데,[23] 그
는 미신타파 논리의 삭제는 이야기를 다시 쓰는 과정에서 일어난 것
이 아니라 이처럼 문장상의 삭제로 일어난 것이며, 달리 말하자면 그
외의 모티브는 일체 변화가 없었다고 주장한다.

---

23    천혜숙, 「'삼년고개' 설화의 전승 양상으로 본 한·일 문화 비교」, 『佛敎大學總合硏究
所紀要別冊』, 2008, 299쪽.

천혜숙의 지적에 따르면 그 후 제3차 교육과정(1973~1981년) 및 제4차 교육과정(1981~1987)에서는 「삼년고개」가 교재에서 빠졌으며, 제5차 교육과정(1987~1992년)에서 "쓰기와 말하기 및 듣기 교재로 채택되어 오늘에 이르고 있다"고 한다.[24] 최근의 예를 들면 ⑥『국어 읽기 3-2』(2010)에서는 이미 간행된 만화의 장면을 발췌해 "인물의 마음을 생각하며 만화를 읽어봅시다"라고 하며 내용 이해, 등장인물(넘어진 노인)의 심리, 앞뒤 관계에서 등장인물의 발언을 추측할 것 등을 요구한다.[25] 이미 그 바탕이 된 텍스트가 바뀌었다는 점에서 성격이 크게 변화했다고 할 수 있는데, 심지어 이야기의 구성상에도 변화가 나타났다. 이 점과 관련해서는 천혜숙이 "한국의 삼년고개 설화에서 다르게 나타나는 흥미로운 변이는 역발상의 문제 해결자가 이웃소년에서 넘어진 노인의 아들 또는 손자로 바뀌는 것이다. 이런 변이는 아버지를 살리는 아들의 효성을 주제로 하는 한국적 효자담의 전통과 무관하지 않다"고 서술하는 데 필자는 주목하고 싶다.[26] 천혜숙은 교과서가 아닌 구두로 전승되어온 '삼년고개'의 설화 몇 편을 분석한 후 막내아들, 손자, 넘어진 본인(젊은 선비)이 문제 해결의 실마리를 찾는 구도로 되어갔음을 밝혀냈다. 말하자면 (넘어진 본인이라는 유형을 제외하고는) '한국적 효행'이 교과서 이외의 이야기에서는 주된 것이라는 점이다. 굳이 천혜숙의 지적이 아니더라도 '삼년고개'는 이미 효행 이야

24    같은 곳.
25    한국교원대학교·서울교육대학교·국정도서국어편찬위원회 편,『국어 읽기 3-2』, (주)미래엔컬처그룹, 2010, 132~137쪽.
26    천혜숙,「'삼년고개' 설화의 전승 양상으로 본 한·일 문화 비교」,『佛敎大學總合硏究所紀要別冊』, 2008, 317쪽.

기로서 자리 잡았다.[27] 다시 교과서로 돌아가 보자. ①~⑤는 노인의 고민을 해결하는 사람이 전부 '옆집에 사는 소년'으로 되어 있으며, 당연히 그 전의 조선총독부판도 마찬가지이다. 그러나 ⑥과 그 바탕이 된 만화 ⑥'는 노인이 넘어진 것을 목격한 근처의 청년이 노인의 아들에게 지혜를 주어 그 내용(문제 해결의 방법)을 아들이 노인에게 전하는 구성이다.[28] 이것은 '이웃 소년'과 '효자담'의 절충형이라고 할 수 있는데, 이는 제2차 교육과정 때까지는 보이지 않았던 구조이며, 그런 의미에서 구두전승의 모티브를 반영한다고도 볼 수 있다. 그러나 제5~7차 교육과정에서 아들과는 전혀 다른 타인의 역할로 되어 있었기 때문에[29] 교과서의 경우에는 천혜숙의 지적이 반드시 해당하지는 않는다.

'삼년고개'는 국어 교과서 외에도 그림책, 만화 또는 연극 등의 매체에서 소개됐지만, "교재화한 역사가 워낙 오래된 지라, 그 전승의 방향이 교육용으로 고착되고 말았다"고 평가될 정도로 교육적 효과를 노린 텍스트로 자리매김했다.[30] 그리고 ⑥'를 수록한 만화의 서문에서 "외국의 문화들이 무섭게 범람하고 있는 이 시기에 제대로 우리의 물길을 잡아가기 위해 가장 한국적인 이야기를 만화로 담았습니다"[31]라

---

27    최운식, 『한국의 효행 이야기』, 집문당, 1999.

28    한국교원대학교·서울교육대학교·국정도서국어편찬위원회 편, 『국어 읽기 3-2』, (주)미래엔컬처그룹, 2010, 135~136쪽; 이근, 『(만화로 보는) 한국설화』 3, 계림, 2001, 58~59쪽.

29    심은정, 「한·일 전래동화 비교연구: 일본 소학교 국어 교과서에 실린 한국 전래동화를 중심으로」, 동덕여자대학교 대학원 박사학위 논문, 2005, 68쪽; 三ッ井崇, 「引き継がれるテクスト, 讀み換えられるテクスト: 「三年峠」論·補遺」, 『韓國朝鮮文化研究』 12, 2013, 5쪽.

30    천혜숙, 「'삼년고개' 설화의 전승 양상으로 본 한·일 문화 비교」, 『佛敎大學總合硏究所紀要別冊』, 2008, 317쪽.

고 서술하는 데서도 알 수 있듯이 '삼년고개'가 '민족적/국민적' 텍스트로서 자리매김했음은 틀림이 없다.[32]

## 2) 재일조선인 버전: 일본에서의 읽기

그럼 일본의 경우는 어떠한가? 앞에서도 잠깐 언급했지만 일본에서 알려진 '삼년고개(산넨토게/3년토게)'는 재일조선인 작가인 리금옥이 다시 구성한 버전이다. 이 글은 먼저 1979년에 『조선화보』 3월호에 게재됐고, 이후 문고나 그림책 형태로 소개됐다. 그러다가 1992년부터 미쓰무라(光村) 도서출판 국어 교과서에 수록됨에 따라 그 존재가 널리 알려졌다. 한국과 일본 양쪽에서 교과서라는 매체를 통해 널리 알려졌다는 점은 매우 흥미롭다. 그 외 일본방송협회(NHK) 방송, 음악극, 종이연극,[33] 또는 신작 교겐(新作狂言)[34] 등에서도 이야기됐다. 문고책에 실린 아동문학자 우치다 지카시(內田庶)의 「해설」에 따르면 "해외의 동화, 그림책이라 하면 서구의 것뿐이었지만 아시아의 민화가 재구성되어 이렇게 일본에서 많은 사람들에게 받아들여졌다는 것은 처음이라 해도 좋을 것입니다. …… 뭐라 하더라도 이러한 두 가지 민화(「줄지 않는 벼 가마」와 「산넨토게」)가 널리 읽혀진 까닭은 먼저

---

31    이근, 「머리말」, 『(만화로 보는) 한국설화』 3, 계림, 2001.
32    그러나 역설적이게도 '삼년고개'가 어느 정도 사람들의 입에 오르내린 이야기인가는 확실하지 않다. 특히 제3~4차 교육과정에서는 일체 교재화되지 않았다는 점에서 그 이전 및 그 이후의 교육과정을 지낸 사람들과 비교해본다면 '삼년고개'는 상대적으로 그리 친숙하지 않았던 이야기가 된다. 따라서 '삼년고개'의 '민족적 기억'은 들쑥날쑥하다 할 수 있다.
33    內田庶, 「解說＝一番近い國の民話」, 李錦玉, 『さんねん峠〈朝鮮のむかしばなし〉』, 東京: 岩崎書店·フォア文庫, 1996, 147쪽.
34    石塚雄康, 『三年峠ほか(新作狂言集 第二集)』, 東京: 靑雲書房, 2000.

이야기가 무조건적으로 재미있기 때문입니다. 이데올로기가 겉으로 드러나거나 교훈성 이야기라면 읽힐 리가 없습니다"라고 하는데,[35] 이 텍스트가 널리 퍼진 이유로서 비교훈성을 든다는 점에서 예전의 조선 총독부 텍스트와 비교해서 생각해볼 때 시사하는 바가 크다.

천혜숙에 따르면 한국의 '삼년고개'에서는 문제 해결자가 삼년 고개에서 넘어진 할아버지의 아들이나 손자라고 설정된다는데, 일본 버전은 어떠한가? 일본에서는 한 번 넘어질 때마다 3년을 더 살 수 있다고 할아버지에게 가르쳐준 이는 '물레방앗간의 똘똘이'이다. '똘똘이'는 인명이 아니라 '머리가 좋은 아이'라는 의미이며, 이야기 속에서 할아버지와 친족 관계에 있는 것도 아니다. 그런 의미에서 한국의 초기 이야기나 조선총독부판은 구성이 매우 비슷하다. 물론 그 모티브는 어린아이의 지혜와 해학에 있으며, 예전의 미신타파의 요소는 존재하지 않는다.

리금옥은 재일조선인 2세인데, 아동문학자이며 시인으로 2005년에는 시집 『한 번 사라진 것은(いちど消えたものは)』(てらいんく, 2004)으로 제35회 아카이토리 문학상을 수상했다.[36] 1949년에 긴조(錦城)여자전문학교를 졸업한 후 짧은 시간이기는 하지만 민족학교에서 교사를 한 경험도 있다.[37] 또 1959년에는 '재일본조선문학예술가동맹' 결성에도 관여했다.[38] 리금옥은 "『구전문학자료집』(평양사회과학원,

---

35    內田庶,「解說＝一番近い國の民話」, 李錦玉, 『さんねん峠〈朝鮮のむかしばなし〉』, 東京: 岩崎書店 · フォア文庫, 1996, 147~148쪽.
36    「〈生涯現役〉「赤い鳥文學賞」を受賞した詩人、兒童文學者: 李錦玉さん」, 『朝鮮新報』, 2005년 8월 29일.
37    같은 기사.
38    韓丘庸, 「在日朝鮮兒童文學を語る」, 仲村修 · 韓丘庸 · しかたしん, 『兒童文學と

1964), 『옛말』(조선문예출판사, 1965), 『조선역사설화집』(국립문학예술출

판사, 1960) 등의 자료를 바탕으로 1966년경부터 『조선화보』 그 외의

것들을 실었다"고 말해[39] 그가 소개한 민화들은 북한의 자료를 참고로

한 것 같은데, 1960~1970년대 북한에서의 「삼년고개」 텍스트를 아직

필자는 확인하지 못했다.[40] 다만 "이 이야기가 어느 시대 어느 지방에

서 생겨났는지 모르지만 조선반도의 북에도 남에도 같은 이야기가 있

습니다"라고 말하면서[41] 그 자신이 1979년에 이 이야기를 발표한 점

으로 미루어보아 그 이전에 북한에도 '삼년고개' 민화가 실재했으리

라고 추측된다. 『꾀동이의 지혜(우리 나라 옛이야기 1)』(1980), 『봉이 김

선달(조선민화집)』(1995) 등의 북한 민화집에 수록된 「3년고개」와 리금

옥이 말한 이야기의 구성이 같은 점에서 리금옥의 이야기는 북한 것

을 바탕으로 했다고 생각해도 좋다.

　　사실 리금옥 자신도 어렸을 때부터 '삼년고개'를 들어왔다. 이

점에 대해 리금옥은 강연에서 다음과 같이 이야기했다.


아마도 우리나라 사람과 다르긴 해도 아버지한테 편지 대필을 부탁하

러 온 할아버지가 아니었는가 합니다만, 자주 오시던 그 할아버지한테

산녠토게 이야기를 들은 것으로 단편적으로 기억하고 있습니다. 그것

---

朝鮮』, 神戶: 神戶學生 · 靑年センター出版部, 1989, 65~66쪽.

39　李錦玉, 『さんねん峠〈朝鮮のむかしばなし〉』, 東京: 岩崎書店 · フォア文庫, 1996,
　　150쪽.

40　리금옥이 참고했다고 생각되는 『구전문학자료집 (설화편)』(평양: 사회과학원출판사,
　　1964) 및 『옛말』1~2(평양: 조선 문학 예술 총동맹 출판사, 1964~1965)에도 '삼년고개'
　　라는 설화는 수록되어 있지 않다.

41　李錦玉, 「心の中に〈三年とうげ〉」, 『小學校國語敎育相談室』No. 3, 東京: 光村圖
　　書出版, 1994, 3쪽.

말고도 재치 있는 이야기나 미신에 관한 이야기 같은 것이 있었지만 가장 인상에 남은 것이 그 이야기였습니다.[42]

"아마도 우리나라 사람과 다르긴 해도"라는 회고 부분이 조금 신경 쓰이지만, 1929년생인 리금옥의 입장에서 '할아버지' 세대의 이야기라 하니 이야기의 유형으로 보면 식민지 시기의 것일 가능성이 높다. 그러나 "그것 말고도 재치 있는 이야기나 미신에 관한 이야기 같은 것이 있었습니다만……" 하고 말하는 것을 보면 '삼년고개' 이야기 자체를 미신타파의 이야기로 받아들이지는 않은 것으로 보인다. 아마도 리금옥의 버전은 그녀가 '단편적으로 기억하던' 것을 북한 자료를 참고해 창작한 것이라 할 수 있다. 이 내용이 그림책, 문고의 형태로 간행된 후 1992년에 국어 교과서에 채용됐음은 이미 지적한 바 있다. 나카무라 오사무(仲村修)는 일본에서의 조선 민화 수용의 배경으로서 "민화가 현실의 사회성과 정치성을 초월할 수 있는 특성"을 지녔음을 거론했고, 교과서에 등장한 점과 관련해 같은 시기에 "내부적인 국제화(재일외국인과의 공생) 방향으로의 의식 변화와 여러 조치 등"이 배경이 됐으며, 다른 조선의 민화들도 초등학교와 중학교 국어 교과서에 채용됐다고 말한다.[43] 「산넨토게」의 채용도 그 일환이었다고 생각된다.

---

42 　李錦玉, 「出會いとひろがり: 私と民話」, 『實踐國語硏究』 別冊1997年版 No. 174, 1997, 12쪽.
43 　仲村修, 「「三年とうげ」と韓國·朝鮮の兒童文學」, 같은 책, 23~24쪽.

### 3) ‘똘똘이’의 강조: 북한의 경우

여기서 북한의 텍스트도 간단히 다루어보자. 자료가 결코 충분하지는 않지만 다음 장에서 상세히 검토할 일본 텍스트의 성격을 파악하기 위해서라도 가설 정도는 제시해둘 필요가 있다.

북한의 「삼년고개」의 텍스트로서 필자가 현재 시점에서 입수한 자료는 『꾀동이의 지혜(우리 나라 옛이야기 1)』(1980), 『봉이 김선달(조선민화집)』(1995)에 수록된 것이다. 이야기의 줄거리 구상은 한국의 초기의 것과 그다지 다르지 않다. 초점이 되는 문제 해결자(할아버지에게 지혜를 제공하는 사람)는 일본에서 소개된 것과 마찬가지로 ‘똘똘이’라는 아이(소년)이다.[44] 현재 한국판에서는 문제의 해결자가 누구인지는 일정하지 않으나 북한판에서는 마을에 사는 제3자 ‘똘똘이’로 고정화됐다는 점이 중요하다. 이 점에서는 일본에 소개된 ‘삼년고개’의 동화가 북한판과 공통된다는 점을 먼저 지적할 수 있다. 『봉이 김선달』에서는 「삼년고개」를 “오랜 옛날부터 우리 인민들 속에서 전해 내려오는 수많은 민화들 가운데서 대표적인 민화들” 중 하나로 들고 있으며, 그것은 “우리 인민의 슬기와 지혜를 보여준” 민화로 자리매김했다고 본다.[45] 이 점만을 생각한다면 이 이야기는 한국에서의 위치와 별반 다르지 않으며, 줄거리 구성 자체도 이데올로기적인 색채가 강하다고는 할 수 없다.

문제가 되는 것은 소개의 맥락인데, 그 점에서 『꾀동이의 지혜』

---

44　『꾀동이의 지혜(우리 나라 옛이야기 1)』에서는 ‘애’로(같은 책, 東京: 學友書房, 1980, 19쪽), 『봉이 김선달(조선민화집)』에서는 ‘소년’으로(같은 책, 평양: 금성청년출판사, 1995, 43쪽) 되어 있다.

45　『봉이 김선달(조선민화집)』, 평양: 금성청년출판사, 1995, 2쪽.

는 보다 신중하게 다룰 필요가 있다. 이 책은 「머리말」에서 "우리나라 옛이야기들에는 지난 시기 인민들의 경제생활 형편과 우리 조상들의 진보적인 지향과 슬기, 도덕적 견해와 풍습 등이 잘 반영되어 있습니다"라고 하면서[46] 또한 다음과 같이 말한다.

이 책에는 인민들 속에 널리 알려진 옛이야기들 가운데서 주로 봉건관료들과 지주계급의 략탈성. 탐욕스럽고 포악하면서도 미련하기 그지없는 그들의 반인민적본성을 폭로단죄하고 착취자들을 끝없이 미워하며 사람답게 살려는 근로인민대중의 지향과 뛰어난 슬기, 높은 도덕적 품성 등을 보여주는 작품들을 골라서 묶었습니다.[47]

그리고 그 목적에 대해 다음과 같이 서술한다.

그리하여 이 책은 새로 자라나는 청소년학생들이 조국과 인민의 력사와 문화를 알고 자신을 참다운 애국자, 혁명가로 키워나가는 데 일정한 도움이 되리라고 생각합니다.[48]

그런데 이 기대는 누구를 향한 것이었을까.

누구나가 다 흥미를 가지고 즐겨읽는 우리 나라 옛이야기는 일본땅에

---

46    『꾀동이의 지혜(우리 나라 옛이야기 1)』, 東京: 學友書房, 1980, 2쪽.
47    같은 곳.
48    같은 책, 3쪽.

서 자라고있는 새세대들이 우리말과 글을 빨리 익혀 자기의 의사를 원
만하게 표현할수 있도록 하는 데 일정한 도움을 주리라고 믿습니다.[49]

이를 통해 우리는 이 설화집이 재일조선인 아이들을 위해 꾸며
진 것임을 알 수 있다.[50] 앞에서 서술한 것처럼 1979년에 리금옥 버전
「산녠토게」는 『조선화보』에도 발표되고 또 이와사키 서점에서도 1981
년에 그림책으로 간행됐는데, 같은 시기에 이 설화집이 간행됐다는 점
을 필자는 주목하고 싶다. 우선은 이 무렵에 '삼년고개'에 주목하는 분
위기가 형성됐다고 볼 수 있다. 그리고 이때 일본에서 만들어진 텍스
트가 이후 북한판의 표준형이 됐다는 가설을 일단 설정해본다.

좀 더 조사할 여지가 있지만, 여기서 이렇게 말하는 데는 나름의
이유가 있다. 실은 리금옥 버전은 일본(인)이나 재일조선인만을 위해
만들어진 것은 아니었다. 조선작가동맹 중앙위원회의 기관지 『아동문
학』[51] 1983년 5월 호에 리금옥 자신이 집필한 동화 「3년고개」가 게재
됐다. 『조선화보』나 그림책(일본판)에 게재됐던 일본어판과 대조해보
면 줄거리는 말할 것도 없고 표현 면에서도 대부분은 그대로 대응한
다는 것을 알 수 있다.[52] 물론 계절의 정경을 그린 부분(꽃 이름 등)이나

---

49    같은 곳.
50    참고로 조선학교 출신자 몇 명을 인터뷰한 결과 일본어 교과서 교재로서 「삼년고개」가
      있었다는 증언을 들었다. 그 교과서를 아직 보지는 못했으나 아마 리금옥의 텍스트가
      사용됐으리라 추측된다. 계속해서 조사할 예정이다.
51    이 잡지의 존재에 대해서는 한국의 북한문학 연구자 이영미의 조언을 들었다. 여기에
      쓰는 것으로 감사의 뜻을 표하고 싶다.
52    지면 관계상 상세한 대조표는 여기에서는 생략하기로 한다. 다음에서 북한판 텍스트와
      일본판 텍스트의 전문을 대조했다. 三ッ井崇, 「引き繼がれるテクスト, 讀み換えられ
      るテクスト: 「三年峠」論・補遺」, 『韓國朝鮮文化研究』12, 2013.

단락 간의 접속의 차이, 또는 문장의 삽입/삭제가 있기는 하지만 전반적인 인상으로는 매우 유사성이 강한 텍스트라 말할 수 있다. 또한 '똘똘이'가 문제의 해결자라는 점은 전혀 변함이 없다. 그러나 한편으로 일본판이 『아동문학』판과 결정적인 차이를 보이는 것도 이 '똘똘이'를 둘러싼 기술이다. 전자에서는 그저 '물레방앗간의 똘똘이'로만 기술되는 데 비해 후자에서는 문장 가운데 두 곳에서 '똘똘이'에 관해 상세한 설명이 나온다. 먼저 병에 걸린 할아버지를 '똘똘이'가 병문안 가는 부분을 보면 전자에서는 바로 할아버지와의 대화(삼년고개에서 넘어지도록 지혜를 전하는 내용)가 시작되는 데 반해 후자에서는 다음과 같은 설명이 삽입됐다.

그런데 물방아간집에서 머슴을 사는 똘똘이라고 하는 소년이 병문안을 갔습니다. 이 총각애는 언제나 가난한 사람들의 편을 들어주고 그들의 일손을 도와주군하는 착한 아이여서 마을사람들의 사랑을 받고 있었습니다.[53]

또한 마지막에 할아버지가 삼년고개에 가서 몇 번을 구르는 장면에서는, 붉나무(일본)/느티나무(북한) 밑에서 '에이야라, 에이야라……(일본)/에라데야 에헤라 데야……(북한)'라고 노래를 부르는 사람이 '똘똘이'임이 밝혀지는 것으로 일본판은 이야기가 끝나지만 『아동문학』판에서는 다음과 같은 설명이 이어진다.

53    리금옥, 「3년고개」, 『아동문학』 337호, 1983, 56쪽.

3년고개에서 한번 넘어지면 3년밖에 못산다는 허황한 이야기를 똘똘이
는 애당초 믿지 않았습니다. 뿐만아니라 그는 이런 이야기에 속아서 사
는 사람들의 눈을 틔워주고 용기를 내여 일할수 있게 하고싶었던것입
니다.[54]

　　말하자면 여기에서 '똘똘이'는 가난한 사람들의 편에 서며, '허
황된' 이야기를 믿지 않고, 속고 사는 사람들을 계몽하는 신뢰가 두터
운 존재로 그려졌다. '삼년고개' 이야기를 '허황'한 이야기로 간주하
고, 전해져 오는 이야기를 믿었던 할아버지를 '속고 사는' 존재로 보
는 이 논법은, 미신타파를 이야기하며 조선인의 미개함을 표상한 식
민지 시기 『조선어독본』의 논법과 완전히 일치한다. 바꿔 말하면 '똘
똘이'의 역할을 고정화하고 그 공을 칭송하면서 미신타파의 논리가 부
활했다는 것이다. 사실 식민지 시기의 경우는 일본인과 조선인이라는
민족 간 기억 형성의 문제라면, 『아동문학』판은 같은 '인민' 안에서의
기억 형성의 문제가 된다. 따라서 이 맥락에 대해 조금 더 설명할 필
요가 있다.

　　'동화·우화 특집'으로 짜여진 『아동문학』 1982년 1월 호에 실
린 기사 「은혜로운 사랑속에 꽃피는 동화, 우화 문학」에서는 "아이들
을 가르치는 데서 중요한것은 그들의 나이와 심리적특성에 맞게 하는
것이라고 하시면서 이렇게 하자면 동화와 우화를 의인화의 수법으로
선한것과 악한것, 옳은것과 그른것, 고운것과 미운것을 내용으로 교

---

54　　같은 글, 57쪽.

제5장
: 삼년고개

253

양적이고도 흥미있게 만드는것이 좋다고 가르쳐주시였습니다"라고 1972년 1월 24일 김일성의 교시가 인용됐다.[55] 또한 김일성의『사회주의 문학예술론』에는 "우리는 우리 인민들이 창조한 민족문화유산 가운데서 진보적이고 인민적인 것과 낡고 반동적인 것을 정확히 갈라 내어 낡고 반동적인 것은 버려야 하며 진보적이고 인민적인 것은 오늘의 현실과 로동계급의 혁명적 요구에 맞게 비판적으로 계승발전시켜야 합니다"라는 내용이 나온다.[56] 1970~1980년대 북한의 아동문학은 이런 교시들을 기초로 하면서도 주인공 아동의 인물상, 정치성 등의 문제가 확정되지 못했다.[57] 그러한 상황 속에서 재일조선인 작가 리금옥은 '본국'에서 내려온 교시에 제시된 동화의 '역할'을 충실히 지키기 위해 '선한/옳은 것/고운 것'을 체현하는 '진보적이고 인민적'인 존재를 '똘똘이'에서 찾은 것으로 보인다. '똘똘이'를 '머슴'으로 설정한 것도 이러한 계급 문제와 연결된다. 또한 앞에 나온 김일성의 교시에 관한 기술에서도 알 수 있듯이 동화 창작(또는 소개)은 아동교육 문제와 직결된다. 이영미가 지적하듯이 "아동문학은 북한 아동의 정치사회화 기능을 담당하는「인간 개조의 교육 매개체」인 것"이며,[58] '삼년고개'의 교훈성에서 이러한 기능과 역할을 찾았을 것으로 추측하기란 어렵지 않다. 한국과는 다르게 '똘똘이'의 존재와 역할이 고정화된 북한의 '삼년고개'에서 리금옥의『아동문학』판 텍스트는 하나의

55   「〈동화, 우화 특집〉 은혜로운 사랑속에 꽃피는 동화, 우화 문학」,『아동문학』321호, 1982, 12~13쪽.
56   박태상,『북한문학의 현상』, 깊은 샘, 1999, 116쪽에서 재인용.
57   韓丘庸,「韓國と朝鮮民主主義人民共和國の兒童文學の現狀」,『日本兒童文學』 32-4, 1986, 18~22쪽.
58   이영미,「북한 아동문학과 교육 연구」,『한국문학이론과 비평』제30집, 2006, 250쪽.

읽기 방식으로서 정착됐다고 여겨진다. 그러나 이는 북한의 문학예술론의 틀을 따르면서도 식민지 시기에 보이는 미신타파론을 부활시킨 것이기도 했다. 이는 다름 아닌 과거의 망각 위에 성립한 교훈성이라 할 수 있다.

『아동문학』판과 그 맥락에 대해 리금옥이 일본에서 발언한 흔적은 보이지 않는다. 그리고 '똘똘이'를 둘러싼 기술을 제외하고는 대부분이 일치하는 일본판 텍스트를 바탕으로 일본에서는 전혀 다른 '민족'의 기억이 만들어졌다.

## 4. '한국적인 것/조선적인 것'으로 읽히다

### 1) 다른 문화적 공간에서 기대되고/창조되는 '읽기'

다시 일본의 '산넨토게'로 이야기를 되돌려보자. 전국국어교육실천연구회 기관지 『실천국어연구(實踐國語研究)』 별책 1997년 판 제174호는 「교재 연구와 수업 기록」(이하 「기록」)에서 '산넨토게'를 다루었다. 직접적인 내용은 일본에서의 교육적 실천에 관한 것이지만 일본인뿐 아니라 한국인 연구자와 교육자의 해설이나 메시지 등도 함께 실었다. 주목할 점은 이러한 해설과 메시지를 통해 '산넨토게'라는 텍스트의 성격이 규정되어갔다는 것이다. 이하 「기록」을 바탕으로 이 점을 정리해보자.

먼저 민화의 성격에 대한 김기옥(당시 초등학교 교사)의 다음과 같은 설명에 주목해보자.

민화는 읽는 이에게 즐거움과 함께 생활의 교훈도 제공해준다. 대부분의 민화 속에는 꿈과 낭만, 생활 속에서 얻은 지혜나 교훈, 역경을 넘어서는 힘이나 용기, 신념 등이 녹아들어 있어 어린이들은 충효나 우애 또는 신의 등 윤리적 교훈을 알 수 있으며 인생이란 무엇이며 또한 인생을 어떻게 살아야 하는지에 대해 배울 수 있다.[59]

그런데 중요한 점은 「기록」에서는 김기옥이 말하는 "인생이란 무엇이며 또한 인생을 어떻게 살 것인가"라는 보편적이며 또한 교훈적인 물음이 일본의 새로운 독자가 아니라 한국인(조선인)은 어떻게 사는가라는 민족성을 표상하는 것으로 바뀌어버렸다는 점이다. 권오훈(당시 초등학교 교사)은 이렇게 서술한다.

옛부터 전해 내려온 전승동화는 자연발생적이면서도 오랜 시간이 흐르면서 민족의 사상이나 생각, 습관 등을 말해주는 것이 되었고, 그런 점에서 한국인의 생각이나 민족적 특성을 이해하는 데 매우 도움이 될 거라 생각된다.[60]

'산넨토게'가 '한국인의 생각이나 민족적 특성'을 반영한 텍스트로 자리매김된 이유는 바로 여기에 있다. 그리고 최화철과 이애옥(둘 다 당시 고등학교 교사)은 '산넨토게'를 통해 "인간이 풍요롭게 사는

59    金基玉, 菅原稔 譯, 「『三年とうげ』から學ぶもの: 讀みの樂しさから豊かな創造力まで」, 『實踐國語研究』 別冊1997年版 No. 174, 1997, 41쪽.
60    權五勳, 菅原稔 譯, 「"明るい未來"を見る目を育てる: 「近くて遠い國」から「近くて近い國」へ」, 같은 책, 44쪽.

가 가난하게 사는가는 '지혜'에 달려 있다. 이처럼 우리 한국인들은 '지혜'를 동경하고 '지혜'를 소중히 하는 민족이라 할 수 있다"고 하며,[61] '인생을 어떻게 살 것인가'라는 질문에 대한 답을 곧바로 '민족'의 자세와 직결시켜 이야기한다. 여기서는 나카무라 오사무가 말하는 "현실의 사회성과 정치성을 초월한다"고 하는 '민화의 특성'은 완전히 부정되어버린다. 식민지 시기의 한 조선인 교원은 '수신적 교재'에 대해 "다만 재미있는 교재로 독습할 뿐 아니라, 그 교재를 통하야 유동하는 교훈적 사실과 국민적 정신을 충분히 감득하여야 할 것입니다"라고 말하는데,[62] 현대의 '산넨토게'에 기대되는 읽기 또한 그러한 것이었다. 그러나 결정적인 차이는 그 '교훈적 사실과 국민적 정신'으로서의 이해를 한국과는 다른 문화 공간인 일본의(반드시 일본인이라고 제한할 수는 없지만) 독자에게 구하는 구조이다. 그렇다면 여기서 말하는 '민족적 특성'이란 어떠한 것인가. 둘로 나누어 논해보자.

### 2) 유교적 전통과 '민족성'

'삼년고개'가 한국적/조선적이라는 것을 일본의 일반 독자(주로 어린아이)들은 어떻게 알 수 있을까? 일본에 알려진 포(FOUR) 문고판이나 그림책 『3넨토게』의 경우 '조선의 옛날이야기'라는 점을 표지에 명기했지만, 미쓰무라 도서판의 『산넨토게』는 작자 이름, 삽화 담당자 이름, 등장인물 이름(똘똘이), 그리고 삽화(인물의 복장, 바구니를 머리 위

---

61    崔和喆·李愛玉, 菅原稔 譯, 「韓國の心と「三年とうげ」: 韓國の豊かさと深さを知るために」, 같은 책, 40쪽.

62    윤성용, 「조선어독본에 나타난 교재 분류와 그 지도정신」, 『한글』 제4권 제1호, 1936, 15쪽.

에 올린 여성, 타악기 등) 이외에는 조선다움을 명시하는 것은 없어 교육 현장에 있는 교원의 배경 지식에 맡기는 식이다.[63] 그렇지만 '삼년고 개(토게)'의 모티브 자체가 본래 한국적/조선적이라는 점은 어떻게 설명될까? 천혜숙이 이와 관련해 '한국적 효자담 전통'과의 관련성을 지적한 점에 주목해보자. 김동훈도 "한국의 교과서에서 부모에 효도하거나 또는 할아버지를 생각하는 손자의 이야기로 어린이 교육에 활용하려는 의도인 듯하다"고 지적한 것을 보면[64] 적어도 1990년대 한국의 국어 교육에서는 이미 이러한 모티브로 나온 것으로 보인다. 그러나 '역발상의 문제 해결자'가 반드시 아들이거나 손자인 것은 아니다.[65] 사실 김동훈도 "어쨌건 할아버지를 구한 것이 옆집의 소년인지 진짜 자식인지는 그다지 중요하지 않고, 실제 아버지이건 옆집 할아버지이건 연소자가 어른을 소중히 생각하는 마음이 얼마나 아름답고 훌륭한 것인가를 보여준다는 점에 「삼년고개」의 교재로서의 의의가 있다"고 말한다.[66] 그렇다면 일본형 「산넨토게」도 같은 모티브로 포섭될 수 있다.

여기서 「기록」의 편자인 국어 교육 연구자 스가와라 미노루(菅原稔)의 다음과 같은 말에 주목해보자.

---

63  미쓰무라 도서출판이 1994년에 발행한 『小學校國語敎育相談室』 No. 3에는 박민선이 쓴 「삽화로 보는 조선의 민속(さし繪に見る朝鮮の民俗)」이란 제목의 삽화가 붙은 해설을 게재했으며, 이러한 자료의 존재가 교사의 배경적 지식을 돕는다고 생각된다.

64  金東勳, 「「三年とうげ」と韓國・朝鮮人の心」, 『實踐國語硏究』 別冊1997年版 No. 174, 1997, 31쪽.

65  한국에도 '역발상의 문제 해결자'가 아들이나 손자가 아닌 텍스트가 있다. 예를 들어 어느 영어판 그림책에서는 '옆집 마을에 사는 영리한 소년(a clever boy living in the next village)'으로 설정되며(The Three-Year Ridge, Seoul: Geni Cube, 2007) 또한 어느 영상에서는 '옆집 소년'으로 설정되기도 한다(http://www.yurinuri.com).

66  같은 논문.

민화는 어떤 민족 또는 어떤 민중 사이에서 민간의 설화로 태어나 오랜 시간에 걸쳐 전해 내려온 것이다. 정치나 경제 또는 풍토나 습관은 달라도 그 근저에 있는 민족의 마음이나 민중의 삶의 방식은 의외로 공통적일지도 모른다. 그 마음이나 삶의 방식의 공통성이 민화의 인물상이나 이야기의 조형과 연결되고 그것에 대한 공감이 우리들을 독특한 따뜻함과 편안함으로 가득 찬 세계로 이끌어주는 것이다. 이러한 민화의 매력은 '강함·늠름함'과 '밝음·적극성' 그리고 무엇보다도 '즐거움·재미'인 것이다.[67]

즉 민화의 모티브의 보편성을 설명하고 "압박하고 짓밟으려 하는 힘과 그에 질 것만 같은 순수하고 사람 좋은 인물, 지혜를 주는 밝고 즐거운 인물, 그리고 압박하는 힘을 역으로 활용하여 밝고 늠름하게 되돌려 주는 순수하고 마음씨 좋은 인물……. 모든 민화에 공통되는 권선징악·보은 등의 사고방식이 여기(산넨토게)에서도 뛰어나게 관철된다"고 하며[68] 이 이야기도 결코 예외가 아니라고 지적한다. 그런데 스가와라는 다음과 같은 지적도 덧붙인다.

예전에 한국의 지인에게 '삼년고개에서 넘어지면 안된다'라는 이야기는 아름다운 풍경에 정신이 팔려 넘어지면 안 된다는 것이고, 특히 노인이 넘어져 다치면 안 된다고 하는 생활의 지혜에 관한 이야기'라는 말을

---

67    菅原稔, 「敎材としての「三年とうげ」：その位置と意義」, 『實踐國語硏究』 別冊1997
      年版 No. 174, 1997, 48쪽.
68    같은 논문, 49쪽.

들은 적이 있다. '특히 노인이'라는 대목이 과연 유교의 나라답다고 감탄했다. …… 일본에서는 이미 과거의 일이 되고 만 서로 돕고 걱정하는 촌락공동체 생활, 게다가 장유유서(長幼有序)가 지금도 엄격하게 지켜지고 있는 한국·조선이기에 가족이나 마을 사람 또는 '물방앗간의 똘똘이' 소년조차 할아버지를 소중히 여겼으며 할아버지의 괴로움이나 병을 그대로 내버려둘 수 없었던 것이다.[69]

여기서는 그가 소박한 유교적 전통 의식이라고도 할 수 있는 '장유유서'가 절대적으로 한국적/조선적 특징을 보여주는 것으로 인식한다는 점에 주목할 필요가 있다. 이 점에 대해 김동훈 또한 다음과 같이 말한다.

한국·조선 사람들이 어버이나 윗사람을 따르고 존중하는 것이 일본에서도 미담으로 회자되는 경우가 많다. 예를 들어 아버지, 스승, 맏형 앞에서뿐 아니라 타인이라도 윗사람 앞에서 담배를 피우거나 맞대고 술마시는 것을 조심하는 등의 행동은 윤리관이 쇠퇴했다고 한탄하는 오늘날에도 흔히 볼 수 있다. …… 이러한 습관은 이씨 왕조 오백 년을 지배했고 또 오늘날에도 사람들의 언동에 영향을 미치는 유교에서 비롯된 것이며, 비록 인습이라 할 수 있는 측면이 없지는 않지만, 금전과 물질이 지배하는 현대사회에서는 인륜의 중요한 부분이라는 점도 부정할 수 없다.

69    같은 논문, 49~50쪽.

제2부
⋮ 이야기의 역동

즉 장유유서를 강조하는 유교가 지배한 전통적 사회 속에서 형성된 습관이라 할지라도 그것이 위로부터 강요된 윤리가 아니라 인심의 도리에 바탕을 둔 자연 발생적 습관이라고 한다면, 말 그대로 미덕이라고도 할 수 있다. 한국의 경로 정신 또는 윗사람을 존중하는 마음이 강요된 것이 아니라 자연 발생적인 것이라고 단언할 수는 없을지도 모른다. 그러나 일반 시민의 사회생활 속에서 지금도 여전히 지켜지고 있는 습관의 하나인 것은 틀림없다.[70]

김동훈의 이러한 발언은 '장유유서'를 무조건 긍정한다고 잘라 말할 수는 없지만, 그것을 '민족성'을 구성하는 요소로 보는 것만은 분명하다.

그렇다 해도 이러한 논리를 우리는 이미 어디서 이미 본 듯하다. 식민지 시기의 조선어 교사 심의린이 지적한 바로 그 조선인론이다. 김동훈의 경우 유교적 전통의 '인습'적 요소를 전적으로 부정하지는 않지만 그 옳고 그름에 대해서는 유보적이다. 그러나 심의린의 경우는 ―장유유서 자체를 공격하지는 않지만― 유교적 '인습'은 절대적으로 부정해야 하는 것으로 보았고, 그러한 관점에서 조선총독부판 「삼년고개」는 조선인의 '미개한' '민족성'을 표상하는 텍스트가 됐다. 이러한 차이는 있지만, 두 경우 모두 배경에 유교적 전통을 '민족성'의 규정 요소로 한다는 점은 공통적이다.

---

70    金東勳, 「「三年とうげ」と韓國・朝鮮人の心」, 『實踐國語研究』 別冊1997年版 No. 174, 1997, 30~31쪽.

### 3) '참고 견디는 민족'이라는 '기억' : 역사성의 담론

'산넨토게'에서 '민족'의 역사를 읽어내려는 시도도 있었다. 스가와라는 다음과 같이 말한다.

한국·조선의 역사는 부단히 침략을 당해온 어둡고 슬픈 역사라고 해도 좋다. 북으로는 중국, 남으로는 일본으로부터 침략을 당하면서 그 자신은 다른 나라를 압박한 적이 없는 나라가 한국·조선이다. 가장 길게 침략당한 괴로운 시간은 1910년부터 1946년까지의 36년간에 달한 일본의 식민지 시대일 것이다. ……

그러나 그러한 어둡고 슬픈 역사를 지녔으면서도 한국·조선 사람들은 그 민족 의상인 새하얀 치마, 저고리와 같이 밝고 낙천적이다. 언제 방문하더라도 사람들은 활기차고 웃음이 가득하며 친절하다. 괴롭고 곤란함 속에서도 그것과는 반대로 강하고 늠름하게, 그리고 적극적으로 살아가는 모습 또한 '산넨토게'의 세계 그 자체라고 생각한다. 그렇게 볼 때 '산넨토게'는 역시 한국·조선이 만들어 낸 민화라는 것에 깊이 수긍할 수 있다.[71]

앞에서 스가와라가 민화의 공통성을 이룬다고 말한 것, 즉 그것을 읽는 '우리들'로부터 '공감'으로 이끌어내는 '강함·늠름함'과 '밝음·적극성'이 여기서는 한국·조선 고유의 요소가 되어버렸다. 그리고 그 이유로 이야기되는 것이 "부단히 침략을 당한 어둡고 슬픈 역

---

71    菅原稔, 「教材としての「三年とうげ」: その位置と意義」, 같은 책, 50~51쪽. 인용문 중에 "1946년까지"로 되어 있는 부분은 원문대로 표기한 것이다.

사를 짊어"진 조선 민족의 이미지이다. 이 역사 이미지는 한국인 교원들도 공유한다. 앞에서도 언급한 최화철과 이애옥은 이렇게 말한다.

> 할아버지는 삼년고개에서 넘어지는 것을 '견디어', 넘어지면 넘어질수
> 록 강해졌으며, 그 결과 더욱 오래 살 수 있게 되었던 것이다. ……
> 한국은 자주 외국의 침략을 받아왔다. 그러한 침략을 『견디어』왔기에
> 오늘의 한국이 있다고도 할 수 있다. 나라의 역사뿐만 아니라 개인적으
> 로도 『견디어』온 사람들의 이야기는 셀 수 없이 많다.[72]

그들은 "한국은 괴로워도 묵묵히 견디는 사람들의 나라이다"라고 '민족성'을 규정했다. 게다가 리금옥도 또한 다음과 같이 서술한다.

> '삼년고개'는 결코 단순한 고개가 아니며 조선의 역사를 보면 정말 긴
> 시간 외국으로부터의 침략, 압력 등에 피해를 입은 반도의 역사라고 생
> 각합니다. 그러면서도 조선 사람들이 굴하지 않고 살아왔던 것은 이 '산
> 넨토게'에 나와 있듯이 발상의 전환을 통해 나쁜 일을 밝게 만드는 사고
> 방식이 있었기 때문이 아닐까 생각합니다. 또한 재일동포를 보더라도
> 최근에는 어둡고 무서운 뉴스가 많지만 결코 어둡지 않고 밝고 힘차게
> 살아가고 있습니다.[73]

---

72    崔和喆·李愛玉, 菅原稔 譯, 「韓國の心と「三年とうげ」: 韓國の豊かさと深さを知
      るために」, 같은 책, 38쪽.
73    李錦玉, 「出會いとひろがり: 私と民話」, 같은 책, 15쪽.

'산넨토게'의 모티브인 어린아이의 지혜, 역발상의 요소는 침략 (받은 역사)을 참고 견디는 민족 또는 강하게 살아가는 민족이라는 논리와 결합되고 만다. 그러나 두말할 필요도 없이 이러한 역사적 기억은 '산넨토게'의 이야기에 내재된 것이 아니라 외부에서 부여된 지식에 지나지 않는다. 이러한 외부적 지식을 공유하지 못하면, 이 작품에 깔려 있다고 여겨지는 '강함·늠름함'과 '밝음·적극성'에 '공감'할 수 없을지도 모른다.

물론 이 지식은 역사의 '어두움'에 대비시켜 이야기의 '밝음/재미'를 끌어내려는 수사학일지도 모르겠다. 그러나 외국의 침략을 계속 받아왔다는 정식화된 일종의 정태적 역사상은 일부 일본인 학자들이 전전(戰前)에 주장했던 '타율성 사관(他律性史觀)'과 매우 닮았다. '타율성 사관'에서는 외국의 침략을 받아온 조선인들에게는 '나태 무기력'의 풍토가 만들어졌다는 결론을 끌어낸다.[74] 그렇게 본다면 정태적 역사상은 "수백 년에 걸친 악정으로 가렴주구에 학대당한 결과 인심은 매우 황폐해졌다"는 등 예전 일본인의 조선인관과 동일한 토대 위에 놓여버린다는 점에 주의할 필요가 있다.

---

74  '타율성 사관'은 전전 일본의 동양사학에서 주장된 역사관이나 이 점에 대한 상세한 내용은 미쓰이 다카시, 류미나 옮김, 「일본의 동양사학은 어떻게 형성되었는가?: 시라토리 구라키치(白鳥庫吉)의 역사학」, 도면회·윤해동 엮음, 『역사학의 세기: 20세기 한국과 일본의 역사학』, 휴머니스트, 2009 참조.

## 5. 결론을 대신하여

　　지금까지 '삼년고개/산넨토게'의 텍스트 생성 또는 해석 과정에서의 기억의 형성에 대해 서술했다. 여기에 부여되는 교훈성이나 '민족성'은 이야기의 내부에 존재하는 특징이라기보다는, 외부적 지식/이데올로기/이미지를 이야기 속에 집어넣거나, 때로는 텍스트 창작에 삽입한 결과였다. 식민지 시기의 조선은 말할 것도 없고 전후 일본/해방 후 남북한에서도 마찬가지였다. 각각의 시대, 지역의 맥락에서 '삼년고개'는 여러 가지 기억의 형성의 장이 됐다. 다만 그것은 별개로 이루어진 것이라기보다 식민지 시기에서 해방 후(한국), 일본에서 북한, 한국에서 일본으로의 연속성 또는 연쇄 구조 속에서 행해졌다. 그리고 총체적으로 보았을 때 현대의 '삼년고개' 설화를 둘러싼 기억의 형성은 과거의 그것을 망각하면서도 동시에 과거와 같은 논법 또는 역사 인식의 토대 위에서 성립했다.

　　필자가 이 글에서 확인하고 싶었던 것은 식민지 시기와 해방 후를 불문하고 민화가 그 교훈성을 통해 정치 이데올로기를 침투시키거나 '민족성'을 규정하는 데 손쉽게 동원됐다는(된다는) 점, 또한 그때 민화가 외부적 지식을 통해 '민족'의 기억을 창출하는 촉매가 됐다는(된다는) 점이다. '삼년고개'는 이처럼 정치성을 지닌 알맞은 재료로 존재한다. 그러므로 우리는 이 텍스트와 철저히 대결해야만 한다.

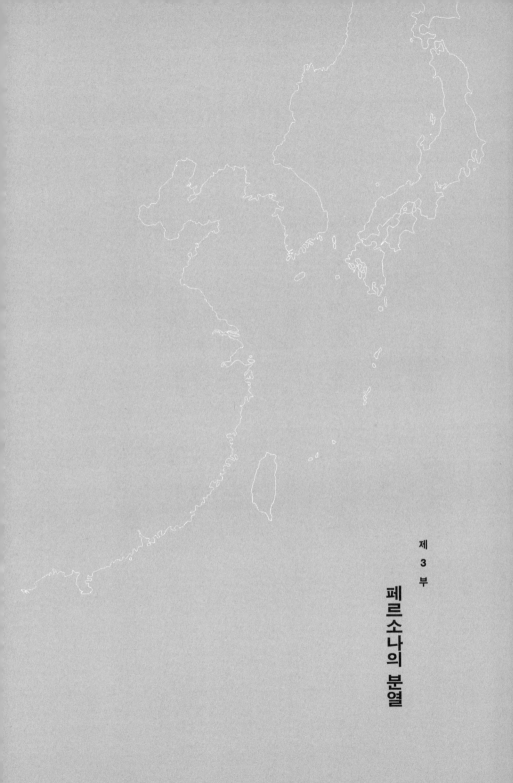

제 3 부

페르소나의 분열

제6장

○

# 윤동주

김신정

# 1. 윤동주 시비 건립과 기억의 전유

'한국인이 가장 사랑하는 시인' 윤동주는 한국문학 제도권에 공식적으로 처음 등장하던 순간부터 과거형으로 존재했다. 그가 세상을 떠난 뒤, 유고 시집 『하늘과 바람과 별과 시』(1948)의 출간을 계기로 한국 사회에 널리 알려진 '윤동주'라는 이름은 이후 늘 '부재(不在)'의 기억으로 독자들에게 다가왔다. 윤동주의 시를 읽는 독자들과 시인 사이에는 언제나 건널 수 없는 시간적 거리가 가로놓여 있었다. 처음부터 그는 '영원히 우리 곁으로 다시 돌아올 수 없는' 사람이었다. '시인 윤동주'를 세상에 알리는 데 중요한 역할을 한 정지용의 한마디 — "무시무시한 고독에서 죽었구나! 29세가 되도록 시도 발표하여 본 적도 없이!"[1]라는 말은 단 한 번도 '살아 있는 시인 윤동주'를 만나

1    정지용, 「서문」, 윤동주, 『하늘과 바람과 별과 시』, 정음사, 1948, 8쪽.

[그림 1] 정병욱과 윤동주.

[그림 2] 문익환과 윤동주.
뒷줄 맨 오른쪽이 윤동주,
가운데가 문익환.

[그림 3] 연희전문학교 시절.
서 있는 인물 중에서 왼쪽에서
두 번째가 윤동주.

본 적 없는 독자들의 안타까움을 대변한다.

　　이 안타까움은 윤동주의 가족, 친척, 고향 친구, 동문 등 여러 사
람들의 회고담을 이끌어냈다. 그의 시고(詩稿)를 고향 집에 보관해 시
집 출간의 계기를 마련한 정병욱(1948년), [그림 1] '윤동주의 소년 시
절'을 회고한 고향 친구 김정우(1976년),[2] 윤동주의 "민족심"과 "기독
교 신앙"을 증언한 중학 동문 문익환(1973년),[3] [그림 2] 독서와 창작에

열중했던 교토 유학 시절을 회고한 숙부 윤영춘(1976년)[4] 등으로 이어지는 윤동주의 끝없는 이야기는 독자가 대면할 수 없는 시인의 과거를 '현재' 여기의 시간으로 복원하려는 욕망에서 비롯됐다고 할 수 있다. 시인의 과거와 독자 사이에 놓인 시공간적 차이는 독자로 하여금 과거로부터의 단절감과 소외감을 느끼게 하며, 부재하는 시인의 과거를 구체적으로 확인하고자 하는 독자의 욕망은 회고자의 기억 위에 또다른 기억들을 덧입히면서 윤동주에 대한 이미지를 만들어낸다. 이렇게 윤동주를 기억하고자 하는 의지와 욕망이 그에 대한 개인의 체험적 기억들을 소환하고, 다시 그 기억 위에 덧입혀진 대중의 기억이 일종의 기억 연계망을 구성하면서, 윤동주에 관한 기억은 지속적으로 양산되고 확산되며 공식적으로 체계화되는 과정을 거쳐왔다. 이 과정은 언제나 현재진행형이다. 지인들의 회고가 이어지고, 친필 시고, 독서목록, 생전의 모습을 찍은 여러 장의 사진들〔그림 3〕, 그리고 그의 재판 기록, 생가, 묘지 등이 연이어 발견되었지만, 그 발견 목록은 끝없이 보충되고 정리되면서 체계화됐다.

이 글에서 논의하려는 주제는 윤동주에 대한 '우리'의 기억이다. 윤동주가 생전에 어떤 사람이었는가, 과거에 윤동주에게 실제로 어떤 일이 일어났는가, 그의 시에 저항성이 드러나는가 혹은 그렇지 않은가의 문제가 아니라 '우리'는 왜 계속해서 윤동주에 대해 말하고 그를 기억하는가, 그리고 그 기억의 방식과 과정은 어떻게 진행되는가 등

2    김정우, 「윤동주의 소년 시절」, 『나라사랑』 제23집, 외솔회, 1976, 120쪽.
3    문익환, 「동주, 내가 아는 대로」, 『문학사상』, 문학사상사, 1973년 3월.
4    윤영춘, 「명동촌에서 후쿠오카까지」, 『나라사랑』 제23집, 외솔회, 1976, 109쪽.

의 문제를 생각해보려 한다. 이를 통해 윤동주라는 문화적 표상이 기억의 장소로서 구성되고 작동하는 과정을 탐구하려는 것이다. 기억의 장소는 개인이나 집단이 그것을 통해 정체성을 형성하거나 특정한 의미를 구성하고 삶의 방향을 제시하거나 행동의 동기를 찾고자 할 때, 과거를 부분적으로 조명함으로써 만들어진다. 가령, '윤동주'라는 기억의 장소는 그것을 매개로 유년 시절을 회고하는 그의 가족과 친지의 기억, 그리고 일제 말기라는 특수한 시기를 기억/망각하거나 또는 특정한 방식과 내용으로 한국 사회의 정체성을 유지하려는 공동체의 기억이 구축되는 장소라고 할 수 있다. 또한 기억의 장소로서의 '윤동주'는 시인 윤동주를 매개로 지금은 역사에서 사라진 간도(間島)라는 지역에 대한 기억, 피식민와 제국의 기억, 혹은 국민과 비국민, '재일(在日)'과 '재중(在中)'의 기억 등을 상기시키는 공간이자 다시 그 기억에 대한 기억을 일깨우는 매개체로서 시대와 세대의 변화, 그리고 새로운 매체의 등장에 따라 지속적으로 생성되거나 변이되고 운동하는 공간이라고 할 수 있다.

기억의 장소로서의 윤동주를 논의하기 위해 이 글에서는 특히 윤동주 시비(詩碑)의 건립 과정을 분석하는 방식을 취한다. 윤동주에 관한 기억은 다양한 매체를 매개로 구성되는데, 그 가운데서도 특히 한국과 일본, 중국 세 국가에서 모두 시비 건립이 활발하게 추진되고 있다는 점이 주목된다. 1968년 한국에서 연세대학교 신촌캠퍼스에 처음으로 윤동주 시비가 세워진 이래, 일본 교토(京都)의 도시샤대학(同志社大學)(1995년)과 교토조형예술대학(2006년)에 연이어 시비가 건립됐고, [그림 4] 중국에서는 1985년 오오무라 마스오(大村益夫) 교수에

[그림 4] 교토조형예술대학 윤동주 시비.

[그림 5] 윤동주의 묘지와 그 앞의 가족들.

의해 윤동주의 묘지가 발견된 이후, [그림 5] 룽징(龍井)에 그의 생가가 복원되고 그가 다닌 룽징중학교(1993년)와 옌지(延吉) 런민공원(人民公園)(2010년)에 또 다른 시비가 건립됐다. 2012년 그의 생가는 중국 정부에서 관리하는 문화유적지로 지정되어 확장 건설되었다. 한국에서도 연세대학교 원주캠퍼스(2001년), 그의 원고를 보관했던 정병욱의 고향 광양시(2010년)에 연이어 새로운 윤동주 시비가 세워졌다. 이미세 국가에 만들어진 기념 장소들만 연결하더라도 윤동주의 삶의 동선(動線)을 충분히 재현해볼 수 있을 정도이다.[5] 여기에 현재 추모비 건립을 계획하거나 추진 중인 장소들, 즉 윤동주가 잠시 적을 두었던 도

[그림 6]　우지천의 윤동주와 도시샤대학 교우들.

쿄의 릿쿄대학(立敎大學), 체포 두 달 전 도시샤대학 교우들과 마지막 사진을 찍은 장소인 교토의 우지강(宇治川)에 있는 아마가세 구름다리 (天ヶ瀨吊り橋),[6] [그림 6] 심지어 인터넷 가상공간[7]까지 포함한다면, 시인의 이주 경로가 담긴 매우 촘촘한 지도를 하나 얻을 수 있다.

　　윤동주 시비가 동아시아 세 국가에서 이렇게 끊임없이 건립되는 이유는 어디에 있을까. 기념물을 통해 과거의 '윤동주의 시간'에 가까

---

5　다음과 같은 이주 경로를 담은 지도 제작이 가능할 것이다. 탄생(룽징 생가)-성장(룽징 중학교 시비)-서울 유학(연세대학교 신촌캠퍼스)-일본 유학(교토 도시샤대학)-하숙집 (교토조형예술대학)-죽음(룽징의 무덤)-원고 발굴(정병욱 생가).

6　일본 교토 우지 강에 윤동주 기념비 건립을 목표로 하는 '시인 윤동주 기념비 건립위원 회'[대표 안자이 이쿠로(安齋育郎)]가 수년째 시비 건립 운동을 지속하고 있다(「일 시 민단체 "교토에 윤동주 시비 세울 것"」, 『연합뉴스』, 2010년 7월 15일 참조).

7　「윤동주 사이버 기념관 만든다」, 『서울신문』, 2008년 5월 3일. 연세대학교 윤동주 기념 사업회가 추진한 '사이버 기념관'은 현재 윤동주 관련 자료를 종합적으로 소개하는 홈 페이지 형태로 개설됐다(http://yoondongju.yonsei.ac.kr).

이 다가가는 것은 지극히 제한적인 경험임에도, 윤동주를 기억하는 기념 장소가 동아시아 세 국가에서 지속적으로 만들어지는 이유는 어디에 있을까. 기념 장소로서의 시비의 전유 과정은 '시인'이라는 인물, 그리고 '시'라는 구체적인 텍스트의 수용 과정과는 차별화된다. 시인과 시, 그리고 특정 장소가 한 몸에 결합된 시비라는 물질적 대상은, 하나의 시 텍스트가 독자에게 수용되는 복잡한 과정을 단순화하며, 윤동주라는 시인의 상징성과 윤동주의 시세계라는 추상성을 가시적인 대상을 통해 재현한다. 또한 시비가 세워지는 장소 자체가 지니는 상징성과 기능성 면에서도 시비 건립의 추동력을 찾아볼 수 있다. 서울 연세대학교, 중국 룽징의 룽징중학교, 교토 도시샤대학이라는 특정 장소에 윤동주 시비가 들어서면서, 시인 윤동주라는 한 개인에 대한 기억, 그리고 윤동주를 기억하려는 한 집단의 기억은 특정 장소의 상징성과 매개되고 일정한 기능을 부여받는다. 시비가 건립되는 장소의 제한성과 그 장소를 만들어내는 집단의 정체성이 시비의 의미 효과를 산출하는 데 중요한 기능을 담당하게 되는 것이다.

1960년대 최초로 시비가 세워졌던 연세대학교를 비롯해 교토의 도시샤대학, 그리고 수년째 시비 건립을 추진 중인 교토 우지 시(宇治市) 등 어느 도시, 어느 장소에서든 윤동주 시비 건립을 열렬히 원하고 실행에 옮기는 건립 주체가 존재한다. 그리고 언제나 그들은 한 개인이 아니라 다수, 혹은 집단의 형태를 띤다. 연세대학교 총학생회, 도시샤 교우회 코리아 클럽, 학교법인 도시샤, '시인 윤동주 기념비 건립위원회' 등 기존의 집단 혹은 시비 건립을 목적으로 구성된 단체가 건립의 주체로 등장하는데, 이들은 대체로 시비를 세우기까지 홍보,

모금, 조직 구성 등의 면에서 길게는 수년간 끈질긴 노력을 기울였다는 공통점이 있다.[8]

시비를 건립한다는 것은 단순히 윤동주의 시를 즐겨 읽는다거나 낭송회나 창작 모임을 한다든가 인간 윤동주를 흠모하는 것과는 다른 종류의 행위이며, 따라서 거기에는 또 다른 욕망이 개입한다. 윤동주를 기억하는 다른 행위들과 마찬가지로 시비 건립 역시 개인적이고 자발적인 동기에서 출발하지만, 시비라는 가시적 성과물을 얻기까지는 집단의 노력과 조직적 행위가 뒤따르게 된다. 이 과정에서 중요한 것은 기억의 대상인 '그', 다시 말해 시인 윤동주가 아니라 '그'를 기억하려는 '우리'의 정체성과 욕망이다. '그'를 기억하는 과정에서 기억의 주체는 '그'뿐만 아니라 '나', 아니 '우리'의 정체성과 기억을 새겨 넣고자 한다.

시비 건립의 추동력과 관련해 또 한 가지 주목되어야 할 점은, 시비가 건립되는(시비를 건립하고자 하는) 특정한 장소의 제한성이다. 왜 윤동주 시비를 바로 '여기', '이' 장소에 세우려고 할까. 기억 주체의 욕망이 강렬할수록 바로 '여기'여야만 한다는 특정 장소의 의미는 더욱 부각된다. '여기'는 바로 윤동주의 연고(緣故)가 있는 장소이기도 하지만, 그를 기억하는 '우리'의 정체성을 확인할 수 있는 장소이기도 하다. 부재하는 시인 윤동주에 관한 기억을 복원하려는 욕망이 각기

---

8    연세대학교 총학생회가 주도했던 '윤동주 시인 시비 건립 운동'은 1965년 윤동주 20주기를 기점으로 추진되어 1968년 11월 완료됐다. 시비 건립 비용은 시집 판매 수익금과 동창 및 학생들의 모금으로 충당됐다. (「고 윤동주 시인 시비건립운동」, 『동아일보』, 1967년 6월 22일). 또한 일본 교토 시에서도 '시인 윤동주 기념비 건립위원회'가 수년째 시비 건립 운동을 지속하고 있다(「일 시민단체 "교토에 윤동주 시비 세울 것"」, 『연합뉴스』, 2010년 7월 15일 참조).

다른 장소에서 동일하게 시비 건립을 추동하지만, 시비를 '땅에 꽂는 순간', 그것은 특정 집단의 영토에 귀속됨으로써 '영토'의 역사적·정치적 맥락을 재생시킨다. 이때 역사는 특정 장소에 매개된 기억을 독점하고 변형시킬 뿐만 아니라, 기억에 개입하는 자신의 발자국을 스스로 지워가면서 기억의 '순수'한 원형을 유지하려 한다. 이렇게 특정 장소를 매개로 윤동주에 관한 기억이 선별적으로 선택되어 부각됨으로써 기억의 전유가 일어나는 과정, 또한 윤동주 시비를 매개로 한 다층적인 기억, 그리고 기억과 망각의 갈등이 동아시아 기억의 관계망 속에서 작동하는 과정에 대해 이 글은 탐구할 것이다. 그럼으로써 공식적 기억을 선별하고 기록하는 역사의 작용과 그 속에서 망각되는 것들, 그리고 두터운 기억/망각의 층에 균열을 일으키는 또 다른 기억의 의지에 관해 논의하고자 한다.

## 2.  서울, 교토, 룽징, 기억/망각의 관계성

피에르 노라(Pierre Nora)는 기억의 장소가 지닌 '복잡성' 또는 '이중적 성격'을 강조한다. 그에 따르면 기억의 장소는 두 가지 힘의 각축장이라고 할 수 있다. 특별한 곳에 파묻혀 있는 기억을 지키고 보존하려는 (소수) 집단의 노력이 기억의 장소를 만들어내는 주요한 힘이라면, 다른 한편에서는 "그것을 왜곡하고 변형시키고 조작하고 화석화하기 위해서 독점하려는"[9] 힘이 개입한다. 노라가 '역사', '시간', 또는 '변화'라고 부르는 그 '힘'이란, 알라이다 아스만(Aleida Assmann)

이 말한 '단절'의 의미와 관련지어 생각해볼 수 있다. 기억의 장소 가운데 특히 기념 장소를 구분하는 아스만은, 기념 장소를 만든다는 것 자체를 '단절'이라는 용어로 특징짓는다. (노라적 의미에서) '두 가지 힘'이 경합하고 갈등하는 지점은 지속을 단절시키는 지점이자 "과거와 현재 사이의 현저한 차이"[10]가 발생하는 지점이며, 또한 오래된 기억의 대상을 인공물로 대체하는 순간이라고 할 수 있다.

윤동주 시비의 경우에도 유사한 상황이 발생한다. 시비는 우선 '시(詩)'라는 문자 텍스트를 기반으로 한다. 문자 텍스트로서 한 편의 시 작품은 인쇄 매체가 제공한 종이 책의 세계를 벗어나 '시비'라는 인공물 위에 독립적인 공간을 구성한다. 서울과 교토 두 곳, 그리고 중국 룽징중학교에 세워진 윤동주 시비에는 모두 이른바 「서시(序詩)」가 새겨져 있는데, 윤동주의 자필 시고를 비석 표면에 음각(陰刻)한 형태는 「서시」의 창작 과정과 시인의 존재를 감각적이고 즉각적인 방식으로 확인하게 한다. 자필 시고가 시 작품으로 전환되어 인쇄 매체를 통해 읽히고 다시 시비에 새겨지는 과정은 '부재'하는 시인의 기억을 보존하면서 동시에 화석화하는 과정이라고 할 수 있다.

서울 연세대학교 교정에 세워진 윤동주 시비의 경우, 윤동주의 탄생지인 북간도와 유학 도시인 서울의 동일한 '민족성'을 '항일(抗日)'이라는 의미 안에 포괄하며, '민족적 저항시인'으로서의 기억을 부각시킨다. 이와 달리 룽징은 윤동주의 '고향 땅'이라는 의미로 기억된

---

9    피에르 노라 외, 김인중·유희수 외 옮김, 『기억의 장소 1: 공화국』, 나남, 2010, 58쪽.
10   알라이다 아스만, 변학수·채연숙 옮김, 『기억의 공간: 문화적 기억의 형식과 변천』, 그린비, 2011, 425쪽.

다. 이때 중요한 것은 '고향이 낳은 시인' 윤동주의 시 세계라기보다는 바로 이 '고향'에서 정치적 상황으로 인해 수십 년간 망각됐던 중국 조선족의 집단 기억이다. 또한 교토에서는 윤동주가 평화와 예술을 사랑했던 이방인 시인으로서 기억된다.

이처럼 서울, 교토, 룽징에 흩어진 윤동주에 관한 기억의 편린들은 제각기 차별적인 양상을 보여주지만 그럼에도 세 도시의 기억이 공유하는 공통적인 지점이 있다. 그것은 '순수시인'으로서의 윤동주에 관한 기억이다. 서울과 룽징의 경우, '저항시인', '민족시인'으로서의 윤동주에 관한 기억은 기본적으로 '순수시인'으로서의 강렬한 기억을 전제로 한다. 특히, 한국문학사에서 윤동주를 정전으로 기억하는 과정은 곧 기억의 주체와 기억 시점의 특수성에 따라 '순수'문학과 민족주의 이데올로기가 서로 결합하거나 분리되며 변주되는 양상을 보여주었다. 룽징의 경우에도 그의 '저항성'은 "아름"답고 "감동"적인[11] 윤동주 시의 서정성을 기반으로 수용 가능한 것이다. 일본에서 윤동주 시의 보편성이 강조되는 배경 또한 기독교 시인으로서의 그의 '사랑'과 '용서'에 대한 '순수'한 태도와 예술성에 대한 평가를 바탕으로 한다. '순수시인'으로서의 윤동주에 관한 기억은 그 '순수성'을 유지하기 위해 '불순'한 맥락들을 삭제하거나 망각하는 방식으로 작동한다. '불순'한 맥락과 내용은 서울, 교토, 룽징에서 제각기 다른 양상으로 나타나는데, 세 도시에서 '불순'한 계기들이 서로 갈등과 착종의 관계 속에 얽힌 양상으로 나타난다는 점은 흥미로운 부분이라고 할 수

---

11    림연, 「고향이 낳은 시인: 윤동주」, 『문예운동』 49, 문예운동사, 1993, 24쪽.

**[그림 7]** 연세대학교의 윤동주 시비.

있다. 여기서는 세 도시에서 윤동주라는 기억의 장소가 서로 연결되고 균열을 일으키고 갈등하는 관계 양상에 주목하기로 하자.

### 서울, 윤동주를 기억하며 망각되는 것들

윤동주 시비 가운데 가장 먼저 건립된 서울 연세대학교 시비는 윤동주에 관한 기억이 어떤 방식으로 선별되어 어떤 의미망 속에서 작동하는지를 보여주는 첫 번째 사례가 된다. 연세대학교 윤동주 시비의 앞면에는 그의 「서시」 친필 시고가 새겨져 있고, 다른 한쪽 면에는 연세대학교 총학생회 명의의 시비 건립 취지문이 함께 새겨져 있다. 〔그림 7〕

　　　序詩(서시)


죽는 날 까지 하늘을 우러러

한 점 부끄러움이 없기를,

잎새에 이는 바람에도

나는 괴로워했다.

별을 노래하는 마음으로

모든 죽어가는 것을 사랑해야지

그리고 나한테 주어진 길을

걸어가야겠다.


오늘 밤에도 별이 바람에 스치운다.

1941. 2. 20. 東柱(동주)[12]


윤동주는민족의수난기였던1917년독립운동의거점북간도명동에태어
나그곳에서자랐고1938년봄이연희동산을찾아1941년에문과를마쳤다
그는다시일본으로건너가학업을계속하며항일독립운동을펼치던중
1945년2월16일일본후꾸오까형무소에서모진형벌로목숨을잃으니그나
이29세였다그가이동산을거닐며지은구슬같은시들은암흑기민족문학
의마지막등불로서겨레의가슴을울리니그메아리하늘과바람과별과더불
어길이그치지않는다여기그를따르고아끼는학생친지동문동학들이정성
을모아그의체온이깃들인이언덕에그의시한수를새겨이시비를세운다

1968년 11월 3일 연세대학교 총학생회[13]


위의 시비에는 윤동주가 "거닐며" "구슬 같은 시"를 지었던 "연
희동산"이라는 장소의 의미, "그"와 "그를 따르고 아끼는 학생, 친지,
동문, 동학" 사이의 보이지 않는 연고(緣故), 그리고 친필 시고에 '東

---

12    서울 연세대학교 신촌캠퍼스 윤동주 시비 앞면에 적힌 「서시」 친필 원고.
13    서울 연세대학교 신촌캠퍼스 윤동주 시비 뒷면에 적힌 건립 취지문.

柱(동주)'라는 서명과 창작 일자를 선명하게 아로새긴 자취가 나타난다. 이들로 인해, 시비의 글귀는 마치 "그의 체온"이 직접 전해지는 듯 실감나게 전달된다. 이렇듯 절절한 문구 사이에서 특히 눈길을 끄는 부분이 있다. "민족의 수난기", "모진 형벌", "암흑기 민족문학의 마지막 등불" 등과 같이 일제강점기의 억압과 수난, 그리고 윤동주의 생의 고난과 안타까운 죽음을 상기시키는 강렬한 수사도 두드러지지만, "독립운동의 거점 북간도 명동"에서 "태어나"고 "자라" "연희동산을 찾아" 학업을 "마치"고 "일본으로 건너가" "항일독립운동을 펼치던 중" 젊은 나이 "29세"에 "모진 형벌로 목숨을 잃"게 되는 과정이 탄생, 성장, 위기와 수난, 죽음에 이르는 일종의 수난 서사를 구성한다는 점도 특징적이다. 짧은 수난 서사 속에서 '민족', '독립', '일본', '겨레' 등의 단어가 반복 사용되고 타(他)/아(我), 일본과 제국/민족과 겨레, 지배와 가해/수난과 피해라는 대립적 의미망이 구성되는 과정에서 '윤동주'라는 기호는 '항일독립운동'과 '민족문학'의 표상으로서 부각된다. 특히 이 과정에서 윤동주 시비를 매개로 시간을 뛰어넘은 (과거와 현재) 두 '저항' 세대의 정체성과 기억이 서로 연결되는 방식은 주목할 만하다.

3년여 간 진행된 연세대학교 윤동주 시비 건립 운동의 가장 큰 추동력이자 뚜렷한 명분은 윤동주가 "일제 말기 항일 투쟁으로 옥사한 저항의 시인"[14]이라는 점에 있었다. 윤동주의 이야기를 끄집어내고 그에 관한 기억을 상기시킴으로써 시비 건립의 필요성과 의미를 공론

---

14    「저항의 시인에 기념비를」, 『조선일보』, 1965년 2월 18일.

화하는 과정은 곧 식민지 시대 대표적 '저항시인'으로서 윤동주의 표상을 구축하는 과정이면서 그를 매개로 다시 '현재', 당대에 대한 '학생' 세대의 저항성을 부각시키는 과정이라고 할 수 있다. 이때 윤동주 시비를 반드시 건립해야 한다는 요구와 욕망이 절실하고 강렬할수록, 시비를 매개로 기억되는 윤동주의 표상은 선별되고 균질화된다. 이 과정은 곧 어떤 기억들을 선별하고 강조하면서 그 밖의 다른 기억들은 말하지 않고 덮어버리거나 망각하는 과정이다. 이를테면, 윤동주 개인에 관한 여러 가지 기억들—그가 "순하디 순하였"[15]다거나 책을 좋아했다거나 몸이 약했지만 "축구"[16]를 좋아했고 "민족심"[17]을 지녔으며 정지용과 백석의 시를 탐독했고 산책을 즐기며 일본인 교우들과 소풍을 갔다는 등의 어찌 보면 사소하고 불확실하며 서로 이질적이기도 한 여러 이야기들 가운데 버리고 취하는 과정이 진행되면서 '순결한 민족시인', "꺼지지 않는 저항의 문학"[18]을 추구한 시인이라는 윤동주의 기억이 오롯이 구축되는 과정이라고 할 수 있다.

주목할 것은 바로 이 같은 윤동주의 '저항성'과 '민족성'이 '순수'와 '순결'의 의미를 바탕으로 구성됐다는 점이다. '순수한 저항시인', '순결한 영혼을 지닌 민족시인'의 기억이 전유되는 과정에서 윤동주가 창씨개명한 일본 이름 히라누마 도주(平沼東柱), 그리고 그의 연희전문학교(현 연세대학교) 입학 동기로서 그의 시를 세상에 소개하는 데 결정적 기여를 했지만 후에 남로당 간부로 사형 선고를 받은 강

15    정지용, 「서문」, 윤동주, 『하늘과 바람과 별과 시』, 정음사, 1948, 6쪽.
16    같은 글.
17    문익환, 「동주, 내가 아는 대로」, 『문학사상』, 문학사상사, 1973년 3월.
18    백철, 『신문학사조사』, 신구문화사, 1980, 568쪽.

제3부
ː 페르소나의 분열

처중이라는 이름은 언급되지 않고 서서히 잊혀간다.[19] 강처중과 함께 윤동주의 시를 알리는 데 핵심 역할을 했던 시인 정지용의 「서문」도 그가 '월북시인'으로 분류된 이후에 출판된 시집에서는 삭제됐다.[20] 반면 윤동주가 "독립운동"은 했지만 "좌익에 물들지 않았다"[21]는 회고는 다시 한 번 강조된다.

거듭 말하자면, 기억은 곧 망각의 과정이기도 하다. 한국 사회에서 윤동주라는 기억의 장소가 구성되는 과정에서 망각되는 것, 의도적으로 묻히거나 사라지는 기억들은 바로 '윤동주'라는 기호가 표상할 수 있는 '불온성'과 '불확실성', 그리고 그로 인해 발생할지 모르는 '불편함'과 '위험성'이다. 시대에 대한 저항을 이야기하되 계급적 저항에 대해서는 말하지 않고, 또한 식민지라는 '시대'를 말하되 '친일'의 기억은 들추어내고 싶지 않은 기억/망각의 과정이 동시에 작동하는 것이다.[22]

19  윤동주는 1947년 2월 13일 『경향신문』에 그의 「쉽게 씌어진 시」가 정지용의 소개 글과 함께 실리면서 세상에 처음 알려졌다. 당시 윤동주를 정지용에게 소개한 사람은 경향신문 기자로 재직 중이던 강처중이었다. 이후, 정병욱이 광복 전 그의 고향 집에 보관했던 윤동주의 친필 시고, 그리고 윤동주가 일본 유학 시절 창작해 강처중에게 보냈던 작품을 포함해 1948년 윤동주의 유고 시집 『하늘과 바람과 별과 시』(정음사)가 출간됐다. 이 과정에서 강처중은 정지용과 연희전문학교 동창들, 유족 사이에서 유고 시집 출간을 적극적으로 주도했던 인물이다. 강처중은 1950년 2월 사형 언도를 받았고 한국전쟁 중 인공(人共) 치하에서 출감된 후 행방불명됐다고 전해진다. 강처중의 행적과 죽음에 대해서는 박용규, 「현대언론인열전 14 정국은: 형장의 이슬로 사라진 '신문의 귀재'」, 『신문과 방송』 14, 2008.3, 142~144쪽 참조.
20  1948년에 정음사에 출판된 『하늘과 바람과 별과 시』에는 정지용의 「서문」과 강처중의 「발문」이 수록됐으나, 1955년, 1967년, 1983년에 출판된 동일 시집에는 두 개의 글이 모두 제외됐다.
21  송우혜, 『윤동주 평전』, 푸른역사, 2004, 91~92쪽.
22  허정은 한국 사회에서 윤동주의 시를 대상으로 "저항의 근거를 강박증적으로 찾아내려는 현상"에 대해 한국 사회의 "반공이데올로기와 계급주의 사상의 억압", "반일주의", "학교교육을 통한 재생산"을 그 원인으로 제시한다. 허정, 「윤동주 시의 정전화와 민족주의 지평 넘기」, 『어문론총』 제51호, 한국문학언어학회, 2009, 576~587쪽 참조.

윤동주에 관한 기억의 구축 과정에서 망각되고 제외되는 또 다른 기억은 그의 출신지인 북간도와 관련된 것이다. 윤동주라는 기억의 장소에서 북간도는 "독립운동의 거점"[23]이자 민족의 수난이 입증되는 장소로서 '민족적 저항'의 기억 안에 봉합된다. 조선 말기부터 시작된 한반도 이주민의 정착지이자 한때는 만주국 소속이었고 현재는 중국 영토에 속하는 소수자들의 집단 거주 지역인 북간도의 타자성(他者性)과 혼종성(混種性)은 '민족'의 동일성 안에 흡수되고 통합된다. 결국 윤동주에 관한 서울의 기억, 즉 한국 사회의 기억은 교토와 룽징이라는 특정 장소(영토)와 매개되어 상기시키는 기억, 다시 말해 정치성과 계급성, 혼종성과 타자성 등의 '불순'하고 '불편'한 역사적·정치적 맥락을 지우는 방식으로 지속될 수 있었고, 그 과정에서 '순수한 서정적 민족주의 시인'으로서의 균질한 기억의 장소가 구축될 수 있었다. 그렇다면, 서울에서 구성되는 윤동주에 관한 기억은 교토, 룽징에서 구성되는 윤동주에 관한 기억과 어떻게 연계될까?

### 교토, 전쟁의 기억과 평화의 아이콘[24]

'서울'의 기억이 '교토'와 '룽징'의 기억을 선별하듯이, '교토'의 기억 또한 두 도시의 기억을 선별하거나 망각함으로써 스스로를 구성한다. '교토'가 기억하는 '서울'은 식민지 조선의 수도 '경성(京城)'의 후신(後身)이 아닌 '코리아(Korea)'의 수도이다. 도시샤대학 시비

---

23    서울 연세대학교 신촌캠퍼스 윤동주 시비 뒷면에 적힌 건립 취지문.
24    교토에서 구성되는 윤동주에 관한 기억은 졸고, 「일본 사회와 윤동주의 기억」, 『한국문학이론과 비평』 제43집, 한국문학이론과비평학회, 2009, 73~101쪽의 내용을 일정 부분 참조했음을 밝혀둔다.

286                                                                          제3부
                                                                      ⋮ 페르소나의 분열

**[그림 8]** 교토 도시샤대학의 윤동주 시비.

〔그림 8〕 옆에 세워진 건립 취지비의 첫 문장 "윤동주는 코리아의 민족 시인이자 독실한 크리스천 시인이기도 하다"는 그를 기억하는 '교토' 의 내용과 방식을 단적으로 보여준다. 윤동주의 '출신'을 표기한 '코 리아'라는 영문명은 그의 삶과 죽음이 환기하는 식민지와 제국의 기 억을 소거하고 윤동주에 관한 기억의 역사성과 정치적 맥락을 회석시 키는 효과를 낳는다. '코리아'라는 '국제적'인 표기 방식에서 옛 식민 지의 수도 경성(서울)과 옛 만주국의 도시 룽징에 드리운 식민 지배와 침략의 흔적은 드러나지 않는다. 윤동주의 죽음에 매개된 군국주의와 침략의 기억을 덮어버린 채 그의 시에 담긴 '순수성'과 '종교성'이 상 징하는 '평화'와 '화해'의 기억을 선별해내는 논리 속에서 식민지라 는 타자(他者)에 대한 기억은 망각되는 것이다.

윤동주의 시 가운데 가장 잘 알려진 「서시」의 일본어 오역 문제 도 이 같은 기억의 방식 속에서 생각해볼 수 있다. 「서시」의 한 구절 "모 든 죽어가는 것(すべての死にゆくもの)을 사랑해야지"는 일본 교과서[25]와 교토 두 곳의 시비에 "모든 살아 있는 것(生きとし生けるもの)을 사랑해 야지"로 번역됐다. "모든 죽어가는 것"이라는 시구가 "일본 군국주의 때문에 많은 조선인이 죽어가고, 조선인의 언어도, 이름도, 민족문화 의 모든 것이 죽어가는 시대"[26]의 기억을 포함한다면, "모든 살아 있는 것"이란 표현은 인간이 지닌 "보편적인 '실존 응시의 사랑'"[27]과 "원 수까지도 용서하는"[28] 종교적 초월성을 강조하며, 그의 시가 상기시키 는 '불편'하고 '위험한' 정치적 맥락을 지워버린다.

이렇게 윤동주의 시에 담긴 '순수성'과 '종교성'이 상징하는 '평 화'와 '화해'의 기억을 선별적으로 전유하는 기억의 방식은 일본 사회 의 전전(戰前) 기억의 변형 과정과 연동된다. 1945년에 사망한 윤동주 를 추모하는 행사는 공교롭게도 항상 종전 혹은 광복, 원폭 투하의 기 억/기념과 겹친다. 윤동주 시비가 건립된 1995년 역시 윤동주 추모 50 주기이자 '전후(戰後) 50년'이 되는 해이기도 했다. 학교법인 도시샤 이사장 노모도 신야(野本真也)를 비롯해 당시 시비 건립을 기념한 여 러 사람들은 '전후 50년'이라는 시점이 "지나간 역사를 다시금 돌아 보고 반성과 함께 21세기를 맞이하기 위한 준비를 하는 대단히 중요

---

25    일본 고등학교 현대문 교과서에 실린 이바라기 노리코(茨木のり子)의 「하늘과 바람과 별과 시」라는 에세이에 이부키 고(伊吹鄕)의 1984년 번역본이 실려 있다.
26    大村益夫, 「尹東柱をめぐる四つのこと」, 尹東柱詩碑建立委員會 編, 『星うたう詩 人: 尹東柱の詩と研究』, 三五館, 1997, 108쪽; 오오무라 마스오, 「윤동주를 둘러싼 네 가지 문제」, 『윤동주와 한국문학』, 소명출판, 2001, 114쪽에서 번역 인용.
27    "모든 죽어가는 것"을 "모든 살아 있는 것"으로 바꾼 「서시」 오역 논란에 대해 일본어 번역자 이부키 고는 "모든 죽어가는 것, 모든 살아가는 것 모두 다 동의이어(同義異語)" 라고 주장했고, 아울러 "(윤동주의) 실존 응시적 사랑의 표출에는 군국주의 일본인에 대 한 미움 같은 것은 상관없다"는 주장도 펼쳤다. 이에 대해서는 서경식, 「윤동주 '서시' 일본어 번역본 오류 있다」, 『한겨레』, 2006년 6월 17일 참조.
28    김우규, 「윤동주를 보는 일본인의 시각」, 이누가이 미쓰히로 외, 고계영 옮김, 『일본 지 성인들이 사랑하는 윤동주』, 민예당, 1998, 63쪽.

제3부
: 페르소나의 분열

한 해"임을 강조하며, 윤동주 시비가 "한일 양국의 유대"를 마련하는
계기의 역할을 하길 기대했다.[29] '전후 50년'의 의미를 강조하는 논리
는 '전전'의 시간, 즉 1945년 이전 일본의 군국주의와 식민 지배의 기
억을 괄호 안에 넣은 채 '전쟁 피해자'로서의 동일성과 보편성을 선별
적으로 부각시키는 방식으로 전후 일본 사회의 기억을 재구성한다. 공
습과 원폭 등 전쟁 피해의 기억을 강조하는 논리 속에서 동일한 '전쟁
피해자'로서의 윤동주의 기억은 좀 더 친숙하고 '불편하지 않은' 방식
으로 일본 사회에서 수용되고 소통될 수 있었던 것이다.[30]

　　교토에서 윤동주에 관한 기억이 애초부터 이처럼 단일하고 매끄
럽게 봉합되는 양상을 보여주었던 것은 아니다. 교토의 윤동주 기념
화 작업은 사실상 서울이나 룽징에 비해 좀 더 복합적인 양상으로 진
행됐다. 그 과정에는 윤동주를 매개로 일본 사회의 소수자 문제를 환
기하려는 재일조선인이나 기독교인 등 소수 집단의 노력, 또한 군국
주의와 '침략 전쟁'을 반성하고 일본의 양심을 기억하려는 일본 지식
인 집단의 노력, 그리고 '아시아의 우호와 화해'의 상징으로 윤동주를
기억하며 국제주의적 연대를 강조하는 또 다른 기억이 얽힌 채 다양
한 양상으로 전개됐다. 그 가운데 윤동주의 사인(死因)을 추적한 김찬
정이 쓴 『저항시인 윤동주의 죽음』[31]의 출간, 그리고 가토 게이지(加藤
慶二)를 중심으로 1989년 12월부터 수차례 진행된 '강제 연행의 발자

---

29　　野本眞也,「尹東柱の詩碑建立について」, 尹東柱詩碑建立委員會 編,『星うたう詩
　　　人: 尹東柱の詩と研究』, 三五館, 1997, 277쪽.
30　　임성모,「전후 일본의 만주 기억, 그 배후와 회로」,『일본비평』제2호, 그린비, 2010,
　　　155쪽.
31　　金贊汀,『抵抗詩人尹東柱の死』, 朝日新聞社, 1984.

취를 젊은이와 함께 찾는 여행' 등은 윤동주의 죽음에 매개된 군국주의와 식민 지배의 기억을 전면에 드러낸 주목할 만한 사례였다.

특히 가토 게이지가 기획한 '순례 여행'은 "이름도 없는 윤동주"들,[32] 즉 "일제에 항거하다가, 아니 어쩌지도 못하고 죽어간 이름 없는 윤동주들의 뼈를 밟고 걷는 여행길"[33]이자 망각된 그들의 흔적을 찾아가는 사회운동의 일환으로서 그가 일본 사회에서 적극적으로 펼쳤던 지문 날인 반대 운동과 반천황제 투쟁의 연장선에서 이해할 수 있다. 가토 게이지가 제기한 일본의 군국주의 문제는 '과거'의 역사적 책임뿐 아니라 '현재' 일본 사회의 소수자 문제를 환기함으로써, 윤동주의 기억을 역사적·정치적 맥락에서 현재화했다. 소수자로서의 윤동주에 관한 기억은 그를 매개로 한 식민지 침략의 "잊혀진"[34] 기억들, 그리고 여전히 현재 일본 사회 내에서 망각된 존재로 묻힌 소수자들의 기억을 환기하는 역할을 했다. 그러나 1990년대 중반 이후, 윤동주라는 기억의 장소에서 소수자의 정치성이 상기시키는 '불순'한 불화(不和)의 기억은 일본 사회에서 점차 퇴색되고 망각되어갔다. 최근의 윤동주 추모 사업은 과거에 비해 양적으로 팽창되고 더욱 활발하게 진행되고는 있지만, 윤동주라는 기억의 장소에서 지배와 침략의 기억은 소

---

32　"이름도 없는 윤동주"는 "강제 징용되어 이름도 없이 잊혀진 다수를 지칭한다". 이누가이 미쓰히로, 「'이름도 없는 윤동주'와 함께 있고 싶어: 윤동주와 가토 게이지 씨」, 이누가이 미쓰히로 외, 고계영 옮김, 『일본 지성인들이 사랑하는 윤동주』, 민예당, 1998, 18쪽.

33　가토 게이지, 「'이름도 없는 윤동주'에게」, '강제 연행의 자취를 젊은이들과 더듬어가는 여행' 보고서 권두언, 1989년 12월 3일; 이누가이 미쓰히로, 「'이름도 없는 윤동주'와 함께 있고 싶어: 윤동주와 가토 게이지 씨」, 이누가이 미쓰히로 외, 고계영 옮김, 『일본 지성인들이 사랑하는 윤동주』, 민예당, 1998, 20쪽에서 재인용.

34　같은 글, 18쪽.

거하고 전쟁과 피해의 기억이라는 보편성을 선별하고 부각함으로써
기억의 변형과 전유를 유도해낸다.[35] 이 같은 '평화와 화해의 아이콘'
으로서의 윤동주에 관한 기억의 전유 과정은 1990년대 이후 일본의
국가주의와 평화주의가 결합되면서 전쟁 피해자로서의 기억이 고착
되고, 식민 지배의 가해 의식이 괄호 속에 봉인되는 과정과 결코 무관
하지 않을 것이다.[36]

### 룽징, 경계인의 기억과 욕망

서울이나 교토와 비교할 때, 룽징에서의 윤동주에 관한 기억은
그 역사가 길지 않다. 중화인민공화국 체제에서 완벽하게 망각되었던
윤동주의 존재는 1985년 오오무라 마스오 교수의 룽징 소재 윤동주
묘소 발견을 계기로 중국 조선족 사회에 비로소 알려졌고, 1992년 한
중수교 이후 한국 사회와 교류가 활발해지면서 집중적인 조명의 대상
이 됐다. 1993년 옛 룽징중학교 자리에 윤동주 시비〔그림 9〕와 함께 윤
동주 기념관이 건립됐고, 1994년에는 룽징
시 명동촌(明東村)이 관광지로 지정되어 시
정부의 주도로 그의 생가(生家)가 복원되었고
2012년 확장 건설되었다.〔그림 10〕〔그림 11〕

**[그림 9]** 룽징중학교의 윤동주 시비.

---

35   '평화와 화해의 시인'으로서의 윤동주에 관한 기억은 1990년대 후반 이후 최근까지 윤
     동주 기념사업에서 중심을 이루었다. '평화와 예술의 시인', '한일 화해의 파이어니어
     (pioneer)' 등의 표현이 그의 기억 담론에서 자주 등장하기 시작했고, 최근 교토 우지 시
     의 '시인 윤동주 기념비 건립위원회'는 '기억과 화해의 기념비'라는 제목의 또 다른 윤
     동주 시비 건립을 추진 중에 있다.
36   임성모, 「전후 일본의 만주 기억, 그 배후와 회로」, 『일본비평』 제2호, 그린비, 2010,
     154~155쪽.

**[그림 10]** 윤동주 생가 옛터 기념비.

**[그림 11]** 생가 앞마당에서 진행된 윤동주 장례식.

　　세 도시 가운데 룽징의 윤동주 시비는 추진 초기부터 기업이나 단체의 후원 속에서 가장 비개인적인 방식으로 건립이 진행됐다. 시비, 묘지, 생가 등 기념 장소의 발견과 건축을 중심으로 짧은 시간 안에 구축된 룽징의 윤동주 기억 공간은 기업, 법인, 기관 등이 중심이 되는 일종의 기념사업 혹은 관광사업의 성격을 띠었다. 서울과 교토에서의 기억이 윤동주를 기억하는 개인의 이야기에서 시작되거나 그것을 포괄해 집합하는 방식으로 구성된 반면, 룽징에서는 처음부터 집단의 기억을 개인의 기억 위에 덧씌우는 방식으로 복원됐다. 수십 년 동안 완벽하게 잊혔던 윤동주가 1990년대 이후 중국 조선족 사회를 대표하는 중심인물로 떠오른 이유는 무엇일까? 왜 조선족 사회는 윤동주라는 과거의 인물에 열광에 가까운 관심을 보내며 '현재' '여기'에서 윤동주를 이야기하는 것일까? 묘지의 발견과 한중수교를 계기로 갑작스럽게 복원된 윤동주는 '현재' 중국 조선족 사회에서 그들의 정체성을 가장 확실하게 보여줄 뿐 아니라 정치적·문화적 입지를 확고하게 해줄 수 있는 인물로 받아들여진다. 아래 인용문은 그 일단을 보여준다.

> 그(시인 윤동주)는 …… 중국으로 이민 온 초기조선족이민의 후손으로서 초기민족문화교육의 중심지였던 룡정(룽징)과 명동에서 민족의 넋과 일제 통치에 대한 불같은 저항정신을 키웠다. …… 중국조선족시인으로서의 윤동주의 시에는 우리 력사에서 가장 암흑했던 30년대 말엽부터 광복전까지 우리 민족이 겪은 정신적 시련과 고통이 집중적으로 반영되고 있다. …… 그들(초기조선족)은 이민초기부터 강한 의력으로 …… 삶의 터전을 만들었으며 일제가 다시 침략의 마수를 중국에 뻗치기 시작한 그날부터 곳곳에서 반일무장투쟁의 불길을 일으켰다. 그러나 …… 반일무장투쟁의 불길은 30년대 말엽부터 일제의 잔혹한 탄압으로 하여 점차 사라지기 시작했다. …… 대다수 사람들은 부득불 일제의 총칼앞에서 '순민'의 노릇을 해야했으며 일제에 대한 증오의 감정을 잠시나마 가슴속깊이 감추어두지 않을수 없었다. …… 윤동주의 시들에는 바로 이러한 시기 우리 민족의 고뇌와 절규 그리고 일제통치에 대한 증오심과 끓어번지는 저항정신이 반영되고 있다.[37]

『윤동주 유고집』의 서문에 해당되는 위의 글에서 중심적으로 서

---

37    최문식·김동훈 편, 자형 옮김, 『윤동주 유고집』, 연변대학출판사, 1996, 7~8쪽. 괄호 안의 부가 설명은 인용자에 의한 것이다.

술되는 내용은 중국 조선족의 "반일 무장투쟁"의 역사이다. 여기서는 이주와 개척, 수난과 투쟁으로 이어지는 중국 조선족의 역사를 서술하는 과정에서 "중국 조선족 저항시인" 윤동주의 기억이 복원되는 방식을 취한다. 이렇듯 '반일'과 '저항'으로 집약되는 룽징에서의 윤동주 복원의 논리는 표면적으로는 서울에서의 기억과 유사한 방식을 보여준다. '항일'은 중국 조선족의 집단 기억의 장으로 윤동주를 끌어올 수 있는 중요한 표지이면서, 한편으로는 조선족 사회가 윤동주를 매개로 중국과 한국의 피식민의 기억에 동시 접속할 수 있는 통로 역할을 한다. 그렇게 해서 '항일(반일)'은 중국 소수민족인 조선족이 중국 국민의 일원으로서 인정받을 수 있는 표지이자, 또한 한국 사회의 민족주의 논리에 스스로를 기입하면서 공통의 역사적 경험을 바탕으로 한 "우리 민족"의 일원으로 연결될 수 있는 표지가 된다. 결국 룽징에서 윤동주라는 (과거의) 인물을 매개로 구성되는 기억의 장소는 (현재) 중국 조선족의 정체성을 찾고 그것을 확고하게 하려는 욕망을 기초로 작동된다. 그리고 그 욕망이란 중국 국민이자 조선 민족의 일원으로서 중국과 한국 사회에 동시에 접속하려는 욕망, 또는 국민과 민족 사이에 '끼인' 소수자로서 겪는 혼란과 모순, 갈등의 다른 표현일 것이다.

'항일' 이외에 룽징에서 윤동주 복원의 논리로 등장하는 또 다른 핵심 단어는 바로 '고향'이다. 오랫동안 망각되었던 윤동주라는 인물에 대중의 관심이 집중됐던 이유는 무엇보다 그가 "고향이 낳은 시인",[38] '고향 땅의 시인'이라는 점에 있었다. 이미 "한국에"서 "널리 알

---

38    림연, 「고향이 낳은 시인: 윤동주」, 『문예운동』 49, 문예운동사, 1993, 18쪽.

려진" "가장 우수한 저항시인"[39]의 뿌리가 '여기', 룽징에 있음을 분명히 하면서 이 '고향 땅'에서 정치적 상황으로 인해 수십 년 간 망각되었던 중국 조선족의 "시련과 고통", "투쟁"[40]의 기억을 복원하려고 한다. 1995년 룽징에서 개최된 '민족시인 윤동주 50주기 기념학술회의'에서 "우리가 윤동주를 기념해야 하는 리유와 의의"에 대해 거듭 확인하면서 윤동주가 "중국조선족초기이민의 후손"이자 그의 문학이 "중국조선족"의 "정신"과 "문화"를 반영한 "걸출한 대표"임을 강조한 일[41]도 윤동주를 매개로 중국 조선족의 역사와 집단 기억을 복원하려는 의도를 잘 보여준다. 중국 조선족에게 윤동주를 기념하는 행위란 결국 그에게 "호구를 붙여주고 신분증을 내여"[42]주어 중국 조선족이라는 표찰을 붙여줌으로써 조선족에게 "우리 민족의 뿌리를 찾는 작업"으로서 분명한 의미를 지닌다. 이렇듯 룽징의 윤동주 기억에서 중심을 이루는 것은 기억의 대상이라기보다는 기억의 주체이며, 또한 기억의 대상이 매개하는 과거의 시간이 아니라 기억의 주체가 욕망하는 현재의 영토성이다.

집단의 기억 속에 개인의 기억을 포획하고 통합하는 방식으로 구성되는 룽징의 기억 공간에서 룽징이라는 영토의 정치적·상징적 맥락이 작동하는 방식은 주목할 만하다. 룽징은 예전에 간도라 불렸던 지역 가운데 하나로 조선과 중국 사이에서 영토 분쟁이 끊이지 않았

---

39    최문식·김동훈 편, 자형 옮김, 『윤동주 유고집』, 연변대학출판사, 1996, 5쪽.
40    같은 책, 7쪽.
41    룽정시문학예술계연합회, 『민족시집 윤동주 50주기 기념학술토론회 론문집』, 1995, 2~3쪽.
42    같은 책, 157쪽.

고, 잠시 만주국 영내에 속했으나 현재는 중국 자치주 가운데 하나이며, 또한 한국 사회에서 '조선족 교포'로 불리는 많은 사람들이 떠나온 고향이기도 하다. 룽징의 기억 공간에는 윤동주라는 과거의 시간을 매개로 국민과 민족의 일원으로서 조선족의 정체성을 확인하려는 욕망, 그럼으로써 소수자의 불안정성을 제거하고 국민과 민족의 경계 안에 통합되려는 욕망이 움직이고 있다. 이 같은 '룽징'의 욕망은 '서울'과 연계되어 작동한다는 점에서 더욱 흥미롭다. 서울에서 이미 견고하게 구축된 '저항시인'으로서의 윤동주의 기억을 상기시키며 룽징은 '저항'의 의미를 영토 안에서 재맥락화할 뿐 아니라 기억의 본향으로서 자신의 영토성을 부각한다.

　여기서 룽징이라는 공간이 서울이나 교토의 기억 공간과 관계 맺는 방식, 그리고 그 관계성 속에서 움직이는 '룽징'의 기능에 주목할 필요가 있다. '룽징'의 기억 공간에서 '교토'는 '저항'의 대상으로서 선명한 대립항으로 존재하며, "일제의 총칼앞에서 '순민'의 노릇을 해야했"[43]던 '제국 신민'의 위치를 드러낸다. '룽징'은 '교토'가 말하지 않는 (제국의) 지배와 침략의 기억을 선명하게 부각하는 기능을 하는 것이다. 한편 '서울'과의 관계에서 '룽징'은 이중의 위치를 드러낸다. 윤동주라는 기억의 장소에서 '저항'은 피식민의 기억을 매개로 '서울'과 '룽징'을 동일한 위치에 놓으면서 동시에 "중국으로 이민 온"[44] 이민자, 주변인으로서 '룽징'의 또 다른 맥락을 보여준다. 이러한 방식으로 '룽징'의 기억은 지금까지 서울에서 윤동주에 관한 기억

---

43　최문식·김동훈 편, 자형 옮김, 『윤동주 유고집』, 연변대학출판사, 1996, 8쪽.
44　같은 책, 7쪽.

을 전유해온 방식과 과정, 그 한계를 명확히 드러낸다. 그간 한국 사회에서 망각하고 덮어버리려고 했던 윤동주의 중국 국적, 그리고 하나의 국적만으로는 온전하게 설명할 수 없는 그의 혼종성과 이동성, 이민자로서의 소수성 등이 룽징의 기억을 통해서 오롯이 드러나고 있는 것이다. '룽징'은 서울과 교토에서 은폐하는 자신의 타자성, 소수성, 혼종성에 대해서 스스로 말하지 않는다. 그러나 윤동주를 매개로 집단 기억을 복원하는 과정에서 여럿의 공동체와 접속하려는 자기확인의 욕망, 역설적으로 어디에도 온전히 소속될 수 없는 자신의 불안정한 위치를 드러내고 있다.

## 3. 세 도시의 기억, 장소와 장소 사이 망각의 틈에서

한 대상이 다른 대상에 힘을 미치는 현상까지 기억의 장으로 아우를 수 있다면, 동아시아 기억의 장은 '서울'과 '교토', '룽징'이라는 각각의 기억의 편린이 아니라 세 도시의 기억이 서로에게 미치는 작용과 역작용, 긴장과 해체의 관계를 포괄해야 할 것이다. 동아시아 기억의 장에서 세 도시의 기억은 각기 충돌과 경합을 통해 궁극적으로 어떤 것이 최종 우위를 점하는 방식이 아니라, 서로 물고 물리는 방식으로 긴장과 갈등의 관계를 이루며 단단한 기억의 막을 형성한다. '순수시인' 윤동주라는 동아시아 공통의 기억은 이 같은 과정에서 구성된 것이다. 이때 '동아시아 공통의 기억'이라는 의미는 세 도시에서 공통

적으로 윤동주가 '순수시인'으로 기억됨을 지칭할 뿐 그 기억의 내용
과 방식은 제각기 다르다. '불순'의 위험한 맥락들을 덮어버린 채 세
도시는 제각기 '국민(서울)', '민족(룽징)',[45] '평화(교토)'라는 상징성
을 구성한다. 그러나 이미 살펴보았듯이 '국민', '민족', '평화'라는
세 도시의 기억은 그 상징성에서 제외된 무수히 많은 다른 것들을 전
제로 한다. 전후(戰後) 새로운 '국민국가 만들기'의 과정에서 불순하고
위험한 맥락으로 떠오를 수 있는 기억들—가령, 일제강점기에 대한
'서울'의 기억들, '교토'의 식민 지배와 침략, 국민국가에 통합되지 않
는 소수자들의 불완전하고 흔들리는 정체성, 타자들에 대한 가해와 배
제, 망각의 기억들이 바로 그러한 것들이다. 어떤 대상에 대해 단일하
고 균질한 하나의 기억을 오롯이 떠오르게 하는 과정이란 곧 다른 많
은 것들을 배제하고 덮어버리고 망각하는 과정인 셈이다. 이렇게 본
다면 윤동주를 기억한다는 것은 어떤 공통의 기억, 공식 기억을 만들
어내는 과정이라기보다는 그를 통해 어떤 다른 것을 망각하는 행위이
며, 때로는 그 망각마저도 은폐하는 행위라고 할 수 있다.

　단적으로 말해 '윤동주'는 망각의 매개 장치이다. 이때 지워진
망각의 내용이 세 도시의 관계성을 통해, 아니 그 관계성 속에서만 드
러나고 움직이며 떠오른다는 사실을 주목해야 한다. 이를테면 '서울'

---

45　조선족의 '민족' 개념은 한국인의 '민족' 개념과 큰 차이가 있다. 한국인이 생각하는 '민
　　족' 개념이 "국가(네이션)와 종족(에스닉) 개념이 뒤섞이면서 한반도(혹은 한국)와 조선
　　족을 모두 포괄하는 복합적인 개념으로 사용되는 반면, 현대 연변조선족이 말하는 '민
　　족' 개념은 한국인이 사용하는 복합적인 대범주 민족 개념이 아닌 소범주 민족 개
　　념을 지칭하는 것이다(강진웅, 「디아스포라와 현대 연변조선족의 상상된 공동체: 종족
　　의 사회적 구성과 재영토화」, 『한국사회학』 제46권 제4호, 한국사회학회, 2012,
　　101~102쪽 참조). '국민'과 '민족' 사이에 '끼인' 존재로서의 모순과 갈등, 혼란이 바로
　　현대 연변조선족의 '종족' 정체성을 이루는 핵심적 기초라고 할 수 있다.

제3부
∶ 페르소나의 분열

의 기억에서 억압된 불온성과 정치성, 혼종성과 타자성 등은 '교토'와 '룽징'의 관계성 속에서 작동하며 그 기억의 '순수성'에 의문을 제기한다. 또한 '교토'에서 은폐된 지배와 침략의 기억은 '서울', '룽징'의 관계성 속에서 살아 움직이며 그 기억/망각의 논리적 허구성을 드러낸다. 마지막으로 '룽징'은 '서울'과 '교토'의 기억 공간에서 작동하는 기억/망각, 통합/배제의 힘을 드러냄으로써, 배제되고 망각되면서 동시에 기억되고 그 안에 통합되고자 하는 주변인의 불안정한 욕망을 보여준다. 한 도시의 기억은 다른 도시의 기억을 통해서 그 기억과 은폐의 비밀을 폭로하고 있는 것이다. 그러므로 우리의 논의에서 동아시아 기억의 장을 이야기하는 것이 가능하다면, 그것은 기억의 공통성, 혹은 공통의 대상에 관한 것이 아니라 서로 물고 물리며 얽힌 (세 도시의) 기억 공간의 관계를 통해서 논의할 수 있어야 할 것이다.

그렇다면 왜 하필 윤동주일까. 세 도시는 왜 윤동주를 내세우며 다른 어떤 것들을 망각하려는 것일까. 윤동주가 왜 '우리'에게 계속해서 기억되는가라는, 이 글의 서두에서 제기했던 질문은 동아시아 세 도시에서 망각의 매개체로 왜 윤동주가 선택될 수밖에 없는가, '우리'는 왜 어떤 것을 망각하기 위해 윤동주를 기억하는 것인가라는 물음으로 수정되어야 한다. 이 물음에 답하기 위해서는 먼저 세 도시에서 윤동주를 매개로 구성되고 구성하고자 하는 상징성에 주목해야 한다. 동아시아 세 도시는 각각 '국민', '민족', '평화'라는 상징성으로 윤동주의 기억을 자기 중심화하고 영토화한다. 이때 '국민', '민족', '평화'가 지닌 자국(自國) 이기주의, 자기 중심화, 영토화의 욕망, 그 편협함과 오만함은 역설적으로 윤동주의 기억을 매개로 특정 지역에 고정되지 않는 보편화된 형태로 수용되고 유통된다. '순수한 서정시인', '민족시인', '사랑과 용서의 시인', '아름답고 감동적인 시' 등 동아시아 세 도시에서 구성된 윤동주의 이미지는 바로 그러한 보편성을 토대로 그의 표상이 수용되고 유통되는 사례이다. 또한 윤동주의 옥사를 다룬 팩션(faction)으로서, 최근 영국 맥밀란 출판사에서 번역 출판되어 베스트셀러에 오른 소설 『별을 스치는 바람』 역시 보편성을 부각한 '윤동주 이야기'가 어디서나 통할 수 있는 글로벌한 상품으로 소비되는 흥미로운 사례를 보여준다. 이 작품에서도 윤동주는 '전쟁과 인간', '시련에 처한 인간의 영혼'이라는 보편적인 주제 안에서 형상화되고 있다. 불순한 기억의 잔재, 위험한 기억의 조각은 표면에서 제거되고 순화된 형태로 윤동주라는 기억의 장소에 묻혀 있다.

여기서 잠시 윤동주에 관한 기억의 문제를 떠나 그의 시로 돌아가 보자. 1942년 6월 도쿄 릿쿄대학 재학 중에 쓴 「쉽게 씌어진 시」에서 윤동주는 "육첩방(六疊房)은 남의 나라"라는 시구를 남겼다. 이 구절은 흔히 일제강점기의 암울한 민족 현실이나 "남의 나라"에서 죽어간 윤동주의 비극적 운명을 암시하는 표현으로 해석된다. 그러나 돌이켜보면 그에게 "남의 나라"가 아닌 곳은 어디에도 없었다. 일본제국의 도시뿐 아니라 이민의 땅 룽징이나 식민지의 수도 '경성(서울)'도 윤동주에게는 실상 모두 "남의 나라"였다. 현재 그를 '고향의 시인'으로 기념하는 룽징에 대해서도 생전의 윤동주는 "북간도",[46] "북쪽",[47] 혹은 "고장"[48]으로 칭했을 뿐 선뜻 '고향'이라고 부르지 못했

46    윤동주 「별헤는밤」, 왕신영·심원섭·오오무라 마스오·윤인석 엮음, 『윤동주 자필 시고 전집』, 민음사, 1999, 165쪽.

제3부
: 페르소나의 분열

다. 그는 평생 "아름다운 또다른 고향"[49]을 꿈꾸었으나 한곳에 정주할 수 없었던 "길 위의 주체"[50]였다. 모순적이게도 이것이 곧 동아시아 세 도시에서 망각을 위해 윤동주가 선택된 이유이자, 동시에 윤동주라는 대상에 관한 논의에서 오랫동안 망각됐던 부분이기도 하다. 한국과 중국, 일본에 걸친 윤동주의 삶의 자취, 그리고 어디에도 소속되지 않는 이동성과 무소속성은 바로 그 이유로 인해 특정 영토, 특정 국적의 제한성과 편협함을 덜어낼 수 있는 매개체로 그가 언제든 호명될 수 있게 하는 요인이지만, 정작 그 자신이 지닌 이동성과 혼종성,[51] 무소속성은 그에게서 가장 주목되지 않는 부분인 것이다.[52] 디아스포라 윤동주를 특정 지역, 특정 영토에 제한함으로써 기실 그가 상기시키는 소

47   윤동주, 「황혼」, 같은 책, 56쪽.
48   윤동주, 「흰그림자」, 같은 책, 177쪽.
49   윤동주, 「또다른고향」, 같은 책, 161쪽.
50   오문석, 「윤동주와 다문화적 주체성의 문학」, 『한국근대문학연구』 제25호, 한국근대문학회, 2012, 164~165쪽.
51   윤동주의 '재만조선인으로서의 혼종적 정체성'을 연구한 정우택은 윤동주 사망 당시의 이질적인 연호, 출신 표기 방식에 주목했다. 그에 따르면, 일본 교토 재판소는 「치안유지법 위반 피고 사건에 관한 판결문」(쇼와 19년 3월 31일)에서 윤동주가 "만주국 간도성"에서 "다이쇼(大正) 7년"에 태어났으며 본적은 "조선 함경북도" "반도 출신(半島 出身)"의 "조선계 일본인(鮮系 日本人)", "히라누마 도주(平沼東柱)"라고 확인했다. 한편 가족과 친지들이 치른 윤동주 장례식 사진에는 "강덕(康德)"이라는 만주국의 연호를 사용했으며, 그의 비석 '시인 윤동주의 묘(詩人 尹東柱之墓)'에는 "1945년(一九四五年)"이라고 서기(西紀)로 기록했다. 정우택, 「재만조선인의 혼종적 정체성과 윤동주」, 『어문연구』 제37권 제3호 통권 제143호, 한국어문교육연구회, 2009, 217~218쪽. 장례식 사진은 본고의 〔그림 11〕 참조.
52   윤동주가 '만주국 출신'이라는 점이 강조된 이후, 최근 국문학계에서는 윤동주 문학(연구)의 '혼종성', '다문화적 주체성', '초국가주의' 등을 규명하려는 작업이 진행되고 있다. 윤동주의 '북간도' 체험과 관련해 내적 갈등에 주목한 선구적 연구로는 김유중, 「윤동주 시의 갈등 양상과 내면 의식」, 『선청어문』 21, 서울사대 국어교육과, 1993(『한국 모더니즘 문학과 그 주변』, 푸른사상, 2006에 재수록); 윤동주 시의 '만주 탈주'의 의미에 주목한 연구로는 이명찬, 「한국 근대시의 만주 체험」, 『한중인문과학연구』 13, 한중인문학회 13, 2004; 그리고 '혼종성' 등에 주목한 연구로는 앞서 말한 정우택(2009), 오문석(2012)을 비롯해 곽명숙, 「윤동주 문학 연구의 트랜스내셔널리즘적 가능성」, 『한중인문학연구』 제37집, 한중인문학회, 2012가 있다.

수성과 타자성, 이동성과 다문화성, 복수성, 무소속성 등의 곤혹스런 문제들을 배제해버리는 방식으로 '순수한' 윤동주는 기억되고 반면 다른 많은 것들을 지워버리고 망각할 수 있었던 것이다. 지워진 내용은 각기 다르지만 이 방식은 서울, 교토, 룽징, 세 도시에서 동일하게 진행됐다. 다시 말해, 윤동주는 세 도시에서 구축된 단단한 기억의 상징성을 매개할 뿐 아니라, 그 상징의 제한된 고정성과 편향성을 희석시키기 위한 효과적인 매개체로 기능하며, 그럼으로써 불안정하고 불순하며 위험한 것들을 덮어버리고 망각하기 위해 끊임없이 기억과 추모, 기념화의 대상으로 전유되는 것이다.

다시 동아시아 기억의 장에 관한 논의로 돌아오자. 지금까지 이야기한 것처럼 동아시아 세 도시가 각각 '국가', '민족', '평화'라는 상징성으로 윤동주의 기억을 자기 중심화한다면, 이제 필요한 것은 각각의 중심을 교란시키고 공고하게 구축된 기억을 해체해서 읽어내는 전략일 것이다. 그리고 그 전략은 특정 장소에 고착될 수 없는 무정형의 흔적들, 혹은 특정 장소에서 억압되고 은폐된 기억들이 다른 장소와의 관계성 속에서 작동하고 다시 연계 맺는 과정을 읽어냄으로써 수행될 수 있을 것이다. 이 글은 그 문제 제기와 모색의 일환이다. 하나의 출발 지점으로서 여기서 주목해야 할 것은 다름 아닌 "남의 나라"와 "남의 나라" 사이의 공간, 또는 특정 장소나 집단 기억으로 고착될 수 없는 다층적인 기억의 공간이다. 바로 이바라기 노리코(茨木のり子)가 윤동주에 관한 에세이에서 회상한 현해탄[겐카이나다(玄界灘)]이라는 공간—곧 '이름 없는 윤동주들'이 죽었고, 이바라기 자신이 윤동주를 회상하며 건넜으며, 또한 윤동주의 아버지가 "(윤동주의) 뼈를 안

고 후쿠오카에서 부산, 거기에서 기차에 흔들리며 북간도의 집까지"
돌아간 "머나먼 길",[53] 바로 그 '사이'의 공간이야말로 윤동주라는 대
상을 매개로 지워지고 은폐되고 망각된 기억, 그리고 제국과 식민, 이
민이라는 동아시아의 기억을 확인할 수 있는 공간이 아닐까. 동아시
아 기억의 장의 문제는 바로 그 장소와 장소 사이의 '망각'의 틈에서
다시 근본적으로 탐구되어야 할 것이다.

　　이 글에서는 교토와 서울, 룽징 세 도시에서 윤동주 시비 건립을
추동하는 기억의 의지와 힘에 관심을 갖고, 주로 시비 건립 과정에서
작성된 취지문과 그에 관련된 언설에 대한 분석을 통해 특정 장소를 매
개로 각기 전유되는 윤동주에 관한 기억이 갈등과 충돌, 연동 관계를
맺는 과정에 주목해 지역 단위, 국가 단위의 기억의 틀을 이탈하고 갈
등하는 동아시아 기억의 장의 복잡성과 착종성의 문제를 살펴보았다.
'윤동주'라는 기억의 장소는 국가 단위의 틀로는 결코 사유될 수 없는
동아시아 기억의 장의 특수성과 기억 연구(Memory Studies)의 관점을
보여주는 사례가 된다. 동아시아 세 도시, 세 국가에 계속해서 만들어
지는 윤동주 시비와 기념물은 특정 장소를 매개로 윤동주의 기억을 전
유하고자 하는 집단의 정체성과 의지를 표출하지만, 시비를 매개로 구
축되는 '윤동주'라는 기억의 장소는 한 장소에 온전히 포괄되거나 각
기 다른 장소로 분할될 수 없는 기억의 불균형과 월경(越境), 혹은 기억
의 갈등 지점을 드러낸다. '역사'가 말해주지 않았던 '기억'의 장소로

---

53　茨木のり子, 「尹東柱」, 尹東柱詩碑建立委員會 編, 『星うたう詩人: 尹東柱の詩と
　　研究』, 三五館, 1997, 52쪽; 이바라기 노리코, 「하늘과 바람과 별과 시」, 이누가이 미
　　쓰히로 외, 고계영 옮김, 『일본 지성인들이 사랑하는 윤동주』, 민예당, 1998, 239쪽에서
　　번역 인용.

서, 어느 국가, 어느 도시, 그 어느 영토에도 속하지 않는 동아시아의 '빈틈'을 부유하는 '윤동주'에 관한 기억은 지금 이 순간에도 동아시아 어느 지역에선가 새로운 장소를 매개로 작동하는 중이다.[54] 윤동주라는 기억의 장소는 한 집단의 정체성을 뚜렷하게 드러내는 효과적인 기념화의 대상이자, 그 정체성 구성의 역사적·정치적 맥락을 폭로하는 반기억(反記憶)의 매개체로서 팽창과 증식을 거듭할 것이다.[55]

54    일례로 서울 종로구와 '윤동주문학사상선양회'는 2009년 11월 인왕산 청운공원에 '윤
      동주 시인의 언덕'을 조성하고 2010년 12월 4일에는 같은 자리에 '윤동주 문학 전시관'
      을 개관했으며, 교토 우지 시의 '시인 윤동주 기념비 건립위원회'는 '기억과 화해의 기
      념비'라는 제목의 새로운 윤동주 시비를 건립 추진 중에 있다. 또한 2012년에는 중국 정
      부와 옌볜 자치주 당위의 주도로 룽징의 윤동주 생가가 확장 건립되었다.
55    이 글은 『東アジアの記憶の場』(河出書房新社, 2011)에 수록된 「尹東柱」를 많은 부분
      수정, 보완한 것임을 밝혀둔다. 이 글의 집필 과정에서 진지하고 의미 있는 토론과 유익
      한 제언을 아끼지 않은 여러 동학(同學)들에게 이 자리를 빌려 감사의 마음을 전한다.

○

# 제7장

# 역도산

이타가키 류타(板垣竜太)

# 1. 들어가며

'力道山', 이 한자를 당신은 어떻게 발음하는가? '리키도잔(일본식)'이라고 하는가, '역도산(남한식)'이라고 하는가, 아니면 '력도산(북한식)'이라고 하는가? 또 당신은 이 고유명사에서 어떤 이미지를 떠올리는가? 가라테 춉(Karate Chop)이 작렬하는 흑백 영상의 프로레슬러 이미지인가, 한국의 영화배우 설경구가 주연한 영화의 한 장면인가, 또는 북한 작가 리호인의 전기소설에 나오는 삽화[그림 1]나 사진인가? 언제, 어디에서, 어떤 시각으로 '力道山'을 접했느냐에 따라 그 답은 다를 것이다.

이것은 단순히 동아시아가 한자 문화권에 있기 때문에 나타나는 현상은 아니다. 서로 얽힌 동아시아 역사가 우연히 한자 발음을 통해서 드러나는 것이다. '力道山'을 '역도산'이라고 발음했을 때, 한국어를 바탕으로 생활하는 사람에게는

**[그림 1]** 북한에서 출판된 력도산 전기.[1]

특정한 기억이 생생하게 상기되지만, '리키도잔'으로 길들여진 사람에게는 그 어떤 기억도 상기되지 않는다. 또한 '역도산'이라는 호칭이 익숙한 사람에게는 그 '동일'한 대상을 '력도산'이라 발음할 때 남북한의 분단 상황이라는 특수한 의미가 더욱 강하게 상기되기도 한다. 물론 그 반대인 경우에도 마찬가지이다. 이것은 무엇이 진실이고 무엇이 허상인가라는 문제가 아니다. 오히려 '동일'한 기억의 대상이 되는 것의 '동일성' 그 자체에 분열이 있다. 이를 비판적으로 검증해 하나의 올바른 '인간 力道山의 진실'을 밝히는 실증 작업도 중요하지만, 그 분열에 각인된 동아시아 기억의 지형도(topography)를 읽어내는 작업 또한 중요하다.

이 글은 '力道山'이 국민적 또는 민족적인 틀 속에서 이해되고 해석되는 복수의 양상에 주목한다. 여기에서는 '力道山'이라는 인물

---

1 『천리마』 1993년 1월 호.

에게 '일본인', '조선인', '한국인'으로서의 국민성 또는 민족성이 부여됨과 동시에 일본, 미국, 남한, 북한의 국가 간 관계나, 일본인과 조선인의 민족 간 관계 등이 투영되고 기억되어가는 과정을 검토한다. 물론 투영됐다고 해서 '개인'으로서의 '力道山' 표상이 '왜곡됐다'는 등의 비판을 하려는 것은 아니다. 오히려 반대로 투영된 방식 그 자체에 역사적 리얼리티가 있다. 거기서 엿볼 수 있는 것은 바로 조선에 대한 일본의 식민 지배와 인종주의(racism)(혹은 민족차별주의), 아시아태평양전쟁, 냉전 및 포스트 냉전의 동아시아사이다.

다만 교과서와 같은 공식 매체를 통한 기억과 달리, '力道山'은 대중문화를 통한 '기억의 장'인 만큼 취급하기가 어려운 측면이 있다. 어떤 시기에 왠지 열풍을 이루다가 갑자기 잊힌 경우도 있다. 또 일일이 검증을 받아 기억이 전승되는 것도 아니기에 근거 불명의 이야기가 유통되기도 한다. 이처럼 유동적이고 다양한 '力道山'에 대한 표상을 파악하고자 이 글은 네 가지 관점에서 기억과 망각의 '시작'을 검증한다. 첫째, 전후 일본에서 '리키도잔'이 국민적 영웅이 되어가는 양상을 그 '시작'이 어떻게 미일 관계의 알레고리(allegory)가 됐는가라는 관점에서 재검토한다. 둘째, 일본에서 '리키도잔'의 영웅화와 더불어 진행된 망각의 과정, 즉 '리키도잔'이 '조선인'이라는 사실이 은폐되어가는 양상을 살펴본다. 또 '리키도잔'의 출신에 관한 금기가 1970년대 이후 점점 풀리는 과정을 고찰한다. 셋째, 흥미롭게도 남한에서는 그 이전부터 '역도산'이 한국인이라는 것이 상식화됐다. 이 글에서는 1960년대에 들어 남한에서 '역도산'이 어떻게 '한국이 낳은 세계적인 레슬러'로 인식되어갔는지, 그 '시작' 단계에서 일어난 일들

에 접근한다. 넷째, 북한에서 '력도산'은 이제 공식적인 '기억의 장'
이라고 할 수 있다. 프로레슬링이 대중문화로서 존재하지 않은 북한
에서 왜 그는 '애국 렬사'로 추앙받는가? 마지막으로 그 과정을 역사
적 배경을 포함해 추적해본다.

## 2. '일본인' 리키도잔과 미일 관계

현대 일본에서 프로레슬링 정사(正史)는 모두 '리키도잔'이란 이
름과 함께 시작된다. 미국에서 연마하고 돌아온 리키도잔이 일본프로
레슬링협회를 세운 1953년 7월, 또는 리키도잔과 기무라 마사히코(木
村政彦)가 미국의 샤프(Sharpe) 형제를 초청해 구라마에(蔵前) 국기관에
서 처음으로 태그매치(tag match)를 열었던 1954년 2월이 그 시작이다
〔그림 2〕. 이것은 일본의 격투기 역사뿐만 아니라 전후 문화사와 언론
사에서도 반드시 언급되는 '시작'의 이야기이다. 물론 이러한 이야기
는 리키도잔이 일본 프로레슬링의 대명사가 된 후에 만들어졌다. 사
실 일본의 프로레슬링 흥행이 여기서부터 시작된 것은 아니며, 리키
도잔이 '일본인' 처음으로 프로레슬러가 된 것도 아니다.[2] 그럼에도 일
반 민중들의 인지도라는 점에서 볼 때, 이 '시작'의 이야기는 당연할
수 있다.

---

2    프로레슬링의 '역도산 전사'에 대해서는 小島貞二, 『力道山以前の力道山たち』, 三
     一書房, 1983 참조.

일본 프로레슬링의 정사에는 반드시 언급되는 전사(前史)가 있다. 스모 역사(力士), 즉 프로격투기 선수였던 리키도잔이 스모 품계에서 차석인 오제키(大関) 승진을 코앞에 둔 상황에서 역사를 그만두려고 머리를 자른 뒤, 미국에서 온 바비 브룬스(Bobby Bruns) 등과 대전한 1951년 10월의 데뷔전이다. 이미 9월에 일본에 온 그들이 시범 경기의 대전 상대로 스카우트한 일본인 가운데 한 사람이 바로 스모 역사 출신인 리키도잔이었다. 유도 출신인 엔도 고키치(遠藤幸吉)도 같은 시기에 스카우트됐는데, 가장 먼저 스모 레슬러와 유도 레슬러를 대전 상대로 선정했다는 점은 관중들 대부분을 차지한 미국인 병사들을 위해 '미국 대 일본'이라는 연출이 기획됐음을 분명히 보여준다. 어쨌든 트레이닝을 시작한 지 얼마 되지 않은 10월 28일, 리키도잔은 처음으로 공개된 장소에서 바비 브룬스와 싸워 경기를 무승부로 끝냈다.

이것을 '전사'라고 밝힌 까닭은 이로 인해 프로레슬링 열풍이 시작된 것은 아니기 때문이다. 당시는 아직 텔레비전 중계도 없었고, 리키도잔의 주무기인 가라테 춥도 등장하지 않았으며, 게다가 '일본인' 레슬러가 1승조차 올리지 못했다. 다시 말해 일본 전역을 휩쓸 스펙터클이 준비되지 않았던 것이다. 그 모든 조건이 갖춰진 때는 1954년 2

월 샤프 형제와의 대전이었다. 1년간의 '아메리카 무사 수행'을 마치고 1953년에 일본으로 돌아온 리키도잔은 "각지를 전전하며 벌인 300전 5패"라는 전과를 크게 선전하고[3] 얼마 지나지 않아 일본프로레슬링협회를 세웠다. 또한 공영방송인 NHK(일본방송협회)와 민간방송인 니혼테레비(日本テレビ) [사장: 쇼리키 마쓰타로(正力松太郎)]는 텔레비전 방송을 개시했다. 특히 초기 프로레슬링 보급 과정과 니혼테레비는 불가분의 관계였다. 니혼테레비는 A급 전범으로 지명된 쇼리키 마쓰타로가 불기소 처분으로 석방된 후, 극동 반공 정책의 일환으로 미디어 전략을 전개하던 미국 CIA의 공작을 받아 설립된 방송사였다.[4] 니혼테레비는 텔레비전 보급을 위해 각 지역의 거리에 텔레비전을 설치했는데, 이는 결과적으로 프로레슬링에 대한 원격 관객석을 제공한 셈이 됐다.

이 같은 기반이 마련된 뒤 미국에서 온 이들이 바로 "빨간 머리, 파란 눈, 가슴에도 배에도 텁수룩하게 난 털, 일본인 몸통만 한 허벅지, 떡 벌어진 어깨와 식빵을 집어넣은 듯한 팔의 근육, 태평양전쟁에서 일본인을 때려잡은 '미국인의 전형'"[5]이라고도 묘사된 샤프 형제였다. 그들과 맞서 싸운 이들은 스모와 유도라는 일본의 '전통' 무술 출신인 리키도잔과 기무라 마사히코(木村政彦)였다. 당시 관객이라면 누구나 짐작할 수 있듯이, '미일전쟁'으로 연출된 첫 싸움(1954년 2월 19일)에서 리키도잔은 처음부터 가라테 촙을 연발했다. 프로레슬링 열

3    「全米を風靡した"リキ"」, 『週刊サンケイ』, 1953년 4월 5일.
4    有馬哲夫, 『日本テレビとCIA』, 新潮社, 2006.
5    原康史, 『激録力道山 第1巻』, 東京スポーツ新聞社, 1994, 229쪽.

풍의 막이 열린 것이다. 같은 해 8월 일본에 온 한스 슈나벨(Hans Schnabel)과 루 뉴먼(Lou Newman)은 반칙을 서슴지 않는 악역(heel)으로, 반면 리키도잔과 기무라 마사히코는 악행을 일삼는 외국인 레슬러에게 끝까지 버텨 최후에 승리한 일본인 레슬러라는 권선징악의 구도가 관중들 머릿속에 각인됐다. 이는 한국전쟁을 계기로 한 '조선 특수'를 거쳐 이른바 '진무(神武) 경기(1955~1957년)'로 이어지는 고도 경제성장의 시작, 즉 '패전국 일본'의 부흥 이야기와 겹쳐지기도 했다.

이러한 미일전에 대해 당시 언론은 "일본은 미국에 일방적으로 당해 아주 기분이 나빴습니다. 이런 기분이기 때문에 커다란 미국인을 때리거나 발로 차거나 하는 프로레슬링에서 가슴속을 후련하게 하려고 하는 것이지요"[6]라고 하거나 "황색 일본인이 커다란 외인(外人)을 가지고 놀고 있다"[7]라는 등 미일 관계를 자주 인종화해(racialize) 투영했다. 일본에서는 '귀축미영(鬼畜米英)', 미국에서는 '잽(Jap)'이라는 서로에 대한 인종주의적 표상이 태평양전쟁 중에 일반적으로 널리 퍼졌는데,[8] 이러한 인종 전쟁의 이미지는 전후에도 대중문화의 장에서 격투기로 그 모습을 바꿔 이어갔다.

미일 관계를 레슬러의 '인종'에 투영하는 방법은 일본이 프로레슬링을 수입한 미국에서 선행됐다. 1940년대 후반부터 1950년대 초반에 걸쳐 미국에서는 프로레슬링의 인기가 재연됐는데, 그때 일본인 레슬러와 나치 분장을 한 독일인 레슬러, '공산주의자'를 대표하는 러

6 「プロ・レス てんやわんや」, 『週刊朝日』, 1954년 8월 22일.
7 「誕生一年 軌道に乗ったプロレス」, 『サンデー毎日』, 1955년 2월 20일.
8 이 점에 대해서는 ジョン・ダワー(John Dower), 斎藤元一 옮김, 『容赦なき戦争: 太平洋戦争における人種差別』, 平凡社, 2001 참조.

시아인 레슬러는 단골 악당으로 등장했다. 제2차 세계대전의 생생한 기억과 냉전이 링 위에 투영된 것이다. "아시아계 레슬러는 모두 간악한 일본인 역할을 했다"라는 평가에서 볼 수 있듯이,[9] 국제정치가 '인종'으로 시각화되어 투영된 것이다.

리키도잔의 캐릭터 설정과 관련해 미국 프로레슬링의 인종 정치(racial politics)는 중요한 역할을 했다. [그림 3] 미국에서는 리키도잔 이전에도 해럴드 사카타(Harold Sakata), 리키도잔의 트레이너였던 오키 시키나(沖識名), 미일 프로레슬링을 연결한 이들 가운데 한 사람이었던 그레이트 토고(Great Togo) 등 일본계 미국인들이 이미 활약 중이었다. 당시 일본계 레슬러는 관중이 기대하는 역할 이상은 하지 않았던 듯하다.[10] '아메리카 무사 수행'을 위해 하와이에 간 리키도잔이 처음으로 대전한 리틀 칩 울프(Little Chief Wolf)('인디언' 대 '스모 레슬러'의 구도)를 가차 없이 쓰러뜨렸을 때 트레이너였던 오키 시키나가 "이기기만 하는 것이 프로레 슬링의 전부는 아니다"라고 경고했다는 일화는 유명하다.[11] 당시 리키도잔의 프로모터는 역사 출신인 리키도잔을 '쇼맨 스타일(showman style)'로 등장시키려 했던 것으로 보이나, 그는 일부러 이기는 것에 집착하는 '스트롱 스타일(strong style)'을 선택했다. 그는 실제로 경기에서 '가라테 춉'이라고 불리는 기술을 사용해

9    Scott M. Beekman, Ringside: A History of Professional Wrestling in America, Westport: Praeger, 2006, p. 91.
10   그러한 극단적인 사례가 악역으로 유명했던 그레이트 토고였다. 그에 대해서는 일단 村松友視, 『七人のトーゴー』, 文藝春秋, 1982; 森達也, 『悪役レスラーは笑う』, 岩波新書, 2005 참조.
11   力道山의 『空手チョップ世界を行く』(ベースボール・マガジン社, 1962) 등에 언급됐다.

**[그림 3]** 미국 데뷔 당시의 리키도잔. "일본에서 온 맹호"라고 소개됐다.[13]

이김으로써 팬들을 빠르게 확보했다. 관중석의 약 절반은 일본계 1세나 2세였고, "얏츠케로! [やツクロ!, (쓰러뜨려!)]"라는 일본어 환호성도 들렸다는 하와이에서 일본보다 먼저 리키도잔 열풍이 일어났다는 평가도 있다.[12] 그것은 미국에서 일본계인의 표상이 '적국민(敵國民)'을 벗어나 미국 사회에 동화하면서 능력에 따라 지위를 획득해가는 '모델 마이너리티'로 이행해가는 과정과 병행했다.

　'스트롱 스타일'을 내세운 리키도잔이 볼 때 미움 받는 '잽' 역할을 스스로 맡았던 그레이트 토고와 같은 사람은 적어도 겉으로는 혐오해야 하는 존재였다. 그것이 명확하게 나타난 경우는 리키도잔이 미국에서 돌아온 지 얼마 되지 않아 기획된 가라테(空手道) 선수 오야마 마스타쓰(大山倍達)(최배달 혹은 최영의)[14]와의 대담 〈사무라이 니폰〉에

---

12　原康史,『激錄力道山 第1卷』, 東京スポーツ新聞社, 1994, 111~112쪽. 여기서는 자세히 소개할 지면의 여유가 없지만 당시 하와이에서 일본계 사람이 발간한 *The Hawaii Hochi, Hawaii Times* 등의 신문을 보면 리키도잔의 활약에 상당히 주목했음을 알 수 있다.

13　力道山,『空手チョップ世界を行く』, ベースボール・マガジン社, 1962.

14　오야마 마스타쓰의 민족 표상도 역도산과 마찬가지였다. 일본에서 그는 가지와라 잇키의 원작 만화『空手バカ一代』(1971~1977에 주간지『少年マガジン』연재) 등에서 '일본인'으로 그려졌다. 한편 한국에서는 거의 동시기에 고우영이 아동잡지『새소년』에 연재한 극화『대야망』의 주인공으로 '최배달'이 등장했다. 그 후 그는 방학기가 1990년에『스포츠서울』에 연재한 만화「바람의 파이터」나 그것을 바탕으로 만들어진 동명의

서였다.[15] 이 대담의 기획 취지는 '아메리카 무사 수행'을 마치고 '연전연승의 빛나는 전력'을 남기고 돌아온 두 사람에게 '아메리카 무용담'을 듣고자 하는 데 있었다. 그렇지만 이야기 중반부터 두 사람의 입에서는 그레이트 토고에 대한 험담이 계속됐다. 리키도잔이 "토고라는 녀석은 비겁한 짓만 하고 그것으로 인기를 얻고 있습니다"라고 평하자 오야마는 "토고는 인기를 얻기 위해서는 이편이 죽는다고 해도 신경 쓰지 않는" 녀석이라고 경멸했다. 리키도잔은 그러한 토고와 자신을 대조적으로 말했다.

> "저쪽의 2세 흥행사라는 것은 돈을 벌기만 하면 된다는 도둑 같은 놈들입니다. 그렇기에 일본의 레슬링 따위는 가짜밖에 없다는 평가를 받게됐어요. 나는 그렇지 않은 면을 보여주고 명예를 만회해 보이겠습니다. 나는 그런 기분입니다."

이 대담의 이름을 빌리자면, 토고는 '일본 사무라이'로서 부끄러운 존재이며, 자신들이야말로 진정한 '일본 사무라이'를 보여준다는 것이다. 그렇지만 이처럼 역사의 엇갈림이 가득한 대담도 없다. 이 대담에서 완전히 비밀로 감춰진 것은 리키도잔도 오야마 마스타쓰도 조선인이었다는 사실이다. 이를 은폐함으로써 '미일' 관계의 알레고리가 성립했다.

---

영화(2004) 등을 통해 '한국인' 최배달로 알려졌다.

15    大山倍達 · 力道山, 「サムライ日本」, 『オール読物』 1953년 7월 호.

## 3. '조선인'으로서의 리키도잔

리키도잔이 함경남도 홍원군 신풍리(현재 신포시 소속) 출신의 조선인 김신락(金信洛)이라는 사실은 지금에 와서는 일본에서도 거의 '상식'에 속한다. 그러나 그는 생전에 자신이 조선인이라는 사실을 일본 내에서 공개적으로 말한 적이 없고, 주위 사람들에게도 쉽게 밝히지 않았으며, 심지어 그 사실은 이미 알고 있는 사람조차 말하지 못하는 '비밀'이었다. 즉 '리키도잔'이라는 존재는 조선인성(朝鮮人性)을 '기억의 구멍'에 던져 넣음으로써 처음으로 일본의 '국민적'인 기억의 장에서 '영웅'의 지위를 획득했다. 동아시아 기억의 장은 기억의 전제에 있는, 또는 그것과 표리일체의 관계에 있는 망각, 배제, 무시, 무지 등과 마주 보지 않고서는 탐구할 수 없다. 이는 '알려진 사실'을 단순히 '알려지지 않은 사실'로 보완하면 되는 문제가 아니다. 중요한 것은 에르네스트 르낭(Ernest Renan)의 국민론에 노골적으로 나타난 것처럼 '국민'의 성립에 본질적으로 존재하는 기억과 망각의 경제(economy)를 해부하는 것이다.[16]

먼저, 스모 팬들에게는 리키도잔이 조선 출신이라는 사실이 어느 정도 알려졌던 것 같다. 예를 들어 스모 역사(力士)에서 스모 연예평론가로 전신한 고지마 데이지(小島貞二)는 "리키도잔이 조선 출신이라는 점"은 "스모계에서는 모두 알고 있었다"라고 서술했다.[17] 극화

---

16    이 책의 서문 「동아시아 기억의 장을 찾아서」 참조.

(劇畫) 원작자로 널리 알려진 가지와라 잇키(梶原一騎)도 그의 유작이 된 자전적 극화에서 예전에 편집자였던 아버지에게서 그 사실을 "전쟁 전부터 스모 팬을 비롯해 아는 사람은 다 안다"고 들었다고 말한다.[18] 실제로 리키도잔이 스모계에 입문한 초기에 공표된 신제자(新弟子) 검사 합격자 명단에 그의 출신지는 '조선', 본명은 '金信濟(김신제)'로 표기됐다〔'제(濟)'는 '락(洛)'의 오기이다〕.[19] 1941년 처음으로 이름이 오른 품계표에는 "조선 리키도잔 쇼노스케(力道山昇之介)"라고 '조선'이라는 출신지가 분명히 적혀 있다. 당시 조선에서 간행되던 일본어 신문 기사에도 '김신락 군'은 "반도 출신 미래의 요코즈나(橫綱, 스모계의 최고 지위)"로서 사진과 함께 소개됐다. 그는 전화 인터뷰에서 "훌륭한 역사가 되고 반도 청년의 이름을 높이고 싶습니다"라고 말했다.[20]

그러나 얼마 지나지 않아 그의 출신지와 이름 표기는 '나가사키(長崎) 리키도잔 미쓰히로'로 안착됐다.[21] 게다가 1942년에 잡지 『야구계(野球界)』에 실린 '유망 역사들'의 좌담회에서 리키도잔은 질문을 받지 않았는데도 "스스로 갑자기 이의를 제기하는 것 같아 이상합니다만 제가 반도 출신인 것처럼 되어 있으나 사실은 오야카타(스모의 스승) 다마노우미(玉ノ海)와 같은 나가사키 현이므로 이를 알아주시길 바

17    小島貞二, 『力道山以前の力道山たち』, 三一書房, 1983, 9~10쪽.
18    가지와라 잇키 원작, 하라다 구니치카(原田久仁信) 극화, 『男の星座』⑤, 日本文芸社ゴラクコミックス, 1988, 85쪽. 가지와라는 아버지(다카모리 다쓰오)의 말을 빌려 작가 장혁주가 역도산을 '김 군'이라 부르고 "자주 데리고 다녔다"라는 이야기도 전했다.
19    『相撲』1940년 7월 호, 41쪽.
20    「われらが力道山 輝く二番出世 初日以來七勝一敗」, 『京城日報』, 1940년 5월 19일.
21    李淳馹, 『もう一人の力道山』, 小学館文庫, 1998(초판 1996), 36~38쪽. 이 책은 조선인으로서의 역도산의 측면을 성심껏 쫓은 르포르타주이다.

**[그림 4]** 유망 역사들 좌담회에서의 리키도잔. 오른쪽 맨 아래가 리키도잔이다.[24]

랍니다"라고 발언했다.[22] 〔그림 4〕나중에 밝혀진 사실로 볼 때 그의 그러한 출신 숨기기의 배경에는 식민지 말기의 민족차별이 있었다고 추측할 수 있다.[23] 어쨌든 그는 '조선인'이라는 사실을 적어도 표면상으로는 은폐했다.

한편 재일조선인 사회에서도 리키도잔이 조선 출신이라는 사실이 서서히 알려졌다. 그렇다 하더라도 한반도 남부 출신자가 95퍼센트 이상인 재일조선인 사회에서 조선인들이 모여 사는 동내에 거주하

---

22  『野球界』, 1942년 12월 15일, 104쪽. 다만 그후에도 역도산은 자신이 '반도 출신'임을 아직 완전히 숨길 수 없었다. 예를 들어 『매일신보』기사(1943년 6월 25일)는 "반도출신 역사"로서 활약한 공적을 찬양해서 매일신보사 사장이 역도산에게 일본도(日本刀) 한 자루를 수여했다는 사실을 사진과 함께 보도한 바 있다.

23  예컨대 재일조선인 프로야구 선수로서 유명한 하리모토 이사오(張本勳, 장훈)는 술을 마시고 리키도잔 자택에 갔을 때 "한국인이라면 한국인이라고 말하면 되지 않습니까?"라고 따지자 리키도잔이 "너는 식민지 시대의 고생을 제대로 몰라서 그런 말을 할 수 있는 거야"라고 화를 내면서 하리모토의 어깨를 쳤던 경험을 증언한 적이 있다(『朝日新聞』, 1994년 12월 16일).

24  『野球界』, 1942년 12월 15일.

지도 않았던 리키도잔의 출신에 관한 정보가 저절로 알려진 것은 아니다. 이순일의 취재에 따르면, 그 사실은 일본의 패전 직후 재일본조선학생동맹을 통해 알려졌다고 한다. 당시 도쿄 신주쿠(新宿)에 있던 재일본조선학생동맹 사무소에 동향 사람인 진명근(陳溟根)을 만나러 스모 상투를 한 리키도잔이 '인디언'이라 불린 오토바이를 타고 자주 오갔다는 것이다. 그는 배급받은 쌀 등을 먹으러 왔다고 한다. 어쨌든 그의 모습은 눈에 띄었기에 그곳에 모여 있던 조선인 학생들에게 리키도잔이 진명근과 동향 사람이라는 사실이 알려졌고, 그 후 전국으로 흩어져간 학생들에 의해 그 소문이 퍼졌다고 한다.[25] 이외에도 재일조선인 사이에서 여러 소문을 타고 그의 출신이 차츰차츰 알려졌다. 그 때문에 재일조선인이 모여 사는 오사카(大阪) 이쿠노구(生野区)에 있던 가두 텔레비전에 리키도잔이 등장했을 때 "샤프 형제 전에서는 조선인보다 일본인이 흥분하고, 기무라 전에서는 일본인보다 조선인이 흥분했다"고 전해진다.[26]

　　그러나 프로레슬러로서 리키도잔의 활약이 커질수록 그는 일본 대중매체에서 나가사키 출신이라는 거짓말을 단단하게 덮어씌워 갔다. 리키도잔에 대해 처음으로 잘 정리된 전기라고 할 수 있는 미쓰하시 가즈오(三橋一夫)의 『프로레슬러 리키도잔 이야기』[27]에는 "나가사키 현 오무라(大村) 시의 농가 모모타 미노스케(百田巳之助)와 그의 처 다쓰(たつ)"의 "세 번째 남자아이"로 리키도잔을 그려낸다. 〔그림 5〕세

25　　李淳馹, 『もう一人の力道山』, 小学館文庫, 1998(초판 1996), 74~79쪽.
26　　다음에 실린 양태호의 인터뷰에 의한 내용이다. 黄民基, 「在日朝鮮人たちの力道山伝説」, 『別冊宝島120 プロレスに捧げるバラード』, JICC出版局, 1990, 73쪽.
27　　三橋一夫, 『プロレスラー力道山物語』, 室町書房, 1954.

**[그림 5]** 리키도잔의 어린 시절.[30]

살 때 아버지를 여의고 "나는 육군대장이 될 거다"라고 말하던 소년 미쓰히로는 오무라 제2소학교를 졸업하고 도쿄로 가서 스모계에 입문했다고 나온다. 또 그의 소학교 시절 무용담 등도 수 쪽에 걸쳐 길게 쓰였다. 국민적 인기가수 미소라 히바리(美空ひばり)가 주제가를 부른 것으로도 화제가 된 니카쓰(日活)의 전기 영화 〈노도의 사나이(怒濤の男)〉(모리나가 겐지로 감독, 1955)도 오무라 시를 무대로 근처에 사는 심술궂은 아이와 싸움을 하는 미쓰히로의 이야기로 시작한다. 리키도잔의 사후에 출간된 『리키도잔 꽃의 생애』[28]에서도 오무라 제2소학교 시절 그의 100미터 달리기 기록까지 세세하게 소개한다. 생전에 이 이야기를 인터뷰해서 들은 『스포츠니폰(スポーツニッポン)』신문사 기자였던 데라다 세이지(寺田靜嗣)는 나중에 "영웅은 역시 일본인이 아니면 안 된다. 그런 시대였다. …… 지금이라면 다른 방법이 있었을지도 모르지만 당시는 일부러 밝혀내는 것은 본인도, 나도, 그리고 독자도 원하지 않았다"라고 말했다.[29] 정말로 "원하지 않았"는지는 제쳐두더라도, 그런 식으로 '일본인' 리키도잔

28    『力道山 花の生涯』, スポーツニッポン新聞社, 1964.
29    「ヒーローの日本人伝説 海峽の力道山 3」, 『朝日新聞』, 1994년 12월 15일.
30    三橋一夫, 『プロレスラー力道山物語』, 室町書房, 1954.

은 만들어져 갔다.

　다만 딱 한 번 리키도잔 생전에 그가 조선반도 출신이라는 사실이 대중매체에서 다루어진 적이 있다. 1963년 1월 그가 남한을 극비 방문했을 때의 일이다. 『도쿄주니치신문(東京中日新聞)』(1963년 1월 9일)이 서울발 AP통신의 기사로 「리키도(잔), 돌연한 한국행」, 「20년 만의 모국」, 「링의 왕자도 감개무량」이라는 제목으로 남한 방문 소식을 전했다. 리키도잔이 기자회견에서 "20년 만에 모국을 방문하게 되어 감개무량합니다. 긴 시간 일본어만 사용했기에 한국어는 전혀 못 합니다"라고 발언한 것까지 보도됐다. 이는 거의 사고에 가까운 것으로, 귀국 후 보도 사실을 알게 된 리키도잔은 격노한 나머지 이 신문에 대해 취재 거부라는 보복을 취했다고 한다.[31] 그의 비서였던 요시무라 요시오(吉村義雄)는 회사 내에서조차 리키도잔의 방한에 대해 함구령이 내려졌던 이유를 "리키도잔이 조선인이라는 설이 나오면 귀찮아진다고 생각했던 것이었겠지요"라고 했다. 리키도잔은 한국을 방문했던 사실보다 이를 통해 자신이 조선인이라는 사실이 알려지는 것을 꺼렸다고 여겨진다.[32] 그러나 리키도잔이 우려한 것처럼 『도쿄주니치신문』 기사의 함의가 팬들 사이에서 심각하게 받아들여지지는 않았다. 당시 프로레슬링 팬으로 이 기사를 본 무라마쓰 도모미(村松友視)는 이것을 '고향 방문'이라기보다 '한국에서의 흥행'을 기획하는 정도로 받아들

---

31　牛島秀彦, 『もう一つの昭和史① 深層海流の男·力道山』, 毎日新聞社, 1978, 221쪽.

32　吉村義雄, 『君は力道山を見たか』, 飛鳥新社, 1988, 227쪽. 실제 이때 『스포츠니폰』 1963년 1월 11일 자와 12일 자에서도 방한 사실이 보도됐지만 '모국'과 같은 표현이 없었기에 리키도잔이 취재 거부를 하지는 않았다.

였고, '모국'이라는 표현도 특별히 신경 쓰지 않고 흘려 보았다고 회상했다.[33]

리키도잔이 조선인이었다는 터부(taboo)가 서서히 깨져간 것은 1970년대, 더 명확하게는 1980년대의 일이다. 1973년 주간지 『아사히저널(朝日ジャーナル)』에 사노 미쓰오(佐野美津男)가 쓴 「리키도잔 이야기」는 역도산을 재일조선인 문제 가운데 하나로 논한다.[34] 이 기사는 단순히 구두 전승만을 전달한 보도에 그쳤지만, 그러한 소문을 실제로 오무라까지 가서 확인한 우시지마 히데히코(牛島秀彦)의 취재 기사가 1977년 월간지 『우시오(潮)』에 실렸다.[35] 우시지마는 먼저 오무라 제2소학교에 역도산이 재학하지 않았다는 사실을 밝혀내고, 거기에 더해 역도산이 고향을 떠나 니쇼노세키베야(二所ノ関部屋, 일본스모협회의 스모방)에 입문하는 과정에서 핵심 역할을 한 오가타 도라이치(小方寅一, 일제 시대 조선의 경찰관)와 인터뷰를 했으며, 창씨명(創氏名)에 실린 조선 호적의 초본과 양자 입적을 한 모모타의 호적등본도 열람해 그 내용을 공개했다.

우시지마의 르포는 '스캔들'처럼 까발리는 형식이 아니라 일본 전후사의 뒷면을 비판적으로 그려내는 취지의 글이었다. 그 필법은 당시 재일조선인의 운동이 확산된 상황과도 관련이 있었을 것이다. 박종석(朴鍾碩)의 취직 차별을 고발한 히타치(日立) 취직 차별 반대 재판 투쟁, 각지에서 일어난 재일조선인 본명 운동, 일본식 이름 발음에 대

33    村松友視, 『力道山がいた』, 朝日新聞社, 2000, 291~293쪽.
34    『朝日ジャーナル』, 1973년 4월 13일.
35    牛島秀彦, 「『日の丸』の男 力道山の昭和秘史」, 「茶の間の英雄·力道山の光と影」, 『潮』 1977년 8~9월 호.

해 최창화(崔昌華)가 NHK를 제소한
운동, 사법연구소의 국적 요건 철폐
를 요구한 김경득(金敬得)의 운동 등
1970년대는 일본 사회에서 재일조선
인의 권리를 획득하고자 하는 운동이
폭넓게 전개되던 시기였다. 리키도잔
의 출생에 대한 보도는 이러한 흐름
에도 반영됐다. 예를 들어 평론가 김
일면(金一勉)은 『조선인이 왜 일본 이

**[그림 6]** 1980년대 일본에서는 리키도잔 출
신지에 대한 정보가 대중화됐다.

름을 쓰는가』(1978)에서 우시지마의 기사를 비중 있게 소개하며 일본
의 '차별의 심리 구조'에 대한 문제를 논했다. 그는 "일본 소년의 꿈
을 깨고 싶지 않다"며 자신의 출신을 밝히지 않은 오야마 마스타쓰의
사례를 들어가면서 "차별 사회의 심리 구조의 죄"와 함께 "피차별자
스스로가 '차별 사회'의 영역을 넓혀가며 온연히 확대시키고 있다"고
지적했다.[36]

　　1980년대 전반에는 일종의 리키도잔 열풍이 일어났다. 이 시기
안토니오 이노키(アントニオ猪木)가 이끄는 신일본프로레슬링과 자이
언트 바바(ジャイアント馬場)가 이끄는 전일본프로레슬링이 경쟁하며
프로레슬링 열풍을 일으켰는데, 때마침 리키도잔 사후 20주년인 1983
년에 맞춰 그의 재발굴이 진행됐다. 스포츠 잡지 『넘버(Number)』가
「리키도잔의 진실」이라는 특집을 기획하자 이틀 만에 26만 부가 팔렸

---

36　　金一勉, 『朝鮮人がなぜ「日本名」を名のるのか』, 三一書房, 1978.

고,[37] 〔그림 6〕 쇼치크(松竹)가 비장(秘藏) 필름을 바탕으로 한 영화 〈더 리키도잔〉(다카하시 토모아키 감독, 무라마쓰 도모미 제작)도 공개됐다. 『넘버』에는 이데 고야(井出耕也)가 쓴 「추적! 리키도잔」이라는 긴 기사도 실렸다. 그는 여러 관계자와의 인터뷰를 통해 '조선인' 리키도잔의 뒤를 캤다. 이 특집호로 일시에 리키도잔의 출신이 널리 퍼졌다고 할 수 있다. 또한 이 시기에는 북한에서 나온 상세한 정보가 일본의 대중잡지를 통해 소개되기도 했다. 1984년 3월 평양에서 발행된 『통일신보』가 「그에게도 조국은 있었다」라는 력도산 이야기를 게재했는데,[38] 이 기사를 주간지 『플레이보이(プレイボーイ)』가 대서특필로 상세하게 소개했다. 머리기사가 「그는 도쿄올림픽에서 조국에 남긴 딸과 재회를 하지 못한 채 죽어갔다!」였고, 이런 잡지로는 이례적으로 특별한 주석도 없이 8쪽에 걸친 일본어 번역문을 전문 게재했다.[39] 이듬해 1985년에는 조선총련계의 일본어 월간지 『통일평론』이 력도산의 장녀로 알려진 김영숙의 수기 「우리 아버지 력도산」을 일본어 번역으로 게재하자, 이를 바로 사진 주간지 『포커스(FOCUS)』가 「리키도잔이 남긴 아이가 북한에 있다」는 기사로 인용해 소개하기도 했다.[40]

　　이러한 과정을 거쳐 김신락으로서의 리키도잔 이미지가 절반은 '상식'으로 알려졌다.

---

37　『Sports Graphic Number』, 1983년 3월 5일. 발행 부수에 대해서는 「力道山リバイバル」, 『朝日新聞』, 1983년 6월 20일 참조.
38　「그에게도 조국은 있었다」, 『통일신보』, 1984년 3월 9일/ 1984년 3월 16일.
39　「もうひとつの力道山物語」, 『プレイボーイ』, 1984년 5월 8일.
40　金英淑, 「わが父(アボジ)力道山」, 『統一評論』 1985년 3월 호; 『FOCUS』, 1985년 3월 15일.

## 4. '한국이 낳은 세계적인 레슬러' 역도산

흥미로운 것은 일본에서 '리키도잔'의 표상에 대해 '기억의 구멍'이 됐던 부분이 남한과 북한의 경우에는 오히려 '기억의 장'의 중심이 됐다는 점이다. 즉 남한과 북한에서는 초기부터 역도산/력도산이 한반도 출신이라는 점이 주목받았다. 먼저, 남한의 경우부터 살펴보자.

역도산 시대의 프로레슬링 열풍은 '일본'이라는 공간에 한정된 경험이 아니었다. 예를 들어 부산 등의 지역에서는 일본의 텔레비전 방송을 수신할 수 있었다. 나중에 '당수 촙'으로 유명해진 천규덕(千圭德)은 1961년쯤 부산에서 "어느 날 장영철과 남포동 밤길을 걷는데 전파상 앞에 사람들이 잔뜩 모여 있어. 뭔가 가보니 일본 방송에 역도산이 나와. 그가 미국 선수들을 가라테로 쓰러뜨리면 일본 관중이 환장하더구먼. 패전국 국민이 레슬링을 통해 울분을 푸는 것이었지. 그걸 보고 나도 장영철에게 레슬링을 해보고 싶다고 해서 입문하게 됐어"라고 말한다.[41] '비호' 장영철(張永哲)과 '당수 왕' 천규덕은 그 후 한국 프로레슬링 제1세대로서 중요한 역할을 했는데, 그들이 함께 부산에 최초의 거점을 두었던 것은 우연만은 아니었다. 그들뿐만 아니라 역도산이 나오는 방송을 시청했던 경험을 공유하는 부산 출신자들은 적지 않다. 1956년 일본에 밀항해 역도산의 제자로 들어가 '박치

---

41   「〈오랜만입니다〉 프로레슬링 1세대 '당수왕' 천규덕」, 『문화일보』, 2010년 9월 10일 전자판.

기 왕'으로 이름을 날린 김일(金一)〔일본 이름 오키 긴타로(大木金太郎)〕
도 한 인터뷰에서 자신도 부산에서 텔레비전을 봤다고 했으나,[42] 자서
전에서는 그와 다른 흥미로운 사실을 언급한다. 즉, 1956년쯤 여수 부
두에서 일본을 오가며 수산물을 취급하는 어부들한테 텔레비전에서
봤다는 역도산의 이야기를 처음 들었다는 것이다. 게다가 그는 선원
들이 보여준 프로레슬링 잡지에 실린 역도산의 사진을 보고 "나의 인
생은 180도 바뀌었다"고 회상했다.[43] 아직 국교가 없었던 시기에도
'역도산'의 이미지는 여러 경로를 통해 현해탄(玄海灘)을 넘어 한반도
남부까지 전해졌다.

　김일은 자서전에서 일본에 건너가기 전 "역도산이 조선인이라
는 사실"도 들었다고 서술했다. 이것은 소문 가운데 하나였지만, 남한
의 매체가 역도산이 '교포'라는 사실을 그의 생전에 지웠던 흔적은 없
다. 언제부터 알려졌는지는 정확하지 않으나, 예를 들어 통신회사
UPI동양이 1961년 10월에 내보낸 「일본서 활약하는 교포선수들」이
라는 기사에서는 야구계의 가네다 쇼이치(金田正一), 하리모토 이사오
(張本勳) 등을 열거하며 "이상 열거한 그 어느 선수보다도 널리 알려졌
으며 일본에서 '프로레슬링'을 하나의 큰 기업으로 만든 '리키도 상'
을 빼놓을 수는 없다"라고 기록되어 있다.[44]

---

42　그는 "부산 근처에는 일본 텔레비전이 나와 프로레슬링은 매우 인기가 있었다. 나도 그
　　것을 보고 이것이다라고 생각했으니까"라고 회상했다(加藤將輝, 「大木金太郎物語:
　　リングの中の異邦人 第二回」, 『プレイボーイ』, 1994년 9월 13일, 64쪽).
43　김일, 『굿바이 김일: 박치기왕 김일 회고록』, 일간스포츠, 2006, 12~13쪽. 이 책에서 김
　　일은 1948년 여수 순천 민중봉기에 가담했다고 의심받아(실제 친구가 학살당한 것에
　　분노해 반란군에 공감했었다) 군경에 의해 죽을 뻔한 경험도 이야기한다(23~25쪽).
44　「일본서 활약하는 한국인선수들」, 『경향신문』, 1961년 10월 12일), 「일본서 활약하는
　　교포선수들」, 『동아일보』, 1961년 10월 13일. 둘 다 내용은 거의 비슷하다.

그러나 뭐니 뭐니 해도 '한국인'으로서 역도산이 널리 알려지게 된 계기는 1963년 1월 8일에서 11일까지 이루어진 그의 방한이었다. 이 방한은 그저 한국에 갔다고 하는 수준을 훨씬 뛰어넘는 국빈 대우의 방문이었다. 당시 대한민국은 1961년 5.16 군사 쿠데타로 집권한 박정희가 국가재건최고회의 의장으로서 '혁명정부'를 내걸고 군정을 실시하던 시기였다. 역도산의 방문은 박일경(朴一慶) 문교부 장관의 초청에 따른 공식 방문이었다. 방한 시에 그는 박일경 문교부 장관, 김재춘(金在春) 중앙정보부장, 이원우(李元雨) 공보부 장관 등과 면담했을 뿐 아니라, 박정희 의장과도 만날 계획이 있었다니, 실로 '혁명정부'의 실세들에게 환대받았음을 알 수 있다.[45] 이 방한은 당시 급속하게 진행되던 한일 국교 정상화 교섭과 박정희 '혁명정부'의 스포츠 진흥 정책과 관련해서 실현됐다고 여겨진다.[46]

여기에서 중요한 것은 이러한 역도산의 방한 시 동정이 한국에서는 전혀 극비가 아니었고 '함경남도 출신의 한국인'이라는 프로필과 함께 하나하나 상세히 신문 등에서 보도됐다는 사실이다. [그림 7] 그의 내력과 관련해 『경향신문』(1963년 1월 5일 자)은 「한국이 낳은 세기의 역사 역도산」이라는 제목으로 그가 함경남도 출신이라는 것 등

---

45  역도산이 박정희 의장을 만났다는 직접적인 기록을 찾을 수 없으나 방한 전에 공개된 일정표에는 1월 8일 오전에 '의장예방'이라는 일정이 잡혀 있었다(『동아일보』, 1963년 1월 4일). 일정은 변경됐지만 실제로 그는 1월 9일에 최고회의를 방문했다는 보도를 확인할 수 있다(『경향신문』, 1963년 1월 9일; 『동아일보』, 1963년 1월 9일).

46  한일회담과 관련된 내용은 앞에서 언급한 『君は力道山を見たか』(224~237쪽)와 역도산 부인이 쓴 『夫・力道山の慟哭』(双葉社, 2003, 165쪽)를 보면 당시 자민당 부총재였던 오노 반보쿠(大野伴睦)가 큰 역할을 했다고 판단할 수 있다. 한편 '혁명정부'는 장충단체육관의 조성을 계기로 한국에서 프로레슬링 국제 시합을 열기 위해 역도산에게 타진했던 흔적이 있다. 그러한 사실로 미루어보건대, 이는 당시 체육 진흥책의 일환으로 역도산을 이용하려 했다고 해석할 수 있다.

을 언급한 후 "잃어버린 자식을 맞는 것처럼 반가운 우리들에게 역도산은 또 고국에 오는 감회에 엉켜 가슴이 뜨거워지지 않을까"라고 기사를 끝맺는다. 『동아일보』(1963년 1월 8일 자)는 「모국을 찾는 역도산의 이력서」, 「귀화로도 못 끊는 혈맥 … 한국인 자랑」이라고 하면서 "그는 비록 일본에 귀화하였으나 한국인의 피를 이어받았음을 언제나 자랑삼고 있다 한다"라고 가네다 쇼이치에게 한 말 등을 소개한다. 「힘의 왕자 환국 역도산, 20년 만에」라는 『조선일보』기사(1963년 1월 9일 자)는 "서울대학교 도서관장인 김계숙(金桂淑) 박사가 그의 사촌"이라면서 가족 관계까지 언급한다. 또 역도산이 기자에게 했다는 말도 소개한다. 예컨대 "만약 일본이 청구권 액수를 깎는다면 이케다(池田) 수상을 이 주먹으로 갈길 용의가 있다"라고 "정치적인 조크"도 했다는, 한일회담에서 한국 측을 지지하는 발언이 보도됐다.[47] 그뿐만 아니라 "혁명정부가 적극적인 체육진흥을 서두르고 있는 요즈음 자기 자신도 있는 힘을 다해 한국 체육 발전을 도울 생각"이라며 프로레슬링을 통해 박정희 정부의 체육 진흥에 협력할 뜻을 말했다는 보도도 있다.[48] 실제로 이러한 발언을 했는지는 차치한다 하더라도 이러한 담론을 접한 사람들에게는 역도산이 한국의 발전에 공헌하려는 '세계적인 한국인 레슬러'라는 이미지가 형성됐던 것이다.

그렇기에 같은 해 12월 역도산이 급사했을 때도 남한의 각 신문은 그의 생애를 되돌아보는 기사를 게재했다. 『조선일보』(1963년 12월 17일 자)는 「모국 떠나 형극의 길」에서 "그의 숨길 수 없었던 민족애는

47    「"한국에 체육관 세울 자금 마련해 보겠다"」, 『경향신문』, 1963년 1월 9일.
48    「조국체육발전 위해 적극적으로 도울터」, 『동아일보』, 1963년 1월 10일.

[그림 7]　한국에서 역도산을 소개
한 기사.[49]

아직 숨을 거두지 않았으리라?"라고 기사를 썼다. 『동아일보』(1963년
12월 25일 자)는 「화려 속의 고독」, 「적수공권… 타국서 입신」, 「고국 위
해 일해보려다 그만」, 「동포끼리만 모여 회포 풀기도」라는 표제 아래
요정을 통째로 빌려 한국의 보도 관계자만을 모아 함경도 노래를 부
르고 한국에 협력하고 싶다고 말했다라든가, 한국 사람임을 공개하지
않는 것은 "어린애들을 실망"시키고 싶지 않아서이고 "사업 같은 것
이 앞으로 어떻게 될지 모르기" 때문이라고 발언했다든가 하는 이야
기를 전했다. 한국 정부도 이듬해 1월에 상영한 〈대한뉴스〉를 통해

49　　『경향신문』, 1963년 1월 5일.

"한민족의 피를 타고나 세계프러레슬러의 왕자로 군림했던 리키도산"의 "영전 앞에 삼가 명복을 빕니다"라고 공식으로 보도했다.[50]

이러한 보도 상황은 그의 출신에 대한 발언이 금기시됐던 일본과 비교해보면 매우 대조적이다. 앞에서 현해탄을 건너 한국에 전해진 프로레슬링 열풍에 대해 언급했으나, 한국의 보도가 일본에는 차단됐다는 사실은 역으로 현해탄이 얼마나 높은 정보의 벽이 됐는지를 잘 말해준다.

역도산이 죽은 후 '한국인'으로서 그의 모습은 더욱 많이 알려졌다. 1965년 1월 서울에 소재한 영화관 단성사에서 '리키프로 비장의 레슬링 다큐멘터리' 〈역도산〉이 상영됐다. 〔그림 8〕 이는 그가 세계, 전미, 전독일, 남미, 전일본의 각 챔피언과 대전한 장면을 담은 작품으로 '한국이 낳은 세계적인 레슬러'라는 선전 문구가 따라다녔다. 이 다큐멘터리 영화는 "당당오주속영! 관객이오만돌파!(堂堂五週續映! 觀客二五万突破!)"라는 광고 문구처럼[51] 장기 상영과 더불어 많은 관객을 동원했다. 1966년에는 역도산의 자서전 『가라테 촙 세계를 가다』가 '역도산 김신락'이라는 저자명을 달고 『인간 역도산』으로 번역 출판됐다.[52] 여기에서 역도산은 "어렵고 험준한 여건하에서 이 모든 고난을 무릅쓰고 왕자의 위치를 차지하여 이국 땅에서나마 만인의 추앙과 존경을 받는 수많은 내 겨레"(역자 서문) 한 사람으로 소개됐다.

같은 해인 1966년에는 재일한국인 류심평(柳心平) 감독의 다큐

---

50    〈대한뉴스〉 451호, 1964년 1월 16일(한국정책방송원 소장).
51    『경향신문』 1965년 3월 1일 자에 게재된 광고를 참조.
52    역도산 김신락, 이광재 옮김, 『인간 역도산』, 청구출판사, 1966.

**[그림 8]** 역도산에 관한 한국의 영화 광고. 왼쪽은 〈역도산〉(1965). 역도산을 "한국이 낳은 세계적인 레슬러"로 소개한다.[53] 오른쪽은 〈역도산의 인생〉(1966).[54]

멘터리 〈역도산의 일생: 왕자의 길을 찾아서〉(청운영화사 제작)가 제작됐다.[55] 이 영화는 "한국이 낳은 세계프로레스링계의 왕자 '역도산'의 생생한 일대의 기록을 영화화"한다는 취지로 제작됐다.[56] 영화 시나리오(한국어)에 따르면[57] 오프닝은 "푸로레스링의 왕자로서 세계를 주름잡는 한국 남아 역도산 …… 그의 본명은 김신락이었으나 그의 다채

53    『경향신문』, 1965년 1월 26일.
54    『조선일보』, 1966년 5월 10일.
55    「〈한국이 낳은 역도산〉 기록영화 완성」, 『조선일보』, 1966년 4월 9일.
56    「영화제작신고서」(국가기록원 소장문서, 관리번호 BA0791909, 7~39쪽). 이 문서는 청
       운영화사가 공보부에 1966년 1월 5일 자로 제출한 신고서이며, 그 단계의 대본이 자료
       로 첨부되어 있다.
57    현재 시나리오는 두 가지를 열람할 수 있다. 하나는 앞에서 말한 「영화제작신고서」에
       첨부된 대본으로 이는 기획 초기 단계의 내용을 반영한다. 또 하나는 한국영상자료원
       이 소장한 원본 시나리오이다. '원본 시나리오'도 영화화되기 전 단계에서 작성된 대본
       으로, 그대로 상영됐는지는 분명하지 않다. 한국영상자료원 홈페이지에는 원본 네거티
       브 필름도 소장하고 있다고 나오지만 안타깝게도 소재 불명으로 열람은 할 수 없었다.
       이 글에서는 상영된 내용에 보다 가깝다고 판단되는 원본 시나리오를 인용한다.

로운 인생은 역도산이란 또 하나의 이름으로 열여섯 살 때 일본 씨름계에 데뷔하면서부터 세차게 열리기 시작했다"라는 말로 시작된다. 스모 선수 시절부터 레슬러로 전향하기까지 몇 개의 시합 장면을 보여준 후 "언젠가는 사랑하는 조국으로, 진정한 한국인으로 돌아갈 보람찬 꿈을 가슴 깊이 안고 있던 역도산은 1963년 한국 땅을 밟게 되었다"고 조국을 방문한 일도 소개된다. 마지막은 "한국 남아 김신락은 조국 하늘을 멀리 등지고 이국 땅에 묻혔다"라는 내레이션으로 끝난다. 이 영화는 5월에 개봉했는데 당시 신문 광고는 "재연하는 '역도산 붐' 초일 인파 3만!"이라고 선전하며[58] 사람들에게 '한국 남아'로서 그의 모습을 각인시켰다.

역도산이 내한했을 무렵 당초 완공 예정이던 서울 장충단체육관에서는 프로레슬링 국제선수권대회가 개최될 계획이었다.[59] 이 계획은 실현되지 않았으나, 그 후 '동양 굴지'의 시설이라 불린 장충단체육관에서 한일친선대회가 몇 번 열려 인기를 널리 얻은 뒤, 1965년 8월 극동국제선수권대회가 열렸다. 여기에서 '역도산의 후계자'라며 화려하게 내한한 이가 김일이었다.[60] 한국 정부는 역도산 사망 후 '한국판 역도산'의 역할을 기대하며 1964년부터 김일에게 귀국을 요청했다. 김일은 이를 받아들여 한일조약 체결(1965년 6월 22일)에 맞춰 6월

58    『경향신문』 1965년 5월 16일 자에 게재된 광고.
59    『동아일보』 1962년 10월 25일 자에 따르면 역도산 방한 전년인 1962년 10월 박일경 문교부 장관은 이듬해 1월에 역도산을 불러 그때까지 완성할 예정이었던 장충단체육관에서 8개국(보도순으로 미국, 터키, 프랑스, 필리핀, 오키나와, 일본, 서독, 스페인)의 프로레슬링 선수권 쟁탈전을 열 것이라고 발표했다.
60    예를 들어 『경향신문』 (1964년 7월 26일) 기사에는 「한국프로레슬링계 새로운 활기」, 「역도산의 후계자 … 김일선수」라는 머리기사로 1963년 9월 미국에 가는 김일을 환송하는 역도산의 사진이 게재됐다.

30일 귀국했다.[61] 8월에 열린 이 선수권대회에서 김일은 요시노사토(芳の里)를 쓰러뜨려 초대 극동 헤비급 챔피언이 됐다. 역도산이 '가라테 춉'으로 미국인 레슬러를 쓰러뜨려 인기를 얻은 것처럼 김일은 '박치기'로 일본인 레슬러를 꺾고 타이틀을 손에 쥐어 인기를 모았다.

그 후에도 김일은 '역도산의 후계자'로서 한국과 일본을 오가며 인기를 모았다. 1966년에는 〈역도산의 후계자 김일〉이라는 다큐멘터리 영화도 상영됐다.[62] 당시에는 극영화가 아닌 다큐멘터리나 교육적인 영화를 총칭해 문화영화라고 불렀는데, 이 시기의 문화영화는 10분 분량 내외의 단편이 대부분이었다. 제작자 박희준(朴喜準)에 따르면 김일에 관한 영화도 처음에는 단편 스포츠 영화로 기획됐다. 그런데 프로레슬링이 인기를 끌면서 장편 다큐멘터리 〈역도산〉이 공전의 흥행 성적을 낸 것을 보고 "우리나라 최초로 '시네스코' 장편기록영화"로 제작했다고 한다.[63] 이처럼 남한에서의 프로레슬링 열풍이나 김일이 얻은 인기의 배후에는 '역도산'의 후광이 빛나곤 했다.

이렇듯 역도산은 일본에서 고생을 겪으며 활약한 '한국인'으로서 한일 관계가 곧잘 투영됐으며, '한국이 낳은 세계적인 레슬러'로 남한 사람들의 기억에 새겨졌다. 1979년 10.26 사태 때 서울에서 일본어 교사로 있던 요모타 이누히코(四方田犬彦)는 당시 한 대학생이 다음과 같이 말했다고 전한다.[64]

61    김일, 『굿바이 김일: 박치기왕 김일 회고록』, 일간스포츠, 2006, 209~215쪽.
62    「건아의 일대기 「역도산의 후계자 김일」」, 『조선일보』, 1966년 4월 24일.
63    「장편기록영화의 「테스트」: 「김일」의 경우」, 『주간한국』, 1966년 3월 20일.
64    四方田犬彦, 『われらが〈他者〉なる韓国』, 平凡社ライブラリー, 2000(초판 1987), 108쪽.

"한국에도 일본에도 공통의 영웅이 있지요. 역도산은 영웅이지요!"

## 5. '렬사' 력도산

김신락(1920.11.14~1963.12.15): 체육인. 력도산이라고도 부른다. 함
경남도 신포시 로동자의 가정에서 출생하였다. …… 세계적으로는 프
로레스링 '왕자'로 되었다. …… 위대한 수령님께서는 …… 그에게 렬
사라는 고귀한 칭호를 안겨주시였다.

이것은 북한에서 1995년에 발행된
『조선대백과사전』의 「김신락」 항목에
대한 설명 일부분이다.[65] 한반도 북부 출
신인 '력도산'은 지금은 백과사전에 '렬
사'로 소개될 정도로 기억이 공식화된
유명 인물이다. [그림 9]
　　그러나 북한에서 처음부터 그가
'영웅'화됐던 것은 아니다. 특히 한 번에

**[그림 9]** 북한 기념우표(1995년).

거액의 돈이 움직이는 자본주의의 상징과 같은 프로레슬링계의 스타
가 사회주의국가에서 그리 간단하게 수용되는 일은 있을 수 없다. 그
가 조선인으로서 중시되기 시작한 경위는 이순일의 취재에 따르면 다

---

65　　「김신락」, 『조선대백과사전』 제4권, 백과사전출판사, 1995년.

334　　　　　　　　　　　　　　　　　　　　　　　　　　　제3부
　　　　　　　　　　　　　　　　　　　　　　　　　　： 페르소나의 분열

음과 같다.[66] 먼저 하나의 계기가 된 것은 1959년에 개시된 이른바 '귀국사업'(남한에서는 '북송사업')에 따른 재일조선인의 북한 집단이주였다. 그 자신도 '귀국자'인 전기 작가 리호인은 "그때 귀국자를 통해서 여러 동포의 소식이 조국에 전해졌는데 그중에 력도산의 소식도 있었다"고 말했다. '귀국자' 중에는 오사카의 유도가로서 다이도잔(大同山)이라는 이름을 달고 프로레슬링을 했던 고태문(高泰文) 등 력도산을 직접적으로 아는 이도 포함되어 있었다. 즉, 재일조선인 사이에 오갔던 화제가 귀국선과 함께 북한에도 전해진 것이다.

다음으로는 영화가 그 계기가 됐다. 북한까지는 일본 텔레비전 방송의 전파가 미치지 않았지만 당시 만들어졌던 많은 력도산 필름은 평양에도 건너갔다. 그의 '딸'인 김영숙이 1987년에 북한에서 발표한 회상기에 따르면, 1963년 7월 초 "친애하는 지도자 김정일 동지"가 갑자기 조선영화보급사를 찾아왔다고 한다. 그는 〈력도산〉이라는 외국 기록영화를 일군들과 같이 보자고 하며 다음과 같이 말했다고 한다.

> 력도산은 원래 함경도사람인데 18살때 살아갈 길이 막막하여 현해탄을 건너 일본으로 갔다고 합니다.
> 력도산은 레스링, 유술, 격술을 하다가 지금은 세계적인 프로레스링선수로 되였습니다.
> 력도산이 미국놈을 때려눕히는 장면을 보면 굉장합니다.
> 그 장면을 보면 민족적 긍지와 자부심을 가지게 됩니다.[67]

66   李淳馹, 『もう一人の力道山』, 小学館文庫, 1998(초판 1996), 213~216쪽.
67   김영숙, 「사랑의 추억」, 『민족의 은혜로운 어버이품 6』, 통일신보사, 1990. 이 글의 초

김정일은 영화 장면을 보면서 "조선사람이 얼마나 강한 민족입니까! 미국 선수가 나가떨어지는 것을 보시오, 얼마나 통쾌하오. 아주 통쾌하오!"라고 만족을 표했다고 한다. 당시 김일성종합대학 학생이었던 김정일이 정말 이런 '말씀'을 했는지는 알 수 없다. 1990년대에 이순일이 북한에서 취재한 바에 따르면 김일성 주석(1963년 당시에는 수상)이 이런 발언을 했다는 증언도 있는데, 실제로 누가, 언제, 어디서, 어떻게 말한 것인지는 분명하지 않다. 그래도 한국전쟁이 끝난 지 얼마 지나지 않은 이 시기에 북한에 수입된 필름을 통해 미국인을 쓰러뜨리는 '조선인' 력도산의 모습이 북미 관계의 알레고리가 됐다는 일화는 있을 만하다.

이 시기에는 일반적으로 전혀 알려지지 않았으나 나중에 알려진 바에 따르면, 1961~1962년 무렵 북한이 재일본조선인총련합회(조총련)를 통해 력도산에게 빠르게 접근했다고 한다.[68] 한반도에 남기고 온 딸이라고 전해진 김영숙에게서 편지가 도착했고, '귀국선'을 타고 왔다는 형과 딸을 만나기 위해서 니가타(新潟)로 갔고, 북한의 기록영화를 봤으며, 김일성의 50세 생일(1962년)에 력도산 명의의 고급차가 선물로 보내졌고, 조선중앙예술단의 여성과 동거했으며, 도쿄올림픽(1964년)에 남북통일팀을 참가시키고 싶다고 말했고 등등. 그러나 이러한 일은 일본에서도 북한에서도 비공개적인 일로, 당시에는 일부 관계자를 제외하고는 아무도 몰랐다.[69]

출(初出)은 1987년 10월이라고 밝힌다.

68 李淳馹, 『もう一人の力道山』, 小学館文庫, 1998(초판 1996), 第Ⅳ章 및 補遺 참조.
69 다만 『경향신문』(1964년 10월 17일)의 작은 기사 「북한에 역도산실형」에 따르면 전날 16일 일본 스포츠신문(신문명은 불명)에서 도쿄올림픽의 북한선수단에 고(故) 역도산

**[그림 10]** 「통일신보」에 실린 기사.[70]

　이러한 상황이 변화된 것은 앞에서 서술한 것처럼 1984~1985년의 일이다. 『통일신보』에 게재된 「그에게도 조국은 있었다」의 머리글은 1964년 10월에 김일성이 올림픽 선수단에게 말했다는 다음과 같은 내용으로 시작한다. 〔그림 10〕

　력도산이 지금 죽고 없지만 사실 그 사람은 우리를 동정한 사람이었습니다.

　물론 일본 선수로 다른 나라에 많이 다녔지만 사실 그는 우리를 동정하였습니다. 그 사람이 우리를 동정하니 미국놈들이 음모적방법으로 그를 죽이였습니다.[71]

　　　의 친형이 감독 자격으로 있다는 기사가 실렸다고 보도됐다. 같은 일자에 나온 몇몇 스포츠신문을 확인해보았으나 그러한 내용의 기술은 찾을 수 없었다. 이 내용은 다음의 과제로 삼고 싶다.

70　「그에게도 조국은 있었다」, 『통일신보』, 1984년 3월 16일.

71　이하 인용과 요약은 『통일신보』 1984년 3월 9일 자와 16일 자 기사에 의한다. 참고로 이 기사는 홍영이라는 저자 이름으로 『천리마』 1984년 8호 및 9호에도 다시 실렸다.

그 공로를 인정받아 1971년 3월에 김일성 명의로 력도산은 '렬사증'을 수여받았다고 한다.

이 기사는 그 후 력도산 이야기의 원형이 되었으므로 요점을 소개하고자 한다. 늠름한 체격을 인정받은 력도산은 자신과 부모의 의지와는 다르게 경찰에 의해 일본에 끌려가 조선인에서 일본인으로 호적이 바뀌었다. 그는 스모 동료들의 민족차별을 견디지 못하고 '왜놈식 상투'를 잘랐다. 자기를 깔보는 놈들에게 본때를 보여주려고 생각했을 때, 미국에서 온 프로레슬링 선수를 보고 "무고한 동포들을 살륙하는 미국놈들에게 체육경기로써 조선 사람의 된주먹 맛을 보여주고 싶은 강한 충동"이 치밀었다. 그는 "원쑤의 땅" 미국으로 건너가 가라테 촙으로 강적을 차례차례 해치웠다. 일본에 돌아온 력도산은 프로레슬링의 새 경지를 열었으나 "일본 사람 아닌 조선 사람이 조선 아닌 일본 땅에서 무적의 힘의 왕자로 판을 치고 있으며 미일 강자들까지 제압하고 있다는 것은 일본 반동들에게 몹시 비위에 거슬리는 일이었다". 력도산과 세계 유술 패권자를 대결시킨 것도 선수권자 력도산을 일본인으로 바꾸기 위함이었으나, 그 목적은 이뤄지지 못했다. 일본 반동들은 력도산을 "저들의 민족정신을 부활시키는 하나의 선전수단"으로 삼으려고 그의 출신을 일본 사람으로 만들어내 일본의 국위 선양을 위해 이용했다. 그러나 그는 점점 허무감을 느꼈다. 이러한 때 그는 조국에서 만들어진 기록영화를 보고 감명받았으며, 귀국사업이 시작된다는 소식을 듣고 조국에 대한 그리움이 쌓여갔다. 그럴 때 딸과 형에게서 편지가 도착했다. 그는 편지에 인용된 김일성 수상의 말에 감명받고 생탄 50주년에 "위대한 수령 김일성 장군님 만세!"라고 크게 적은 문구와 함께 고급 승용차를 보냈다. 력도산이 조선인이라고 커밍아웃한 것은 "미일 반동들을 몹시 불안하게 하였다." 그에 대한 회유책으로 짜인 것이 력도산의 남조선 여행이었으나 돌아온 력도산은 "박정희는 나보다도 못한 놈이다"고 총괄해 이 계획은 무산됐다. 그는 주위 사람들에게 올림픽에서 북한 선수단을 후원한 후 조국에 돌아가겠다고 말했다. '미일 반동'들은 이에 당황했다. 미국은 폭력단인 대일본흥업사에 력도산을 해하도록 지시했다. 입원 중인 력도산에게 "이제야말로 운명은 력도산 자신에게 달려 있으니 뜻을 밝히라"는 협박장도 보냈다. 죽음이 다가온 것을 느낀 력도산은 "나는 내가 왜 죽는지 알고 있다. 내가 조선 사람이기 때문이다. …… 내가 죽으면 나의 뼈를 조국 땅에 묻어달라. 죽어서도 어버이 수령님의 품에 안기고 싶다"고 동포에게 말하고, 얼마 되지 않아 숨을 거두었다. '위대한 수령님'은 해외에 살면서도 조선 사람의 정신을 잃지 않고 "나는 조선 사람이다!"고 외친 력도산을 "렬사라는 고귀한 칭호"로 부른 것이다.

력도산의 심리 묘사나 미일의 음모설에는 창작적인 색채가 농후하지만, 여기에는 그때까지 그다지 알려지지 않았던 단편적인 사실도 모자이크처럼 흩어져 있다. 이 기사가 실린 사정은 확실하지 않으나 배경 가운데 하나로서 분명히 올림픽을 둘러싼 정치가 있었다. 1984년은 로스앤젤레스올림픽이 개최된 해이다. 또한 1988년 서울올림픽 개최가 이미 1981년에 정해진 상태였다. 서울올림픽 개최를 앞두고 한국의 전두환 대통령은 해외 순방을 하는 중이었다. 그 과정에서 1983년 10월에 전두환 일행의 암살을 노린 버마(지금의 미얀마) 아웅

산 사건이 일어났다. 중국도 서울올림픽 참가에 긍정적인 태도를 보이는 가운데 북한은 1984년 3월 남북통일팀으로 로스앤젤레스올림픽 참가를 제안했고, 그해 4월에는 남북체육회담이 개최됐다. 통일팀 안은 결국 실현되지 않았지만, 이러한 상황에서 「그에게도 조국은 있었다」가 3월에 공표됐다. 이야기의 정점에는 력도산이 도쿄올림픽에 참가하는 "우리 공화국 선수단의 모든 비용을 자기가 부담하겠다는 성명을 발표"하자마자 "미일 반동들은 당황하지 않을 수 없었"고 그것이 력도산 암살로 치달았다는 내용이 있으니, 이것은 올림픽 정치와 무관하지 않을 것이다.

「그에게도 조국은 있었다」를 원형으로 하면서 도식적인 음모론의 색채를 옅게 하고 읽기 쉬운 소설 형식의 단행본으로 나온 책이 리호인의『장편실화 나는 조선 사람이다』(1988)이다.[72] 앞에서도 말한 것처럼 리호인은 귀국사업을 통해 북한으로 이주한 재일조선인이며, 학생 시절에 력도산의 시합을 관람한 경험도 있어[73] 당시의 자료를 인용하고 1970~1980년대 일본의 문헌도 참조해 그에 대해 꽤 상세히 서술한다.[74]

72    리호인,『장편실화 나는 조선사람이다』, 금성청년출판사, 1988.
73    리호인은 자신이 쓴 또 하나의 전기소설『력도산: 세계프로레스링의 거성』(금성청년출판사, 1995, 123~124쪽)에서 1957년 10월 루 데즈(Lou Thesz)와의 경기를 고라쿠엔구장에서 보았다고 적었다. 그 내용에 따르면 입장권이 다 팔린 바람에 무리라는 것을 알면서도 직접 력도산의 자택에 찾아갔는데, 그가 자신이 조선인 학생임을 알고는 특별초대권을 입수해 호르몬 구이까지 먹게 해주었다고 한다.
74    예를 들어 역도산의 연습장에 쇼와천황(昭和天皇)의 동생인 미카사노미야(三笠宮)가 극비 방문했다든지, 일본적십자사로부터 '훈장'을 받았지만 그것이 방송되지 않아 역도산이 격노했다든지 하는 일화는 구리타 노보루(栗田登)가 발표한 대중소설『人間ドキュメント 力道山』(상·하, ブロンズ社, 1981)에 먼저 나왔다. 이 이야기가 리호인의 전기소설을 거쳐 한국 영화〈역도산〉(2004)으로 계승됐다.

이러한 1980년대의 력도산에 대한 재평가를 기초로 1990년대에 들어 다시금 력도산이 각광을 받았다. 먼저, 리호인이 1993년 1월부터 1994년 7월에 걸쳐 『장편실화 나는 조선사람이다』를 바탕으로 잡지 『천리마』에 새롭게 「세계프로레스링 왕자 력도산」이라는 장편 실화를 연재했다.[75] 이 연재의 머리말에서 리호인은 "력도산은 조선 인민에 대한 일제의 식민지 통치가 낳은 희생물이었다"라고 하면서, 그럼에도 "일본은 근 반세기의 력사가 흘러간 오늘까지도 자기의 후안무치하고 잔악무도한 죄행에 대해 그 어느 하나도 우리 인민 앞에 반성하지 않고 있다"고 말한다. 이러한 주장의 배경에는 1991년 시작된 북일수교회담이 있었음은 의심할 바 없다. 일본 정부와 교섭하는 자리에서 북한 정부는 식민 지배가 조선 인민에 끼친 고통과 손실에 대한 배상을 요구했는데, 일본 측이 이를 거부하고 핵개발 의혹과 이른바 '리은혜' 문제를 제기함으로써 1992년 11월부터 북일회담이 중단됐다. 이러한 시기에 '희생자'로서의 력도산 이야기가 북한의 대중잡지에 다시 등장한 것이다.

그러나 어쨌든 력도산의 부활이 진행된 것은 1995년 4월 28~30일 평양의 릉라도 5월 1일 경기장에서 열린 '평화를 위한 평양 국제체육 및 문화축전'을 통해서였다. 이것은 력도산의 제자 가운데 한 사람이며 당시 참의원 의원(스포츠평화당)이던 안토니오 이노키가 1994년 9월 방북했을 때 제안해서 실현됐다고 한다. 김일성이 사망한 지 얼마 지나지 않은 시점이었으나, 당시 김영숙의 남편으로 북한 국가

75    리호인, 「세계프로레스링 왕자 력도산」, 『천리마』 1993년 1월 호~1994년 7월 호.

**[그림 11]** '평화를 위한 평양 국제 체육 및 문화 축전' 포스터(1955년). 기술을 거는 안토이오 이누키 뒤로 력도산이 크게 떠오르고 있다.

체육위원장을 맡고 있던 박명철이 여기에 긍정적인 영향을 미쳤다고 생각된다. 축전에서는 프로레슬링 경기가 이틀 동안 배치됐고, 수천 명의 해외 관광객을 포함해 총 38 만 명의 관객이 동원됐으며, 이것 을 조선중앙방송이 전국에 중계했 다.[76] 프로레슬링을 중심으로 하는 이러한 큰 국제 행사에서 중심적 상징이 된 사람은 력도산이었다.

〔그림 11〕 축전 개최에 앞선 1994년 11월 『로동신문』은 력도산과 관련 해 「력도산은 훌륭한 애국자입니다」라는 기사를 싣고, 1993년 1월 고 (故) 김일성이 김영숙과 접견했을 때 그가 "훌륭한 애국자"였다고 말 한 사실을 보도함과 동시에 '조선 사람' 력도산의 삶을 자세히 소개했 다.[77] 1995년에는 력도산 관련 상품이 많이 선보였다. 리호인의 연재 글은 『력도산: 세계프로레스링의 거성』이라는 단행본으로 새롭게 출 간됐다.[78] 김태권이 그린 만화 『세계프로 레스링 왕자 력도산』도 발행 됐다.[79] 그리고 기록영화 〈력도산과 그 제자들〉이 비디오로 판매됐 다.[80] 그뿐만 아니라 력도산 기념우표가 발행됐고, 그의 조각상이 선물

---

76  「国際体育・文化祝典開催の北朝鮮 融和政策、一応の成果(解説)」, 『讀賣新聞』, 1995년 5월 5일.

77  「《력도산은 훌륭한 애국자입니다》」, 『로동신문』, 1994년 11월 24일.

78  리호인, 『력도산: 세계프로레스링의 거성』, 금성청년출판사, 1995.

79  김대권 『세계프로레스링 왕자 력도산』, 중앙과학기술통보사, 1995; 일본어판은 朴正明 譯, 『北朝鮮版力道山物語』, 柏書房, 2003.

용으로 팔렸으며, 그의 초상화가 붙은 소주 '력도산 술'(평양소주공장)
도 판매됐다. 이렇게 후기 냉전 상황 아래 북일 관계의 변화와 함께
1990년대의 력도산 부흥이 이루어졌다.

이 같은 과정을 거쳐 '력도산'은 타국에서도 조국을 잊는 일 없
이 싸워, 세계의 '왕자'가 된 '렬사'로서 북한의 국민적인 '기억의 장'
이 됐다.

## 6. 마치며

2004년 말 '한일 공동제작' 영화 〈역도산〉(송해성 감독, 설경구 주
연)이 한국에서 개봉됐다. 이는 조선인으로서의 역도산의 고뇌에 초점
을 맞춘 영화로, 2006년 일본에서 상영될 당시에는 선전 문구로 "일본
인이 가장 리키도잔을 모른다"를 내걸었다. 1960년대 한일 보도 상황
을 비교해보면 이 표현은 매우 정확한 지적이다. 이 영화 자체는 이른
바 '한류' 열풍을 타면서 시도된 수많은 '한일 합작' 사업 가운데 하나
였고, 오늘날의 한일 관계를 반영한 작품이라고도 볼 수 있다. 또 〈역
도산〉이 개봉했던 2004년부터 2005년에 걸쳐 북한의 조선예술영화촬
영소와 중국 창춘영화집단은 합작으로 〈력도산의 비밀〉을 제작했다.[81]

---

80    〈기록영화 력도산과 그 제자들〉(내나라 비디오 제작소, 1995). 영상으로서는 1999년에
      〈민족의 사나이〉라는 '텔레비전 예술영화'가 15회에 걸쳐 방영됐다.
81    〈력도산의 비밀〉(중국어 제목은 〈東方角斗士〉, 주연 김성수) 제작에 관해서는 『조선신
      보』(2004년 10월 28일)가 보도한 바 있다. 또 2005년 『연합뉴스』 보도를 추적하면 이
      영화는 '3월 공개'(1월 17일), '7월 개봉'(6월 20일), '8월 개봉'(7월 26일)을 계획했지
      만, 완성 단계에 있으면서도 공개하지 못했던 듯하다.

이 영화는 결국 공개되지 않았지만, 제작 자체는 북중 관계의 접근이라는 현재 진행 중인 현상과 궤를 같이한다. 일본에서는 북일정상회담 (2002년) 이후에 '북조선' 내리치기의 과격화와 함께 평화축전으로 대표된 1990년대의 분위기가 완전히 날아가 버린 감이 있는데, 그 상황과 병행하면서 리키도잔 표상이 변화해간 것으로 보인다.[82] 이렇게 '力道山' 이미지는 오늘의 동아시아에서 대립과 화해의 정치에 번롱된다.

다만 '力道山' 표상은 동아시아의 현실과 마찬가지로 단순한 '화해'를 용납하지 않는다. 예를 들어 한국판 영화에서 전혀 그려지지 않았던 것은 이 글에서도 논한 한국 및 북한이라는 '본국'과의 관계였다. 한편 북한의 '력도산' 표상에는 인디언 오토바이와 모터보트를 타고 골프를 치며 모던한 주방에 서 있는 '미국적'인 모습은 없다. 게다가 이 글에서는 '같은' 일본에서 '같은' 텔레비전을 보더라도 일본인과 재일조선인의 반응이 달랐음을 말했는데, 그렇다면 표상이 '같은 것'이라 하더라도 그 경험은 전혀 다를 수 있다.

그러한 기억의 분열은 반드시 국민국가를 단위로 하지 않는다. 여기까지 '力道山'이라는 기억의 장을 논술의 편의상 일본, 한국, 북한이라는 순서로 논해봤다. '力道山'을 표상한 매체가 국민국가를 하나의 기준 단위로 전개해온 부분도 있기 때문에 이것은 어느 정도 어쩔 수 없는 측면이 있다. 하지만 동아시아 '기억의 장'의 복수성을 논할 때 중요한 것은 그 복수성이 '일본에서는……, 한편 한국에서

---

82 예를 들어 북한 후계자 문제에 관해서는 주간지 기사 「あの力道山とつながる北人脈があった」(『サンデー毎日』, 2003년 7월 13일), 「力道山と北朝鮮の女帝·高英姫の秘められた過去」(『週刊実話』, 2003년 9월 4일) 등에 나타났는데, 적의와 멸시의 대상으로서의 '북조선' 표상에 '리키도잔'이 편입된다.

는……, 그것에 비해 북한에서는……'이라면서 국민국가를 단위로 대칭적으로 그려낼 수 없다는 점이다. 이 글에서도 기억의 국민 연합(united nations)과 같은 단순한 나열적인 서술보다는 비대칭적인 권력 관계를 포함한 뒤얽힌 관계성에 주목하면서 논의를 진행했다. 관계의 비대칭성은 단순히 일본열도와 한반도, 미국과 일본, 미국과 북한 등 지정학적 관계만의 문제가 아니다. 식민지 말기에 숨겨진 김신락의 정체성이 재일조선인의 권리 획득 운동이 고조된 시기에 재발견된 것, 복잡한 사정으로 집단이주한 재일조선인과 함께 그들의 기억이 북한으로 전달된 것, 미국의 인종정치 속에서 리키도잔의 역할이 설정된 것 등, 국민국가 체제에서 주변화된 재일조선인과 일본계 미국인의 존재가 '力道山'에 대한 국경을 넘은(transnational) 기억의 형성 과정에서 본질적인 역할을 담당하게 된 것은 우연이 아니다. 그것은 결국 단일한 국민적인 기억으로 포섭할 수 없는 김신락의 고난의 삶과 경험이 항상 국민적인 '기억의 장'을 탈구축하기 때문이라고 여겨진다.

　이러한 기억의 복수성은 그 자체가 동아시아의 현실이며, 그것은 오늘도 변용하며 계속된다. '力道山'의 기억들은 지금도 불협화음을 내면서 흔들리고 있다.

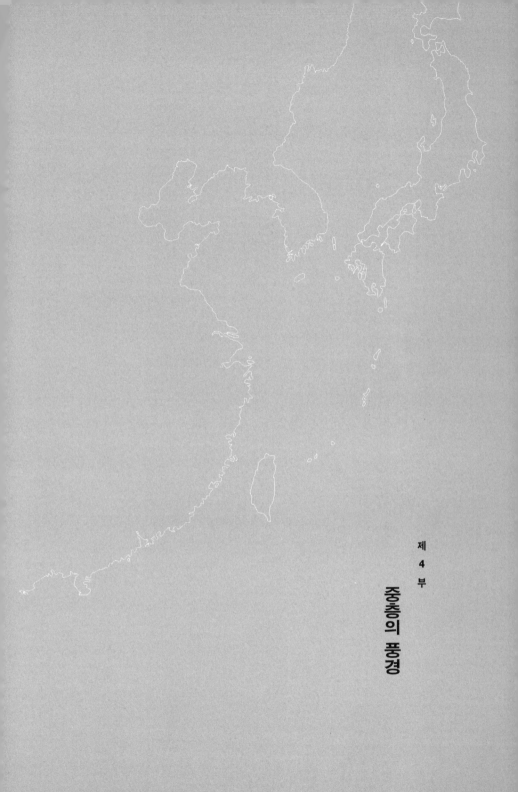

제 4 부

중층의 풍경

제8장

○

# 지산암

고마고메 다케시(駒込武) ── 오성철 옮김

# 1. 살의에 가득 찬 언덕

타이페이 시 북부에는 도심에서 전차로 15
분 정도 떨어진 곳에 호수에 떠있는 작은 섬처럼
솟아 오른 언덕이 있다. 지산암(芝山岩)¹이라 불리
는 이 언덕에는 타이완의 복잡한 역사를 상징하듯
몇 겹으로 겹친 이질적인 역사의 지층이 퇴적되어
있다〔그림 1〕.

언덕 기슭은 총구가 나 있는 성벽으로 둘러
싸여 있다. 이 성벽은 청대에 중국 대륙에서 이주
해온 한족 주민들이 건축한 것이다. 청조 통치하
의 타이완은 전란이 끊이지 않았던 '개척지'였으
며 중국 대륙에서 이주해온 한족과 선주(先住) 소
수민족의 싸움, 한족 이주자들 간의 싸움, 청조에
대한 반란이 자주 일어났다. 그러한 전란이 발생
할 때마다 지산암(芝山岩)은 때로는 요새가 되기

---

1    〔역주〕'즈산옌'으로 발음되지만 국내에서는 '지산암'이 더
     익숙함으로 이 원고에서는 '지산암'이라 표기한다.

도 하고, 때로는 피난소가 되기도 했다. 긴 돌계단을 거쳐 언덕 위로 오르면 후이지궁(惠濟宮)이라는 장엄한 사당(廟)이 자리 잡고 있다. 한족 사회에서 사당은 동향인이나 동성 집단의 인적 네트워크의 거점인데, 후이지궁도 푸젠(福建) 지방의 장저우(彰州) 출신 이주자들이 만든 것이다. 후이지궁에 부설된 정원에는 손오공이나 저팔계 등 '중국적'인 석상이 놓여 있다. 그리고 그 주변에는 사당과는 어쩐지 어울리지 않는 탄약고나 포대 흔적 등 근대적인 군사 시설의 폐허도 존재한다. 이 포대는 대체 누구를 조준했던 것일까.

후이지궁에서 동쪽으로 울창한 숲 속을 걸어가다 보면 오솔길 옆에 '육씨선생지묘(六氏先生之墓)'라는 글자가 새겨진 새로 만든 묘비가 있다. 동쪽으로 트인 부분에는 '위농열람실(雨農閱覽室)'이라는 이

**[그림 2]**  학무관료조난지비(學務官僚遭難之碑). ⓒ駒込武

름을 단 작은 도서실이 있고, 그 주위에 다양한 기념비가 늘어서 있다. 열람실 정면으로 남쪽 광장에는 '학무관료조난지비(學務官僚遭難之碑)'라는 이끼로 뒤덮인 오래된 기념비가 있다. 이것은 일본의 식민지 지배하에 건립된 것이다. 거기에는 스프레이로 "침략자에게 죽음을 (侵略者死)!"이라는 낙서가 덧칠되어 있다[그림 2]. 열람실 뒤편에는 전후 국민당 지배하에 건립된 '지산암사건비기(芝山岩事件碑記)'가 있다. 바로 그 곁에도 역시 "살(殺)"이라고 스프레이 낙서로 덧칠된 기념비가 있다. 이 기념비에는 한때 파괴된 후에 복구됐음을 말해주는 균열이 나 있다. 무엇을 기념하는 기념물일까. 그리고 낙서는 무엇을 의미할까.

　기념물의 의미를 깊이 생각하지 않고 지산암의 숲을 즐기듯 산책할 수도 있겠지만, 대부분 이곳이 여전히 불온한 살의에 가득 차 있음을 느낄 수 밖에 없다. 잠시 발걸음을 멈추고 생각해보면 이 언덕이 식민지 지배와 냉전을 둘러싼 중층적인 '기억의 장'임을 알게 된다.

중층적이라 함은 청대의 역사, 일본 식민지 지배하의 역사, 국민당 지배하의 역사, 그리고 1990년대 민주화 이후의 역사가 겹쳐 있다는 뜻만은 아니다. 각각의 기념물이 다른 시대의 다른 기억 방식을 표현하고 그 평가가 현재의 정치적 항쟁의 대상이 됐다는 점에서 중층적인 것이다. 그 기억들을 단일한 텍스트 안으로 끌어들이면 모순과 대립이 드러날 수밖에 없겠지만, 그것들이 기념비라는 물질로 존재할 때는 일단은 '공존'할 수 있다. 더구나 지산암의 경우는 앞으로 살펴보겠지만 본래 도쿄(東京)나 난징(南京)에 있다 해도 이상하지 않을 기념물들이 작은 언덕 위에서 북적거리며 갈등하는 공간을 보여준다. 서구의 연구에서 '기억의 장'으로 다루어지는 장소는 흔히 국민 공동체를 기념하는 유산과 관련된 것인 데 비해 지산암이라는 장소는 오히려 타이완에서의 국민 공동체의 불안정성, 혹은 식민지주의와 냉전에 의해 이중, 삼중으로 분열된 '국민 공동체'의 존재 방식을 말해준다. 어째서 그러한지를 후이지궁에서 추적해보자.

## 2. '성지'로서의 지산암

후이지궁 앞에는 '일제 시대 교육의 발원지'라는 비교적 새로운 안내문이 걸려 있다. 여기에는 중국어로 다음과 같은 취지의 설명이 쓰여 있다.

1895년 일본이 타이완을 점령한 후, 먼저 지산암의 원창츠의숙(文昌祠

義塾) 부지에 타이완 최초의 국어 전습소—지산암학당—가 설립되어 타이완의 아동들을 모집해 일본어 교육을 시작했다. 이듬해(1896년) 정월 초에 육씨선생(六氏先生) 사건이 일어났다. 그 후 일본은 '지산암 숭배'에 적극적으로 착수해 지산암을 이른바 교육의 성지로 만들었다. '지산암학당'은 '국어학교제일부속학교', '바즈란공학교(八芝蘭公學校)'로 개칭됐으며, 현 '스린국민소학교(士林國民小學校)'의 전신이 됐다.

이 안내문의 내용을 좀 더 상세히 살펴보면 다음과 같다.

타이완 점령을 위한 전투가 계속 되던 1895년 6월에 타이완총독부는 후이지궁 안에 학무부를 설치하고 후에 '지산암학당'으로 불린 교육 시설을 만들었다. 학무부원들은 '토어(土語)' 연구를 담당하는 동시에 부근의 한족 주민 학생들을 모아 일본어를 가르쳤다. 최초의 학생은 일곱 명으로 그들 가운데 네 명은 지산암에 가까운 스린가(士林街)의 유지였던 판가(潘家) 일족이었다. 타이완 점령 초기에 일본인에게 '안전'한 공간은 타이페이성 내 등 군대가 주둔한 장소로 한정됐으며, 학식 있는 스린가 유지들의 협력을 얻을 수 있었기 때문에 이곳에 학무부가 설치됐다. 지산암이 성벽으로 둘러싸인 요새였다는 점도 '예기치 않은 위해'를 피할 수 있는 좋은 조건으로 고려됐을 것이다.

그런데 이듬해인 1896년 정월 초에 벌써 '예기치 않은 위해'가 현실화됐다. 위의 설명문에서는 '육씨선생 사건'의 내용이 전혀 언급되지 않지만 '학무관료조난지비' 앞에 세워진 안내문에는 다음과 같이 기록되어 있다. "1896년 정월 초하루, 일본인 여섯 명이 타이페이성의 기념식전에 참가하던 도중 다른 사람들에게 살해됐다." 확실한 사료가 없어 오늘날에도 사건의 전모는 밝혀지지 않았지만, 일본인 학무부원 여섯 명과 학무부의 '소사'로 일하던 한 사람이 항일 게릴라의 봉기를 눈치채고 언덕을 내려와 스린 경찰서로 도피하던 와중에 살해됐다는 사실만은 확인할 수 있다. 언덕을 내려온 학무부원들이 게릴라들이 쇄도해오는 방향으로 나아가 그들의 잘못을 훈계하려 했다거나, 학무부원 가운데 한 사람이 유도 실력을 발휘해 싸웠다는 이야기가 식민지기에 전해 내려오기도 했는데, 그 진위는 알 수 없다. '기억의 장'이라는 관점에서 중요한 점은 사건의 '진상'을 밝히는 것이라기보다 사건을 둘러싼 기억의 방식을 드러내는 것이다. 이 점에서 여기서는 일단 안내문에 '항일 게릴라'라 불린 사람들을 '다른 사람들'이라고 기록했다는 점에 주목하자. 이하에서 다루겠지만 이 안내문은 비교적 최근에 만들어졌으며, '다른 사람들에게'라는 애매한 표현은 의도적으로 선택된 것으로 보인다. 이 언덕 위에는 이 안내문이 세워지기 이전부터 대립적인 기억을 표현하는 두 기념물—'항일 게릴라'를 '토비(土匪)'로 폄하하는 '학무관료조난지비'와 '의민(義民)'으로 현창하는 '지산암사건비기'—이 존재했고 현재에도 여전히 존속하기 때문이다.

그렇다면 이 안내문이 만들어지기 전에 구축된 '기억의 장'은 어떠했을까.

우선 '학무관료조난지비'의 유래부터 살펴보자. '학무관료조난지비'는 1896년 6월 말, 때마침 타이완을 방문한 수상 이토 히로부미(伊藤博文)의 휘호를 받아 건립됐다. 비석의 왼쪽 면에는 학무부원 여섯 명의 이름과 본적이 새겨졌고, 오른쪽 면에는 그들이 '낡은 것을 고치고 새로운 성교(聲教)²를 세우기' 위해 학무에 임했지만 '토비의 봉기'로 인해 사망했다는 취지의 사적이 한문으로 기록됐다. 이 비석은 어중간하기는 하지만 묘소에 가까운 성격도 갖추었다. 살해된 일곱 명 중에서 사체가 발견된 다섯 명은 화장되어 유골은 유족들에게 전해졌지만 비석을 세울 당시에는 화장하고 남은 재 등 유물이 도기에 수납되어 비석 아래에 매장됐기 때문이다.³

1896년 7월 1일에는 반주제(半周祭) 제전이 신도와 불교 두 방식으로 집행됐다. 우선 신관이 제문을 낭독한 후, 조동종(曹洞宗)과 정토진종(淨土眞宗) 등 두 종파의 승려가 독경을 하고, 다음으로 미즈노 준(水野遵) 민정국장 등 타이완총독부 고관들이 제문을 낭송했다.⁴ 사건이 발생했을 때는 때마침 도쿄에 출장 중이었던 학무부장 이자와 슈지(伊澤修二)가 다음과 같은 제문을 낭송했다.

오호라. 가토리 미치아키(楫取道明), 세키구치 조타로(關口長太郎), 나카지마 나가요시(中島長吉), 가쓰라 긴타로(桂金太郎), 이바라 준노스케(井原順之介), 히라이 가즈마(平井數馬) 제군이여. 내가 제군들과 손을 맞잡고 이 땅에 온 지 어언 한 해가 흘렀도다. 뜻하지 않게 이제 이승과 저승으로 갈라져 서로 얼굴을 마주할 수 없게 됐구나. 그때 제군들이 심었던 뜰의 초목은 어느덧 열매를 맺었노라. 온 마음을 다해 세워줬던 학사에서 많은 생원들이 양성되어 이제는 타이완 전역에 교육의 씨앗

---

2  〔역주〕 천황의 위엄과 가르침.
3  臺灣總督府民政局學務部, 『遭難學務官僚祭典及建碑誌』, 1896.
4  같은 책, 10쪽.

을 뿌리기 위해 각자의 임지를 향해 떠나고 있도다. 또 제군들이 정신을 담아 참된 언령(言靈)을 가르쳐줬던 몇 명의 학생들은 하루빨리 우리나라 말을 익혀 지금이라도 스승을 위해 온 힘을 다하겠노라고 이 자리에서 다짐하고 있도다.

오호라, 지란(芝蘭)의 들은 푸르고 지산(芝山)의 바위는 예나 지금이나 흔들림 없구나. 이 녹나무 한 그루 곁에 봉분을 돋우고 비를 세워 제군들의 유적을 후세에 전하려 하노라. 오호라, 영령들이여. 하늘에서 내려와 영원히 이곳에 깃드시어 본도(本島)의 문화를 이끌어주시라.[5]

이는 고유명사로 이름을 부르거나 '오호라' 같은 감탄사를 사용해 제문으로서는 파격적일 정도로 감정을 담은 문체로 쓰였다. 이 감정은 '위령'을 둘러싼 두 가지 방향의 정치 역학으로 이루어졌다. 하나의 방향성은 죽음을 심미화하면서 그들을 '영령'이라 칭하고 국가적으로 의미를 부여하는 것이다. 당시 군정하에 있던 타이완에서는 군인만이 아니라 문관도 '외정종군자(外征從軍者)'로 간주됐고, 학무부원 여섯 명의 죽음은 공식적으로도 '전사'로 자리매김되어 '영령'으로 야스쿠니 신사에 합사(合祀)됐다.

또 하나의 방향성은 역설적이지만 그들이 단순한 '전사자'이거나 '영령'이 아니라는 점이다. 이자와의 제문에서는 '교육의 씨앗', '참된 언령'이라는 표현을 통해 교육이라는 '좋은 것'을 타이완에 가져다주려 했다는 점을 강조한다. 동일하게 죽은 자라도 학무부의 '소

---

5    臺灣教育會 編, 『芝山岩誌』, 1933, 70~71쪽. 이 제문은 같은 책 26~27쪽에도 실렸다.

사'였던 고바야시 기요시(小林淸吉)가 현창 대상에서 제외됐던 것은 이런 문맥에서 이해할 수 있다. 나아가 당시 일본 측 군인들이나 경찰관들 중에서도 다수의 사상자가 나왔다는 사실을 여기서 상기할 필요가 있다. 지산암 사건은 1995년 말일에 여러 지역의 항일 게릴라들이 호응해 천 명 가까운 병력을 모아 타이페이성을 공략하는 조직적이고 계획적인 움직임 속에서 발생했다. 그 중심은 호자요우(胡嘉猷), 천취우조우(陳秋菊), 린리청(林李成) 등이 이끄는 부대였다. 그들이 이끈 타이페이성 탈환 시도는 실패로 끝났지만 그 후에도 각지에서 격렬한 투쟁이 전개됐다. 예를 들어 1월 7일 혼성제7여단 전투에서는 '아군[6] 하사 이하 사망 네 명, 부상자 열한 명, 적의 사상자는 약 삼백 명 이상'이었다.[7]

많은 일본 측 사망자들 중에서도 학무부원 여섯 명은 특별히 신격화됐다. 그 이유는 그들이 타이완 점령을 위한 전투 자체와는 별개로 '본도의 문화를 이끌기' 위해 '헌신'한 사람들이며, 말하자면 '문명화의 사명'을 체현한 존재였기 때문이다. 서구에서 '야만'적인 '이교도'에게 살해된 선교사의 전기가 널리 읽힌 것처럼, '육씨선생'이 된 사람들의 죽음은 정복자의 '도덕성'을 보여주기 위해 널리 선전되어야만 했다. 그것은 제국주의자들의 상투적인 수단이었다고 할 수 있다. 에드워드 사이드(Edward Said)의 『문화와 제국주의(Culture and Imperialism)』 모두(冒頭)에 실린 경구—조셉 콘래드(Joseph Conrad)의 『암흑의 핵심(Heart of Darkness)』에서 인용—가 말하듯, "지상의 정복이란 대체로

6 〔역주〕 일본군.
7 「土匪狀況報告書」, 『稿本臺灣史料(上) 明治二九年一月至六月』, 1896년 2월 10일.

피부색이 다르거나 우리보다 코가 약간 낮은 무리로부터 억지로 땅을 빼앗는 것인데 잘 생각해보면 그것은 칭찬받을 일은 아니다. 그것을 속죄하는 길은 오직 하나, 관념이다. 정복의 배후에서 그것을 지탱하는 관념."[8]

'학무관료조난지비'는 이렇게 '정복'을 뒷받침하고 정당화하는 '관념'의 소재를 보여준다고 할 수 있다.

타이완 정복 전쟁이 한창일 때 구축된 '관념'은 전투가 어느 정도 일단락된 후에도 그 역할이 끝나기는커녕 오히려 더욱 커졌다. 그 주된 담당자는 타이완교육회라는 반관반민적인 교육 단체였다. 타이완교육회는 타이완에서 전사하거나 병사한 교육자를 합사하는 제도를 세웠을 뿐 아니라 1905년에 '망교육자초혼비(亡敎育者招魂碑)'를 건립했다. 나아가 1915년에는 20주년을 기념해 합사자 이름을 새긴 '고교육자성명비(故敎育者姓名碑)'를 '학무관료조난지비'와 '망교육자초혼비'에 가까운 지점에 건립했다. 합사 대상은 1904년 당시에는 '전투 혹은 비적'에 의해 사망한 '내지인 및 본도인' 교육자, 또는 병사한 '내지인' 교육자였다. 그 후 몇 번의 개정을 거듭해 1927년에 '내지인', '본도인'을 불문하고 전몰 또는 특정한 병으로 사망한 교육자, 기타 타이완교육회 이사회에서 인정한 자로 합사 대상이 바뀌었다.[9] '본도인' 교육자들 중에는 항일 게릴라와의 전투에서 사망한 사람이

---

8    コンラッド, 中野好夫 譯,『闇の奥』, 岩波書店, 1958, 12쪽.
9    臺灣敎育會 編,『芝山岩誌』, 1933, 111~114쪽. 지산암의 '합사' 상황에 관해서는 후지모리 도모코(藤森智子)의「日本統治下臺灣の敎育精神の創出:「芝山岩精神」の研究(仮)」(2008년 3월 14일, 도쿄대학 대학원 지역문화연구과에서 개최된 신세대아시아사연구회에서의 발표문)에서 시사를 받았다. 또한 지산암사가 정식 신사로 되지 못한 점에 관해서도 후지모리에게 가르침을 받았다. 이 자리를 빌려 감사를 표한다.

없는 이상 실제로 합사 대상 대부분은 '내지인'이었다. 다만 원리적으로는 '본도인' 교육자도 포함했다는 점은 주목할 만하다. 기독교 '복음'의 고마움이 '이교도' 개종자가 늘어남으로써 증명된다고 간주되듯이 교육의 보급이라는 '은혜'도 현지 주민의 능동적인 참여를 통해 확인될 필요가 있었다고 할 수 있다.

타이완 교육 창업의 사명을 위해 '헌신'했다고 하는 '육씨선생' 이야기는 매년 많은 타이완총독부 고관, 군인, 학생 들이 동원된 제전에서 반복적으로 재현됐다. 1925년의 30주년 제

**[그림 3]** 지산암사(芝山岩社) 井出季和太, 『臺灣治績誌』, 臺灣日日新報社, 1937.

전은 마침 이자와 슈지의 동생인 이자와 다키오(伊澤多喜男)가 타이완 총독이었기 때문에 더욱 성대하게 치러졌다. 거기서 낭독된 제문에서는 "여러분들의 다년간에 걸친 노력이 착실히 결실을 거두어 이제는 향학의 기운이 숙연하게 전도에 퍼졌다"고 말한다.[10] 주의할 점은 사건에 대한 직접적인 기억이 생생하게 살아 있던 시기의 제전은 신도와 불교 두 형식으로 치러졌지만 이 시기가 되면 오로지 신도식으로만 행해졌다는 점이다. 나아가 1930년에는 신사와 유사한 양식으로 사전(社殿)과 경내가 정비되어 '지산암사(芝山岩社)'의 진좌제(鎭坐祭)가 행해졌다[그림 3]. 아마도 이 장소가 여섯 사람의 '묘소'의 성격도 아울러 지녔기 때문이겠지만 이 시설은 정식으로 신사의 자격을 부여받지는 못했다. 그렇기는 해도 신사와 유사한 시설을 건립했다는 것

10    「臺灣日日新報」, 1925년 2월 2일 석간.

[그림 4] 고교육자성명비(故敎育者姓名碑). ⓒ駒込武

은 죽음에 대한 직접적인 기억이 희미해짐에 따라 '육씨선생'의 신격
화가 더욱 강화됐음을 보여주는 증거라 할 수 있다.

　이런 유래를 지닌 기념물이 전후에 그대로 존속할 리는 없다. 신
사다운 건축물은 전체적으로 파괴됐고 본전이 있던 지점에는 '위농열
람실'('위농'의 의미는 후술한다)이 세워졌다. '학무관료조난지비'도 오
랫동안 벤치처럼 옆으로 쓰러져 있었다고 한다. 다만 2000년에 타이
페이 시 정부에 의해 받침대와 함께 다시 재건됐다. 비석 앞에는 앞서
언급한 비교적 최근의 안내판과 나란히 "민국 90년(2001년), 타이페이
시 정부"라는 서명이 붙은 판독하기 어려운 안내판이 있다. 거기에는
"입장의 차이에 따라 역사를 보는 방식도 다르다. 이 비석은 토의를
거듭한 끝에 역사적 자료를 현지에 보존한다는 원칙에 따라 재건한 것
이다"라고 쓰여 있다. 부서진 상태로 방치됐던 '고교육자성명비'도 수
복되어 현재의 열람실 뒤편에 재건됐다. 균열 난 채 "살(殺)"이라는 낙
서가 새겨진 비석이 바로 그것이다[그림 4].

또 언덕의 동서로 나 있는 작은 길 옆에는 비교적 새로운 '육씨선생지묘'라는 문자가 새겨진 묘비가 있다[그림 5]. 전후 버려져 있던 '육씨선생'의 재를 수납한 도기를 후이지궁의 주직(住職)이 무연불(無緣佛)로 공양하기 위해 석탑을 세웠고 스린국민소학교의 동창생 유지들이 1995년에 이 석탑을 재건한 것이다. 스린국민소학교는 지산암학당의 후신에 해당하는 학교로서 1995년은 '창립 100주년'이었다.

한국에서의 탈식민지화 경험을 생각할 때, 일본인이 '문명화의 사명'을 정당화하기 위해 세운 기념물을 타이완인들이 일부러 자신의 손으로 재건한다는 사실이 쉽게 이해 가지는 않을 것이다. 더구나 '학무관료조난지비'나 '육씨선생지묘'는 전후 반세기에 걸친 계엄령이 마침내 해제되어 민주화가 진행되던 1990년대 이후에 재건됐다. 그 시기에 왜 어떤 생각으로 일본식민지 지배하의 기념물을 재건했을까.

**[그림 5]** 육씨선생지묘(六氏先生之墓). ⓒ 駒込武

이 점을 이해하기 위해서는 타이완의 '전후사'를 볼 필요가 있다.

## 3. 군사 고지로서의 지산암

'학무관료조난지비'와 반대되는 기억을 보여주는 것이 전후 1958년에 건립된 '지산암사건비기'이다〔그림 6〕. 이 비문에는 일본인으로 '동화'되기를 거부한 '의민'이 봉기해 학무부원을 살해했으며, '타이완 동포'는 그 후에도 거듭 결기해 '민족의 기개'를 드높이고 '조국 광복'을 이루었다고 쓰여 있다. 설립자는 즈산공원흥건위원회로 되어 있는데, 1958년이라는 설립 시기로 보나 찬문자였던 양췌수(楊却俗)이 국민당원이었다는 점으로 보나 이는 국민당의 공식 견해를 나타냈다고 볼 수 있다.

**[그림 6]** 지산암사건비기. ⓒ駒込武

'지산암사건비기' 곁에는 '대위농장군사략(戴雨農將軍事略)'이
있다. 황포군관학교(黃埔軍官學校) 제6기생인 타이리(戴笠)〔위농(農將)
은 그의 호이다]는 장제스(蔣介石)의 오른팔로 군사위원회 조사통계국
〔이른바 '군통(軍統)'〕을 지도한 인물이다. 중일전쟁이 한창일 때 친일
파 군인이나 정치가, 공산당 활동가를 감시하고 탄압하고 암살하는 비
밀공작을 전개했고, 시안 사건(西安事件) 후에 체포된 장쉐량(張學良)
의 수감 및 호송과 왕자오밍(汪兆銘) 암살 사건에도 관여했다. 그러나
그는 1946년에 남경시 상공에서 비행기 사고로 사망해 타이완에 오지
는 못했다. 타이리의 사적을 기념하기 위한 비석이 건립된 까닭은 전
후 이 언덕이 특무 조직(국방부 군사정보국)의 본거지가 됐기 때문이다.
마치 후이지궁의 '성지'에 상징적인 쐐기를 박기라도 하듯 타이리의
호인 '위농'은 '위농열람실'을 비롯해 지산암 부근의 학교(위농국민소
학)나 도로(위농로) 이름에도 붙여졌다. 해방 후에 서울에서 조선신궁
이 있었던 '성지' 남산에 중앙정보부(KCIA)가 설치된 사실을 떠올리
게 하는 전환이다. 다만 타이완에 온 적도 없는 타이리와 관련된 기념

물이 이곳에 세워진 데는 국민당이 국공내전(國共內戰)에서 패배해 대륙을 도망쳐왔기 때문에 난징이나 상하이에는 기념비를 세울 수 없었다는 사정도 작용했다.

오늘날 지산암에 흔적이 남아 있는 포대나 탄약고도 국민당 특무 조직에 의해 세워졌다[그림 7]. 그것은 누구를 겨누었을까. 우선은 '타이완 회수'를 부르짖은 중국공산당의 '침공'에 대비한다는 뜻일 것이다. 그러나 내륙의 작은 언덕 위에 세워진 점으로 볼 때 거기에는 대외 전쟁의 대비만이 아니라 타이완 내부의 '치안 유지'라는 의미도 있었으리라고 생각된다. 지산암의 바로 남쪽에 장제스 총통의 거주지인 스린관저(士林館邸)가 있었기 때문에 그것을 호위하는 거점의 의미도 지녔다. 즉, 지산암은 새로운 외래 지배자인 국민당이 재래의 주민을 지배하기 위한 관제(管制) 군사 고지이며, 포대는 중국공산당 관계자만이 아니라 재래의 주민들도 겨누었다고 할 수 있다.

그렇다면 재래의 주민들에게 '지산암사건비기'라는 기념물은 어떤 의미였을까.

일본이 패배한 후, 타이완은 '중화민국'으로 복귀했고 재래의 주민은 종래의 '본도인' 대신에 '본성인(本省人)'으로 불리게 된다. 그(그녀)들 대부분은 일본의 식민지 지배로부터의 독립과 '조국 광복'이라 불리는 사태를 환영했다. 그러나 국민당은 '본성인'을 일본인에 의해 '동화'되고 '노예화'된 존재로 간주해 우선 '중화민족'에 어울리는 재교육을 받아 '남은 독'을 씻을 필요가 있다는 이유로 참정권을 정지시키는 조치를 취했다. '본성인'에게는 일본의 식민지 지배로부터의 해방이 새로운 식민지 지배의 시작으로 느껴지는 사태가 진행된 것이다.

1947년에는 '본성인'과 국민당의 대립이 무력 충돌로까지 발전하여 국민당 군대, 특무 조직, 경찰이 2만 명 가까운 주민을 학살했다(2.28 사건).[11] 그 후 40년 가까운 오랜 기간 계엄령이 지속됐고, 1950년에는 '적화(赤化)' 혐의를 받은 인물들이 학교나 직장에서 돌연 특무 조직에게 연행되어 총살형에 처해지는 '백색테러'가 일상화됐다.

일본의 식민지 지배를 경험했고 전후 미국을 중심으로 하는 반공 체제의 일환에 포섭되어 독재적인 통치 체제가 형성됐다는 점에서 타이완과 한국은 공통의 경험을 갖는다. 다만 전후 국민당과 함께 대륙에서 이주해온 사람들[외성인(外省人)]이 새로운 통치 집단을 형성했고, 더구나 이들이 항일전쟁은 경험했지만 식민지 지배는 경험하지 못했다는 점은 타이완의 고유한 상황이라 할 수 있다. 그 때문에 한국에서는 개개인의 '반민족적' 행위가 문제가 되는 데 비해 타이완의 경우에는 개개인의 행위와는 무관하게 재래의 주민들이 총체적으로 '친일파'로 간주됐다. 더구나 전근대부터 독자적인 왕조가 있었던 조선과는 달리 타이완의 경우는 청조의 주변에 지나지 않았고 중화민국이 성립하기 이전에 일본에 '할양'됐다는 문제도 있었다. 근대적인 중국 민족주의의 형성 과정에서 벗어나 있던 재래의 주민들은 1945년 시점에 '타이완어[이 경우는 푸젠계의 민난어(閩南語)나 광둥계의 커자어(客家語)를 가리킨다]' 또는 일본어로 말할 수는 있어도 중국 북방의 말을 기초로 만들어진 '중국어[보통화(普通話)]'는 알지 못했다. 새로운 지배자는 그 자체를 '노예화'의 증거로 간주했다. 일본어 대신에 중국어가 새

---

11    2.28 사건에 관해서는 何義麟, 『二・二八事件: 「臺灣人」形成のエスノポリティクス』, 東京大學出版會, 2003 참조.

로운 '국어'가 되고 학교에서 타이완어로 말하는 아이들은 마찬가지로 엄하게 벌을 받았다. 또한 학교에서 가르치는 '국사'란 중국 '4천년의 역사'였으며 1990년대에 이르기까지 타이완의 역사는 거의 가르치지 않았다.

'지산암사건비기'라는 기념물은 이런 체제하에서 국가 테러의 총본부라 할 수 있는 특무 기관의 본거지에 설립된 것이다. 그러므로 항일 게릴라를 '의민'으로 칭송하기는 하지만 '중화민족'으로서의 '민족의 기개'나 '조국 광복'이라는 국가적 가치를 대전제로 삼아 그에 부합하는 한에서만 항일 게릴라의 행위를 해석하는 데 지나지 않는다고 할 수 있다.

이런 문맥으로 볼 때 스린국민소학교 동창생이 '육씨선생지묘'를 재건하는 행위는 국민당이 내건 '정사(중국사)'에 의해 억압되고 동결되어온 기억의 일단을 표현했다고 할 수 있다. 그 배경에는 '민주화'에 수반해 '본토화'—타이완을 단지 '대륙반공(大陸反攻)'의 기지로 보지 않고 타이완이야말로 '본토'라고 간주하는 변화—의 진척이 존재한다. '학무관료조난지비'의 재건이 2000년에 이루어진 것도 같은 해에 천수이볜(陳水扁)이 선거를 통해 총통에 취임하고 처음으로 국민당에서 민진당으로 정권 교체가 이루어진 사실과 무관하지 않다. 다만 타이완은 지금도 정식으로는 '중화민국'이며, '본토화'에 비판적인 세력도 뿌리 깊게 존재한다. 2006년 봄에는 '위농열람실'이 '지산암 사건 특별 전시'를 거행해 일제 시대의 기념물 재건을 '식민지 시대의 독을 씻지 못한' 증거라고 비판함으로써 스린국민소학교 관계자들이 반발하는 사건이 있었다. 이 전시를 계기로 타이페이 시의원이

'학무관료조난지비'를 철거하고 박물관으로 옮겨야 한다고 주장하기도 했다.

이처럼 지산암이라는 언덕 위에는 항일 게릴라를 '토비'로 폄하하는 기념비와 '의민'으로 현창하는 기념비가 '공존'하며, 최근 세워진 안내판에는 지산암 사건에 관해 '다른 사람에 의해 살해됐다'고 애매하게 기록됐다. 이는 타이완에서 '국민 공동체'가 이중, 삼중으로 분열됐음을 상징한다.

## 4. 식민지주의의 기억을 둘러싼 항쟁

앞에서도 말했듯이 '학무관료조난지비'에는 스프레이로 "침략자에게 죽음을!"이라는 낙서가 휘갈겨져 있다. 이 낙서는 2001년 봄 고바야시 요시노리(小林よしのり)의 만화 『타이완론(臺灣論)』 중문판이 타이페이의 첸웨이출판(前衛出版)에서 번역 출판되어 타이완 사회에 물의를 일으켰을 때 쓰인 것이다.[12] 따라서 "죽음을!"이라는 말의 칼끝은 고바야시 요시노리로 상징되는 '침략자'로서의 일본인을 향한다고 할 수 있다.

『타이완론』을 둘러싸고 특히 중대한 문제가 된 것은 실업가 쉬원룽[許文龍, 치메이실업(奇美實業) 회장]이 "일본군은 인권에도 신경을

---

12  若林正丈, 『臺灣-變容し踸踷するアイデンテイテイ』, ちくま新書, 2001, 15쪽. 지산암이 타이완 역사의 중층적 성격을 상징하는 공간으로 주목할 만하다는 점은 와카바야시의 저작에서 시사받았다.

[그림 8] 고바야시 요시노리, 「타이완론」의 '육씨선생' 부분(小林よしのり, 『臺灣論』, 小學館, 2000, 139쪽).

썼기 때문에 군 위안부가 됐다는 것은 그녀들에게도 큰 출세"라고 말한 대목이었다.[13] 쉬원룽은 타이완의 실업계에서 실력자일 뿐 아니라 2000년 총통 선거에서 천수이볜 당선에 기여한 공로로 총통부 자정(資政, 최고고문)이라는 공직을 맡은 인물이다. 그것만으로도 이 발언은 큰 반향을 불러일으켰다. 타이완인 '위안부'였던 사람들을 지원하는 부녀구원기금회, 나아가 '위안부'였던 이들 스스로 이에 항의하는 기자회견을 열고, 쉬원룽이 관여한 기업의 상품 불매운동까지 일어나자, 그는 사죄했다. 그러나 사태는 이것으로 끝나지 않았고 『타이완론』 불매운동도 전개됐으며, 천수이볜 정권이 일시적으로 고바야시 요시노리의 입국 금지 조치를 취하자 부녀구원기금회로부터 "지나친 조치다"라고 비판받는 사태까지 이르렀다. 지산암의 '학무관료조난

---

13    小林よしのり, 『臺灣論 新ゴ・マニズム宣言』, 小學館, 2000, 231쪽; 小林善紀, 『臺灣論·新傲骨精神』, 前衛出版社, 2001, 203쪽.

지비'의 "침략자에게 죽음을!"이라는 낙서는 그런 상황 속에서 나타났다. 식민지 지배의 기억과 감정을 둘러싼 '전장'은 타이완 사회의 내부에만 존재는 것이 아니다. 타이완과 일본을 횡단하는 형태로 존재한다.

『타이완론』의 중문판을 간행한 첸웨이출판은 말 그대로 정치적 전위의 일익을 담당하며 계엄령 시대부터 타이완 독립운동—국민당은 물론 군사력을 통한 '타이완 회수'를 외치는 중국공산당에도 기대를 걸 수 없다고 보고, 정식으로 '중화민국'이라는 간판을 내리고 '타이완공화국'을 수립하려는 운동—과 관련된 책을 출판해온 회사이다.『타이완론』이라는 책도 실은 진메이링(金美齡) 등 일본을 거점으로 한 타이완 독립운동 관계자와 고바야시의 합작품이라고 할 수 있다.[14] 예전에 일본을 거점으로 한 타이완 독립운동의 지도자였던 고(故) 왕위더(王育德)는 1962년의 좌담회에서 "악마의 도움을 빌려서라도 독립하고 싶다"고 말한 바 있다.[15] 일본 정부는 물론 일본의 좌익도 타이완을 둘러싼 고유한 역사적 상황에 무지하고 이를 이해하지 못한 채 타이완 사람들의 의사와는 무관하게 중국(중국공산당)과의 '통일'이 올바른 정치적 선택이라고 결론 내리는 상황에서 왕위더의 후계자들은 일본의 우익 인사들과 제휴하면서 상황을 타개할 실마리를 찾으려

14  일본에서의 타이완 독립운동에 관해서는 森宜雄,『臺灣/日本-連鎖するコロニアリズム』, インパクト出版會, 2001 참조.
15  座談會,「引き裂かれた民族」,『現代の眼』, 1962年 11月號. 참가자는 사회자 기노시타 준지(木下順二), 평론가 후지시마 우다이(藤島宇內), 오키나와문제연구회 구니바 고타로(國場幸太郎), 재일본조선인총연합회(조총련) 외무부 정우택(鄭雨澤), 타이완청년사 대표 왕위더(王育德). 이 좌담회 기록은『インパクション 特集 臺灣: 世界資本主義と帝國の記憶』(120號, 2000)에서 모리 요시오(森宜雄)가 소개한 것이다.

했다. 즉, 다분히 '동상이몽(同床異夢)'하는 관계임을 충분히 인식하면서도 '일대정결(日臺情結)'이라는 말에 응축된 것과 같은 감정을 환기함으로써 국제적으로 고립무원에 빠진 타이완 독립운동에 대한 이해와 공감을 호소해온 것이다. 그런 만큼 『타이완론』의 중문판 간행도 스린국민소학교 동창생에 의한 '육씨선생지묘' 재건과 마찬가지로 국민당이 내거는 '정사(중국사)'로 인해 동결되어온 기억을 해제한다는 의미를 지녔다고 할 수 있다.

그렇다면 타이완 독립운동에 '공감'하는 태도를 취하는 일본인들의 속셈은 어떤 것일까. 예를 들어 『타이완론』은 지산암 사건을 거론하며 '육씨선생'을 "신변의 위험을 무릅쓰고" 타이완의 교육 근대화에 "헌신"한 존재로 그린다. 마치 전후에 식민지주의에 대한 반성이나 비판이 존재하지 않았다는 듯이 일본 식민지 통치하의 '문명화의 사명'이라는 '관념'을 반복한다고 볼 수 있다.

지산암과 관련해 보다 주목할 만한 저작은 시노하라 마사미(篠原正巳)의 『지산암 사건의 진상: 일본과 타이완을 잇는 사제의 끈(芝山岩事件の眞相: 日臺を結ぶ師弟の絆)』(和鳴會, 2001)이다. 『타이완론』 중문판과 마찬가지로 2001년에 간행된 이 책은 중문판은 간행되지 않았지만, 필자가 아는 한 타이완의 다쇼우서적점(大手書籍店) 서가에서 일반 중문 서적과 나란히 판매됐다. 식민지기에 일본인을 '스승'으로 삼아 일본어를 배운 세대를 중심으로 타이완에도 일정한 독자들이 존재했다고 생각된다.

저자인 시노하라는 1917년생이다. 그는 타이중사범학교(臺中師範學校)를 졸업한 후 타이완에 거주하는 일본인 소학교에서 가르친 경험이 있다. 이 책에 서문을 기고한 오다무라 시로(小田村四郎)는 '육씨 선생'의 한 사람인 가토리 미치아키(楫取道明)의 손자로서 스린국민소학교 관계자들로 구성된 '스린회(士林會)' 모임에도 참가한다고 한다. 대장성(현 재무성) 주계국(主計局) 주계관 등 엘리트 코스를 거쳐 다쿠쇼쿠대학[拓植大學, 전전(戰前) 타이완협회학교의 후신] 전 총장, '일본 리덩후이의 벗 모임(日本李登輝友の會)' 회장 등의 경력이 있고, 현재 일본 우익 운동 지도자 가운데 한 사람이기도 하다.

고바야시의 만화는 물론 시노하라의 저작도 학문적인 역사학의 입장에서 보면 우익적인 정치 운동과 결합된 '속설'을 재생산하는 것에 불과하다고 치부해버릴 수도 있다. 그러나 이들 저작이 타이완인들의 일정한 협력을 얻어 쓰였다는 점, 그리고 일본뿐만 아니라 타이완에서도 독자를 확보했다는 점을 생각할 때, 오늘날 타이완과 일본의 역사의식을 만들어내는 매개체라는 점을 무시할 수 없다.

시노하라 저작의 관점은 신명을 바쳐 '타이완 교육의 창업에 헌신한' 학무부원들의 '지산암 정신'을 칭송하는 데 있다. 그러나 그뿐만이 아니다. 그는 지산암 사건의 전말과 관련된 자료를 섭렵해 세세하고 면밀하게 고증한다. 예를 들어 학무부원들이 항일 게릴라와 싸우기 위해 '결연하게' 일부러 산을 내려왔다는 전전(戰前) 교과서 등에 게재된 이야기를 비판하며 경찰서로 도피하기 위해 하산했다는 견해를 도출하는 대목은 설득력이 있다. 이 점에서는 그가 지산암 사건을 '탈신비화'하는 것으로 볼 만한 작업을 했다고 할 수도 있다. 80세를 넘긴 저자가 학술서에 비견될 만한 양의 책을 집필한 것도 놀랍다. 그럼에도 필자는 이 책의 문제점을 지적할 수밖에 없다.

면밀한 고증이 보인다고 했지만 그것은 학무부원들의 조난 상황에 관한 대목에서만이다. 항일 게릴라와 관련된 기술은 대조적으로 매우 조야하다. 즉, 그는 후이지궁이 간행한 소책자에 게재된 이야기와 '스린의 지인' 이야기를 근거로 삼아 "돈을 노리고 육씨를 습격해 살해했다는 것이 지역 사람들의 일반적인 견해이다"라고 결론 내린다. 또한 학무부원들의 사체에 머리가 없는 것을 가지고 이를 머리에 상금이 걸려 있었다는 증거라고 간주하거나, 사체는 척추가 잘리고 "오장육부가 드러난" 상황이었다며 그 '잔혹함'을 강조한다.

그런데 '잔혹'한 자들은 누구였는가. 시노하라 자신이 인정하듯이 당시 일본군은 게릴라 거점으로 간주한 마을 전체를 불태우고 주민들을 빈번하게 무차별적으로 살육했다. 이러한 행위 때문에 일반 주민들이 게릴라에 투신하게 됐다는 것도 이미 알려진 사실이다. 이는 게릴라의 영수로서 일본군을 공포에 떨게 했던 지엔다이쉬(簡大獅)를 포함한 게릴라들이 곳곳에서 일제히 봉기해 타이페이성을 공략하는 흐름 속에서 일어난 사건이었다. 가령 돈을 노리고 했다 할지라도 그러한 차원으로는 환원할 수 없는 '침략자'에 대한 분노가 있었음이 분명하다. 오늘날 '테러리스트'를 둘러싼 언설과 마찬가지로 '테러리스트'의 '잔혹함'을 강조하면서도 국가의 조직적인 폭력은 '잔혹함'으로 보지 않는 이중성이 시노하라의 논리에서도 드러난다.

지산암 사건에서 시노하라가 타이완 주민들의 운명과 관련해 유일하게 관심을 기울이는 것은 보복 조치로 일본군이 살해한 인물들 가운데 판광송(潘光松)이 포함됐다는 사실이다. 판광송은 일본 통치에 협력하는 보량국(保良局)이라는 조직의 분국장으로서 자식을 최초로 지산암학당의 학생으로 취학시켰던 인물이다. 그러나 사건 당일에 자리에 없었기 때문에 항일 게릴라와 내통해 봉기를 미리 눈치채고 모습을 감추었다는 혐의를 받아 사형(참형)에 처해졌다. 시노하라는 게릴라와 내통했다는 혐의가 '누명'이었을 가능성을 지적한 후 "육씨와 마찬가지로 판광송 또한 격동의 시대의 역사가 낳은 희생자였다"고 말한다. 그러나 '누명'을 썼으니 '명예 회복'을 꾀하는 것으로 과연 충분할까. 판광송을 '육씨'와 동일한 '희생자'라고 보는 것이 과연 옳을까. 의문을 느낄 수밖에 없다.

시노하라의 저작에 통주저음처럼 흐르는 발상은 '일본과 타이완을 잇는 사제의 끈'이라는 부제가 상징하듯이 식민지기 타이완에서 교단에 섰던 경험이 있는 사람으로서 일본인 '교사'와 타이완인 '자제(子弟, 남자 제자)'—말할 것도 없이 이는 성차별적인 표현이다—의 '마음의 끈'은 부정할 수도 없고 부정하고 싶지도 않다는 생각이다. 고바야시의 만화가 오로지 '관념'을 통해 일본의 식민지 지배를 긍정하려는 것인데 반해 시노하라의 저서에는 자기 자신의 직접적인 기억과 감정이 얽혀 있기 때문에 나름의 울림이 있다.

예를 들어 스린국민소학교 관계자들이 '육씨선생지묘'를 재건한 것을 두고 시노하라는 "과거 식민지 제도에서의 지배·피지배의 입장 차이, 민족 차이, 각자 이데올로기의 차이 등 과거 역사와 관련된 은혜와 복수를 넘어선 행위이다"라고 평가한다. 지산암을 찾아보면 분명 그런 측면도 있을 수 있다는 생각이 든다. '육씨선생지묘' 주변에는 자연석으로 만든 비석이 산재한데, 그중에는 2.28 사건이 일어난 1947년이라는 날짜와 함께 타이완인의 이름이 새겨진 것도 있다. 이

**[그림 9]** 동귀소(同歸所). ⓒ 駒込武

미 말했듯이 현재의 '육씨선생지묘'도 후이지궁의 주직이 전후에 버려진 유골 항아리를 말하자면 무연불로 공양하기 위해 건립한 석탑을 재건한 것이다. 또한 이 묘의 바로 곁에는 '동귀소(同歸所)'라는 이름을 가진 거북 모양의 묘도 존재한다[그림 8]. 이는 청대에 건조된 것으로서 청조에 대한 반란이나 한족 이주자들 간의 싸움에서 목숨을 잃은 무연불들을 모신 곳이다. 후이지궁은 장저우에서 이주해온 사람들의 신앙의 중심지이지만, 동귀소에는 장저우 출신자와 대립했던 취안저우(泉州) 출신자들도 동일하게 모신다고 한다. 지산암이라는 언덕은 살의에 가득 찬 언덕일 뿐 아니라, 거대한 묘소이기도 하며, '똑같이 돌아오는 곳[同歸所]'으로 돌아온 사람들을 동등하게 '위령'하는 공간이기도 하다.

그러나 여기서 다시금 상기해야 할 점은 지산암이라는 공간이 전전(戰前)에는 작은 야스쿠니(靖国)로서 '은혜와 복수를 넘어선 행위'와는 정반대의 원리 위에서 성립했다는 것이다. 그것은 야스쿠니 신사와 마찬가지로 국가의 정치적 의도에 따라 '합사자'를 일방적으로 결정하고 선별하는 장이었다.[16] '합사자'에 타이완인이 포함되는 경우도 있었지만 그것은 어디까지나 국가의 정치적 의도에 비추어 '유용'하다고 판단됐기 때문이다. "지배·피지배의 입장 차이, 민족의 차이, 각기 이데올로기의 차이"는 극복되기는커녕 오히려 죽은 자의 값을 매기는 데 반영됐다. 만약 '은혜와 복수를 넘어선 행위'를 참으로 존중하고자 한다면, 더구나 그것을 타자에게서 찾는 것이 아니라 스스로 그 흐름에 동참하고자 한다면, 일본인으로서 해야 할 일은 '지산암 정신'을 새삼스레 찬양할 것이 아니라 일본군의 가혹한 보복 조치로 희생된 사람들의 운명을 번뇌해야 하지 않겠는가.

시노하라처럼 식민지 지배자의 경험을 지닌 일본인 노인들의 기억도 전후 일본 사회에서 공적으로 이야기되는 경우가 드물었다. 그것은 다만 같은 경험을 지닌 사람들 사이에서만 은밀하게 이야기되고 봉인되고 온존되어왔다. 식민지 지배를 비판하는 후속 세대 또한 다양한 감정으로 채색된 세세한 부분을 파고들면서 기억을 풀어가는 식으로 식민지 지배를 부정하는 입각점을 만드는 일을 게을리해왔다. 학문적인 역사학에서 보면 그것은 '실증적'인 방식에서 벗어나는 것이자 쓸모없는 일로 여겨졌기 때문이다.

그런 식으로 봉인되어온 기억은 오로지 관념적으로 자신의 나르시시즘을 충족하려는 고바야시 요시노리 같은 논리와 융합하거나, 나아가 타이완의 독립을 위해서라면 "악마의 도움이라도 빌리고 싶다"라는 타이완인의 절실한 염원과도 병행한다. 그 병행의 중핵에 자리

16    高橋哲哉, 『靖國問題』, ちくま新書, 2005, 165쪽.

잡은 것은 '일본인에 의해 근대화된 타이완'이라는 이야기이다. 이 이 야기는 일본인들에게 자기애를 만족시켜줄 뿐 아니라 적지 않은 타이 완인들에게도 '노예화'된 부정적인 자기 이미지를 불식하는 단서가 된다. 그러나 '노예화'에 '근대화'를 대치시키는 이 논법은 지나치게 단순하다. 실제로는 '근대화'이면서 동시에 '노예화'이기도 한 경험 이 존재한다. 아마도 판광송 역시 '신식 문화'의 가능성에 기대를 걸 고 일찍이 자신의 자식을 지산암학당에 보냈을 것이다. 다만 그는 지 산암 사건이 일어나기 직전에 자식을 자퇴시켰다. 그 점이 일본 측 관 헌이 판광송을 의심하게 된 요인 가운데 하나이기도 했지만, 판광송 쪽에서 볼 때는 지산암학당이라는 장에 걸었던 '근대 교육'에 대한 기 대가 허물어져 가는 상황이 존재했을 것이다.

판광송의 바람은 너무 순진했다거나 '근대'란 사람을 '노예화' 하는 시대라고 말하기는 쉽다. 그러나 결국은 배반당할지도 모를 꿈 을 품을 수밖에 없는 상황, 아무리 해도 되돌릴 수 없는 것을 그럼에 도 되돌리려 애쓰는 후회의 경험 속에 식민지 지배란 무엇인가 하는 문제가 응축된 형태로 표현되지 않을까. 식민지 지배의 기억을 둘러 싼 정치적 항쟁은 기억을 자아내기 위한 말을 극도로 압축하고 단순 화해버린다. 그렇다면 기억이 본래 지닌 복잡성에 대한 감수성을 회 복하기 위해서라도 배반당한 꿈에 대한 상상력이 필요할 것이다.

## 5. '동천복지'를 향한 염원

'학무관료조난지비'를 지산암에서 철거해야 할지에 대한 논란
이 타이완 정계에서 문제가 됐을 때, 판광송의 손아래 사촌인 판광카
이(潘光楷)의 손녀 린판메이링(林潘美鈴)은 판광송의 가족이 그 후 어
떻게 됐는지를 다음과 같이 말한다.

> 사건이 일어난 후 광송의 가족은 재산을 몰수당하고 대부분 고향에서
> 쫓겨났으며 이루 헤아릴 수 없는 고난을 겪었다. '학무관료조난지비'는
> 그곳에 존재해야만 역사적 의미를 지니며, 광송이 '항일 영웅'인지 아
> 닌지는 역사가의 고증에 맡겨야 하겠지만, 분명한 사실은 광송이 '망국
> 시대의 비극적인 희생자'이며 그의 삶에서 '망국자의 비애'를 느껴야만
> 한다는 것이다.[17]

여기서는 린판메이링이 '망국자의 비애'라고 표현한 점이 중요
하다. 게릴라와의 내통을 사실로 간주해 '항일 영웅'으로 보는 견해나
내통을 '누명'으로 간주하는 견해 모두 판광송의 행동을 일면적으로
만 해석할 뿐이다. 판광송의 족적은 '육씨선생'을 칭송하며 항일 게릴
라를 '토비'로 폄하하는 틀이나 항일 게릴라를 '의민'으로 현창하는
틀 어느 것으로도 규정될 수 없다. 린판메이링의 글은 판광송의 생애

---

17    林潘美鈴, 「芝山岩 潘光松 六士先生」, 『自由電子報』, 2006년 4월 14일.

를 국가적인 관점에서 의미 규정하려는 욕망 자체를 상대화하면서 '망국자의 비애'라는 말을 통해 섬세한 기억을 이어나가려는 것으로 보아야 한다.

린판메이링은 자신의 선조에 대해 다음과 같은 일화도 남겼다. 판광송의 부친인 판융칭(潘永淸)은 장저우 출신 이주자들의 지도자로서 취안저우 출신자들과 싸워 이겼지만, 서로 무기를 버리고 공존해야 한다는 생각으로 전투를 중단하기로 서약하며 그것을 기념하여 지산암 입구의 암벽에 '동천복지(洞天福地)'라는 글자를 새겼다〔그림 10〕. '동천복지'란 도교에서 신선이 산다고 하는 곳으로서 이는 타이완에 평화의 유토피아를 실현하려는 기원을 보여준다. 출신지와는 무관하게 무연불을 기리는 동귀소 역시 이러한 기원에서 만들어졌다.

'동천복지'를 기원했음에도 그 후 판융칭의 아들은 일본군에게 처형됐다. 지산암은 작은 야스쿠니가 됐고 전후에는 국민당의 군사 고지가 되어버렸다. 그것은 판융칭의 꿈이 실제로는 역사적 현실 속에서 배반당했음을 말해준다. 그러나 바로 그렇기 때문에 더욱 절실하게 '동천복지'라는 문자는 역사 속에 매장되어버린 꿈과 염원, 그리고 기도를 지산암을 찾는 사람들에게 지금도 계속하여 호소하는 듯하다.[18]

[그림 10] 지산암 입구의 암벽. ⓒ駒込武

---

18  이 글은 필자가 쓴 「臺灣史をめぐる旅(七) 芝山巖にて」(『季刊 前夜』 제11호, 2007년 4월)를 대폭 가필 수정한 것이다.

제9장

○

# 금강산

테사 모리스 스즈키(Tessa Morris-Suzuki) | 정지영 옮김

# 1.  산의 풍경

계곡이 내려다보이는 산비탈에 위치한 그 마을은 북한의 다른 작은 동네와 비슷하다. 회색 기와지붕을 올린 1층짜리 하얀색 가옥들이 기하학적으로 배열됐고, 여기저기 깨어진 기와들이 푸른색 플라스틱으로 씌워졌다. 가옥 사이사이로 보이는 틈새와 움푹 팬 콘크리트 길은 계곡까지 뻗었고, 작은 채소밭에는 배추와 양파의 묘목이 심어져 있다.

한 가지 특별한 것은 그 전망이다. 가옥에 달린 좁은 창문으로 숨이 막힐 정도로 아름다운 산의 경치가 보인다. 그 산에는 나무숲 사이로 바위들이 비현실적인 모습으로 뾰족한 톱니처럼 솟아올랐는데 그 정상에는 여름이 되어도 눈이 쌓여 있다. 이것이 바로 금강산, 한반도의 동해안을 따라 쭉 늘어선 태백산맥에 남북으로 60킬로미터나 길게 놓여 있는 산이다. 화강암과 화성(火成)의 섬

록암으로 된 봉우리는 오랜 세월 동안 염분(塩分)이 섞인 바닷바람에 침식되어, 주마등같이 변화무쌍한 모습 보여준다. 하지만 금강산은 단지 암석, 얼음과 소용돌이치는 물로 이루어진 것이 아니다. 수세기 동안 축적을 통해 금강산은 조선반도의 역사, 그리고 보다 넓은 동북아시아의 역사를 하나로 묶을 수 있는 다양한 힘의 화신이 됐다. 이곳은 정신적인 경외감과 종교적 신앙의 장이고, 명상과 예술 창조의 장이며, 탈속의 장이면서 동시에 전쟁과 폭력의 장이기도 하다. 근대에 금강산은 일본의 식민지 개발 계획, 서양의 오리엔탈적인 꿈, 조선의 민족주의와 향수의 장소였다. 최근에 금강산은 분쟁과 화해 사이를 시계추처럼 오가면서, 분단된 한반도 양측 간에 쉽게 전환되지 않는 관계의 중심적 장소이자 상징이 됐다.

산언덕의 가옥에서는 계곡 쪽으로 펼쳐진 별천지를 굽어볼 수 있다. 크림색과 분홍색을 띤 외금강호텔의 다층 건물, 편의점 패밀리마트(FamilyMart)와 오버스트 하우스(Oberst Haus)라는 독일식 비어홀이 자리한 건물, 대중음악 콘서트가 열리는 야외무대 등을 볼 수 있는데, 이 건물들은 현대 아산 금강산 리조트 가운데 아주 작은 일부이다. 이곳은 1998년부터 2008년까지 한국의 대기업인 현대그룹과 북한 정부가 개발한, 산과 바다에 까지 펼쳐진 관광단지였다. 리조트는 산 중턱에 있는 마을에서 걸어갈 수 있는 거리에 있으나, 이곳은 하나의 다른 대륙이라고 하는 편이 낫다. 아주 소수의 종업원 외에 지역 주민은 녹색 플라스틱으로 된 울타리를 넘어서 자본주의의 놀이터에 들어오는 것이 허락되지 않았다. 반대로 신중하게 감시된 여행이 아닌 이상, 관광객이 일상생활을 경험하는 일도 금지됐다.

그런데도 21세기 초까지 금강산 리조트는 남북한 화해의 강력한 상징이었다. 금강산 여행은 처음에는 순항선으로 시작해서, 2003년부터는 육로에서 버스로도 통행이 가능해졌는데, 그 여행으로 한국의 일반인들은 반도가 분단된 지 반세기를 넘어서 처음으로 북한을 방문할 기회를 갖게 됐다. 또한 금강산 리조트는 이산가족 상봉의 장이기도 했다. 2000년에 이산가족 상봉이 시작됐을 때, 약 12만 5천 명의 남북한 사람들이 분단으로 오랫동안 만날 수 없었던 가족과의 상봉을 신청했다. 그로부터 10년 동안 그 가운데 1만 6천 명 이상이 상봉의 꿈을 실현했지만, 4만 명은 상봉의 날이 오기를 애타게 기다리다가 세상을 떠났다.[1] 한편 2008년까지 200만 명에 가까운 한국인 관광객들이 3.8선을 넘어 금강산을 방문했다.

리조트 너머 마을에서는 보이지 않는 비탈진 언덕에 더욱 놀라운 남북 간 협력의 사례가 있다. 7세기 불교 사원인 신계사(神溪寺)가 그것이다. 신계사는 한국전쟁에 의해 잿더미가 됐으나 2001년부터 2007년까지 한국의 대한불교조계종과 북한의 조선불교도연맹중앙위원회(그다지 많지 않은 북한의 불교도들을 감독하는 국가기관)의 협력에 의해 과거의 장려함을 회복했다. 2007년 1월, 사원(寺院)의 복원을 기념하기 위한 낙성식이 열려, 한국에서는 300명이 넘는 불교도를 대표로 파견했고, 북한에서는 선명한 빨간색과 검정색 법의를 입은 승려를 포함해 조선불교도연맹 대표 30명이 참석했다.[2]

1    통일부 홈페이지(http://www.unikorea.go.kr) 참고.
2    대한불교조계종 총무원 사회부·문화부 편, 『금강산 신계사 복원불사 백서』, 서울: 대한불교조계종 총무원, 2009.

제4부
: 중층의 풍경

하지만 2008년 7월 금강산을 방문했던 한 한국인 여성 관광객이 길을 잃어 리조트의 울타리를 넘었다가 북한의 병사에 의해 사살당하는 사건이 일어났다. 그 결과 당시에 이미 악화됐던 남북한 관계는 위기에 빠졌다. 금강산으로의 여행은 연기됐고, 2010년에는 북한 정부가 한국 리조트 자산을 몰수하겠다고 선언하는 일까지 벌어졌다. 이듬해, 한국 정부가 항의했음에도 마지막 남은 한국인 노동자가 북한에서 축출당했고, 북한은 중국의 관광객을 모으는 데 리조트를 사용하려는 계획에 착수했다. 반면, 언덕의 작은 마을에서 보이는 경치는 극적으로 바뀌었다. 리조트를 오가던 호송 버스들, 어두운 산속의 밤을 밝게 비추었던 불빛들, 확성기에서 울려대던 음악, 끊임없는 행사로 북새통이었던 아래쪽 골짜기. 이제 이 모든 것은 순식간에 고요함에 빠졌다. 화해의 상징은 끝없는 냉전 관계의 상징이 되고 말았다.

## 2. 정신의 풍경

감동적인 풍경들이 대개 그렇듯이, 금강산 지역은 그 자연적 존재(presence)의 순수한 힘으로 우리의 관심을 끌고 감정을 움직이는 것 같다. 하지만 사실 풍경은 (당연히) 인간과 자연의 상호작용을 통해서만 존재할 수 있다. 그 존재는 보는 사람들의 기억과 신념, 미적 감각에 의해 서로 다른 다양한 방식으로 경험되어왔다. 사이먼 샤마(Simon Schama)가 말한 바와 같이 풍경은 "동시대 사람들이 자신의 강박을 텍스트에 쓴 것"이기 때문에 그것은 "정신의 작용이다. 그 정경은 암석의 층에 의해 만들어지듯, 기억의 층에 의해 만들어지는 것"이다.[3] 인간의 뇌는 풍경을 상상하고 나아가 또 그 풍경은 다시 인간의 뇌의 움직임에 영향을 주는 것이다. 18세기 조선 문인 이하곤[李夏坤, 1677~1724, 호는 담헌(澹軒)]의 표현을 따르자면, "마음속에 또 하나의 금강산을 두어 폐부 사이사이에 들어차는 것이 모두 구름과 연무, 나무와 바위가 되고 나서야 금강산을 잘 본다고 할 수 있다."[4]

1999년 한국의 금강산 관광의 시작을 축하하기 위해, 현대아산과 공동 주최하에 〈몽유금강: 그림으로 보는 금강산 300년〉이라는 전시회가 서울의 일민미술관에서 열렸다. 이 전시회는 전통 조선의 풍경화뿐 아니라 사진이나 비디오를 비롯해 금강산을 재현한 동시대의 작품에 이르기까지 폭넓은 연대의 작품을 전시했다. 관광사업과 마찬가지로 〈몽유금강〉 역시 논쟁의 대상이 되긴 했지만, 어쨌든 그곳에 전시된 작품들은 금강산이 기억과 망각의 장으로서 해왔던 다층적 역할을 보여주는 매력적인 창구이다. 전시회의 하이라이트이자 가장 첫 번째로 진열된 작품은 현존하는 금강산의 여러 파노라마 그림 가운데 하나인 18세기 전반기 풍경화의 거장 정선[鄭敾, 1676~1759, 호는 겸제

---

3    Simon Schama, *Landscape and Memory*, New York: A. A. Knopf, 1995, pp. 6~7, p. 12.
4    다음 문헌에서 재인용했다. Ch'oe Wan-su, trans. and ed. Pak Youngsook and Roderick Whitfield, *Korean True-View Landscape: Paintings by Chŏng Sŏn (1676-1759)*, London: Safron Books, 2005, p. 31.
     [역주] 1712년 김화 수령이었던 사천 이병연이 겸재 정선을 데리고 금강산을 유람했을 때 그린 그림 〈해악전신첩(海嶽傳神帖)〉 30여 폭에 대해 삼연 김창협, 후계 조유수, 담헌 이하곤이 각 장별로 발문을 지었다. 당시의 그림은 전해지지 않으나, 발문은 남아 있다. 이 글은 〈해악전신첩〉 전체에 대해 담헌 이하곤이 지은 두 후지(後識) 가운데 두 번째 것에서 가장 마지막에 해당하는 글이다. 원문은 다음과 같다. "腦中須有一副金剛山. 槎牙肺腑者. 俱爲雲嵐木石. 然後方可謂善觀金剛山矣"(『두타초(頭陀草)』 책 14 「후지(後識)」).

**[그림 1]** 鄭敾 〈金剛山全圖〉,「겸재 정선 붓으로 펼친 천지 조화: 서거 250주년 기념」, 국립중앙박물관, 2009.

(謙齋), 자는 원백(元伯)]이 그린 금강산이었다[그림 1]. 이 그림에서 산의 정상은 강력하게 수직으로 치솟아 있고, 서쪽은 나무가 없는 민둥산, 동쪽은 소나무로 덮인 모습이다. 결정체와 같은 암석들 사이의 계곡에는 급류가 흐르는 강이 보인다. 어렴풋하게 사원의 지붕 윤곽이 보이지만, 이 또한 그것을 둘러싼 풍경의 힘에 압도된다.

이 글에서 필자는 금강산 풍경을 구성하는 기억과 망각의 층을 밝히려는 것을 출발점으로, 정선의 그림과 그것이 전시된 1999년 〈몽유금강〉 전시회를 살펴보고자 한다. 정선, 그는 조선에서 가장 유명한 풍경화가라고 할 만한 사람이다. 그는 당나라 이래 중국 수묵화의 계승자로서, 경외심을 불러일으키는 산이나 흐르는 강물과 같은 자연적인 세계에서 영감의 원천을 찾고자 했다. 하지만 그는 (그의 시대에서 일반적이었던) 중국 고전 작가의 원리에 기초한 이상화된 풍경을 단순히 재생산하기보다는, 평생 작품을 통해 그의 주위에 펼쳐진 진정한 조선의 풍경을 탐색했다. 그것이 바로 이른바 '진경산수(眞景山水)'라는 것이다. 1711년 금강산 여행은 그의 예술적 지향이 발전하는 결정적인 전환점이 됐다. 산을 담은 그림은 그의 수많은 작품 중에서 가장 선명하고 두드러진 것이다.[5]

정선의 작품은 세밀하고 정확하게 표현됐지만, 그의 금강산 파노라마는 인간의 눈으로는 볼 수 없는 그림을 보여준다. 눈앞에 펼쳐진 공간은 초월적 시선, 이른바 신(神)의 눈으로 그려졌다. 정선의 의식과 무의식이 교차하는 문화적 기억이 관통된 풍경이다. 동아시아에 불교가 전해지기 전부터 높은 산은 인간과 초인간적인 세계가 접촉하는 지점으로 여겨졌다. 중국에서 도교의 오악(五岳)은 "공동체 또는 나라 전체의 번영을 지키기 위한 힘을 가진 것으로 숭배됐고", 나아가 우주의 기둥으로서 "인간과 하늘 또는 하늘의 정신을 매개하는 중간 지대"였다.[6] 조선에서 산의 정신인 '산신(山神)'의 모습은 무속의 핵심이었고, 그것이 결합되어 호랑이를 거느리고 암석 위에 앉아 있는 노인의 형상으로 조선 불교의 도상이 만들어졌다. 하지만 금강산에 관한 전설에서는 그 형상이 남성의 몸을 가진 산신으로 그려지는 경우는 별

---

5    Ch'oe Wan-su, trans. and ed. Pak Youngsook and Roderick Whitfield, *Korean True-View Landscape: Paintings by Chŏng Sŏn (1676-1759)*, London: Safron Books, 2005.

6    Kiyohiko Munakata, *Sacred Mountains in Chinese Art*, Urbana and Chicago: University of Illinois Press, 1991, p. 12.

로 없고, 오히려 선녀의 몸으로 그려지는 편이었다. 천상의 여성적 존재인 선녀는 산에 살면서 인간과 신의 세계 사이 접경지대를 다스리는 존재였다.

불교가 중국 나아가 조선과 일본에 영향을 미치면서 그 지역의 성스러운 산과 그에 대한 경외감도 불교 경전에 기록된 신성한 풍경에 맞게 재상상됐다. 『화엄경(華嚴經)』에 의하면 금강산의 1만 2천 봉우리는 '법기보살'과 그 동행자의 집으로, 그곳에서 그들은 지속적으로 설법을 했다고 한다.[7] 『화엄경』이 6~8세기 조선의 불교 발전에 중심적인 역할을 했기 때문에 '금강'이란 이름은 조선반도에 있는 수많은 산들에 붙여졌다. 그중에서도 동해안의 중심부에 위치한, 금빛을 머금은 듯 빛나는 무수한 기암을 가진 신비한 모양의 산은 쉽게 경전 속 금강산의 신비한 공간과 동일시됐다. 한편 이 산은 여러 가지 시적인 이름으로 불리기도 했다. 그중 일부는 정선의 그림 제목에서도 나온다. 예를 들어 가을에는 '풍악(楓嶽)'이라 불렸는데, 그것은 고갯길을 덮은 단풍에서 유래한 이름이고, 겨울이 되면 '개골(皆骨)'이나 '상악(霜嶽)'이라 불렸는데, 그것은 정상에서 하얗게 반짝이는 눈과 얼음에서 따온 이름이다.[8]

금강산의 가까이하기 어려운 산골짜기나 봉우리는 하계(下界)로부터 은둔해 생활하기에 이상적인 장소로 이용됐다. 최초로 불교를 공인한 신라 왕인 법흥왕(法興王, 재위 514~540년) 때 처음으로 불교 사찰

---

7    Richard D. McBride, *Domesticating the Dharma: Buddhistic Cults and the Hwaŏm Synthesis in Silla Korea*, Honolulu: University of Hawaii Press, 2008, p. 132.
8    정인갑, 『(천하제일명산)금강산』, 서울: 에스페로문고, 1992, 240쪽.

이 세워진 곳도 그곳이었다. 6~7세기는 금강산에서의 사원 건축의 황금기였는데, 당시에 신계사(神溪寺, 617년), 장안사(長安寺, 551년), 표훈사(表訓寺, 670년) 및 여러 조선 불교 예술 및 관례의 장엄한 중심지가 건축됐다.[9] 이와 같은 사찰들은 정선의 그림 속에서도 찾아볼 수 있다. 조선 시대(1392~1897년)의 숭유억불(崇儒抑佛) 정책 속에서도 살아남은 그 사찰들은 때로는 복원되기도 하고 재건되기도 하면서 정선과 그 동시대의 유학자, 예술가, 문예가의 역사적·미적 감수성에 중요한 역할을 했다.

조선 시대 이전부터 종교적 순례는 이미 글쓰기 여행의 전통과 결합되어 있었다. 그에 따라 조선의 관리, 시인, 예술가, 그리고 많은 사람들은 놀랄 만큼 풍부한 금강산 방문기를 써냈다. 동아시아의 다른 여행기들과 마찬가지로 이 작품은 일기 형식으로 쓰였으며, 방문자의 풍경에 대한 감정적·정신적 반응을 표현한 시(詩)도 포함되곤 했다. 가장 초기의 작품 가운데 하나로, 관리이면서 문인이었던 이곡(李穀, 1289~1351)이 편찬한 『동유기(東遊記)』가 있다. 그는 1349년 초가을 6주간 금강산을 방문해 그 지역의 자연적·문화적 경이로움에 대한 시를 여러 편 남겼다.[10] 산자락의 안온한 호수인 삼일포(三日浦) 물가에 앉아 그는 이렇게 썼다.

| | |
|---|---|
| 하늘 빛 머금은 물, 거울처럼 맑디맑고 | 水涵天宇澄心碧 |
| 공중에 솟은 산 눈부시게 밝디밝네 | 山倚秋空刮眼明[11] |

9  같은 책, 256쪽.
10  이곡, 「동유기」, 김동주 편역, 『금강산 유람기』, 서울: 전통문화연구회, 1999, 54~70쪽.

『동유기』는 14세기부터 18세기까지 쓰인 수백 편의 여행문학 가운데 하나에 지나지 않으며, 정선이 살던 시대부터 오늘날에 이르기까지 수백 편 이상의 작품이 쓰였다. 그래서 정선이 처음으로 금강산을 방문한 1711년에도 산을 방문하는 사람들의 감상을 기다리는 문화적·자연적 경이로움을 묘사한 정전(正典)이 이미 존재했다. 정선의 그림이나 그의 문인 친구들이 그 작품에 대해 쓴 한시나 간기(刊記)는 금강산의 영광에 대한 공적인 이미지를 더욱 고착화하고 정제하는 역할을 했다.

## 3. 진경산수와 민족적 상상

정선이 보여주는 금강산은 서남쪽, 곧 조선의 수도에서 온 여행자의 관점에서 본 산이다. 그의 〈금강전도(金剛全圖)〉에 담긴 것은 유난히 생생하고 복잡하게 얽힌 모습인데, 그것을 바라보는 우리의 시선은 '장안사'의 장엄한 사원 밖에 있는 아치형 모양의 석교에서 위로 향한다. 장안사는 일본의 도요토미 히데요시(豊臣秀吉)가 (정선이 금강산을 방문하기) 한 세기 전에 침략했을 때 파괴되어 그 후에 재건된 것이다. 계곡을 따라 오르면 '표훈사'가 있고, 그 옆에 금강산의 아름다움을 즐기는 사람들에게는 최고의 전망대인 '명정대'라는 큰 암석대가 있다. 그림의 아래쪽과 가운데 부분에는 '내금강'이 그려져 있는

11    같은 책, 65쪽.

데, 대개 내금강은 우아한 아름다움을 지닌 여성적인 풍경으로 간주된다. 그림의 위쪽과 오른쪽에는 남성적이고 울퉁불퉁한 세계인 '외금강'이 있다. 따라서 어떤 의미에서 이러한 산은 우주를 구성하는 두 원리인 여성적인 음(陰)과 남성적인 양(陽)을 체현하며, 그 자체로 우주 전체이다. 그림의 가장 윗부분에는 모든 봉우리들의 최고봉인 비로봉이 하늘로 치솟아 있다.

인간의 눈이 초월적인 시선으로 산을 볼 수 없음은 당연한 것이다. 어디서 보든 어떤 풍경은 가려지고, 어떤 풍경만 드러난다. 그러한 시각의 차이는 부분적으로 개인적인 것이기도 하다. 동시대의 다른 화가가 그린 금강산의 풍경화와 정선의 그림을 비교해보면, 풍경을 보는 개인의 감각이 얼마나 다른지를 알 수 있다. 예를 들어 정선의 굵은 필체는 18세기 또 다른 걸출한 화가인 김홍도〔金弘道, 1745~1806경, 호는 단원(檀園), 자는 사능(士能)〕의 섬세한 그림체와 명확한 대조를 이룬다. 신유교적 미학을 가진 정선은 김홍도나 그 밖의 동시대 익명의 민속화가들—이들의 일부 작품은 〈몽유금강전〉에 전시됐다—과 뚜렷하게 대비된다. 민속화에서 금강산은 아주 양식화된 방식으로 그려져서, 그 봉우리나 호수 또는 골짜기가 부처의 모습, 영혼이나 동물의 형상으로 채워졌다. 양반 계급의 문인들이 그린 세속화된 풍경과는 달리, 민중들의 풍경은 길함과 흉함 양쪽 다 영적인 힘이 넘쳐난다.

진경산수의 정신적 풍경에는 또 다른 세계가 가시화되지 않은 채 남아 있다. 예를 들면 금강산은 시적인 사색의 장이거나 세속적 삶으로부터 벗어나기 위한 정신적 은둔지일 뿐 아니라 유교적 사회질서로부터 배제된 사람들이 도피하는 곳이기도 했다. 이런 사람들 가운데 독신 여성 또는 과부가 있었다. 그녀들은 금강산에 있는 불교 사찰에서 피신처를 찾았다.[12] 영국의 종교학자 제임스 비셋 프랫(James Bissett Pratt)은 20세기 전반기에 금강산을 방문했을 때 이와 같이 주변화됐으나 상대적으로 독립적인 커뮤니티에서 생활하는 사람들을 만났다. 그는 비구니들과 인사를 나누었는데 그에 따르면, "열 명의 나이든 비구니들은 얼굴에 호두 같은 주름이 깔려 있었으나 여학생들처럼 키득키득 웃었다. 우리는 그녀들에게 왜 종교 생활을 택했는지 물었다. 그녀들은 과부가 된 자신들을 아무도 도와주지 않았다고 아주 솔직하게 대답했다. 사찰은 마치 늙은 여성들의 집 같았다."[13] 정선이 그린 금강산에 승려들이나 여행하는 학자들은 경외감을 자아내는 자연에 의해 왜소화된 작은 존재로 나타나 있지만, 비구니들의 격리된 세상은 엘리트 문화에서 의심스럽고 더러운 것으로 간주됐기 때문에 가시화되지 않았다.

정선은 반복적으로 금강산의 풍경을 그림으로써, 중화 세계 질서의 문화영역 안에서 조선의 예술과 풍경의 감각을 특수한 영역으로 설정했다. 그의 작품은 신유교 사상의 주제에 대한 새로운, 토착적 변형이 부상하는 것과 궤를 같이해 조선적인 풍경을 찬미했고, 그의 동시대 문인들은 금강산이 중국에서 제일 유명한 산의 경치보다도 뛰어나다고 퍼뜨리며 즐거워했다.[14] 당시는 동아시아에 근대 민족주의 이

---

12    정지영, 「조선시대 혼인 장려책과 독신여성: 유교적 가부장제와 주변적 여성의 흔적」, 『한국여성학』 20권 3호, 2008, 5~37쪽. 특히 24~31쪽 참고.

13    James Bissett Pratt, *The Pilgrimage of Buddhism and a Buddhist Pilgrimage*, New York: Macmillan, 1928, pp. 431~432.

데올로기가 나타나기 전이었지만, 18세기 진경산수 예술은 그 이후 민족주의적 상상의 원재료가 되는 이미지의 레퍼토리를 창출하는 역할을 했다. 이 상상의 힘은 1999년의 〈몽유금강전〉에서 선명하게 나타났다.

## 4. 민족화된 금강산, 세계화된 금강산

남북 공동의 관광 복합 단지는 민족적 서사, 민족주의자의 화해의 체현이라고 할 수 있다. 금강산은 조선 문화와 정신의 독특한 아름다움을 구현하는 특별한 곳이라고 이야기되곤 했는데, 이에 금강산은 북과 남이 만나는 곳으로서도 완벽한 장소라고 간주됐다. 〈몽유금강전〉에서 큐레이터 역할을 맡았던 이태호는 전시회의 카탈로그에 수록된 글에서 "그만큼 금강산은 예로부터 이 민족의 사랑을 듬뿍 받아온 명소이다. 이와 같은 비경(秘境)을 갖춘 우리 민족의 영산(靈山)인 금강산은 민족의 자랑거리이자 자존(自尊)이기도 하다. 옛 금강산 기행 시문을 보면 '중국인들도 고려에 태어나 금강산을 보고 싶어 했다(願生高麗國一見金剛)'는 표현을 즐겨 인용했(다)"라고 썼다.[15] 풍경은 정치

---

14    예를 들어 이하곤은 중국의 성산인 루산(廬山)이나 양둥산(陽東山)보다도 금강산이 탁월하다고 기술한다. Ch'oe, trans. and ed. Pak Youngsook and Roderick Whitfield, *Korean True-View Landscape: Paintings by Chŏng Sŏn (1676-1759)*, London: Safron Books, 2005, p. 118 참조.

15    이태호, "A Dream of 12,000 Peaks: 300 Years of Art and Culture from Mount Kumgang", 일민미술관 학예연구실 편, 『몽유금강: 그림으로 보는 금강산 300년』, 1999, 123~125쪽. 인용문은 123쪽에 나온다.

를 초월한 것이고, 또한 그렇기 때문에 민족을 연결할 수 있다는 사고 방식은 1999년에 현대아산이 금강산 관광 리조트에 세운 기념판에도 담겨 있다. 거기에서 금강산은 한반도 지도의 중심부에 놓이는데, 그 흡입력으로 남쪽의 제주도에서 북쪽의 나진·선봉, 나아가 사실상 사람이 살지 않는 독도에 이르기까지 모든 곳의 한민족을 하나로 묶는 것으로 묘사된다.

이와 같은 민족주의적인 수사에는 또 하나의 강력한 사조가 흐른다. 곧 금강산의 테마를 갈망의 장으로 보는 것이다. 그곳은 많은 한국 사람들에게 단순히 민족의 영광을 상기시키는 곳이 아니라, 그 영광을 상실했음을 상기시키는 장이다. 위의 전시 카탈로그에서 이태호는 일제 강점하에 금강산을 방문하는 것은 독립을 추구하는 표현이었고 고통을 치유하는 일이었으며 자랑의 원천이었다고 썼다.[16] 하지만 여기서 "고통의 치유"를 원한다는 것은 한편으로는 금강산을 통해 자부심을 회복한다는 의미이면서, 동시에 외세의 정복에 의한 고통을 공식적으로 인정하고 '상실'을 재확인한다는 의미를 갖는다. 식민지 시대에 금강산은 여전히 새로운 장르의 여행기나 (토착적 전통과 서양 및 일본의 제국주의 미학의 영향을 받은) 풍경화의 주요 대상이었다. 그 새로운 장르라는 것은 종래의 고유 전통, 그리고 서양과 일본의 제국적인 미학 양식의 영향을 받은 것이었다. 하지만 식민지 시기의 그림에서 금강산은 공허하고 음울하게 그려지곤 했다. 그 정상은 나무를 잃은 민둥산이었고, 그 치솟는 힘은 안개에 덮이고 어둠에 휩싸인 모습

16    같은 글, 124쪽.

이었다. 당시의 여행기는 긍지와 슬픔이 얽혀 있는 주제를 반복했다. 예를 들어, 저널리스트 문일평(1888~1939)은 1930년대 『조선일보』에 게재한 여행기에서 금강산의 영광과 함께 그것이 '문명'의 강력한 힘에 의해 파괴된 상황을 서술했다.[17] 물론 여기서는 일본 식민지 지배라는 강력한 '문명'의 힘을 의미한다.

긍지와 상실감이 뒤섞인 느낌은 한반도가 해방되고 분단된 이후에 한국에서 더욱 강력해졌다. 한국에서 금강산은 3.8선 넘어선 '나쁜' 쪽에 놓여, 안타까울 정도로 가깝지만 먼 곳에 있는, 잃어버린 모든 것을 체현하는 장소가 됐다. 이와 같은 접근 불가능한 산에 대한 비장한 갈망은 바위나 폭포가 꿈의 소재로 변화한 윤석남의 비현실적이고 섬세한 작품인 〈그리움〉, 또는 싸늘한 달빛 아래에 멀리 그리고 외롭게 놓여 있는 헐벗은 정상의 모습을 정선의 작품을 연상시키는 듯한 굵은 필체로 그린 임무상의 작품에서 가장 선명하게 드러난다.

피에르 노라(Pierre Nora)는 프랑스사를 논하면서 "프랑스에서 '영토'와 '자연'의 개념은 "국민 정체성의 정의와 뗄 수 없게 깊이 연결된다. 그리고 그러한 연결이 강렬한 것은 프랑스적인 것이 전통적으로 '공간'과 관련해 의식됐기 때문"이라고 했다.[18] 바로 이 때문에 노라나 그의 동료 연구자들은 이와 같이 특정한 '기억의 장소'가 갖는 힘에 대해 그토록 자세히 논의했던 것이다. 노라가 논하는 바와 같이 최근에서야 유럽 국경이 개방되면서 새롭게 국민국가의 경계를 넘어

17    장무웅 편, 『금강산: 세계적 명산 일만이천봉』, 서울: 경제평론사, 1984, 128~129쪽.
18    Pierre Nora, trans. Richard C. Hollbrook, "Introduction", in Pierre Nora et al., *Rethinking France: Les Lieux de Mémoire*, vol. 2, Chicago: University of Chicago Press, 2006, p. vii.

선 영역이 창출되기 시작했다. 그는 그 영역을 '센겐(Schengen) 공간'
이라고 불렀는데, 그러한 영역이 1985년 EU 연합국 사이에 이동을 자
유롭게 하기 위한 센겐협정 이후 만들어졌기 때문이다. 프랑스가 영
역적으로 명확한 국가로 등장하기까지 고대에서 중세에 이르는 복잡
한 역사를 고려할 때, '자연'과 '영토'의 동일시가 예로부터 지속된 것
인지에 대해 의문을 던지는 것은 타당하다. 오히려 다른 지역과 마찬
가지로 프랑스도 고대로부터 아이덴티티의 공간은 끊임없이 재구성
되어왔으며 그것은 근대 국민 국가의 경계와 딱 맞아떨어지지 않는다.
이와 유사한 공간의 재편성은 기억의 장으로서 금강산의 역사적 역할
을 고찰하는 것으로 명확하게 드러나게 된다.

　　18세기 진경산수로 시작되는 1999년 〈몽유금강전〉은 (노라의 프
랑스의 이미지와 마찬가지로) 영토와 자연이 본질적으로 하나인데, 그러
한 결합을 갈라놓은 것이 근대의 파괴적인 사건이라는 구조 속에 금
강산을 자리매김했다. 더 이른 시기를 출발점으로 삼는다면 다른 공
간 감각이 만들어지는데, 왜냐하면 신라나 고려 시대에 금강산은 동
아시아, 남아시아, 중앙아시아에 이르는 순례의 복잡한 노선망이 접
합하는 지점 가운데 하나였기 때문이다. 전시회에서 중국과의 연관에
대해 간략하게 설명하긴 했지만, 그것은 그 망의 아주 작은 일부에 지
나지 않는다.

　　예컨대 금강산에 대한 가장 이른 기록은 중국의 문헌에서 찾아
볼 수 있는데, 그것은 새로운 종교관이 사원에 유입된 것은 선종(禪宗)
의 등장에 핵심적 역할을 한 14세기 인도의 승려 제납박타(提納薄陀)
같은 순례자들에 의한 것이었다.[19] 또 원나라 황제는 1348년 장안사

재건에 기여했다고 전해진다. 20세기 중반에 유점사(楡岾寺) 근처에는 불상 50점이 있었는데, 그중 일부는 10세기 전 박트리아(근대의 우즈베키스탄, 키르기스스탄, 아프가니스탄의 경계에 해당되는 중앙아시아의 왕국, 트하리스탄이라고도 부른다)에서 가져온 것이다.[20] 조선의 고관이자 학자인 권근[權近, 1352~1409, 호는 양촌(楊村)]이 금강산에 대해 읊은 유명한 한시는 중국 황제의 요구에 응하기 위해 지은 것이었다. 그로부터 3세기 후 정선과 동시대에 진경산수를 그린 화가들 또한 중국 도시에 있는 활발한 시장을 발견했다.

이러한 관점에서 보면, 금강산을 둘러싼 문화적 흐름의 네트워크는 지속적으로 확장과 축소를 반복하거나 형태와 밀도를 바꾸고, 때로는 국가나 대륙의 경계에서 벗어나기도 하며, 또 한편으로는 새롭게 만들어진 경계의 내부에 제한되기도 했다고 볼 수 있다. 중화제국의 해체와 서양 및 일본 제국주의의 도래는 그러한 긴 역사 변화 가운데 하나일 뿐이었다. 그 기나긴 역사적 변용의 과정에서 금강산에는 새로운 흔적이 새겨졌고, 여행자와 몽상가들의 새로운 시선에 맞게 금강산은 새로운 풍경을 드러냈다.

〈몽유금강전〉은 민족주의적 기조를 담으면서도, 근대적인 세계 여행을 통해 금강산에 부여된 외국의 관점을 소개하고, 심지어는 찬양하기도 했다. 전시회에는 금강산을 방문한 서양 여행가의 유명한 작품이 두 점 소개됐다. 하나는 영국의 유명한 여행가인 이저벨라 비숍

---

19    예를 들어, 그레이슨은 선종 발전의 정초자인 인도 승려 제납박타가 4세기에 금강산을 방문한 것을 연구했다. James Huntley Grayson, Korea: *A Religious History* (revised ed.), London: Rouledge Curzon, 2002, pp. 98~99.
20    德田富次郎, 『金剛山写真帖』, 東京: 德田写真館, 1918.

(Isabella Bird Bishop, 1891~1904)의 〈조선과 그 이웃나라〉(1898)인데, 이 것은 금강산을 영어권에 알린 작품으로 널리 인정받았다.[21] 다른 하나 는 독일 베네딕토회 수도사로 박식한 노르베르트 베버(Norbert Weber, 1870~1956)의 〈조선의 금강산에서〉(1927)인데, 그 역시 최초로 금강산 의 풍경을 필름에 담은 사람이다.[22] 그밖의 전시작으로는 금강산의 관 광사업 계획을 힘차게 추진했던 조선총독부가 만든 지도, 안내서, 엽 서나 여행에 관련된 것들이 있다. 이러한 것들—식민지 조선의 여행 자가 금강산의 사찰이나 명소에 들를 때마다 모은 기념품이나 기념 스 탬프들—은 금강산의 역사에 새겨진 망각의 지층을 인식하게 해준 다. 금강산의 현대적 담론이 불안정한 남북 관계에 초점을 맞추고 있 기 때문에 20세기 초기에 '제국적 세계화'의 매혹적 장소였던 금강산 은 거의 가시화되지 않는다.

## 5. 금강산을 둘러싼 식민주의와 오리엔탈리즘

19세기 말부터 시작된 조선의 강제적인 개국과 대륙 간 교통망 의 발달—태평양 정기 여객선과 시베리아 횡단철도—은 금강산을 새로운 인문지리적 관계로 편입시켰다. 식민지 시기의 초기 10년(1910 년대)에 일본이나 미국, 유럽에서 금강산을 찾는 여행객들이 늘어나면

21    Isabella Bird Bishop, *Korea and her Neighbours: A Narrative of Travel, with an Account of the Vicissitudes and Position of the Country*, vol. 2, London: John Murray, 1898.

22    Norbert Weber, *In den Diamantenbergen Koreas*, Oberbayern: Missionsverlag St. Ottilien, 1927.

서 진경산수화가, 조선시대의 문인, 민속화가 또는 비구니들과는 매우 다른 관점이 생겨났다.

이러한 관광의 물결은 자발적인 현상이 아니라 매우 적극적으로 이루어진 식민지 관광 개발 정책의 산물이었다. 조선총독부는 일찍부터 관광사업에서 얻을 수 있는 교육 및 선전 효과를 알고 있었다. 국제적 또 대내적으로 일본의 조선 통치의 필요성을 널리 알리기 위해, 1920년대 초기에 금강산은 신라의 고도(古都)인 경주와 함께 주요 관광 코스가 됐다.

이를 조선의 또 다른 성산인 백두산과 대비해보면 뚜렷한 차이가 보인다. 한국과 만주의 경계에 있는 백두산은 반일 무장 게릴라들의 활동 지대와도 가까웠으며, 관광지로의 개발은 추진되지 않았다. 반면에 금강산은 보다 안전하고 접근하기 쉬웠으며, 특히 1920년대에 금강산 전기철도—식민지 정부의 후원자인 일본 사업가이자 정치가였던 쿠메 타미노스케(久米民之助)가 추진한 사업—가 개통된 뒤로는 그 접근성이 더욱 높아졌다.[23] 1920년대 말, 조선총독부 철도는 외국의 관광객에게 금강산을 "극동의 미래 휴양지"로 선전했다.[24]

물론 이러한 금강산을 향한 새로운 세속적 순례의 물결에서 조선인이 배제된 것은 아니었다. 점차 많은 조선인 방문자들이 금강산 전철을 이용했다. 이들은 민족주의적인 동경에 자극받은 작가나 예술

---

23  金剛山電気鉄道株式会社, 『金剛山電気鉄道株式会社二十年史』, 東京: 金剛山 電気鉄道株式会社, 1939.

24  다음의 자료에 실린 조선총독부의 광고를 참고. Philip Terry, *Terry's Guide to the Japanese Empire*, revised edition, Boston and New York: Houghton Mifflin and Co., 1928.

가에서 함흥에서 온 학생 김옥선(金玉善)과 같은 '신여성'에 이르기까지 다양했다. 김옥선의 경우는 1938년에 쓴 여행기에서 조선의 문화전통에 대한 회고와 근대 관광에 의한 신선한 가능성에 대한 느낌을 연결시켜 논의했다.[25] 한편, 일본과 서양의 여행객들은 금강산에 대한 그들만의 독자적인 사고방식을 들여와서 풍경을 구성하는 겹겹의 지층에 새로운 지층을 추가했다.

일본 제국은 공간의 정신적 경계를 다시 그었다. 몇몇 일본 예술가나 지식인의 입장에서 볼 때 이것은 그들이 자체적인 상상력을 발휘할 수 있는 풍경의 지평을 양가적으로 갑작스럽게 '확대'시키는 것이었다. 1918년에 금강산을 방문한 작가 오마치 게이게츠(大町桂月, 1869~1925)는 이와 같은 확장된 시야에 대해 다음과 같이 썼다.

후지산에 오르지 않은 자와 함께 산수(山水)에 대해 논할 수 없다고 이야기되던 시대는 이미 지나갔다. 최근에는 일본에서 알프스에 오르지 않는 자와 함께 산수에 대해 논할 수 없다고 이야기됐다. 그러나 이제는 금강산을 오르지 않는 자와 함께 산수를 논할 수 없다고 이야기되는 시대가 왔다…….[26]

수채 풍경화가인 마루야마 반카(丸山晚霞, 1867~1942), 화가이자 판화가였던 이시이 하쿠테이(石井柏亭, 1882~1958)와 같은 대표적 예

---

25  김옥선, 「금강산 탐승기」, 1939, 나혜석 외, 서경석 · 우미영 편저, 『잃어버린 풍경, 1920-1940 3: 신여성, 길 위에 서다』, 서울: 호미, 2007, 29~38쪽.

26  大町桂月, 『滿鮮遊記』, 1919, 『大正中國見聞錄集成』 제8권, 東京: ゆまに書房, 1999, 1~2쪽.

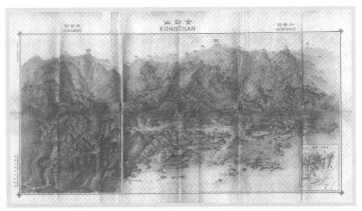

[그림 2] 마루야마 반카 〈금강산진경회도(金剛山眞景繪図)〉(조선총독부, 1923).

술가들은 금강산에 걸어 올라가 새롭게 지어진 일본식 여관이나 산막에 묵으면서 그 주위의 자연을 그렸다. 그리고 도쿠토미 소호(德富蘇峰, 1863~1957)와 같은 작가는 금강산의 독보적인 아름다움을 찬미하는 시를 써냈다.[27] 마루야마 반카의 〈금강산진경회도(金剛山眞景繪図)〉는 정선의 풍경화와 흥미로운 대조를 이룬다[그림 2]. 마루야마의 조감도는 조선총독부에서 출판해 관광 안내도로 판매됐는데, 동쪽 즉 일본해/동해 쪽에서 바라본 산의 모습을 보여준다. 봉우리 하나하나에는 구체적인 명칭이 있었지만, 정선이 산을 전반적으로 묘사할 때 핵심이 됐던 일련의 역사적 현장에는 더 이상 초점을 두지 않았다. 그 시선은 오히려 그림의 가운데에 놓인 온천리 휴양촌이나 식민지 관광 개발의 중심 건물을 향한다.

　　이와 같은 일본인 여행자들 중에는 앞선 조선 학자나 예술가의

---

27　　満鉄京城鉄道局 編, 『朝鮮金剛山』, 東京: 満鉄京城鉄道局, 1924, 2쪽 참조.

제4부
∶ 중층의 풍경

오랜 작업을 의식한 사람도 있었다. 예를 들어 일본의 언론가 기쿠치 겐쿄(菊池謙讓, 1870~1953)는 자신의 산행기에서 14세기에 쓰인 이곡(李穀)의 금강산에 대한 묘사를 폭넓게 인용했다.[28] 하지만 이들은 대부분 산의 소박한 야성미를 드러내는 데 집중했고, 그 속의 사원은 잊혀버린 먼 과거의 유물로 취급했다. 이와 같은 야성적인 이미지는 식민주의자들에게 근대화와 발전의 드라마—금강산 전철이나 스위스 샬레풍의 국제 호텔로 상징되는—를 연출하면서 동시에 고대 조선의 역사를 수호하고 보존하는 역할을 수행하는 무대를 제공했다. 이와 같은 드라마의 얽히고설킨 복잡성을 가장 선명하게 드러낸 것이 오마치 게이게츠가 금강산을 여행하면서 쓴 시이다. 이 시에서 금강산은 한복을 입었지만, 속에는 양복을 입었고 그 옷 안에는 '야마토(大和) 남성의 야마토 혼'이 있는 것으로 그려졌다.[29]

식민지 근대화가 산의 풍경에 미친 영향은 범위가 넓었다. 일본의 식물학자와 지리학자는 최신의 과학기술로 산에 있는 희귀한 식물이나 광물을 조사했는데, 그중에는 미쓰이(三井) 재벌이 채굴한 텅스텐과 같은 물질도 있었다. 또한 금강산에서 승려를 선발해 일본의 보다 '근대화'된 불교를 공부하도록 교토로 보내기도 했다.[30] 1931년에 국립공원법이 제정되면서 일본은 세토나이카이(瀬戸内海), 규슈의 운젠(雲仙), 후지의 하코네(箱根) 지역을 국립공원으로 선정했는데, 조선

28    菊池謙讓, 『金剛山記』, 東京: 鷄鳴社, 1931.
29    大町桂月, 『滿鮮遊記』, 1919, 『大正中国見聞録集成』 제8권, 東京: ゆまに書房, 1999, 267쪽.
30    James Bissett Pratt, The Pilgrimage of Buddhism and a Buddhist Pilgrimage, New York: Macmillan, 1928.

총독부는 금강산 지역을 거기에 포함시켜 국립공원으로 선포하려는 (실행되지 않은) 계획을 세우기도 했다.[31] 금강산에 관한 일본인의 기술이나 서양의 여행자가 남긴 기록은 모두 자연의 풍경이나 고대 불교의 유적을 강조하는 경향이 있는 반면, 최초로 사원이 세워졌을 때부터 현재에 이르기까지 수백 년에 걸친 문화사에 대해서는 드러내지 않았다. 이 지역에 대한 조선의 문학적·예술적 관심을 삭제하려는 의지를 가장 명백히 드러낸 것은 1920년대에 영어 사용자들에게 제공된 일본의 공식 안내 책자였다. 거기에서는 금강산을 15세기부터 "갖은 고난과 어려움에 맞서면서 탐험한 이저벨라 비숍이 재발견해 장엄하기 그지없는 풍경의 아름다움이 세계에 알려지기"까지 "세계의 다른 나라 사람들에게는 버려진" "신비감에 둘러싸인" 곳이라고 설명했다.[32]

사실 비숍이 금강산을 '발견'한 최초의 서양인은 아니며, 그 이전에도 여러 명이 금강산을 찾아왔다. 예를 들어 영국 영사관의 관원이었던 C. W. 캠벨(C. W. Campbell)은 1889년에 금강산을 탐방해 조선 사람들에게 금강산은 '잃어버렸'다던가 '신비감에 둘러싸인' 존재가 전혀 아니었다는 점을 명확히 드러낸다. 캠벨은 당시 도읍인 한성(서울) 주민들 사이에서 "금강산을 방문하는 것은 상당히 유행했고, 여

---

31 Ibid, pp. 165~166; P. F. Brovko and N. I. Fomina, "The History of Establishment of the National Park Network in Countries of the Asia-Pacific Region", *Geography and Natural Resources*, vol. 29, no. 3, September 2008, pp. 211~225; Ministry of the Environment, Japan, "National Parks of Japan", www.env.go.jp/en/nature/nps/park/welcome/index.html, accessed 9 December 2008 참조.

32 Department of Railways, Japan, *An Official Guide to East Asia: Vol. 1 Chosen and Manchuria*, Tokyo: Department of Railways, 1920, p. 88.

행자가 여행에 필요한 모든 물품들이 제공됐다"고 기록했다.[33]

캠벨의 뒤를 이어 금강산을 방문한 서양인들에게는 일본 제국이 만들어낸 공간이 비교적 안락하고 이국적인 여행 코스였다. 왜냐하면 일본이 만들어낸 공간이 서양의 '극동'에 대한 상상과 일치했기 때문이다. 한편 일본인 여행객과 마찬가지로 금강산을 찾은 서양인 여행객도 다양했으며, 조선의 문학이나 금강산의 예술을 주의 깊게 조사한 노르베르트 베버(Norbert Weber) 같은 예외적인 존재도 있었다. 식민지 관광정책의 선전에 담겨 음으로 양으로 전해지는 메시지에 서양인들 모두가 넘어가지는 않았다. 1936년에 금강산을 방문한 미국의 좌익 작가 헬렌 포스터 스노[Helen Foster Snow, 님 웨일스(Nym Wales)라는 필명으로도 알려졌다]는 장안사 근처, 일본인이 경영하는 호텔의 테라스에서 선교사와 함께 앉아서 보낸 시간을 다음과 같이 회상했다. 그들은 "일본을 싫어하고, 조선에 특별한 책임감을 가진 과묵한 선교사들로, 아시아의 개신교 공동체에서 유일하게 중요한 존재였다. …… 선교사들은 모두 그럴듯한 반제국주의자들"이었다.[34] 하지만 극동 그랜드 투어(grand tour)의 명소였던 금강산의 환상적인 풍경과 고대 사원이 서로 결합된 모습은 신비한 타자의 이미지에 딱 들어맞아 많은 서양의 저술이나 작품에서 오리엔트의 화신으로 묘사됐다.

이와 같은 금강산의 이미지는 20세기 전반기에 일본의 목판화 기술을 습득한 유럽이나 미국 판화가의 작품에 반영됐다. 금강산을 일

---

33    C. W. Campbell, "Report by Mr. C. W. Campbell of a Journey in North Corea in September and October 1889", British Parliamentary Papers, China no. 2, 1891, reproduced in ProQuest, *House of Commons Parliamentary Papers Online*, 2005, p. 5.

34    Helen Foster Snow, *My China Years*, London: Harrap, 1984, p. 186.

**[그림 3]** 버사 럼의 삽화(Berha Lum, Gangplanks to the East, New York: Henkle-Yewdale House, 1936).

본식 판화로 만든 판화가는 적어도 세 명 ― 버사 럼(Bertha Lum, 1869~ 1959)[그림 3], 엘리자베스 키스(Elizabeth Keith, 1887~1956), 릴리안 메이 밀러(Lilian May Miller, 1895~1943) ―인데, 그중에서 럼과 키스는 금강산 여행기도 남겼다. 이들은 저술 속에 일본의 여관이나 여행사뿐 아니라 (그들이 탔던) 금강산 전철의 존재도 기록했지만, 판화에서는 오직 원초적 자연만을 그렸고, 그곳의 주민으로는 승려라든가 전설적인 존재만 있었다. 그들은 오랜 기간 동안 동아시아에서 생활했음에도 그들만의 이미지와 상징이 혼합된 잠재적인 의식의 렌즈를 통해 풍경을 봤던 것이다. 엘리자베스 키스는 다음과 같이 기록했다. "때때로 정상은 장엄한 대성당의 둥근 덮개 같았고 치솟은 첨탑 같기도 했다."[35] 버사 럼은 금강산에 산다고 전해진 영혼이나 보살의 전설을 그녀 자신만의 방식으로 기록하곤 했는데, 그녀가 전한 전설에는 창조적인 오해가 여러 군데 보인다.

산을 오른다거나 계곡에서 거닐면서, 사람들은 몇 주 동안이고 이 산에서 여유롭게 보낼 수 있다. 닿는 곳마다 매력적인 전설이 있었는데, 내가 아는 한 그것은 출판되기는커녕 우리가 이해할 수 있는 방식으로 번역된 적도 없었다. 일반적으로 동양에 여러 해 살다 보면 일정한 정도, 즉 현지인이 알고 있는 정도의 적은 영어 단어로 문장을 쓰는 능력이 발달하게 된다. 그것과 마찬가지로 만약 신앙이나 전설에 대한 일반적인 지식만 있다면 갖고 극동의 어느 나라에 가더라도 현지인의 관점에서 왕성한 상상력을 발휘해 적은 단어의 더듬거리는 말로 전설을 이해할 수 있다.[36]

서양이나 일본과 금강산의 만남은 선택된 기억과 망각, 의미의 미끄러짐과 재상상이 다층적으로 혼합된 것이다. 식민 지배로부터 해방된 이후, 이와 같은 만남은 기억 상실이라는 안개에 휩싸였다. 즉, 서양의 관점에서는 북한이 다시 해석 불가능한 신비의 영역으로 되돌아갔고, 북한의 관점에서는 금강산이 민족적 나아가 민족주의적인 상상의 경계 속에 다시 휘말려 들었던 것이다.

35    Elizabeth Keith, *Eastern Windows: An Artist's Notes of Travel in Japan, Hokkaido, Korea, China and the Philippines*, Boston and New York: Houghton Mifflin, 1928, pp. 32~33.
36    Bertha Lum, *Gangplanks to the East*, New York: the Henkle-Yewdale House, pp. 120~121.

# 6. 주체의 풍경

아이러니컬하게도(그렇다고 뜻밖인 것은 아니지만) 1999년 〈몽유 금강전〉이 남북한의 화해를 기원하는 행사였음에도 그 전시회에서 가장 눈에 띄는 점은 금강산에 대한 북한의 관점이 들어있지 않았다는 점이다. 전시회는 해방 후 평양에서 예술을 배우고 6.25 때 월남한 한 예술가의 작품을 포함하기는 했지만, 지난 반세기에 걸쳐 나온 북한의 금강산에 대한 수많은 생생한 예술적 재현들은 가시화되지 않았다. 하지만 분단된 지역의 북쪽에서 금강산은 회화나 시뿐 아니라 노래, 혁명가극, 장식예술, 현대 북한 예술의 명물이라고도 할 수 있는 정교한 자수 등에 이르기까지 가장 인기 있는 주제이다.

대부분의 경우, 북한의 금강산과 관련된 예술적 재현들은 언뜻 보기에는 거의 한국의 작품들과 구분되지 않는 것 같지만, 거기에는 예술의 기능과 산의 문화적 의미라는 두 가지 점에서 특징적인 일련의 서사가 숨어 있다. 북한의 국가 이데올로기는 1970년대 이래 '주체사상'으로 체계화됐다. 주체사상은 인민의 예술은 '민족적 형식에 사회주의적 내용을 포함시킨다'는 원칙에 바탕을 둔다. 즉, 전통적인 조선 풍경화의 주제나 형식에 맞춰 작품을 만들면서도 여기에 혁명적인 투쟁에 관한 긍정적인 메시지를 내포할 것이 요구된다.[37] 금강산이 남한에서 분열된 지리적 신체(geo-body)의 잃어버린 일체성에 대한 갈

---

37    Jane Portal, *Art Under Control in North Korea*, London: Reaktion Books/ British Museum Press, 2005, p. 124.

망의 상징이라면, 북한에서는 투쟁과 승리를 축하하는 이야기의 한 부분이다.

그와 같은 투쟁에는 탐욕스러운 일본인 지주에 의해 억압된 조선인 농민의 투쟁도 포함된다(북한의 역사서술에서 일본에 의한 식민 지배의 발전적 측면에 대한 기억은 거의 들어 있지 않다). 하지만 투쟁의 정점은 6.25전쟁인데, 당시에 금강산은 가장 치열한 전투가 벌어졌던 곳이다. 그 사실은 북한에서는 반복적으로 기념되지만, 한국에서는 그만큼 자주 상기되지 않는다.[38] 6.25전쟁 중에는 장안사를 포함한 금강산의 훌륭한 불교 유산들이 많이 파괴됐다. 북한에서는 이런 파괴가 미국의 폭격에 의한 것이라고 설명하는데, 전부는 아니더라도 대부분이 한국에 있었던 UN군의 공습 때문에 파괴됐다고 보이는 것이 사실이다—그런데 북한의 투쟁 이야기에 기록되지 않은 사실은 장안사가 최종적으로 파괴되기 바로 전에 북한 측의 포로수용소로 사용됐다는 점이다.[39]

전쟁의 참혹함은 암울한 배경을 제공했지만, 그것은 역경을 이겨낸 승리라는 찬란한 드라마를 더욱 돋보이게 했다. 전후 금강산에 대한 관점에서 하늘의 선녀라는 전통적인 이미지는 그 산을 지상낙원으로 묘사하는 것에 융합됐다—이는 김일성의 독자적 공산주의에 의해 약속된 낙원의 무한한 영광을 의미했다. 예를 들어 혁명가극 〈낙원의 노래〉(1976)에서 금강산은 농업 및 공업의 성공을 상징하는 국가의

---

38    금강산에서의 전쟁에 관한 조선 측의 기술에 대해서는 사회과학원 력사연구소, 『금강산의 력사와 문화』, 평양: 과학백과사전출판사, 1984, 85~101쪽 참고.

39    United States Congress, Senate Committee on Armed Services, *Worldwide Threat to the United States*, Washington DC: US GPO, 1995, p. 92 참고.

[그림 4] 〈금강산의 노래〉, Pyongyang: Foreign Language Publishing House, 1974.

여러 상징물들과 함께 등장한다. 금강산은 노동자 나라의 문화와 오락의 상징이고, 노동 인민이 '즐거운 나날을 보내는' 원기 회복과 휴식의 장이다[40](실제로 1980년 이후 북한 경제가 무너지기 전에는 금강산은 노동자에게 가장 훌륭한 휴양지였다).

'회복된 낙원'이라는 주제는 가극 〈금강산의 노래〉(1974)[그림 4]에서도 반복됐다. 이 가극은 (북한의 가극이 다 그렇듯이) 혁명과 전쟁에 의해 헤어진 가족이 위대한 지도자 김일성의 아버지와 같은 자애로운 보살핌에 의해 다시 상봉하는 드라마에 초점을 맞추는데, 마지막 장면에서 김일성은 동해안 수평선의 태양처럼 떠오른다. 선녀들은 합창으로 가극에 내레이션을 덧붙이며 주요 인물들과 함께 그 주제곡을 노래한다.

---

40    *Juche Art*, Pyongyang: Foreign Languages Publishing House, 1976.

제4부
: 중층의 풍경

천년만년 전해가자, 은혜로운 그 이름을.

아름다운 이 나라의 광복을 위하여

15성상 눈보라를 헤치며 싸우셨네.

높이 솟은 봉이들도, 구슬 같은 맑은 물도

김일성 원수님의 은덕을 노래하네.

아~ 노래하자, 금강산아.

노래하자, 은혜로운 인민의 태양.[41]


금강산의 전설 가운데 인간과 신성한 존재가 함께 나오는 도덕적인 우화는 대개 초라한 사람이 출세하고, 돈이 많고 오만한 사람은 굴욕을 당하는 것으로 끝나는데, 북한에서 그것은 열광적으로 반복되어 이야기되며, 심지어 1988년에 발행된 우표 시리즈의 주제로 등장하기까지 했다.

초기 한국 불교가 탁월한 풍경과 불보살의 모습을 동일시했듯이, 주체사상의 풍경에서 자연적인 상징물은 점점 더 김일성과 그 가족의 모습과 동일시됐다. 특히 백두산은 아주 뚜렷하게 김일성, 김정일과 결합됐는데, 그 두 사람은 예술품에서 '천지(백두산의 정상 부근에 있는 분화구 모양의 호수)' 앞에 앉아 있거나 서 있는 모습으로 묘사되곤 했다. 그것과 대조적으로 금강산은 특히 김일성의 첫 아내이자 김정일의 어머니인 김정숙(1917~1949)과 동일시됐다. 김정숙의 기념비는 금강 지역의 풍경 여러 곳에 흩어져 있는데, 금강산을 배경으로 어

---

41    『혁명가극 금강산의 노래 노래집』, 평양: 문예출판사, 1973, 4~8쪽.

머니와 같은 그녀의 모습을 담은 거대한 그림이 현대아산의 외금강 리조트 단지에 세워지기도 했다. 김정숙의 정신과 금강산의 결합은 비교적 최근에 이루어진 것처럼 보이고, 또 상당히 미약한 역사적 근거에 기초한 것으로 보인다. 주로 그녀가 사망하기 몇 년 전에 남편과 함께 금강산을 짧게 방문했을 때의 이야기에 대한 것이다. 하지만 금강산을 의인화하는 데 여성인 가족 구성원을 선택한 점은 내금강의 풍경을 '여성적'인 것으로 묘사하거나, 금강산이 독신녀와 과부의 도피처가 되었던 예전의 관념들과 흥미롭게 공명한다.

## 7.  여행하는 풍경: 금강산 가극단

한국과 마찬가지로 북한에서도 금강산은 국가의 경계를 넘어선 민족적 정체성의 체현이자 정수로 그 자리를 유지한다. 가극 〈금강산의 노래〉는 1974년에 작곡되자마자 김일성에 의해 일본에서 온 조선인 예술가 방문단에게 기증됐다. 이들은 1955년에 구성되어 그때까지는 '재일조선중앙예술단'으로 알려졌다가, 이 일을 계기로 '금강산 가극단(KOT: Kumgangsan Opera Troupe)'으로 개명했다. 같은 해, 가극단은 이 작품으로 전 일본에서 공연했다. 지금도 금강산가극단은 코리안 디아스포라 문화의 동력으로 남아서, 일본뿐만 아니라 한국이나 미국에서도 공연을 한다.[42] 그들의 오페라는 젊은 딸이 오랫동안 잃어버

---

42    구체적으로는 금강산가극단 홈페이지(http://www.kot-jp.com/) 참고.

렸던 아버지와 금강산에서 상봉한다는 다소 멜로드라마 같은 요소를 가진 줄거리인데, 이것은 식민주의, 전쟁과 이데올로기로 말미암아 갈라지고 흩어진 사람들의 이야기를 표현한 것이다. 이 작품에서 저편에 꿈같은 금강의 산봉우리가 지평선에 다시 등장하는 것은 통일과 정신적 고향으로의 귀환에 대한 오래된, 그리고 이룰 수 없는 가능성의 표상이다.

필자는 금강산가극단이 이 작품을 국제 공연에서 재공연한 것은 풍경의 궁극적인 양면성을 드러낸 것이라 생각한다. 그들이 그 이름으로 쓴 거대한 자연의 상징물은 한편으로는 잃어버린 고향에 있는, 움직일 수 없는 신성한 화강암 모양의 기반암이다. 하지만 다른 한편으로 그 지상의 풍경은 상징이 됨으로써 바위나 물 또는 구름이라는 물리적 실재로부터 떼어낼 수 있는 것이 된다. 이하곤의 표현에도 나오듯이 금강산은 인간의 마음속에 스며들고 그 암석이나 나무 또는 산봉우리는 인간의 신체 일부가 됐다. 이리하여 풍경은 움직일 수 있는 것이 되어 경계를 넘어 움직이고 형태를 바꾸면서 그 움직임을 통해 기억과 의미의 새로운 지층을 남긴다. 금강산가극단은 세계여행에서 마지막 남은 거대한 냉전 갈등의 위험한 바다를 항해하며, 꿈의 금강을 실어 나른다. 그들의 마음과 몸에서, 그리고 관객들의 마음과 몸에서, 그 산이 얼마나 멀리까지 여행하게 될지 아무도 모른다.

○

# 벚꽃

다카기 히로시(高木博志) ─ 오성철 옮김

# 1. 서론

고노 후미요(こうの史代)의 명작 만화『저녁
뜸의 거리 벚꽃의 나라(夕凪の街 櫻の國)』[1][그림 1]
에는 원폭의 참화에서 살아남은 젊은 부부가 1960
년대에 도쿄에서 새로운 생활을 시작하며 어느 다
리 위에서 만개해 흩날리는 벚꽃에 둘러싸인 장면
이 나온다. 그 어머니가 돌아가신 후인 21세기에
그녀의 딸은 이렇게 말한다. "그리고 (나는) 틀림
없이 이 두 분을 선택해서 이 세상에 태어나기로
결정했던 거야." 여기서 우리는 매년 변함없이 피
어나는 벚꽃 속에서 죽은 이에 대한 기억과 함께
지금 살아가는 사람들의 행복과 평화를 본다.

한편 벚꽃을 노래하는 요즘의 유행가 속에
서 그 꽃은 연인과의 만남과 이별이라는 시간의
흐름을 상징한다. 봄이 찾아오면 사람들이 그저

---

1    こうの史代,『夕凪の街 櫻の國』, 雙葉社, 2004; 고노 후
미요, 홍성민 옮김,『저녁뜸의 거리』, 문학세계사, 2005.

순수하게 즐기게 되는 벚꽃의 모
습은 오래전부터 우리와 함께 존
재해왔다.

내셔널리즘의 언설로 가득
찼던 전전(戰前) 일본의 벚꽃에 대
한 기억은 지금은 풍화됐다. 벚꽃
이 단지 순수하게 즐기는 대상이
된 것 그 자체는 바람직하다고 본
다. 그러나 예컨대 매년 4월 초에

[그림 1] 고노 후미요, 「저녁뜸의 거리 벚꽃의 나라」.

열리는 한국 진해의 벚꽃 축제인 진해군항제는 한국의 구국 영웅을 기
리는 이충무공호국정신선양회가 주최하며 이순신 추모 대제와 전승
행렬이 진행되는 등 벚꽃과 내셔널리즘은 여전히 불가분의 관계에 있
다.[2] 또 한편으로 일본의 초당파 국회의원으로 이루어진 '일본 사쿠라
회(日本さくらの会)'가 일본 각지에서 행하는 벚나무 식수 행사에도 내
셔널리즘라는 정치가 숨어 있다.

입학식 때나 관광 명소에서 볼 수 있는 일상적 풍경으로 당연하
게 받아들여지는 벚꽃은 실은 내셔널리즘을 표상해온 근대의 역사를
지닌다. 이를 전제로 이 글에서는 일본 국내에서 시작해 제국으로 확
산되어가는 벚꽃이라는 기억의 풍경이 어떻게 만들어졌는가를 밝힐
것이다.

---

2    『연합뉴스』, 2010년 2월 23일; 竹国友康, 『ある日韓歷史の旅: 鎭海の桜』, 朝日新聞
社, 1999.

✱

　매년 일본과 한국에서는 '벚꽃 전선'이 뉴스로 보도되면서 사람들은 봄이 오는 것을 느낀다. 이런 벚꽃 전선이 가능해진 것은 근대에 새롭게 만들어진 '소메이요시노(ソメイヨシノ)'³라는 유전자 복제 식물 때문이었다. 옅은 복숭아색을 띠면서 봄의 도래를 알리는 벚꽃 전선은 소메이요시노가 일본과 조선반도에 널리 보급되면서 등장했다.

　'소메이요시노'란 막말에 에도 근교의 소메이촌(染井村)에서 '에도히간자쿠라(エドヒガンザクラ)'라는 올벚나무와 '오시마자쿠라(オオシマザクラ)'라는 산벚나무를 교배해 만들어낸, 유전자 구성이 동일한 새로운 복제 식물이었다. 소메이요시노는 잎이 나기 전에 꽃만 일제히 화사하게 피기 때문에 '문명'이나 '근대'를 표상하는 것으로서 폭발적으로 보급됐다. 히로사키성(弘前城)의 소메이요시노나 우에노공원(上野公園)의 소메이요시노, 경성 창경원의 소메이요시노 모두 유전자 구성이 동일하며 옅은 복숭아색으로서 제국 전역에 걸친 경관을 형성했다.

　그런데 벚꽃 전선은 언제부터 시작됐을까. 120년 역사를 자랑하는 교토의 주요 지방신문 『히노데신문(日出新聞)』(전후의 『교토신문(京

---

3　〔역주〕 역자는 일본어 논문에 나온 다양한 사쿠라 품종 가운데 우리말이 있는 것(사전에 나온 것)은 우리말로, 그렇지 않은 것은 일본어로 표기했다. 다만 '소메이요시노'는 예외로 두었는데, 이를 우리나라에 주로 피어 있는 품종인 '왕벚나무'로 번역해버리면 이를 한국의 재래 품종이라고 오해하는 경우가 너무 많기 때문이다. 실상 이는 일본에서 근대에 개발된 품종 '소메이요시노'이고, 그것이 일제 때 우리나라에 들어온 것이다. 따라서 그 점을 독자들이 오해하지 않도록 '소메이요시노'만 일본어 원문 그대로 번역했다.

都新聞』)에서 1880년대 이후 매년 3~4월에 실린 벚꽃 관련 기사를 검색해보면, 1925년 4월 2일 자로 「히코네(彦根) 측후소 안에 있는 요시노자쿠라(吉野櫻, 소메이요시노)의 개화 및 만개 시기 예상 방법을 다이쇼 6년(1917년)부터 쓰쓰이(筒井) 소장이 연구 중」이라고 하는 오늘날의 벚꽃 전선과 관련된 기사가 등장한다. 우리는 여기서 소메이요시노가 표준적인 벚나무종으로서 기상대의 개화 예상에 처음으로 채용됐음을 알 수 있다.

이 기사를 통해 '소메이요시노'라는 새로운 근대적 벚나무 품종이 다이쇼기에 들어서면서 전국적으로 보급됐음을 알 수 있다. 그리고 이듬해인 1926년부터 대구의 측후소에서 소메이요시노로 '개화일을 예보'함으로써 조선반도에서도 일본인이 심은 '소메이요시노'가 기상대의 표준목으로서 벚꽃 전선의 기준이 되어간다. 벚꽃 전선은 일본과 시차가 거의 없이 제국의 식민지 지배와 함께 성립했다.

식민지 지배 이전에도 조선에는 산벚나무(山櫻)나 잇폰자쿠라(一本櫻) 등의 벚나무가 없지는 않았다. 한성(서울) 근교의 우이동이나 가오리(假五里) 등 근대 벚꽃의 명소는 재래종인 산벚나무를 기반으로 일본인이 '소메이요시노' 등을 심어 식민지 시대에 명소가 된 곳이다. 조선반도에서 천연기념물이 된 벚나무인 전라남도 구례군 마산면 '화엄사의 피안벚나무(彼岸櫻)'나 함경북도의 '호쿠센야마자쿠라(ホクセンヤマザクラ)'도 비록 널리 선전되지는 않았지만 분명히 존재했다.

여기서 근세의 전통적인 벚나무종에서 근대의 소메이요시노로 풍경관이 어떻게 변화했는지 살펴보자. 교토의 사이교자쿠라(西行櫻)나 야마나시(山梨)의 야마타카진다이자쿠라(山高神代櫻) 등 유서 깊은 이야기를 지닌 화사하고 장대한 잇폰자쿠라, 또는 신록이 우거진 산에 담백한 복숭아빛을 점점이 흩뿌리는 듯한 일본 벚꽃의 기원 설화를 간직한 요시노야마(吉野山)의 벚나무, 그리고 그 산벚나무를 헤이안 시대에 수도로 옮겨 심었다고 하는 아라시야마(嵐山)의 벚나무 등 근세에도 이야기와 전설로 가득 찬 전근대 일본의 벚꽃 풍경이 있었다. 그러나 그것은 근대의 벚꽃 풍경과는 근본적으로 달랐다.

니시다 마사노리(西田正憲)가 『세토나이카이의 발견(瀬戸内海の発見)』에서 지적했듯이[4] 중세에는 세토나이카이[5]의 이미지가 우타마쿠라(歌枕)[6]를 통해 추체험되는 식으로 만들어진 반면, 에도 시대 후반에는 유럽인들이 세토나이카이를 동쪽으로 여행하며 그 경관에서 지중해의 에게해와 흡사한 다도해의 이미지를 만들어내면서 작은 섬들이 떠있는 세토나이카이가 국민적인 심상 풍경이 됐다. 마찬가지로 벚꽃을 둘러싸고도 유서 깊은 이야기에서 풍경으로의 전환이 일어난다.

이 글에서는 전근대 일본에 있었던 전설과 이야기를 담은 다양한 종류의 전통적인 벚나무들 대신에 20세기에 들어서서 '소메이요시노'라는 새로운 종류의 벚나무가 일본 국내에 보급되고, '한국병합' 이후인 1910년대에는 조선반도에도 확산되어가는 과정을 다루고자 한다. 전전 일본에서 대중사회가 발흥했던 1930년대에는 3월 말에 오키나와에서 규슈로 상륙한 소메이요시노 벚꽃 전선이 '제국' 가운데를 동과 서로 나누어 북상한다. 동쪽은 3월 말에 가고시마현에서 동

---

4     西田正憲, 『瀬戸内海の発見』, 中公新書, 1999.
5     [역주] 일본 혼슈 남쪽의 다도해식 바다.
6     [역주] 와카(和歌)를 짓는 재료가 되는 명소 등을 담은 자료집.

쪽으로 혼슈를 향해 북상해 5월 초에는 히로사키에서 마쓰마에(松前)성에 이르는 '내지'의 벚꽃 전선이다. 서쪽은 조선 남단의 부산과 진해에서 개화해 경성과 평양을 거쳐 5월에는 만주 국경의 안동(安東)과 진강산(鎭江山)에 도달한다. 당시의 『경성일보(京城日報)』를 보면 부산에서 안동〔현재의 중국 단둥(丹東)〕까지 철도와 버스로 연결되는 관광 코스가 있었고, 4월에는 조선 전체의 벚꽃놀이(花見) 명소를 신문에서 한눈에 볼 수 있었음을 알 수 있다.

먼저 일본 국내에서 소메이요시노가 전근대의 전통종과 갈등하면서 점차 다양한 장소에 심어지는 과정을 살펴보자. 1919년 사적명승천연기념물보존법이 공포된 이래, 명승이나 거수(巨樹) 혹은 명목(名木)으로 지정된 요시노야마와 아라시야마의 산벚나무, 잇폰자쿠라인 야마타카진다이자쿠라(야마나시), 미하루타키자쿠라(三春瀧櫻)〔후쿠시마(福島)〕, 네오타니우스즈미자쿠라(根尾谷薄墨櫻)〔기후(岐阜)〕, 지소쿠인나라야에자쿠라(知足院奈良八重櫻), 모리오카이시와리자쿠라(盛岡石割櫻)〔이와테(岩手)〕 등 '일본 문화'의 대표적인 명승과 천연기념물 중에는 소메이요시노가 주역이 아니었다. 한편 소메이요시노가 보급된 곳은 제방이나 군대, 학교, 교외의 주택지 등이었다. 결국 소메이요시노는 그와 같은 근대적인 문명의 '경관'과 함께 확산됐다. 이렇게 벚나무종에서 전통종과 소메이요시노가 일본 '내지'에서의 경관의 차이를 만들었다. 경관의 위치에 따라 그에 어울리는 종류의 벚나무를 달리 심는 정치 문화가 형성된 것이다.

조선반도에서는 어땠을까. 예컨대 1926년 3월에 부산항에 들어온 12만 그루의 소메이요시노 묘목은 조선반도 여러 도시의 신사, 공원, 학교, 군대, 제방 등에 심어졌다(『경성일보』, 1926년 4월 12일). 그렇지만 예를 들어 경성사범학교 교우 우에다 스네이치(上田常一)가 지적했듯이 "조선 사람들은 내지 사람들과는 취향이 달라 예부터 벚나무에는 거의 관심을 갖지 않았다"고 간주되어(『경성일보』, 1933년 4월 27일) 조선의 재래종(잇폰자쿠라, 산벚나무)은 무시됐으며, 벚나무는 학교 교육이나 관광을 통해 일본의 문화로 일반화되어간다. 그 안에는 우선 명승인 요시노야마나 천연기념물인 야마타카진다이자쿠라 등 내지의 벚나무 명소들을 '일본 문화'의 가치의 정점으로 보는 위계질서가 존재했다. 조선반도의 벚나무는 내지의 벚나무에 비해 문화적으로 하위로 자리매김됐다. 조선의 왕궁이었던 '창경궁'은 과거 왕권의 권위를 박탈당한 후 '공공' 공원인 '경원'이 됐고, 그곳에는 소메이요시노 등의 벚나무가 심어졌다. 서울 조선총독부 관리하의 창경원을 정점으로 하는 위계질서 속에서 일본인이 심은 소메이요시노와 재래종으로서 가치를 무시당한 산벚나무의 명소들이 조선반도의 벚꽃 풍경을 만들어낸 것이다.

산벚나무나 수양벚나무(枝垂れ櫻) 같은 '전통종'과 소메이요시노 같은 유전자 복제 '근대종'을 종의 특성에 따라 서로 다른 곳에 심고 그 가치를 계층적으로 다르게 매기는 식으로 벚꽃이라는 기억의 풍경이 만들어졌다. 그 풍경은 내셔널리즘 및 식민주의와 밀접한 관계를 맺으면서 내지에서 조선반도를 포함한 제국으로 확대되어갔다

## 2.   일본에서 벚나무의 지역적 전개

### 1) 히로사키의 경우

메이지기에 '내지'에서의 소메이요시노 보급 과정을 살펴보자. 막말에 에도(1868년에 도쿄로 개칭) 근교에서 만들어진 새로운 품종인 소메이요시노는 '근대'와 '문명'을 표상했다. 먼저 적극적으로 소메이요시노를 받아들여 심은 사례로 도호쿠(東北) 지방 조카마치(城下町)[7]인 히로사키를 예로 들어보자. 다음으로는 헤이안 시대부터 도쿄로의 천도에 이르기까지(794~1869년) 천황이 있는 수도였으며, 독자적인 전통종 벚나무와 관련된 문화나 명소가 많아 소메이요시노 식수에 저항을 보인 사례로 교토를 살펴보자.

히로사키와 벚나무의 관계는 막말 유신기 이 지역의 위상을 빼놓고 이해할 수 없다. 보신전쟁(戊辰戰爭, 1868~1869년)[8] 초기에는 신정부에 대항하는 오우에쓰열번동맹(奧羽越列藩同盟)[9] 쪽에 있던 히로사키는 도중에 천황의 인척이었던 고노에(近衛)가로부터 정보가 들어오자 관군 측으로 돌아섰으며 남부 번들에 침공을 가하기도 했다. 결국 히로사키는 '반군(賊軍)'에서 '관군(官軍)'으로 돌아선 것이다. 이러한 경위를 지닌 히로사키는 메이지 시대에 접어들어 신정부가 자리 잡은 도쿄로부터 관청이나 군대, 교육기관 등을 '근대'와 '문명'으로 적

---

7 [역주] 전근대 봉건제 영주의 성을 중심으로 그 근방에 발달한 시가지.
8 [역주] 구세력인 도쿠가와 막부군와 신세력인 메이지 신정부군 사이에 전개된 내전. 메이지 신정부군의 승리로 막번 체제가 붕괴했다.
9 [역주] 도호쿠와 에치고 지역 여러 번의 동맹.

극적으로 수용하는 자세를 보였다.

근세 일본에서 성은 싸움터였으며, 벚나무는 귀족적이자 여성적인 것을 표상했기 때문에 성에는 어울리지 않았다. 실제로 근세 히로사키성에는 오히려 소나무가 많았다. 근세의 다른 조카마치도 마찬가지여서 예컨대 근세 히메지성(姬路城)을 그린 그림을 보더라도 소나무밭 한 가운데 천수각(天守閣)[10]이 우뚝 솟아 있는 모습이다.

히로사키성은 1871년 폐번치현(廢藩置縣)[11]을 거쳐 폐성이 됐고 성의 부지에는 도호쿠 진대(東北鎭台)의 분영이 자리를 잡았다.[12] 징병령 이후에는 이곳에 농민 등이 근대의 무사, 즉 '국민군'이 되어 주둔하게 된다. 1882년 황폐한 히로사키성 부지의 서쪽 성곽과 바깥쪽 성곽에 구(舊) 츠가루(津輕) 번사였던 기쿠치 다테에(菊池楯衛)가 처음으로 벚나무를 심었지만 동료 사족들이 성을 구경거리로 만든다고 비난하는 바람에 결국 뽑히고 만다. 성에는 벚나무가 어울리지 않는다는 관념이 여성적인 젠더 표상과 결합해 메이지유신 이후에도 존속했던 것이다. 이 무렵 성 부지는 여전히 사족들의 소유였고 시민에게 개방되지는 않았다. 청일전쟁과 러일전쟁 이전인 19세기 후반에는 조카마치의 정치에서도 구 사족층이 시정을 주도했다.

그러나 청일전쟁과 러일전쟁을 계기로 사태는 전환된다. 청일전쟁 이후 육군성은 전국적으로 성 부지를 시나 구 다이묘 가문에 불하

---

10  〔역주〕 일본의 전통적인 성 안에서 가장 높이 솟아 있는 누각.
11  〔역주〕 메이지유신을 계기로 이전의 막번제도(중앙의 막부와 지방의 번)는 폐지되고 도쿄의 중앙정부와 지방의 현으로 구성되는 새로운 중앙집권적 국가가 탄생했다. 이 개혁을 폐번치현이라 한다.
12  弘前市史編纂委員會 編, 『弘前市史, 明治·大正·昭和編』, 弘前市, 1964.

하기 시작한다. 군대가 계속 주둔한 센다이성(仙台城)(제2사단)이나 다이묘 가문의 소유가 이후까지 이어진 이누야마성(犬山城)〔아이치 현(愛知縣)〕, 히코네성(彦根城)〔사가 현(滋賀縣)〕 등은 예외였지만, 군대가 교외로 이전한 히로사키성을 비롯해 아이즈와카마쓰성(會津若松城)(후쿠시마 현)이나 마쓰에 성(松江城) 등 많은 성 부지들에는 공원이나 공공시설이 설치됐다.[13]

또한 러일전쟁 당시에 일문학자 이케베 요시카타(池辺義象)가 입영 전 청년 및 군인을 대상으로 쓴 일반 참고서 『제국군인독본(帝国軍人讀本)』[14]에는 「후지산」, 「비와호(琵琶湖)」, 「단풍」, 「군인」 등의 장과 함께 「사쿠라(櫻)」라는 장이 있었다. 모토오리 노리나가(本居宣長)의 노래 〈시키시마(敷島)의 야마토 마음(大和心)을 물으니 아침 햇살에 빛나는 산벚꽃〉을 일본 정신(大和魂)의 발로로 해석하고, 벚꽃이 "깨끗이 낙화하는 모습은 무사가 주저 없이 싸움에 임하며 전장에 나가 나라에 목숨을 바치고 이름을 남기는 듯하다"며 벚꽃을 무사도의 발현과 남성성의 상징으로 묘사한다.

히로사키성의 부지에는 '공공'성을 띤 공원이 새롭게 설치됐고, 청일전쟁 전승 기념(1895년)으로 사족인 우치야마 가쿠야(內山覺弥)가 소메이요시노(요시노자쿠라)를 백 그루 심었다〔그림 2〕. 나아가 1900년에는 히로사키공원에 히로사키시의회가 황태자(후에 다이쇼천황)의 결혼을 기념해 소메이요시노를 심었다. 그 후 러일전쟁, 다이쇼천황과 쇼와천황의 대례, 국가 기념일 때마다 벚나무가 늘어났다.

13    森山英一, 『日本の名城』, 講談社, 1998.
14    池辺義象, 『帝国軍人読本』, 1905年 6月 ·7月, 厚生堂.

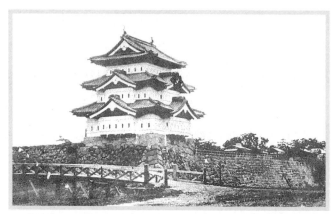

**[그림 2]** 1980년대 공원화될 무렵 히로사키성 본전(本丸)의 모습 「弘前 し, 津輕書房, 1980.

　청일전쟁과 러일전쟁을 거치면서 향토에 대한 애착은 스가루나 구 다이묘 가문의 현창과 결합해 내셔널리즘에 더욱 확실하게 포섭되어간다. 이전에 보신전쟁에서 '반군'이었던 아이즈와카마쓰나 센다이에서도 향토라는 지역사회의 역사나 구 번에 대한 애착은 황실에 대한 숭경을 매개로 내셔널리즘과 결합되어간다.

　제1차 세계대전 이후 미국에서 국제적인 관광사업이 부흥하자 일본에서도 관광이 발흥하게 된다. 관광이 융성하면서 지방색이나 지역의 자랑거리가 발굴된다. 스가루에서도 관광 이야기 속에서 '스가루후지(津輕富士)'[15]나 '스가루다메노부(津輕爲信)'[16], '스가루존가라(津輕じょんがら)'[17] 등의 민요나 방언이 그 지역의 고유문화로 포장되어 유포됐다. 이와키산을 배경으로 해서 히로사키성에 피어난 벚꽃은

---

15　〔역주〕 스가루 지역 히로사키시 가까이 있는 이와키산(岩木山)의 별명으로서, 후지산에 뒤지지 않는 아름다운 모습이라 해서 붙여졌다.

16　〔역주〕 스가루 지역을 통일한 초대 번주의 이름.

17　〔역주〕 스가루 지방의 민요.

'스가루' 또는 아오모리(靑森)다운 '지역 자랑거리'의 표상이 됐다. 1918년부터는 히로사키시상공회의 주도로 매년 벚꽃놀이(観櫻会)를 개최했다.

1928년 철도성에 설치된 국제관광국에서는 노(能), 차, 가부키(歌舞伎) 등의 일본 문화를 영문으로 외국인 관광객에게 간략히 소개하는 안내 책자를 발행했다. 그 책자 가운데 하나가 미요시 마나부(三好学)의 *SAKURA: Japanese Cherry*[18]인데, 그 표지 그림[그림 3]이 히로사키성에 핀 벚꽃의 착색 사진이었다. 그런데 실은 이 벚나무는 책이

---

18    Manabu, Miyoshi, *SAKURA: Japanese Cherry*, Board of Tourist Industry Japanese Government Railways, 1934.

발간된 1934년 시점에서 겨우 40년 전에 심어진 소메이요시노였다. 그리고 이때 이미 히로사키성에 심어진 소메이요시노라는 새로운 근대 경관의 아름다움이 전통적인 마루야마공원의 실벚나무나 요시노의 산벚나무보다 '일본 문화'에 더 어울린다는 자의식에서 이를 서구를 향해 내보인 것이다. 바로 이 무렵에 제4기 국정 국어 교과서(1933)가 간행되어 아이들은 벚꽃 아래서 입학식을 치른 후 색채 인쇄된 교과서의 첫 구절 "피었다, 피었다, 사쿠라가 피었다(サイタ サイタ サクラ ガ サイタ)"를 읽으면서 소학교 생활을 시작했다.

즉, 히로사키의 적극적인 소메이요시노 식수의 배경에는 '도쿄'의 '근대'를 상징하는 소메이요시노를 히로사키만이 아니라 도호쿠 지방이나 규슈 등지의 다른 구 조카마치에서도 적극적으로 수용하게끔 하려는 동인이 자리 잡고 있었다.


### 2) 교토의 경우

교토에서 관광은 18세기 이후에 융성해진다. 교토고쇼(京都御所)[19]를 중심으로 조정을 내세우는 관광을 통해 헤이안조 이래 조정과 결합된 교토 문화의 상품화가 진행됐다. 교토 도자기, 교토 인형, 교토 과자, 교토 유학, 교토의 술, 교토 무용 등이 그때부터 등장해 오늘에 이른다. 그리고 고대와 중세 이래 교토에는 아라시야마, 히가시야마(東山), 라쿠추(洛中) 등 벚꽃 명소들이 많아 노래로 불리거나 유서 있는 이야기로 만들어지곤 했다.

---

19 〔역주〕 근대 이전 천황의 거처.

예를 들어 아라시야마의 벚나무는 가마쿠라 중기에 가메야마천 황(龜山天皇)이 요시노에서 옮겨 심었다고 전해진다. 도게츠교(渡月橋) 건너편에 도나세(戶無瀨) 폭포를 배경으로 널리 핀 산벚꽃 경관은 근세에는 그곳의 영주였던 덴류지(天龍寺)와 교토쇼시다이(京都所司代)[20]에 의해 유지됐다. 사이교자쿠라는 사이교 법사(西行法師)의 『신고금화가집(新古今和歌集)』에 실린 "하염없이 꽃을 바라보다 이별의 슬픔에 젖는구나(なかむとて花にもいたく馴ぬらはちるかれこそ悲しかりけれ)"라는 노래와 함께 니시야마(西山)에 꽃을 피우곤 했다. 오무로닌나지(御室仁和寺)의 키 작은 야에자쿠라(八重櫻)는 교토의 뒤늦은 벚꽃놀이 명소였고, 히라노 신사(平野神社)의 벚나무는 니시진(西陣)이 발전하면서 그 지역 상인들이 가꾸었다. 센본엔마토(千本焰魔堂)의 후겐조자쿠라(普賢象櫻)는 무로마치 시대인 15세기의 요쿄쿠(謠曲)[21] 〈사이교자쿠라〉에서도 노래로 불려졌다. 무로마치 막부의 하나노고쇼(花の御所)에도 심었던 고노에의 실벚나무(絲櫻)는 에도 시대 구게마치(公家町)[22] 북쪽에서도 자라났다. 고미즈노천황(後水尾天皇)이 수레를 되돌릴 정도로 사랑했던 '미구루마가에시노사쿠라(御車返しの櫻)'는 구게들이 드나드는 구교문(公卿門) 곁의 기구테이(菊亭) 가문 부지에 활짝 피었다. 교토 사람들은 히가시야마의 신사와 사찰의 벚꽃 명소들을 돌아보는 그 발걸음으로 교토고쇼까지 산책했다. 교토의 히가시야마 산기슭은 신사와 사찰들이 여기저기 흩어져 있는 대표적인 관광지였으며, 그곳에

---

20    [역주] 교토의 치안 유지를 위해 막부에 의해 설치된 부서.
21    [역주] 요쿄쿠는 일본의 전통극 노에 등장하는 노래를 말한다.
22    [역주] 구게(公家)란 조정의 귀족과 고관을 말한다. 구게마치란 그들의 거주지이다.

**[그림 4]** 교토 마루야마공원의 벚나무(해방 전, 그림엽서).

는 구로타니(黑谷)에서 시작해 남쪽으로 지온인(知恩院)과 기요미즈테라(淸水寺)의 지누시자쿠라(地主櫻)에 이르기까지 벚꽃 명소들이 연이어 있었다.

    이처럼 유서 깊은 이야기들로 가득 찬 벚꽃의 명소들은 메이지 유신 이후 큰 변화를 겪는다.

    상징적인 사례로 오늘날 교토를 대표하는 명목, 마루야마공원(円山公園)의 벚나무를 들어보자. 기온사(祇園社)의 신궁사(神宮寺)²³였던 호주인(寶壽院) 정원에 있던 수양벚나무는 막말에는 절을 둘러싼 담 위로 살짝만 보이는 정도였는데, 메이지유신하에 신도와 불교 분리 정책으로 호주인이 폐사되고, 그 후 1886년 교토에 최초로 마루야마공원

---

23   [역주] 신사인 기온사는 오늘날 야사카신사(八坂神社)의 옛 이름이다. 신궁사란 신불(神佛)습합사상에 근거하여 신사에 부속된 사찰을 말한다. 호주인은 신사인 기온사에 부속된 사찰이다.

이 설치되자 남아 있던 수양벗나무가 명목으로 주목을 받았다〔그림 4〕.

마루야마 주변은 '문명개화'의 장이 됐다. 1872년 교토박람회 때 최초로 교토를 찾은 외국인들은 야아미호텔(也阿彌ホテル)이나 제아미호텔(世阿彌ホテル)에 묵으면서 양식당에서 식사를 했다. 이 교토박람회에서 유럽의 레뷔(revue)²⁴를 흉내 낸 '미야코오도리(都踊り)'가 마이코(舞妓)²⁵들에 의해 창시됐다. 하나마치(花街)에도 에도의 요시와라(吉原)를 본 따 벗나무를 심어 근대의 첨단을 달렸다.

에도 시대 이래의 명소였던 아라시야마에는 1897년 니조역(二條驛)에서 사가역(嵯峨驛) 사이에 교토철도가 부설됐으며, 시조오미야(四條大宮)에서 출발하는 아라시야마철도도 1910년에 개통됐다. 1920년대 대중사회 상황으로 들어가면서 신문의 독자들은 벗꽃 계절에 서쪽으로는 아카시(明石)에서 동쪽으로는 사가의 미쓰이테라(三井寺)에 이르기까지 철도로 연결되는 당일치기 벗꽃의 명소들을 지면을 통해 한눈으로 확인할 수 있었다.

이처럼 교토는 전근대부터 전통적인 벗나무종의 명목들과 명소들로 가득 차 있었기 때문에 막말에 도쿄에서 탄생한 새로운 품종인 소메이요시노의 보급이 늦어졌고 재래종과 갈등을 빚었다. 소메이요시노를 최초로 심은 곳은 가모가와(賀茂川) 동쪽, 에도 시대에 교토로 넘나드는 길목 격인 오래된 거리 주변에 위치한 오카자키(岡崎)의 동물원이었다. 1895년 헤이안천도천백년기념제와 제4회 내국권업박람

---

24  〔역주〕 춤과 노래, 콩트를 섞은 화려한 쇼로 파리에서 창시됐다.
25  〔역주〕 교토의 기온에 있는 유흥가 하나마치에서 춤과 노래로 흥을 돋우는 일을 하는 여성을 가리킨다.

회가 개최된 부지에 1900년 황태자(이후의 다이쇼천황) 결혼 기념으로 동물원이 세워졌다. 바로 그곳에 1904년에 도쿄에서 가져온 소메이요시노 묘목 600그루를 심은 것이다.

오카자키 지역에는 북쪽으로 헤이안천도천백년기념제가 열린 헤이안신궁(平安神宮), 그리고 남쪽으로 제4회 내국권업박람회 부지에 설립된 미술관, 도서관, 동물원 등의 문화 구역이 자리 잡고 있었다. 즉, 북쪽의 '역사'와 '전통', 남쪽의 '문명'과 '개발'이 대중사회 상황 속에서 공존했다. 얼핏 상반된 것으로 보이는 이 두 성격이야말로 교토, 그리고 일본의 근대를 보여준다.

북쪽의 헤이안신궁에는 실벚나무가 있었다. 이는 1895년 창건 시에 센다이의 엔도 요지(遠藤庸治) 시장이 직접 '엔도자쿠라(遠藤櫻)'라 하며 열 그루를 기증한 것이다. 엔도자쿠라는 센코쿠(戰國) 시대에 스가루에서 다테 마사무네(伊達政宗)의 손으로 넘어간 고노에 가문의 실벚나무가 센다이에서 연면히 이어져 내려오던 것이라는 이야기가 전해진다. 다니자키 준이치로(谷崎潤一郎)의 『세설(細雪)』(1944)에는 아름다운 세 자매가 헤이안신궁의 회랑 너머로 만개한 실벚꽃을 보고는 "아—" 하고 탄성을 지르는 장면이 나온다. 남쪽의 동물원이나 비와 호에서 끌어온 수로 곁에는 엷은 복숭아빛 색깔로 화사하게 무리 지어 피어나는 소메이요시노들이 심어졌다. 또한 1918년 무렵에는 일본 화가 하시모토 간세쓰(橋本關雪)가 와카오지(若王子)에서 시라카와(白川) 사이의 이른바 '철학의 길(哲學の道)'에 소메이요시노를 심었다.

1927년 『교토히노데신문』에는 "다이고쿠텐(大極殿, 헤이안신궁)의 수양벚나무가 메이지 시대에 탄생한 새로운 교토의 명소라면 동물

원의 밤벚꽃은 다이쇼 시대에 탄생한 새로운 교토의 명소"라는 기사
가 실렸다.[26] 오카자키를 예로 들어 말하자면, 헤이안신궁의 수양벛나
무(엔도자쿠라)는 고노에 가문에서 전래됐다고 하는 왕조 문화의 '전
통'을 말해주며, 그 남쪽의 동물원이나 수로 주변의 소메이요시노는
'개발'과 '문명'의 표상이었다. 이 벛나무 두 종의 공존이 근대 도시
교토를 은유(metaphor)한다고도 할 수 있다. 교토의 문화인과 지식인
에게는 소메이요시노를 기피하는 경향이 강했다. 예를 들어 교토원예
구락부를 주관한 가주지 스네오(勸修寺經雄)는 쇼와천황 즉위 의례인
대례 기념으로 쓴 에세이 「교토의 사쿠라(京都の櫻)」[27]에서 "이런 종류
는 교토에서는 동물원이나 공원, 유원지라면 그래도 괜찮지만 다른 곳
에서는 오히려 풍경을 그르칠 우려가 있어 유감이다"라고 말한다.

　　1928년의 '쇼와 대례(昭和大禮)'는 교토 관광의 큰 분기점이 됐
고, 이듬해에는 교토 시 관광과가 설치됐다.[28] 대례와 천황 브랜드의
지역화에 힘입어 1928년 교토 시 숙박객은 82만 1227명(그중 외국인
은 7279명)에 달했다. 관광이 성행하면서 재래종인 산벛나무, 수양벛
나무와 새로운 근대 품종인 소메이요시노를 교토 분지 안에서 나누어
심는 전략이 고려됐다. 『교토히노데신문』에서 교토부 산림수산과의
산림기사 기미테 기이치로(公手嘉一郎)는 벛나무 조사에 기초해 다음
과 같이 발언했다.[29]

---

26　『京都日出新聞』, 1927년 4월 11일.
27　勸修寺經雄, 「京都の桜」, 『近畿京都』, 刀江書院, 1928.
28　工藤泰子, 「御大典記念事業にみる観光振興主体の変遷」, 丸山宏 · 高木博志 · 伊
　　從勉 編, 『近代京都研究』, 思文閣出版, 2008.
29　『京都日出新聞』, 1928년 4월 13일.

마루야마를 중심으로 라쿠토(洛東) 지역의 벚나무는 기온의 밤 벚꽃을 제외하고는 매우 단조로우며 특히 소메이 산벚나무 종류는 개화 기간이 짧기 때문에 유람 계절의 꽃놀이 철을 늘리려면 겹벚나무(八重), 참벚나무(ぼたん), 하고로모(羽衣) 등을 심어야 한다. 부 당국은 이번 조사에 의거하여 이런 종류의 벚나무를 수천 그루 이식할 계획이다.

이렇게 해서 교토에서는 '개발'과 '근대'를 상징하는 경관(가모가와 강변, 마루야마공원, 수로 등)에는 소메이요시노를, 이야기로 가득 찬 사적과 명승(교토고쇼, 아라시야마, 지누시자쿠라, 오무로, 히라노 등)에는 수양벚나무나 산벚나무 등 전통종의 벚나무를 배치하는 새로운 근대의 도시 공간이 성립한다.

## 3. 사적과 명승, 천연기념물로서의 벚나무

다음으로 근대에 벚나무에 사적과 명승, 천연기념물로서의 가치를 부여하는 문제를 살펴보자. 일본의 천연기념물 보존 제도에 영향을 미친 사람은 독일의 식물학자 콘벤츠(Hugo W. Conwentz, 1855~1922)였다. 그는 1904년에 『천연기념물의 위기와 그 보존을 위한 제언』을 썼고,[30] 1906년에는 프로이센천연기념물보존국 설치에 공헌했다. 콘벤츠가 제시한 세 방침은 천연기념물 목록 작성, 지역의 천연기

---

30 H. Conwentz, *Die Gefährdung der Naturdenkmäer und Vorschläge zu ihrer Erhaltung*, Berlin, 1904.

념물 보호, 천연기념물에 관한 홍보였다. 이는 사적 보존과도 공통되는데, 독일에서는 하이마트슈츠(Heimatschutz, 향토 보호)와 천연기념물이 관련이 있었으며, 콘벤즈는 '향토보호연맹'의 주요 인물이었다. 또한 콘벤즈 이전에 서구에서는 자연과의 친화라는 의식이 강한 반면 자연보호 의식은 발달하지 못한 것으로 평가된다. 콘벤즈를 일본에 소개한 사람이 도쿄제국대학의 식물학자 미요시 마나부였으며, 그는 일찍이 1906년에 거수나 노목을 향토의 상징으로 만들자는 주장을 전개한 바 있다.[31]

일본에서도 천연기념물은 내셔널리즘 및 식민주의와 밀접히 관련됐다. 미요시 마나부의 논문「지쿠젠국의 제일궁 하코자키하치만구의 대표 소나무(筑前國一の宮筥崎八幡宮の標松)」[32]에서는 삼한정벌과 진구황후(神功皇后)의 전설을 하코자키의 대표 소나무와 연결시키면서 일본의 '고유한 풍경'을 외국인에게 보여줘야 한다고 역설했다.[33] 또한 부현별 명목(名木) 조사나 거수(巨樹)의 보존 내용을 보더라도 가치 부여의 기준이 무엇이었는지를 짐작할 수 있다.[34]

1919년 사적명승천연기념물보호법에 의해 벚나무의 가치가 제도화됐다.[35] 우선은 난초(南朝)사적 혹은 슈겐도(修驗道)[36]의 본산이었

---

31  篠田真理子,「開発と保存: 戦前期の史蹟名勝天然紀念物制度の場合」,『環境と歴史』, 新世社, 1999.
32  三好学,「筑前國一の宮筥崎八幡宮の標松」,『史蹟名勝天然紀念物』1-7, 1915.
33  三好学,「日本紀念植物の保存」,『史蹟名勝天然紀念物』2-11, 1918.
34  「神奈川県名木調」,『史蹟名勝天然紀念物』3-1, 1919; 三好学,「巨樹の太さの測り方並に保存に就いて」,『史蹟名勝天然紀念物』4-9, 1920.
35  三好学,「指定された鴬桜」,『桜』10号, 1928.
36  [역주] 산에 들어가 혹독한 수행을 하는 전통 산악 신앙이 불교와 결합되어 발전한 일본 고유의 혼합 종교.

던 요시노야마(1924년 지정)나, 헤이안조 이래 귀족들의 별장이 있었고 근세에는 덴류지의 보호하에 가꾸어진 아라시야마(1927년 지정)의 산벚나무 등으로 대표되는 사적 및 명승으로서의 역사와 경관의 아름다움이 중시됐다.

또 하나는 거수와 명목 천연기념물로서의 벚나무이다. 사적명승천연기념물보존법으로 1923년까지 지정된 벚나무 '거수'로는 이시토카바자쿠라(石戸蒲櫻)(사이타마), 가리야도게바자쿠라(狩宿下馬櫻)(시즈오카), 야마타카진다이자쿠라(야마나시), 미하루타키자쿠라(후쿠시마), 네오타니우스즈미자쿠라(기후) 등, 그리고 '명목'으로는 지소쿠인나라야에자쿠라(나라), 시로코후단자쿠라(白子不斷櫻)(미에), 이비니도자쿠라(揖斐二度櫻)(기후), 모리오카이시와리자쿠라(이와테) 등이 있었다. 이들 거수와 명목은 식물학적으로 자연과학적인 가치를 지닌 종으로 간주됐다.

1918년 4월부터 잡지 『사쿠라(櫻)』가 간행됐다. 재계의 시부사와 에이이치(涉澤榮一), 기슈도쿠가와(紀州德川) 가문에서 사적명승천연기념물 보존 사업을 담당했던 도쿠가와 요리미치(德川賴倫), 구 막신(幕臣)으로서 이 사업에 참여한 도가와 아타카(戸川安宅), 식물학자 미요시 마나부 등이 사쿠라회(櫻の會)를 결성해 1942년 4월까지 22호를 발행했다. 그들은 「사쿠라회 취지(櫻の會趣旨)」에서 "벚꽃은 예부터 우리나라의 국화로 불리었다. …… 최근 급격한 물질적 진보에 수반해 이 꽃을 돌보는 데 소홀해졌으며 명목들도 점차 시들어간다. 특히 도쿄 및 근교 같은 곳은 매연 기타 장해로 인해 점차 쇠잔해간다"고 지적하며, 제1차 세계대전 이후 발전한 자본주의와 서구의 물질문

명보다는 일본의 고유문화를 진흥시키자고 부르짖었다. 그 후 1933년부터 매화회(梅の會)가 잡지『우메(梅)』를 발간했고, 1943년 4월 대동아공영권 시대에는『사쿠라』와『우메』가 합병됐다. 합병호『사쿠라와우메(櫻と梅)』의 권두언 「화수인(花守人)」에서는 "벚꽃은 후지산과 함께 우리 국토와 자연을 대표하고 국민정신을 표현하며, 조다이(上代)시대[37]에 도래해 동양의 윤리 사상의 진수를 표상하는 매화는 가미요(神代) 시대[38] 이래 일본 정신을 통해 감상하며 사랑해왔으니 이 두 꽃은 공히 국민정신문화상으로 국민사상을 반영"한다고 함으로써 일본의 고유문화인 벚꽃과 중국 문화인 매화를 '국민정신' 아래 포섭했다.

『사쿠라』에는 조선의 벚나무에 관한 기사가 한 건밖에 없었다. 17세기 효종 때 청에 대항하는 활을 만들기 위해 경성 근교의 우이동에 벚나무를 심었다는 기사였다.[39] 결국 잡지『사쿠라』의 논조에서도 드러나듯이 일본 내지의 전통종 벚나무만을 가치 있는 것으로 간주했기 때문에 조선의 재래종 벚나무는 거의 염두에 두지 않았던 것이다.

잡지『사적명승천연기념물』에도 벚나무 관련 논설은 많이 실렸다. 국문학자 하가 야이치(芳賀矢一)는 "나라꽃으로서의 벚꽃(國華としての櫻)"을 주장하며 벚꽃을 내셔널리즘의 문제로 파악했다. 미요시 마나부는 「우수한 벚나무 품종(優れた櫻の品種)」이라는 글에서 "원예상으로 보더라도 아니면 명소 구적 등과 관련지어 생각해보더라도 고래의 좋은 벚나무 품종은 가능한 한 완전하게 보존하고 싶다"고 말했는

---

37  〔역주〕 아스카-나라시대를 가리키는 시기 구분 용어로 일본어학사 등에서 사용된다.
38  〔역주〕 일본 초대 진무천황 즉위 이전 시대를 가리키는 시기 구분 용어.
39  阿部無仏, 「牛耳洞の観桜」, 『桜』 5号, 1922.

데 그 '고래의 벚나무'란 내지의 전통종 벚나무였다.[40]

미요시의 「가마가타니의 벚나무(霞間ヶ谷の櫻)」[41]라는 논고의 내용은 「가마가타니의 지리」, 「풍경」, 「벚나무」, 「가마가타니의 보존」 등의 장으로 구성됐는데, 「가마가타니의 지리」, 「풍경」이나 벚나무의 역사 또는 보존이라는 요소를 보면, 근대의 사적명승천연기념물보존법의 영향을 받아 근대에 들어 벚나무에 새롭게 가치를 부여했음을 알 수 있다. 이 논고에서는 분세(文政) 무렵부터 오가키(大垣)의 에마 사이코(江馬細香) 등의 화가, 학자, 문인들이 벚나무를 찾았으며, 1889년에는 지방 유지들이 벚나무를 심었고, 1900년에는 소메이요시노(요시노자쿠라)를 이식했다는 내력을 소개한다. 기후 현의 요로(養老)공원은 도로를 넓히고 여관을 만드는 등 "토지 개발 때문에 풍경이 훼손되고 너무 속화"됐다. 그런데 그와 달리 가마가타니에서는 보행자를 위해 여러 곳에 작은 길을 내 "풍경을 조망하는 것"에 주안을 두었으며, 도쿄 근교와 같은 식으로 소메이요시노를 심는 데에는 반대했다.

미요시는 「벚꽃 명소와 그 보존(櫻の名所と其保存)」[42]에서 "산벚나무, 올벚나무, 피안벚나무, 수양벚나무류와 그 밖에 메이지유신 무렵부터 점차 심어 오늘날 무성하게 번식한 소메이요시노가 있다"고 했다. 대표적인 벚꽃 명소로서 요시노야마는 "산지의 시로야마자쿠라 명소로서 구역이 넓고 벚나무가 많은 것으로는 일본 제일"이라 했으며, 아라시야마는 "협곡의 풍경 때문에 시로야마자쿠라의 명소로 유

---

40    三好學, 「優れた桜の品種」, 『史蹟名勝天然紀念物』 1-18, 1917; 三好學, 「優れた桜の品種」, 『史蹟名勝天然紀念物』 1-10, 1916.
41    三好學, 「霞間ヶ谷の桜」, 『史蹟名勝天然紀念物』 3-2, 1919.
42    三好學, 「桜の名所と其保存」, 『史蹟名勝天然紀念物』 6-4, 1923.

명하다"고 했고, 오무로는 "올벚나무 품종을 관목 상태로 다듬어 특이한 나무 모양을 띠게 한 점에서 예부터 저명한 명승지"이며, 도쿄의 고가네이(小金井)는 "무사시(武藏) 평야에 시로야마자쿠라가 군락을 이루었으며, 요시노야마나 사쿠라가와(櫻川) 기타 지역산 품종과 섞여 풍부하게 천연 변종이 이루어졌다'고 평가했다.

이상에서 말한 것처럼 이야기와 전설에 가득 찬 전통종 벚나무는 사적명승천연기념물보존법(1919년)에 의해 '천연기념물'로 인정받은 잇폰자쿠라 품종과, '사적 및 명승'(아라시야마, 시노산)에 꽃핀 산벚나무 등 두 부류로 보호됐다. 한편, 소메이요시노는 '개발'과 '근대'를 상징하는 경관이며, 1920년대 이후에는 소메이요시노와 전통종 양자를 달리 심는 풍경과 경관 설계가 이루어졌다. 그와 같은 벚나무 품종에 따른 공간 배치가 대중사회 상황(1920~1930년대) 아래 관광 성행에 수반해 명승지나 국립공원 등의 방식으로 만들어진 것이다.

대중사회에서는 일본 삼경(日本三景), 오우미 팔경(近江八景) 등 우타마쿠라에 나오는 근세의 풍경이 아니라 자연경관을 중시한 풍경관이 등장하는 동시에 지역사회마다 자기 지역의 '후지산', '일본 삼경'을 발굴해내려는 동향도 나타났다.[43] 그리고 지역사회의 고유한 풍경 속에서 벚꽃 풍경은 언제나 그것을 대표했다.

---

43    근대 풍경관의 전개에 대해서는 勝原文夫, 『農の美学』, 論創社, 1979; 黒田乃生 · 小野良平, 「明治末から昭和初期における史蹟名勝天然紀念物保存にみる「風景」の位置づけの変遷」, 『ランドスケープ研究』 67-5, 2004 참조.

# 4. 식민지 조선의 벚나무

## 1) 조선에서의 벚나무 식수

식민지 조선의 벚나무를 살펴보자. '벚꽃호(櫻花號)'라는 제호를 단 『경성일보』의 「벚꽃송가(櫻花頌)」라는 기사(경18/4/25) 내용을 보면, 궁중의 벚나무로 이야기를 시작해 "반도의 봄 또한 벚꽃으로 단장하니, 야마토 민족이 사는 곳 어디나 벚나무를 심지 않은 곳이 없어 민ㅇ(한자 불명) 꽃마음에 합치하며, 아침 햇살에 빛나는 산벚나무는 야마토 정신을 상징한다"고 한다. 『경성일보』는 주로 일본인을 독자로 한 조선총독부의 어용신문이었다. 또한 『조선 및 만주(朝鮮及滿洲)』에 게재된 히데오세이(英夫生)라는 필자가 쓴 「꽃피는 경성에서: 오사카에 사는 세 동생에게(花の京城より一大阪に住む三人の弟へ)」라는 수필에서는 "경성의 벚나무는 일본인과 함께 일본에서 이식됐다. 그리고 일본인이 늘어남에 따라 그 수도 늘어났고 조선에서 자라는 일본 소년이 성장하는 만큼 벚나무도 크게 자랐다"고 평한다.[44]

경성사범학교 교유 우에다 쓰네이치(上田常一)의 「경성 벚나무의 내력(京城の櫻の來歷)」(경33/4/27)에는 동식물원장 시모고리 야마(下群山), 장충공원의 우에이케(植池), 야마토초(大和町)의 다니요이치(谷与市)의 구술이 실렸다. 우에다는 경성에는 요시노자쿠라와 산벚나무가 있으며 "산벚나무는 본래 조선에 있었던 것이지만 조선 사람들

---

44    英夫生, 「花の京城より一大阪に住む三人の弟へ」, 『朝鮮及滿洲』 119号, 1917.

은 내지 사람들과 취향이 달라 예부터 벗나무에는 거의 관심을 기울이지 않았다"고 하며, 소메이요시노의 제주도 원산지설을 소개했다. 소메이요시노가 경성에 처음으로 이식된 것은 다니요이치가 1907년에 고다마 히데오(兒玉秀夫)의 명령으로 왜성대(倭城台)에 심은 5백 그루 정도이며, 서울의 벗꽃 명소인 창경원에는 왜성대(櫻谷)에 따라서 1908~1909년(메이지41~42년)에 소메이요시노 벗나무를 3백 그루 정도 심은 것이 효시로서 당시는 천 그루 이상이라고 보고했다. 소메이요시노와 관련해 1929년에는 전라남도 해남반도에서 소메이요시노 자연 군락이 발견됐다고 보도됐다(경29/4/18). 또한 교토제국대학의 식물학자 고이즈미 겐이치(小泉源一)는 1932년에 소메이요시노의 제주도 원산지설을 주장했다. 고이즈미가 소메이요시노를 '조선벗나무'라고 멸시한 까닭은 소메이요시노에는 일본 문화를 표상하는 산벗나무와 같은 기품이 없다는, 내셔널리즘과 식민주의에 가득 찬 견해 때문이었다.[45]

또한 벗나무 식수에는 1911년 4월 3일 진무천황제에 때맞춰 열린 제1회 '기념식수일'의 사회적 영향이 컸다. '기념식수일'은 "초대 총독인 고(故) 데라우치(寺內) 백작이 치국의 기본은 치산(治山)에 있다 해서 일반 민중의 애림(愛林) 사상을 함양하고 조림(造林)을 장려하기 위해"(경30/4/3) 시작했다는 행사이다. 춘천공원 예정지에 약 8백 그루, 수원에서는 팔달산 동남면 기슭에 벗나무와 싸리나무 수천 그루, 대구부의 묘지에는 "일반 부민 수백 명이 참가해 내선인 공동묘지에

45    竹国友康, 『ある日韓歴史の旅――鎮海の桜』, 朝日新聞社, 1999.

소나무, 벚나무 등 2만 그루가 식재"됐다(경26/4/8, 경28/4/5, 경 30/4/5). 또한 도요토미 히데요시의 전적지나 왜성이 조선반도에서는 현창되고 정비된다. 임진왜란 당시 고바야카와 다카카게(小早川隆景)와 명나라 군대의 전장이었던 벽제관(碧蹄館)에 '경성일보사'가 벚나무와 단풍나무 오천 그루를 심었다(경29/4/3).[46] 1932년 4월 1일 벽제관에 산벚나무 1만 5천 그루가 식수된 기사에는 "용사의 혼을 달래는 동시에 나들이객을 만족"시킬 것이라고 보도됐다. 1926년 4월 3일 조선총독부 제16회 기념식수에서 사이토 마코토(齋藤實) 총독 이하 관민과 가족 5백여 명이 용산효창원에 벚나무를 심어 "황량하던 땅 위에 순식간에 벚나무 숲이 만들어졌다." 또한 1911년부터 1925년까지의 기념식수 면적은 81,212정(町), 총 2억4천336만 그루에 달했다.[47] 1926년 3월에는 "12만 그루의 벚나무 묘목"이 부산에 들어왔다(경 26/4/12).

이렇게 부산에 들어와 조선반도 전역에 심어진 벚나무는 주로 소메이요시노였다. 1926년부터 대구의 측후소에서는 소메이요시노로 "개화일을 예보"했으며, 1930년 4월 8일에는 "인천 측후소 구내의 계절 관측용 요시노자쿠라 표준목이 네다섯 송이 피었다"며 소메이요시노 보급을 기반으로 벚꽃 전선의 성립을 알렸다(경30/4/9, 경 34/4/3).

군산의 공원산에는 '경성일보사 기증' 소메이요시노, 공주 시외

46    内田好昭, 「戰跡と風光明媚: 日本統治下の朝鮮における文化財修理の一側面」, 『続文化財学論集』, 文化財学論集刊行会, 2003; 高木博志, 「近代日本と豊臣秀吉」, 『壬辰戰爭』, 明石書店, 2008.
47    『朝鮮』 1926년 5년월 호.

의 금강교 가도에는 요시노자쿠라(소메이요시노) 식수 수백 그루, 대구의 연대도로 일대에는 소메이요시노 약 천 그루, 대전신사에는 요시노자쿠라를 비롯한 나무 수백 그루가 식수됐다(경22/4/20, 경29/4/5, 경31/4/5). 용산과 욱천(旭川) 제방에는 요시노자쿠라 천 그루가 심어졌고, 원산에는 8년생 이상 요시노자쿠라 천 그루가 포하천(浦下川) 제방에 심어졌다(경32/4/3, 경33/4/1). 1933년에는 평양과 경주 등에도 소메이요시노나 산벚나무가 식수된 기사를 볼 수 있다.

내지에서 들어온 벚나무는 주로 소메이요시노였지만 그 밖에도 다양한 종이 이식됐으며 조선의 재래종도 있었다. 「경성의 벚나무(京城の櫻)」(경33/4/20)에는 벚나무 종류가 소개됐는데, 소메이요시노, 데우센야마자쿠라(てうせん山櫻), 산벚나무, 털산벚나무(毛山櫻), 피안벚나무, 수양벚나무, 경성우하미즈자쿠라(京城ウハミヅザクラ), 에도히간, 오호야마자쿠라(おほやま櫻), 히메야마자쿠라(ひめやま櫻) 등 다양한 종이 나온다. 흥미로운 점은 경성 근교의 우이동에서 자생하는 재래종인 조선 산벚나무나 경성 근교의 산벚나무로 비로우도야마자쿠라(ビロウドヤマザクラ), 아케보노자쿠라(アケボノザクラ), 히메야마자쿠라(ヒメヤマザクラ) 등을 들면서 조선 재래종의 다양성도 언급했다는 것이다. 또한 여기에서도 소메이요시노의 제주도 원산지설 논쟁이 소개된다. 이전 해인 1932년 4월에는 경성제국대학의 고이즈미 겐이치가 제주도에서 소메이요시노를 발견했다고 나온다. 한편, 경성제국대학 예과대학 교수로 동식물학을 연구한 모리 다메조(森爲三)는 조선의 주요 도시와 경성의 창경원, 조선총독부 관저의 계곡에 심어진 것은 모두 소메이요시노로서 "조선총독부 시정 이래 내지에서 이식"됐다고 지적했고, 그 밖에도 오호야마자쿠라, 데우센야마자쿠라, 아케보노자쿠라, 히메야마자쿠라, 비로우도야마자쿠라, 가스미자쿠라(カスミザクラ), 게야마자쿠라(ケヤマザクラ) 등 조선 재래 산벚나무 일곱 종을 언급한다.[48]

우이동은 『경성안내(京城案內)』[49]에서 경성의 소남문에서 약 1리 반 정도 떨어진 근교로 "수천 그루의 벚나무가 멀리서 보면 구름처럼 무성해" 사람들이 모여드는 명소라고 소개됐다. 『조선 및 만주』 권두언에는 "우이동의 벚나무숲, 가오리의 벚나무숲은 예부터 내려온 순수한 조선 벚나무이며, 일본의 산벚나무와 비슷하지만 더욱 연하다"고 소개됐다.[50] 그러나 조선총독부 체신이원양성소(遞信吏員養成所)의 교원이었던 마쓰다 고우(松田甲)는 「벚나무를 우이동에 이식한 홍양호(櫻牛耳洞移植洪良浩)」[51]라는 글에서 홍양호의 자손에게 들은 이야기를 바탕으로 18세기 영조대의 문인 홍양호가 우이동을 개척하며 "벚나무를 일본에서 이식했다"는 설을 제시했다.[52] 마쓰다는 "일본의 벚나무를 들과 산에 옮겨 심어 꽃놀이를 즐긴 한인들"이라며 일본으로부터의 이식설을 주장했다. 그에 반해 모리 다메조는 우이동의 벚나무는 게야마자쿠라, 데우센야마자쿠라, 히메야마자쿠라 등 조선 재래종이며 내지에서 이식된 것은 아니라고 단언했다.[53]

48    森爲三, 「朝鮮の桜」, 『朝鮮及滿洲』 306号, 1933.
49    『京城案內』, 朝鮮硏究会, 1913.
50    『朝鮮及滿洲』 106号, 1916.
51    松田甲, 「櫻牛耳洞移植洪良浩」, 『朝鮮』 1922년 11월 호.
52    權純哲, 「松田甲の「日鮮」文化交流史硏究」, 『埼玉大学紀要(敎養学部)』 第44巻 第1号, 2008.
53    森爲三, 「朝鮮の桜」, 『朝鮮及滿洲』 306号, 1933.

'부산의 벚나무'로는 "회의소 구내의 수양벚나무는 지금이 절정, 용두산의 소나무 그늘에 숨은 벚꽃은 좀 더 기다려야 하고, 향양원(向陽園)의 천엽벚나무 벚꽃 역시 그루 수가 많고 늦게 피는 것으로 유명"하다며 명소별로 종류를 소개한다. 또한 눈이 내려 "요시노자쿠라는 죽었지만 조선 벚나무는 피해가 적다"며 조선 재래종 벚나무가 자연환경에 잘 적응한다고 평가했다(경20/4/1, 경22/4/1).

1933년 8월 9일에는 조선보물고적명승천연기념물보존령(칙령 제6호)이 공포되어 "동물, 식물, 지질, 광물, 기타 학술 연구의 자료가 될 만하며 보존할 필요가 있다고 인정되는 것"은 '천연기념물'로 지정됐다. 이는 내지의 법률인 사적명승천연기념물보존법(1919년)과 비교해보면, 내지에서는 '사적', '천연기념물(天然紀念物)'이라는 용어를 쓰는 데 비해 조선에서는 '고적', '천연기념물(天然記念物)'이라는 용어를 쓰며, 미술품이나 건조물도 '국보'가 아니라 '보물'로 된다는 점이 달랐다. '다이쇼', '쇼와' 등 원호안(元號案)에 관여한 한학자로 궁내청 촉탁이었던 고쿠부 다네노리(國府種德)는 '천연기념물(天然紀念物)'과 '천연기념물(天然記念物)'의 차이에 대해 '기념(紀念)' 쪽이 "보다 막중한 의미를 지닌다"고 설명했다.[54] 문화재의 용어를 둘러싸고도 일본과 조선은 계층화됐던 것이다.

조선의 식물에 관한 천연기념물로는 은행나무, 느티나무, 팽나무, 비자나무, 백송, 제주도의 비자나무 등 1936년에 28종이 있었고, 그중에서 벚나무는 천연기념물로 전라남도 구례군 마산면의 화엄사

---

54    「記念紀念字攷」, 『史蹟名勝天然紀念物』 1-16, 1917; 猪瀬直樹, 『天皇の影法師』, 朝日新聞社, 1983.

지장암에 있는 '화엄사의 피안벚나무' 한 건만이 지정됐다. 둘레 5.35 미터, 높이 3미터로 인조대왕 무렵 벽암대사(碧巖大師)가 심었다는 전설이 있는 나무였다. 이후 함경남도의 거수인 대초도(大草島)의 호쿠센야마자쿠라와 북쪽 끝 서수라(西水羅)의 호쿠센야마자쿠라 군락이 추가됐다.[55]

그러나 '화엄사의 피안벚나무'와 호쿠센야마자쿠라와 관련해 중요한 점은 신문이나 지지(地誌) 잡지 등에서 그 존재가 널리 선전되지는 않았다는 점이다.[56] 이미 지적했듯이 조선반도의 산벚나무를 포함해 조선 재래종 벚나무의 가치는 등한시됐으며, 일본인은 조선 민족에게는 벚나무를 사랑하는 문화는 없다고 간주했다. 분명 조선 시대에는 봄에 즐기는 꽃이 진달래나 매화, 복숭아꽃 등이며, 소메이요시노가 대량으로 군락을 이루는 벚나무의 벚꽃을 즐기는 일은 일본인이 식민지 시대에 도입한 문화임이 사실이다.[57] 그러나 또 한편으로 벚꽃이 일본 문화에 고유한 것이라는 언설은 벚나무를 동화의 상징으로 삼는 이데올로기와 표리일체 관계였다고 판단된다.

다케나카 요(竹中要)는 「조선의 식물 천연기념물(朝鮮に於ける植物の天然紀念物)」[58]에서 "조선에서의 애림애수 사상은 내지에 비해 매우 유치하며, 현재 겨우 잔존하는 거수 노목도 자연애 때문이 아니라

---

55  鏑木外岐雄, 「朝鮮の天然記念物」, 『史蹟名勝天然紀念物』 11-12, 1936; 森爲三, 「朝鮮天然記念物總括(植物篇)」, 『朝鮮學報』 第10輯, 1956.

56  예외적으로 우에다 스네이치는 「朝鮮の桜の科学」(『朝鮮及満洲』 341号, 1936)에서 소메이요시노의 제주도원산지설과 함께 지리산 화엄사의 천연기념물 피안벚나무를 소개한다.

57  金炫淑, 「「夜の花見」と「ヨザクラ(夜桜)」」, 日韓近代美術史シンポジウム報告書, 『都市と視覚空間』, 2009.

58  竹中要, 「朝鮮に於ける植物の天然紀念物」, 『史蹟名勝天然紀念物』 11-12, 1936.

대부분 미신 전설 때문이다"라고 지적했다. 또한 조선에서는 소나무는 사랑하지만 다른 나무는 무시하는 문화이며, 땔감이 부족하고 약용 나무의 벌채나 화전민의 화전 등으로 인해 산림이 황폐해졌다고 일방적으로 단정했다. 다케나카의 글에는 벚나무에 관한 언급은 전혀 없다. 그리고 전후에 다케나카는 교배 실험을 통해 소메이요시노가 오오시마자쿠라와 에도히간자쿠라의 잡종임을 입증함으로써 소메이요시노의 조선 원산지설을 부정한다.

『일본지리대계 조선편(日本地理大系 朝鮮編)』[59]과『일본풍속지리대계 조선편(日本風俗地理大系 朝鮮編)』[60]은 내지와 외지의 대규모 도서관에 비치된 대표적인 지지(地誌) 시리즈로서 이 책들을 통해 조선의 풍물을 한눈에 엿볼 수 있었다. 여기서 두 책의 '식물' 부분은 나카이 다케노신(中井猛之進, 도쿄제국대학 교수)이 집필했는데, 벚나무에 관한 기술은 전혀 없었다. 또한『경성일보』가 조선에서 발행된 신문임에도, 이 신문에 게재된「각지에 산재하는 명목 이야기」및「전국 벚꽃 순위(全國櫻番附)」기사에는 '내지'의 벚나무만이 등장한다. 여기서 벚나무를 둘러싼 내지/외지의 위계를 분명히 확인할 수 있다(경28/4/10). 일본인이 소메이요시노 등 내지의 벚나무를 이식해 조성한 조선의 창경원을 비롯해 지방 도시의 신사, 학교, 공원, 왜성, 제방 등의 벚나무 명소들이나 산벚나무 재래종의 명소들(우이동, 가오리 등)도 분명히 존재했다. 그러나 조선 재래종의 벚나무는 학문적으로도 충분히 검토되지 않았던 것이다.

---

59    『日本地理大系 朝鮮篇』, 改造社, 1930.
60    『日本風俗地理大系 朝鮮篇』, 新光社, 1930.

## 2) 식민지 시대 조선의 벚꽃 명소

'한국합방' 이전에 남산의 왜성대공원(경성신사에 인접해 있다)에 벚나무 6백 그루가 심어졌다. 그 내력을 보면, 통감부 이래 경성의 남쪽 지역에 있던 행정의 중심인 왜성대에 "메이지 40년 총독부(통감부를 잘못 표기한 것이다) 청사가 광화문에서 지금의 왜성대로 이전했을 때 일본적 취미를 만들기 위해 내지에서 벚나무 묘목을 가져와 지금의 총독부 사법부, 당시 기우치 주시로(木內重四郎) 장관 관사 앞에 심었던" 것이라고 한다(경18/4/24). 왜성대의 조선총독부 관저와 뒷문 사이의 벚나무 계곡은 식민지 통치 초기부터 벚꽃 명소였으며(경16/4/25), 벚꽃 밑에서 경성부 주최로 초혼제(招魂祭)가 매년 개최됐다(경18/4/28). 남산의 통감부는 1910년의 한일합방 후 조선총독부가 됐고, 1926년에 경복궁으로 이전했다.

뭐니 뭐니 해도 당시 경성뿐 아니라 조선반도의 벚꽃 명소를 대표하는 곳은 1909년에 개원한 경성 북쪽의 창덕궁 동원(창경원)이었다. 창경원은 조선 왕조의 별궁으로 폐궁이 된 후 버려졌던 창경궁을 개명한 것으로서 일본은 이를 공원으로 바꾸었다.[61] 창경궁은 동물원과 식물원, 그리고 박물관을 보유했으며 이왕가(李王家)가 경영했다〔그림 5〕. 조선 왕조의 소유였던 창경궁을 통감부와 조선총독부가 창경원이라는 '공공' 공원으로 바꾸고, 같은 시기 내지의 공원이나 성터와 마찬가지로 '풍치'를 위해 벚나무를 적극적으로 심어서 '일본 문화'로 만들었던 것이다. 그곳은 "봄에 벚꽃의 명소로서 공원을 하얀 안개

---

61 　金炫淑, 「「夜の花見」と「ヨザクラ(夜桜)」」, 日韓近代美術史シンポジウム報告書, 『都市と視覚空間』, 2009.

[그림 5] 창경원의 벚꽃(해방 전, 그림엽서).

처럼 가득 채운 만발한 벚꽃은 요시노야마 천 그루의 아름다움에 결
코 뒤지지 않을 정도"라고까지 불리었다.[62] 창경원의 벚꽃을 정점으로
조선 각 도시에서도 명소들이 생겨났다. 먼저 '중국기자방일단(支那
記者赴日團)'이 "조선의 경관은 왜성대보다는 창경궁과 비원"(경18/4/
14)이라 한 이유를 살펴보자. '왜성대'란 도요토미 히데요시 군대의 전
적지인 왜성에 벚나무를 심어 공원으로 만든 장소이다. 여기서 조선
왕조의 왕궁이나 왜성에 벚나무를 심어 공공 공원으로 만들고 문화유
산으로 만드는 것이 조선의 왕권과 문화를 부정한다는 의미를 지녔음
을 상기할 필요가 있다. 그것은 조선 왕조의 왕권을 역사화하는 것이
기도 했다.

---

62     『大京城案內』, 朝鮮硏究会, 1925.

제10장
∶ 벚꽃

창경원에는 궁내의 간선도로를 따라서 두 줄로 소메이요시노를 심었고, 연못 주변과 화단, 휴게소에는 천엽벚나무나 수양벚나무, 그리고 잡목 숲 사이에는 산벚나무를 심었으며, 1924년부터 밤벚꽃놀이가 시작됐다. 『경성일보』 기사에 따르면 밤벚꽃놀이가 끝날 때까지 한 철에 16만 명이 넘는 인파가 창경원에 몰릴 것으로 예상했다(경24/4/26). 주야를 통틀어 벚꽃놀이 인파가 가장 많이 몰린 때는 일본 내지에서 대중사회가 완성되고 조선에서도 도시의 소비문화가 고양됐던 1937년으로서 33만 명 이상이 방문했다.[63]

서울 남산에는 조선총독부가 경복궁으로 이전하는 계획과 동시에 1924년에서 1925년에 걸쳐 신사 경내(神苑)가 조성됐고, 1926년에는 아마테라스 오미가미(天照大神)를 제신으로 한 조선신궁이 창건됐다. 경내는 200평의 '내신원(內神苑)'과 10만평의 '외신원(外神苑)'으로 구성됐고, 그것과는 엄격히 구별된 공원이 조성됐다. 내원의 신전 부지의 풍치림(風致林)을 중심으로 한 위계질서가 형성된 것이다.[64] 이후 1936년의 '경성시가지계획'을 통해 경복궁, 창경궁, 덕수궁을 공원화하고 남산공원(10만 평)을 조성해, 경성의 도시 공간의 남쪽 지역과 북쪽 지역에 각기 소메이요시노를 심은 공원을 배치했다. 또한 장충단공원 부근과 유곽이었던 신정(新町)의 밤벚꽃놀이도 내지의 요시와라(吉原)와 마찬가지로 꽃거리 명소였다(경29/4/21).

1928년에는 경성일보사 주최로 벚꽃 명소를 도는 스탬프찍기대회(スタンプラリ)가 열렸다. 경성 북쪽의 창경원에서 시작해 총독부의

63    上田常一, 「朝鮮の桜の科学」, 『朝鮮及満洲』 341号, 1936.
64    青井哲人, 『植民地神社と帝国日本』, 吉川弘文館, 2005.

원, 남쪽의 장충단공원(경성부 관할), 왜성대, 경성중학교, 경성사범학교, 왕십리전차 종점, 용산효창원(경성부 관할), 마포전차 종점, 동쪽의 청량리 역전에 이르는 코스였다. 경성전기궤도(京城電氣軌道)는 여기에 '벚꽃 구경 순례(觀櫻巡禮)'라는 이름을 붙였다(경28/4/19).

1923년의 간토대지진(關東大震災) 이후 일본에서는 본격적인 대중사회 상황과 복제문화가 도래한다. 조선에서도 제1차 세계대전 이후의 세계적인 관광업 발흥의 영향을 1920년대 후반부터 받게 된다.

1929년에는 세계를 일주하던 크루즈선 레졸루트호(SS Resolute)가 조선을 찾으면서 "조선호텔에서 기생들의 춤"이 열리고 350대의 인력거가 등장했다. 그 후에도 4월에 레졸루트호 관련 기사가 자주 등장했으며, 1931년에는 아르헨티나 여행단도 왔다(경29/4/14, 경31/5/12, 경34/4/3, 경35/4/9). 또한 제1차 세계대전 이후 세계적인 등산 열풍에 호응해 「신록 5월에 금강산이 열리다」는 기사도 등장했다.[65] 기생 안내 책자인 『경성정서(京城情緒)』에는 "조선의 명물이라면 첫째는 금강산, 둘째는 기생, 셋째는 인삼"이라 했으며,[66] 동시에 "국립공원으로는 금강산이 제일"로 간주됐다(경28/4/17). 왜성이나 고도(古都)의 사적화도 진행되어 도쿄제국대학의 조경학자 혼다 세이로쿠(本多靜六)는 울산에서 학성공원을 설계했으며, 평양에서는 "공원을 겸해 역사의 고장을 꾸미기 위해 대동강 강변 두 리(里)에 걸쳐 대공원, 고적 보존물에 대수리를 가"했다고 보도됐다(경28/4/17, 경33/4/25). 또

65    モッセ, 『英靈』, 柏書房, 2002; George L. Mosse, Fallen Soldiers: Reshaping the Memory of the World Wars, Oxford University Press, 1990; 『京城日報』 1930년 4월 28일.
66    『京城情緒』, 京城觀光協會会, 1937.

한 1933년에는 경성과 부산에서도 관광협회가 발족했다(경33/4/21).
경성부 내에 자리한 경성관광협회는 "반도를 선전하고 소개하며, 여
객 접대의 설비에 통제와 개선을 도모할 뿐 아니라 관광객 유치에 힘
을 기울여 한편으로는 반도의 번영, 또 한편으로는 국제 친선의 열매
를 증진"할 것임을 표방했다.[67]

조선총독부 철도국은 광역별 벚꽃놀이 관광을 선전했다. 조선반
도의 철도는 1905년에 초량(부산)-경성 노선의 영업을 시작했고, 병
합 후인 1911년에는 부산-봉천 간 직통 운전을 비롯해 일본, 조선, 만
주를 잇는 철도 연락운송 체계가 확립됐다.[68] 이후 조선반도의 철도망
은 더욱 확대되어간다. 1930년『경성일보』를 보면 조선총독부 철도국
은「봄날 교외가 안갯빛으로 물들다(春郊彩霞)」라는 제목으로 진해, 마
산, 공주, 전주, 수원, 우이동, 경성, 평양의 벚꽃을 광고했다(경
30/4/11). 조선반도의 "남쪽에서 먼저 피기 시작해 평양은 5월 초"라
는 벚꽃 전선이 조선반도를 가로지른 것이다(경28/4/12). 1931년 봄
기사에는 '전 조선에 걸쳐 벚꽃 명소를 찾는다'는 주제로 남조선 지역
의 동래, 진해, 마산, 울산, 호남 지방의 군산, 전주, 부여, 장성, 목포,
청주, 경성 지방의 창경원, 앵계(櫻谿), 장충단, 우이동, 인천 월미도,
수원, 개성, 그리고 북서 조선 지방의 평양, 진남포, 의주, 계동, 안동
에 이르는 벚꽃 명소를 소개했다(경31/4/9). 이들 명소는 철도를 이용
하는 관광과 연결됐다.

벚나무의 내력을 생생하게 말해주는 기사는 1932년 봄 조선 각

67    『朝鮮』1933年 6月 号.
68    今尾恵介·原武史,『日本鉄道旅行地図帳, 歷史編成, 朝鮮·台湾』, 新潮社, 2009.

지의 「벚꽃 자랑(櫻自慢)」 연재이다. "한 번에 천 그루가 보인다는(人目天本)" 경주 불국사의 벚나무는 15~16년 전에 경주고적보존회가 심은 것이라 한다(경32/4/12). 벚꽃 명소가 별로 없어 부끄럽다는 대구에서는 연대의 '군인사쿠라(軍人ざくら)'가 유일한 명소이며, 성흥(成興)의 야마토자쿠라(大和櫻)는 3대 전에 부임한 미우라 마코토(三浦眞) 장군(1927년에 보병 제21여단장, 경27/7/26)이 연대를 총동원해서 심었다고 한다(경32/4/13, 경32/4/28). 대구에서는 "사무라이 일본을 상징하는 병영의 벚꽃"이라며 벚꽃 잎이 휘날리는 가운데 군기제(軍旗祭)를 거행했다(경34/4/19). 군산에 수천 그루가 운집한 요시노자쿠라(소메이요시노)는 30년 전 개항 당시에 거류민단이 심은 것이며, 청주 앵마장(櫻馬場)의 벚나무 수백 그루는 심은 지 15년 된 것이었다(경32/4/19, 경32/4/24). 고흥에서는 신사와 소학교, 공주에서는 법원의 밤벚꽃놀이가 유명했다(경32/4/24, 경32/4/25). 인천 월미도의 벚나무는 러일전쟁 후 군함이 귀환할 무렵부터 기념식수가 시작되어 그 후에도 부당국이 이를 계속해서 고목 요시노자쿠라가 2만 그루나 피어났다. 수원의 벚나무터널이나 농사시험장 벚나무는 25년 전에 혼다(本田) 소장 시절에 심은 것이다. 또 춘천의 신사는 약 20년 전, 강원도 장관 이규완(李圭完)이 천엽벚나무를 중심으로 심은 것이었다(경32/4/26, 경32/4/29, 경32/5/1). 이규완은 개화파였으며 일본에서 망명 생활을 한 후에 통감부 시대인 1908년에 관찰사가 됐다가 1918년에는 강원도 장관이 된 전형적인 친일파였으므로 충분히 벚나무 식수를 주도할 만한 인물이었다. 남천(南川)에도 1923년의 대홍수 이후 만들어진 제방에 약 천 그루가 심어졌다(경32/5/12). 안동현 진강산에는 일본인이 1905

**[그림 6]** 안동현 진강산공원의 벚나무(해방 전, 그림엽서).

년 무렵 최초로 벚나무를 심었고 대례 등이 있을 때도 심어 현재는 벚나무가 3천 그루나 되는 북쪽 끝의 벚꽃 명소가 됐다(경32/5/7, 그림 6).

한일합방 이후 관아, 신사, 소학교, 군대, 제방 등의 지역 외에도 제방을 비롯한 토목 사업 등 식민지 통치가 초래한 '근대'와 '개발'을 상징하는 장소에 소메이요시노가 심어졌다.

조선의 벚꽃 명소는 조선에 거주하던 일본인에게는 '내지'의 명승이나 천연기념물처럼 '역사'와 '이야기'를 상기시키는 장소가 아니라, 유전자 복제 식물인 소메이요시노의 균질적인 경관을 즐기는 곳이거나 아니면 산벚나무 등의 '자연'을 즐기는 곳이었다. 그와 함께 벚꽃 명소는 연회 등 오락 장소의 성격도 강했다.

한편, 김현숙(金炫淑)은 식민지 시대의 조선인은 가무와 음주를 동반하는 일본인의 꽃놀이 문화에 거리감을 느꼈으며 벚꽃을 차갑게 바라보며 지나쳐갈 뿐이었다고 보았다.[69] 식민지 시대의 조선인에게 창경원이나 조선반도의 각지에 심어진 소메이요시노는 식민지 지배와 함께 도입된 근대적인 것인 동시에 동화와 일체가 된 일본 문화의 상징이므로 그에 대한 위화감도 있었으리라고 생각된다. 바로 그런 이유에서 해방 후에 창경원과 진해 등지에서 벚나무가 벌채됐던 것이다.

그러나 오늘날, 박정희 대통령 시대에 벚나무가 심어진 경주나, 벌채된 이후에 다시 벚나무가 심어진 진해 등에서는 무리 지어 피어난 소메이요시노의 균질적인 경관을 즐기는 사람들로 넘쳐난다. 그와 같은 오늘날 한국의 벚꽃놀이 문화는 해방 후에 내셔널리즘과 결합되어 강조된 소메이요시노 한국 원산지설에 의해 뒷받침된 소메이요시노의 재식수와 함께 식민지 시대의 벚꽃놀이 문화가 재구성된 측면도 지녔을 것이다.

## 5. 결론

이 글에서 논한 것을 정리해보자. 우선 같은 벚나무 중에도 내지의 사적명승천연기념물보존법(1919년)에 의해 가치를 부여받은 '민족적인' 전통종 벚나무와 '근대'와 '개발'을 상징하는 소메이요시노 사이에는 위계가 있으며, 그것이 국토, 도시의 공간 배치에서 각자의 역할을 하면서 각각의 경관을 만들었다.

조선에 식수된 벚나무는 주로 소메이요시노였다. 수양벚나무나 천엽벚나무 등 전통종도 심었지만, 조선 재래의 독자적인 벚나무종으

---

69    上田常一, 「朝鮮の桜の科学」, 『朝鮮及満洲』341号, 1936.

로서 그 고유성에 주목한 적도 없었고 선전한 적도 없었다. 조선의 벚나무에는 천연기념물로서의 가치는 거의 부여하지 않았으며, 명승으로 지정하는 경우는 한 번도 없었다. 조선의 벚나무는 내지의 요시노야마(명승)이나 야마타카의 진다이자쿠라(천연기념물) 등 문화적 가치의 위계질서에서 맨 밑바닥으로 포섭됐다. '화엄사의 피안벚나무'나 호쿠센야마자쿠라는 조선반도에서는 보기 드물게 천연기념물로 지정되기는 했지만 그 문화적 가치는 등한시됐다. 여기에 천연기념물 제도가 지닌 식민지 이데올로기가 작동했다.

그러한 가치 아래 경성 또는 조선 전 지역에서 창경원의 벚나무를 정점으로 하는 위계질서가 형성됐다. 그 위계질서에 기초해 각 도시에서 벚꽃 명소가 생겨났고, 벚나무 식수 활동이 왕성하게 전개됐다. 제1차 세계대전을 거쳐 간토대지진 이후 일본에서는 본격적인 대중문화, 복제문화, 관광사업 등이 융성했으며, 제국 전체가 그러한 새로운 대중적 소비문화의 영향을 받았다. 도쿄, 히로사키, 교토, 서울에서는 라디오, 영화, 신문, 출판 등의 미디어나 복제문화를 통해 동일한 정보가 순식간에 대중에게 확산됐다. 1930년대에 들어서면 소메이요시노의 벚꽃 전선이 관광사업과 함께 3월 말에 전라남도와 부산에서 시작해 5월 초에는 북쪽의 안동과 진강산에 이르는 조선의 국토를 가로질러 올라갔다. 그리고 유전자 복제 식물인 소메이요시노의 엷은 복숭아 빛깔 풍경도 제국의 기억으로서 공유됐다.[70]

---

70    이 글의 자료 조사와 관련해 마쓰야마 리에(松山理惠)의 도움을 받았다.

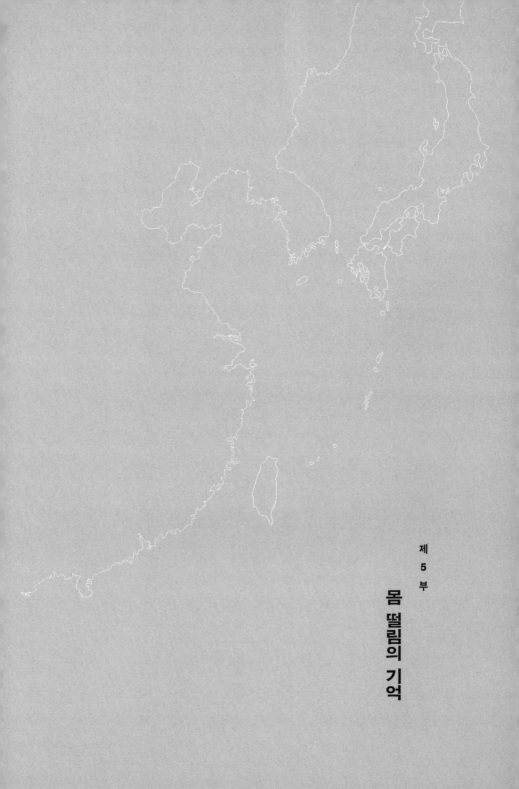

제 5 부

몸 떨림의 기억

제11장

○

# 빨갱이

이와사키 미노루(岩崎稔) — 김은애 옮김

이 글에서는 '기억의 장' 가운데 하나로서 '빨갱이'라는 멸칭을 다루려고 한다. 이것은 사회주의나 공산주의 사상 내용을 음미하자는 것이 아니며, 또한 마르크스주의나 그 운동을 얼마나 바르게 이해하고 있는가하는 문제와도 관련이 없다. 여기에서 말하는 '빨갱이'란 어디까지나 타자에게 던지는 더러운 표현으로 적을 비방하고 매도하며 멸시하는 말이다.

'빨갱이'라는 말은 원래는 사회주의자나 노동자 운동이 갖는 색채의 상징에서 변화한 것으로 '부분을 가지고 전체를 표현하는' 환유법적인 수사인데, 거기에 그치지 않고 나아가 커다란 힘을 가진 정동(情動)을 환기하는 듯한 단어이다. 누군가에게 "저 녀석은 빨갱이다"라고 말하는 것은, 심한 모멸감을 느끼게 하는 'pinko'나 'commie'라는 말로 누군가를 가리키는 발화 행위에 가깝다 할 수 있다. 'pinko'가 색채의 상징과 관련된다 하더라도 명시적인 '빨강'보다는 오히려 연빨강이나 성적인 불쾌함을 나타내는 'pink'가 함의되어 있다.

'빨갱이'라고 말하는 언어 행위는 그 당사자를 비난하는 것일 뿐 아니라, 주변에 있는 이들에게는 그와 가까이하는 것을 금하고 그를 배제할 것을 암시한다. 다시 말하자면 "저 녀석은 빨갱이다"라는 발화 행위는 그러한 타자를 구축하며, 그로 인해 그 타자상에 대응하는 발화자나 청취자 측의 자세와 행동거지가 결정되기도 한다. 즉 '빨갱이'라는 언어의 발화내적인 차원이야말로 문제가 된다고 할 수 있다.

사실 이러한 '빨갱이'라는 단어는 21세기 오늘날에는 차츰 진부해졌고, 이러한 매도가 환기하는 정동은 작아졌다고 반론할 수도 있다. 물론 일본어권이나 중국어권에서는 이러한 지적이 어느 정도는 맞는 말일지도 모른다. 그러나 일단 '빨갱이'라는 단어를 동아시아라는 틀에서 생각해보면 이것이 20세기의 한 시기에 강한 선별과 배제의 효과를 불러일으키는 매우 중요한 타자 개념이었음을 부정할 수 없다. 혹시라도 '기억의 장'으로서의 동아시아에서 '빨갱이'라는 관념을 빠뜨린다면, 이는 근현대사 속에서 가장 과혹하고 험한 국면을 놓치는 것일 뿐 아니라, 한반도와 일본, 중국, 그리고 만주 지역이나 동남아시아까지 포함하는 광대한 지역의 근현대사를 구조적으로 이해 불가능하게 되는 것이다. 특히 한국어에서 '빨갱이'라는 말은 아직까지도 심각한 규정력을 지닌다. 그것은 냉전이 동아시아, 특히 한반도에서는 현실적인 문제로서 민족의 분단 등으로 존재하기 때문이다. 또한 이것은 일본의 식민지주의 지배에 대한 문화적·지적 청산이 아직까지도 끝나지 않았다는 사실과도 관련된다. 그 때문에 언뜻 보면 사어처럼 보이는 일본어권의 '아카(赤)'라는 용례에도 정치적 폭력의 기억은 집합적으로 억압하는 식민지 지배의 기억과 함께 존재한다.

'빨갱이'의 어용론(語用論)은 공격적이며 폭력적인, 피에 젖은 정치의 기호이며, 우리들 가까이에 딱지가 진 상처의 흔적처럼 섞여 있다. 때때로 진부해진 정치에 사람들이 단번에 집중할 때 '빨갱이'라고 하는 타자를 매도하는 말은 거기에 새롭게 선혈을 떨어뜨린다. 이 글에서는 시대나 지역에 따라 다르면서도 상호가 의존하며 구축한 '빨갱이' 개념이 환기하는 기억 속에서 동아시아 냉전 체제의 모습을 살펴보려고 한다. 먼저 일본어 문맥 속에서 '아카'의 기억에 포함된 복수의 층을 구별하면서, '아카'라는 단어가 가장 공공연히 사용됐던 1950년대를 중심으로 냉전기 적의 표상이 어떠한 장면에서 사용되고, 그것에 따라 어떠한 효과가 나타났는가를 생각해본다. 더불어 타자상을 둘러싸고 어떠한 사회적 현실이 구축되어왔는지에 한정해서 일본어 '아카'와 한국어 '빨갱이'라는 단어가 각각 환기하는 효과, 표상 속에 어떠한 차이나 엇갈림이 존재하는지 또는 어떠한 상보적인 관계가 있는지 개관하겠다.

# 1. '아카'와 레드 퍼지

일본의 한 편집자는 나가노현 교원 적화 사건[2]에 관련된 자신의

---

1  〔역주〕 한국어와 일본어의 '빨갱이'를 구분하기 위해서 일본어 문맥에서 '빨갱이'가 사용될 경우 원어 발음대로 '아카'라고 표기한다.
2  1933년에 치안유지법 위반을 이유로 나가노현의 교원들이 만든 연구회의 참가자나 조합 관계자 총 186명이 체포된 사건.

아버지에 대해 적은 『아카』라는 평전 속에서 '아카'에 대한 첫 추억을
이렇게 떠올린다.

내가 '아카'라는 단어를 의식한 것은 언제였던가……. 아마 소학교 4학
년쯤이었던가. 같은 학교 상급생 가운데 '시이노 상'이라는 여자아이가
있었다. 웃는 얼굴이 귀엽고 작은 몸집에 활발한 아이로 아이들 속에서
도 눈에 띄었다. 주위의 어른들이 "저 아이는 공부를 잘하지만 부모가
'아카'라서"라고 소리를 죽이며 하는 이야기를 들었을 때였다. 나 자신
도 '아카'의 자식이라는 인식은 전혀 없었으나 어쩐지 같은 부류인 것
같은 기분이 들어 그 아이를 동정했다. 사실 그것만이라면 나에게도 그
이상의 인상은 남지 않았을 것이다.

어느 순간 "시이노 상의 아버지는 지하에 잠적해 있어서"라고 부모가
비밀리에 하는 이야기를 듣고 말았다. '그런가, 그래서 그 아이의 아버
지는 없나'라고 내 나름대로 납득했다. 동시에 나는 가슴이 매우 떨리
는 것을 느꼈다. 시이노 상의 집은 어떻게 됐을까. 학교 근처에 있던 시
이노 상의 집을 몰래 보러 갔다. 울타리가 있는 목조로 된 보통 집이었
다. 그러나 이 집에는 지하로 통하는 터널이 있고 그것은 지하 묘지(왜
묘지였는지는 모르겠지만)와 연결되어 시이노 상의 아버지가 그곳을 통
해 들락거리는 듯한 광경이 떠올라 나는 조금은 무서운 기분이 들었던
것을 기억한다.[3]

3    川上徹, 『アカ』, 筑摩書房, 2002년, 218쪽 이하.

실은 이 글에서 말하는 '시이노 상'이란 당시의 일본공산당 간부인 시이노 에쓰로(椎野悦郎)인데, 여기에서 이러한 사실관계는 그다지 상관없다. 어딘가 유머러스한 이 일화에는 일본의 1950년대 전반의 상황이 내비쳐진다. 이 시기에는 냉전 체제의 심화와 GHQ 점령군의 반공주의를 기반으로 한 정책 전환, 그리고 당시의 표현을 빌리자면 전쟁과 억압의 시대로의 '역코스'가 진행됐다. 이와 함께 공산당 측의 주체적인 전환도 일어났다. 1950년 연초에 돌연히 국제 공산주의 운동 측의 일본공산당에 대한 비판이 코민포름(cominform)[4] 기관지에 게재되고, 그때까지 노사카 산조(野坂參三)가 중심이 되어 제창해 온 평화혁명 노선이 비판을 받았다. 당은 이 비판을 어떻게 받아들일지를 둘러싸고 잠시 혼란을 겪었지만 이내 그것을 받아들이고 반미적인 군사혁명 노선으로 전환한다. 그러나 그와 함께 당 조직은 '쇼칸파(所感派)'와 '고쿠사이파(國際派)'로 분열하고 말아 당시 지도부를 맡았던 '쇼칸파'는 비합법 활동용 조직 체제를 위해 일방적으로 '지하'에 잠적하고 말았다. 이렇게 '지하에 잠적했다'는 어감이 당시의 소년에게는 특별하다고도 할 수 있는 '아카'를 꺼리는 분위기와 '공포감'에 연결됐다. 1950년대 전반이라는 시기는 세계에서 냉전적 사고가 가장 명료하게 주장된 시대였다. 미국에서는 소위 '빨갱이 사냥'이 불어닥쳤다. 이 영향은 세계에 커다란 비극과 참극을 불러들였다. 동아시아에서도 대체로 같은 사정이었다고 말할 수 있다. 또한 이 시기는 일본

---

4    [역주] 정식 명칭은 Communist Information Bureau. 1947년 소련 공산당의 주도로 유럽 9개국의 공산당이 참여해 설립했다가 1956년 해체된 국제 공산주의 운동의 지도 기관.

의 미디어에서도 다시금 공공연히 그것도 보다 확실히 '아카'라는 단어가 사용됐다.

여기에서 '다시금'이라고 말한 것은 "저 녀석은 아카다"라는 매도의 형식이 이미 전전(戰前)부터 어떤 공포스러운 존재를 표현하는 기호로서 유통됐기 때문이다. '아카'는 '국체를 위협할 수 있는' 존재로서 그때마다 엄격한 단속과 탄압의 대상이었다. "저 녀석은 아카다"라고 지명하는 발화 행위는 지명당한 당사자를 위협하는 효과와 함께 그 발화 행위를 통해 타자상을 구축하고 그 자리에 함께한 사람들을 움직이지 못하게 하는 주술과도 같은 효과도 가진다. 확실히 '아카'는 직접적으로는 사회주의자나 그 운동, 그리고 이를 지원하는 소련 등의 국제적 세력을 가리켰으며, 따라서 이러한 세력에 대한 대항이라는 의미에서 전전이나 전중(戰中)에는 '방공', '반공', '적화 방지'라는 표현이 당연한 것처럼 사용됐다. 다만 '아카'는 사회주의나 공산주의의 사상을 표방하는 사람들만을 가리키는 것은 아니다. 천황제 국가에 해로운 존재, 복종하지 않을 가능성이 있는 존재 모두가 한 번쯤은 '아카'라고 지명됐다. 또한 '아카'라는 타자 표상과 식민지 지배에서의 타자 표상은 깊이 얽혀 있다. 그렇기에 '아카'를 혹시 특정한 사상을 말하는 개념으로 취급하면 완전히 틀리게 된다. 문맥에 따라서 '아카'는 사상적인 면에서 마르크스주의적 좌익과 대립하는 자유주의자를 지명하는 기호로 확대해석되기도 한다. 그뿐만 아니라 나중에 서술하겠지만 '아카'를 둘러싼 가장 극단적인 망상 속에는 실패한 군사 쿠데타였던 2.26 사건의 당사자였던 정치적 파시스트나 '황도파(皇道派)'라고 불렸던 우파의 장교, 그리고 그 쿠데타를 진압함으로 일시에 실권을 잡고 아시아태평양전쟁을 수행한 '통제파(統制派)'라 불렸던 군인들까지 외부 세력에 조종당한 '아카'라고 비난했던 팸플릿이 존재한다.[5]

그런데 이러한 '아카'의 관념은 일본의 패전과 '민주화'로 인해 한 번은 역전된 평가를 받을 기회를 가진다. 패전과 함께 초국가주의의 억압과 전쟁 동원 시대에 계속해서 저항해온 '아카', 즉 공산당원이나 사회주의자들이 존재한다는 사실을 일본의 민중들은 놀라움을 금치 못하며 받아들였기 때문이다. 그 후 '옥중 18년'이라 불리는 일본공산당 지도부는 비전향을 관철해왔다는 경력을 정치적 정통성의 수단으로 이용해 당은 물론 좌파의 사상과 운동에서도 존경을 받음과 동시에 지지를 확대할 수 있었다. 패전 직후 문학이나 정치 면에서 왜 전쟁이라는 파국에 이르는 어두운 시대에 저항을 관철하지 못했는지 원인을 찾는 와중에, 설사 사회과학에서는 바른 인식일지라도 그 역사적 필연성을 파악하는 데 있어 인간의 주체성을 둘러싼 빈틈이 있었던 것은 아닌가를 묻는 '전후 주체성 논쟁'이 일어났다. 그러나 이 논쟁을 당시의 좌파 지식인이 충분히 파헤치는 것은 불가능했다. 그 이유 가운데 하나는 그들이 '옥중 18년'의 권위 앞에서 양심의 가책과 열등감을 계속 간직했다는 사정이 있었기 때문이다. 전쟁 직후의 일본공산당은 한편으로는 전전부터 생성된 '두려움'이라는 막연한 이미지를 여전히 지니면서도 동시에 커다란 위신을 획득했다. 그것이 밑

---

5    山崎倫太郎, 『赤色革命は迫る 日本敗戰裏面史』, 自由評論社, 1949. 덧붙이자면 말도 안 되는 이 팸플릿에 담긴 주장은 과거 자위대 항공 막료장이었으며 오늘날 극우 배외주의 스타가 된 다모가미 도시오(田母神俊雄) 역사관의 수단이 됐다.

바탕이 되어 전후 학생운동이나 노동운동을 비롯한 운동이 고양되고, 제22회 총선거에서 다섯 의석, 제23회 총선거에서는 네 의석밖에 획득하지 못했던 공산당이, 1949년 1월 제24회 총선거에서는 아홉 배에 가깝게 의석을 확대하고 득표율에서도 세 배 가까운 약진을 보였다. 당시는 당장이라도 일본에 혁명이 일어나기라도 하는 듯 담론이 쏟아져 나오는 시기이기도 했다.

그러나 좌파나 좌익 노동운동에서 이러한 상황은 단시일에 다시 역전당한다. 일본에서의 이러한 전환은 연합군의 점령 정책 변화와 관련이 있는데, 먼저 이는 중국 대륙의 내전이 공산당의 승리와 중화인민공화국의 수립이라는 형태로 결착되고 한반도의 분단과 내전 상황에 강한 위기감을 품었다는 데에 기인한다. 그리고 일본 내에서 진행되던 민주화도 점령군의 정책에 의해 중지되거나 주요 골자가 빠진 상태가 됐으며 그 위에 반공주의가 압박해 들어왔다. 또한 공산당도 이러한 변화에 대응하지 못하고 오히려 획득했던 위신을 자기 스스로 무너뜨리고 고갈시켰다. 일본공산당은 점령군을 해방군으로 규정했는데, 1949년 2.1 총파업 직전까지 낙관적으로 선동하면서도 GHQ의 중지 명령에 직면해서는 억제시키는 쪽으로 그 태도를 갑자기 바꿨다. 이 때문에 신용이 실추됐음은 물론 노동조합운동의 지도나 개입에서 당과 조합, 노동자, 그리고 각 단체와의 관계도 황폐해지고 말았다. 또한 코민포름의 '비판'에 맞춰 내세운 극좌적인 군사혁명 방침에 따라 패전 이후의 노선을 완전히 전환시켜 정부나 점령군에게 이용되고 마는 듯한 노선상의 혼란도 드러냈다. 이러한 상황 속에서 '아카'라는 매도의 단어가 다시금 일본 사회의 전면에 등장했다. 이때 '아카'는

'아카 추방', 즉 레드 퍼지(red purge)로서 사람들의 입에 오르내렸다.
당시 상황에 대해 경제학자 오코우치 가즈오(大河內一男)는 1951년
『중앙공론』에서 다음과 같이 위구심을 표명한다.

> 빨간 교사라든지 빨간 학생 같은 말이 신문에서도 잡지에서도 눈에 띈
> 다. 이러한 표현을 사용하는 사람들은 매우 가벼운 기분일지 모르나 이
> 일 자체가 말하자면 시대의 징후라는 것을 잊어서는 안 된다. 아마도 종
> 전 후 2~3년 사이라면 누구라도 '빨간' 등의 형용구를 사용하지 않았다
> 는 것과 다름없다. 이는 '빨간' 사상이나 '빨간' 운동이 공세에서 수세
> 로 바뀌었음을 이야기하는 것이며, 또한 원리로서 사상의 자유라고 하
> 는 것이 없어지고 오로지 정치상의 투쟁으로 변형되고 말았음을 이야
> 기한다.[6]

오코우치가 말하는 것처럼 '빨갛다'라는 말이 다시 부상한 배경
에는 정치적인 배치의 변화가 있으며, 그것은 좌파에게는 후퇴전 속
에서 일어난 일이었다. 일본에서 나온 그리 많지 않은 레드 퍼지에 대
한 포괄적인 연구서 가운데 하나인 히라타 데쓰오(平田哲男)의 『레드
퍼지의 사적 규명』[7]이 밝히는 것처럼 '아카 추방'은 1949년 교육 공무
원에 대한 좌파 탄압에서 시작했으며, 1950년 6월 6일 일본공산당 간
부의 추방, 나아가 그해 7월 28일 맥아더 서간을 근거로 한 미디어, 산
업계, 게다가 대학까지 오늘날 생각하는 것 이상으로 다방면에 걸쳐

6    大河内一夫, 「「赤」の限界」, 『中央公論』 1951년 3월 호, 20쪽.
7    平田哲男, 『レッド・パージの史的究明』, 新日本出版社, 2002.

제5부
: 몸 떨림의 기억

'아카 추방'이 일어나 그 전체상은 아직 총괄되지 않았다. 레드 퍼지에 대해서도 당초 공산당의 낙관적인 전망과 무책임적인 조직 지도는 불행한 귀결을 불러들였다. 이렇게 말할 수 있는 까닭은 일본공산당과 그 지도하에 있었던 조직은 1949년 단체 등 규제령에 따라 단체 구성원을 보고하도록 하는 요구에 대해 전혀 경계하지 않고 조직 구성원의 명부를 그대로 제출하고 말아 조직을 알몸 상태로 내보이고 말았기 때문이다. 이러한 태도는 점령군이나 정부 측이 그 직후에 행한 레드 퍼지를 매우 용이하게 했다.

비교적 그 범위가 작았다라고 생각되는 고등교육에서의 레드 퍼지는 1949년 7월 19일 니이가타대학(新潟大学) 개학식에서 총사령부 민간정보교육국 교육고문 W. C. 엘스(W. C. Eells)의 연설에서 시작한다. 엘스는 대학교수가 공산주의자인 경우에는 그 교원을 대학에서 배제해야 한다고 단언했다. 배제가 자유의 이름으로 주장되는 것이 하나의 특징이다. 여기에서 '아카', 즉 공산주의는 사상의 대립, 평가의 차이가 아니라 자유가 존재하는 동일한 지평의 외부에 존재하는 것, 특별한 타자로서 표상된다. 엘스는 다음과 같이 말한다.

"사상의 자유는 미국 교육 정신 전반의 기초이다. 공산당원은 사고의 자유를 가지지 않는다. 그들은 공산당에 입당할 때 그 자유를 포기한 것이다. 따라서 그들은 민주주의국가에서는 공산당원이라는 사실을 용서받지 못한다……"

이러한 '아카'는 다른 사상을 가진 비판자라는 데 그치지 않고 그 자유를 박탈하지 않으면 안 되는 특이한 존재이며 결코 논쟁이나 관용의 대상이 아니라는 데까지 나아간다. 엘스는 "나는 이 문제가 니이가타대학의 평화와 자유를 헤치지 않기를 희망하나 만일 그러한 일이 일어나는 경우에는 문부성 및 대학 당국이 법률 또는 인사에 대해 최종적 권한을 가지므로 교수단의 공산주의자에 대한 단호한 조치를 취하리라고 확신한다"라고 말했다.[8]

여기에 포함된 의미는 실은 '아카'에 대해 예전부터 있었던 관념의 기억과 일정한 엇갈림을 초래한다. 왜냐하면 좌파나 사회주의자를 지명할 때 거기에는 다음 장에서 서술할 또 하나의 교양주의적인 발상이 계속 존재해왔기 때문이다.

## 2. '좌경'의 교양주의와 '아카'

일본의 교육사 속에서 특히 교양주의의 성립과 몰락에 대해 고찰해온 교육학자 다케우치 히로시(竹內洋)가 일본 근대사회에서 사회주의에 관련됐거나 동조했던 사람들의 표상에 대해 논한 논문이 있다. '아카'의 기억 속에는 다케우치 히로시가 「'좌경 학생'의 군상」에서 지적하는 것처럼 다음과 같은 함의가 존재한다. '좌경'이란 1920년대에 생긴 조어이며 대학생이나 구제(旧制)고등학교[9]의 학생을 중심으

---

8    이상 엘스의 주장은 荒原隆他 編, 『レッド・バージ反対闘争資料 一九五〇年 法政大学』, 上杉捨彦先生還暦記念事業出版委員会, 1981, 6쪽 인용.
9    일본의 전전 고등교육 기관으로 현재 대학 교육의 전반기에 해당하는 과정.

로 한 엘리트를 나타내는 단어였다고 한다. 그것이 1920년대에 생겨
난 까닭은 그때 러시아혁명이 달성되었고 또한 사회주의가 적어도 국
제적으로 현실 문제로서 부상되어왔기 때문이다. "'좌경'은 '적화'와
마찬가지로 마르크스주의 등의 '좌'익 사상에 '기우는' 것이다. 따라
서 좌경 학생이란 마르크스주의 등의 좌익 사상에 관련된 좌익 학생
을 말한다."[10] '좌경'이라는 관념은 고토쿠 슈스이(幸德秋水)나 오스기
사카에(大杉栄) 등 초기 사회주의자 시대의 좌파 개념과는 다른 하나
의 단절을 나타낸다. 다케우치에 따르면 좌경 학생은 "다이쇼 데모크
라시의 공기를 영양분으로 하면서", "능동적인 사회 유형"으로서 떠
올랐다. 이들은 도쿄제국대학의 '신인회'[11]를 중심으로 한 일본 학생
운동의 선두가 되고, 여러 가지 사상적인 사건과도 연결된다. 와세다
대학(早稻田大学)의 건설자동맹이나 민인동맹회, 호세이대학(法政大
学)의 부신회, 제1고등학교의 사회과학연구회라고 하는, 좌파 학생운
동을 선도하는 조직이 만들어졌다. 이러한 변화는 그 시대 최고의 지
성적 일꾼이 되는 계층이 마르크스주의와 좌익 사상을 가장 매력적으
로 받아들였다는 사실을 배경으로 한다. 다케우치가 한 고찰의 특징
은 그가 이 문제를 교양주의 계보와의 관계에서 논한다는 점이다.

"다이쇼 시대 중반까지 사회주의자나 마르크스주의자는 건달이나 무뢰
한의 대명사였다. 기껏해야 '노동자 출신'의 교양이나 운동으로 보이기

---

10    竹内洋,「「左傾学生」の群像」, 稲垣恭子·竹内洋 編,『左傾·ヒーロー·不良: 教育
      と逸脱の社会学』, 人文書院, 27쪽.
11    도쿄제국대학의 학생 자치 조직의 최초의 형태. 많은 일본의 비판적인 운동이나 사회
      학자들을 배출했다.

십상이었다. 마르크스주의가 대학생이나 구제고등학교의 학생을 중심으로 고학력 엘리트 사이에 퍼지기 시작한 것은 다이쇼 시대 중반부터였다. 그렇기에 좌경 학생이라는 용어가 쓰이기 시작한 것은 이때부터이다."

어디까지나 이것은 사상의 문제나 교양 형성에 있어서 현대 세계에 있는 여러 모순에서 필연적으로 나올 수밖에 없는 문제로서 받아들여진다.

그 때문에 '아카'는 한편으로는 탄압의 대상임과 동시에 다른 한편에서는 뛰어난 가치를 띤 기호이기도 하다. 그 속에서 "쇼와 초기의 저널리즘 시장에는 마르크스주의자에 의해 독점됐다든가, 좌경화하면 할수록 잡지가 잘 팔린다는 말이 나돌았다. 신문 기사 제목에도 '좌경', '적화', '빨간 손', '극좌 분자', '빨간 분자', '빨간색', '빨간 여성' 등의 활자가 춤을 췄다. 마르크스주의를 읽고 이해하지 못하는 학생은 '바보'이며, 이를 읽고 실천하지 않는 학생은 '기개가 없는 사람'이 된다."[12] 여기에서 '좌경 학생'으로서의 '아카'는 지적 계몽의 과정과 관련된다. 개인의 사상적인 자기 형성 과정에서 일어난 일탈이자 돌출된 계몽으로 이해되는 이러한 '아카'의 관념은 지식인이나 근대화 전반의 특성과 관계가 있다. 그렇기 때문에 조직적, 사상적으로 마르크스주의나 아나키즘과 전혀 관계가 없는 입장을 취해도 기존의 공동체나 그 규칙에 대해 개혁적인 태도를 취하는 사람에게 "저 녀석

12    같은 책, 32쪽.

은 아카다"라고 비난하는 일이 빈번하게 일어난다. '아카'란 암묵적인 양해 사항을 파괴하고 고의로 일을 시끄럽게 하는 과도한 지성의 문제로 받아들여진다. 이는 오늘날에도 '아카'에 대한 비방 속에는 '반(反)지성주의'의 울림이 있음을 설명해준다.

1934년 당시의 문부성은 『좌경 학생의 수기(左傾学生生徒の手記)』[13]라는 팸플릿을 만들어 학생 지도에 이용했다. 거기에는 사회과학연구회에 참가하거나 모임에 들어갔다가 체포되어 처분당한 고학력 엘리트들의 자기 분석과 고백이 담겨 있다. 이러한 팸플릿에서 중요한 것은 거기에 제국대학, 사립대학, 고등학교, 전문학교에 소속되어 좌익운동에 관련됐던 학생들의 실태를 이해하고 적절한 대응을 하려는 지배자 측의 배려와 시선이 나타난다는 점이다. 정리된 많은 실례들을 살펴보면 출신 계급이나 운동에 참가한 직접적인 동기 등이 제각각이다. 다케우치가 말한 것처럼 이러한 "좌경 학생의 특징을 건강, 빈부, 가정 상황이나 성적 등에서 그려낼 수는 없"고, 또한 그것은 무의미한 특징짓기이며, 문제는 오히려 그러한 원인을 찾으려고 하는 시선의 태도에 있다.

『좌경 학생의 수기』에 수록된 내용에서 사례의 유형을 살펴보자. 이 책은 미리 설정된 몇 가지 질문에 대답하는 형식으로 쓰였다. 질문은 "마르크스주의를 연구하게 된 동기나 사정은 무엇인가", "마르크스주의(공산주의)에 대해 어떻게 생각하는가", "일본공산당, 일본공산청년동맹에 대해 어떠한 생각을 가졌는가", "학생 좌경 운동에 대해

---

13    文部省学生部, 『左傾学生生徒の手記 第一輯』, 1934.

어떤 생각을 가졌는가", "앞으로 어떤 방침으로 나아가려고 하는가"
이다. 각각의 사례는 첫 부분에 가정환경을 전부 정리해 놓았다. 예를
들어 "모 제국대학 법학부 3년생 K"는 27세이며 "부모, 누나 두 명,
남동생 한 명, 여동생 한 명"인 가정에서 컸고 부모의 직업은 "부유"
한 자영업이라 되어 있다. "건강 상태"는 "강장", "성질"은 "온량 확
실"이다. 이 K라는 청년은 자신의 첫 동기를 이렇게 설명한다.

> "저는 고등학교 입학 이래 매우 나태한 생활을 했습니다만, 그사이에도
> 인도주의적 입장에서 사회적 모순을 통감하고 고민했습니다. 3학년이
> 끝나갈 무렵 졸업까지 며칠만이라도 공부를 하려고 마음을 먹고 도서
> 관에 처박혀 있었습니다. 그때 가와카미(河上) 박사가 쓴 『사회문제 관
> 견(社会問題管見)』과 『빈핍 이야기(貧乏物語)』라는 책 두 권을 읽고 박
> 사의 문장 및 내용에 끌려, 이후 박사의 많은 저작을 읽은 것이 제가 마
> 르크스주의를 연구하게 된 첫 동기입니다. 그 후 대학에 입학한 다음
> …… 사회과학연구회에 입회했습니다."[14]

또한 다른 설문에 대해서는 이렇게 대답했다.

> "…… 학생은 학생으로서 할 수 있는 범위 내에서 계급투쟁에 조력해
> 야 한다는 생각하에 『무산청년신문』과도 관계를 맺었습니다만 점차 수
> 동적으로 깊이 빠져들었습니다. 그때 저 자신은 단지 진리를 위해서 일

14  같은 책, 84쪽.

한다고 하는 감각에 빠져 있었습니다."[15]

물론 이것들은 좌경 학생으로 검거된 학생들이 전향과 선도를 강요당하는 와중에 문부성에 제출한 수기이기에 세세한 부분의 진위에 대해서는 어느 정도 고려해가며 읽지 않으면 안 된다. 그러나 이것이 사실인가 아닌가는 중요하지 않다. 오히려 여기에서 주의해야 할 것은 그들이 어떠한 존재로서 다루어졌는가라는 점이다. 이 수기 속에 담긴 한 사람, 한 사람의 고백은 다양하지만, 이는 모두 자신들이 어떠한 동기로 좌경화됐는가에 대한 어느 정도 솔직한 자기 표명이며, '좌경'한 자신들이 전향하고 생각을 바꾼다고 하더라도 그러한 사상적인 변화가 어떤 종류의 필연적인 일탈과 자기 치유로서 그려진 점이 특징적이다. K는 말한다.

"저는 지금까지의 행동으로 형벌을 받을지도 모른다는 생각을 티끌만큼도 한 적이 없었습니다만 이번 검거로 인해 처음으로 자기반성을 했습니다. 저에게는 좌익 운동을 할 힘도 전혀 없고 자격도 없음을 통감했습니다. 앞으로 어떠한 방침으로 나아갈 것인지는 현재 유치장에 있는 몸이기에 확정적인 방침은 없습니다만, 혹시 가능하다면 가업을 이어가고 싶습니다."[16]

여기에서의 공통적인 유형은 인도주의적인 의분이나 우연히 엿

15    같은 책, 85쪽.
16    같은 곳.

본 사회의 모순에서 보편적인 진리를 찾아 마르크스주의나 사회주의 연구회나 문화 운동에 뛰어들고 거기에서 '좌경'했다는 식이며, 그들 자신에게는 공산당이나 공산청년동맹의 주장이 보편적인 타당성을 가진 것처럼 보였다는 학생들의 경험이다. 이는 K라는 제국대학생만이 아니다. "현대사회를 바르게 관찰하고 사상을 비판하며 객관적 정세를 음미하고 앞으로의 사상적 방면을 개척하며 건전한 사상을 갖고 싶습니다. 저는 오늘 청산의 결과 이러한 방침을 세웠습니다(모 대학 예과 3년 S, 23세)"[17]라고 말하거나 "실현되지 않는 듯할 뿐 아니라 아무런 의미도 없는 선동적인 좌익 사상에 헤매지 않고 사물을 냉정히 판단하고 나아가 일본인이며 일본 국토에 살아가는 인간이라는 자신의 입장을 생각하며 좌우로 편향되지 않는 중도를 갈 생각입니다(모 대학 예과 2년 W, 21세)"[18]라고 말하는 것처럼 이 고백의 유형은 같은 형태의 이야기를 뽑아낸다.

반복하지만 이러한 좌익 학생들의 수기는 좌파 청년에 대한 탄압 속에서 자기 자신 스스로가 고백하는 형태로 쓰였지만, 여기에서 중요한 것은 이것이 당사자의 삶에 대한 '배려'로서 작동한다는 점이다. 즉, '좌경'에 대응하는 것은 이러한 학생들을 일탈 상태에서 되돌리려는 전향을 강제하는 체계이며 전향과 선도의 기법이다. 좌경 학생을 형사처분으로 대처하는 것이 아니라 좌경의 전 인격을 선도해서 그것을 본래의 '일본적인 것'에 포섭하는 탄압의 체계이다. 이러한 대응 관계 속에서 일본 사회는 국제적으로 봐도 매우 '주도면밀하고'

17    같은 책, 335쪽.
18    같은 책, 339쪽.

'높은 수준의' 사상 전향을 위한 실천을 해왔다. 전후 일본에서 중요한 사상적 쟁점이 된 전향론은 그것이 '좌경'이라는 특정한 '아카' 표상의 관계와 쌍을 이룬 것이었기 때문에 근대 일본 지식인의 정신 구조를 비춰내는 핵심적인 문제가 될 수 있었다. 이는 '좌경'이라는 '아카'에 대한 억압이나 탄압이 미적지근했다고 말하는 것이 아니다. 오히려 단순한 형사처분이 아니라 당사자의 삶을 집요하게 파헤치고 감시하며 교정의 대상으로 삼는 터무니없는 체제로 강력하게 작동했으며, 그것이 당사자에게는 생사와 관련된 탄압이었다는 점에서는 형사처분과 다름이 없다. '좌경'은 1930년대 후반 더욱 철저해진 전향 강제와 탄압 속에서 몸을 감췄다. 앞에서 다룬 오코우치의 문장 속에서 그는 반복해서 이렇게 말한다.

> "'빨갛다'라는 것은 전전에서는 천황제와 결탁한 군국주의적 팽창에 대한 일절의 비판, 적어도 그것에 적극적으로 협력하지 않은 것에 대한 정치적인 낙인에 불과했다. 그 때문에 사회주의자가 '빨'갰던 것은 물론 정치상의 민주주의자나 사상상의 자유주의자는 누구라도 '빨간' 사람들의 범주에 들어가야만 하는 존재였다. …… 누군가가 '빨갛다'는 것은 무엇인가, '빨간' 인간과 '빨갛지 않은' 인간이란 어디에서 구별되는가, 그 기준은 도대체 무엇인가에 대해 알지 못하고 또한 더욱 나쁜 것은 그것을 알려고도 하지 않았다는 점이다. 이 점에서 전전에는 누구나 숙명론자였다고 말해도 좋다. 한번 '빨갛다'는 말을 들으면 이미 끝이었다."[19]

이처럼 교양주의 문맥에서의 '좌경'과 그것에 대응하는 억압적인 전향과 선도의 체계는 차츰 '아카'를 확대해간다. "이 단어는 적을 쓰러뜨리기 위한 패로서는 어떠한 무기보다도 효과적이며 적에게 치명적인 타격을 줄 수 있었다. …… 패전과 함께 이러한 과거의 어두운 언어폭력은 흔적도 없이 사라졌다고 누구나 믿는다. 사실 종전 후 잠시 동안은 그 누구도 과거의 악몽을 생각나게 하는 듯한 '아카' 등과 같은 단어를 입에 담지 않았으며 또한 붓으로 옮기지도 않았다. 예전에 '빨'갰던 사람들이 이제는 일본에서 가장 중요한 사람들이며, 봉건적인 예속에서 일본을 해방시키고 일본을 민주화시키는, 일본인을 정말로 행복하게 하는 사람들이라는 등의 말이 나왔다. 신문도 그런 식으로 쓰였고 잡지도 그러한 기조로 편집됐다. 이것이 틀리지 않았다면 최근의 1~2년간의 변화는 무엇이라 할 수 있는가."[20] 오코우치 자신이 '아카'라는 단어를 둘러싼 운명의 당사자이며 패전 일본을 가장 '행복하게 할' 한 사람으로서 자신의 위치를 정했기 때문에 여기에는 레드 퍼지 시기의 빠른 전환에 대한 당황스러움과 강한 분노가 직접적으로 표명됐다 할 수 있다.

## 3. 시베리아 귀환자와 외부의 '아카'

　그런데 1950년대 전반에 일본 사회에서 이 '아카'의 관념이 일

---

19　大河内一夫, 「「赤」の限界」, 『中央公論』 1951년 3월 호, 20~21쪽.
20　같은 곳.

시적으로 비대화됐던 것은 그 자체가 이미 앞에서 말한 레드 퍼지를 대표로 하는 점령군이나 일본 정부의 반공 정책과 관련됐기 때문이기도 하지만 거기에는 또 하나의 다른 맥락이 존재한다. 그것은 시베리아 귀환자라는 문제가 끼친 효과이다.

전쟁이 끝났을 때 외지에 있었던 사람들 가운데 만주나 중국 북부에 있던 장병 약 60만 명은 소련군에게 억류당했다. 이 장병들의 경험이란 일반 일본인이 구체적으로 사회주의 사회에 접촉하고 '영향'을 받았음을 의미한다. 많은 억류자들은 패잔군의 병사로서 면종복배(面從腹背)의 태도를 취하며 극한의 땅에서 국제법 위반으로 과혹한 강제 노동에 복역하며 어떻게든 살아서 돌아가려고 했다. 이 사람들은 수용소에서 여러 무리로 갈라져 가는데, 그 속에는 어디까지나 제국 군인으로서 받은 교육을 고수하며 황군의 질서에 집착하는 이른바 '히노마루쿠미(日の丸組)'도 존재했다. 그들은 자신들의 가치관을 패전이라는 현실에 비추어 검증하려는 자세를 가지지 않고 배외적인 확신을 계속해서 품은 것처럼 보였다. 그들과 상극에 있었던 이들은 소련 측에서 제공하는 정치교육 수단을 적극적으로 수용하고, 학습한 혁명가를 부르며, 요구가 있을 때는 집회에 참가해 발언을 하기도 하는 입장을 취한 사람들이었다. 그들 중에는 다른 억류자들에게 소련 측의 의사를 대변하고 적극적으로 동조하길 권하는 공작에 참가한 사람들도 있었다. 예를 들어 하바롭스크에서는 사상 개조를 하려고 '일본인 포로를 위한 신문'인 『일본신문』이 발간됐으며, 거기에는 포로 중에서 뽑힌 사람들이 적극적으로 관여해왔다. 수용소에는 '반(反)파시스트 민주위원회'가 만들어지고, 거주 지역나 노동 현장에서는 소련의

사회주의를 찬미하는 운동이 조직됐다.

이들의 모습이 왜곡되고 변형된 형태로 전달되어 귀환자들이 돌아왔을 때 일본 사회는 이들을 받아들이는 데 거부 반응이나 불안을 일으켰다. 한 사람, 한 사람의 억류자가 어떠한 태도를 취했으며 그 극한의 땅에서 몇 년간을 지내왔는지 하는 사실과는 별도로, 60만 명이라는 사람들이 소련이라는 외부에 깊이 접한 뒤에 돌아온다는 현실이 그들에 대한 경계심을 널리 불러일으킨 것이다. 그들이 혹시 사회주의 사상과 사명을 지닌 채 일본 사회에 섞인다면 도대체 어떻게 될지 모른다는 불안이었다. 시베리아 억류에서 돌아온 사람들에 대한 시의심과 그들을 둘러싼 정치적 속물들이 일으킨 많은 비극 가운데 하나가 다카스기 이치로(高杉一郎)의 『출정에서 귀환한 병사의 기억(征きて還りし兵の記憶)』[21]에서 다룬 '철학도 간 수에하루(菅季治) 사건'이었다. 그 사건에는 '아카'는 곧 소련이라는 인식과 그것에 얽힌 일본공산당이라는 망상이 어떻게 불러일으켜지는지 전형적인 과정이 나타난다.

당시의 자유당은 국회에서 공산당이나 좌파에 대한 공격 무기로 이 사건을 활용했다. 다카스키에 따르면 카라간다 제9분소에서 포로수용소의 하급 정치장교가 자신의 권한 외의 사항인 귀국에 대한 질문을 받았을 때 잘 모르는 나머지 "언제 너희들이 돌아가는가? 그것은 너희들 자신에게 달렸다"라고 답하며 일본공산당 도쿠다 규이치(德田球一) 서기장의 이름을 거론한 적이 있었다고 한다. 그런데 이것

21    高杉一郎, 『征きて還りし兵の記憶』, 岩波現代文庫, 1996.

이 일본으로 돌아온 '히노마루구미'에 의해 "일본공산당 서기장 도쿠다 규이치로부터 당의 이름을 걸고 사상 교육을 철저히 하고 공산주의가 아니면 귀국시키지 말라는 요청이 있었다. 따라서 반동사상을 가진 자는 절대로 귀국시키지 않을 것이다"[22]라는 발언으로 개찬되어 분란이 일어났다. 보수 정치가들은 이를 참의원 특별위원회에 안건으로 올려 우연히 그 수용소에서 통역을 했던 간 수에하루가 국회 증인으로 불려 나왔다. 수년에 걸친 억류 생활에서 겨우 살아남아 귀환한 직후였던 간은 일본에 돌아온 지 한 달 동안 우파로부터의 비방과 국회에서의 증언 등으로 인한 심신의 피로에 쫓겨 결국 플라톤의 『소크라테스의 변명』을 주머니에 넣은 채 미타카(三鷹)역 근처에서 전철에 뛰어들어 자살하고 말았다.

다카스기 이치로는 이 비극을 당시 억류자에 대한 불안과 정치적인 공격의 상징적인 사례로 든다. 이는 소련에서 돌아온 '아카'라는 존재가 구체적인 타자로서 나타난 일이며, 이때의 '아카'는 이미 사상이나 교양주의의 문제로서 이해됐던 좌경의 '아카'와는 다른 느낌을 가진다. 우파 정치가나 미디어뿐만이 아니다. 간 수에하루를 혁명파의 희생자로 세우려고 한 공산당 측의 담론에 의해서도 이 문제는 공중에서 혼자 떠돌아다니고 만다. 그것 또한 간을 몰아세우는 일이 됐다.

억류자의 증언뿐만 아니라 귀환자를 태웠던 배의 선장이 쓴 수기를 비롯한 당시의 보고나 뉴스에서도 귀환하는 사람들 가운데 일부가 〈인터내셔널가〉를 부르는 모습이나, 끊임없이 데모 대열을 짜고 승

---

22    같은 책, 127쪽.

선하는 모습, 일본 정부가 지급하는 것을 거부하는 강인한 인상을 주
는 귀국자들의 모습 등도 그려졌다.[23] 그들 중에는 마이즈루(舞鶴)에
도착한 후 요요기(代代木)에 있는 일본공산당 본부에 가서 바로 입당
을 한 이도 있었다고 전해졌다. 이러한 표상이 설사 실태와는 동떨어
진 극단적인 사례라 하더라도 이는 다시금 '아카'의 이미지가 춤추기
시작하는 상황에 또 하나의 짐을 떠넘기는 일이 됐다.

1951년 6월 『중앙공론』에 실린 당시의 풍속 작가 가운데 한 사
람인 이노우에 도모이치로(井上友一郎)의 「'아카'의 계절」이라는 단편
소설을 살펴보자. 이 소설 자체는 어느 문화인의 일상을 그린 정도의
내용이지만 그렇기에 이 시기의 관심이 그대로 반영됐다고 볼 수도 있
다. 이 소설에 나오는 고미네 고로는 처자식이 있으며 "종전 후 어떤
민주주의적인 문화 단체"에 출입하면서 어느 정도 이름이 통하는 좌
파 지식인으로 이른바 전후 민주화 속에서 각광을 받아 떠오른 민주
좌익적인 문화 운동에서 활약한다. 그는 애인 데루코와는 혼외 연애
관계였는데, 데루코는 고미네의 확실하지 않은 태도가 불만이며, 두
사람 사이에는 일종의 엇갈림이 존재한다. 여기에 데루코의 오빠가 시
베리아에서 돌아온다는 소식이 날아든다. 두 사람의 공간 속에 들어오
는 오빠는 구체적인 묘사 없이 다만 시베리아에서 돌아오는 인물로만
표현되는데 그것이 데루코에게 불안을 안긴다. 데루코는 지금까지의
고미네와의 관계와는 이질적인 무언가를 내세워 거부 반응을 보인다.

---

23    加藤重三郎, 「ナホトカ航路」, 『中央公論』 1949년 10월 호.

"실은 오빠가 내일 돌아오는데 혹시 공산당에 들어간다면 난 절대로 돌보지 않을 결심이에요."

"뭐라고?"

"혹시 당원이라고 알게 되면 말이에요. 난 이 문제는 심각하게 생각했어. 지금은 아직 어떤지 모르겠지만, 어쨌든 만나서 이것저것 이야기해 보면 당에 들어갔는지 아닌지 정도는 알 수 있겠지. 혹시 당원이라면 난, 절대로, 여기에는 들이지 않을 거야."

"그런가"라며 고미네도 돌연히 커다란 벽에 부딪힌 것 같이 생각에 잠기며 거기에 대한 명확한 조언을 하지 못했다.[24]

잘 살펴보면 사상적인 배치로서는 기묘한 거절이다. 본래라면 고미네는 '아카'에 포함되어도 무방한 존재인데, 고미네와 데루코 사이에 들어오는 또 다른 '아카'는, 고미네들의 공간과는 잘 섞이지 않는다. 원만하게 끝내려는 고미네에게 데루코는 개방적인 입장인 척하면서도 남녀 관계에 있어서는 뻔뻔한 위치를 확보하고 있는 고미네의 태도에 대한 비판을 내비치며 이야기를 이어간다.

"즉, 당신은 동조자의 기분으로 그렇게 말하는 거죠. 그래도 당신은 아카가 아니에요!"

"빨갛다 하얗다는 문제가 아니잖아, 이 문제는."

고미네는 자신의 아픈 구석을 찔린 충격으로 조금 거친 어세로 말을 되

---

24    井上友一郎,「赤の季節」,『中央公論』1951년 6월 호, 15쪽 이하.

받았다.

"사실, 너는 여동생이고, 사쿠타로 군은 오빠잖아. 게다가 그는 오랜 시
간 부자유스러운 억류 생활에서 돌아오는 거야. 육친으로서 그런 말은
못할 텐데."

"어머, 난, 말할 수 있다고 생각해요. 사실, 혹시 오빠가 정말로 확고한
신념을 가진 아카라면 장래에 육친이라 어쩔 수 없다고 하며 혁명에 몸
과 마음을 바쳐야 하는 건가요?"

"혁명 이야기가 아니라 가정 문제야."

"같은 이야기예요. 혁명은 책이나 논의의 문제가 아니죠? 먹는가 먹히
는가라는 문제라고요."[25]

여기에는 시베리아 억류에서 돌아온 사람이라는 구체적인 존재
를 둘러싸고 생긴 '아카'의 표상과 고미네로 대표되는 전후 데모크라
시한 좌익 문화 사이에 있는 차이가 그대로 내던져진다. 확실히 소련
이나 코민테른으로서의 '아카'는 이미 전전부터 존재했다. 이러한 외
부에 대한 공포감의 극단적인 경우는 고노에 후미마로(近衛文麿)가
1945년 2월 14일에 천황을 만나 전쟁 수습에 대해 사견을 말한, 이른
바「고노에 상소문」속에서도 엿볼 수 있다.

고노에는 "패전은 유감이지만 이미 불가피하다"라고 하며, "패
전은 우리 국체의 수치이지만, 영미의 여론은 아직까지 국체의 변혁
까지는 진행되지 않았고, 따라서 패전만이라면 국체는 걱정할 것이 없

---

25    같은 책, 21쪽.

습니다. 국체를 보호하고 지속하는 모습보다 먼저 걱정해야할 것은 패전보다도 패전에 따라 일어날 공산혁명에 있습니다"라고 했다. 이 상소문에는 이상할 정도로 부풀어 올라 밀려오는 음모론이 포함된다. 그는 "특히 우려해야 할 것은 군부 내 일당들의 혁신 운동에 있습니다. …… 이들 군부 내 일당들의 혁신론은 반드시 공산혁명이 목표가 아니라고는 하지만, 이것을 둘러싼 일부 관료 및 민간 유지(이들을 우익이라고 하는 것도 가능하고 좌익으로 보는 것도 가능하다. 이른바 우익은 국체의 옷을 입으려고 하는 공산주의자를 일컫는다)는 의식적으로 공산혁명까지 질질 끌지 않으려는 의지를 내포하며 무지하고 단순한 군인은 여기에 맞춰 춤을 춘다고 봐도 크게 틀리지 않으리라 사려됩니다"라고 말한다.

특징적인 것은 일본의 패전을 전부 코민테른이라는 공산주의 외부의 책임으로 전가한다는 점이다.[26] 이러한 음모설은 역코스의 반공주의 속에서 부활해 거기에서 야마자키 린타로(山崎倫太郎)의 『적색혁명은 다가온다(赤色革命は迫る)』(1949)의 내용처럼 모든 일을 외부의 적인 공산주의자의 음모로 환원하고, 따라서 근대 일본의 모든 행위는 그 어떤 사태에도 대응 가능하도록 형태를 바꿔 침입해오는 외부의 적에 의해 처음으로 설명되는 것 같은 망상이 생겨난다. 이러한 외부의 '아카'에 대한 위기의 감정이 구체적으로 시베리아 억류자를 통해 생긴 '아카'의 이미지로서 이 시기에 다시 나타난 것이다.

좌경과 그에 대한 전향 강제나 사상 선도로서 여겨진 사상 문제

---

26    山崎倫太郎, 『赤色革命は迫る 日本敗戦裏面史』, 自由評論社, 1949, 16쪽 이하.

와는 다르게 좁은 의미에서의 냉전기의 사고가 '아카'에 대한 관념을 비대화시켜갔다. 그러나 일본의 경우에는 1950년대에 '아카'가 미디어에 공공연히 부상한 것이 매우 일시적인 일이었으며 그 이후에는 표면의 담론 공간에서 사라져간다. 1950년대 이 시기 이후의 미디어 표층에서는 '아카'라는 표현이 거의 사라지고 만다. 아마도 그것은 좌익운동이나 좌파의 문화가 일정한 사회적 지위를 획득했고, 바꿔 말하자면 체제내화했기 때문에 1950년대의 정체불명이며 무한정인 '아카'라는 표상이 공공적인 담론에서는 그대로 지속되지 않았던 것이다. 다만 일본인 운동에 한정해서만 이렇게 말할 수 있다.

시베리아 억류자의 존재가 소위 외부의 위협을 대표한다고 서술했는데, 또 하나의 위협적인 존재는 식민지 지배라는 외부, 즉 조선인이나 중국인으로 체현됐다. 예를 들어 『쇼와특고 탄압사(昭和特高彈圧史)』 제7권에서는 쇼와 특별고등경찰의 탄압 대상으로서 떠오른 조선인의 운동을 얼마나 깊이 그리고 얼마나 간단하게 마르크스주의 경향과 연결된다고 보는지를 알 수 있다.[27] 그것은 독립운동과 민족주의의 자각의 도구로서 마르크스주의가 연결됐음을 나타낸다. 동시에 이러한 연구의 전제가 되는 『특고월보(特高月報)』에 나타난 것처럼 '아카'는 식민지에서 지배자에 대한 저항의 표상이기도 하다. 이는 일본인에게 '아카'가 '시베리아에서 돌아온 억류자'라는 외부뿐 아니라, 그와 함께 조선인과 중국인이라는 외부도 나타났음을 의미한다. 1940년대 후반 재일조선인학교 문제, 1950년대 한국전쟁 당시 조선인에게 취해

27    明石博隆 · 松浦総三 編, 『昭和特高彈圧史 第七巻 朝鮮人に対する彈圧 中』, 太平出版社, 1975.

진 여러 조치, 그중에도 특히 1952년 샌프란시스코 조약 발효 이후 일본이 독립하는 과정에서 구식민지 사람들에게 일본의 지배자들이 느꼈던 위기감은, '아카'의 문제는 재일조선인과 중국인의 문제, 재일조선인과 중국인의 문제는 '아카'의 문제라는 맥락을 만들어냈다.

## 4. 빨갱이와 '아카'

그런데 일본의 반공주의를 염두에 두고 그 '아카'의 표상이 한반도에서는 일본의 1950년대 전반에 일어난 변화와 어떤 식으로 평행하게 작용하는가를 확인하려는 순간, 우리들은 그곳 상황의 이상함에 놀라움을 금치 못하게 된다. 일본의 1950년대 '아카'가 소련이나 조선인이라는 외부의 존재와 연결됐을 때, 교양주의나 인격주의와는 다른, 따라서 앞에서 본 좌경과 전향 또는 선도의 기법이라는 맥락에서는 정리될 수 없는 차원이 나타나는데, 한반도에서는 이러한 표상이 매우 극단적일 정도로 부풀어 올라 폭주하고 그것과 관련된 사람들의 생명을 학살하는 사태가 일어났기 때문이다.

'빨갱이'라는 매도와 비난의 기호는 1940년대 후반부터 제주 4.3 항쟁과 관련한 사건들을 통해 먼저 증식한다. 1948년 점령국인 미국이 남한만의 단독선거를 강행하려고 한 것에 항의해 제주도에서는 남조선 노동당의 조직 지도와 함께 반란이 일어났으며, 섬에 있던 많은 이들은 몸을 피해 한라산으로 숨어들기도 했다. 당시 군과 경찰, 민간 테러 단체에 의한 학살 행위가 섬의 여기저기에서 일어났는데, 이

때 구축된 적의 상이 '아카', 즉 '빨갱이'이다.

4.3 사건과 그 후의 테러 행위에 대한 경험자들의 목소리는 그 후 한국의 반공 군사 체제하에서 오랫동안 억압당해왔다. 그러나 '빨갱이'라는 관념의 특이성은 어쩔 수 없이 침묵해야 했던 당사자들의 직접적인 목소리가 아니더라도 그 사람들에게서 흘러나온 소리 없는 소리는 문학작품으로 결실을 맺은 몇몇 텍스트 속에서 응축된 모습으로 나타났다. 공적인 언어 공간에서 죽음의 위협과 함께 금지됐던 기억은 무녀의 말이나 재일한국인의 문학적 상상력 속에서만 말로서 표현되는 기회를 겨우 가질 수 있었다. 제주도의 학살 행위에서는 "저녀석은 빨갱이다", "너는 빨갱이다"라는 것이 바로 그 당사자의 생명을 거두어 가게 하는 무책임한 발화 행위가 됐다.

김석범의 초기 단편 『까마귀의 죽음(鴉の死)』[28]은 봉기 이후 제주도에서 일어난 일을 그린 작품이다. 주인공 정기준은 사명을 갖고 위험을 감수하며 미군정청에 통역으로 잠입한 다음 반란을 일으키고 산속에서 싸우는 빨치산과 연락을 취하며 정보를 전하는 임무를 맡았다. 제주는 그의 고향이기도 한데, 그곳 사람들의 눈에 비춰진 정기준의 모습은 경찰과 미군에 가담한 용서할 수 없는 배신자이지만, 그는 임무를 위해 자신의 감정도, 화도, 절망도 모두 비밀로 할 수밖에 없었다. 정기준은 무차별적이며 잔인한 살육이 지배하는 섬에서 극단적인 내적 긴장에 찢겨진 삶을 살아야만 했다. 이 작품에 등장하는 '빨갱이'란 우선은 군경찰에게 살육당한 시체의 목이다. 군정청과 경찰은

---

28    金石範, 「鴉の死」, 『金石範作品集Ⅰ』, 平凡社, 2005(초출은 1957).

이 섬의 공동체에서 미움을 받던 노인에게 명령해 그 목을 여러 사람의 눈에 띄게 했다. "여러분들, 이 목을 모르시나요, 이 빨간 목을 아시는 분은 잠깐 말을 걸어주쇼, 아니, 지금이 아니라도 괜찮아, 나중에 경찰에게 알려주쇼"라며 돌아다닌다.[29]

> "돌아다니는 것은 애초부터 밀고를 전제로 하는 것이었다. 그렇지 않으면 얼마를 돌아다닌다 해도 아무런 도움도 되지 않는다. 전사한 빨치산의 신원이나 포로들이 고문에도 입을 열지 않았던 빨치산의 배후 관계, 그리고 가족 관계를 알아내기 위해서는 그 목의 정체를 쫓을 필요가 있었다. 그 결과 가족이나 친척에게까지 그 화가 미쳤으며, 이는 뿌리째 검거하는 데 그치지 않고 그 부락에 불을 질러 흔적마저도 없애는 것이었다."[30]

이러한 이상한 긴장감을 품은 섬에서의 삶과 죽음을 통해 이 단편소설이 보여주는 것은 여기에서 '빨갱이'가 얼마나 이상한 존재로 다루어졌는가이다. 정기준의 눈앞에서는 '빨갱이' 혐의를 뒤집어쓴 사람들뿐만 아니라 그 가족, 나아가 우연히 그 근처에 살았거나, 억지로 갖다 붙여진 어떠한 이유로 구속당한 사람들 4백여 명이 공개적으로 무차별 총살을 당한다. 사실을 조사하는 일은 거의 없었으며 조사하려고 하지도 않았다. 거기에서 기준은 산에 들어간 친구의 여동생이며 사랑하는 여인 양순, 그리고 그 친구의 부모가 처형당하는 장소

29    같은 책, 48쪽.
30    같은 곳.

에 미군 측 대표로서 냉정히 입회할 것을 강요당한다. 광장 가운데로 끌려나왔을 때 이들 노부부 사이에서 '심한 말싸움'이 일어났다.

> 갑자기 노부부 사이에서 심한 말싸움이 일어났다. 서로의 목을 부리로 쪼아대는 것처럼 싸웠다. "죽고 싶지 않아"라고 울부짖는 노파의 목소리가 광장 구석까지 들렸다.
> "아아, 아들놈 때문이야, 너의 늘어진 도구가 만든 아들놈 때문에 나는 살해당해, 이 망할 할배의 망할 도구 때문이야, 나는 죽고 싶지 않아! 싫어 나는 싫다고!"
> 노인도 노인이었다. 그는 밧줄 속에서 열심히 발버둥 치며 욕설을 퍼부으며 아내를 발로 찼다.
> "이 해녀가! 너의 썩어 늘어진 구멍은 뭐야, 거기에서 나온 자식이지 않은가, 그놈 때문에 나는 살해당한다고, 나도 죽고 싶지 않아, 싫다고 이 썩을 할망구야!"[31]

마지막 싸움 장면에는 그들이 무고하다는 사실과 그들에게 다가온 죽음의 불합리함이 뛰어나게 그려졌다. 학살당하기 직전 이 노부부는 안타깝게도 자식의 이름을 부르며 아들에 대한 정과 사랑을 내보인다. 여기에서 묘사된 것은 산에 들어간 가족 대신에 당하는 처형, 즉 대살(代殺)이다. 단지 '빨갱이'라는 이유만으로 이처럼 무원칙적이며 무한정한 살해가 가능한 것은 무엇 때문인가? 일본의 '좌경'의 개

---

31    같은 책, 76쪽.

넘 속에 떠올랐던 근대적인 지성의 형태로서의 '아카'가 전향과 선도의 대상이 됐다는 맥락에서 살펴보는 한 여기에서 일어나는 일을 경악하지 않고서는 볼 수가 없다. '좌경'의 관념에서 본다면『까마귀의 죽음』의 '빨갱이'는 그저 이질적인 존재이다. 여기에는 이제 와서 상대를 설득해 '바른' 길로 인도하거나 개선하려는 조치는 포함되지 않는다. '아카'는 그저 근절해야 하는 병원균으로서 그려지는 것에 불과하지 않다. 죽여야만 하는 존재, 근절해야만 하는 존재, 그 속성에서 '아카'는 교정 불가능하며 변경 불가능한 존재로 변한다. '아카', 즉 '빨갱이'는 '빨갱이'이기 때문에 사상적·문화적 반구나 정정의 가능성도 없이 말살하지 않으면 안 된다. '빨갱이'의 가족도 가족이라는 그 이유만으로 '빨갱이'라고 결정되어버리는 방식은 어느덧 한국 사회에서 '연좌제'라는 체제로 확립되어간다. 가족 가운데 한 사람이라도 '빨갱이'가 있는 사람들은 평상시에도 법적·제도적 차별의 대상이 됐다. '빨갱이'로서 표상되는 것이 이미 '빨갱이'라는 증거이며, 좌파에 '접촉 감염'될 가능성이 있는 사람도 또한 책임을 짊어져야 한다. 한국에서의 '빨갱이' 관념의 성립에 대해 김득중은『빨갱이의 탄생』[32]에서 다음과 같이 서술한다.

> 이제 공산주의자를 지칭할 때는 '빨갱이'라는 용어가 널리 사용된다. 공산주의자를 일컫는 '빨갱이'라는 용어는 극도의 부정적 성격을 내포하고 있다. 우리 사회에서 '빨갱이'란 단어는 단지 공산주의 이념을 가지

---

32    김득중,『빨갱이의 탄생: 여순사건과 반공 국가의 형성』, 선인, 2009.

고 있는 사람을 지칭하는 것이 아니다. '빨갱이'란 말은 짐승만도 못한 존재, 도덕적으로 파탄난 비인간적 존재, 국민과 민족을 배신한 존재를 천하게 지칭한다.[33]

앞에서 서술한 '좌경'의 개념에서도 알 수 있지만 김득중 또한 광복 이전의 조선, 즉 식민 지배하에서는 좌익이나 마르크스주의 관념이 어디까지나 공산주의자의 사상의 문제로서 위치가 부여됐고, 그 위에서 빨갱이는 그것을 멸시하는 말에 그쳤다고 지적한다. 그는 1940년대 말 미국의 손에 의해 동아시아가 반공 냉전 체제 속으로 짜여 들어가는 과정에서 '빨갱이'가 생겨났다고 본다. 전환의 계기가 되는 시기는 일본에서 '아카'의 관념이 공공연히 미디어에 나오는 시기와 대응한다. 이 점에서 변화는 동시적인 것이었을 것이다. 그러나 1950년대 일본에 추가되는 '아카'의 표상과 비교하더라도 이러한 '빨갱이'는 특이하며 극단적이다. 김득중은 나아가 다음과 같이 말한다.

외국의 경우에도 공산주의자를 폄하하는 용어는 존재한다. 일본에서 사용되는 '아카(赤, アカ)', 구미에서 사용되는 '꼬미(commie)' 등은 모두 공산주의자를 속되게 일컫는 용어들이다. 이들 용어에는 공산주의자를 폄하하는 뜻이 내포되어 있다. 하지만 한국의 '빨갱이'처럼 죽여야 하는 대상, 비인간적인 존재를 지칭하는 것은 아니다. 한국의 '빨갱이'라는 용어는 세계 반공주의 역사에서 가장 노골적인 적대감을 표시하는

---

33    같은 책, 559쪽 이하.

경우라 할 수 있다.[34]

　김득중은 반공 체제를 건설하기 위한 결정적 계기로 여수·순천 사건을 자리매김하고 거기에서 '빨갱이'의 기원을 찾고 있는데, 사실 이 사건은 제주도를 진압하기 위해 보내질 예정이던 군대가 임무를 거부하고 반란을 일으킨 문제이기 때문에 제주 4.3 사건과 여수·순천 사건은 하나의 사태로 볼 수 있다. '빨갱이' 이미지의 무한정화가 1940년대 말부터 1950년대 초기에 일어났다. '빨갱이'는 조금이라도 씨를 남기면 번식하는 적이자 병원균으로 유추되는 존재이다. 그것이 이제는 사상의 문제가 아니라는 점도 중요하다. 사상의 문제라면 설득하고 선도하는 과정이 필요하나 '빨갱이'는 이러한 문제가 아닌 것이다. 이러한 '빨갱이' 관념의 무한정화가 일단 시작되어버리면 '빨갱이'는 그것을 두려워하는 사람들의 불안을 먹고 성장하는 것처럼 비대화한다.
　'빨갱이'의 무한정적인 관념과 그에 대응하는 무차별적인 살육이라는 원칙이 부상하는 전환점에 국민보도연맹 사건이 일어났다. 국민보도연맹은 좌파라고 의심받거나 그것에 관련됐다고 보인 사람들에 대한 조치로서 표면적으로는 좌익 전향자 단체를 표방하면서도 실제로는 정권 주도로 1949년에 조직됐다. 기본적으로 그 단체는 이러한 사람들을 좌파가 되지 않게 감시하고 선도하는 것을 목적으로 한다. 한국전쟁과 거기에 휩쓸린 형제의 이야기를 그려 1천만 명 이상의 관객을 동원한 영화 〈태극기를 휘날리며〉(2003)[35]에서도 나타나는 것

<hr>

34　같은 책, 560쪽.
35　강제규 감독, 〈태극기를 휘날리며〉, 2003.

제11장
: 빨갱이

493

처럼 국민보도연맹은 식량이나 일상품 배급이라는 이익 행위도 행했기 때문에 단지 이를 위해 필요도 없는데 이름을 적은 서민들까지 있었다. 그런데 이렇게 만들어진 연맹원의 명부는 무한정적인 '빨갱이'의 관념이 성립됨과 동시에 1949년 단계에서 그 의미가 바뀌고 한국전쟁이 발발하자마자 전국적인 처형 명단이라는 의미를 가지고 말았다. 즉 이것은 감시나 선도 또는 전향을 강제하는 것이 아니라 바로 근절해야만 하는 적의 명단으로서 존재하게 된 것이다. 〈태극기를 휘날리며〉에서 주인공 진태의 가족은 그 때문에 갑자기 연행되어 그 어떤 조사나 심사도 없이 학살당할 위기에 처한다. 이런 의미에서 국민보도연맹 사건이라는 비극은 두 가지 '아카'의 관념의 경계점에 서 있으며, '빨갱이' 개념의 출현의 시점을 상징한다.

이렇게 태어난 '빨갱이' 관념은 한국 사회 전체에 확대되고, 한국전쟁을 통해 결정적인 것이 되어간다. 한 민족 간의 내전이라는 경험은 '빨갱이'라는 외부를 터무니없는 것으로 변용시키고 만다. 휴전 이후 '빨갱이'라는 적의 표상은 한국 사회 편성의 근간을 규정하는 중요한 요소 가운데 하나가 된다. 또한 아직까지도 한국에서의 이 '빨갱이'라는 딱지는 타자를 나락으로 떨어뜨리는 정치적 공격의 레퍼토리로서 유효하다. 이 점에서 공적인 공간의 언어로서는 절반은 사어가 된 일본의 '아카'와 효과의 정도가 다르다.

김득중은 "'빨갱이'라는 용어는 타자와 구별하기 위한 도덕적·윤리적 언어였고 적을 분별하는 신념을 창출하고 강화하기 위해 필요한 용어였다"고 말한다. "피아를 구분하는 분명한 경계선으로 등장한 반공주의가 문인을 동원해 그토록 많은 형용적 언어를 쏟아낼 수밖에 없었던 것은 바로 이러한 이유였다. 그렇기 때문에 공산주의자는 어떤 비난을 받더라도 감수해야만 하는 존재, 죽임을 당하더라도 마땅한 존재, 누구라도 죽일 수 있는 존재이지만 항변하지 못하는 존재가 되는 것이다."[36] 제주도에서, 여수와 순천에서, 한국전쟁에서, 그리고 그 후 군사독재 정권하에서 '빨갱이'는 극단적일 정도로 무력하게 드러난 삶으로서 나타난다. 바로 신성한 존재로서의 '빨갱이'는 모든 개념적 논박에서 빠져나오고 만다. '빨갱이'는 본질적으로 '빨갱이'이며 그렇기 때문에 지워질 수밖에 없다. 이는 나치즘이 아리아 민족 신화라는 허구와 함께 본질적 타자로서 인종을 발명하고, 유대인이라는 변경 불가능한 적을 날조했던 것과 마찬가지 사태로 볼 수 있다. 『전쟁과 사회』[37]를 쓴 김동춘도 「학살의 정치사회학」이라는 장에서 다음과 같이 지적한다.

> 나치하의 유대인 학살이 '열등한 인종'을 '죽일 권리'로 정당화되었다면, 한국전쟁에서 군·경의 학살은 이데올로기 형식을 빈 '빨갱이 청소'의 논리에 기초해 있었다. 여기서 '빨갱이'는 단순한 이념 집단이 아니라 바로 반민족 집단, 인종적으로 상종할 수 없는 집단으로 형상화된다. …… 이 의사인종주의는 바로 국가 수립이라는 목적하에 '좌익' 혹은 그와 연루된 사람을 '인간'으로 취급하지 않을 수 있는 논리이며, 학살자들이 자신의 행동에 대한 법적·도덕적 부담에서 자유로울 수 있는 논리였다.[38]

36   김득중, 『'빨갱이'의 탄생: 여순사건과 반공 국가의 형성』, 선인, 2009, 560쪽.
37   김동춘, 『전쟁과 사회: 우리에게 한국전쟁은 무엇이었나?』, 돌베개, 2006(초판은 2000).

여기에서 '빨갱이'는 모든 악덕의 체현자이자 침투해오는 위협으로서 기억된다. 이렇게 '빨갱이'라는 적에 의해 사회 전체가 규정되기 때문에 일상생활 속에서는 항상 그 적에 대한 관심을 각성시키는 기법이 펼쳐진다. 대한민국 국민의 생활 속에서 '빨갱이'라는 타자가 규정적 계기로서 어떻게 개입해왔는지 여기에서 상세히 논할 여유는 없지만, 학교라는 현장에서 일어나는 일은 그 사회의 강박관념을 가장 잘 나타낸다. 군사정권하의 학교교육에서 아이들은 항상 '빨갱이'를 경계하고, '빨갱이'를 적발하는 자세를 신체화하며, '빨갱이'를 둘러싼 표어나 포스터를 연말 구세 캠페인이나 절약 주간 때처럼 만들어내지 않으면 안 된다. 어린아이들의 일상적인 감정이나 감각에 들어가기 위해서 아이들의 쾌락적인 부분을 이용하기도 한다.

1978년에 만들어진 〈똘이장군〉이라는 만화영화는 이러한 조치의 전형적인 사례라 할 수 있다. 〈똘이장군〉에는 김일성을 기호적으로 나타내는 살찐 괴물이 나온다. 가면을 쓴 이 지도자의 주변에는 무장한 늑대로 표현된 많은 수의 군인들이 있고, 한편에서는 괴로움을 당하는 인간들이 묘사된다. 사람들은 굶주리며 강제 노동에 시달린다. 소년 똘이는 자신의 가족이 이 지도자 때문에 모두 죽었다고 생각한다. 한편 한 가련한 소녀는 징벌을 받아 산삼을 캐러 가는데, 산에 오른 그 소녀가 절벽에서 굴러 떨어질 때 똘이가 구해준다. 그리고 똘이는 숲의 동물들, 즉 민중의 도움을 빌려가며 반격을 시작하고 영웅적인 대활약으로 이 왕국을 붕괴시킨다. 눌려 뒤틀어진 사회질서에서 자

---

38    같은 책, 332쪽.

연 속으로 피난했던 소년이 드디어 이 질서를 전도하려 한다. 똘이는 죽었다고 생각했던 자신의 아버지가 살아남아 강제 노동을 하고 있다는 것을 알게 된다.

이러한 압정자의 왕국은 간단히 붕괴되고 마는데, 가면이 벗겨지는 순간 지도자는 갑자기 조그맣게 줄어들고 그 밑에서 매우 작은 돼지가 튀어나와 도망간다. 1970년대 후반 어린 시절을 보낸 세대는 반복해서 봤던 〈똘이장군〉의 주제곡을 몸으로 기억한다고 한다. 이 세대가 학교에서 본 영상은 대부분 〈똘이장군〉과 비슷한 종류의 반공 만화였다. 김일성과 그의 수하는 언제나 동물로 표현되고 인간이 아니다. 상징되는 동물이 북한, 즉 '빨갱이'는 돼지나 늑대인 데 비해 학대당하는 이들은 무해한 동물이나 인간이며 아름다운 소녀이다.[39]

'빨갱이'라는 표상은 오늘날에 이르기까지 한국 사회를 뒤덮고 있는데, 민주화와 함께 이 문제는 조금씩 뒤로 물러났다고 할 수 있다. 적어도 연좌제에 관해서는 그 비합리성이 사회적으로 승인됐다. 군사독재 정권은 '빨갱이'의 표상을 무엇보다도 자신들의 존속을 위해 이용해왔는데, 1987년 민주화 이후 우리는 '빨갱이'의 표상과 그것을 둘러싼 기억을 좀 더 구체적이며 상대적으로 동아시아의 정치 질서 속에서 생각할 수 있게 되었다.

---

39  강원도로 침입해온 북한 무장 공작원이 집에 쳐들어왔을 때 그들의 요구에 따르지 않고 "나는 공산당이 싫어요"라고 외쳐 가족과 함께 도끼로 살해당했다고 알려진 이승복 사건(1969년 12월)도 학교교육에서 아이들의 신체에 깊숙이 작용한 '빨갱이' 표상의 한 사례이다. 반공 영웅으로서 승복이 널리 알려지고, 기념관과 노래가 만들어지며, 각 지역의 학교에 그의 동상을 세우는 운동이 전개됐다. 이를 통해 소년에게 덤벼드는 '빨갱이'의 공포를 어린아이들의 신체에 각인시켰다. 사실 이 사건의 사실관계에 대해서는 오늘날에도 의심스러운 점이 없지는 않다.

또한 '빨갱이'의 표상은 의사(疑似)인종주의적인 표상의 메커니즘이라는 점에서 식민지 지배와 연결됐다고 말할 수 있는데, 그와 비슷한 것을 다른 맥락에서도 확인할 수 있을지 모른다. 김득중에 따르면 '빨갱이'의 표상을 창출하고 여수와 순천 지역에서 진압군으로서 백색테러를 직접적으로 행했던 당사자들은 일본의 지배하에 있었던 만주에서 공산주의 빨치산 진압군으로서 조직됐던 조선인 부대였다. 무엇보다 다른 국군 부대는 진압 작전에는 쓸모가 없었다. 이는 식민지 공간에서 적에게 행해졌던 무한한 폭력 행위가 '빨갱이'의 관념과 그것에 대한 실천의 성립과 관련됐다는 증거이기도 하다. 즉, 무제한적인 폭력이 탄생하는 장소란 전통이나 문명적 질서의 외부인 식민지 지배의 장소인 것이다. 이는 『전체주의의 기원(The Origins of Totalitarianism)』에서 한나 아렌트(Hannah Arendt)가 20세기 유럽 전체주의의 전사(前史)로서 보어전쟁 등 식민지에서의 무제약적인 전쟁의 기법을 생각했다는 것과 관련지어 생각할 수 있다.

만약 여기에서 한국에서 일어난 테러를 아시아적인 후진성이라든지, 아시아나 한국만의 특이한 점으로 이해하려고 한다면, 그것은 문제를 완전히 일탈하는 것이 되어버린다. 한국과 일본에서 '빨갱이'의 표상에 변용이 생긴 것은 정도의 차이는 있지만 양자는 긴밀하게 연동한다. 특히 전쟁에 한정지어 이야기한다면, 일본의 미약한 반공주의와 한국의 과혹한 반공주의의 공통분모는 아시아에서의 미국의 군사적 영향력과 냉전 체제에 있다.

또한 한국의 '빨갱이' 표상이 이렇게 무제약적이며 비대화된 원인은 또 다른 맥락에서도 말할 수 있다. 1945년 광복 직후 한반도에서 자주적으로 생겨난 조선민주주의인민공화국은 한 달 뒤에 상륙한 미국군에게 탄압을 받는다. 경관이나 관리를 비롯해 식민지 시기에 이익을 얻었거나 지배 체제 속에서 적극적으로 억압자 측에 있었던 '친일파'는 이후 미국에 붙어 해방 후 질서 속에서 다시금 지배자로서 등장한다. 그들은 자신들의 식민지 지배 가담의 책임을 주제화하지 않기 위해 식민지주의인가 그렇지 않은가라는 대립축을 부인하거나 무효화했고, 그것을 대신해 '빨갱이'인가 그렇지 않은가라는 다른 기준을 절대적인 것으로 세워나갔다. 따라서 '빨갱이'의 기억은 식민지주의 청산을 회피하는 망각의 메커니즘으로서도 움직인다. 식민지 지배 책임에 대한 불안, 과거의 죄를 문책당하는 것에 대한 공포가 '빨갱이'라는 다른 타자상의 무한한 비대화를 구축한 것이다.

## 5. 맺으며

이처럼 동아시아에서의 미국의 군사 영향력을 공통적 배경으로 할 때, '빨갱이'를 둘러싼 또 하나의 언어 행위의 공간으로서 생각하지 않으면 안 되는 곳이 1987년까지 계엄령하에 있었던 타이완이다. 중국 대륙에서는 이미 1927년에 장제스(蔣介石)가 상하이에서 쿠데타를 일으켜 공산당원이나 이를 지지하는 청년층을 구속하고 무차별적으로 학살하는 사건이 일어났다. 그 후 국공내전 속에서 국민당에 의해 만들어진 '공비'라는 말이 일본의 '아카'나 한국의 '빨갱이'의 관념에 해당할 것이다. 그러나 마오쩌둥(毛澤東), 주더(朱德) 등에게 지도

받았던 중국공산당 지도부가 연안 장정을 거쳐 일본의 대륙 침략에 맞서며 나아가 중국혁명을 달성하려고 하자 장제스는 난징(南京)을 버리고 타이완에 틀어박힐 수밖에 없게 된다. 이후 타이완에서는 외성인의 국민당 정권에 의해 본성인에 대한 민족적인 지배 구조가 만들어짐과 동시에, 대륙의 공산당 정권에 대한 대항과 함께 '공비' 탄압의 바람이 불어 닥친다.

　　대륙과 타이완의 분단이 고정화된 것은 한반도에서 전쟁이 일어난 것과도 밀접하게 연관된다. 1947년 2.28 사건은 대륙에서 온 국민당 군의 만행, 본성인에 대한 환멸과 불만이 분출된 사건인데, 거기에 대해 국민당 군은 철저한 탄압으로 대답했다.[40] 게다가 그 후 국민당은 자신들의 지배 강화와 정당화를 위해 좌익이나 좌파 동조자를 차례차례로 구속하고 재판도 없이 처형하는 백색테러를 반복했다. 이미 앞에서 제주도, 여수와 순천, 그리고 한국전쟁하에서의 학살의 기억은 언어화를 금지당했다고 언급했는데, 타이완에서도 마찬가지로 그 과정에서 살해당한 사람들의 모습은 표현을 금지당하고 억압당하며 지워지고 버려졌다. 이러한 일은 계엄령이 해제된 1987년 7월까지 계속됐으며, 민주화가 된 이후에야 타이완에서 겨우 표상이 가능하게 됐다.

　　영화 〈비정성시(悲情城市)〉의 영상은 비록 2.28 사건과 백색테러를 혼동하고 있지만, 그 원작인 『포장마차의 노래(幌馬車の歌)』는 더욱 명료하게 그 차이를 명시한다.[41] 이 책에는 일제 침략 시대에 항일 투

---

40　何義麟, 『二·二八事件:「台湾人」形成のエスのポリテイクス』, 東京大学出版会, 2003 참조.

41　허우 샤오셴(侯孝賢) 감독, 〈비정성시(悲情城市)〉, 1989; 원작은 藍博洲, 間ふさ子·塩森由岐子·妹尾加代 譯, 『幌馬車の歌』, 草風館, 2006.

쟁을 위해 대륙으로 건너간 타이완 청년들의 모습에서 전후 백색테러주의까지 이른바 '빨갱이'의 군상이 그려진다. 국민당에 의해 '공비'는 체포당해 처형될 때, 그/그녀들은 역시 사상적인 타자로서 비판받는 것이 아니라 전면적으로 근절되어야 하는 절대적인 타자로서 표상되고, 조금이라도 '빨갱이'의 혐의가 쓰이면 그것은 바로 죽음을 의미하는 상황이 됐다. 그에 한해서는 한국에서의 '빨갱이'와 동일 상태에 있었다고 볼 수 있다. 덧붙이자면, 타이완의 '공비'와 한국의 '빨갱이'의 존재 방식은 군사독재 체제를 각각 지지하는 미국의 군사 영향력, 중국에 대한 봉쇄 정책으로 가능했다는 점에서는 미국의 문제라고도 할 수 있다.

'아카', '빨갱이', '공비'라는 관념을 비교해볼 때 일본의 경우에는 어쩌면 비교적 온화하다고 할 수 있을지 모른다. '빨갱이'나 '공비'와 비교하면, 일본에서는 '아카'라는 이유만으로 그 자리에서 즉시 무원칙적으로 살육당하는 일은 일어나지 않았다. 그러나 이는 그저 단순히 내전 상황이 일어나지 않았다는 것일 뿐이며, 만약 1945년 8월 15일에 일본 정부가 포츠담선언을 수락하지 않고 '본토 결전'이라는 파국까지 치달았다면, 아마도 치안유지법으로 구금됐던 일본 내 공산주의자, 사회주의자, 경우에 따라서는 자유주의자도 무원칙적으로 '아카'로서 살육당했을지 모르는 사태가 생겼을 가능성은 얼마든지 있었다. 앞에서 본 국민보도연맹 사건과 비슷한 일이 거기에서 일어났을 것이다. 어찌 됐든 '아카'의 관념은 일본에서는 1950년대 이후 천천히 후퇴해갔으나 한국에서는 민주화가 달성되고 정착될 때까지, 타이완에서도 1987년 7월 계엄령이 해제될 때까지 강박관념으로서 작동해왔다. 또한 그 흔적은 오늘날까지도 존재한다.

그런데 2002년 월드컵 당시, 서울시청 앞을 가득 메웠던 '붉은 악마'라 불린 군중 수십 만 명은 그들 나름대로 국가주의에 고양되어 '빨간 무언가'로서 등장했는데, 그 물결 속에 참가한 운동 세대 중에는 이 현상을 '빨갱이'를 둘러싼 경직된 '빨강'이라는 상징이 이러한 국민적인 고양을 계기로 다른 형태의 '빨갱이' 감수성으로 바뀌는 연습이라고 본 사람들도 있었다. 정면에서의 사상적 반박은 아니지만 어찌 됐든 '빨갱이'를 둘러싼 감정이나 정동은 논리적이지 않은 형태로, 또한 시간이 흐르면서 그 이외의 상징에 눌리는 형태로 변용되고 지양되어갈지도 모른다.

'아카'라는 기억의 장을 상기하는 것은 먼저 '아카'가 '빨갱이' 또는 '공비'와 단절됐음을 깨닫는 것이다. 그것도 그냥 다르기만 한 것이 아니다. 일본어에서 '아카'라는 말이 불러일으키는 정동과 그것이 동아시아의 복합적이며 중층적인 공간을 구성하는 한 '빨갱이' 혹은 '공비'라는 딱지로 인해 발동하는 무제약적인 폭력과 그 피해자의 현실은 연결되고 상호 의존하기도 한다.

첫머리에서 말한 것처럼 '아카'라는 관념이 설사 21세기 일본 사회에서 사어가 됐다 하더라도 그것을 대신하는, 그러나 본질적으로는 같은 기능을 가진 타자 표상은 다시 발생한다. 미국의 매카시즘에서 '빨갱이'는 냉전기를 통해 소련이나 사회주의 적의 이미지로서 한결같이 계승되어왔는데, 냉전 붕괴 이후 이러한 적은 민족적, 종교적, 문명론적인 것으로 바뀌었다. 일본 사회에서도 '아카'라는 타자 표상은 형태를 바꿨다. 역시 이데올로기에서 민족적인 것으로 전환하며,

북한이나 중국의 표상이 비대화됐다. 북한이라 하더라도 중국이라 하더라도 자칭 사회주의 정권이라는 이유로 지금까지의 '아카'의 이미지와는 일단 연속하는 울림을 남긴다.

다만 이렇게 '아카'를 둘러싼 상징주의가 적의 구축이라는 점에서는 기묘하게도 사회주의의 정치 속에서 비슷한 메커니즘을 엿볼 수 있다. 경직된 정치적 좌익의 프로파간다가 계급적임을 표현하는 데 있어서 반공주의와 닮은 현상이 빈번하게 일어난다. 예를 들어 제도로서의 '사회주의' 정권에서는 한 인간을 '출신 성분이 나쁘다'고 설명하는 것을 볼 수 있는데, 이는 그 사람이 누구인가를 사상이나 토의의 문제로서 생각하는 것이 아니라, 본질주의적으로 규정하고 배제하고 마는 것이다.

또한 '흑백인조(黑白人組)'라는 표어로 대표되는 것처럼 좌익 운동 속에서 자신들과 적대시하는 단체를 색채로 표현하고 타자를 특이화하는 일도 빈번히 일어났다. 1970년대 전반 일본에서 여러 신좌익 당파 격렬한 내부 항쟁을 펼치며 그저 정체하고 위축되어가던 학생운동과 노동운동 내부에서 헤게모니 투쟁을 행했던 시기에는 서로가 사망자를 내면서까지 다른 단체들을 공격했다. 예를 들어 이 시점에서 대표적인 신좌익 당파인 혁명적 공산주의자 동맹 혁명적 마르크스주의파[(革命的共産主義者同盟革命的マルクス主義派, 통칭 가쿠마루파(革マル派)]가 혁명적 공산주의자 동맹 전국위원회[(革命的共産主義者同盟全國委員會, 통칭 주카쿠파(中核派)]를 하얀 헬멧에 빗대어 '하얀 구더기'라고 비방하거나, 사회주의청년동맹 해방파[(社會主義青年同盟解放派, 통칭 가이호파(解放派)]를 '애벌레'라고 부르며 공적인 기관지에도 그 호칭을 사용했던 행위를 보면 앞에서와 같은 '적의 얼굴을 둘러싼 정치'가 작동했다고 말할 수 있다. '아카'의 상징주의와 같은 형태로 타자의 본질화라는 문제가 좌익 속에서도 마치 반공주의적 발상에 침식된 것처럼 나타났다. 따라서 '아카'라는 기억의 장에 퇴적된 의미의 지층을 밝히는 길은 그저 단순히 특정한 피해자 모델을 고정화하고 마는 다른 하나의 스테레오 타입을 뒤흔드는 행위가 될 것이다.

○

# 제12장

# 조센진

최진석 ── 최진석 옮김

"조―센", 이 하얀 눈 포위에 죄는 까닭 모를 공포와 불안은 우리로부터 미소 짓는 세계의 모든 것을 빼앗는다. 하얀 눈에 비친 나를 나는 본다. 그리고 그 영상 속의 저 주받은 "조―센"이 나임을 알게 된다. 나는 나임을 잃어간다. 내가 바람이고 나비이고 흙이었던 것을 잃는다. 저 하얀 눈에 자신을 본 순간을 갈림길로 하여 세상에도 두려운 일이 일어난 것이다.

―박수남[1]

## 0. 한국어판 머리말

'자이니찌', '간코쿠진', '조센진', '코리안'……. 일본 사회에 살면서 나는 어떤 이름을 댈 것인가. '자이니찌', 즉 재일인가. '간코쿠진', 즉

---

1    朴壽南,「小松川事件: 李珍宇ともうひとりのRたち」, 朴壽南 編,『李珍宇全書簡集』解說, 新人物往来社, 1979, 55쪽.

한국인인가. '조센진', 즉 조선인인가. '코리안', 즉 'Korean'인가. 이름에 관한 이 물음은 어쩌면 단순한 일처럼 여겨질지 몰라도 실은 이러한 100년의 역사와 깊이 관련된 복잡한 문제이다. 우여곡절 끝에 나는 지금은 '조센진'이라고 이름을 댄다. 그 이유는 역사와 함께 있기를 바라기 때문이다.

'조센진'. 이 말을 한국어로 번역하는 것은 아주 어려운 일이다. 조선인이라고 그 의미를 전하는 것은 쉽지만 '조센진'이라는 울림을 번역하는 것은 아주 어렵다. 일본에서는 여전히 '조센진'이라고 말할 때 그 밑바닥에는 부정적인 울림이 있다. 근대 일본인이 만들어내고 조선 사람 스스로가 내면화해버린 차별어로서의 '조센진'. 그러나 그렇다고 해서 '조센진'이라는 울림이 꼭 나쁜 것만은 아니다. '조센진'이라고 이름을 대는 당사자에게는 그 울림 속에 애증과 비슷한 깊은 감정이 담기기 때문이다. 즉, '조센진'이라는 울림은 모순을 안고 있다.

'조센진'이라는 말을 번역하기 어렵다는 사실은 바로 우리 조선 사람들 사이에 분단선이 가로놓여 있음을 의미한다. 분단선이란 원래 있던 것도 아니고 우리가 원한 것도 아니다. 그것은 전전의 일본 식민지주의에 의해 초래됐으며, 전후의 동아시아 냉전 체제가 낳은 반공 이데올로기에 의해 더욱 강고하게 그어졌다. 문제는 식민지주의도 냉전 체제도 여전히 끝나지 않았다는 데 있다.

제악(諸惡)의 근원인 일본 식민지주의는 전후 천황제와 함께 냉동 보존되어 오늘날까지 계속되고 있다. 주원인으로는 전후 동아시아 냉전 체제가 구축되는 과정에서 미국 주도로 일본의 전쟁 책임 및 식민지 지배 책임이 애매하게 처리된 점을 들 수 있다. 게다가 1965년 한국 군사독재 정권이 일본과 한일조약을 맺으면서 일본 식민지주의를 계속 뒷받침했다.

한국, 미국, 일본 합작의 식민지주의. 그것은 일본 사회에서만이 아니라 한국 사회에서도 계속되고 있다. 주지하듯이 해방 직후 남조선에서 통치 확립을 서두른 미군정은 일제 강점기 당시의 군인이나 경찰, 관료를 재등용했다. 한국 사회는 오늘날까지 근본적인 과거사 청산을 못한 채 식민지 잔재들을 안고 있다.

식민지주의가 계속되는 일본 사회에서 '조센진'으로서 산다는 것은 빼앗겨온, 그리고 계속 빼앗기는 '조센'을 되찾는 일이 된다. 말하자면 그것은 독립운동이다. 식민지주의가 계속되는 한 조선의 독립운동은 지나간 과거의 역사가 아니다. 독립운동이란 이러한 100년, 재일조선인 생활 속에 살아 있는 과거와 현재의 역사이다. 한편 식민지 잔재들이 음으로 양으로 한국 사회의 존재 방식을 규정한다면 한국 사람에게도 조선의 독립운동이란 미완의 프로젝트라고 할 수 있다.

분단선 이쪽에서 분단선 너머에서, 우리는 아직까지 제국의 그늘에 덮여 있다. 바꿔 말하면 우리는 아직까지 '조센진'이 지니는 부정적인 울림 속에 있는 것이다. 분단을 넘어서 '조센진'이라는 울림에 함께 귀를 기울이는 것. '조센진'이 지니는 부정적인 울림을 다 받아들이고 극복하는 것. 그것은 계속되는 식민지주의를 벗어나는 데 있어서 우리가 거쳐야 할 과정이다.

# 1. 죽은 자의 '올바른' 이름이란 무엇인가

### 1) 사가미호 물을 마시면서

나는 현재 일본 가나가와 현(神奈川県) 북쪽에 있는 사가미호(相模湖)가에서 생활하고 있다. 여기에 살면서 처음으로 나는 사가미호 역사를 알게 됐다. 사가미호댐 희생의 역사를 말이다.

사가미호는 일본에서 처음으로 만들어진 다목적댐에 의한 인공호이며, 1941년에 기공되고 전후 1947년에 완성됐다. 일본의 15년 전쟁이 한창 진행되던 도중에 기공된 데서 명확히 알 수 있듯 사가미호는 군수 공장이 많은 요코하마(横浜)나 가와사키(川崎)의 공장 지대, 그리고 당시 군도 건설이 진행되던 사가미하라(相模原)에 전력, 공업용수, 수돗물을 공급하는 군사 목적 아래 만들어졌다. 지금 현재는 가나가와 현 물독으로서 가나가와 사람들에게 음료수와 전력을 공급한다.

댐 공사에는 전시하의 노동력 부족 속에서 북륙·동북 지방에서 돈벌이하러 온 노동자, 근로봉사하는 근린 주민, 동원된 학도 외에 중일전쟁 포로로서 연행된 중국인, 당시 식민지였던 조선반도에서 강제 연행된 조센진 등 총 360만 명이 동원됐는데, 그중에서 6할 이상이 조센진이었다고 한다. 특히 강제 연행된 조센진은 위험한 노동에 시달렸고 도망치지 못하도록 엄중하게 감시당했다.[2]

---

2　　『神奈川のなかの朝鮮』編集委員会 編著, 『神奈川のなかの朝鮮』, 明石書店, 1998, 111~118쪽.

　　댐 하나가 단 7년 만에 완성된 것을 보면 얼마나 가혹한 노동 현
장이었는지는 충분히 상상이 가능하다. 실제로 열악한 노동조건 아래
일본인 38명, 중국인 28명, 조센진 17명, 총 83명이 순직한 사실이 오
늘날까지 밝혀졌다. 오해하면 안 되는 것은 사망한 조센진 수가 이것
이 전부가 아니라는 점이다. 강제 연행된 조센진 순직자 수에 대해서
는 거의 알려지지 않은 상태로 현재에 이르렀으며, 17명이라는 것은
겨우 확인된 숫자에 지나지 않는다. 일본인과 중국인 순직자는 그 숫
자뿐 아니라 이름까지 모두 다 밝혀졌는데도 말이다.

　　이 역사적 사실을 알았을 때 '아아, 이게 조센이다' 하고 나는 아
픔과 함께 곰곰이 생각했다. 가장 열악한 노동조건 아래 가장 위험한
곳에서 노동을 하게 된 조센진은 아마 몇 백 명 규모로 죽었을 것이다.
하지만 그 수, 그 이름 하나하나를 거의 모르는 상태로 현재에 이르렀
음은 당시 조센진이 인간 취급을 못 받았다는 사실을 말해준다.

　　나는 아침마다 하루의 시작으로 물 한 컵을 마신다. 물 한 컵, 즉

사가미호 물을 마신다. 사가미호 물을 마시면서 문득 댐 건설 현장에서 내버리듯이 처리된, 혹은 언제(堰堤)에 묻힌지도 모른 채 죽은 조센진을 생각할 때가 있다. 죽은 자의 몸은 자연으로 돌아가고 이 물이 됐을지도 모른다는 상상을 하면서.

　　죽은 자의 몸을 물고기가 먹고, 그 물고기 시체를 미생물이 먹고, 그 미생물을 또 물고기가 먹고—자연의 섭리 아래 생과 죽음이 되풀이되고, 사가미호 물이 지금 있다고 한다면 사가미호 물에는 죽은 조센진이 녹아 있다. 그러니까 이 물이 목구멍을 통해 세포 구석구석에까지 침투되어가는 몸에는 모두가 녹으면서 조센으로 화한다. 사가미호는 조센이다. 일본인은 조센진이 된다. 나(들)는 물을 통해 객사한 조센진과 아득히 시간을 넘어서 직결한다. 사가미호 물을 마시면서 솟아오르는 물의 상상력으로 망상에 가까운 상상을 한다.

　　더욱더 물의 상상력을 발휘해본다. 사가미호 물은 사가미강이라는 큰 강으로 흐른다. 그리고 사가미강은 사가미만에 다다른다. 에노시마(江ノ島)나 히라쓰카(平塚) 부근의 바다이다. 사가미만은 태평양으로 이어진다. 거기서 서쪽으로 서쪽으로 가고, 그리고 북쪽으로 북쪽으로 물을 건너가면 제주도를 통해 조선반도에 이른다. 사가미호와 조선반도는 물을 매개로 이어져 있다. 이 상상은 사가미호에만 머무르지 않는다. 일본 방방곡곡에 있는 탄광이나 댐, 철도 공사 현장, 그리고 일본의 15년 전쟁 전장인 중국 대륙이나 타이완, 오키나와(沖繩)에까지 이를 것이다. 만약 동아시아에서 객사한 조센진의 몸이 물을 매개로 이어져 있다면……

## 2) 조센진을 둘러싼 기억의 정치

그러나 다음 순간 우리는 그런 상상의 세계에서 단숨에 현실로 되돌아오게 된다. "우리는 세계 사람들과 함께 사는 지역사회의 창조를 소원하며, 여기에 새삼스레 초석이 된 고장을 비롯한 관계자 분에게 진심으로 감사하는 것과 더불어, 불행하게도 돌아가신 일본 각지의 출신자, 근로 동원된 연소자, 중국인, 한국인·조선인 분들의 이름을 적고 삼가 애도의 뜻을 표합니다." 이것은 사가미호 호반에 세워진 '호명비(湖銘碑)'에 각인된 비문의 한 구절이다. 나는 어쩔 도리 없이 '한국인·조선인'이라는 호칭에 비틀거린다.

대한민국이 성립되지도 않았거니와 조선반도가 남북으로 분단되지도 않은 식민지 시대의 조센진을 '한국인'이라고 부르거나 정치적인 배려에서 '한국인·조선인'이라고 부르는 것은 일본 사회에서는 흔한 일이지만, 이것은 분명히 틀린 것이다. 더 말하면 이는 죽은 자의 존재까지 전유(專有)하려는 산 자의 오만이다. 또한 흔히 양심적 입장에서 행해지는 '조선 분'이라는 호칭은 위선이자 조센진을 인간으로 취급하지 않은 기억의 망각, 그 역사의 속임수에 지나지 않는다.

객사한 조센진을 조센진이라고 부르지 않고 '한국인'이라고 부를지, '한국인·조선인'이라고 부를지, 혹은 '조선 분'이라고 부를지. 전전에 동아시아에서 객사한 조센진을 부르는 방식은 조센진을 둘러싼 기억의 정치를 가리킨다. 동시에 여기에서 조센진을 둘러싼 기억의 장과 그 현주소를 찾아내는 일도 가능하다. 사가미호 '호명비'에 단적으로 드러나듯 현재 조센진을 둘러싼 기억의 장에는 죽은 조센진이 부재(不在)한다.

정치적인 '올바름'에 속박된 일본인의 가해자성을 바탕으로 하는 말투로 조센진의 피해자성을 기억하면서 죽은 자의 존재를 망각해 가는 것. 이러한 '기억과 망각'이 되풀이되면서 죽은 자의 존재는 관념화되고, 죽은 자에게는 다시 침묵이 강요되며, 그러는 와중에 일본 사회는 구식민지 출신인 죽은 자와 마주 보는 감각을 잃어갔다. 지금 있는 여기가 죽은 자의 희생 위에 이루어졌다고 한다면 우리가 살아가는 토지란 도대체 누구의 것인가. 우리는 이를 진지하게 생각해야 한다. 우리가 살아가는 토지는 산 자의 것이기 이전에 죽은 자의 것이다. 인간 존재의 기본이라고 할 수 있는, 죽은 자를 향한 눈길을 갖지 않는 한 죽은 자의 존재에 대한 망각은 영원히 되풀이될 것이다.

사가미호 물이 된 죽은 자란 도대체 누구인가. 객사한 조센진은 당시 노동 현장에서 어떻게 불렸을까. '센진(鮮人)'인가. '조센'인가. '조센진'인가. 또는 번호인가. 혹은 불리는 일조차 없었을까. 하지만 지금까지 망각된 조센진을 둘러싼 기억을 파헤칠 때 가장 소중한 것은 조센진이 일본인에게 어떻게 불렸는지가 아니라 당사자인 조센진 스스로가 어떤 이름을 대고 싶었는지 하는 죽은 자에 대한 상상력이다. 역사 어둠 속에 묻힌 채로 남은 침묵. 그 침묵을 푸는 일이다.

### 3) 방법으로서의 당사자성

이상과 같은 문제 제기 아래 이 글은 그 호칭이 아니라 그 이름 대기에 역점을 두면서 조센진을 둘러싼 기억을 파헤친다. 조센진을 둘러싼 기억의 장의 재창조—조센진이라는 이름 대기, 즉 조센진의 당사자성(當事者性)을 바탕에 두고 쓰이는 이 글의 의도를 단적으로 말하면 그렇게 볼 수 있다.

하기야 이 글에서 조센진의 당사자성을 바탕으로 하는 이야기는 일본에 사는 한국 국적인 조센진 나 자신의 것이기도 하다. 또한 이는 조센진인 나의 '자의식 과잉'이나 '망상형 통합실조증'이라고 진단될 일일지도 모른다. 하지만 그렇다면 나는 감히 이것을 증세를 보인 하나의 사례로서 제시하고 고찰해보고 싶다. 만약 나의 '망상'이 사회를 반영한다면 일본이라는 나라의 정치적 정세나 과거와 현재의 역사를 비춰낼지도 모르기 때문이다.[3]

이 글에서는 당사자성을 방법론으로 해서 조센진이라는 이름을 대는 것이 지닌 긴장과 사회 상황과의 내적 관련을 고찰한다. 그 과정에서 조센진을 둘러싼 기억을 파헤침과 동시에 말의 가능성을 넓히면서 동아시아에서 객사한 자들을 껴안고 애도하는 것이 어떻게 하면 가능할지 모색하고 싶다.

---

3    이 글의 방법론은 구식민지 출신자의 정신질환을 통해 식민지 폭력의 계속성을 쬐어내는 프란츠 파농(Frantz Fanon)의 「식민지 전쟁과 정신질환」(『땅에 저주 받은 자』, 미스즈 서방, 1996)과 「니구로와 정신병리학」(『검은 피부 하얀 가면』, 미스즈 서방, 1998), 구로카와 요지(黑川洋治)의 『在日朝鮮·韓国人と日本の精神医療』(批評社, 2006)에서 많은 시사를 받았다. 프란츠 파농은 프랑스 구식민지 원주민의 정신질환 치료 체험에서, 구로카와 요지는 재일조선인의 정신질환 치료 체험에서 '의식과 사회 상황'의 내적 관련을 고찰하고, 정신질환 치료를 하는 데 국가·사회·개인을 관통하는 시점을 제시한다.

## 2. 뒤에서 찔리다

### 1) '간코쿠'와 '조센', 호칭을 둘러싼 정치

일본에 의한 한국 강제 병합 100년을 맞이한 2010년 여름, '한국 병합 100년'에 관한 논의가 일본 곳곳에서 이루어지는 가운데 생각난 것이 있다. 그것은 이 논의에서 조선민주주의인민공화국(이하 북조선)의 존재가 깨끗이 빠져 있다는 점이다. 100주년에 맞춰서 발표된 간 나오토(菅直人) 전(前) 수상의 담화에 나타난, 식민지 지배가 초래한 손해와 고통에 대한 '통절한 반성과 사과의 마음'은 어디까지나 한국을 향해서만 발화된 말이다. 그는 한일 관계만을 염두에 두었으며, 조일 관계는 시야에 넣지 않았다.

더구나 같은 해 8월 6일 히로시마(広島) 평화 기념식 후 기자회견에서 "핵억지력(核抑止力)은 우리나라에 계속 필요하다"고 한 간 나오토의 발언이 가리키듯 북조선은 어디까지나 일본에 가상적(假想敵)일 뿐 아니라 통절한 반성을 하며 마주 보는 타자가 아니다. 말할 것도 없이 여기서 핵억지력의 대상 가운데 하나는 북조선이다. 일본은 지금 관민일체(官民一體)가 되어 납치 문제를 지렛대 삼아 북조선에 대한 식민지 지배 책임을 의도적으로 내던져버렸다.

식민지 지배의 역사와 마주할 때, 한국과 북조선을 구별하면서 대응하고 한국만을 의식하는 한 '한국 병합'에서 한국이란 대한민국을 뜻한다고 착각하는 사람이 있어도 이상하지 않다. 그러나 실제로 여기에서 한국이란 대한제국의 약칭이며, 청일전쟁과 민비 암살 후 조선 왕조가 1897년에 개칭한 국호이다. 대한제국은 러일전쟁 후 일본의 보호국이 되고, 1910년 병합에 의해 소멸됐다. 물론 대한제국 국토는 조선반도 전체였다. 이러한 역사적 사실은 한국에서는 상식이지만 일본에서는 상식이 아니다.

모순되게도 '한국 병합 100년'을 맞이하는 해에 식민지 지배 책임을 왜소화하려고 하는 일본의 자세와 맞아떨어지면서 한국 병합은 대한제국 병합이 아니라 대한민국 병합이라고 그 의미가 그들 뜻대로 줄어들고 왜곡되고 말았다. 그리하여 한일과 북조선 사이에는 더욱더 선명한 분단선이 그어졌다. 냉전 시대부터 일본은 계속 그런 식으로 음으로 양으로 조선의 남북 분단에 가담해왔다.

이것은 일본에서 식민지주의 그 이후의 (후기 식민지주의) 문제이다. 한국, 미국, 일본의 공범 관계를 바탕으로 하는 (신)냉전 체제하에서 일본 식민지주의는 청산되지 않은 채 지금도 계속되고 있다. 예를 들어 그것은 조센과 맞설 때 생기는, 그 호칭을 둘러싼 정치로서 여실하게 나타난다. '간코쿠'는 좋은 것으로 여기고 '조센'은 나쁜 것으로 여기는 자의적(恣意的)인 인식 방식이다. '간코쿠'와 '조센'이라는 호칭을 둘러싼 정치, 이것이야말로 '한국 병합 100년'의 역사 인식과 관계된 것이다.

일상 속 사소한 일이라고 치부할지 모르나, 나는 일본 사회에서 생활하며 '조센고(조선어)'라고 말할까 '간코쿠고(한국어)'라고 말할까 망설일 때가 있다. '조센고'라고 하는 것이 역사적으로는 적절한데 무심코 '간코쿠고'라고 말해버릴 때가 있다. 그렇게 말하는 것이 무난하거나 신경을 안 써도 되는 경우가 있다. 또한 '조센진'이나 '간코쿠진', 어느 한쪽 이름을 선택할 때 '조센진'이라고 이름을 대는 것이 힘들 때가 있다. 나는 의지를 가지고 '조센진'이라고 이름을 대지만, 조금 타협해서 '간코쿠진'이라고 이름을 댈 때 또는 상대방에 의해 간코쿠진이라고 이름 불릴 때가 있다. '조센진'이라고 이름을 대는 것이 힘든 장면, '간코쿠진'이라고 이름을 대는 것이 무난한 장면에서는 마치 전향이 강요되는 느낌이다. 나 스스로 '조센진'이라고 이름을 댈 때마다 그렇게 긴장한다.

'메이드 인 코리아(Made in Korea)' 상품이 일본 사회에 넘쳤던 1980년대 무렵까지는 '간코쿠진'이라고 이름을 대는 것도 '조센진'이라고 이름을 대는 것도 똑같이 서먹서먹한 울림이 있었다. 그러나 지금은 '간코쿠진'이라고 이름을 대는 것 또는 '간코쿠진'이라고 이름 불리는 것에는 긴장감이 사라졌다. 반면 마치 시대에 뒤떨어진 것처럼 '조센진'이라는 이름에는 여전히 그 차가운 울림이 남아 있다. 그것은 바꿔 말하면 '조센진'이라는 이름에는 식민지 폭력의 흔적이 짙게 각인됐다는 의미이기도 하다. "조―센(チョーセン)", "조―센진(チョーセンジン)"이라는 모멸적인 울림을 피부로 느껴보면 식민지 폭력의 계속성은 명확하다.

### 2) 2002년 9월 17일

'조센' 및 '조센진'이라는 이름은 시대의 흐름에 따라 여러 울림을 띠면서 복잡화되어왔다. 민주당 정권 아래 2010년 4월부터 실시된 '고등학교 수업료 무상화(無償化)' 제도에서 조선학교가 제외된 일이 말해주듯이, 전전의 차별어로서의 울림과 더불어 북조선 비난이 만연

한 현재 일본 사회에서는 재일조선인은 북조선인, 조선적(朝鮮籍)은 북
조선 국적이라는 식으로 그 의미가 현실 정치에 의해 왜곡된다. 하지
만 실제로는 재일조선인 거의 대부분은 경상남도나 제주도 출신이며,
북조선 출신자는 1퍼센트에도 미치지 않는다. 또 조선적은 '예전에 일
본 식민지였던 조선의 출신자 및 그 자손'을 가리키며 사실상 무국적
(無國籍) 상태를 의미한다. 더구나 나처럼 '조센진'이라고 이름을 대는
한국 국적 사람도 있다.

　　무릇 조선적이란 1952년 4월 28일 샌프란시스코 강화 조약 발
효에 의해 일본 국적이 박탈됨과 동시에 외국인등록법(外國人登錄法),
출입국관리령(出入國管理令) 관리 아래 놓인 조센진한테 주어진 편의
상의 적(籍)이며, 정확하게 말하자면 등록법제상(登錄法制上)의 기호이
다. 외국인 등록 국적란(國籍欄)에 기재된 '조선'이란 단지 출신지를
표시할 뿐이다. 조선적은 어디까지나 국적이 아니다.

　　1965년 한일조약 이후, 재일조선인에게는 조선적(무국적)을 유
지할지, 한국 국적을 취득할지, 일본에 귀화할지 하는 선택이 강요됐
다. 그러한 압력 속에서도 조선적을 그대로 유지한다고 반드시 북조
선을 지지한다고 할 순 없다. 전후/해방 후 재일조선인이 살아온 역사
적 문맥에 서서 상상할 때 조선적을 유지하는 것은 그렇게 단순한 일
이 아니다. 조선적을 유지하는 까닭은 한국 국적을 취득한다는 것이
바로 재일조선인의 역사적 기원을 지우며 식민지 지배가 남긴 문제를
불문에 부치게 되기 때문이다. 또한 한국 국적을 취득하는 것이 대한
민국의 국가로서의 정당성을 인정하고, 나아가 조선의 남북 분단을 용
인하는 일이기 때문이다. 즉, 조선적을 유지함으로써 식민지 지배의

역사와 남북 분단의 역사를 비판적으로 묻는 것이다.

이러한 재일조선인에 대한 최소한의 지식도 없는 상황 아래서 조선학교는 공공연히 배제된다. 또한 실제로 조선학교에는 조선적 학생만이 아니라 한국 국적 학생도 많고 일본 국적 학생도 있는데, 노골적인 차별이 버젓이 통하는 현재 일본 사회에서는 조선학교가 지닌 다양성에까지 상상력이 미치지 못한다.

조센진에 대한 차별이 심해지면 심해질수록 조센진은 무서워서 '조센진'이라고 이름을 댈 수가 없다. 이미 깨끗이 소비되고 전혀 긴장감이 없어진 '간코쿠진'이라고 이름을 댈지, 혹은 요즘 유행하는 '코리안'이라고 이름을 대며 여전히 남아 있는 차별 감각을 일본어식 영어의 마력으로 얼버무릴지. 슬픈 것은 조센진 스스로가 '코리안'이라고 이름을 댄다는 것, 아니 그렇게 이름을 대게끔 협박받는다는 것이다.

이렇게 해서 조센진은 더욱더 분열되고 그 이름에 담긴 조센에 대한 사랑, 한국전쟁의 종결(終結)과 남북 조선의 평화적 통일에 대한 희망은 부서질 것 같다. 100년 동안 조센진은 끊임없이 조센을 빼앗겨왔다. 조선을 식민지로 하고 괴롭힌 일본인이 지금도 조센진을 차별하고 조센진에게서 조센을 빼앗는다.

'조센진'이라고 이름을 대고 이 차가운 울림을 단언함으로써 나는 조센을 되찾고 싶다. '조센진'이라는 이름을 통해 조센진과 일본인과의 관계를 변용시키는 것. 거기에 있는 정치에 걸고 나는 표현 활동을 한다. 그러나 정확하게 기억하지만 내가 '조센진'이라고 이름을 대기 시작한 것은 2002년 9월 17일 이후의 일이다. 그때까지는 서울에서 태어나 도쿄에서 자란 나 자신에 대해 '간코쿠진'이라고 이름을 댈수는 있어도 '조센진'이라고 이름을 댈 수는 없었다. 그것은 왜? 이 물음은 표현 활동을 하는 동기의 근원에 있다.

주지하듯이 혹은 이미 기억이 희미해진 사람도 있을지 모르지만 2002년 9월 17일이란 조일 평양 회담에서 김정일 총서기가 일본인 납치를 공식적으로 인정한 날이다. 2002년 9월 17일의 충격에 관민일체(官民一體)가 되어 북조선 비난이 만연한 가운데 나는 일본 사회 공기를 통해서 '뒤에서 찔린다'는 폭력을 예감했다. 두려움과 냉정함과 함께. 2002년 9월 17일, 내 몸에는 이 날짜가 각인됐다.

지금 발호한 '재일특권을 용서하지 않는 시민의 모임'이 상징하듯이 재일조선인에 무지한 일본 사회에서 북조선을 비난하는 공격 방향이 된 조총련(재일본조선인총연합회)이나 조선학교에 대한 차별은 원래 과격했지만, 특히 납치 문제가 발생한 시기나 북조선이 핵실험을 한 직후에는 '조센진이면 아무나 좋다'는 광기와 살기가 느껴졌다. 아마 한국 국적, 조선적을 가리지 않고 또한 일본에 귀화한 (보이지 않는) 조센진까지 모두가 일본 사회에 만연한 폭력을 똑같이 알아차리고 마음속에서 방어 자세를 취했을 것이다.

이 공기는 뭐야!? 공기로서 떠다니는 폭력은!? 그렇게 당황함과 동시에 내 몸은 관동대지진(關東大地震) 당시의 조선인 학살을 직감적(直感的)으로 상기했다. 이 사회에는 여전히 뒤에서 찔릴지 모른다는, 등 뒤가 걱정되는 신체 긴장이 있으며, 학살의 폭력이 공기로 떠다닌다. 내가 조센과 다시 만난 순간이었다.

이때부터 나는 스스로 대는 이름을 '간코쿠진'도 아니고 '자이니찌'도 아니고 '조센진'이라고 바꿨다. 나는 '간코쿠진'이기 때문이 아니라, '자이니찌'이기 때문이 아니라, '조센진'이기 때문에 뒤에서 찔린다. 폭력을 대하는 신체 긴장을 통해서 그것을 깨달았다. 나의 이러한 이름에는 일본 사회 상황을 용서하지 않는다는 이성과 신체화된 분노가 있다. 아마 내가 이름 대기를 바꾼 바로 이때, 배 속에 뭔가를 밴 것 같다. 그것이 배 속에서 꿈틀거린다.

### 3) 죽은 자를 배다

본명을 대니까, 또한 표현자로서 조센을 표현하니까, 나를 당연하게 조센과 마주 대해온 사람이라고 생각할지도 모른다. 그러나 나는 오히려 조센진이기 때문에 조센을 피하며 살아왔다. 조센과 다시 만나고 스스로 '조센진'이라고 이름을 댈 때까지 많은 자기 해체 과정을 거쳐왔다.

나는 '조센진'이라고 이름을 바꾸기 전부터 '조센진'이라는 이름이 있다는 것, '조센진'이라는 이름이 안고 있는 차가운 울림, 그리고 자신이 '조센진'이라고 불리는 인간임을 아마 알고 있었다. 그러므로 계속 이를 피해온 것 같다. 그것은 '조센진'이라는 존재에 대한 두려움 때문이었다. 나에게 '조센진'이란 결코 있으면 안 되는 존재였고, 나도 모르게 '조센진'이라는 이름만은 의식 바깥으로 쫓아 보내려고 했다.

이에 대해서 나는 애매하게 말할 수밖에 없다. 그것은 어린 시절 이야기가 아니라 내가 20대 후반에 '조센진'이라고 이름을 바꾸기 전까지의 이야기인데도 기억이 애매하기 때문이다. 말하자면 기억에 안개가 낀 느낌이다. 확실히 말할 수 있는 것은 '조센진'이라는 이름, 그 차가운 울림을 내가 피해왔다는 사실이다. 그러니까 '조센진이라고 이름을 바꿨을 때 배 속에 뭔가를 뺐다'는 말은 '조센진'이라고 이름을 바꿈으로써 내가 그때까지 피해온 것을 받아들이기 시작했다고 바꿔 말할 수 있다. 내가 피해온 것은 역사이다. 죽은 자이다. 조센진이기 때문에 학살당한 조선의 역사 속 죽은 자이다.

'조센진이 폭동을 일으켰다', '폭탄을 가진 조센진이 들어왔다', '여자 조센진이 우물에 독약을 넣었다', '지금 잡힌 조센진은 석유와 솜을 가지고 있었다' 등의 유언비어로 인해 관동대지진 때 조센진 학살이 일어났다. 일본 역사가 야마다 쇼지(山田昭次)에 따르면 유언비어는 조센진 폭동 환상에 사로잡힌 치안 당국에 의해 퍼졌다고 한다. 즉, 3.1 독립운동 이후 재일조선인 운동이 독립을 지향하면서 고양되는 상황이 치안 당국에 위협을 줬고, 이러한 관헌의 두려움이 관동대지진 때 조센진 폭동 환상을 낳은 것이다. 유언비어의 발생지에 대해서는 민간설, 관헌설, 관헌민간설 세 가지가 있다. 그러나 유언비어의 발생지를 실증적으로 확인하는 일은 어렵다. 단지 명확한 것은 가령 민간에서 유언비어가 발생했다고 해도 국가가 그것을 부정하지 않고 그들도 유언비어를 퍼뜨리면서 유언비어에 관청의 권위를 덧붙여 신빙성을 부여한 책임은 부정할 수 없다는 사실이다. 조센진이 폭동을 일으켰다는 유언비어를 퍼뜨리고 일본 민중을 조센진 학살에 가담시킨 책임은 일본 정부에 있다.[4]

---

4    山田昭次, 第二章 「在日朝鮮人運動の発展とこれに対する日本治安当局の認識 と対応」, 第三章 「日本国家と朝鮮人虐殺事件」 『関東大震災時の朝鮮人虐殺: そ

일본 정부는 아직까지 관동대지진 당시의 조센진 학살에 대해 사죄는 물론이고 어떠한 견해도 밝히지 않았으며, 조센진을 학살한 많은 일본인도 심판을 받지 않았다. 오늘날까지 조센진 학살 문제는 청산되지 않은 상황이며, 일본 사회는 여전히 학살에 책임지는 방법을 모른다. 이 부조리를 앞에 두고 나는 조센진과 일본인의 관계를 변용시키는 정치의 원점은 일본인이 조센진을 학살하는 현장에 있으며, 따라서 여기서부터 관계를 다시 시작해야 한다고 생각한다. 그러기 위해서는 우선 '조센진'이라는 이름을 재발명(再發明)할 필요가 있다.

뒤에서 찔린다―나의 '망상'을 바탕으로 '조센진'이라는 이름이 안는 긴장을 극한적(極限的)으로 말하자면, 일본 사회에서 '조센진'이라고 이름을 댄다는 것은 조센진이기 때문에 일본인에 의해 학살당한다고 받아들이는 것과 똑같은 것 아닐까? "조―센", "조―센진"이라는 울림이 지닌, 등골이 오싹해지는 차가움의 근원은 바로 이것이 아닐까? '조센진'이라고 이름을 댄다는 것은 곧 학살당하다 죽은 조센진을 나와 직결하는 것이 아닐까? 신체 감각을 바탕으로 나는 그것을 '죽은 자를 뱄다'고 표현하고 싶다.

나를 조센과 다시 만나게 하고 '조센진'이라고 이름을 대게끔 움직이는 조센의 역사 속 죽은 자가 있다. 죽은 자가 나에게는 바깥에 외재화(外在化)하는 것이 아니라 안에 내재화(內在化)한다. 죽은 자는 안에서부터 나를 움직인다. 그러면 이때 도대체 죽은 자란 누구인가? 내가 배 속에 배고 그 안에서 꿈틀거리는 죽은 자는 나를 움직이고 있으

の国家責任と民衆責任』, 創史社, 2003 참조.

니까, 이렇게 움직이고 있으니까 시체가 아니다. 죽은 자는 과거가 아니라 현재, 그리고 미래에 대기한 타자이며, 미생(未生)의 타자로서 태아(胎兒)와 아주 비슷하다. 죽은 자를 밴다. 혹은 그것을 타자의 목소리, 도래할 타자의 목소리라고 바꿔 말해도 좋다.

## 3.  '조센진'이라고 이름을 댈 수 없다

### 1) 야마무라 마사아키에 대하여

아마 '조센진'이라고 이름을 댔기 때문이라고 생각한다. 나는 '조센진'이라고 이름을 댈 수 없는 (보이지 않는) 조센진 존재를 상기하게 되었다. 거리를 두고 바라볼 수 있게 되었다. 텍스트와의 구체적인 만남으로는 야마무라 마사아키(山村政明, 1945~1970)의 이야기를 읽을 수 있게 되었다. 그때까지는 그의 유고집 『목숨이 다 타 버리더라도』(1971)를 읽길 주저했는지 계속 피해왔다. 그의 이야기를 거리를 두고 읽을 수 있게 될 때까지 많은 시간이 걸렸다. 유고집 속표지에는 그의 약력을 다음과 같이 소개한다.

> 야마무라 마사아키는 1945년 6월 야마구치 현(山口縣)에 태어났고, 1955년 6월에 온 가족이 한국 국적을 버리고 일본에 귀화해 개성(改姓)했다. 고등학교 졸업 후, 히로시마 동양공업에 입사했으나 문학에 대한 꿈을 포기할 수 없어 반년 후에 퇴사하고 도쿄에 가서 경제적 어려움 속에서 수험 공부를 하면서 1967년 4월 와세다대학 제1문학부에 입학했

다. 재수 시절에는 세례를 받아 기독교 신자가 되었다. 경제적 이유 때문에 제2부(야간부)로 옮긴 다음에는 학생운동에 적극적으로 참여해, 몇 번에 걸쳐 학생대회 의장을 맡았다. 한편 동인지를 중심으로 양정명(梁政明), 양성명[(梁星明)]이라는 필명으로 작품을 발표하고 습작을 열심히 했으나, 순진한

**[그림 2]** 「목숨이 다 타버리더라도」.

청춘 하나가 짊어지기에는 너무나 무거운 민족문제, 그것이 원인이 된 연애 파국, 학생운동 내부에서 항쟁에 의한 부상, 그것에 의한 경제적 파탄, 기독교에 대한 회의 등 여러 고뇌에 기세가 꺾여 죽음을 결의했다. 1970년 10월 6일 이른 아침, 도쿄 와세다의 시시하잔 신사에서 그는 25세로 유서와 '항의 탄원서'를 남기고 분신자살했다.

아래 인용한 부분은 1969년 여름에 쓰인 「단편 = R의 수기 (1)」의 글이다. 그가 '귀화 조센진(歸化朝鮮人)', '반일본인(半日本人)', '조국 상실자'임으로 인해 겪은 자기 분열은 일본 이름을 대는 자나 일본에 귀화한 (보이지 않는) 조센진, 그리고 조센진이라고 이름을 대는 자에게도 결코 남의 일이 아니다. 그의 자기 분열은 조센진 고뇌의 원점이다.

나는 이런 나라에서 태어나고 싶지 않았다. 아무리 가난하다고 해도 조국 조선에서 살고 싶었다.[5]

어렸을 때부터, 철이 들었을 때부터 주위 일본인의 하얀 눈은 나에게 적의와 증오에 좀먹힌 인격을 형성하게 했다.[6]

내가 아홉 살 소년이 아니었으면 국적 귀화를 거절했을 것이다. 부모님은 우리 아이들의 장래, 진학, 취직 등에서 불리를 면하기 위해서라고 하지만, 단지 그것만으로 자기들의 조국을 버릴 수 있었는가?[7]

청춘. 청춘에 후회는 없다! 문학, 종교, 정치, 민족문제, 학생운동. 이미 가능한 한 자기를 던져봤다. 허무하지만 청순한 연애도 했다. 후회는 없다! 하다못해 자신한테 그렇게 타일러야지……. 다만 피곤하다. 너무 피곤해서 이제 더는 걸어갈 수가 없다.[8]

조선, 아직 본 적 없는 그리고 앞으로도 결코 돌아갈 일이 없는 조국. 아니, 나에게는 조국이라고 불리는 것은 없다. 귀화 조센진, 반일본인, 조국 상실자……[9]

---

5    山村政明, 『いのち燃えつきるとも』, 大和書房, 1971, 23쪽.
6    같은 책, 23쪽.
7    같은 곳.
8    같은 책, 34쪽.
9    같은 책, 36쪽.

'조센진'이라고 이름을 대는 자는 '조센진'이라고 이름을 댈 수 없는 (보이지 않는) 조센진을 떠올릴 수 있는가. 그 시선을 가질 수 있는가. 야마무라 마사아키의 죽음을 껴안을 수 있는가. 그것을 할 수 있을지 없을지에 따라서 '조센진'이라는 이름 대기의 모습은 크게 달라진다.

### 2) 또 하나의 'R'들

그러나 한편으로 '조센진'이라고 이름을 대는 자에게 '조센진'이라고 이름을 댈 수 없는 (보이지 않는) 조센진의 존재는 안 보이는 것과 동시에 보고 싶지 않은, 보는 것을 피하고 싶은 타자일지도 모른다. '조센진'으로서의 정체성이 흔들리기 때문이다. 그러나 실은 '조센진'으로서의 정체성을 가장 긴장시키는 타자는 그 안에 있으며, '조센진'이라고 이름을 대는 자기의 정체성을 해체한다.

'조센진'이라고 이름을 대는 자가 배 속에 밴 '조센진'이라고 이름을 댈 수 없는 (타자로서의) 자기를 껴안을 수 있는지. '조센진'이라는 이름이 배 속에 밴 또 하나의 죽은 자가 그 안에 있다. 야마무라 마사아키, 그리고 사이토 히로시(齊藤浩). 사이토 히로시는 일본 이름을 댔을 때 나의 이름이다. 일본인이 되고 싶었던 소년 시절 내가 스스로 짓고, 고등학생 시절 이름으로 대며, 조센을 되찾는 과정에서 매장해 버린 이름이다. 야마무라 마사아키 말을 접할 때 그를 상기하지 않을 수 없다. 야마무라 마사아키와 함께 그도 하나의 'R'이니까.

교사형(絞死刑). 약으로 잘 수 없으면 교사형이다. 추하고 비참한 교사

형, 그것은 나에게 어울린다……. 나도 하나의 'R'이니까…….[10]

　　'R'이란 영화 속의 허구화(虛構化)된 이진우(李珍宇, 1940~1962)
이다. 고마쓰가와 사건[11]을 제재로 한 오시마 나기사(大島渚)의 영화
〈교사형〉(1968)에서는 등장인물인 허구화된 이진우가 시종 'R'라는
기호로 표현된다. 야마무라 마사아키는 이 영화를 본 것이다. 그리고
그는 'R'에게 자신을 투영하면서 죽음을 의식한다.

　　〈교사형〉은 제목이 가리키듯이 고마쓰가와 사건 그 자체를 다룬
영화가 아니라 사형 문제를 다룬 영화이다. 실제로 처형된 이진우를
소재로 한 번 처형됐는데도 죽지 않은 인간 'R'을 창조하고, 이 영화
의 명확한 메시지인 국가 범죄로서의 사형에 대한 부정과 항의를 'R'
의 육성으로 말하게 한다. 영화의 절정에서 'R은 모든 R을 위해 R임
을 받아들인다'는 명제 아래 교사형에 의한 죽음을 받아들이고 'R'은
또다시 처형된다. 단적으로 말하면 〈교사형〉은 국가 범죄인 사형에 의
한 살인을 단죄하기 위해 'R'의 죽음을 순직으로서 그리면서 일본 국
가에 대한 반역 사상을 내세운 영화이다.

　　과연 야마무라 마사아키는 〈교사형〉을 어떻게 보았을까. 그는
'R'에게 자신을 투영하면서 죽음을 의식하고 그 후 처절한 분신자살

10　　같은 책, 38쪽.
11　　1958년 4월 20일 당시 23세 다나카 세츠고를 죽인 '동자아치 살인 사건'과 같은 해 8월
　　　17일 고마쓰가와 고교 정시제 학생이었던 당시 16세 오오타 요시에를 강간 살인한 피
　　　의자로서 같은 해 9월 1일 당시 고마쓰가와 고교 정시제 1학년 학생이었던 이진우(가
　　　네코 시즈오)가 체포된 사건. 사건이 발생했을 때 미성년이었던 이진우에게는 소년법
　　　의 적용은 배척됐고, 1961년에 사형이 확정되며 이듬해 1962년에 처형됐다. 높아지는
　　　감형 요구나 조명 탄원 운동, 은사 소원도 무시되고 사형을 확정해서 1년 3개월이라는
　　　이례적인 속도로 형이 시행됐다.

을 행하는데, 자살 현장에 남겨진 '항의 탄원서'에는 캠퍼스를 폭력적으로 지배하는 모(某) 당파에 대한 항의와 함께 아래와 같은 주장을 그 말미에 남겼다. 이러한 사실에 바탕을 두고 생각하면 야마무라 마사아키는 〈교사형〉과 이 영화의 사상을 지극히 순진하게 받아들였다고 할 수 있지 않을까. 그가 'R'에게 자신을 투영하면서 받아들인 것, 그것은 일본 국가에 대한 반역으로서의 죽음이다.

> 하나, 미일 안보 조약 폐기!
>
> 하나, 자민당 부패 정권 타도!
>
> 하나, 미국 극동 군사 지배를 용서하지 마라!
>
> 하나, 미일 독점 자본의 아시아 경제 침략을 용서하지 마라!
>
> 하나, 독점 자본 해체! 부르주아 억압 계급 타도!
>
> 하나, 남북 조선의 자주적 평화 통일 실현!
>
> 하나, 재일조선인의 민주적 민족 권리 탄압을 용서하지 마라!
>
> 하나, 김희로 동포의 법정 투쟁 단호히 지지!
>
> 하나, 일본 군국주의 부활의 길을 끊어라![12]

이때 야마무라 마사아키가 '이진우'가 아니라 'R'에게 자신을 투영했다는 점에 유의해야 한다. 'R'은 이진우가 아니다. 그는 어디까지나 허구의 인물이다. 현실의 이진우는 옥중에서 박수남(朴壽南)과의 교류와 서간을 통해서 민족적 정체성을 회복했다. 또 그는 베일을 통

---

12    山村政明, 『いのち燃えつきるとも』, 大和書房, 1971, 230쪽.

해서밖에 느낄 수 없었던, 스스로가 범한 강간 살인 범죄와 마주하고, 피해 여성들의 존재를 자신의 마음속에서 회복시키려고 했다. 야마무라 마사아키가 결의한 반역으로서의 죽음과는 대극적(對極的)으로 현실 이진우는 삶을 긍정했다. 야마무라 마사아키는 어디까지나 하나의 '이진우'가 아니라 하나의 'R'인 것이다. 혹은 야마무라 마사아키는 '이진우'가 될 수 없었다, '이진우'를 댈 수가 없었다고 해야 할까.

### 3) 고독에서 다수로

야마무라 마사아키는 부모에게 보낸 유서에서 "용서해주세요. 제가 살아가는 태도가 틀렸었습니다. 그러나 이제 재기할 기력도 없습니다"라고 쓰기 시작한다.[13] 그리고 "결국 아버지, 형들, 누나, 동생들이 살아가는 자세가 올바른 것입니다. 더 일찍 깨달았으면 좋았는데"라고 자신의 인생을 총괄한다.[14] 그는 마지막에 민족적 정체성 회복을 바란 스스로의 삶을 부정해버린다. 그의 유서를 읽으면서 내가 견뎌낼 수 없는 슬픔을 느낀 까닭은 그가 유서 말미에 '야마무라 마사아키'라고 서명을 했기 때문이다. 그는 부모에게조차 그 마지막에도 '조센진'이라고 이름을 댈 수 없었다.

민족적 정체성을 회복할 수 없었던 야마무라 마사아키는 '귀화 조센진', '반일본인', '조국 상실자'로서 자기 분열된 채로 죽어갔다. 그의 고독한 죽음과 마주할 때, 우리는 프란츠 파농의 식민지주의에 대한 정의로 되돌아갈 필요가 있다. 그를 몰아넣은 것이야말로 식민

---

13    같은 책, 280쪽.
14    같은 곳.

지주의이기 때문이다.

> 식민지주의는 타자의 계통이 선 부정이며, 타자에 대해 인류의 어떤 속
> 성도 거절하려고 하는 흉포한 결의이기 때문에 그것은 피지배 민족을
> 몰아넣고 '사실 나는 누구인가'라는 물음을 끊임없이 스스로에게 제기
> 하게 한다.[15]

야마무라 마사아키는 철저히 그 존재가 부정되고, 끝까지 고독
하게 '사실 나는 누구인가'라고 어둠을 향해 계속 절규했다. 그가 살
았던 시대에서 현재에 이르기까지 조센진에게 가해진 식민지주의 폭
력이 전혀 변하지 않은 상황에서 조센진이라고 이름을 대는(댈 수 없
는) 자는 어떻게 살 것인가. 식민지주의가 계속되는 가운데 심어진 폭
력을 어떻게 할 것인가. 야마무라 마사아키처럼 내면을 향해 그 질문
을 던지면서 지쳐 자멸해버릴 것인가. 그리고 죽음으로써 일본 국가
에 반역할 것인가. 나 같으면 어떻게 할 것인가…….
　　야마무라 마사아키의 삶과 죽음에 직결하면서 반역으로서의 자
살이 아니라 죽은 자를 배는 것. 고독에서 다수로. 야마무라 마사아키
(양정명), 그리고 최진석(사이토 히로시). 죽은 자를 배고 죽은 자의 삶
을 연장해 산다는 것. 죽은 자를 현재 그리고 미래로 푸는 것. 나(들)는
혼자서 다수, 죽은 자들에 의해 살고 있다. 존재의 다수성, 그것은 죽
은 자를 배고 있는 나(들)의 삶의 풍부함을 말한다.

---

15　　프란츠 파농, 「식민지 전쟁과 정신질환」, 『땅에 저주받은 자』, 미스즈 서방, 1996, 244쪽.

# 4. 그늘을 풀다

### 1) 조센진에서 조선 사람으로

내가 철이 들기 시작했을 때 이미 내 눈앞에는 조센진을 둘러싸듯이 여러 이름이 흩어져 있었다. 세계와 맞설 수 있게 될 때까지 나는 흩어진 여러 이름들에 빠져서 나의 이름을 정할 수가 없었다. 단지 국적이 한국이니까 '간코쿠진'이라고 이름을 댔다. 하지만 '간코쿠진' 또한 숨기지 않으면 부끄러워서 살 수 없는 그런 이름이었다.

지금 문득 생각하면 1990년대에는 '재일한국·조선인'이라는 이름도 있었다. 이러한 이름이 정치적 배려에 의한 것임은 알고 있지만, 가운뎃점은 남북 분단선을 상징하는 것 같고 또한 무심코 남북 분단을 용인하는 것 같아 그 뜻에서 조센 미래에 아무 희망을 가질 수 없었다. 그런 이름은 필요 없다. 원래 이름이라는 것에는 희망이나 의지가 담긴다. 정치적인 타협은 이름으로 하는 것이 아니다.

최근에는 가운뎃점이 없어진 '한국조선인'이나 '한국조선어'라는 이름을 자주 본다. 하지만 가운뎃점이 있거나 없거나 똑같다. 분단은 아픔이다. 나는 남북 분단의 현실을 오히려 눈에 띄게 하는 이러한 이름들을 볼 때마다 위화감을 느낀다. 이러한 이름들은 마치 정치적으로 '올바른' 이름처럼 치장하지만 가장 잔혹한 이름이다.

조센진을 둘러싸듯이 흩어져 있던 이름들 하나하나는 내가 '조센진'이라고 이름을 댈 때까지 달라붙어 있던 그늘과 같았다. 그것은 내가 원한 그늘이 아니다. 그들은 내가 '조센진'이라는 이름에 도달할 때까지 내 눈을 가리던 블라인드(blind)에 지나지 않았다. 그리고 내가 가장 원하지 않았던 그늘이란 "조―센", "조―센진"이라는 차가운 울림에 각인된 식민지 폭력의 흔적이었다.

나는 빛보다는 그늘 속에 있길 원한다. 빛 속에서는 그늘 속 존재가 보이지 않는다. 그늘 속에서는 빛 속의 존재나 깊은 그늘 속의 존재도 바라볼 수 있다. 「오감도」를 쓴 이상(李箱, 1910~1937)의 말을 빌리면 그늘의 눈길은 세계를 오감(烏瞰)한다. 그러나 "조―센", "조―센진"을 비롯해 조센진에 달라붙었던 그늘은 내가 나의 의지로 휘감길 원한 그늘이 아니었다.

조센진에게 달라붙어 있는 그늘. 나는 이 그늘을 풀고 싶다. 그리고 그늘의 더 깊은 쪽으로……. 조―센진에서 조선 사람으로. 나는 '조선 사람'이라는 이름을 객사한 조센진을 껴안고 애도하는 시작의 말로서 제언하고 싶다.

상상하기 쉬운 일이지만 객사한 조센진은 거의 대부분 모국어인 조선말처럼 일본말을 잘하진 못했을 것이다. 주변에 있는 일본인이 그들을 "조―센", "조―센진"이라고 불러도 스스로는 '나는 조선 사람이야'라고 생각했을 것이다. 그들은 조선 사람으로서 바다를 건너오고 객사해갔다. 그러니까 내가 밴 죽은 자는 "조―센진"이기 이전에 조선 사람이다.

조선 사람. 조선말을 못 하는 일본인은 물론 일본말을 모국어로 하는 재일조선인 젊은 세대 또한 아마 이 이름을 모를 것이다. 내가 이 이름과 다시 만나고 애정을 갖게 된 것도 '조센진'이라고 이름을 대기 시작했을 때부터였다. 그때까지는 말로는 알고 있었지만 이 이름을 거의 의식하지 않았으며 이 이름이 들리지도 않았다. 그러나 '조선 사람'은 '조센진'이라는 이름보다 훨씬 옛날부터 그냥 자연스럽게 존재해온 이름이다.

## 2) 하군자 할머니와 김순덕 할머니

지금도 선명하게 기억하는, '조선 사람'이라는 이름과의 인상 깊은 재회가 있다. 그것은 '정신대' 할머니들의 생활을 기록한 변영주 감독의 다큐멘터리 〈낮은 목소리〉(기록영화제작소 보임, 1995)를 다시 보다가 영화에 나오는 하군자 할머니와 김순덕 할머니, 두 할머니의 말을 접했을 때의 일이다.

중국 후베이성(湖北省) 우한(武漢)에 사는 하군자 할머니는 식사준비를 하는 장면에서 쌀을 씻으며 변영주 감독에게 이렇게 말한다. "우리 조선 사람이 조선 쌀을 먹어야지 말이야."—아버지를 볼 면목이 없다며 '부끄럽기' 때문에 해방 후에도 중국에 남을 수밖에 없었던 하군자 할머니에게 조선에 관한 기억은 1945년 8월 해방 시점에 머무른다. 그 이유는 해방 후 중국 정부에 의해 북조선 국적이 부여된 것, 한국과 중국의 국교가 1992년까지 수립되지 않은 것 등의 외적인 요인에 의해 영화 촬영 당시인 1994년까지 한국과의 접점이 거의 없었기 때문이다. 조선에 관한 기억이 식민지 시대에 머무르는 할머니는 당연하다는 듯이 '조선 사람'이라고 이름을 댄다. 하군자 할머니 기억 속에 '조선 사람'이라는 이름은 분단되어 있지 않다.

남북 분단 이후 조선민주주의인민공화국이 조선 왕조의 '조선'을, 대한민국이 대한제국의 '대한'을 정식 국호로 사용했기 때문에 한국에서는 정치적인 이유로 '조선 사람'이라고 이름을 대지 않는다. 혹은 그렇게 이름을 댈 수 없다. 그들은 '한국 사람'이라고 이름을 댄다. 한편 북조선에서는 '한국 사람'이라는 이름을 대는 사람이 없다. 북조선에서는 '조선 사람'이라고 이름을 댄다. 조선반도에서 이렇게 이름을 대는 모습은 재일 사회에도 영향을 준다. 남북 분단은 조선 민족 한 사람, 한 사람이 이름을 대는 데에도 영향을 미치는 것이다. 그러므로 해방 후에도 중국에 머무를 수밖에 없었던 하군자 할머니가 '조선 사람'이라고 이름을 대는 모습에는 조선이 남북으로 분단되기 이전의 기억이 온존되어 있어서 우리 마음에 아주 신선하게 울린다.

영화에 나오는 김순덕 할머니는 '정신대' 피해 여성들이 공동생활을 하는 복지시설 '나눔의 집'에서 산다. '나눔의 집'은 촬영 당시는 서울시 종로구 혜화동에 있었지만 그 후 경기도 광주시로 이전했다.

영화에는 엔딩 음악이 흐르면서 김순덕 할머니가 불안한 심정을 중얼거리는 장면이 있다. "그래서 한편으로 생각하면 (일본은) 우리가 조선 사람이니까 업신여기고, 할머니들을, 이렇게 할머니들이 요구하는 대로 안 해주고 저이 마음대로……"—할머니는 띄엄띄엄 중얼거리면서도 아무 일도 아니라는 듯이 '조선 사람'이라고 이름을 댄다. "그리고 일본 사람들이 다시 우리 조선 사람한테 나쁘게 무슨 전쟁이나 그런 걸 일으켜 가지고, 또 나쁘게 우리나라의 딸들한테, 또 나쁘게 안 한다는 거를 누가 보증할 수 없는 일이거든. 그러기 때문에 우리 할머니들이 그걸 아주 명백하게 똑똑하게 아주 그걸 처리 안 해놓으면 안 되겠다는 생각을……"—일본 사람이 또다시 조선 사람한테 '나쁘게' 하지 않을까 걱정하는 할머니 불안은 일본이 식민지 지배 책임을 다하지 않았음을 반영한다. 불안을 안고 있는 할머니에게 일본 식민지주의는 끝나지 않았다.

할머니가 "우리가 조선 사람이니까"라고 중얼거릴 때 '우리가'와 '조선 사람이니까' 사이에는 일순간 간격이 있다. 할머니는 아마 그 간격 속에서 자신이 댈 수 있는 몇몇 이름 가운데 하나를 선택해 조선 사람이라고 발화하는 것이 아닐까. 나는 감히 그렇게 깊이 읽어보고 싶다. 만약 그렇다면 그 간격 속에서 할머니는 무엇을 생각했을까. 조선 사람 이외에 무엇이 할머니의 뇌리를 가로질렀을까. 한국에서는 '조선 사람'이라고 이름을 댈 수 없으니 '한국 사람'일까. 혹은 식민지 시대의 기억 속에 남은 '조센진'일까. "일본은 우리가 조센진이니까……." 할머니는 자신 안의 이름을 대는 정치에서 '한국 사람'이나 '조센진'을 물리치고 '조선 사람'이라고 이름을 대는 것일까. 혹은 그들 모두가 울리면서 '조선 사람'이라고 이름을 대는 것일까.

어쨌든 이때 할머니 입에서 나온 말은 '조선 사람'이라는 이름이다. 틀림없이 김순덕 할머니의 인생에서는 기억 속 깊은 곳의 이름이 '한국 사람'도 아니고 '조센진'도 아니고 '조선 사람'인 것이다. 할머니의 기억 속 깊은 곳에서 '조선 사람'이라는 이름은 분단되어 있지 않다. 아니, 일본 식민지주의가 끝나지 않는 한 할머니의 기억 속에서 조선은 식민지 조선에 머무른다고 말해야 할까. "우리가 조선 사람이니까……"라는 할머니 중얼거림에는 식민지 콤플렉스가 스며들어 있기 때문이다.

하지만 여기서 강조해야 할 것은 할머니가 '조선 사람'이라고 이름을 댔다는 것, 할머니가 자신의 이름을 되찾았다는 점이다. 50년 동안의 침묵을 깨고 자신이 '정신대'라고 밝히며 공식 사죄와 피해 보상을 요구하면서 일본 정부와 싸우는 할머니가 '조선 사람'이라고 자신의 이름을 댄다는 것. 나는 할머니 이름에 귀를 기울이며 '탈식민지화'라는 말의 함의를 음미하고 싶다. 나아가 한국에서 '조선 사람'이라고 아무 일도 아니라는 듯이 이름을 대는 할머니 모습에서 분단을 넘어서는 상상력을 키우고 싶다.

### 3) 비밀

하군자 할머니의 '조선 사람'이라는 이름도, 김순덕 할머니의 '조선 사람'이라는 이름도 일본어 자막으로는 '조센진'이라고 나오지만, 할머니들은 '조선 사람'이라고 분명히 말한다. 나는 할머니들이 이렇게 '조선 사람'이라고 이름 대는 모습을 접했을 때 세계가 선명하게 보였다. 할머니들이 말하는 이름을 통해 세계를 오감(烏瞰)한 것이다. 이전에, 즉 내가 '조센진'이라고 이름을 대기 전에 이 다큐멘터리 영화를 봤을 때에는 할머니들의 이름이 들리지 않았다. 할머니들에게 또한 조선반도에 사는 조선 사람에게는 물론 한국 사람에게도 더구나 재일 1세나 재일 2세에게도 아무렇지도 않은 이 당연한 이름을 내가 깨달을 때까지 정말로 긴 시간이 걸렸다.

이는 조선말을 할 수 있는지 없는지에 관계된 문제가 아니라, 번역 정치에 관계된 문제이다. 원래 '조선 사람'은 '조센진'이라고 번역할 수 있다. 그러나 나는 일본말과 조선말을 둘 다 사용하는데도 '조선 사람'을 '조센진'이라고 번역할 수가 없었다. 처음에는 할머니들이 '조선 사람'이라고 대는 이름이 들리지 않았다. 그것은 틀림없이 "조

—센", "조—센진"이라는 그늘이 달라붙어 있는 '조센진'을 계속 피해왔기 때문이다. '조센진'을 피했기 때문에 나는 번역어를 가지지 못했고 그래서 '조선 사람'을 번역할 수 없었다. 나아가 '조선 사람'을 번역하지 못한 채 자신이 '조선 사람'임을 인식할 수 없었다. '조센진'을 피함으로써 나는 '조선 사람'이라는 이름을 잃어버린 것이다.

"조—센", "조—센진"이라는 식민지 폭력의 흔적이 짙게 각인된 데다 심지어 현재는 일본 사회가 북조선에 비난의 폭력을 쏟고 있기 때문에 '조센진'이라는 이름은 빈사(瀕死) 상태이다. 인간으로서의 존엄이 치명적으로 손상됐다. 그리하여 '조센진'과 '조선 사람'은 괴리되고, '조센진'은 '조센진'임을 잊어버렸다. '조센진'은 "조—센진"이기 이전에 '조선 사람'임을 놓쳐버리고 말았다. 끝내 '조센진'은 '조센진'임을 그만뒀다…….

할머니들이 안고 있는 그늘은 아주 깊다. 그러므로 나는 할머니들의 깊은 그늘 속에서의 이름, '조선 사람'이라는 울림을 사랑스럽게 여긴다. 조선 사람. 할머니들의 이름이 나의 몸에 처음으로 울렸을 때, 그 이름은 동아시아에서 객사한 조센진을 껴안고 애도하는 시작의 말이라고 직감했다. 그리고 나는 지금 확신한다. 현재를 사는 우리가 '조선 사람'이라고 이름을 새기는 것은 할머니들을 향한, 그리고 객사한 이들을 향한 기도라고. 동시에 그것은 '조센진'이라는 빈사의 이름을 수복하는 것이라고.

'조선 사람'이라는 할머니들의 이름에 기대면서 이 글은 다음과 같은 결론을 끌어낸다. 즉, '조선 사람'이란 '조센진'이라는 이름이 배 속에 밴 내면의 목소리이며, 동아시아에서 객사한 조센진이 대고 싶었던 비밀의 이름이다. 그 이름은 세대를 넘을 뿐 아니라 국적이나 민족도 월경하고 우리가 조선과 다시 만나는 계기가 될 수 있다.

조선 사람. 그늘을 푼 조센진의 모습. '조센진'이라는 이름이 배 속에 밴 내면의 목소리, 비밀. 나는 당신과 함께 이 비밀을 나누고 싶다. 그리고 이 비밀을 시작으로 조센진을 둘러싼 기억의 장을 재창조하고 싶다. 조센진을 둘러싼 기억의 장, 그것은 객사한 조센진을 배 속에 밴 신체를 말한다. 이때 신체란 반드시 조센진의 것이라고 할 수 없다. 객사한 조센진을 배 속에 밸 수 있는 사람은 조센진만이 아니다. '조선 사람'이라는 비밀을 나누는 한 객사한 조센진을 배 속에 밴 신체는 당신의 것이기도 하다.[16]

---

16    이 글은 일본어로 쓴 내용을 스스로 한국어로 번역한 것이다. 필자의 이중언어 상태를 나타내기 위해 번역자명에 저자 본인의 이름을 적었다. 이 글의 주제인 〈조센진〉 또한 일본과 한국 사이에서 아픔과 함께 울리는 이중적인 이름이다. 이 아픔을 한국어로 번역하는 것은 참 힘든 작업이었다. 번역하는 과정에서 김신정 선생님께 많은 도움을 받았다. 이 자리를 빌려서 감사의 말씀을 드린다.

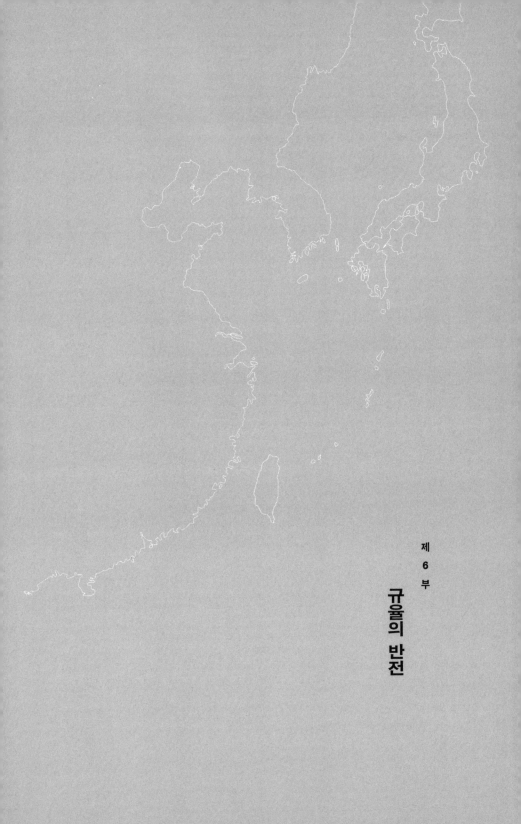

제
6
부

규율의 반전

제13장

운동회

오성철(吳成哲)

# 1. 서론

교육학 내에서 초등학교 운동회에 관한 연구는 대체로 그 교육적인 의미와 운영 프로그램의 개선에 관한 제안을 주된 내용으로 한다. 운동회의 역사적 유래를 탐색하거나 사회적 성격을 밝히는 연구는 그다지 많지 않다. 그 경우에도 대체적으로 볼 때, '국민국가', '국가교육' '규율'의 개념과 결합해서 운동회가 국민교육 내에서 수행하는 규율적 성격을 비판적으로 분석하는 연구가 주류를 이룬다. 운동회를 국가가 요구하는 '국민'의 신체를 만들어내기 위한 규율 장치로 규정하는 시도가 그것이다. 운동회를 "국가의 엘리트들이 그 이데올로기 장치인 학교라는 공간에 채워 넣으려고 했던 국민의 신체를 둘러싼 전략이 가장 집약적으로 발동된 장"으로 파악하려는 시도가 그러한 사례 가운데 하나이다.[1] 운동회, 특히 국민교육의 가장 기본적인 장이라 할 수 있는 초등학교에서 전개되는 운동회의 형식과 내용에는 국민국가의 그림자가 짙게 드리워져 있음을 부인할 수 없으며, 애초에 운동회라는 독특한 교육 형식이 형성되는 역사적 과정 역시 후술하겠지만 국민국가의 출현 및 국민 형성 과정과 깊게 관련되어 있다. 운동회는 단순히 신체 활동과 스포츠의 경연으로만 이루어지기보다는 국민의례와 결부되어 진행되며, 그 세부 종목에서도 국가 이념과 결합된 활동 종목이 포함되곤 한다. 운동회를 국민국가의 규율 장치 가운데 하나로 파악하는 시도도 분명 나름의 타당한 근거를 지닌다고 할 수 있다.

그런데 운동회에 관해 위의 내용과는 매우 다른 또 하나의 이미지가 존재한다. 한 초등학교 교사는 1980년에 초등학교(당시의 명칭으로는 국민학교) 운동회와 관련해 다음과 같이 회고한다.

> 어른들에게 어렸을 때의 즐거웠던 추억[2]을 이야기하라고 하면 많은 사람들이 국민학교 시절의 운동회에 대하여 말한다. …… 가을 대운동회 전날 밤은 즐거운 조바심으로 밤잠을 설치기 마련이고 아침밥까지 제대로 먹지 않은 채 일찍부터 서두르게 되는 날이다. 드높은 가을 하늘 아래 만국기가 펄럭이고 말끔하게 체육복을 차려 입은 어린이뿐만 아니라 학부모님들과 온 동네 사람들이 저마다 점심을 싸들고 학교에 가느라 분주한 모습을 볼 수 있다. …… 학생, 교사, 학부모, 지역 사회인들이 한 자리에 모여서 달리고 노래하고 즐기는 가장 흥겨운 잔치날인 것

---

1      요시미 순야(吉見俊哉), 「국민의례로서의 운동회」, 요시미 순야 외, 이태문 옮김, 『운동회: 근대의 신체』, 논형, 2007, 20쪽.

2      이하 인용문 속 고딕체는 인용자에 의한 것이다.

**[그림 1]** 1984년 서울 성수국민학교 운동회.

이다.[3]

    위의 회고에 따르면 운동회는 그것을 경험한 아동들뿐 아니라 운동회에 학부형으로 참여한 성인들에게도 "어렸을 때의 즐거웠던 추억"이자 "가장 흥겨운 잔치날"로 '기억'된다. 기억 속에서 운동회는 "무지개처럼 아름다운 꿈의 날개를 마음껏 펼칠 수 있는 기회"라고까지 밝은 이미지로 윤색됐다. 이 기억 속에서 국민국가, 국가이념, 규율 등과 같은 측면은 쉽게 드러나지 않는다.

    요컨대 초등학교 운동회와 관련해 두 가지 서로 다른 이미지가 존재하는 것이다. 하나는 '사회과학에 의해' '거시적으로' '설명'되는

3    박태규, 「운동회 도중 불끄기 작업」, 『새교실』 1980년 9월 호, 36쪽.

**[그림 2]** 1973년 어느 국민학교 운동회.

운동회, 즉 '규율 장치'로서의 운동회이며, 다른 하나는 '경험에 의해' '미시적으로' '기억'되는 운동회, 즉 '잔치'로서의 운동회이다. 운동회에 참여하는 사람은 후자에서는 그것을 자신의 추억으로 만드는 주체이지만, 전자에서는 국민으로 호명되는 객체로 설정된다. 운동회에 관해 이러한 극명하게 대비되는 이미지의 대립과 충돌을 어떻게 이해해야 할까.

　이러한 문제의식에서 출발한 이 글에서는 먼저 운동회의 역사를 간단히 검토할 것이다. 일본 근대 교육의 전개 과정에서 운동회가 어떤 모습으로 어떤 계기에 의해 출현했는지, 그리고 그것이 일본제국의 식민지였던 타이완과 조선에 어떻게 도입됐는지를 살펴본다. 그런데 조선의 경우에는 운동회의 도입과 전개 과정이 갖는 독특한 측면이 존재한다. 그것은 애초에 식민지 교육의 일환으로 도입됐던 것이 아니라 대한제국의 자발적이고 주체적인 근대 교육 체제 형성 과정에서 출현한 선구적 경험을 지닌다는 점이다. 그러나 식민지 지배가 본격화되면서 이 선구적 경험은 좌절되고 운동회가 식민지 교육의 틀 안에서 정착되는 역사적 과정이 전개됐다. 다음으로 해방 이후에 초등학교 운동회가 어떤 내용과 형식으로 지속되고 변모됐는지 단편적인 몇몇 자료를 근거로 소묘하듯 검토한 후, 그에 대한 일반 민중의 기억을 재구성할 것이다. 끝으로 운동회를 둘러싼 이미지의 대립, 즉 '규율 장치' 대 '잔치'라는 이미지의 대립을 어떻게 이해하면 좋을지 시론적으로 논의하는 것으로 이 글을 매듭짓고자 한다.

## 2. 운동회 약사

근대 교육에서 운동회의 기원 및 확산 과정과 관련해 국내외에서 어느 정도의 연구 성과가 축적되어 있다. 이들 연구를 통해 밝혀진 바에 따르면, 오늘날 한국 초등학교에서 진행되는 것 같은 운동회의 출현은 19세기 말 근대 국민교육의 출현과 그 시기를 같이한다. 그런데 그것은 조선 ─ 한국 ─에서만 고유하게 독자적으로 출현했다기보다는 동아시아[4]라는 지정학적 영역을 중심으로 전파되고 확산됐다고 할 수 있다. 근대 동아시아 ─ 최소한 일본과 한국(조선), 타이완에 한

---

4    여기서 동아시아란 구체적으로 한국, 일본, 타이완을 가리킨다. 이들 세 지역은 1945년 이전에 일본제국에 속했으며, 제국의 지배와 피지배 구조 안에서 문화적으로 깊은 관련을 가진다. 이 점은 학교 운동회의 역사를 통해서도 확인 가능하다.

정할 때—에서 백 년 이상 동안 전개된 초등학교 운동회를 살펴보면 시간과 공간을 넘어 그 형식과 내용에 있어서 상당한 정도의 공통성과 지속성을 확인할 수 있다.

일본 근대 교육사에서는 1874년 해군병학료(海軍兵學寮)에서 경투유희회(競鬪遊戲會)가 개최된 것이 최초의 운동회로 알려져 있다. 서구 교육의 모방으로 출발한 일본의 운동회는 메이지 초기에는 중등 이상의 학교에서 엘리트들이 아마추어 스포츠 경기를 즐기는 성격이 짙었으나, 1880년대 이후부터는 소학교와 중학교에서 단체경기 및 병식 체조 등이 강조되는 지역 단위의 행사로 확산되기 시작했다. 특히 청일전쟁 이후에 운동회는 "단순히 학교 행사로서 자리 잡은 것이 아니라, 행사장의 장식에 천막과 국기, 그리고 만국기가 필수품이었으며, 칙어 봉독과 기미가요 취주 합창이 장엄한 의식으로서 거행되는 등 국가 행사로서의 색채가 짙었다."[5] 19세기 말에는 몇몇 학교가 학교 밖의 장소 등에서 공동으로 거행하는 '연합 운동회'와 '원족 운동(遠足運動)'이 주를 이루었으나, 1900년대부터는 운동회가 개별 학교의 운동장에서 독립적으로 거행되고 지역민의 축제적 성격이 강화되며 동시에 유희적 종목이 늘어나게 된다. 1937년 중일전쟁의 발발 이후에는 군사적 색채가 짙어지고 "1941년 12월 태평양전쟁에 돌입할 무렵이 되면 운동회는 드디어 온통 군사적 색깔로 덧칠해지게 된다."[6]

이와 같은 일본 근대 교육에서의 운동회 전개 과정은 약간의 시

---

5    요시미 슌야(吉見俊哉), 「국민의례로서의 운동회」, 요시미 슌야 외, 이태문 옮김, 『운동회: 근대의 신체』, 논형, 2007, 25쪽.
6    히라타 무네후미(平田宗史), 「일본의 운동회 역사」, 같은 책, 129쪽.

차를 두고 식민지 타이완에서도 거의 유사하게 재현된다. 1896년 12월 12일, 타이완의 국어학교제일부속학교에서 최초로 운동회가 거행됐다. 그 내용은 교사가 아동들을 인솔해 학교 밖의 특정 장소로 이동하고 그곳에서 운동을 하고 돌아오는 이른바 '원족 운동'이었다. 운동회는 이후 '원족 운동'에서 '연합 운동회', 그리고 '개별 공학교에서의 독립 운동회'라는 식으로 일본과 동일한 과정을 거치며 식민지 타이완 사회 내에 정착되어갔으며, 1930년대 후반 이후에는 군사적 색채가 강화된 것 역시 일본과 동일한 흐름을 보였다. "타이완에서의 학교 운동회의 거행은 비록 일본보다는 십 년 남짓 뒤늦었지만 원족 운동의 과도기가 시작되고 거행 방식이나 규모에서는 매우 빨리 일본 내지의 운동회와 같은 보조로 발전했다."[7] 즉, 타이완에서 운동회의 역사는 근대 교육이 식민지 교육의 형식으로 도입되어 정착하는 역사와 맥을 같이하며, 그에 대해 타이완 사람들은 저항하기보다는 적극적으로 수용하는 반응을 보였던 것이다.

조선의 경우에는 초기 운동회의 전개 과정에서 타이완과는 조금 다른 역동이 전개됐다. 조선 최초의 운동회는 1896년 5월 2일 화류 형식으로 실시된 관립 영어학교 운동회였다. 교사가 아동들을 인솔해 학교 밖으로 이동한 후— 당시 용어로는 '화류(花柳)'라고 했다— 운동을 하고 학교로 돌아오는 식이었다. 시기적으로나 내용적으로 타이완 최초의 운동회와 같은 '원족 운동' 형식이었다. 이후 관립 소학교에서 '연합 운동회' 형식이 정착하고, 군사훈련과 단체경기, 유희적인 내용

7    許佩賢, 「教化,競爭與反饋的機關裝置: 公學校的運動會」, 『殖民地臺灣的近代學校』, 臺北: 遠流出版公司, 2005, 299쪽.

이 강화되면서 운동회가 확산되기 시작했다. 당시의 신문 매체는 이를 적극적으로 홍보하고 소개했으며, 정부 역시 충군애국의 이념하에 관공립학교 연합 운동회를 적극적으로 지원했다. 예컨대 고종은 1908년 5월 관사립학교 연합 운동회에 직접 참석해 관람한 후, 크게 만족해 상품을 내린 적도 있었다. 운동회는 국가의례와 같은 형식을 갖추었다. 그 장소도 병사들의 훈련 장소인 훈련원으로 선정됐다. 김성학은 식민지기 이전 운동회의 특질을 다음과 같이 설명한다.

…… 관공립학교 운동회를 통해 학생들은 충군애국의 국민으로 '훈련'되어 갔다. …… 한 나라의 수도에서, 새로 설립된 대표적인 신식 관공립학교들이 연합하여 매년 정기적으로 수많은 국내외 고위관료와 일반 국민들이 지켜보는 가운데 그들의 기대와 찬사를 받으며 진행된 학교운동회는 이제 명실상부하게 '탄생'했다고 말할 수 있게 되었다. …… 학교운동회에 정부와 독립협회가 관여하면서 운동회는 처음부터 국가의례와 같은 형식을 갖추게 되었다. 이러한 틀 속에서 학생들은 국가가 요구하는 '국민'으로 만들어져 갔다.[8]

운동회의 형식과 시기 등에서 타이완과의 유사성이 발견됨에도 가장 중요한 차이점이 있다면 그것은 조선에서의 운동회가 애초에는 식민지 교육의 이식 과정의 일부로 도입된 것이 아니라는 점이다. 비록 그 내용에서는 일본 근대 교육 및 타이완의 식민지 교육에서의 운

---

8    김성학, 「근대 학교운동회의 탄생: 화류에서 훈련과 경쟁으로」, 『한국교육사학』 제31권 제1호, 2009, 90쪽.

동회와 공통점이 적지 않다 할지라도 그것은 강제적인 이식의 결과가
아니라 자율적인 학습과 모방의 결과였다. 달리 말하면 당시 조선의
운동회를 통해 기르고자 했던 주체는 '일본제국의 신민'이 아니라 '대
한제국의 신민'이었다.

　　바로 이러한 점에서 1908년 이후, 조선에 대한 일제의 내정 간
섭이 본격화되면서 통감부는 본격적으로 대한제국의 내정을 지배하
고 조선의 관공사립학교 연합 운동회를 폐지하는 조치를 취하게 된다.
다음 사료를 보자.

> 금일의 급무는 한인을 우선 의식(衣食)에 곤궁하지 않게 하고, 그런 후
> 그 능력을 진전시키는 교육을 실시하는 것이다. 헛되이 독립을 주장하
> 고 애국을 부르짖으며 유식(遊食) 타면(惰眠)함은 국가를 위해 하등 이
> 익이 되지 않는다. 최근 학교 운동회가 여러 곳에서 행해지는데 이처럼
> 부박한 방법으로 애국심을 발동시키려 함은 심히 우려할 만한 일이다.
> 학교 운동회는 국가 방어상으로는 하등의 이익이 없다. 그런데 이를 장
> 려해 배일주의를 고취시키는 악책, 졸책은 하등 한국을 위해 이익이 되
> 지 않는다. 헛되이 학생 생도와 일본 병사 간의 충돌을 일으킬 뿐이다.[9]

　　이는 초대 통감이었던 이토 히로부미(伊藤博文)의 발언이다. 일
본 근대 교육에서 '충군애국의 신민'을 기르기 위한 장치로 고안되고
보급됐던 운동회가 조선에서 '애국심'을 발동시키는 장치로 확산되

---

9　　伊藤博文, 「伊藤統監訓示演說」, 渡部學·阿部洋 編, 『日本植民地教育政策史料
　　集成(朝鮮篇)』第63卷, 東京: 龍溪書舍, 1908, 23~24쪽.

자, 오히려 — 혹은 바로 그런 까닭에 — 저지하려 한 것이다. '문명화'
와 '근대화'를 표방하며 조선에 대한 지배를 정당화하는 통감부가 이
데올로기적 국가 장치인 운동회의 '근대성'을 부정하는 이율배반적인
태도를 취한 것이다. 이는 1900년대 후반 사립학교 중심의 교육 구국
운동에 대한 탄압과 식민지 교육의 이식 과정을 배경으로 했음은 물
론이다. 결과적으로 조선에서 운동회는 단기적으로 위축되고 저지될
수밖에 없었다.

> 당초에는 학교의 경영이 바로 한국의 현상을 타파하고 국권을 회복하
> 는 유일한 방법이라 하며 왕성하게 나팔을 불고 종고를 울리거나 혹은
> 병식체조, 연합 운동회 등 시위적 행동을 감행하고 또는 교내에서 시사
> 를 논의하는 등 불온한 현상이 매우 심했으나, 당시 당국자는 이는 결코
> 청년 자제를 선량하게 선도하는 소이가 아니며 도리어 그들의 전도를
> 그르치고 가국을 위태한 지경에 빠뜨리는 것이라는 점을 간곡하게 경
> 고하고 학교의 경영을 절실온건(切實穩健)하게 만들고 교육의 본지에
> 적합하게 하는 데 노력했다.[10]

이데올로기적 국가 장치로 고안된 운동회에 어떠한 국가의 이데
올로기를 담느냐에 따라 그것이 때로는 보급되거나 확산되기도 하고
때로는 저지되거나 억압되기도 한다는 점에서, 이러한 역사적 사례는
근대 학교의 운동회의 전개 과정을 이해하는 데 있어 매우 중요한 시

10   學部, 「韓國教育ノ現狀」, 渡部學·阿部洋(編), 『日本植民地教育政策史料集成
     (朝鮮篇)』第63卷, 東京: 龍溪書舍, 1910, 68쪽.

사를 제공한다. 운동회는 그것이 최소한 국가권력의 이념적 틀과 충돌하지 않는 범위 내에서만 존립되거나 확산될 수 있다는 점에서 근본적으로 구조적인 제약하에 놓일 수밖에 없다.

이처럼 통감부 시기에 일시적으로 억압된 운동회는 1910년 이후 식민지 교육에서 다시 부활한다. 다만 대한제국기의 연합 운동회와 같은 민족주의의 이념적 측면은 거세되고, 그것을 제국의 신민을 위한 신체 규율 장치로 다시 전유하는 과정이 전개된 것으로 보인다.

식민지기 초등학교(보통학교) 운동회 전개 과정에 관해서는 실증적인 연구가 아직 미흡해서 그 전모를 파악하기가 어렵지만, 여기서는 1930년 경성여자공립보통학교의 운동회 프로그램 자료를 예시한다. 1930년 9월 23일에 개최된 추계 운동회는 다음과 같은 프로그램으로 구성됐다.

오전

개회사 교가 합창/ 1. 연합체조/ 2. 줄다리기/ 3. 오십 미터 달리기/ 4. 방형 변각 경주(方形變脚競走)/ 5. 체조·유희(신발 소동)/ 6. 추첨 경주/ 7. 농구/ 8. 송구/ 9. 오십 미터 달리기/ 10. 달마 전달하기(達磨送り)/ 11. 유희(별)/ 12. 숟가락 경주/ 13. 유희(집이 어딘지 잊었어요)/ 14. 체조·유희(반딧불집)/ 15. 오십 미터 달리기/ 16. 유희(유자 열매, 산보)/ 17. 깃발 전달하기/ 18. 큰 공 굴리기/ 19. 백 미터 달리기/ 20. 피구/ 21. 유희(떡방아)/ 22. 숟가락 경주/ 23. 쿵쾅 경주(ドンガン競走)/ 24. 케이스링 볼(ケースリングボール)/ 25. 이인삼각 경주/ 26. 체조·유희(고향의 하늘)/ 27. 바퀴 빠져나가기/ 28. 유희(아침 해)/ 29.

오십 미터 달리기/ 30. 코너 볼(コーナーボール)

<u>오후</u>

31. 줄다리기/ 32. 백 미터 달리기/ 33. 박 터뜨리기/ 34. 체조·유희(비행기)/ 35. 낚시/ 36. 유희(안녕하세요)/ 37. 유희(바다·인생의 환희)/ 38. 오십 미터 달리기/ 39. 십자형 릴레이/ 40. 단풍잎 따기/ 41.큰 공 굴리기/ 42. 체조/ 43. 백 미터 달리기/ 44. 유희(나비·장미꽃)/ 45. 게시 경주/ 46. 오십 미터 달리기/ 47. 유희(분수)/ 48. 체조/ 49. 줄넘기 경주/ 50. 밧줄 넘기/ 51. 유희(들치기)/ 52. 오십 미터 달리기/ 53. 공 쫓기/ 54. 유희(카드류 댄스)/ 55. 전교생 홍백 릴레이/ 56. 낚시/ 57. 추첨 경주/ 58. 큰 공 굴리기/ 59. 댄스(교가)/ 60. 연합 체조 폐회식사[11]

종목의 이름만으로는 실제로 어떤 내용인지 알 수 없으나 하루 동안 진행된 60개 종목 가운데 '유희'라는 제목이 붙은 것은 한 종목이고, 50미터 또는 100미터 달리기가 열 종목이며, 그 밖에 이인삼각이나 줄다리기, 큰공굴리기 등도 보인다. 학생 외에도 오후에는 졸업생(56번), 내빈(57번), 직원(58번) 등이 참가하는 종목이 마련되어 있었다. 또한 학생들에게 상품도 제공된 것으로 보인다. 이상의 종목들을 보더라도 근대 일본이나 식민지 타이완에서 전개된 운동회와 형식 및 내용에서 뚜렷한 공통성을 확인할 수 있다.

위의 사례에서는 국가주의적·군국주의적 요소가 노골적으로

<hr>

11    京城女子公立普通學校,「本校に於ける運動會」,『朝鮮の教育研究』第四卷 第九號 九月號, 1931, 65~75쪽.

두드러지지 않지만, 1930년대 후반 이후 전시기에 접어들면서 일본에서와 마찬가지로 조선에서도 운동회의 내용에서 그러한 요소들이 강화됐다. 예컨대 1941년 이후 '국민학교' 시기 운동회에는 '비행기 폭격', '백병전', '장애물 넘기 경쟁(短繩跳競爭)', '육탄전', '들것 운반 경주' 등이 실시되기도 했다.[12]

이상의 자료들은 국가가 운동회를 국민(보다 분명히 말하면 신민)의 신체를 만들기 위한 규율 장치로서 활용하려 한 근거로 해석되어야 할 것이다. 바꾸어 말하면 이는 운동회의 '국가적 역사'이다. 그런데 식민지기 운동회에는 그러한 '국가적 역사'로 '설명'되기 어려운 미묘한 측면 또한 존재했다. 다음 자료를 살펴보자. 1935년에 학교 운동회와 관련해 일본과 조선의 교육 관계자들이 공동으로 가졌던 좌담회의 기록이다.

> 박(경기): …… 학교 운동회는 교육적이어야 합니다. …… 그러나 실제를 보면 여기서 조금 탈선하는 경향이 있지 않나 생각합니다.
>
> ……
>
> 쓰카모토(전북): …… 지방에서는 별도로 위안 기관이 없으므로 운동회를 일 년에 한 번 있는 오락, 즉 위안으로 생각하므로 학교장은 하려 해도 학교 체조를 거의 도입하지 못합니다.
>
> ……
>
> 히카사: 나는 목포에 일 년 있었습니다만, 그런 곳에서도 운동회는 역

12  金村明吉 「戰力增强を主とせる運動會演技種目の硏究」, 『國民學校』 第十卷 第一號, 朝鮮公民敎育會, 1941, 53~56쪽.

제6부
∶ 규율의 반전

시 일 년에 유일한 위안입니다. 그런 기회에는 자리를 차지하기 위해 밤을 새워 멍석을 깔고 자리를 차지합니다. 목포에서도 그러하니 농촌으로 들어가면 그런 경향이 더 많아질 것이라 생각합니다. 어느 정도까지는 환경에 따라야 하고 학교와 가정의 친목 융화라는 점에 따라야지요.
……

우메사와: 운동회를 오락과 분리시키고 학교 체조의 본질로만 돌아가는 것은 조선의 실정으로 보면 너무 이른 감이 있습니다.[13]


각 지역의 보통학교 훈도들이 평가하는 운동회의 문제점에 관한 지적들인데, 공통된 점은 운동회가 이른바 학교 체조의 성과를 확인한다는 '교육적'인 궤도를 '탈선'해 지역 민중의 오락이나 위안에 치중된 경향을 문제시하면서도 동시에 운동회를 오락으로 전유하려는 '조선의 실정'을 무시할 수도 없다는 딜레마에 가득 찬 인식이다. 식민지 시기에도 운동회가 조선총독부로 대표되는 국가권력이 의도한 바대로 작동하지 않는 또 다른 측면을 지녔음을 강하게 암시하는 대목이다. 그 측면이란 다름 아닌 조선인들이 그것을 일종의 '유희' 또는 '잔치'로서 전유하는 측면이라 할 수 있다. 예컨대 식민지기 조선의 보통학교 운동회에 관한 다음 회고를 보자.


나의 보통학교 시절의 운동회는 푸짐한 잔치분위기의 운동회이었다. 1928년 10월 초에 어느 날이었다. 서울 제동의 비좁은 골목길은 마치 장이

13    編輯部, 「運動会に関する座談会」, 『朝鮮の教育研究』 第百八號 九月號, 1935, 77~91쪽.

선 거리와도 같이, 사람이 붐비는 잔치집 마당과 같이 흥겨운 풍경이었다. 제동보통학교 운동장의 상공에는 울긋불긋한 만국기가 펄럭이고 학교 주변은 딱총소리와 빵장수의 피리소리로 요란스러웠다. 아침에 등교하면 오후에 귀가할 때까지 일체 학교대문을 못나가는 엄한 학교규칙이었건만 이 날만은 학교 대문이 온 종일 열리어 학부형과 구경군 그리고 장사군들로 학교 문 앞은 복짝거리었다.[14]

1928년 식민지 조선의 보통학교 운동회 때에도 학교 운동장에는 만국기가 펄럭였으며 "푸짐한 잔치 분위기"였다고 기억된다.

그렇다면 일본과 타이완 등 다른 지역의 경우는 어떠할까. 요시미 슌야는 근대 일본 교육에서 운동회가 "많은 지역들의 생활세계에서 국가적 의식 이상으로 마을축제로서 수용"됐던 측면을 지적한다.[15] 한편, 1945년 이전 조선과 마찬가지로 일본제국의 식민지였던 타이완의 경우도 유사하다. 쉬페이셴(許佩賢)의 연구에 따르면, 1900년대 이후 식민지 타이완의 공학교(公學校)에 정착해 확산된 운동회 역시 '마을의 구경거리(壯闊里之觀膽)'이자 즐거운 축제로 받아들여졌다고 한다.[16] 이처럼 근대 동아시아인 조선(한국)과 일본, 타이완에서는 운동회가 '잔치' 혹은 '축제'의 이미지로 기억되는 공통성을 확인할 수 있다.

이러한 예들은 국가가 '위로부터' 파악하는 운동회와 '아래로부

---

14    정병학, 「까닭없이 신바람나던 날」, 『새교실』 1978년 9월 호, 29쪽.
15    요시미 슌야(吉見俊哉), 「국민의례로서의 운동회」, 요시미 슌야 외, 이태문 옮김, 『운동회: 근대의 신체』, 논형, 2007, 54쪽.
16    許佩賢, 「敎化,競爭與反饋的機關裝置: 公學校的運動會」, 『殖民地臺灣的近代學校』, 臺北: 遠流出版公司, 2005, 318쪽.

터' 보는 민중의 '기억 속의 운동회' 간의 균열과 경합이 노골적인 '규율'의 강제를 특징으로 하는 일본 근대 교육 및 식민지에서 전개된 식민 교육 내에서도 작동했음을 강하게 암시한다.

## 3. 해방 이후 한국의 운동회

그렇다면 해방 이후 운동회는 어떻게 변모했을까. 1945년 8월 15일을 기점으로 일본제국은 해체되고 조선과 타이완은 식민지 지배에서 해방된다. 이후 이전의 제국 질서와는 다른 새로운 국민국가의 구조와 질서가 성립하며, 이러한 구조적 변화는 당연히 교육에도 영향을 미칠 수밖에 없다. 무엇보다도 먼저 지적해야 하는 점은 국가 자체가 전면적으로 변화됐다는 것이다. 식민 지배 권력이 와해되고, 대한민국이라는 국가가 새롭게 형성됐다. 이는 학교교육에서도 그에 상응하는 변화를 초래한다. 예컨대 운동회와 관련해보자면 운동회를 개식하기 전 국가적인 의례에서 합창하는 노래는 '기미가요'에서 '애국가'로 바뀌었고, 일제히 경례해야 하는 국기는 '히노마루'에서 '태극기'로 바뀌었다.[17] 하지만 운동회라는 교육 형식 자체가 혁파되거나 다른 것으로 대치되지는 않았다. 운동회의 주된 종목은 여전히 달리기, 릴레이 경주, 줄다리기, 기마전, 기 뺏기, 장애물 경주, 그리고 각종 유희 경기 등이었고, 모든 학생이 두 편으로 나뉘어 경쟁하는 형식도 유

---

17　吳成哲, 「朝鮮の植民地学校の規律とナショナリズム」, 『東アジア研究』, 大阪經濟法科大學, 第49號, 59~71쪽.

제13장
∴ 운동장

559

지됐다.[18] 해방 이후 운동회의 변모 실태에 관해서는 별도의 규명이 필요하겠지만, 분명한 것은 식민지기에 학교 행사의 주요한 일환으로 정착하고 일종의 관행으로 받아들여진 운동회가 해방 이후에도 폐지되지 않고 기본적으로 동일한 형식을 유지하면서 지속됐다는 점이다.[19]

운동회는 법적으로 규정되지 않는 일종의 관행이었기 때문에 의무적으로 실시되지는 않았다. 그것은 기본적으로 학교의 여건과 재량에 맡겨졌다. 그런데 운동회를 실시하는 데는 학생들에게 제공되는 상품을 준비하는 것을 포함해 적지 않은 비용이 요구되기 때문에 기금 확보가 중요한 조건이 될 수밖에 없다. 식민지기에도 운동회는 학부형의 기부금 찬조를 주요한 조건으로 해서 실시됐으며 이는 해방 이후에도 마찬가지였다. 따라서 해방 이후 한국의 모든 초등학교가 매년 정기적으로 운동회를 실시하지는 못했으며, 경우에 따라 운동회가 개최되는 사정은 달랐던 것 같다.

신문에 게재된 운동회 관련 기사를 추적해보면, 예컨대 1965년의 경우에는 서울시 내 160개 국민학교 대부분이 운동회를 폐지했다고 한다. 그 주된 이유는 2부제, 3부제 수업으로 아동 수가 많아 운동장에 한꺼번에 모일 수 없다는 것이었지만, 또 다른 이유는 운동회비 징수의 어려움이었다.[20] 농촌의 경우에도 사정은 비슷해서, 1966년 강

---

18  다만 달라진 것이 있다면 식민지기에는 '홍군'과 '백군'이었는데 해방 이후에는 '청군'과 '백군'이 되어 '빨간색'이 '파란색'으로 바뀌었다. 자료를 통해 확인하기는 어려우나, 이러한 변화는 반공 체제의 형성 및 '빨간색'과 공산주의 간의 함의적 연관에 대한 경계와 관련이 있지 않을까 추측된다.

19  이수남·김양곤, 『새로운 운동회의 기획과 운영』, 신창사, 1957; 이병위·강구성, 『운동회의 기획과 운영: 각종 놀이 지도요령』, 춘조사, 1961.

20  「도심의 국민교 운동회 폐지한지 오래고」, 『동아일보』, 1965년 5월 4일.

원도 묵호 지역에서는 기부금이 아니라 일종의 잡부금으로 학생 1인당 90원의 운동회비를 징수했던 기록이 있고,[21] 1970년대에 들어서도 운동회 명목의 잡부금 징수 문제가 간혹 신문에 보도되기도 했다. 예컨대 1973년 강원도 강릉의 경우, 정부가 잡부금 징수를 금지한 결과 운동회가 실시된 학교는 전체 쉰다섯 학교 가운데 여섯 학교에 그쳤다.

이러한 상황은 바꾸어 말하면, 해방 이후 오랜 기간 동안 국가가 운동회를 실시하는 데 그다지 적극적이지 않았음을 의미하는 것이기도 하다. 심지어 1975년 한국 정부는 이른바 서정쇄신 시책에 따라 학부모에게 찬조금을 걷는 폐단을 없앤다는 이유로 아예 국민학교 운동회의 폐지를 지시한 일까지 있었다. 그리고 이 조치는 운동회 실시를 요구하는 민간의 여론이 고조되는 계기가 된다. 뜻하지 않은 반발에 부딪힌 정부는 결국 이듬해인 1976년 9월에 운동회의 부활을 다시 지시했다.[22] 다음 신문 사설을 통해 운동회를 둘러싼 사회적인 여론의 향방을 짐작할 수 있다.

### 「어린이를 위한 운동회를 — 그들의 꿈과 즐거움 앗지말라」

그동안 중단됐던 국교운동회가 다시 부활된 것은 다행한 일이다. 그러나 이번에는 운동회에서 어린이들에게 상품을 주어야하느냐의 문제를 가지고 논란을 벌이고 있다. 문제의 발단은 문교부가 올해부터 다시 운동회를 열되 상장만 주고 상품은 주지말라고 지시한데서 비롯된다. 추측컨대 이는 이에서 초래되는 학부모들로부터의 금품징수 등의 부조리

---

21    「학부형 울리는 운동회비」, 『경향신문』, 1966년 10월 22일.
22    「국민교 운동회 부활토록 지시」, 『경향신문』, 1976년 9월 3일.

를 제거하자는데 그 근본의도가 있는 듯하다. …… 누구나 알고 있듯 국
교운동회에는 어린이들의 다른 것에 비길 수 없는 즐거움과 부푼 꿈이 있다.
한데 운동회에서의 상품 폐지는 어린이들이 부푼 꿈과 즐거움을 송두리째
앗고 마는 결과를 가져올 수도 있다는 사실이다.[23]

　　잡부금 징수 문제 등을 이유로 폐지한 운동회를 부활시키는 것
은 '다행'이지만, 운동회에서 '상품'은 주지 말라고 지시하는 것은 아
동들의 '부푼 꿈과 즐거움'을 빼앗는 행정 조치라는 비판이다. 초등학
교 학교 행사 가운데 하나에 불과한 운동회에서 학생들에게 상품—
그래 봤자 공책 아니면 연필 등 저렴하고 단순한 학용품에 불과하지
만—을 주고 말고 하는 문제가 주요 일간지의 사설 주제가 됐다는 사
실 자체가 놀라운 일이지만, 분명한 것은 여기서 운동회의 이미지는
국가의 규율 장치라기보다는 이미 민중과 아동이 자신의 것으로 전유
한 '잔치'라는 점을 놓쳐서는 안 된다.
　　『동아일보』는 이 사설을 발표한 지 사흘 후에 또다시 초등학교
운동회에 관한 사설을 싣는다. 그 계기는 1976년에 문교부가 운동회
부활을 지시하면서 그 종목에 이데올로기적 색채를 강화할 것을 지시
한 데 있었다.

### 「국교운동회 「변질부활」 … 동심 외면한 가마니짜기 등은 재고를」

운동회는 시골의 운동회라야 제맛이 난다. …… 시골의 운동회는 어린

23　「사설: 어린이를 위한 운동회를—그들의 꿈과 즐거움 앗지 말라」, 『동아일보』, 1976년
　　9월 11일.

이들이 그저 달리고 뛰는 대회라기보다 지역사회의 모든 사람들이 공동으로 향유하는 축제의 광장으로 더욱 뜻이 깊고 보람도 있는 그러한 행사이다. …… 그런데 문교부의 지침은 정말 찾아야 할 것은 외면하고 생판 엉뚱한 데로 운동회를 몰고 가는 듯해서 서운하다. 보도에 의하면 새마을 정신을 고취하기 위해 가마니짜기 새끼꼬기가 거론이 되고 총력안보 국방경기로는 대피운동 모래주머니 나르기 화생방대비경기 등이 고안되고 있는 모양이다. …… 어린이의 꿈, 어린이의 정서를 한껏 발휘할 수 있도록 하기 위해 모처럼 부활된 운동회에서 겨우 한다는 것이 새끼나 가마니짜기, 화생방대비경기 등 살벌하고 딱딱한 종목을 그것도 획일적으로 실시해야 된다는 것은 납득이 가지 않는다.[24]

국가는 민중의 요구에 따라 운동회를 부활하면서도 그것을 국가의 규율 장치로 전유하려고 시도했다. 총력안보와 국방 심지어 '새마을운동'과 같은 국책을 위해 운동회 종목을 국가주의적으로 전환하는, 식민지 말기 전시체제의 동향을 방불케 하는 지시를 내렸다. 이 사설은 '가마니 짜기', '대피 운동', '화생방 대비 경기' 등의 "살벌하고 딱딱한 종목"을 "생판 엉뚱하게" 강요하면서 운동회의 축제적 성격을 박탈하려는 국가에 대한 민중의 반발과 저항으로 해석해야 한다. 1970년대 중반 이른바 권위주의적인 유신 독재 체제하에서도 국가의 규율 장치로서의 운동회와 민중 및 아동의 축제로서의 운동회는 경합한다. 이 경합의 과정에서 국가는 표면적으로는 우세한 위치를 점한

<hr>

24    「국교운동회 변질부활 동심 외면한 가마니짜기 등은 재고를」, 『동아일보』, 1976년 9월
        14일.

**[그림 3]**  1978년 충북국민학교 운동회(충청북도교육청, 『충북교육의 맥』, 2005).

다. 국가의 이러한 조치 이후 1970년대 말 초등학교 운동회는 적어도 그 종목의 면면으로 볼 때 국가 이데올로기의 종합 전시장으로 변모했다. 〔그림 3〕 예컨대 1978년 당시 국민학교 운동회의 종목에 관한 어느 조사를 보자. 이는 경상북도 내 전역의 국민학교를 대상으로 운동회의 종목과 운영 실태를 조사한 보고서이다.[25]

여기서는 트랙 종목과 필드 종목으로 나누어 종목을 조사했는데, 트랙 종목 중에서 반공주의 등 이데올로기와 관련된 종목으로는 '김일성 잡기 달리기', '최후의 일각까지', '적진 돌파', '땅굴 폭파', '안보 경기', '백마고지' 등이 실시됐다. 필드 종목의 경우에는 이데올로기 관련 종목이 훨씬 다채롭다. 아래 열거된 것은 당시 경상북도 내

---

25  노영구, 「운동회 종목과 프로그램 용어에 관한 조사 분석」, 『대구교육대학교 논문집』 제 13집, 대구교육대학교. 347~357쪽.

초등학교에서 실시된 필드 종목을 나열한 것이다.

애국주의: 조국찬가, 민족의 얼, 나의 조국, 민족의 물결, 전진하는 나의 조국, 나라사랑, 자유의 종, 우리는 대한의 꽃, 우리나라 금수강산, 영광영광 대한민국, 우리는 대한의 딸 등

통일: 조국통일, 통일의 염원, 통일기원, 남북통일, 통일을 이룩하자, 통일의 이념, 통일의 꽃, 우리의 소원, 통일 아리랑, 북진통일 등.

새마을: 새마을잔치, 새마을 새나라, 새마을일꾼, 새마을의 꽃, 새마을 대행진, 꽃피는 새마을, 새마을만세, 우리도 잘살아보세, 근면자조협동, 새역사 창조, 새마음 새정신 등

총력안보: 총화의 꽃, 총화유신, 총력안보, 유비무환, 총화의 꽃다발, 유신의 물결, 총화행렬 등

분식장려: 점심잡수세요, 내가 먼저 혼분식, 혼분식으로 다진 국력, 혼분식 여행, 즐거운 혼분식, 공중전쟁, 점심탄 폭발, 혼분식시간 등.

경제관련: 저축, 저축왕, 티끌모아태산, 알뜰살뜰모으세, 땀흘려모으세. 소득증대, 올해도증산, 모으고 모으자, 땀흘려 모으세, 풍년놀이, 올해도 풍년, 풍년이 왔네, 풍년잔치, 새마을풍년, 얼시구 풍년

민방위훈련관련: 민방위운동, 모범민방위대, 나는 민방위, 용감한 소방수, 우리는 소방대, 소방대출동, 예비군만세, 새마을소방수 등

반공관련: 반공훈련, 간첩신고, 간첩을 잡자, 간첩은 내가먼저, 간첩생포, 간첩색출, 김일성교수형, 김일성혹은 내가 뗀다, 꼬리가 길면 잡힌다, 멸공통일, 안보경기, 초전박살, 처부수자공산당

국방관련: 자주국방, 북진통일, 백두산에태극기, 백마고지 탈환, 후방

은 이상없다. 적기를 뺏아라, 태극기는 내 것[26]


이상에서 열거한 종목들은 유신 체제하에서 강조된 애국주의, 반공주의, 군국주의, 국책 선전 등의 이데올로기와 관련된 것임은 분명하지만, 구체적으로 어떻게 운영됐는지는 종목의 이름만으로는 알기 어렵다. 다만, 그것을 짐작할 수 있는 사례가 없지는 않다. 한 예를 들어보자.


「때려잡자 김일성(저학년 편)」

○ 청·백 두 팀으로 갈라서 각각 2열 횡대로 마주 선다.

○ 시작 신호에 따라 두 아동이 손을 잡고 백선이 있는 곳까지 달려가서 가지고 간 콩주머니 두 개로 김일성 오뚜기를 때려 맞추어 떨어뜨린 다음, 콩주머니를 주워가지고 출발선으로 돌아와 다음 사람에게 콩주머니를 이어준다.

○ 오뚜기 옆에는 보조자가 한 사람 있어서 떨어진 오뚜기를 올려놓는다.

○ 마지막 사람까지 먼저 끝나는 편이 승리한다.[27]


'때려잡자 김일성'이라는 이름으로 진행된 이 종목은 이념적인 내용으로 보면 반공주의 이데올로기를 교화하기 위한 것이라고 할 수 있다. 운동회의 이데올로기적 규율 장치로서의 성격을 단적으로 보여주는 대목이다. 그런데 이러한 종목을 통해 사람들은 '반공주의의 전

26    같은 곳.
27    박태규, 「운동회 도중 불끄기 작업」, 『새교실』 1980년 9월 호, 36~37쪽.

사'로 일방적으로 호명되고 주조됐던 것일까. 비록 1970년대 후반에 이데올로기적 성격을 지닌 종목이 급격히 늘어나는 등 국가가 운동회를 이데올로기적 규율 장치로 전유하려는 시도가 강화된 것은 사실이지만, 국가의 지시에 따라 운동회 때 내걸린 각종 이데올로기적 표어 아래에서 또 다른 드라마가 전개됐을 가능성은 여전히 남아 있다.[28]

그렇다면 해방 이후 초등학교의 운동회를 직접 경험한 사람들 —아동, 학부형, 지역민—에게 기억되는 운동회는 구체적으로 어떤 것이었을까.


## 4. 운동회의 기억


해방 이후 초등학교 운동회에 관한 일반 민중의 기억을 복원하는 일은 쉽지 않다. 기억을 말해주는 사료 자체가 체계적으로 정리된 것도 아닐뿐더러 기억 자체가 매우 개별적이고 주관적이며 단편적인 형태로 산재해 있기 때문이다. 바로 그런 이유에서 운동회에 관한 기억을 보여주는 자료는 체계적이지 않은 채로 여기저기 흩어져 있다. 기존의 역사학 등에서 통상 활용하는 문서로 기록되고 인쇄된 문헌 자료들도 있지만 그보다는 인터넷상에서 개인 카페나 블로그 등에 사적으로 등재한 기록들 쪽이 훨씬 풍성하다. 이들 매체를 통해 확인할 수

---

28  예컨대 운동장에서 콩주머니를 던지며 김일성 얼굴이 그려진 오뚝이를 쓰러뜨리던 아이들의 눈빛은 반공주의적 적개심에 가득 차 핏발이 서 있었을까. 그 오뚝이에 누구의 얼굴이 그려져 있던 간에 사람들에게는 단지 콩주머니를 던져 맞추던 순간의 즐거움만이 적어도 주관적으로는 강하게 기억되는 것이 아닐까.

있는 운동회의 기억들은 물론 개별적인 것들이고 또 내용에서도 다채롭지만 그럼에도 공통성을 확인할 수 있다.

예컨대 한국의 대표적인 인터넷 검색엔진인 다음(www.daum.net)과 네이버(www.naver.com) 등은 각기 동호인 카페와 개인 블로그를 등록해 운영하게 하는 서비스를 제공한다. 2013년 6월 27일 현재, '운동회 and 추억'이라는 검색어로 검색한 바에 따르면 다음 카페는 약 8만 8000건, 다음 블로그에는 약 2만 1600건, 그리고 네이버 카페에는 7044건, 네이버 포스트에는 9898건이 검색됐다. 이들 카페와 블로그는 대부분 초등학교 당시의 운동회에 관한 기억을 담고 있다.

개별적 기억을 보여주는 인터넷 카페와 블로그의 운동회 관련 회고들은 여기서 매거하기 어려울 정도로 방대하지만, 거의 대부분 '향수(nostalgia)'라고 이름 붙여야 적합할 만큼 과거의 학창 시절에 대한 몇 안 되는 행복하고 그리운 추억의 일환으로 운동회를 거론한다는 점에서 공통적이다. 이러한 운동회에 관한 여러 기억의 요소와 내용을, 예컨대 '양적인 지표'를 통해 '객관적으로' 분류하고 분석하는 것은 큰 의미를 갖지 못할 것이다. 여기서는 운동회에 관한 기억의 요소들을 전형적으로 보여준다고 판단되는 자료를 하나 선정해 그 기억의 성격을 시론적으로 분석하고자 한다. 여기서 선택한 자료는 한 소설가가 초등학교 운동회와 관련해 신문에 기고한 글이다.

소설가 최일남(崔一男)은 1980년대 초반 어느 국민학교 운동회에 참관한 경험을 신문에 위와 같은 글로 남겼다. 조금 길지만, 운동회의 기억과 그 안에 스며든 정서를 엿볼 수 있는 풍부한 내용으로 구성되어 있어 다음과 같이 인용해본다.

…… 그 국민학교 운동회에도 만국기는 펄럭이고 있었다. 폐경기에 접어든 여자의 젖줄처럼 졸아든 우리들의 가슴을 새삼스럽게 부풀게 할 만국기는 나부끼고 있었다. 함성도 있었으며 한껏 즐겁고자 하는 아이들의 싱싱한 동작도 보기에 즐거웠다.

실로 오랜만에 들어보는 "청군 이겨라!" "백군 이겨라!" 하는 소리로 내 소싯적 생각을 들쑤셔놓기에 족했다. 비록 울타리 밖에서는 차소리가 요란하고, 눈을 돌리면 아파트군이 학교를 옹위하고 있는 모습이 다소 살풍경하기는 해도, 모처럼 아이들이 일으키는 흙먼지까지가 잔칫날을 확인해주고 있었다.

그런데 역시 이 운동회는 어딘가 맥이 빠져있어 보였다. 반드시 그것이 좋아서 하는 소리는 아니지만, 본부석에는 동네 유지들로 구성되는 '내빈석'도 따로 없었으며, 학부형의 8할은 여자들이었다. 말하자면 아버지가 없는 운동회였다. 남자들은 이 시간에도 어음 교환하느라 바쁘고, 처자식들의 그런 잔치를 있게 하기 위해서 땀을 흘리고 있음에 틀림없지만, 어머니만 참석한 운동회는 문자 그대로 「수업의 연장」과도 같은 느낌을 주었다.

그리고 옛날 운동회는 어떤 형태로든 꼴찌에게도 공책 한 권이나 연필 한 자루는 돌아가게 배려가 되어 있었는데 이 운동회는 그런 것 같지도 않았으며, 내 생각 탓인지는 몰라도 등수 안에 들어 그런 상품을 타는 아이들도 그다지 「희색이 만면」하지는 않아 보였다.

운동회의 피크는 뭐니 뭐니해도 점심을 먹을 시간이다. 아이는 아이대로, 그리고 오늘의 그 「주역」을 따라온 7~8명의 가족들은 이제 노랗게 물들어가는 포플러나무 밑에서 도시락을 까먹는 재미가 일품이었던 것이다.

그런데 이 운동회는 놀랍게도 그 순서가 없었다. 아이는 많고 운동장은 밴댕이 코구멍만 하니까, 할 수 없이 운동회를 오전 오후로 나누어 실시했던 모양이다. 그런 궁색스런 행사나마 하기로 마음먹은 학교 당국의 「쾌거」가 장하다 해야 할지.

다만 예나 이제나 변하지 않은 운동회의 「품목」이 반가웠다. 줄이 엉망이어서 차라리 애교스런 매스게임, 달리기, 바구니에 공 넣기, 줄다리기, 기마전 같은 것들이 이렇게 심하게 달라진 세상에도 여전히 살아남아 있다는 사실이 신기하기도 했다.

그러나 나는 어리석게도 이 학교의 운동회를 보고 있지 않았다. 내가 겪은 운동회를 떠올리고 있었다. 그 운동회가 가까워 오면 수업은 집어치우고 맨날 연습만 했다. 스란치마에 뾰족구두만을 신고 다니던 여선생님이 갑자기 운동복으로 갈아입고 호각을 불어대는 모습도 멋이 있었으며 우리 또래 촌놈들도 운동회를 앞두고는 느닷없이 활기에 넘쳐흘렀다.

그러나 운동회를 기다리는 것은 우리만이 아니었다. 집안 식구들도 마찬가지였으며 동네 처녀나 청년들 아니 요즈음 말로 온 「지역사회」가 그날을 고대하면서 슬렁슬렁 술렁거렸다. 말하자면 그것은 동네잔치였으며 지역문화를 수속하는 역할도 했던 것이다.

막상 그날이 되면, 학교로 향하는 논배미 길은 그런 사람들의 대열로 빼꼭 찼었다. 5월 농부가 8월이면 신선이 된다는 계절, 찢어지게 화창한 가을 날씨를 이고, 빳빳하게 풀먹인 옥양목 치마를 사각거리며 아낙네들은 길을 재촉하였다. 손에는 애써 장만한 찬합들을 하나씩 들고.

면장이나 지서장이 이날은 교장선생님과 함께 상석을 차지했는데 누가

코치를 했음직한 면장의 축사도 이날만은 그닥 지리하지가 않았다. 「에-또」라는 간투사가 적어도 열댓번은 간투(間投)되고 「신체발부지부모(身體髮膚受之父母)」따위 어려운 말이 섞인 것이 탈이었으나 그것도 즐거운 한 판 놀이를 앞두고는 참아낼 수가 있었다.

자기반 차례가 되어 한두 번 뛰고 나면 점심이었다. 보리가 안 섞인 쌀밥도 그렇지만, 평소에는 얻어걸리기 힘든 성찬이 거기 있었다. 갈치꼬랑이 구운 것, 마늘장아찌, 호박전, 고비볶음 등속이 그렇고, 후식으로 나오는 찐고구마, 삶은 계란, 우린감, 밤, 배 등은 우리들을 포식시키고도 남았다.

점심을 먹고 난 오후부터는 아이들 게임보다는 어른들 차례가 많았다. 희한하게도, 되도록 페달을 안 밟아 맨 꼴찌가 일등이 되는 자전거경주(?), 쌀가마 지고달리기 등이 그것이었다. 그 중에서도 남편이 아내업고 달리기는 만좌의 웃음을 사는 재미를 안겨주었다. 수줍어서 함께 걷지도 못하던 부부가, 이날만은 마음 놓고 업고 업히고 하였다. 그날 밤 집집마다에서는 비린 것이라고는 일 년에 너댓 번, 간고등어를 먹인 것밖에 없는 당신의 엉덩짝이, 그렇게 무거울 줄 몰랐다는 웃음꽃들이 피었다. 실로 오랜만에 그 웃음의 의미를 헤아리면서. 낮에 찐 고구마를 먹은 탓에 남몰래 방귀를 뀌며 기마전을 끝내면 슬픈 해가 저물고 운동회는 끝난다.[29]


이 짧은 글 속에서는 저자가 목격한 대도시 지역 아파트에 둘러

29    최일남, 「어느 국교의 운동회」, 『경향신문』, 1983년 10월 19일.

싸인 1980년대의 운동회가 저자의 '소싯적' 운동회—아마도 1950~ 1960년대쯤의 운동회일까—와 대비되어 아쉬움과 회한을 자아낸다. 1980년대 대도시 국민학교의 운동회에서도 만국기가 걸렸고, "청군 이겨라!", "백군 이겨라!" 하는 함성 소리 속에서 아이들은 여전히 전과 같이 달리기를 하고 기마전도 하고 매스게임도 하지만, 그는 거기에 무언가가 빠져 있다고 느낀다. "운동회라면 모름지기 이런 것"이어야 한다는 최일남의 기억 속에서 운동회란 어떤 것인가.

첫째, 운동회는 '비일상적'인 시공간이다. 그것은 '수업의 연장'이 아니라 '수업하지 않는 날'이다. 책가방도 숙제도 없는 그 하루 동안 아동들은 일상적인 교육과 규율의 틀에서 해방되어 마음껏 뛰어놀 수 있다. 그렇기 때문에 운동회는 학창 시절에 대한 기억 중에서도 '소풍'이나 '수학여행' 등과 함께 예외적으로 '즐겁고 신 나게 놀았던 날'에 대한 '아련한 그리움'으로 떠오르는 주제가 된다.

둘째, 운동회는 '열린' 시공간이다. "운동회가 열리는 날은 본관에서 교문까지 운동장 전체를 만국기가 뒤덮어 축제분위기를 만든다. 그리고 학부모들까지 참가하기 때문에 학교만의 축제가 아니라 온 마을의 축제가 된다. 사회적 세계에서 아동을 분리시켜 감금하고 규율하는 학교라는 고립된 세계가 이날 하루 동안은 교문을 바깥 세상에 개방한다. 학교는 폐쇄되고 고립된 교육의 장이 아니라 평소에 학교 교육의 장에서 배제됐던 사람들의 '열린' 잔치 마당으로 전화한다.

셋째, 운동회는 '꼴찌'들의 잔치이다. 운동회 날, 학교의 교육 이데올로기인 '능력주의'와 '경쟁' 원리는 일시적으로 작동을 멈춘다. 학력 경쟁에서 실패한 '꼴찌'들도 운동회에서 달리기를 통해 자존감

제6부
: 규율의 반전

을 확인하고 '공책이나 연필' 같은 상을 받는다. '모두'에게 주어지는 '상'의 기억은 운동회의 기억에서 필수적인 요소를 이룬다.

넷째, 운동회는 '가족'과 '지역민'의 잔치이다. 학부모, 특히 아버지로 대표되는 대가족이 참여하지 않는 운동회는 맥 빠진 운동회일 수밖에 없다. 그렇기 때문에 운동회는 특히 도시보다는 농촌에서 마을의 공동체적 축제가 된다. 따라서 운동회를 추석 이튿날 행하는 경우가 많았다. '먹고 마시는' 향연이 축제의 필수적인 요소이듯이 교정에서 가족과 함께 먹는 '점심'이나 잡상인이 파는 '국밥과 술'은 운동회에서 빠뜨릴 수 없는 핵심을 이룬다.[30] 운동회는 도시화 과정에서 와해되어가는 농촌의 대가족 공동체 의식을 다시 환기하는 공간이다.

요컨대 운동회에 관한 기억 속에서 확인할 수 있는 것은 '상실된 과거에 대한 향수'가 아닐까. 원자화된 근대 이전에 존재했던 가족과 지역 공동체 세계의 유대감에 대한 향수, 학력으로 성공과 실패가 판정되는 자본주의 생활 세계의 능력주의 이전에 존재했던 평등한 놀이 세계에 대한 향수를 엿볼 수 있다. 운동회의 기억 속에서 근대는 전근대에, 국가는 가족에, 능력주의는 평등주의에 자리를 양보한다. 기억 속에서 운동회 날 하루만큼은 공부 못하는 아이들의 잔치, 가족들과 민중들의 잔치였던 것이다.

---

30    운동회에서 가족들이 함께하는 점심시간이 얼마나 핵심적인 비중을 점했는지는 다음 신문 기사를 통해서도 확인할 수 있다. "○ …『운동회를 추석 다음날에 열어주시오. 그렇지 않으면「데모」하겠오.』―주로 자모들의 이런 익살스런 성화에 못배겼음인지 화성군 내의 20여 국민학교는 추계운동회를 소원대로 6일에 열었다는 얘기― ○ … 헌데 학부형들이 추석 다음날을 한사코 고집한 이유는 바로 먹는 문제―운동회니 뭐니하면 아무래도 색다른 『먹이』를 장만해야 하고 때문에 성가신 수고도 해야 하는데 추석 다음날이면 그 번거로움이 없어지고 한꺼번에 해치울 수가 있다는 『가정경제학적 견지』에서―"(「돋보기」, 『경향신문』, 1960년 10월 8일).

다만 이러한 기억이 고정되거나 불변하는 것은 아니라는 점 또한 지적되어야 한다. 운동회라는 학교 행사는 역사 사회적인 조건하에서 변모될 수밖에 없다. 지금까지 다룬 운동회의 기억은 주로 한편에서는 도시화와 산업화가 급속하게 진행되며 또 다른 한편에는 농촌 공동체가 점차 쇠퇴해가는 특정한 조건 속에서 전개된 운동회에 대한 기억이라고 할 수 있다. 도시화와 산업화로 인한 농촌 공동체의 변화, 대가족에서 핵가족으로의 변화, 맞벌이 부부의 등장, 도시 지역 2부제 수업, 축제와 볼거리를 대신하는 대중문화의 등장 등으로 인해 운동회 자체가 급속히 변모하게 된다. 그와 함께 지역 공동체의 '잔치'적 성격이 퇴색하면서 그에 따라 운동회의 기억 또한 이 글에서 다룬 내용과는 매우 다르게 변모할 것이다. 운동회는 특정한 역사 사회적 조건하에 근대 동아시아에서 탄생해 정착하고 확산됐지만 바로 그러한 역사 사회적 조건의 변화와 함께 '역사'로서도 '기억'으로서도 성쇠의 운명을 피할 수는 없다.

## 5. 맺음말

지금까지 초등학교 운동회의 역사와 그에 대한 기억을 간략하게 검토함으로써 운동회와 관련된 '규율 장치'와 '잔치'라는 서로 대립하는 두 이미지가 공존함을 밝혔다. 이러한 대립되는 이미지의 공존을 어떻게 이해해야 할까. 초보적인 시도에 불과한 이 글에서는 향후의 심층적인 연구를 위한 일종의 가설로 다음과 같은 시론적 해석을 제시하는 데 그칠 수밖에 없다.

　이러한 이미지의 대비를 이해하는 한 가지 방식은 운동회의 이러한 두 이미지를 '동전의 양면'이라는 비유를 적용해 동일한 실체의 양면으로 파악하는 것이다. 'A뿐만 아니라 B(not only A but also B)'라는 어법을 적용해 말한다면 운동회는 그것을 경험한 사람들에게는 '잔치'로 '기억'되지만 그뿐만 아니라 '규율 장치'의 기능과 성격을 갖는다는 식으로 이해하는 방식이다. 이러한 이해 방식을 좀 더 발전시켜 그러한 두 이미지 가운데 어느 하나에 설명적인 우위성을 부여할 수도 있다. 예컨대 운동회가 그것을 경험한 사람들이 비록 '주관적으로'는 '잔치'로 '기억'된다 할지라도 그것은 그들이 비록 의식하지는 못하지만 실제로는 '규율 장치'로 작동했다고 '객관적으로' '설명'하는 방식이다. 바꾸어 말하면 이러한 이해 방식은 '잔치'와 '규율 장치'라는 운동회의 양면성을 전제로 하면서 전자를 일종의 허위의식(false consciousness)으로 후자를 실재(reality)로 규정하는 것이라고도 할 수 있다. 그 경우 인간의 경험과 기억은 사회구조라는 보이지 않는 손에 의해 결정되거나 최소한 그것에 규정되는 종속변수로 간주된다.

　그런데 운동회의 '기억'을 이처럼 '과장되고 전도된 허위의식'으로 사회과학적으로 설명해버리는 것만으로 충분할까. 필자는 이와 다른 이해 방식 또한 가능하다고 본다. 그것은 서로 대립하고 충돌하는 운동회의 두 이미지를 병렬적으로 '공존'하는 것으로, 심지어 '허위의식'과 '실재'로 규정해 어느 하나에 설명적 우위성을 부여하지 않고 오히려 양자가 부단히 서로 '경합'하는 것으로 파악하는 방식이다. 바꾸어 말하면 운동회라는 장(arena)에서 예컨대 국가로 대표되는 사회구조는 거기에 참여한 사람들을 국민(혹은 신민)으로 장악하고 훈련시키며 호명하려 하지만, 그들은 그 자장을 벗어나 운동회를 자신들의 놀이와 잔치의 장으로 전유하려 했으며, 그러한 역동적인 두 힘 간의 경합 과정이 부단히 전개됐던 것은 아닐까.

운동회에 관한 보통 사람들의 기억에 주목할 때, 적어도 국가는 운동회를 통해 일방적으로 순조롭게 보통 사람들의 기억을 '국민의 기억'으로 회수하지는 못했다. 오히려 사람들은 부단히 그것을 자신들의 축제로 만들려 했다. 아동과 학부모, 지역민은 운동회라는 이데올로기적 국가 장치에서 호명의 대상에 그치지 않았다. 그들은 자신들의 방식으로 '국가의 규율 훈련의 틀을 일탈하려' 했다. 운동회라는 장을 둘러싸고 전개된 '민'과 '국가'의 경합에서, '기억'과 '역사'의 경합에서, '국가' 혹은 '역사'는 일방적인 우위를 차지할 수 없었다.

그렇다고 해서 그 싸움에서 반대로 '보통 사람들' 혹은 '기억'이 승리했다고 결론지을 수는 없을 것이다. 잔치가 끝난 다음 날 아버지가 다시 근대적인 생활 세계로 나설 수밖에 없듯이, 운동회가 끝난 다음 날 아동들도 다시 책가방을 싸들고 학교에 등교할 수밖에 없었다. 보통 사람들은 학교라는 국가적 규율 장치를 거부할 수 없었고 거부하지도 않았다. 기억 속에서 운동회를 자신들의 잔치로 만들었던 사람들이 그 기억에 위안을 얻고 지나간 학창 시절을 '향수'하는 바로 그 순간, 학교라는 근대적 규율 장치의 존속 자체에 대한 자발적인 승인이 암묵적으로 이루어진다고 볼 수도 있다. 그럼에도 운동회의 기억을 더듬어보면서 우리는 거기서 국가의 역사로 환원되지 않는 사람들의 기억의 잔여 변량, 그것으로부터의 일탈의 가능성이 여전히 끈

질기게 살아남았음을 다시금 확인할 수 있다.

이 글에서는 운동회의 두 얼굴에 관한 시론적인 문제 제기 수준에 그칠 수밖에 없었다. 한국 교육에서 운동회의 전개 과정에 관한 기본적인 사실을 확인하는 작업이 보다 충실해질 필요가 있음은 물론이며, 해방 이후 이른바 산업화 과정에서 운동회의 성격 및 그에 대한 기억이 왜 어떠한 역동에 의해 변모되어갔는지, 농촌 지역 민중들의 생활 세계에서 학교와 운동회는 어떤 의미였는지, 그리고 개별 민중의 미시적 기억과 국가의 거시적 역사 간의 접합과 경합 관계는 학교교육의 성격을 밝히는 데 어떤 의미를 제공하는지 등 앞으로 밝혀야 할 과제들은 여전히 많다.

최근 들어 국내 역사학계에서는 국민국가의 역사와는 다른 사람들의 '기억'이 갖는 역사 사회적 의미에 주목하는 연구들이 조금씩 성장하고 있다. 예컨대 프랑스의 피에르 노라(Pierre Nora) 등에 의해 시도된 이른바 '기억의 장소(les lieux de mémoire)'에 관한 연구 성과들도 활발하게 번역되고 있다.[31] 기억에 초점을 두는 연구를 통해 사회구조나 국민국가에 의해 온전히 회수될 수 없는, 보통 사람들의 풍부하고 다채로운 기억의 소세계들이 발굴될 수 있다. 교육을 둘러싼 개개 민들의 기억의 소세계는 역사의 경계와 의미를 둘러싸고, 또 사회구조와 개인, 국가와 민의 관계를 둘러싼 흥미로운 쟁점을 불러일으킬 것이다.

---

31    피에르 노라(Pierre Nora), 김인중·유희수 외 옮김, 『기억의 장소 1: 공화국』, 나남출판, 2010.

제14장

○

# 지문

이타가키 류타（板垣竜太） ─ 김은애 옮김

# 1.  지문의 정치와 기억

"화로가에서 귤을 까먹듯이 '지문 날인' 거부가 일상적
으로 일어나면 좋을 텐데. 그래서 조금이라도 빨리 지
문 제도가 없어지면 좋겠는데."

— 1983년 최선애·최선혜 자매와의 대담 중 최선혜의 발언[1]


어떤 사람에게는 과거의 기억을 상기할 수
밖에 없는 일이 다른 이들에게는 그다지 특별하게
느껴지지 않는 경우가 있다. 여기에서 논할 '지
문'은 바로 그러한 불균등한 기억의 장의 중요한
한 예이다.

오늘날 지문은 '생체 인증(biometrics)'이라
불리는 식별 기술 가운데 하나로서 여러 영역에서
이용이 확산됐다. 출입국 관리 같은 공적인 부문,

---

1    「ひとさし指の自由」編集委員会, 『ひとさし指の自由:
     外国人登録法·指紋押捺拒否を問う』, 社会評論社,
     1984, 83쪽.

은행의 현금 자동 입출금기(ATM)와 같은 민간 부문, 그리고 노트북이나 핸드폰 등 개인적인 영역에서도 지문 인식이 점차 채용되고 있다. '밖'으로는 '테러', '국제범죄 조직', '훌리건(hooligan)' 등에 대한 대책을 이유로, 그리고 '안'으로는 '보안', '안심'을 이유로 보급이 가속화됐다. 잉크에 의한 '날인'이 아닌 전자적으로 읽어내는 '인증'이기 때문인지 일반적으로 그에 대한 저항감이 점점 줄어드는 것처럼 보인다. 어쩌면 많은 사람들에게는 그것이 과거의 고통을 상기시키는 일이 아닐지도 모르겠다.

이러한 동향으로 인해 지문 날인을 역사적 경험으로 다루는 일이 점점 어려워진다. 그렇지만 비록 과거와는 단절된 '새로운' 치장을 한다 할지라도 '지문 날인'이라는 행위, 또는 '지문'이라는 말 자체가 어떤 이에게는 과거를 상기시키는 기억의 장이 된다. 그것은 식민지, 전쟁, 디아스포라, 냉전, 레이시즘(racism, 인종주의 혹은 민족차별)이라는 경험을 신체 감각과 함께 상기시키기도 한다. 굳이 그러한 기억을 떠올리고 싶어 하지 않아도 기억이 먼저 이야기를 시작한다.[2]

그런데 오늘날 휴대전화 등 여러 장면에서 지문 인증을 접한다고 해서 그것들을 접하는 경험이 모두 같다고 할 수는 없다. 오히려 지문이 역사적으로 어떠한 권력관계 속에서 어떻게 자리매김해왔는가가 문제시되어야 한다. 지문 날인의 정치에는 적어도 두 측면이 있다. 지문 날인은 한편으로는 사람을 분류하고 선별하는 대규모적인 인구관리 장치 가운데 하나로 기능한다. 또 다른 한편으로 볼 때 모든 사

---

2    이 목적어와 주어의 관계에 관해서는 冨山一郎 엮음, 『記憶が語りはじめる』, 東京大学出版会, 2006 참조.

람은 날인하는 장면에서 '개체'가 될 수밖에 없다. 식별당하는 사람은 여러 사회관계로부터 일단 분리되어 권력의 분석 대상인 '개체'가 된다. 그런 의미에서 지문 날인은 미셸 푸코(Michel Foucault)가 말하는 전형적인 생체권력(bio-power) 장치라고도 할 수 있다.[3] 그러나 중요한 것은 생체권력론의 적용 여부가 아니라 거기서 작동하고 있는 정치를 해명하는 것이다. 이 글에서 말하려는 것은 지문 날인에 관한 기억과 정치의 관계이다.

예를 들어보자. 일본에서는 1950년대에 제정된 외국인등록법에 따라 일본에 거주하는 모든 외국인에게 지문 등록을 의무화했다. 이에 맞서 1980년대에 매우 광범한 지문 날인 거부 운동이 일어났음은 이미 잘 알려져 있다. [그림 1] 이 운동의 발단이 된 것은 1980년 9월 10일 한종석(韓宗碩)이라는 사람이 어떤 특별한 지원도 없이 홀로 신주쿠(新宿) 구청에서 지문 날인을 거부한 사건이었다.[4] 이 사건은 후에

---

3  푸코는 생체권력과 관련해 개별 신체에 관계하는 해부정치학(anatomo-politics)(『감옥의 탄생』에서 다룬 주제)과 집합적인 인구 관리에 관계하는 생체정치학(bio-politics)(『성의 역사 1』이나 1970년대 후반 코레쥬 드 프랑스의 강의 주제) 두 가지 정치성을 그려낸다(ミシェル・フーコー, 『性の歴史 I 知への意志』, 新潮社, 1986). 지문 날인은 이 쌍방에 걸쳐 있다는 점에서 생체권력의 전형적인 장치라고 할 수 있다. 그러나 생사 여탈과 깊이 관련됐다는 점에서는 '낡은 군주 권력'으로 부를 만한 요소도 지녔다.
4  지문 날인 거부 운동을 개관한 글로는 佐藤信行, 「外国人登録法と指紋拒否運動」, 小倉利丸 외 엮음, 『世界のプライバシー―権運動と監視社会』, 明石書店, 2003 참조. 또한 한종석의 지문 날인 거부는 그 당시에는 전혀 알려지지 않았다. 1980년 11월에 기타큐슈(北九州)에서 최창화 목사, 이듬해 1월에는 그의 두 딸 최선애(당시 21세), 최선혜(당시 15세)가 계속해서 지문 날인을 거부한 것이 언론에 크게 보도됐고, 이 사건을 계기로 지문 날인 거부 운동이 널리 퍼지기 시작했다. 이보다 먼저 한종석이 지문 날인을 거부했다는 사실이 알려진 것은 1982년 『통일일보(統一日報)』와 『아사이저널(朝日ジャーナル)』의 기사를 통해서였다(韓さんの指紋押捺拒否を支える会, 『指紋拒否者が裁いたニッポン』, 社会評論社, 1990, 44~46쪽; 한씨 지문 날인 거부를 지지하는 모임 엮음, 한종석 옮김, 『지문 날인 거부자가 재판하는 일본』, 삼인행, 1990. 이는 지문 날인 거부 운동이 어떻게 '일인 반란'이었는지를 보여준다.

'일인 반란'으로 불리게 된다. 그 후 일본 내에서 만 명 이상의 외국인이 지문 날인을 거부하는 파도를 일으켰으며, 결국 일본 정부는 최종적으로 1990년대에 지문 등록을 폐지했다. 여기에서 주목하고 싶은 것은 이 운동이 기존 민족 단체들의 동원을 통해 일어난 것이 아니라 개인의 거부와 개인들 간의 연대를 통해 퍼져나갔다는 점이다. 이를 집

**[그림 1]** 재일한국청년회와 부인회의 시위(1984년 10월).[5]

단주의에서 개인주의로의 전환이라고 단순하게 해석해서는 안 된다. 사람들을 개인으로 분단시켜버리는 지문 날인의 정치에 대한 저항은 개인의 신체를 매개로 할 수밖에 없었다. 이처럼 다양하고 풍부한 개인의 운동들을 연결시킨 것 가운데 하나가 지문 날인에 대한 공통된 경험이었다. 그들은 법정에서 그리고 집회에서 자신들의 생애사를 이야기하며 왜 지문 날인을 거부하게 됐는가를 설명했다.[6] 이전 제도에서는 만 열네 살이 되면 첫 지문을 찍고 이후 3년마다 한 번씩 지문을 갱신해야만 했기 때문에 지문 날인은 그들의 삶 마디마디에 새겨져 있

5    在日韓人歷史資料館, 『写真で見る在日コリアンの100年』, 明石書店, 2008.
6    이러한 증언집으로서 예를 들면 다음과 같다. 編集委員会, 『ひとさし指の自由: 外国人登録法 指紋押捺拒否を問う』, 社会評論社, 1984; 在日大韓基督教会指紋押捺拒否実行委員会 編, 『日本人へのラブコール: 指紋押捺拒否者の証言』, 明石書店, 1986; 재일대한기독교회지문거부실행위원회 엮음, 이종원 외 옮김, 『재일한국인 지문거부운동: 법정 진술 모음』, 정암사, 1987.

었다. 거부자들이 말했던 생애사는 서로 달랐지만 그들은 역사적으로 형성된 공통된 권력의 그물 속에서 연결되어 있었다. 지문 날인 거부 운동은 주로 한국적(韓國籍)과 조선적(朝鮮籍)[7]을 중심으로 전개됐지만, 이후 미국이나 중국 등의 국적을 가진 이들 사이에서도 퍼져나갔다. 지문 등록이 '외국인'이라는 특정한 인구를 대상으로 실시됐기 때문에 불합리한 경험을 공유한 사람들이 국적을 뛰어넘어 연대했던 것이다.

이에 비해 사람들을 식별하려는 권력은 언제나 과거와는 단절된 '새로움'이라는 치장을 뒤집어쓰고 나타난다. 예컨대 이제는 잉크를 사용하지 않고 전자식으로 인증하기 때문에 손가락이 더러워지지 않는다는 둥, 시간이 걸리지 않는다는 둥, 기계가 인증하기 때문에 인력이 필요하지 않다는 둥, 생체는 위조할 수 없기에 보다 엄밀하게 본인을 확인할 수 있다는 둥, 예전보다 훨씬 소형화되고 정밀도가 높아졌다는 둥 하는 논리를 내세우면서 말이다.

다시 일본의 예를 들어보자. 일본 정부는 2000년까지는 모든 외국인에 대한 지문 등록을 폐지했다. 그렇지만 2006년에 미국 출입국

---

7  [역주] 1945년 8월 15일까지 재일조선인은 '일본 국적'이었으나 해방 이후에는 그 지위가 애매해졌다. 일본 정부는 1947년 5월에 외국인등록령을 공포하고 시행해 이를 조선인과 타이완인에게도 적용했다. 그 결과 재일조선인의 등록상 국적은 모두 출신지를 나타내는 지역명으로서 '조선'이 됐다. 1952년 샌프란시스코 평화조약의 발효로 일본 정부는 재일조선인을 포함한 구 식민지 출신자들의 '일본 국적' 상실을 정식으로 통보했다. 한편 대한민국 정부의 요청으로 점령군 및 일본 정부는 1950년부터 국적란에 '한국'이라고 기재하는 것을 인정했지만, 이 시점에서 일본과 남북한 사이에는 국교가 없었기 때문에 '조선'이나 '한국'은 실질적인 차이가 없었다. 그러나 1965년 일본과 한국이 조약을 체결하고 이로 인해 '한국적'을 가진 사람들이 보다 안정적인 지위를 가지면서 재일조선인들 중에서 '한국적'을 취득하는 사람이 늘어났다. 그러나 국적을 전환하지 않고 '조선적'인 채로 일본에서 생활하는 이들도 많아 현재는 '조선적'과 '한국적'이 혼재한다.

관리 제도(US-VISIT)의 일본판을 법제화하면서 2007년부터 일본에 입국하는 외국인(특별영주자 등은 제외)의 지문과 얼굴 사진을 등록하기 시작했다. 지문 제도가 겨우 7년 만에 모습을 바꿔 부활한 것이다. 그러나 일본 정부는 예전의 지문 날인 제도와의 역사적인 연속성이 드러나지 않도록 안간힘을 썼다. 명칭부터 '새로운 입국 심사'라고 한 것 자체가 이를 상징적으로 보여준다. 이 제도를 도입할 당시의 국회 회의록은 과거의 지문 날인 제도와 그에 대한 거부 운동의 경험을 어떻게 은폐하려 했는가를 보여주는 매우 흥미로운 자료이다. 먼저 정부 측 답변에서는 지문의 '채집', '제공' 또는 '인증'이라는 말이 사용되지만 '지문 날인'이라는 이전의 명칭은 전혀 사용되지 않았다. 외국인등록법상의 지문 날인을 폐지한 경위와 새로운 제도 사이의 모순이 드러나지 않도록 그랬는지 모르지만 어쨌든 적극적으로 과거와의 단절을 기도한 것이다. 예를 들어 당시의 법무대신은 다음과 같이 표현한다.[8]

> 외국인등록법의 지문 날인 제도는 제 기억에 따르면 손가락에 먹물을 흠뻑 묻혀 찍는 것이었습니다. 이에 대한 거부 반응이라고나 할까 하는 것이 국제적으로도 상당히 있었다고 기억합니다. 그러나 이번에는 손가락을 기계에 올려놓기만 하면 전자식으로 기록되므로, 그러한 거부 반응……, 국제적인 인권 감각으로 보아도 그다지 거부 반응이 있을 것이라 생각하지 않습니다.

8    참의원 법무위원회(2006년 5월 9일).

이 발언의 의미는 분명하다. '먹물을 흠뻑' 묻히게 되면 '거부 반응'을 일으켰던 '기억'이 되살아나겠지만 이번에는 '전자식'이므로 그 '기억'은 봉인될 것이라는 의미이다.

그러나 적어도 필자가 이전에 한국에서 외국인 등록을 하기 위해 열 손가락에 잉크를 묻혀 지문을 찍었던 경험, 최근에 미국에 입국하기 위해 전자식으로 지문을 등록한 경험에 비추어볼 때, 전자식 스캔이 종이와 잉크에 비해 저항감이 없다거나 보다 부드럽다는 인상은 전혀 없었다. 오히려 국가권력과 더 직접적으로 실시간으로 접촉한다는 느낌이 강했다. 인증 장치 앞에 서서 그 기계에 손을 올리는 순간, 모든 인간관계로부터 분리되고 고립된 개체로서 미합중국이라는 국가의 단말기 앞에서 조사를 받는 듯한 기분마저 들었다. 공장에서 품질 검사를 받고 선별되는 하나의 상품처럼 '너는 누구냐' 하고 묻는 심사에 노출되면서 어쩌면 혹시 어떤 이유로 '내'가 바로 곁에 있던 가족으로부터 분리될지도 모른다는 느낌까지 들었다. 거의 망상에 지나지 않았지만, 심사가 끝난 후 분명히 '나'는 안도했다.

이처럼 개체화하는 지문 날인의 정치를 통해 주목하고 싶은 것은 역사적 경험을 상기함으로써 새로운 연대를 만들어내고, 또 연대 운동이 서로 얽히면서 역사를 만들어나가는 그러한 왕복운동이다. 여기서는 특히 일본과 한반도의 지문 날인에 관한 경험들을 연결해보고 싶다. 그러나 비슷한 경험을 유추적으로 비교하려는 것은 아니다. 그 경험들을 '일본'과 '한국'이라는 국민국가 단위로 분리시켜 논할 수는 없다. 이 경험들은 역사적으로 상호 관련을 맺고 있으며, 미국과 만주 또한 거기에 관련되어 있다. 초민족적인 기억이 국경을 뛰어넘어

운동을 연결시키고, 또 초민족적인 운동이 국경을 뛰어넘는 기억을 불러일으키는 것이다.

## 2. 여러 기억의 층들: 식민주의, 냉전, 세계화

"얼마 전에 영화 〈간디〉를 본 적이 있습니다. 75년 전에 젊은 변호사 간디는 남아프리카 연방에서 모든 인도인에 대해 '지문'과 '신분증 상시 휴대'를 요구하는 패스법(Pass Law)에 항의하는 운동을 일으켰습니다. 그는 영화 속에서 경찰에게 '우리들은 범죄인이 아니다. 우리들에게도 자존심이 있다. 지문을 넘겨줄 수 없다'고 말했습니다.

저도 간디와 마찬가지로 저의 자존심을 내줄 수 없습니다. 그렇기에 지문을 날인하지 않는 것입니다. 저는 〈간디〉를 보고 제가 하는 일이 옳다고 확신했습니다."

—1983년 캐서린 모리카와의 의견 진술서[9]

지문을 둘러싼 기억의 연쇄를 논하기 전에 여기서 세 가지의 기억의 층을 설정하고자 한다. 첫 번째 층은 식민주의이다. 이는 근대의 층이라 할 수 있는데, 후술할 지문법의 식민지적 기원이라는 관점에

---

9    編集委員会, 『ひとさし指の自由: 外国人登録法 · 指紋押捺拒否を問う』, 社会評論社, 1984에서 재인용. 정확히 말하자면 '아시아인 등록법'이 나온 1906년에는 아직 '남아프리카연방'이 존재하지 않았다. 또한 '패스법'은 아파르트헤이트 체제에서 신분증을 규정한 법의 통칭이기 때문에 이 역시 정확한 표현은 아니다. 그러나 여기서는 역사적 정확성보다는 간디의 경험이 아파르트헤이트를 거쳐 재일외국인 지문 날인 거부로 이어졌다고 하는 인식의 흐름이 보다 중요하다고 본다.

서 식민주의를 강조하고 싶다. 두 번째는 냉전의 층, 세 번째는 현대의 세계화라는 층이다. 이들은 어떤 의미에서 근현대 동아시아의 시대 구분과 겹친다. 즉 첫 번째 층은 일본 제국주의, 두 번째 층은 전후 냉전 시대, 세 번째 층은 현재 포스트 냉전 시대와 대응한다. 여기서 '층'이라는 표현을 사용한 이유는 단순한 시대적 구분을 하기 위해서가 아니라 현재와 과거의 연결을 드러내기 위해서이다. 식민주의가 만들어낸 관계는 냉전에 의해 사라진 것이 아니라 오히려 냉전 속에서 상속되고 재편됐다. 그리고 이 관계는 포스트 냉전 시대인 현재에도 계속된다. 즉 '층'이란 우리가 지금 포스트 식민, 포스트 냉전 시대인 현대에 살지만 동시에 과거가 부단히 현대에 개입한다는 점을 시사하는 개념이다. 이제부터는 먼저 권력관계 속에서 지문의 위치가 시대별로 어떠했는지를 정리하는 방식으로 불균등한 기억의 기초를 이루는 구조를 밝히고자 한다.[10]

지문을 활용한 식별 기술이 실용화된 지는 겨우 100년 정도밖에 되지 않았다. 지문 날인 방법의 기원 속에는 식민주의, 식민지 주민에 대한 의심의 눈길이 깊이 각인되어 있다. 그 복잡한 과정을 짧게 요약해보면 다음과 같다. 지문 날인 방법은 19세기 후반에 인도 벵골의 영국인 행정관 윌리엄 허셜(William Herschel)이 실시한 실험 자료를 바탕으로 영국 '본국'의 지식인 프랜시스 골턴(Francis Galton)이 1892년에 『지문(Finger Prints)』이라는 책을 써서 체계화하고 그것을 다시 벵골의 경찰 관료 에드워드 헨리(Edward Henry)가 1897년에 실용화한 것

---

10   세 가지 지층을 기반으로 일본과 한국의 주민등록제도의 자취를 다룬 것으로서 졸고, 「제국의 신민관리 시스템: 과거와 현재」, 『당대비평』 20, 2002 참고.

이다. 이러한 헨리 방식은 곧 영국의 다른 식민지와 본국에도 점차 도입됐고 세계로 퍼져나갔다.[11] 그렇기에 실험에 관계했던 식민지 관료가 "인도 같은 곳의 사무소에 존재하는 추악한 의심의 기색(ugly cloud of suspiciousness)을 해소했다"라고 고백했다는 허셜의 보고안에 주민에 대한 의심의 눈길이 깃든 것은 전혀 우연이 아니다.[12] 실제로 지문식별은 상대가 뭐라고 이름을 대든 어떠한 신분증을 제출하든 그것에 의존하지 않고도 그 사람의 생체에서 직접 정보를 끄집어낼 수 있는 기술이므로 말도 소지품도 신용할 수 없는 상대에 대한 최적의 기술이라고도 할 수 있다.

지문 제도가 이처럼 영국의 식민지에서 비롯됐다는 점을 생각할 때, 이 절의 앞부분에서 인용한 캐서린 모리카와의 진술에서처럼 일본의 많은 지문 날인 거부자들이 간디를 언급한다는 사실은 매우 흥미롭다.[13] 1906년 남아프리카의 영국 직할 식민지 트란스발(Transvaal) 정부는 '아시아인(Asiatic)'을 대상으로 지문 날인을 포함한 등록 제도를 정비했는데, 당시 변호사로서 이곳에 있었던 간디는 이 제도의 도입에 대한 항의 운동에 중심인물로 참가했다. 간디는 그의 저서에서 이곳에서의 경험이 '사탸그라하(Satyagraha)'라 불리는 비폭력 불복종

---

11    渡辺公三, 第4章「近代システムへの〈インドからの道〉: あるいは「指紋」の発見」, 『司法的同一性の誕生: 市民社会における個体識別と登録』, 言叢社, 2003.

12    W. J. Herschel, "Skin Furrows of the Hand", *Nature*, vol. 23, November 25, 1880, p. 76.

13    이외에도 기타큐슈의 최창화도 의견 진술에서 "나는 〈간디〉 영화를 보고 정말 용기가 생겼다"고 말했으며(在日大韓基督教会指紋拒否実行委員会 編, 『日本人へのラブコール: 指紋押捺拒否者の証言』, 明石書店, 1986, 78쪽), 한종석도 일심의 최종 의견 진술에서 지문 날인을 "제국주의 구식민지 시대에 이미 그 생명이 끝난 악법"이라고 언급하며 간디에 대해 이야기했다.(韓さん一家の指紋押捺拒否を支える会, 『韓宗碩指紋押捺拒否訴訟公判記録』 第3集, 1985).

[그림 2] 영화 〈간디〉에서 간디가 아시아인 신분 증명서를 소각하는 장면.

운동의 원점이었다고 말한다.[14] 그러나 그의 저술보다도 더 큰 영향력을 미친 것은 영화였다. 아카데미상을 휩쓴 〈간디〉(리처드 애튼버러 감독, 1982)가 일본에서 공개된 것은 1983년이었다. [그림 2] 영화 속에는 남아프리카에서 간디가 차별의 상징인 신분증을 소각하는 장면이나 지문 제도에 반대하는 집회에서 비폭력 불복종을 주장해 공감을 얻는 장면이 나온다. 이것이 1980년대 지문 거부 운동에 영감을 준 셈이다. 캐서린 모리카와는 법정에서 말했다. "재판장님, 혹시 아직 〈간디〉를 보지 않았으면 꼭 이 영화를 보시기 바랍니다."

여기서 영국령 인도나 남아프리카를 1980년대 일본과 바로 연결시키기 전에 먼저 일본 및 한반도 지문 제도의 구조적 특징을 간단히 정리해보자. 지문법의 식민지적 기원은 전전(戰前) 대일본제국과 비교해보면 매우 시사적이다. 일본에서는 지문 제도가 1908년에 감옥 안에서, 그리고 1912년부터는 경시청의 범죄 수사에 도입됐다. 이는

---

14    M. K. ガーンデイー, 田中敏雄 옮김, 『南アフリカでのサッテイヤーグラハの歴史』, 平凡社東洋文庫, 2005.

**[그림 3]** 만주국의 지문관리국.[17]

당시 식민지였던 타이완이나 조선에서도 마찬가지였다.[15] 그런데 이와 달리 만주에서는 경찰서나 감옥을 넘어 일반 주민에 대해서도 지문 등록이 실시됐다.[16] 만주는 여러 민족이 거주하는 지역이고, 특히 1920년대 이후 항일운동이 활발히 전개된 곳이라는 것이 지문 제도 도입의 배경이다. 먼저 1920년대에 광산 노동자 등을 대상으로 지문 등록이 실시됐다. 일본의 괴뢰 국가인 '만주국'이 건설된 1930년대에는 항일 게릴라를 고립시키기 위해 일반 주민을 '집단부락'이라 불리는 마을에 수용했는데, 그곳을 출입하기 위해서는 지문이 찍힌 신분증이 필요했다. 그리고 1939년에는 '지문관리국'이라는 전문 관청이 설치되어 일반 주민의 지문 등록이 시작됐다. [그림 3] 당시는 이것이

15  金英達, 『日本の指紋制度』, 社会評論社, 1987.
16  만주의 지문 제도에 대해서는 指紋なんてみんなで "不"の会 編, 『抗日こそ誇り：訪中報告書』, 中国東北地区における指紋実態調査団, 1988 참조. 이 보고서에 대해서는 나중에 서술한다.
17  『滿洲國警察史』, 滿洲國治安部警務司, 1942.

'세계 최초'의 사업이라고 자랑스럽게 이야기했다. 예를 들어 헤이본샤(平凡社)의 『대백과사전(大百科事典)』에는 아직 제도가 실시되지도 않았던 1932년에 "전 세계에서 호적법에 지문법을 실시한 것은 만주국이 효시이다. …… 형식적 호적법을 실체적 호적법으로 만들 수 있으므로 실로 정확성에서는 세계 최고가 될 것이다"라며 미래형으로 '세계 최고'를 이야기한다.

한편 만주 이외의 지역에서는 경찰서와 감옥에서만 지문 식별을 채용함으로써 지문 날인 하면 '범죄'를 떠올리는 인식이 만들어졌다. 지문법을 도입한 지 얼마 되지 않은 시기에 『요미우리신문(読売新聞)』을 살펴보면, 1910년에는 「지문법으로 인해 적발」이라는 머리기사로 도둑을 체포한 내용이 게재됐고,[18] 1911년에는 「도적 괴수 지문법에 의해 발견되다」라는 머리기사로 '제국 수도 중앙의 도적단' 검거 뉴스가 보도되는 등,[19] 지문과 범죄 수사를 연결시키는 이미지가 점차 일반적으로 퍼져나갔다. 또한 지문은 현실의 제도나 사건에서뿐만 아니라 추리소설 속에도 등장한다. 그것도 제도가 도입되기 이전부터 이미 소설가들은 상상력을 동원해 지문을 활용했다. 일본의 대표적인 추리소설가인 에도가와 란포(江戸川乱歩)에 따르면,[20] 일반적으로 '지문소설'의 기원은 리처드 오스틴 프리먼(Richard Austin Freeman)의 『붉은 엄지손가락의 지문(The Red Thumb Mark)』(1907년 손다이크 박사 시리즈)으로 간주되는데, 마크 트웨인(Mark Twain)의 『미시시피강의 생활(Life

---

18    『讀賣新聞』, 1910년 11월 27일.
19    『讀賣新聞』, 1911년 9월 16일.
20    江戸川乱歩, 「明治の指紋小説」, 『読・幻影城』, 1954(여기에서는 『江戸川乱歩全集』 26, 光文社文庫, 2003에 따름).

*on the Mississippi)*』(1883)이나 『바보 윌슨의 비극(*The tragedy of Pudd 'nhead Wilson)*』(1894) 등에서도 지문이 소설가의 상상력의 산물로 등장한다. 일본에서는 영국인 라쿠고가(落語家, 일본의 만담가)이자 강담사(講談師, 일종의 이야기꾼)인 가이라쿠테 브라쿠(快楽亭ブラック)의 구연속기(口演速記) 『환등(幻燈)』(초판 1892)이 최초라 한다. 또한 다이쇼 모더니즘의 흐름 속에서 데뷔한 사토 하루오(佐藤春夫)의 초기 작품이 '예술적 신(新)추리소설'이라고 불린 『지문』(1918)이며, 이는 그 후에 나온 추리소설에도 영향을 끼쳤다.[21] 이처럼 경찰서나 감옥에서만 지문 제도가 도입되는 상황 속에서 지문 날인은 '범죄'를 연상시키는, 일반 주민과 관계없는 '특수'한 행위가 됐다.

1945년 이후 일본에서는 재일외국인을 대상으로, 그리고 한반도 남북에서는 그 주민을 대상으로 지문 제도가 도입됐다. 일본에서 외국인에 대한 지문 제도가 법제화된 시기는 한국전쟁이 진행되던 1952년이다. 당시 '외국인' 인구의 90퍼센트 정도가 구(舊) 식민지 출신인 조선인이었기에 이는 '조선인 등록법'이라는 부정적인 이름으로도 불리었다. 후술하겠지만, 이 법은 치안 관리와 국경 관리의 관점에서 도입된 것이다.

남한에서는[22] 먼저 미군정 시기인 1947년에 인구 동태 파악, 선

---

21  『中央公論』 13권 8호, 정기 증간 「秘密と開放」호, 1918년 7월. 에도가와 란포의 「일본 탐정 소설의 계보(日本探偵小説の系譜)」에 의하면 이 다이쇼(大正) 문단은 란포(乱歩), 고가 사부로(甲賀三郎), 요코미조 세이시(横溝正史) 등에 강한 영향을 끼쳤다한다.

22  남한의 주민등록제도에 대해서는 다음 글에 정리되어 있다. 김영미, 「해방 이후 주민등록제도의 변천과 그 성격: 한국 주민등록증의 역사적 연원」, 『한국사연구』 136, 2007. 또한 북조선에서는 '공민증'이라고 불리는 신분증이 1946년에 발행됐고 여기에도 지문이 찍혔다. 그러나 상세히 모르는 부분도 있어 여기서는 생략하기로 한다.

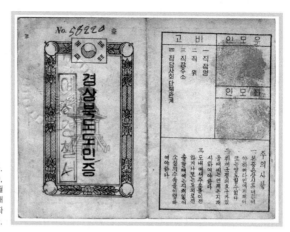

**[그림 4]** 한국의 도민증. 본적, 주소, 호주(세대주), 관계, 직업, 성명, 생년월일, 주소 이동, 한글 독해 여부, 얼굴 사진, 지문(좌우 엄지)이 기록되어 있다.

거, 배급 등을 목적으로 '등록표'라는 신분증을 발행하고 지문을 찍게 했다. 신분증이 얼마나 일반적으로 발행됐는가는 확실하지 않지만, 당시 민정장관이 "경찰의 수사상에도 필요"하다고 말하는 것을 보면 치안 유지의 목적도 포함됐음을 알 수 있다. 그다음으로 대한민국 건국 후 1949년경부터 '시민증', '도민증'이라는 지문이 찍힌 신분증이 발행됐다. [그림 4] 이는 '빨갱이', 즉 '공산주의자'를 단속하고 그렇지 않은 일반 주민(양민)을 등록하기 위해 도입된 것이다. 이 시기 여러 신분증이 만들어졌는데, 한국전쟁 때에는 때로 이것들이 생사를 결정짓기도 했다. 그 후 인구 관리에서 큰 전환점을 이룬 시기는 1968년이었다. 박정희 군사독재 정권에서 주민등록제도, 전 국민의 지문 날인 제도가 통일적으로 도입됐다. 그해 1월 서울에서는 대통령 관저인 청와대에 대한 북한 게릴라 습격 미수 사건과 미국의 첩보 함정인 푸에블로(Pueblo)호가 북한에 끌려가는 사건이 계속해서 일어나 남북 관계가 갑자기 긴장됐다. 이런 상황에서 "대공(對共) 태세 강화의 국민적

기반을 구축"한다는 목적으로 새로운 주민등록제가 도입된 것이다.[23]

주민등록증, 주민등록번호, 지문 등록을 삼위일체로 하는 주민 관리 제도가 전 주민에게 적용됨으로써 일본과 달리 한국에서는 오히 려 지문 등록이 없는 사람을 '특수'하게 보는 인식이 생긴 것으로 보 인다. 예를 들어 노동자 시인 박노해의 대표적인 첫 번째 시집 『노동 의 새벽』(1984)에는 「지문을 부른다」라는 시가 실려 있다.[24] 여기서 박 노해는 공단에서 일하는 노동자의 손에 지문이 지워진 모습을 그리는 데, 그는 주민등록 갱신을 "한 번쯤은 똑같은 국민임을 확인"하는 장 면으로 표현했다. 즉, 여기서 지문 날인은 평상시에는 밑바닥 노동자 로만 취급받는 사람이 주민등록 장면에서만은 평등하게 '국민'으로 다루어지는 얄궂은 상징으로 등장한다. 그런데 "수출품을 생산해 온 검고 투박한 자랑스런 손"을 내밀었는데도 지문이 없는 것이다. "물 건너간 수출품 속에 묻혀/ 지문도, 청춘도, 존재마저/ 사라져 버렸나 봐." 여기서는 지문의 회복이 "노동자의 새봄"으로 이어진다. 한편 빈 곤을 주제로 많은 시를 쓴 시인 하일의 「주민등록」(1985)은 조금 뉘앙 스가 다르다. 그는 가난함 때문에 "우리 가족은 주민등록도 못했읍니 다"라고 한탄하면서도 "비공식적"인 인생이야말로 "무죄"인 존재라 고 그린다.[25] 어느 쪽이나 지문 혹은 주민등록이 없다는 것을 평등함

---

23    내무부, 『주민등록법 연혁집』, 1972, 126쪽. 또한 외국인에 대한 지문 날인 제도도 박 정희의 유신 체제하인 1977년 말 '출입국관리법' 개정에 의해 정해졌다. "외국인은 정 치적 활동을 해서는 안 된다"라는 조문과 함께 14세 이상 외국인의 지문 날인이 규정됐 다(王恩美, 『東アジア現代史のなかの韓国華僑: 冷戦体制と「祖国」意識』, 三元社, 2008, 225~230쪽).
24    박노해, 「지문을 부른다」, 『노동의 새벽』, 풀빛, 1984.
25    하일, 「주민등록」, 『주민등록』, 민음사, 1985.

속에서의 소외와 연결시킨다.

이상과 같이 냉전의 역학에 따른 급속한 사회 재편성 속에서 지문 제도가 도입됐다. 거기에 식민주의의 유산이 어떤 식으로 스며들어 있는지는 조금 후에 설명하기로 하고, 일단 여기서는 포스트 냉전기의 변화를 간단히 다루어보자. 앞서 이야기한 것처럼 1980년대 일본에서는 지문 날인 거부 운동이 일어났지만, 1990년대에 이르기까지 일본 정부는 외국인의 지문 날인 제도를 폐지하지 않았다. 한일조약 (1965년) 이후 그동안 보류해왔던 재일한국인의 영주 협정을 둘러싼 교섭의 산물로서 일본 정부가 영주자의 지문 날인을 철폐하기로 한 것은 1993년의 일이었다. 최종적으로는 1999년 법 개정에서 지문 날인 제도가 철폐됐다. 그런데 2007년에 '특별영주자'라 불리는 구 식민지 출신자와 그의 자손을 제외한 모든 외국인을 대상으로 일본에 입국할 때 지문을 찍도록 하는 제도가 미국의 강한 영향력 속에서 재도입된 것이다.

한국에서는 격렬한 민주화 운동의 결과로 군사독재가 종식되고 민주화가 달성되기는 했지만 삼위일체의 주민 관리 제도는 그 후에도 계속 유지됐다. 아니 단순히 유지되는 것 이상으로 전자화 방식을 통해 강화됐다고 말할 수 있다. 지문 정보의 전자화도 2000년을 전후로 일거에 진행됐으며, 2008년부터는 지문 정보가 들어간 전자여권도 발행됐다. 이는 여권의 국제 표준 지침을 제시하는 ICAO(International Civil Aviation Organization)가 9.11 이후 생체 인증 여권을 표준화하고 지문을 활용하라고 한 권고를 받아들인 것이다. 미국의 비자 면제 프로그램도 영향력을 끼쳐 전자여권은 꽤 빠른 속도로 보급됐다. 한편

외국인을 대상으로 한 지문 제도는 노무현 정권 시기인 2004년에 폐지됐다. 개정 법안을 국회에서 심의할 당시에는 "체류 외국인의 편리를 증진하고 국가 이미지를 높이기 위해" 폐지하는 것이라고 아무런 이의 제기도 없이 통과됐다.[26] 그렇지만 이명박 정권이 들어선 이후에는 미국이나 일본에서 실시하는, 입국 시 외국인의 지문을 등록하는 제도의 도입이 제기됐다. G20이 개최된 2010년부터 단계적으로 구축하기 시작한 이 제도는 2012년 1월 1일부터 전면 시행됐다. 이처럼 냉전기의 제도를 계승하면서 포스트 냉전기에 권력관계가 재편성되는 가운데 다시금 지문을 둘러싼 권력관계가 변화되는 것이다.

이상에서 식민주의, 냉전, 세계화 시기의 연속성과 변화를 정리해봤는데, 여기서 현재 기억의 불균등을 규정짓는 구조를 엿볼 수 있다. 일본의 경우, 주로 재일조선인으로 구성된 재일외국인에 대한 전후의 지문 제도는 차별의 상징이었으며, 동시에 일본에서 생활하는 일본인에게는 지문 날인이 '외부'의 '특수한' 존재들이 겪는 경험으로만 인식되어왔다. 그러나 한국의 경우에는 외국인을 포함해 모두에게 '평등'하게 지문을 채취해왔기 때문에 지문을 등록하지 않은 사람이 오히려 '특수'한 존재가 됐다. 이처럼 지문 제도는 인식의 분단을 동반하면서도 각각의 기억의 층에 깊이 새겨져 있다. 그렇기 때문에 지문은 현재에도 때로는 식민주의의 기억의 층을, 때로는 냉전의 기억의 층을 불러일으키는 것이다. 다음에 다루는 내용이 바로 그 기억이 상기되는 과정이다.

---

26    『국회본회의회록』, 제244회국회(임시회), 제1호, 2003년 12월 18일.

# 3. 지문 거부 운동과 초민족적인 역사의 상기

재일조선인 친구에게 듣고 생각에 빠진 말 —— '지문에는 국경이
없다네.'

재일조선인 친구에게 듣고 기뻤던 말 —— '민족 차별에도 국경이
없다네.'

……

미국인 친구에게 듣고 슬펐던 말 —— '지문은 재일조선인 문제이기에
미국 사람이 관여할 문제는 아니야.'

—1997년 로버트 리케츠(Robert Ricketts)의 「말로 보는 반(反)외국인등록법」[27]


    1980년대 일본의 지문 날인 거부 운동은 개인 거부자와 그를 지
원하는 단체, 나아가 거부자들의 연대라는 형식으로 전개됐다. 그 연
결 방법에 따라 이야기되는 역사는 다양했다. 예를 들어 오사카의 양
용자(梁容子)를 지원하는 '마니마니(間に間に)'라는 단체는 '여성의 시
점'에서 지문 날인 제도를 생각하고 조선인 여성과 일본인 여성의 연
대를 통해 민족 차별과 여성 차별 그 두 가지와 동시에 싸우려 했다.
거기서 그녀가 이야기했던 역사는 어머니와 그 죽음에 관한 이야기였
다.[28] 여기서는 이러한 '연대'나 '지원'이라 하는 연결 속에서 상기되

---

27    ロバート・リケット, 「ことばで見る反外登法」, 『戰後在日50年の外国人登録法反
対』, 指紋カードをなくせ／1990年協議会, 1997.

28    『間(ま)に間(ま)に』, 梁容子さんと共に指紋押捺制度撤廃をめざす女たちの会,
1983; 梁容子, 「ひとさし指の自由と女の自由と」, 編集委員会, 『ひとさし指の自

는 역사의 초민족적인 계기에 초점을 맞추고자 한다.[29] 지문 거부 운동은 재일조선인을 중심으로 미국, 프랑스, 중국, 벨기에 등 다른 국적 소지자들을 연결했고, 그 당사자를 일본인이 지원하는 형식으로 진행됐다. 국적과 민족을 넘어선 이러한 운동의 전개는 이제까지 적극적으로 되돌아보지 않았던 역사를 다시 파헤치도록 요구했다. 여기서는 일단 세 가지 기억에 주목하려 한다. 그것은 '만주국'이라는 존재, '미국'의 존재, 그리고 이제까지 이야기되지 않았던 1950년대의 경험이다.

1985년 5월 오사카에 사는 재일중국인 2세 쉬추이전(徐翠珍)이 중국 국적자로는 처음으로 지문 날인을 거부했다. 거부 투쟁 과정에서 중요한 논점으로 떠오른 것이 만주에서의 지문의 기억이었다. 쉬추이전은 재판에서 다음과 같이 진술했다.

"예전에 일본이 중국을 침략하고 중국 둥베이(東北) 지방에 세운 소위 '만주국'이라는 곳에서는 …… 철저한 치안·관리를 위해 '지문'을 채취했습니다. …… 중국인들은 아직도 이 지문에서 피 냄새를 맡습니다."

由:『外国人登録法·指紋押捺拒否を問う』, 社会評論社, 1984 참조. 양용자는 지문 날인을 '육체의 일부를 통해 합법적으로 교묘하게 억압하고 지배하는 수단'이라는 의미에서 '강간 행위'라고 보고 〈검지손가락의 노래(ひとさし指のうた)〉를 작사해 "범하지 마. 나는 당하지 않아(姦しちゃ いけないョ 姦されないョ)"라고 노래했다.

29  杉原達,「帝国という経験: 指紋押捺を問い直す視座から」,『岩波講座アジア·太平洋戦争1 なぜ、いまアジア·太平洋戦争か』, 岩波書店, 2005. 이는 1980년대의 지문 날인 거부 운동에서 '제국'사를 묻는 시도로서 중요하다.

재판 투쟁을 지원하던 단체는 이를 계기로 역사적인 자료들을 모으기 시작했다. 나아가 노동자, 변호사, 연구자 열아홉 명으로 구성된 '지문 실태 조사단'을 조직해 중국 둥베이 지구에서 청취와 자료 조사를 실시했으며, 그 결과를 책자로 엮은 것이 1988년에 출판된 『항일이야말로 자랑』[30]이다. 이것은 1945년 전 중국 동북부에서의 탄광 노동, 항일 무장 투쟁, '집단부락', '치안 숙정', '노무 신체제' 등과 지문 제도의 관계를 처음으로 정면으로 파고들어 간 보고서였다. 즉, 이 보고서는 이미 역사 연구를 통해 알려진 사실을 정리한 것도 아니었으며, 학문적인 관심사에서 비롯된 것도 아니었다. 운동 속에서 불가피하게 상기되고 현실의 필요에 따라 쓰인 역사인 것이다. 당시 조사단의 비서장이었던 다나카 히로시(田中宏)는 다음과 같이 말한다.

"우리들은 가는 곳마다 먼저 왜 지문에 대해 조사를 하러 왔는지를 이야기해야만 했다. 그리고 조사단의 한 사람인 재일외국인은 자신의 외국인 등록증을 꺼내어 사진 밑에 날인된 '지문'을 내보였다. 전후 40년이 지났지만 바로 그 장면에서 오늘날 일본의 외국인 지문과 '만주 지문'의 '시차'는 순식간에 소멸되어버렸다."

전전의 중국 동북부와 현대의 일본 사이에 있었던 '시차'는 불합리한 경험의 공통성 앞에서 '순식간에 소멸'되어버린다.

---

30   『抗日こそ誇り: 訪中報告書』, 1988. 이외에도 다음과 같은 자료가 있다. 特集, 「中国民衆と指紋問題」, 『中国研究月報』 1987년 6월 호; 田中宏, 「指紋押捺の原点: 中国東北部(旧満州)を歩いて」, 『朝日ジャーナル』 1987년 10월 9일 호.

사실 이 경험의 공통성 안에는 단순히 그것이 일본의 식민주의와 관련된 지문이라는 것 이상으로 역사적인 관련성이 있다. '만주국'에 지문관리국이라는 관청이 설치됐음은 앞서 말한 바 있는데, 실은 이 지문관리국에서 일했던 이들이 지도상에서 '만주국'이 사라진 '전후'에도 계속 같은 일을 했다. 1961년 '경찰 지문 제도 50주년 기념식전'에서 표창을 받은 여섯 명 가운데 다섯 명은 지문관리국에서 근무한 경력이 있었다. 조사단은 이 사실을 『항일이야말로 자랑』의 초판 발행 직후에 알게 되어 「속보」로 끼워 넣었다. 거기에는 이 사실을 알게 된 조사단 가운데 한 사람이 "이런 빌어먹을, 역시 그랬군" 하고 신음을 내뱉었다고 적혀 있다. 이 "빌어먹을"이라는 탄식은 이전부터 피부로 느껴왔던 제국 일본과 '전후' 일본의 연속성이 역사적 사실로서 뚜렷이 드러난 그 소름 돋는 순간에 터져 나온 신음 소리였다.

　　게다가 지문 거부 운동 과정에서 지문 날인 제도의 도입에 개입한 미국의 존재도 드러났다. 로버트 리케츠는 1985년 3월 지문 날인 거부에 참가해 1986년 12월 체포되어 구류됐다. 약식기소에 따라 일단 벌금만 물고 풀려났지만, 석방 후에 이 판단이 잘못됐다고 느껴 약식명령에 이의신청을 하고 정식재판을 시작했다.[31] 모든 진술에서 그는 "제가 지문 거부를 계속하려 한 동기 가운데 하나는 지금도 여전히 재일한국인, 재일조선인, 재일중국인에게 복종을 요구하는 정치적·이데올로기적 지배 체제의 형성 과정에서 저희 나라가 했던 역할에 대

---

31　　ロバート・リケット, 「ショートな初体験·ぼくも逮捕された」, 『水牛通信』91·93·94호, 1987.

해 알게 됐기 때문입니다"라고 말했다. 그는 미국이 "외국인등록법과 지문 날인 제도의 제정에 꽤 많은 영향력을 행사했다"라고 결론을 내리고, 지문 날인은 '한국인과 조선인의 문제'일 뿐 '미국인은 무관하다'는 견해를 날카롭게 비판했다.[32]

이 진술을 바탕으로 변호단과 '미일 공동 범죄를 심판하는' 재판 모임의 구성원들이 연합국 점령 시기의 사료를 수집했다. 그 산물로서 그들이 제출한 것이 '로버트 리케트와 재판회'의 명의로 1988년에 나온 「지문 날인 제도의 배경」[33]이다. 이 논문은 입국관리법(1951년) 및 지문 제도를 포함한 외국인등록법(1952년)이 한국전쟁을 배경으로 미국 정부와 일본 정부가 합작해 만들어낸 작품이었음을 명백하게 밝혔다.

거기서 드러난 과정은 다음과 같다. 한국전쟁을 계기로 입국 관리 체제 완비의 필요성을 느낀 SCAP(Supreme Commander for the Allied Powers, 연합국 최고 사령관 총사령부) 및 일본 정부는 1951년 1월에 이민귀화국(INS)의 니컬라스 콜레어(Nicholas D. Collaer)를 불러들여 미국을 모델로 제도 정비를 하게 했다. 미국에서는 1940년에 외국인 등록법(일명 스미스법)을 발효해 이미 외국인에게서 열 손가락 지문을 채취하고 있었다. 또한 전후 1950년에는 해리 트루먼(Harry Truman) 대통령이 거부권을 행사했음에도 "특정의 비미국적인 파괴 활동으로부터 미합중국을 지킨다"는 목적으로 제정된 국가보안법(매캐런법)에

---

32 ロバート・リケット, 「陳述書」, 『東京経大学会誌』 161호, 1989.
33 ロバート・リケットと裁判の会, 「指紋押捺制度の背景」, 『思想の科学』 100호, 1988년 3월.

따라 공산주의자로 간주되는 이들을 배제하기 위해 국외 퇴거 조항을 강화했다. 게다가 1952년 신(新)이민국적법에서는 이민이나 귀화한 시민 가운데 파괴 활동에 관련한 사람들은 강제 퇴거하게 하는 등 법무장관의 재량권을 확대했다. 이처럼 매카시즘이 최고조에 달한 시기의 미국 제도를 참조해 미일 양국이 의견을 주고받으며 입국관리법과 외국인등록법을 만든 것이다. 재일조선인에 대한 SCAP의 인식은 오로지 일본 경찰의 정보에 의거하는데, 이는 조선인에 대한 식민지적 편견에 가득 차 있었다. 이러한 의미에서 위 논문은 입국관리법과 외국인등록법을 "미국의 반공주의와 일본의 민족배타주의의 최악의 부분을 결합시킨 추악한 잡종적 산물이다"라고 규정한다.

한 가지 더 주목하고 싶은 것은 1980년대의 연대 운동이 1950년대의 연대를 다시금 상기시켰다는 점이다.

외국인등록법이 제정된 것은 한국전쟁이 한창이던 1952년 4월이었고, 이는 1953년부터 시행할 예정이었으나 실제로 시행된 것은 1955년 4월이었다. 실은 이때에도 지문 날인 제도를 포함한 외국인 등록 제도에 대한 대규모적인 반대 운동이 일어났다. 당시 반대 운동의 중심은 한국전쟁을 배경으로 1951년에 결성된 재일조선통일민주전선(이하 민전)이었다. 민전은 북한을 지지하는 재일본조선인총연합회(조선총련)의 전신에 해당되지만 몇 가지 점에서 중요한 차이가 있었다. 민전은 한국전쟁을 배경으로 원칙적으로는 일본공산당 민족대책부의 지도를 받으면서 '재일소수민족'으로서 반미, 반요시다(시게루 정권), 반재군비를 기치로 내걸고 일본인들과 공동 투쟁을 하려고 했

**[그림 5]** 민전의 외국인등록법 반대.[34]

다. 이에 비해 1955년에 결성된 조선총련은 '내정불간섭' 원칙에 따라 일본에서의 혁명 사업에는 참여하지 않고 조국 통일에의 공헌을 첫 번째 목표로 삼았다.

　　예를 들어 위의 그림〔그림 5〕은 1952년 9월 민전의 신문기사에 실린 삽화이다. 여기에는 조선인과 일본인의 공통된 '민족의 적'이 열거되어 있는데, 그 속에 '외인등록'이 포함됐다. 실제 이 시기의 등록법 반대 운동에서는 '조선과 일본의 공동 전선'이 주장되곤 했다. 게다가 지방 수준에서는 대한민국을 지지하는 민단 혹은 중국인과 공동 투쟁을 벌이기도 했다. 즉, '민족을 넘어선' 공동 투쟁의 경험은 1980년대에 처음으로 '시작된' 것이 아니었다는 이야기이다.

34　『新朝鮮』, 西日本版 114호, 1952년 9월 28일.

그러나 노선 전환을 하며 출범한 조선총련에서는 이 시대의 경험을 총체적으로 '잘못된 노선'이라 규정했다. 또한 일본공산당도 1951년 이래의 무장 투쟁 노선을 포기하는 등 1955년에 노선 전환을 하고, 그 이전의 시기를 '극좌 모험주의'로 규정했다. 이러한 이유로 이 시기의 지문 날인 비판을 포함한 외국인등록법 반대 운동의 경험을 이후에는 적극적으로 되돌아보지 않게 됐다. 즉 '기억의 장'을 잃어버린 셈이다.

1980년대 지문 날인 거부 운동은 조선총련이나 한국 민단으로부터 상대적으로 자립한 형태로 한국적이나 조선적 이외의 외국인과도 연대하며 전개됨으로써 이러한 1950년대의 역사를 참조할 수 있는 틀이 마련됐다. 이를 그려낸 사람이 역사학자 가지무라 히데키(梶村秀樹)이다.[35] 가지무라는 1950년대의 지문 날인 거부의 역사를 풀어나가며 "적어도 당사자들의 마음은 …… 제도 도입 이래 일관된 것이다"라고 했다. 그리고 "(지문 날인 거부는) 조직의 방침이기 이전에 대중의 감정이며 또한 조선인만이 아닌 모든 외국인의 공통된 마음이다"라고 지적했다.[36] 여기서 가지무라는 조선인만아니라 '모든 외국인', 그리고 조직의 동원이 아닌 '대중의 감정'을 강조하는데, 이는 바로 1980년대의 경험에서 나온 것이기도 했다. 부조리한 경험의 공통성에서 비롯된 '대중의 감정'이 수평적인 연대를 낳고, 또한 그것이 이전의 공동 투쟁의 역사를 상기시켰다.

35    같은 논문.
36    이하의 기술은 다음에 따른 것이다. 梶村秀樹,「在日朝鮮人の指紋押捺拒否の歷史」,『季刊三千里』39호, 1984.

이처럼 이어져 가는 거부의 파도 속에서 역사적인 연결이 서서히 드러나기 시작한다. 중요한 것은 학문 세계에서 역사학적 지식이 선행한 것이 아니라 운동의 과정에서 저절로 역사를 탐구하게 됐다는 점이며, 또한 그렇게 해서 그려진 역사가 운동을 뒷받침하는 상상력을 제공했다는 점이다.

## 4. 한국의 지문 날인 경험과의 연결

> 나의 나이 18세, 등록되었지
> 열 손가락 밑으로 지문 찍었지
> 내가 없어지면은 추적당할까
> 대한민국 사람은 주민등록증
>
> ─록밴드 '시나위'의 곡 〈주민등록증〉(작사·작곡 신대철, 1998년)

이제 한국으로 시점을 옮겨보자. 필자는 한국에서 1999년부터 2001년까지 생활했다. 한국에서 90일 이상 체류하는 외국인은 외국인 등록을 해야 하는데, 당시 등록을 하기 위해서는 출입국관리사무소에 가서 열 손가락 지문을 등록해야만 했다. 필자는 서울에 있는 사무소에 가서 증명사진 세 장과 신청서를 제출했다. 그러자 직원이 사무실의 한쪽으로 데려간 후 검은 잉크로 필자의 지문을 채취했다. 한반도를 연구하는 대학원생으로서 지문 날인이 '합법적인 외국인'에게 의무화됐다는 사실 정도는 알고 있었다. 그러나 한국 정부나 시민이 예전에 일본의 지문 정책을 비판했다는 사실을 생각하면 곤혹스러울 수밖에 없었다. 과연 거주 인구 모두에게 '평등'하게 지문 날인을 강요하면 문제가 되지 않는다는 것인가?

필자가 한국에서 지문 날인의 문제를 고민할 필요가 있다고 생각할 즈음, 작은 규모이지만 한국인에게도 지문 날인 거부 운동이 있다는 것을 알게 됐다. 마침 1999년은 라미네이트 소재에서 플라스틱 소재로 주민등록증이 바뀌는 시기였으며, 1994년 무렵에 활발해진 전자주민등록증 반대 운동의 연장선에서 지문 날인 거부 운동이 일어났다.[37] 자신의 이름을 인터넷상에 공개하면서 새로운 주민등록증의 발행과 지문 날인을 거부하는 운동이 그 중심이 됐다. 그것은 바로 1980년대 일본에서 일어난 지문 날인 거부 운동의 한국판이라 할 수 있었고, 실제로 일본의 운동이 참조됐다.

여기서 중요한 점은 그것이 '군사독재가 남긴 어둠의 유산'이었다는 것이다. 2001년에 제작된 다큐멘터리 영화 〈주민등록증을 찢어라!〉[38] 〔그림 6〕의 마지막 장면은 "지금도 내 몸 구석구석에 흐르고 있는 파시즘의 흔적들을 지울 수 있기를 기대해본다"라는 감독의 대사로 끝난다. 그것은 말하자면 '박정희 없는 박정희 체제'로 일상화되고 신체화됐던 것을 도려내기 위한 움직임 속에서 나왔다. 앞서 말한 것처럼 지문 제도는 명확하게 반공주의적인 목적을 가지고 도입됐다. 그렇기에 지문 날인에 반대할 경우 '빨갱이'라는 낙인이 찍혀 사회적으

---

37 　金基中,「電子住民カード導入反対闘争」, 板垣竜太 옮김, 小倉利丸 외 엮음, 『世界のプライバシー—権運動と監視社会』, 明石書店, 2003.

38 　이마리오 감독, 〈주민등록증을 찢어라!〉, 서울영상집단, 2001.

**[그림 6]** 영화 〈주민등록증을 찢어라!〉(2001년).

로 배제될 가능성까지 있었던 군사정권이 끝나고, 정치적 자유의 영역이 급속하게 확대되는 가운데 뒤늦게나마 '군사독재가 남긴 어둠의 유산'인 지문 날인을 거부하는 운동이 전개됐다고 말할 수 있다. 한국의 민주화, 나아가 보다 큰 틀에서 말하자면 포스트 냉전 상황이 그동안 봉인됐던 물음을 풀어버린 것이다.

이렇게 풀려난 기억은 1960년대로 거슬러 올라가 거기서 멈출 수 있는 것도 아닐 뿐 아니라 '한국'이라는 범위 안에서 수습될 수 있는 것도 아니었다. 한국에서 지문의 경험은 '만주'나 '미국', 그리고 일본과 한반도 사이의 사람들의 이동을 매개로 해서 일본의 경험과 교차됐다.

〈주민등록증을 찢어라!〉에서도 그려진 것처럼 주민증과 지문 제도가 도입됐던 '만주국'은 젊은 박정희가 군인으로 성장한 장소였다. 1961년 5.16 군사 쿠데타로 탄생한 박정희 정권에는 수많은 '만주 인맥'이 함께했다. 영화에도 등장하는 역사학자 한홍구는 이 시대의 반공 국가, 경제개발 계획, 학교 문화 등에 잔존한 만주국의 영향을 '만주국의 그림자'라 부른다.[39] '만주국'의 지문 제도가 박정희 정권에 어떠한 영향도 미치지 않았다고 보는 것이 오히려 터무니없다고 하겠다.

---

39    한홍구, 「만주국의 그림자」, 『대한민국사 1』, 한겨레출판사, 2003.

제6부
: 규율의 반전

이러한 문제 제기가 가능해진 것도 포스트 냉전이라는 시대적 배경과 무관하지 않다. 1990년대부터 식민지기 '친일파'에 대한 청산이 새롭게 진행됐다. 식민지 지배에서 해방된 직후 한국에서는 친일파를 청산하려는 움직임이 있었으나 냉전의 역학이 강해지는 와중에 중단됐다. 그 결과 역대의 권위주의적 정권들은 경찰, 군, 관료 등을 중심으로 해서 이른바 '친일파'들이 지탱해온 측면이 있다. 그렇기에 민주화가 진행된 후에야 다시금 '친일파' 청산이 진행된 것이다. 그리고 그 비판 방향은 만주국에서 군인 경력을 쌓았던 박정희에게도 향했다. 여기서 '만주 지문'과 박정희가 도입한 지문을 이어보는 역사적 상상력이 가능하게 됐다.

또한 민주화 과정에서 이때까지 금기시됐던 한국의 건국 과정에서 일어난 무수한 폭력과 인권 침해 사례들이 밝혀졌다. 그러한 상황에서 지문을 둘러싼 만주와의 관계가 1960년대에 비로소 시작된 것은 아니라는 점이 드러났다. 앞서 말한 1949년의 도민증이나 시민증에도 '만주국의 그림자'가 드리워져 있다. 1948년 한국에서는 제주 4.3 사건이나 여수·순천 사건 등 반란·진압 사건이 있었다. 게다가 같은 해 11월 이후 남조선노동당계의 게릴라전이 전라도와 경상도의 각지에서 전개됐다. 이에 대항해 1949년 봄 이승만 대통령은 만주군관학교 출신으로 관동군 경력을 가진 정일권에게 토벌군 지휘를 맡겼다. 바로 이 당시 정일권이 지역 주민들에게 신분증명서를 발행했다는 사실은 지금까지의 연구에서 밝혀진 바이다. 기존의 한국전쟁사를 고쳐 쓰고 1980년대 이후 민주화 운동 참가자들의 역사관에도 큰 영향을 미친 역사가 브루스 커밍스(Bruce Cumings)에 따르면 "정(일권) 중장은 지역 주민들이 신분증을 소지해야만 통행할 수 있는 제도를 도입하고 각 마을에 자경단을 조직시켰다"고 한다.[40] 이것이야말로 '만주국'에서의 '비적과 민간인 분리(匪民分離)'의 정치 기술을 남한에 응용한 것이라고 말할 수 있다.[41]

해방 직후 한국에 나타난 지문이 찍힌 신분증과, 같은 시기 재일조선인의 경험이 서로 연결됐다는 것과 관련해서도 아직 확실하진 않지만 여러 가지 상황 증거들이 나왔다. 이 경험들을 연결하는 요소는 두 가지이다. 하나는 두 지역에서 점령 정책을 전개했던 미국이며, 또 하나는 지역을 넘나드는 사람들의 흐름이다.

1952년 일본의 외국인등록법의 전신은 1947년에 공포, 시행된 외국인등록령이다. 지문 등록은 없었으나 구 식민지 출신인 조선인과 타이완인을 주요 대상으로 등록 카드의 발행을 의무화하는 법률이었다. 점령 당국의 문서에 관한 최근의 연구에 따르면 이는 1946년부터 SCAP가 일본 정부에 작용을 가해 법제화된 것이다.[42] 당시 SCAP은 일본에서 한반도로 조선인이 귀환하는 것만 인정하고 반대 방향에서 사람들이 오는 것은 막는 일방통행 정책을 취했다. 그럼에도 일제 시

---

40    Bruce Cummings, *The Origins of the Korean War. Volume II: The Roaring of the Cataract 1947-1950*, Princeton and New Jersey: Princeton University Press, 1990, p. 289.

41    이 점에 대해서는 졸고, 「マレーシアの「MyKad」: 韓国の住民登録制度と比較して」, 『社会運動』287호, 2004 참조. 이 원고에서는 전후 말레이시아에 도입된 지문 카드와 한국의 그것이 역사적 맥락에서 매우 비슷하다는 점을 비교해 보여준다. 정일권은 1961년 쿠데타 후 박정희 정권 밑에서 오랜 세월 국무총리를 지냈으며 만주와 1949년, 1968년을 잇는 존재라고도 할 수 있다.

42    大沼保昭, 「出入国管理法制の成立過程: 1952年体制の前史」, 『〔新版〕単一民族社会の神話を越えて: 在日韓国・朝鮮人と出入国管理体制』, 東信堂, 1993; テッサ・モーリス-スズキ, 「占領軍への有害な行動: 敗戦後日本における移民管理と在日朝鮮人」, 『継続する植民地主義: ジェンダー／民族／人種／階級』, 青弓社, 2005.

**[그림 7]** 1947년 등록표. 등록 연월일, 번호, 성명, 주소, 연령, 신중(몸무게), 신장(키), 신체 특징, 직업, 고용주, 지문이 기록되어 있다. 발행 명의는 면장이며, '이 등록표는 귀하를 보호하기 위하야 귀하가 남조선의 합법적 주민임을 증명함'이라고 기재됐다.

대에 형성된 이른바 '국경을 넘나드는 생활권'[43]으로 인해, 그리고 한반도의 사회적인 불안정으로 인해 인구의 역류 현상은 일어날 수밖에 없었고, 그것이 점령 당국의 고민거리였다. 한편 앞서 지적했듯이 1947년 남한에서는 미군정이 '등록표'를 발행했다. [그림 7] 당시에는 일본, 북한, 만주 등에서 많은 사람들이 남한으로 흘러들어와 남한의 인구가 급속하게 증가했다. 이러한 인구 이동과 그에 따른 사회의 유동성이 등록표 도입의 배경이 됐다. 1947년 일본과 남한의 두 종류의 등록 카드를 연결 짓는 명확한 사료는 없으나 이 두 가지가 동일한 권력 구조 속에서 만들어진 것만은 분명하다.

　이와 유사한 일이 1948년부터 1949년에 걸쳐 남한의 제주도와

43　梶村秀樹, 「定住外国人としての在日朝鮮人」, 『思想』 734, 1985.

일본을 엮는 관계 속에서도 일어난다. 제주도에서는 1948년 4월 3일에 남한만의 단독선거에 반대해 민중 봉기가 일어났는데, 이로 인해 '빨갱이'라는 혐의를 뒤집어쓴 대량의 민중들이 관헌과 우익 단체에게 학살당했다. 이러한 4.3 사건이 일어났을 때 '토벌' 과정에서 '양민증'이라는 카드가 도입됐다. '양민'이란 '빨갱이'가 아닌 사람을 의미한다. 제주도에 파견된 경비대 11연대는 1948년 5월까지 3천 명 이상의 도민을 '포로'로 수용했다. 그러나 죄를 물을 만한 사람이 없어 그러한 조치가 난관에 봉착했다. 이때 '궁여지책'으로 경비대는 조사결과 '양민'임이 입증됐다며 그것을 증명하는 '양민증'을 15세 이상의 도민들에게 발급한 후 집으로 돌려보내기로 했다. 여기에는 지문도 찍혀 있었다. 이와 관련해 당시 이 제도를 도입한 중령은 다음과 같이 말했다.

"그래서 나는 그들을 고향으로 되돌려 보내면서 지문을 찍도록 했습니다. '이제 당신들은 지문을 찍었으니 어디서 무슨 일을 하든 전부 나타난다. 그러니 이젠 산에 오를 생각을 아예 말라'고 엄포를 놓기 위해서였습니다. 그리곤 양민증을 처음으로 만들어주었던 것입니다."

이 발언은 지문이 단순한 식별 기술은 아니었음을 명확하게 보여준다. 이는 다름 아닌 '네가 하는 일은 전부 파악하고 있다'는 '엄포'였던 것이다.[44]

44  이상의 기술은 제민일보 4.3취재반이 쓴 『4.3은 말한다. 3』(전예원, 1995) 142~145쪽에 따른 것이다. 또한 이는 『조선일보』 1948년 6월 4일 자에도 보도됐다.

여기서 역사적 상상력을 보다 적극적으로 발휘해보고 싶은 부분은 이러한 '토벌'로부터 도망쳐 일본으로 '밀항'한 사람들과 1949년 외국인등록령 개정 간의 관계이다. 1949년에 개정된 외국인등록령은 등록증의 유효기간을 3년으로 정해 갱신을 의무화했을 뿐 아니라 등록증을 가지고 다니지 않는 자를 형사처분의 대상으로 삼는 등 관리를 더욱 강화했다. 그 계기가 된 것이 어느 미군의 편지였다. 1949년 3월 히로시마에 주둔하던 미육군 제24보병사단에서 제8군으로 보내진 이 편지에는 '불법 입국자'가 늘어났으며 그 속에 '스파이', '파괴 활동가'가 섞여 있기 때문에 '불법 입국자'를 조사하기 위해 하리오(針尾)수용소에 조사 기관을 설치해 모든 '불법 입국자'의 사진과 지문을 채취하고 면담을 행해야 한다는 내용이 담겨 있었다.[45] 이러한 논의를 거쳐 외국인등록령을 통한 관리가 더욱 강화됐다. 여기서 언급된 '불법 입국자' 가운데 상당수는 제주도에서 온 사람들이었을 것이라고 추정된다. 제주의 '양민증' 및 지문의 경험과 재일조선인에 대한 외국인등록증의 관리 강화의 경험은 역시 미군과 '밀항'을 매개로 서로 이어진 듯 보인다.

이상에서 본 것처럼 남한의 지문은 남북 분단이라는 배경에서 태어났지만, 그것은 만주, 미국, 사람들의 이동을 매개로 일본의 지문제도와 이어져 있다. 이를 바탕으로 군사독재 정권 시절에 전 국민의 지문을 등록하는 제도가 만들어진 것이다. 외국인을 포함한 모든 주

---

45    金太基, 『戦後日本政治と在日朝鮮人問題: SCAPの対在日朝鮮人政策 1945~1952年』, 勁草書房, 1997, 667~668쪽. 또한 「ロバート・リケット指紋押捺拒否事件関係資料(1)」, 『東京経大学会誌』 161, 1989, 10~14쪽.

민에게 차별 없이 지문을 채취함으로써 일본에서의 외국인 지문 제도를 '민족 차별'이라고 비판하면서도 한국에서의 그것은 등한시하는 결과가 빚어졌다. 예를 들어 일본의 지문 제도를 비판하는 1983년 『조선일보』의 사설은 "안보제일의 분단휴전국에서 내외국인이 똑같이 (지문 등록을) 실시하고 있는 한국의 경우와의 비교는 무리라 아니할 수 없다"고 하며 한국과 일본의 문제를 분리시킨다.[46] 또 흥미로운 점 한 가지는 만 17세가 된 모든 국민이 지문을 날인하도록 하는 제도가 한국에서는 뜻밖의 효과를 발휘한다는 점이다. 한국인 친구들 중에는 지문을 찍고 주민등록증을 받았을 때 '어른이 된' 기분이 들었다고 하는 사람이 많다. 예를 들어 2001년에 큰 인기를 얻은 영화 〈엽기적인 그녀〉에서는 고교생 교복을 입은 두 남녀 주인공이 나이트클럽에 들어가기 전 연령 증명을 위해 주민등록증을 내미는 장면이 나온다. 여기서 지문 날인은 바로 '대한민국 어른'이 되기 위한 통과의례이며, 신분증 자체가 어른이라는 증명이 되는 것이다. 이는 국가가 민중을 식별(identify)하는 장치가 각 개인의 정체성(identity)을 증명하는 '다른 것으로 대치할 수 없는 그 무엇'으로 바뀌고 말았음을 의미한다. 물론 어른으로의 통과의례라는 기능은 주민등록의 한 측면에 지나지 않는다. 이러한 개인화된 이야기는 어쨌든 식민주의와 냉전의 역사적 경험이나 초민족적인 관계성을 지워버린다. 그것이 또한 지문의 정치성이기도 하다.

46    『조선일보』, 1983년 7월 8일.

# 5. 지문의 망령

"나는 앞에서 '범죄자' 취급받는 것이 싫어서 거부하는 것이 아니라고 말했습니다. 왜냐하면 약자를 도려내고 짓밟으면서 비대해진 일본 국가가 흔히 규정하고 만들어낸 '범죄자'란, 더구나 그 대부분은 우리들이 배척해야 할 사람들이 아니라 하층에서 살아가는 우리들과 기본적으로 동료들이기 때문입니다."

—쉬추이전, 「항일이야말로 자랑: 지문 재판에서의 의견진술」, 1988[47]

이제껏 이야기한 것처럼 동아시아의 지문에는 식민주의, 냉전, 레이시즘, 디아스포라, 독재 등의 역사가 신체 감각과 함께 각인되어 있다. 그렇기 때문에 오늘날 지문은 기억을 불러일으키는 기본 장치가 될 수 있다. 게다가 그것은 단순히 과거에 있었던 일을 상기시키기만 하는 것이 아니다. 그러한 역사의 상기는 식민주의와 냉전으로 인해 만들어진 관계성이 오늘날에도 여전히 계속됨을 보여준다.

1980년대에 지문 날인을 거부한 사람들은 일본인에게서 이를 지원하는 이야기만큼이나 매도하는 비난도 많이 들었다. 예를 들어 1985년 5월 가와사키(川崎) 시에 사는 이상호(李相鎬)라는 사람이 외국인등록법 위반 용의로 체포당한 사건이 있다. 이에 대해 오사카부경찰 외사과장(大阪府警察 外事課長)[48]은 텔레비전 뉴스에 나와 "이 체제가 싫

---

47    徐翠珍, 「抗日こそ誇り: 指紋裁判における意見陳述」, 『抗日こそ誇り: 訪中報告書』, 1988.

으면 자기 나라로 돌아가면 된다"라고 발언했다. 이 발언이 계기가 되어 이상호에게 '협박장'이 많이 날아들었다. 그것들을 모은 책이 『지문 날인 거부자에게 온 '협박장'을 읽다』이다.[49] 그 안에는 전후에 '조선인'과 관련되어 이야기된 많은 말들이 담겨 있다. '밀입국', '마약', '삼국인', '사회주의', '북조선', '스파이', '폭력단', '김일성 노예 국가', '밀수' 등등. 이러한 표현이 '싫으면 돌아가라'는 말과 세트를 이루는 것이다. 이 말들은 '조선인'을 둘러싼 20세기 레이시즘의 상투어(common-place)의 목록이나 다름없다. 이는 전후에도 일본에서 식민주의가 지속되고 있음을 상기시킨다.

남북 분단이 계속되고 있는 한반도에서의 냉전의 연속성 또한 마찬가지로 생생하게 상기된다. 한국에서는 지문 날인 제도에 대한 위헌 소송이 제기됐으나 2005년에 헌법재판소는 이를 합헌으로 판결했다. 이 판결에서 '간첩이나 불순분자의 식별', '반공 태세의 강화'라는 입법 목적이 다시금 확인된 것이다.[50]

오늘날의 지문 날인이 아무리 '새롭'고 '깨끗한' 것처럼 보인다 할지라도 그 사회적 기능은 식민지 시대나 냉전 시대와 다르지 않다. 사회학자 데이비드 라이언(David Lyon)은 감시는 '사회적 선별(social sorting)' 기능을 발휘한다고 정의한 바 있다.[51] 지문은 각각의 사람을

---

48    〔역주〕외사과는 외국의 첩보 활동 등의 수사를 담당하는 부서이다. 재일조선인도 외사과의 감시 대상이다.
49    民族差別と闘う関東交流集会実行委員会 編, 『指紋押捺拒否者への「脅迫状」を読む』, 明石書店, 1985.
50    「주민등록법 제17조 8항 등 의견확인 등」, 헌법재판소 판결 2005년 5월 26일, 99헌마 513, 2004 헌마 190 합병. 또한 尹賢植, 「韓国の住民登録制度と情報人権運動」, 『インパクション』149호, 2005 참조.

특정한 사회적 범주로 분류하고 선별한다. 미국 출입국 관리 제도의 주된 목적은 입국 희망자가 '테러리스트'인지 아닌지를 구별하는 것이다. 만일 어떤 사람이 '테러리스트'로 분류되면 그는 바로 그 장소에서 연행된다. 냉전기의 주요 대상은 '공산주의자'나 잠재적인 '범죄자'였다. 한국전쟁 당시에는 '공산주의자'로 선별된 사람은 바로 수감되거나 살해됐다. 만주에서 그것은 '비적', 즉 '항일 게릴라'였다. 이러한 의심의 눈에 어떠한 차이가 있는가.

이런 이야기를 들으면 '나쁜 짓만 안하면 괜찮다', '마음에 걸리는 것이 없다면 지문을 찍어도 무방하다'라고 반응하는 사람도 있다. 그러나 그러한 담론은 무엇이 '나쁜 짓'으로 규정되는지 묻기를 포기하고, 관계성과 역사를 절단시켜버린다. 일본의 지배에 이의를 제기했다는 이유만으로 투옥되고, 식민지 시기처럼 전후에도 한반도에서 일본으로 도항했다는 이유만으로 '밀항자'로 취급당하고, 한국에서 '빨갱이'로 의심된다는 이유만으로 사회에서 제거되는 그러한 관계성 속에서 지문은 기능해왔다. 그러한 역사와 관계성을 절단한 후 사람들에게 국가와의 관계에서 '깨끗'한 개인으로서 스스로를 주체화하고 자기를 규율할 것을 요구하는 것이 지문 날인의 정치이다. 그렇기 때문에 쉬추이전은 '범죄자'로 취급당하는 것이 싫어서 지문을 거부한다고 하는 논리를 취하지 않았다. 즉, '범죄자'란 본디 연대해야 할 사람들 사이를 갈라놓는 범주이기 때문에 그녀는 '범죄자'로 취급당하기 싫어서라는 논리를 취하길 거부한 것이다.

51    David Lyon ed., *Surveillance as Social Sorting: Privacy, Risk and Automated Discrimination*, Routledge, 2005.

이상과 같이 지문 제도는 식민주의와 냉전이 뒤얽힌 역사 속에서 신체 감각을 동반하며 피비린내가 진동하는 방식으로 전개됐다. 그러한 제도가 오늘날에는 세계화의 진전, 기술 발달, '보안', '테러와의 전쟁'이라는 구호 밑에서 전면적으로 '쇄신'된 것인양 '깨끗함'을 내세우며 다시 도입된다. 그러나 지문 날인의 역사라는 망령을 봉인할 수는 없다. 아무리 몰아내려 해도 그 망령은 우리들에게 지문 날인의 정치를 만들어낸 권력 구조 자체를 변혁시킬 것을 요구하며 빙의해올 것이다.

제6부
: 규율의 반전

## 초출 정보

**동아시아 기억의 장을 찾아서**

板垣竜太,「〈東アジアの記憶の場〉に向け
て: 朝鮮史からの視点」,『歴史学研究』
867, 2010.

정지영·이타가키 류타·이와사키 미노루,
「기억으로 동아시아 생각하기: '동아시아
기억의 장' 탐색」,『역사비평』102, 2013.

**삼한정벌**

李成市,「「韓國併合」と古代日朝関係
史」,『思想』1029号, 2010.

**효녀 심청**

정지영,「'팔려간 딸'에 대한 불편한 기억:
1920~1990년 교과서에 실린 '심청이야
기'의 분석을 중심으로」,『한국여성학』27,
2011.

**삼년고개**

三ッ井崇,「「三年峠」をめぐる政治的コン
テクスト: 朝鮮總督府朝鮮語教科書への
採用の意味」,『佛教大學總合研究所紀要
別冊·京都における日本文學の生成と
展開』, 2008.

三ッ井崇,「引き継がれるテクスト、讀み換
えられるテクスト:「三年峠」論·補遺」,
『韓国朝鮮文化研究(東京大学大学院人
文社会系研究科韓国朝鮮文化研究室)』
12, 2013.

**역도산**

이타가키 류타,「동아시아 기억의 장소로
서 力道山」,『역사비평』No. 95, 2011.

**지산암**

駒込武,「台湾史をめぐる旅(七) 芝山巖に
て」,『季刊前夜』第11号, 2007.

**조센진**

Choi Jinseok, "Zainichi Chōsenjin and
the Independence Movement in Every-
day Life", *International Journal of Korean
History*(Center for Korean History, Korea
University), vol.17 No. 2, 2012.

**운동회**

오성철,「운동회의 기억: 해방이후 초등학
교 운동회를 중심으로」,『아시아교육연구』
(서울대교육연구소) 12권 1호, 통권 37호,
2011.

**지문**

板垣竜太,「指紋押捺経験をつなぐ:「お
前は誰だ!」をめぐる政治と記憶」,『日本
学報(大阪大学)』29, 2010.

## 집필자 / 번역자 약력

#### 정지영 鄭智泳

이화여자대학교 여성학과 부교수로 한국 여성사 연구자이다. 저서로는『질서의 구축과 균열: 조선후기 호적과 여성들』(서강대학교출판부),『임진왜란 동아시아 삼국전쟁』(공저, 휴머니스트)가 있다. 논문으로「1970년대 '이조여인'의 탄생: '조국근대화'와 '민족주체성'의 타자들」(『여성학논집』 24-2)이 있다.

#### 이타가키 류타 板垣竜太

도시샤대학(同志社大学) 사회학부 교수(敎授)로 한국 근현대 사회사 연구자이다. 저서로는『朝鮮近代の歴史民族誌』(明石書店, 한국어판이 혜안에서 근간), 『일기를 통해 본 전통과 근대 식민지와 국가』(공편저, 소명출판)가 있다.

#### 이와사키 미노루 岩崎稔

도쿄외국어대학교 종합국제학연구원 교수로 도쿄외국어대학 출판회 편집장을 맡고 있다. 주로 철학과 정치사상을 연구하고 있다. 저서로는『21世紀を生き抜くためのブックガイド(21세기를 살아남기 위한 북가이드)』(공편저, 河出書房新社),『記憶の地層を掘る(기억의 지층을 파다)』(공편저, 御茶の水書房)가 있다.

#### 이성시 李成市

와세다대학 문학학술원 교수로 동아시아사와 조선고대사 연구자이다. 저서로는 『古代東アジアの民族と国家(고대동아시아의 민족과 국가)』(岩波書店),『アジア學のすすめ: アジア歴史・思想論(아시아학의 권유: 아시아 역사・사상론)』(편저, 弘文堂)이 있다.

#### 김석우 金錫佑

원광대학교 역사교육학과 조교수로 중국 고대 사상사 연구자이다. 저서로는『자연재해와 유교국가』(일조각)가 있고, 논문으로는「두서(杜恕)의『체논(體論)』을 통해 본 청년기 두예(杜預)와 가학(家學)」(『중국사연구』 68)이 있다.

### 류미나  柳美那

국민대학교 일본학연구소 연구교수이며, 한일관계사와 일본의 식민지 정책사를 연구하고 있다. 논문으로 「19c말~20c초 일본제국주의의 유교 이용과 조선 지배」 (『동양사학연구』, 111), 「"한일회담 외교문서"로 본 한, 일 간 문화재 반환 교섭」 (『일본역사연구』, 30)이 있다.

### 미쓰이 다카시  三ッ井崇

도쿄대학 대학원 총합문화연구과 준교수로 조선 근대 교육사와 문화사를 연구하고 있다. 저서로는 『식민지 조선의 언어 지배 구조: 조선어 규범화 문제를 중심으로』(소명출판), 『日本植民地研究の現狀と課題(일본 식민지연구의 현황과 과제)』(공저, 아테네사)가 있다.

### 김신정  金信貞

한국방송통신대학교 국어국문학과 조교수로 한국현대시 연구자이다. 저서로는 『정지용 문학의 현대성』(소명출판), 『풍경과 시선』(박이정)이 있다.

### 고마고메 다케시  駒込武

교토대학 대학원 교육학연구과 교수로 대만 근현대사와 식민지 교육사를 연구하고 있다. 저서로는 『植民地帝国日本の文化統合(식민지 제국 일본의 문화통합)』(岩波書店), 『帝国と学校(제국과 학교)』(공편저, 昭和堂)가 있다.

### 테사 모리스 스즈키  Tessa Morris-Suzuki

오스트레일리아국립대학 교수로 역사학 연구자이다. 저서로는 『過去は死なない(과거는 죽지 않는다)』(岩波書店), 『北朝鮮へのエクソダス(북한행 엑서더스)』(朝日新聞出版)가 있다.

## 다카기 히로시　高木博志

교토대학 인문과학연구소 교수로 일본 근대사 연구자이다. 『近代天皇制と古都(근대 천황제와 고도)』(岩波書店), 『近代天皇制の文化史的研究(근대 천황제의 문화사적 연구)』(校倉書房)가 있다.

## 최진석　崔眞碩

히로시마대학 대학원 종합과학연구과 준교수로 조선 근대문학 연구자이다. 논문으로「影の東アジア(그림자의 동아시아)」(『現代思想』, 2007년 2월 호), 「影の東アジア：沖縄、台湾、そして朝鮮(그림자의 동아시아: 오키나와, 대만, 그리고 조선)」(李靜和 編,『殘傷の音』, 岩波書店)이 있다. 저서로『朝鮮人はあなたに呼びかけている：ヘイトスピーチを越えて』(彩流社社)가 있다.

## 오성철　吳成哲

서울교육대학교 교수로 교육역사사회학 및 식민지 교육과 동아시아 근대교육을 연구하고 있다. 저서로는 『식민지 초등 교육의 형성』(교육과학사)이 있다.

## 김은애　金誾愛

도쿄외국어대학 대학원 박사 후 과정 재학 중이다. 논문으로「演劇集団「創造」研究における問題提起(연극집단 '창조' 연구에 대한 문제 제기)」(『クアドランテ』15, 東京外国語大学海外事情研究所), 「歌が培養する運動/運動が組織する歌(노래가 배양하는 운동/운동이 조직하는 노래)」(『言語・地域文化研究』20, 東京外国語大学)가 있다.